KB034242

조미아,
Zomia
지배받지 않는 사람들

THE ART OF NOT BEING GOVERNED
: AN ANARCHIST HISTORY OF UPLAND SOUTHEAST ASIA

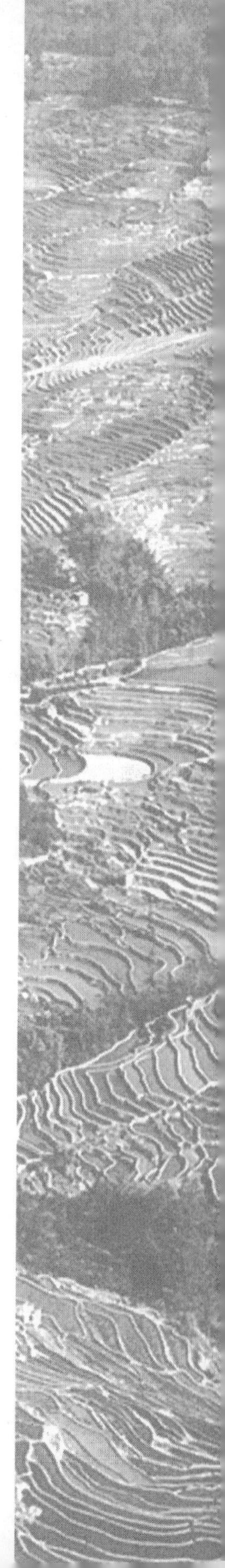

조미아, 지배받지 않는 사람들

동남아시아 산악지대 아나키즘의 역사

지은이 제임스 C. 스콧
옮긴이 이상국
펴낸이 송병섭
디자인 이수정
펴낸곳 삼천리
등 록 제312-2008-212호
주 소 152-883 서울시 구로구 부일로 17길 74 2층
전 화 02) 711-1197
전 송 02) 6008-0436
전자우편 bssong45@hanmail.net

1판 1쇄 2015년 6월 5일

값 35,000원
ISBN 978-89-94898-33-9 93910

조미아,
Zomia
지배받지 않는 사람들

동남아시아 산악지대 아나키즘의 역사

제임스 C. 스콧 지음 | 이상국 옮김

삼천리

한국판 서문

내가 쓴 책 여럿이 한국어로 번역되어 널리 읽히고 있어서 학자로서 늘 기쁘게 생각하고 있다.

저항, 특히 농민의 저항을 전문적으로 연구한 동남아시아 연구자로서 이 지역에 관한 역사 연구와 학문의 성장세를 따라가는 데 무척이나 애를 먹어 왔다. 동남아시아는 규모가 큰 일곱 나라로 구성되어 있는데다가 저마다 언어도 독특하고 자체의 전통 문명을 갖고 있다. 한때 서로 다른 네 제국주의 세력이 이 지역을 지배하여 상황을 더 복잡하게 만들었다. 따라서 진정한 동남아시아 연구자가 되기를 바란다면 고대와 현대의 여러 언어와 문자에 능통해야 하고 암스테르담, 런던, 파리, 베이징까지 가서 기록물과 씨름해야 한다. 적어도 나한테는 불가능한 일이다. 말레이시아와 미얀마 그리고 이 지역 농민의 역사에 관한 한 괜찮은 학자가 되기를 바라 왔을 따름이다. 이렇게 밝히는 것은, 비교와 예시가 될 수 있는 한국의 역사를 내가 상대적으로 잘 모른다는 점에 대해 이해를 구하기 위해서이다.

내가 한국의 역사와 농업에 관해 조금이나마 알고 있는 바는 정말

두서없고 단편적이다. 공교롭게도 나보다 여덟 살 많은 내 형은 한국 전쟁에 보병으로 참전하여 부상을 입었다. 그 무렵 처음으로 알게 된 한국이라는 나라는 하나밖에 없는 친형이 위험한 상황에 처해 있던 아주 먼 곳이었다. 그때만 해도 나는 한국전쟁의 역사도, 수많은 한국인이 목숨을 잃고 다쳤다는 사실도 몰랐다. 2002년에 형의 간청으로 내 무지를 어느 정도는 수정하게 됐다. 나는 형을 모시고 기억 속의 전적지를 돌아다니는 여행에 참가했다. 그 여행은 특히 미군 참전용사에 초점이 맞춰져 있었다. 나는 그 여행이 얼마나 '한국' 전쟁이라는 사실을 무시하고 있는지에 충격을 받았다.

다행히 그 때에 신윤환 교수가 내가 잘 몰랐던 한국과 한국의 역사를 소개해 주기 시작했다. 내 학생이었던 신윤환 교수도 일종의 코즈모폴리턴적인 사례였다. 예일대학에서 인도네시아에 관해 논문을 썼기에 다른 언어와 문화를 배워야 했다. 내 유일한 후회는 시간이 없어서 1980년 도시 민주항쟁의 장이었던 광주를 가 보지 못했다는 것이다. 미국의 좌파 학자로서 나는 이 좌절된 항쟁에 관해 많이 들었고 용감하게 저항한 희생자들에게 경의를 표하고자 했다. 마침내 이 항쟁의 역사가 영어권 국가 사람들의 관심을 받기에 이르렀다는 점을 다행스럽게 생각한다.

최근에(2012년 5월) 나는 새로운 학술지로 동남아시아에 특화된 *TRaNS*(Trans-Regional and -National Studies of Southeast Asia, 서강대학교 동아연구소 발행) 발간을 준비하는 학술회의에 참석하러 서울을 방문했다. 그 학술지의 창립 기관과 일관된 질적 수준, 제도적 지원, 꼼꼼한 편집에 힘입어 *TRaNS*는 전 세계에서 몇 안 되는 우수한 지역학 학술지 가운데 하나가 되었다. 글로벌화 된 한국의 경제와 대학 지식인들의 열정, 기업가적 정신 덕택에 이런 일이 가능했다. 나 스스로 이 위대한 업적에 조금이나마 관련돼 있다는 것을 자랑스럽게 생각한다.

한국 독자들에게 보내는 지적 초대로 이 서문을 마치고자 한다. 이 책은 물론 최근까지 국가의 지배를 피하거나 거기에서 달아난 사람들의 역사를 다룬 것이다. 학술지 발간 준비 학술대회 직전에 *TRaNS*의 창립자들이 안내해 주어, 참석자들은 나흘 동안 '조미아'(Zomia)와도 같은 외딴 강원도 지역을 돌아다녔다. 대부분 동남아시아에 관해 살펴보고 있지만, 이 책이 전반적으로 국가를 피해 온 사람들에 관한 연구 방향에 안내자 역할을 하면 좋겠다고 생각한다. 이 책이 동남아시아 고지대의 산악민과 화전민에 대해서 다루고 있지만 늪, 습지, 사막, 맹그로브 해안, 델타, 바다를 비롯하여 국가를 거부하는 경관은 무척이나 다양하다. 또 세금과 징집, 기근, 전염병에 이르기까지 국가를 회피하는 이유 역시 가지각색이다.

좀 앞서 가는 말인지 모르겠으나, 이 책을 읽은 한국 독자 누군가는 아마도 한국 '조미아'의 과거와 현재를 쓰고자 할 것이라고 확신한다. 그것만으로도 나한테는 충분한 보답이 될 것이며, *TRaNS* 창립자들의 희망과 번역을 맡은 이상국 교수가 한국 독자들에게 내 생각을 전달하고자 쏟은 굉장하고도 고된 노력에 대한 보답일 것이다.

2014년 9월 4일 코네티컷 더럼에서

제임스 C. 스콧

일러두기

1. 동아시아 지명을 포함한 고유명사는 현지 발음을 따랐다. 다만 우리에게 익숙한 고유명사는 예외로 했다.
2. 원서에서 영어식으로 표현한 중국 지명은 우리식으로 읽고 괄호 안에 한자를 넣었다. 난짜오→남조(南詔)
3. 독자의 이해를 돕기 위해 꼭 필요하다고 생각되는 경우 괄호에 옮긴이 주를 넣었다.

역사를 가진 사람들의 역사를

계급투쟁의 역사라고들 한다.

틀린 말이 아니다.

그렇다면,

역사 없는 사람들의 '역사'는

국가에 대항한 역사라고 할 수 있다.

— 피에르 클라스트르, 《국가에 대항하는 사회》

차례

머리말

'조미아'(Zomia)는 베트남의 중부 고원에서 시작하여 대륙 동남아시아 5개국(베트남, 캄보디아, 라오스, 태국, 미얀마)과 중국의 네 지방(윈난, 구이저우, 광시, 쓰촨 성 일부)을 가로지르며 인도 동북부까지 뻗어 있는 해발 300미터 이상의 고지대를 일컫는 새로운 용어이다. 그 넓이가 250만 제곱킬로미터에 이르고 종족과 언어의 배경이 참으로 다양한 1억 명가량의 소수종족들이 그곳에서 살아가고 있다. 조미아는 지리적으로 대륙 동남아시아 산지(massif)라고 알려져 있기도 하다. 이 거대한 곳이 9개 국가의 변방에 자리 잡고 있다. 그 안에 중심지도 없고, 3개의 지역 단위(동남아시아, 동아시아, 남아시아)에 걸쳐 있고, 또한 생태의 다양성과 국가와 맺는 관계를 흥미롭게 보여 주기 때문에 새로운 연구 주제, 말하자면 일종의 초국가적 산악 연구의 대표적인 사례이며 지역 연구에 새로운 길을 제시한다.

나는 단순하고 도발적이고 논쟁적인 주장을 펼치려 한다. 조미아는 전 세계의 여러 지역 가운데, 아직 국민국가 안으로 편입되지 않은 사람들이 가장 많이 살고 있는 곳이다. 그런 날도 이제 얼마 남지 않았다. 그런데 바로 얼마 전까지만 해도 그렇게 독립적으로 살아가던 이들이 인간 집단의 주류였다. 오늘날 평지의 왕국들은 그들을 "살아 있는 조상"이라고 생각하고 "논농사와 불교와 문명을 발견하기 전 우리의 모습"이라고 바라본다. 이런 인식과 달리, 나는 산악민들을 지난 2천 년 동안 노예제와 징병, 과세, 부역, 질병, 전쟁 등 평지의 국가 만들기 과업의 폭정에서 달아난 탈주자, 도피자, 도망노예들로 봐야 한다고 생각한다. 그들이 거주하고 있는 대부분의 지역을 '파쇄 지대'(shatter zone, 破碎帶, 단층의 마찰로 암석이 부서져 길게 띠 모양으로 분포하고 있는 장소를 일컫는 지질학 용어이나 인류학과 정치학에서 국가의 지배로부터 떨어져 나온 변경 지역을 일컫는 의미로 사용하고 있다—옮긴이) 또는 탈주 지대라고 일컬을 수 있을 것이다.

사실 그들의 생계 방식, 사회조직, 이념, 심지어 구술 문화에 이르기까지 이 모든 것들이 국가를 멀리하려는 전략적인 선택이라고 이해할 수 있다. 험준한 곳에 산재한 물리적 분산성, 이동성, 작물 재배 방식, 친족 구조, 유연한 종족 정체성, 나아가 천년왕국 운동 지도자에 바치는 헌신은 국가에 편입되지 않고 그들 내부에서 국가가 생겨나지 않도록 하는 데 효과적인 기능을 한다. 특히 그들 대부분은 일찍부터 세워져 내려온 한족(漢族)의 국가를 멀리해 왔다. 탈주의 역사는 산악의 여러 전설들에 스며들어 있다. 1500년까지는 그 신빙성에 논란이 있지만 그 후로는 확실한 사료의 기록들이, 명청 시대에 산악민을 정복하려는 군사작전이 잦았고 그 때문에 특히 19세기 중반에는 중국 남서부에서 대규모 반란이 발생하여 수백만 명이 피난처를 찾아 떠났다고 증언한다. 노예를 잡아들이려 했던 버마족과 타이족의 국가로부터 도피한 사실도 여러 기록에 나와 있다. 내 주장이 이 책의 직접적인 대상이 되는 아시아를 넘어서 다른 지역에도 울림을 주면 좋겠다.

국가 만들기에 관한 연구들은 그 뒷면의 역사, 즉 의식적·반작용적 국가 회피의 역사에 대해서는 거의 관심을 기울이지 않는다. 이렇게 뒤에 가려진 역사야말로 도망자들의 역사일 뿐 아니라, 이 역사를 제외하면 국가 만들기는 그 전모를 결코 이해할 수 없다. 다름 아니라 '아나키스트 역사'라고도 할 수 있다.

이렇게 말하고 보니, 강압적인 국가 만들기와 고된 노역으로부터 탈출한 모든 사람들, 즉 집시, 코사크족, '신세계'(라틴아메리카)와 필리핀의 에스파냐 레둑시온(reducciones)로부터 도망친 자들이 어우러져 이룬 다언어 부족들, 도망노예들의 집단들, 습지의 아랍인들, 산-부시먼(San-Bushmen) 등의 역사도 똑같은 맥락에서 이해할 수 있겠다.

내 주장은 '미개'에 대한 기존의 통념을 뒤엎는다. 유목, 수렵채집, 화전 경작, 그리고 분절적인 계보(lineage) 체계는 국가에서 벗어난 사람들이 지리적·생계적·사회구조적으로 적응하며 고안한 '2차 적응'이자 '자발적 야만화'의 일종이다. 국가 체계 아래 살아 본 사람들 또한 그렇게 산으로 회피하여 기존의 국가 형태를 흉내 내며 기생 국가를 만들려고 하기도 했다.

내가 내놓는 주장은 중국을 비롯한 여러 문명들의 '야만,' '날것,' '미개'에 대한 담론을 해체한다. 자세히 들여다보면 이런 용어는 사실 지배받지 않는다는 것, 아직 포섭되지 않았다는 것을 의미한다. 이른바 '문명 담론'은 사람들이 경계를 넘어가 자발적으로 야만인이 될 수 있다는 가능성을 결코 좋게 여기지 않았고, 그러한 사람들에 오명을 씌우고 '종족화' 작업을 시도했다. 종족성과 '부족'은 정확히 세금 징수와 주권이 끝나는 바로 그 지점에서 탄생한 것이다. 중국이 그랬고, 로마가 그랬다.

사람들은 대개 생계 방식이나 친족 형태가 주어진 것이고, 생태적·문화적으로 결정된 것이라고들 한다. 다양한 형태의 경작, 작물, 사회 구조를 분석하면서 그리고 도피 문화와 가치에 유리한 물리적 이동성의 형태를 분석하면서, 나는 그것들이 대부분 정치적인 선택이라고 보게 되었다.

게릴라를 비롯하여 국가로부터 도망친 사람들의 도피처로서 산은 중요한 지리적 테마이다. 나는 전근대 사회의 정치적 공간과 국가 만들기의 난산을 이해하는 데 새로운 길을 제시해 준다고 할 수 있는 '저항적 지형'(friction of terrain)이라는 아이디어를 이 책에서 펼쳐 보려고 한다.

이 책에 대해 비난받을 사람이 있다면 바로 나 자신이다. 전적으로 내 책임이다. 내가 사과를 시작하기 전에, 그리고 허사로 끝나겠지만, 내가 이 문장을 쓰는 지금에도 내 마음 속으로 느끼는 몇몇의 비판들에 대해 예방적인 차원에서 변명을 시작하기 전에 내 책임이라는 것만은 확실하게 해 두는 게 좋겠다.

이따금 틀렸다는 비판은 받아 왔지만, 나는 모호하다거나 불가해하다는 비판은 거의 받은 적이 없다. 이 책도 마찬가지다. 대륙 동남아시아 산악민들에 대해 과도한 주장을 펼친다는 점을 부인하지 않겠다. 물론 어떤 부분에서 틀릴 수도 있지만, 나는 당연히 내 주장이 대체로 옳다고 생각한다. 내가 옳은지 그른지에 대한 판단은, 늘 그렇듯이 내 손을 떠나 이제 독자들과 논평자들의 손에 가 있다.

다만 내가 역점을 두고 이 책에서 주장하는 것과 관련하여 세 가지를 알아 두면 좋겠다. 첫째, 나의 독창적인 아이디어가 아니라는 것이다. 이 책에 나오는 모든 아이디어는 어느 것 하나 내가 처음 내세운 게 아니라는 점을 거듭 밝히고 싶다. 확실하게 내 스스로 한 일이라면 그동안 섭렵한 여러 좋은 자료들에 들어 있는 원리나 주장을 발견하고 그것을 끄집어내서 할 수 있는 데까지 발전시킨 작업이다. 이 책에서 창조적인 면이 있다면, 여러 부분들을 총체적으로 엮어 낸 것이라 하겠다. 내가 참조한 사람들이 나보고 너무 나아갔다고 말할 수도 있겠다. 몇 사람은 이미 그렇다고 얘기했다. 하지만 그런 사람들 대부분은 더 이상 불평할 처지가 아닌 저세상 사람이 되었다. 나로서는 다행인지 모르겠지만 말이다. 나중에 다른 사람이 내가 여기에 쓴 것을 갖고 작업한 것에 대해 내가 책임을 지지 않는 것처럼, 내가 그들의 아이디어를 갖고 작업한 이 일에 대해 그들이 책임을 지지 않아도 된다.

조금 놀랍게도, 어느덧 나는 일종의 역사가가 되었다는 사실을 깨닫게 됐다. 좋은 역사가는 아니지만 그럼에도 엄연한 역사가, 그것도 고대사를 연구하는 역사가로 말이다. 고대라는 말에 두 가지의 뜻이 담겨 있다. 나는 뜻대로 되지 않는 역사가의 작업을 잘 알고 있다. 말하자면, 18세기에 관해 쓰려고 했던 역사가가 그 문제와 관련하여 17세기가 너무나 중요해 결국에는 17세기에 관해 대부분 쓰게 되는 경우가 많다. 그런 일이 나한테도 일어났다. 산악민들에 대한 민족지(ethnography)를 읽고 소수종족 거주지에서 발생한 미얀마 군사정부의 인권침해에 관한 보고서를 읽어 나간 끝에, 결국에는 전통 시대 만다라(mandala, 曼荼羅) 왕국의 강압적인 국가 만들기에 깊이 빠져버렸다. 식민 이전 시대와 식민기의 동남아시아를 새롭게 공부하면서 내가 지도하는 대학원의 두 수업에서 큰 도움을 받았다. 하나는 동남아시아 지역연구의 주요 저작들을 공부하는 수업인데 일종의 지적 신병훈련소와 같았다. 그 수업에서 우리는 두 권의 《케임브리지 동남아시아사》(The Cambridge History of Southeast Asia)를 비롯하여, 책장에 꽂아 놓고 있으나 대부분의 학자들이 사실은 부끄럽게도 읽지 않은 기본적인 저서들을 읽어 나갔다. 두 번째 수업은 마찬가지 전제에서 출발하여 미얀마에 관한 책을 읽어 나가는 수업이었다.

또 하나 강조하고 싶은 바가 있다. 내가 이 책에서 하는 이야기가 제2차 세계대전 이후의 시기에서는 잘 들어맞지 않는다는 점이다. 1945년 이래로, 어떤 경우에는 이미 그 이전에 국가가 철도, 포장도로, 전화, 전신, 공군력, 헬리콥터, 그리고 요즘의 정보통신 등 거리 차이를 없애는 기술에 힘입어 능력을 키워 왔다. 이 결과 산악민과 국민국가 사이의 전략적인 세력균형이 크게 바뀌고 저항적 지형이 눈에 띄게 줄어들어 내 분석의 많은 부분이 더 이상 통하지 않게 되었다. 내 분석은 힘을 잃어 가고 있지만, 이와 대조적으로 주권 국민국가는 동떨어진 국경 지역에까지 그 힘을 과시하고 주권이 미치지 않았던 지역이나 약자들의 거주지까지 싹쓸이하는 데 열을 올리고 있다. '부족 지대'의 자연자원을 확보하고 변경 지역에서 안보와 생산성을 높이기 위해, 보기에 고분고분 말을 잘 듣고 땅에 목말라 있는 평지 사람들을 산으로 이주시키는 등 온갖 지역을 '집어삼키는' 전략을 펼치고 있다. 이렇게 밝혔으니, 나의 분석이 20세기 후반부터는 들어맞지 않는다고 해도 내가 이 점에 대해 간과했다고 말하지 마시라.

마지막으로 이 책에서 나오는 '종족 기원'(ethnogenesis)에 관한 급진적 구성주의 사례가 종족 정체성을 고수하기 위해 목숨까지 바치며 희생한 사람들을 평가절하하거나 폄하했다고 오해받을까 걱정된다. 그렇게 생각하지 않기를 바란다. 한족이든 버마족이든 미국인이든 덴마크인이든 모든 정체성은 예외 없이 사회적으로 구성된 것이다. 대개 그런 정체성들은, 특히 소수자들의 정체성은 애초에 힘 있는 국가의 상상에서 비롯된 것이다. 한족이 먀오족을, 영국 식민주의자들이 카렌족과 샨족을, 프랑스인들이 자라이족을 상상했던 것처럼 말이다. 만들어졌든 주입되었든 그런 정체성은 종교, 언어, 피부색, 음식, 생계 방식 가운데 이런저런 특징을 자의적으로 선택하고, 아무리 그 특징들이 모호하더라도 정체성을 구성하는 핵심 요소로 삼는다. 그러한 범주들은 관할 구역, 토지 소유권, 법원, 관습법, 임명된 수장, 학교, 문서에 의해 제도화되고 강력한 추동력을 가진 실제의 정체성으로 발전할 수 있다. 그것이 좀 더 큰 국가나 사회에 의해 낙인이 찍힌다면 많은 사람들에게 저항과 반항의 정체성이 될 수도 있다. 여기서 만들어진 정체성은 스스로 기획한 영웅화 시도와 결합되어 그러한 구별의 표식이 영광의 상징이 되기도 한다. 국민국가가 기본 정치 단위로서 헤게모니를 쥐고 있는 오늘날의 세계에서 그러한 자기표현은 종족민족주의의 형태를 띠게 마련이다. 그런 만큼 샨족, 카렌족, 친족, 몬족, 까야족의 독립과 승인을 위해 모든 것을 바친 사람들을 존경해 마지않는다.

적어도 '고인이 된 백인' 다섯 분에게 나는 어마어마한 지식의 빚을 졌다. 시간이 지나면 나도 그들의 반열에 들어갈지도 모르겠다. 그들은 내가 여기서 터벅터벅 걸어가는 길을 나보다 먼저 걸어간 선구자들이었다. 그들이 없었다면 나는 이 길을 발견하지 못했을 것이다. 피에르 클라스트르는 가장 앞선 선구자였다. 그는《국가에 대항하는 사회》(La societe contre l'état, 1974; 한국어판 홍성흡 옮김, 이학사, 2005)라는 책에서, 국가로부터 도주하는 정복기 이후의 라틴아메리카 원주민을 실증적인 관점에서 날카롭게 보여 주었다. 한족 국가와 초원 변경 지대의 관계에 대해 깊고도 웅장한 식견을 보여 준 오언 래티모어는 중국의 남서부 변경 지역에서 발견되는 비슷한 사례를 이해하는 데 도움을 주었다. 베르베르족과 아랍인의 관계를 분석한 어니스트 겔너는 통치와 세금 부과가 끝나는 바로 그 지점에서 '종족'과 '부족'이 시작된다는 점과 '야만족'은 국가가 지배를 벗어난 사람들에게 붙이는 또 다른 말이라는 것을 깨닫게 해주었다. 나와 같은 길을 걷는 사람이라면 누구에게나 에드먼드 리치의 《버마 고원의 정치체계》(Political Systems of Highland Burma, 1954)는 지혜의 원천이다. 이 책은 '좋은 생각거리'를 주는 몇 안 되는 책들 가운데 하나이다.

마지막으로 군 지휘관과 식민 관료로 활동하며 《상부 버마와 샨 주의 관보》(Gazetter of Upper Burma and the Shan States, 1893)를 편찬하고 《버마족》(The Burman, 1963)이라는 책을 펴낸, '쉐 요'라고도 불리는 제임스 G 스콧에게 빚을 졌다. 나와 이름이 같지만 내 친척은 아니다. 그의 날카로운 관찰로부터 많은 것을 배웠고 미얀마의 점성술에 따르면 우리 둘 다 똑같은 미얀마 이름을 가질 수 있기에, 그의 영혼을 기린다는 뜻에서 내 미얀마 이름을 그를 따라 '쉐 요'(Shwe Yoe)라고 지었다.

나는 지배자가 만든 문명 담론에 근본적인 의문을 던지며 '지배받지 않는 사람들'이 어떻게 그렇게 되었는지 구체적으로 검토한 저작들에도 영향을 받았다. 벌써 30년 전에 출간된 곤살로 아기레 벨트란의 짧은 책 《도피 지역》(Regions of Refuge, 1979)은 라틴아메리카에 대해 클라스트르보다 훨씬 더 보편적인 주장을 펼쳤으며, 스튜어트 슈워츠와 프랭크 샐러먼은 그러한 주장을 좀 더 자세히 검토했다. 내가 연구하고 있는 지역인 동남아시아에서 보자면, 자바의 뗑게르 고원에 대한 로버트 헤프너의 연구와 말레이시아의 오랑 아슬리에 대한 제프리 벤저민의 연구가 중요한 사례를 제공해 주어 자신감을 갖고 조미아를 이런 견지에서 다룰 수 있게 되었다.

나는 조미아라는 용어를 전적으로 빌렘 판 스헨델한테서 빌려왔다. 판 스헨델은 서쪽으로 인도까지(그에 의하면 그 너머까지) 뻗어 있는 이 거대한 고원지대가 조미아라는 이름을 갖기에 충분한 특징을 지녔다고 보았다. 그는 하나의 본격적인 학문으로서 '조미아학'을 제안하며 기존에 우리가 '지역'을 다루던 방식에 의문을 제기했다. 조미아에 대한 확신에 찬 주장을 읽은 후에 나는 조미아 부대의 (심리전 소대) '보병'으로 입대했다. 빌렘을 비롯한 몇몇 동료들이 언젠가 '제1회 국제 조미아학 컨퍼런스'를 개최할 수 있게 되기를 바란다. 벵골 국경에 관한 판 스헨델의 책은 이미 우리가 가야 할 길을 보여 주는 대표적인 작품이다.

내가 조금만 더 인내심을 가졌더라면, 종합적 틀을 세우려는 욕심이 더 있었더라면 '수역 도피처'(watery regions of refuge)에 대한 내용도 추가했을 것이다. 그저 지나치듯 살펴보며 그 중요성에 비해 제대로 다루지 못했다는 점을 후회하고 있다. 도서부 동남아시아에서 섬 사이를 넘실넘실 옮겨 다니는 수많은 '오랑 라웃'(바다 유목민, 바다 집시)은 산을 옮겨 다니는 화전민의 유형을 바다에서 보여 준다. 여러 산악민들처럼 그들은 전쟁의 전통을 갖고 있었고 쉬이 옮겨 다니며 때론 해적질(해상 기습)을 일삼고, 노예사냥을 하며, 말레이왕국의 해군이나 기동타격대로 복무하기도 했다. 주요 해상무역로의 기지에 전략적으로 자리 잡으며 기습적으로 타격하고 재빠르게 사라져 버리는 민첩성을 가진 그들을 보자면 마땅히 바다의 조미아가 이 책에서 한 자리 차지해야 할 가치가 있다. 베네딕트 앤더슨이 이 방향으로 갈 수 있다고 나를 독려하면서, "바다는 산이나 숲보다 더 크고 빈 곳이 많다네. G-7, 싱가포르 등 여러 국가들의 공격을 쉽고도 침착하게 막아 내고 있는 그런 모든 해적들을 보게나" 하고 말한 적이 있다. 그런데 누구나 느끼고 있듯이 이 책은 이미 너무 두꺼워지고 말았다. 이 주제는 나보다 잘 아는 사람들이 맡아야 한다. 에릭 테글리아코조가 이미 훌륭하게 이 작업을 시작했다.

내 관심사를 직접적으로 다룬 학자가 네 명 있다. 그들의 저서가 없었다면 이 책은 나오지 못했을 것이다. 나는 F. K. 리먼과 리처드 오코너가 쓴 글들을 읽고 또 읽으며 그들의 깊은 통찰력이 내가 하는 주장에 어떻게 관련될지 헤아려 보았다. 동남아시아의 국가 형성을 비교 관점에서 다룬 최고 권위의 역사가 빅터 리버먼과, 우리들보다 앞서서 조미아의 깃발을 올렸던 장 미쇼(그는 조미아를 '동남아시아 산지'라고 부른다)는 중요한 대화 상대자들이었다. 이 네 학자는 심지어 내 이야기에 동의하지 않을 때조차 차원 높은 학문적 기백과 열정을 보여 주었다. 그들은 내가 이 책에서 논의하게 되는 많은 부분을 수긍하지 않을 수도 있지만, 알아야 할 것은 비록 그들이 바랐던 정도만큼은 아니지만 그들 덕분에 내가 더 똑똑해졌다는 점을 알아 줬으면 좋겠다. 특히 장 미쇼는 친절하게도 《동남아시아 산악민 역사사전》(Historical Dictionary of the Peoples of the Southeast Asian Massif, 2006)의 내용 일부를 이 책의 용어 해설 부분에서 사용할 수 있도록 허락해 주었다.

더 가치 있는 일에 시간을 쓸 수 있었음에도 내 원고의 일부 또는 전부를 읽고 솔직하게 조언해 준 사람들이 많다. 내 주장을 좀 더 세밀하고 논리적으로 가다듬는 데에 그들의 영향이 이 책 여기저기에 깊게 배어 있다는 점을 발견하면 좋겠다. 특별한 순서 없이 여기에 소개한다. 마이클 아다스, 아자이 스카리아, 라마찬드라 구하, 타니아 리, 베네딕트 앤더슨, 마이클 아웅-뜨윈, 마사오 이마무라, 역사가인 우따툰마웅과 우소쪼뚜, 고고학자인 우툰떼인, 지질학자인 아서 페, 제프리 벤저민, 샨샨 두, 만디 사단, 마이클 해서웨이, 월트 코워드, 벤 커크블릿, 론 헤링, 인드라니 차터지, 킨마웅윈, 마이클 도브, 제임스 헤이건, 잔-바르트 게왈드, 토머스 바필드, 통차이 위니차쿤, 캐서린 보위, 벤 키어넌, 파멜라 맥엘위, 낸스 커닝엄, 아웅아웅, 데이비드 루든, 레오 루카센, 제니스 스타가르트, 토니 데이, 빌 클라우스너, 미야딴, 수전 오도노번, 앤터니 리드, 마틴 클레인, 조 굴디, 아데스 마웅똥뭉, 보보응에, 매그너스 피스케스조, 메리 칼라한, 엔리케 메이어, 엔젤리크 호제러드, 마이클 맥거번, 딴민우, 마크 에델먼, 케빈 헤프너, 크리스티안 렌츠, 안핑 친, 프라센지트 두아라, 제프 웨이드, 찰스 카이스, 앤드루 터턴, 노부루 이시카와, 케넌 브리질, 캐런 바키. 잠깐! 이 명단에서 빠뜨린 네 사람이 있는데 밝히지는 않았다. 누구인지 그들 자신은 잘 알 것이다. 부끄러운 줄 아시라! 혹시 쓴 것을 프린터에서 책상으로 가지고 오던 중에 고꾸라졌다면 사과한다.

몇 사람에게 우정의 빚을 졌다. 그 빚을 어디에 포함시켜야 할지는 모르겠다. 조라이퍼 존슨이 쓴 통찰력 가득한 책 《미엔족의 관계》(Mien Relations, 2005)는 내가 생각을 가다듬는 데, 특히 산악민의 정체성과 사회구조의 유연성에 관한 이해에 크게 영향을 끼쳤다. 미카엘 그레이버스는 카렌족과 천년왕국에 이끌리는 그들의 세계관에 대해서 많은 것을 가르쳐 주었다. 에릭 테글리아코조는 원고를 아주 꼼꼼하게 읽고 나에게 읽어야 할 책들의 목록을 과제로 내 주었는데, 아직 그걸 못 끝내고 있다. 마지막으로 몇 년 전에 나와 함께 '토착 정체성과 공식 정체성' 연구를 시작한 다섯 동료들로부터 많은 것을 배웠다. 피터 살린스, 뻥깨오 루앙까람스리, 콴치완 부아댕, 추삭 위타야팍, 그리고 조미아라는 용어가 생기기 이전에 이미 조미아 연구를 수행했던 재닛 스터전이 바로 그들이다.

한참 전에, 그러니까 1996년에 동료인 헬런 시우의 설득에 못 이겨 중국의 국경과 국경 사람들에 관한 학술회의에 토론자로 참석했다. 헬런, 파멜라 크로슬리 그리고 데이비드 포르가 조직한 이 컨퍼런스는 매우 도전적이고도 생생하여 갖가지 아이디어를 싹 틔울 수 있었다. 파멜라 크로슬리, 헬런 시우 그리고 도널드 서턴이 그 모임의 결과물로 편집한《변경의 제국》(Empire at the Margins: Culture, Ethnicity, and Frontier in Early Modern China, Berkeley: University of California Press, 2006)은 새로운 역사와 이론, 민족지로 가득 차 있는 책이다.

내 소임이 무엇인지 너무나도 천천히 알아 가더라도 지난 10년 동안 품어 주고 지원해 준 초청 연구 기관들이 많다. 나는 산악 동남아시아 및 국가와 떠돌아다니는 사람들 간의 관계 전반에 관한 기본적인 독서를 스탠퍼드대학 행동과학고등연구소에서 시작했다. 그 연구소의 앨릭스 카이사와 낸시 콧, 토니 베빙턴, 댄 세갈은 지적 대화의 벗이었다. 거기서 시작한 독서는 2001년 봄에 오슬로개발환경연구소에서 이어졌다. 그 연구소에서 나는 데스먼드 맥닐, 시그니 하월, 니나 위토첵, 번트 하그벳한테 도움을 받았다. 그리고 그곳에 있는 '버마민주주의소리' 라디오 방송국에서 버마어 수업을 본격적으로 시작했다.

킨마웅윈은 인내심을 갖고 내 공부를 도와주었다. 나는 덴마크 로스킬레대학 국제개발학대학원의 사회학·글로벌라이제이션학과에 머물던 기간에 이 책의 초고를 끝냈다. 크리스티안 룬드, 프레벤 카르숄름, 보딜 폴케 프레데릭슨, 잉에 젠슨, 올레 브룬이 학문적 버팀목이 되어주고 즐겁게 생활할 수 있도록 도와주었다. 깊은 감사의 뜻을 전하고 싶다.

지난 20년 동안 내 지적 자양분은 예일대학 '농경연구프로그램'에서 나왔다. 농촌 운동가, 연구원, 강연자, 대학원생, 내가 가르치던 공동 연구원들 덕분에 학문의 장이 활기차면서도 도전적일 수 있고, 따뜻하면서도 심각할 수 있다는 내 믿음을 견지할 수 있었다. 케이 맨스필드는 언제나 그 프로그램의 심장이며 영혼이자 우리의 위치를 알게 해주는 나침반이었다. 내 동료들인 시바라마-크리시난, 에릭 워비, 로버트 함스, 아룬 아그로월, 폴 프리드먼, 린다-앤 레분, 마이클 도브 모두 내가 편하게 공부할 수 있도록 해주었다. 그중 마이클 도브와 해럴드 콘클린은 그토록 중요한 화전 경작에 대해 내가 알고 있는 모든 것을 가르쳐 주었다.

헛된 고생을 하고 수많은 실수를 교정하느라 몇 달을 보낼 수도 있었는데, 적극적이고 재주가 많은 여러 연구 보조원들이 그 시간을 아껴 주었다. 그들이 머지않아 학계에 이름을 떨칠 거라고 확신한다. 아라시 하제니, 샤프캇 후세인, 오스틴 자이더만, 알렉산더 리, 케이티 샤프, 케이트 해리슨은 이 책에 신뢰가 가도록 도와주었다.

버마어를 씨름하고 있을 때 함께해 준 많은 미얀마 친구들은 적어도 위험근무수당을 받을 자격이 있고 아마도 성자로, 상좌불교의 맥락에서 말하자면 '신성한 왕'(deva-hood)으로 대접을 받을 만하다. 나를 가장 오랫동안 가르쳐 전투의 상흔이 역력하고 최고의 참을성을 지닌 사야킨마웅 지에게 감사한다. 또한 산산린을 비롯해 그의 가족 모두에게도 감사한다. 렛렛아웅, 보보웅에, 칼루포, 킨마웅윈은 나와 함께하는 버마어 대화가 참을 수 없을 정도로 느려 터지고 이상하게 꼬여 갔으나 용기를 북돋아 주었다. 카웅쪼와 코소쪼뚜는 내 정식 선생님이 아니었음에 불구하고 친구로서 내 대화를 이끌어 주었다. 끝으로 만달레에서 그리고 여러 여정 중에, 타고난 선생님인 사야 나잉툰린은 내 수준에 맞게 학습법을 개발하고 철저하게 지켜 나갔다. 우리는 가끔 어느 작은 호텔의 넓은 4층 발코니에서 공부를 했다. 내가 네 번이나 다섯 번 연달아 똑같은 성조나 격음을 정말이지 어처구니 없게 발음할 때, 그는 갑자기 일어나서 발코니 난간 쪽으로 걸어 나가곤 했다. 절망한 나머지 그 난간 밖으로 몸을 던지지 않을까 몇 번이나 마음을 졸여야 했다. 다행히 다시 돌아와 고쳐 앉고, 숨을 깊게 들이마신 뒤 수업을 다시 시작하곤 했다. 그가 없었으면 나는 그 시간을 지나오지 못했을 것이다.

이 책의 적당한 제목을 찾으려고 애쓸 무렵, 위스콘신대학의 정치학자 지미 카사스 클라우센이 'The Art of Not Being Governed'(이 책의 원제—옮긴이)라는 제목으로 정치철학 과목을 가르치고 있었다. 클라우센은 친절하게도 과목명을 책 제목으로 사용할 수 있도록 허락해 주었다. 그가 기필코 이 주제에 관해 자신의 책을 저술하여 이 모든 과업에 철학적 기반을 제공해 줄 날을 고대한다.

이 책에 실려 있는 지도들은 예일대학 스털링도서관 지도자료실에서 일하는 스테이스 메이플스의 기술과 상상력으로 만들어진 것이다. 그는 동남아시아 국가 형성의 공간적 이슈에 관해 내가 이해하고 있는 바를 지도로 표현해 주었다.

이 책에서 필요하다고 보이는 곳에 버마어 단어나 종종 버마어 표현을 기입했다. 버마어를 로마자로 표기하는 규칙이 아직 통일되지 않았기 때문에, 나는 런던대학 동양아프리카대학(SOAS)의 존 오켈이 고안한 표기법을 따랐다. 그가 펴낸 《버마어》(Burmese: An Introduction to the Spoken Language, DeKalb: Northern Illinois University, Center for Southeast Asian Studies, 1994)에 설명되어 있다. 혼란을 피하기 위해 버마어 용어가 중요하다고 보이는 곳에는 버마어 문자를 삽입했다.

이 책은 물론 '농경연구 시리즈'(Yale Agrarian Studies Series)의 다른 책에서도 마찬가지로 진 톰슨 블랙만큼 유능한 편집자를 구하기 힘들 것이다. 예일대학 출판부 역시 그처럼 통찰력 있는 편집자를 찾지 못할 것이다. 댄 히턴은 독자들이 접할 법할 실수나 과도한 표현들을 수정하여 견실하고 품격을 갖춘 글이 되도록 해주었다.

마지막으로, 내 고원 뮤즈의 영감과 그와 함께한 시간이 없었다면 이 책을 쓰는 동안 내 길을 헤쳐 나가지 못했을 것이다.

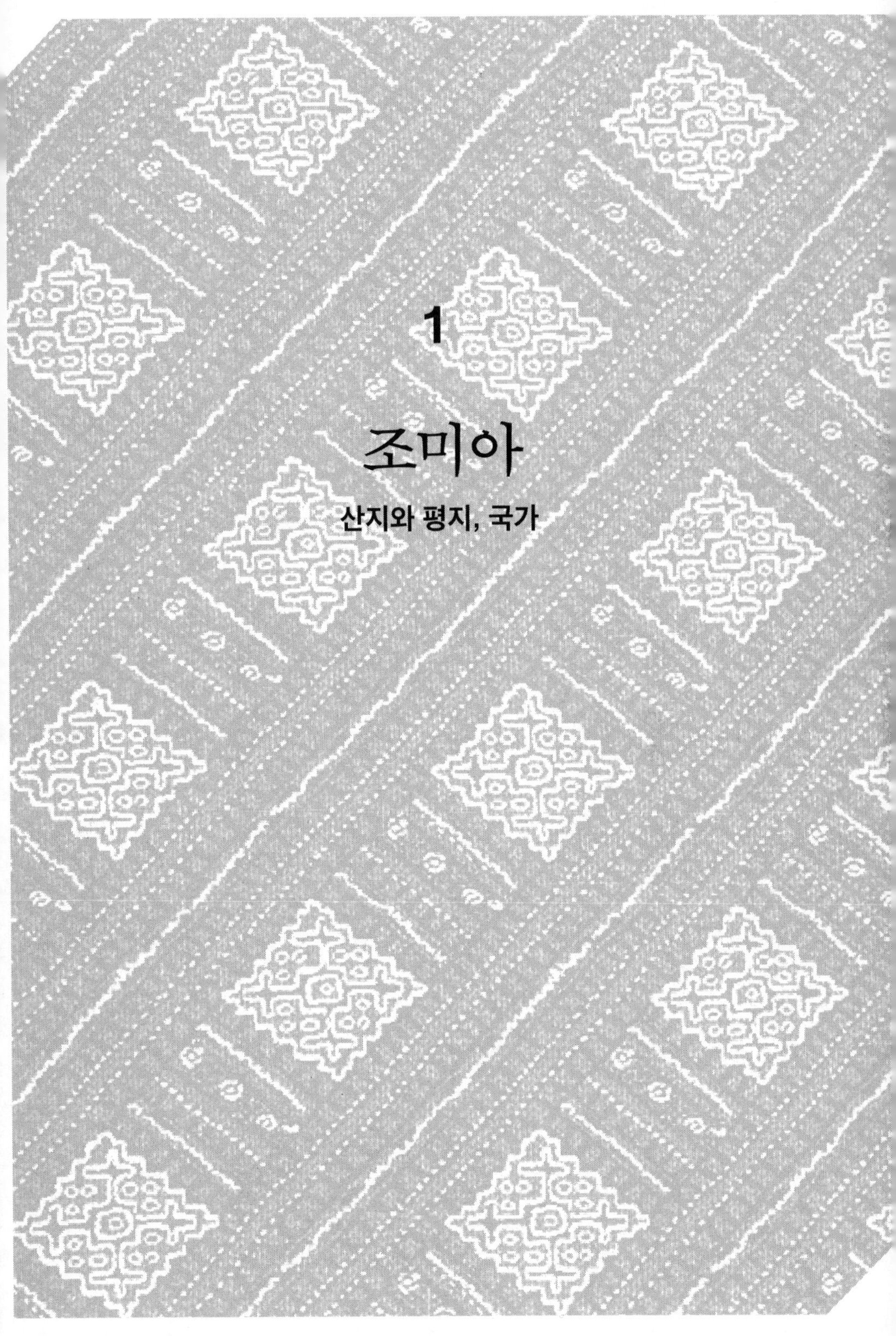

1

조미아

산지와 평지, 국가

지난날의 상황을 짐작케 하는 세 가지 이야기를 소개하며 시작하려 한다. 처음 두 이야기는 험준한 지세를 극복하고 다루기 힘든 탈주자와 거주민들을 제압하여 장차 지배 관료가 되려는 자들이 들려준 것이다. 세 번째의 이야기는 다른 대륙에 관한 것인데, 지형 탓에 발생한 무종교와 이교 때문에 절망에 빠진 장차 영혼의 지배자가 되려는 자가 들려준 것이다.

지도를 제작하는 것은 어려운 일이다. 구이저우 지방의 지도를 제작하는 것은 더더욱 그러하다. …… 남부 구이저우 지역은 분절되어 있고 그 경계가 모호하다. …… 성(省)이나 현(縣)이 여러 하위 구역으로 쪼개져 있고, 대부분의 경우에 다른 성이나 현과 떨어져 있다. …… 임자 없는 땅도 많은데, 그러한 곳에는 먀오족(Miao, 苗族)이 한족과 섞여 있다.

남부 구이저우는 수많은 산봉우리들로 뒤덮여 있다. 그 봉우리들 사이에는 반반한 곳이나 습지도 없고 간격 없이 마구 뒤섞여 있다.

게다가 강이나 물줄기가 없어 그 산이 어디에서 끝나는지 알 수 없을 정도로 혼란스럽다. 넌더리가 날 정도로 봉우리들이 많고 그 모양도 제멋대로이다. …… 극소수의 사람만이 그곳에 살고 있으며 대개 그 산봉우리들은 이름이 없다. 그 생김새를 명확하게 구분하기가 어렵고 산등성이나 산꼭대기들은 똑같아 보인다. 그래서 산세를 설명하는 사람들은 장황하게 얘기할 수밖에 없다. 어떤 경우에는 불과 몇 킬로미터 구간을 설명할 때조차도 한 무더기의 문서가 필요하고, 하루 길의 주요 행군로에 대한 설명은 끝이 이를 데 없다.

50킬로미터 지역 안의 복잡한 사투리에 대해 말하자면, 강 하나를 일컫는 이름이 50개고 1.5킬로미터를 관할하는 한 주둔지를 일컫는 이름도 세 개나 된다. 정말 종잡을 수 없는 명명법이다.[1]

고개가 많고 밀림으로 우거진 그 지대들은 오랫동안 산적패들의 근거지였다. 민부(Minbu)와 따옛묘(Thayetmyo) 사이의 지역, 샨(Shan) 고원 아래쪽의 늪지대 벨트, 여카잉(Arakan)과 친(Chin) 고원 지역이 바로 그러한 곳들이다. 비좁고 복잡하여 숨어들기에 딱 좋은 이곳에서 그들을 추적하기란 불가능한 일이다. 원래 나있는 길로 가지 않고서는 앞으로 나아갈 다른 방도가 없고, 게다가 밀림의 말라리아는 우리 부대에게 치명적이어서 오직 한 분대만이 밀림을 뚫고 앞으로 나아갈 수 있었다. 마을들은 규모가 작고 서로들 동떨어져 있는데, 비집고 들어갈 수 없을 정도로 울창한 정글이 그 손바닥만 마을들을 둘러싸고 있다. 길이라고는 마차 한 대 겨우 지나갈 정도로 비좁고, 밀림을 통과하는 지점에서는 온통 가시나무 덤불로 뒤덮여 있다. 그나마 3월에는 마른 풀들을 불태우며 지나갈

수 있지만, 우기가 다시 시작되면 사방 모든 곳이 다시금 지나갈 수 없게 된다.[2]

그곳은 미로처럼 복잡한 개울들로 뒤덮여 있다. 60헥타르 면적의 한 행정 구역의 지형도에 339개나 표기될 정도로 그 개울의 숫자가 많다. 다시 말해 1.6헥타르당 개울이 아홉 개나 있다는 얘기가 된다. 대부분 'V'자 모양이고, 개울가를 따라서는 오두막 한 채나 손바닥만 한 밭뙈기도 들어서기 어려울 정도로 평평한 공간이라고는 거의 없다. …… 가끔씩 가게 되는 그 여행은 너무도 오래 걸리는데, 다음과 같은 요인들 탓에 그 고립 정도가 더 심해졌다. 우선 길이 돌고 돈다. 개울가를 따라 내려간 길과 올라갈 때의 길이 어긋나거나, 올라 갈 때의 물줄기와 내려갈 때 산 안쪽으로 뻗어 있는 물줄기가 서로 달라진다. 상황이 이러해서 시집온 아낙네들이 16킬로미터 이내에 친정 부모가 살고 있어도 12년 동안을 가 보지 못한 채 지내고 있다.[3]

좌절이 담긴 이 이야기들은 저마다 청조의 한족, 제국주의 시대의 영국, 애팔래치아의 정통 개신교 지배 집단의 정복 프로젝트와 관련되어 있다. 모두들 질서, 진보, 계몽, 문명의 깃발을 들고 야심차게 그들 나름대로 지배 스타일을 펼쳐 나갔다. 이리하여 국가 또는 종교 조직의 이름으로 기존에 통치가 미치지 않던 지역에까지 행정력을 뻗치려고 했다.

지배자와 그 대리인들이 추구하는 정복 프로젝트와 상대적으로 자율성을 견지하며 살아가는 이들의 영역 사이에서 늘 위태롭게 전개되는 변증법적 관계를 우리는 어떻게 제대로 이해할 수 있을까? 이 관계는 역사적으로 산악민과 평지인 사이 또는 상류인과 하류인(말레이 세계에서 훌루hulu와 힐리르hilir) 사이에서 사회적 균열이 심각하게 발생한 대륙 동남아시아에서 특히 더 두드러진다.[4]

팽창을 지향하는 국가와 자율을 추구하는 사람들이 맞부딪힌 일은 동남아시아에만 한정되지 않는다. 근대 서유럽 국민국가가 형성될 무렵 으레 등장한 '내부 식민주의'의 문화적·행정적 진행 과정에서도 이 둘은 서로 마주쳤다. 로마, 합스부르크, 오스만, 한족, 영국 같은 제국주의 프로젝트에서도, 미국, 캐나다, 남아프리카공화국, 오스트레일리아, 알제리처럼 '백인이 거주하는' 식민지의 원주민 정복에서도, 중동의 역사에서 뚜렷이 확인되는 도시 정주민 아랍인과 초원 유목민 사이의 변증법적 관계에서도 그렇게 마주쳤다.[5] 그 마주침의 세세한 형태는 확실히 저마다 독특했다. 그럼에도 야생인과 숙성인, 거친 사람과 온순한 사람, 산(숲) 사람들과 유역(개간지) 사람들, 상류인과 하류인, 야만인과 문명인, 전근대인과 근대인, 자유인과 예속인, 역사를 가진 이들과 역사 없는 사람들 등으로 다양하게 불린다. 국가 안쪽 사람들과 국가 바깥 사람들의 마주침이 이렇게 편재한다는 것은 우리가 다각도로 여러 사례를 비교할 수 있다는 사실을 알려 준다. 힘껏 이 기회를 누려 보도록 하자.

변방의 세계

우리가 살펴보고 있는 이 마주침은 기록문서, 말하자면 곡식에 기반을 둔 농업 문명이 시작될 무렵부터 지배자들을 사로잡는 주된 관심사였다. 그러나 우리가 뒤로 한걸음 물러서서 역사적 시야를 좀 더 확장하고 국가 문명의 관점이 아닌 인류의 관점에서 이 마주침을 바라본다면, 이 사건이 아주 최근에 일어난 것이라는 점에 놀랄 수밖에 없다. 호모 사피엔스 사피엔스는 약 20만 년 전에 출현했는데, 동남아시아에는 낫잡더라도 6만 년 전에야 나타났다. 이 지역에 최초로 정주민 집단이 나타난 것은 기원전 1세기 무렵이었다. 역사적 맥락에서 보자면 이는 매우 협소하고, 보잘것없고, 덧없는 한 점에 지나지 않는다. 일반적 기원(CE, 이 기간은 인간 역사에서 단지 1퍼센트밖에 되지 않는다)이 시작되기 바로 직전까지, 친족 단위를 중심으로 단순하고 자율적으로 살아가는 것이 인간 사회의 대체적인 모습이었다. 이 친족 집단들이 수렵, 축제, 전쟁, 교역, 평화를 위해 가끔씩 협력하기는 했다. 국가라고 부를 만한 그 어떤 형태도 존재하지 않았다.[6] 말하자면, 국가라는 구조 없이 살아가는 것이 일반적인 인간 조건이었던 것이다.

농경 국가의 성립은 뜻하지 않게 발생한 사건이었다. 이 때문에 국가의 지배를 받는 정주민과 국가의 지배 아래 완전히 들어가지 않거나 사실상 자율적으로 살아가는 사람들의 변경 지대 사이의 구분, 즉 변증법이 생겨났다. 일러도 19세기 초까지는 교통이 어렵고 군사기술의 수준이 보잘것없었으며, 무엇보다 인구가 적어 아무리 야심찬 국가라 할지라도 그 야욕을 실현하기에는 한계가 있었다. 동남아시아에서 1600년의 인구밀도는 1제곱킬로미터당 고작 5.5명에 불과했다(반면에 인도와 중국에서는 대략 35명이었다). 신민들은 광활한 변경에 비교적 수월하게 접근할 수 있었다.[7] 변경은 늘 변화에 대응하는 조절 기능을 수행했다. 즉 국가가 신민들을 더 강력하게 제압할수록 그들은 국가로부터 더 멀리 벗어났던 것이다. 변경은 인간의 자유를 보장해 주는 그런 곳이었다. 리처드 오코너는 이 변증법을 아주 훌륭하게 포착했다. "국가가 등장할 때면 적응 조건, 적어도 농민들의 적응 조건이 다시 바뀌었다. 국가가 등장하면 농민들은 기동력을 발휘하여 국가의 강요와 전쟁으로부터 달아나 버렸다. 나는 이것을 3차 분산이라고 부른다. 국가는 다른 두 혁명인 농업과 복잡 사회에 대해서는 손안에 두고 어찌해 볼 수 있었지만, 농민에 대해서는 그렇게 하기가 어려웠다. 그래서 우리는 어떻게 해서든 '사람을 모으고 …… 마을을 세우려는' 국가의 전략을 엿볼 수 있는 것이다."[8]

마지막 인클로저

식민지든 독립국가든 오직 근대국가만이 국가 밖의 공간과 사람들을 발밑에 두는 프로젝트를 실현할 수 있는 자원을 갖고 있었다. 그 이전의 사람들은 생각지도 못했을 일이었다. 넓게 보자면, 이 프로젝트는 동남아시아에서 마지막으로 일어난 거대한 인클로저 운동을 표상한다. 서투르고 차질도 빚었지만 이 운동은 적어도 지난 한 세기에 걸쳐 꾸준하게 진행되어 왔다. 식민 정부든 독립 정부든, 공산주의 정부든 신자유주의 정부든, 포퓰리스트 정부든 권위주의 정부든 정부 차원에서 대대적으로 인클로저를 수행해 왔다. 정부가 이 운동을 급선무로 추진했다는 것은 그러한 행정적·경제적·문화적 표준화 프로젝트가 근대국가 자체를 구성하는 데 무척 중요했다는 점을 드러낸다. 그렇게 급하게 추진하지 않았다면 상황은 달라졌을지도 모른다.

국가 중심적인 시각에서 보자면, 이 인클로저 운동은 사람과 땅과 변방의 자원을 통합하고 화폐화하여 국민총생산과 외환보유고를 눈에 띄도록 하는 것이다. 프랑스어 표현을 쓰자면 '채산이 맞도록'(rentable) 늘리는 것이다. 사실, 변방 사람들은 언제나 평지와 세계무역에 경제적으로 긴밀하게 연결되어 있었다. 어떤 경우에는 국제무역에서 귀중품이라 여겨지는 생산물을 공급하기도 했다. 그럼에도 그들을 완전히 통합하려는 시도는 발전, 경제적 진보, 소양, 사회 통합 같은 문화적 의미들로 치장되어 왔다.

하지만 실제로는 그렇다고 볼 수 없다. 국가가 그렇게 한 목적은 변방 사람들의 생산력을 높이기 위한 것이라기보다 그들의 경제적 활동을 한눈에 들어오게 하여 세금을 부과하고 산정하여 징수가 가능하도록 하기 위한 것이었다. 혹시 그렇게 하지 못한다면 세금 부과가 가능한 다른 생산 형태로 대체하는 것이다. 국가는 옮겨 다니는 화전민을 어떻게 하든 마을에 정주시키고자 갖은 노력을 다했다. 국가는 공동 농지나 더 구체적으로 개인이 자유롭게 보유하는 자산 등 개방된 공유지를 패쇄적인 공유 자산으로 바꾸어 왔다. 국가의 자산 보유고를 위해 목재와 광물 자원을 점유해 왔다. 기존에 널리 이루어지던 생물다양성 경작 방식 대신에 될 수 있으면 현금작물, 단일작물, 플랜테이션 방식의 농업을 늘 장려해 왔다. '인클로저'라는 용어가 이 과정을 설명하는 데 이렇게 딱 들어맞을 수가 없다. 1761년 이후 한 세기 동안에 곡식 경작 공유지의 절반을 대규모의 사적·상업적 생산을 위한 지대로 삼켜 버린 영국의 인클로저와 너무도 똑같다.

역사의 렌즈 초점을 좀 더 멀리 맞추면, 이 거대한 인클로저 운동의 새롭고도 혁신적인 면을 볼 수 있다. 중국과 이집트의 초창기 국가들 그리고 나중에 등장한 인도의 찬드라굽타, 고전시대 그리스, 공화정 로마는 인구학적 관점에서 보자면 대단치 않은 국가들이다. 전 세계에서 극히 일부만을 차지했을 뿐이었고, 그 신민들은 전 세계 인구에서 손톱만큼도 되지 않았다. 서기 500년 무렵에 성립된 대륙 동남아시아 초기 국가들이 차지한 면적과 인구도 역사책에 과장되어 나와 있는 것과 달리 보잘것없었다. 해자와 성벽으로 둘러싸인 작은 중심지와 그 주위에 딸린 마을들로 구성된 통치 영역에서 그렇게 연결된 지점들의 위계질서와 권력은 불안정했으며 그 지리적 영향권도 넓지 않았다. 고고학 유물과 국가 중심의 역사를 통해 아직 현혹되지 않은 눈으로 보자면, 거의 모든 곳이 변방이었지 중심지가 아니었다고 할 수 있다. 대부분의 사람들과 그들이 살아가던 영역은 국가 바깥에 있었다.

국가의 핵심부는 넓지 않았지만 그곳에서 인력과 식량을 한데 끌어모을 수 있는 전략적·군사적 이점을 확보할 수 있었다. 논에 물을 대 짓는 벼농사는 그 핵심이었다.[9] 새로운 정치 구성체인 벼농사 국가는 기존에 국가 바깥에 있던 사람들을 끌어다 모아놓은 장이었다. 거래를 하고자, 부를 축적하고자, 높은 지위를 얻고자 그 핵심부로 들어온 사람들도 분명 있었으나 대부분은 전쟁 포로들과 노예사냥꾼이 팔아넘긴 노예들이었다. 광활한 '야만의 땅' 변방은 적어도 두 가지 점에서 이 작은 국가들에게 핵심적인 자원이었다. 첫째, 벼농사 국가가 번성하는 데 필요한 온갖 주요 교역 물품과 임산물을 보유하고 있었다. 둘째, 가장 핵심적으로 통용되는 교역품을 갖고 있었으니, 곧 성공한 국가라면 반드시 필요한 운영 자본인 인간 포로들의 원천이었다. 초창기의 캄보디아, 태국, 미얀마 같은 국가들뿐 아니라 이집트, 그리스, 로마 같은 고전 국가들에서 대부분의 신민들은 노예와 포로, 그들의 자손 등 국가에 얽매인 자들이었다.

이 작은 국가들의 둘레에 포진한 고삐 풀린 거대한 변방은 또한 도전과 위협을 표상하기도 했다. 이곳은 채집, 사냥, 화전, 어업, 유목에 이르기까지 국가가 도무지 다루기 어려운 방식으로 생계를 꾸려 나가는 도망자나 떠돌이들의 근거지였다. 정착 농업에 맞춰진 국가로서는 이 통치 밖의 공간에서 일궈 나가는 다양하고 변화무쌍하고 이동적인 생계 방식이 국가의 재정에 아무 보탬이 되지 않았다. 변방 사람들이 거래를 원치 않는다면 그 생산물에 접근할 수가 없는 노릇이었다. 초창기의 국가들은 거의 예외 없이 경작이 가능한 평야 지대의 산물이었고 그 곁에 존재했지만, 국가의 통치를 받지 않는 사람들은 대부분 산악, 습지, 늪, 건조한 스텝, 사막 등 국가가 접근하기 어려운 지형에 거주하고 있었다. 무척 드문 경우이긴 하지만 이론상 국가가 그들의 생산물을 차지한다 하더라도, 여기저기 흩어져 있고 운송하기도 까다로워 사실상 손에 넣기가 힘들었다. 이 두 공간, 곧 국가 안의 공간과 국가 밖의 공간은 생태학적으로 서로 보완적이어서 자연스레 거래 파트너가 되었지만, 그 거래는 강압적으로 이루어지지 않았다. 자발적 교환의 형태를 띠었던 것이다.

흔히 '야만족'의 영역이라고 여겨지던 변방은 초기 국가의 엘리트들에게 잠재적인 위협이기도 했다. 드물긴 해도 몽골족, 흉노족, 오스만과 그 정복 부대의 경우처럼 무장을 갖춘 유목민들이 국가를 압도하여 멸망시키거나 국가를 대체하여 지배하는 인상적인 경우도 있었다. 그보다 더 일반적인 경우는 국가 밖의 사람들이 국가의 통치를 받는 정주 농민들의 거주지를 약탈하거나 때때로 국가처럼 그 농민들로부터 조공을 규칙적으로 받아 내는 일이었다. 국가가 '쉽게 뽑아 먹기' 위해 정주 농업을 장려했던 것과 마찬가지로 약탈자들 역시 정주 농업을 매력적인 수탈의 장이라 여겼다.

하지만 오랫동안 도사리고 있던 주된 위협은, 변방 지역이 국가 내의 사람들에게 다른 삶이 있다며 끊임없이 유혹해 온 것이었다. 새 국가의 창건자들은 이전에 그곳에서 살던 사람들의 경작지를 강탈하는 경우가 많았는데, 그때 빼앗긴 자들은 국가에 흡수되거나 아니면 작정하고 멀리 달아나 버렸다. 그렇게 도망친 자들이 국가의 권력을 피한 첫 번째 난민이 되어 국가 밖에서 살고 있던 사람들에 합류했다. 국가의 힘이 뻗어 나갈 때마다, 새로 확장된 곳에 살던 사람들은 늘 똑같은 딜레마를 겪었다.

세상 곳곳에 퍼져 있어 국가가 필연적인 존재라고 여겨질 때 놓치기 쉬운 것이 있다. 곧 대부분의 역사에서 국가 내부나 바깥, 또는 그 중간 지대에서 살아가는 방식이 하나의 선택이었다는 점이다. 이는 맥락에 따라 이해되어야 할 것 같다. 부와 평화를 구가하는 국가의 중심부는 국가 안으로 들어가는 쪽이 이익이라고 생각하는 사람들을 점점 더 많이 끌어들일 수 있다. 물론 이것은 미개한 야만인들이 평화와 정의의 왕이 이룩한 번영에 홀렸다는 전형적인 문명의 내러티브에 맞아 떨어진다. 이 내러티브는 토머스 홉스는 물론이고 대부분의 세계 구원 종교에서도 발견된다.

이 내러티브는 두 가지 중요한 점을 간과한다. 첫째, 전부는 아닐지라도 대부분의 초기 국가 인구는 비자유인, 곧 억눌린 신민들이었다는 점이다. 둘째, 이 전형적인 문명 내러티브가 가장 불편하게 여긴 것은 국가의 신민들이 틈만 나면 도망쳐 버렸다는 점이다. 국가 안에서 산다는 것은 곧 세금, 징병, 강제 부역 그리고 무엇보다 노예라는 조건을 의미했다. 이러한 조건들은 국가가 전략을 세우고 군사적 우위를 유지하는 데 핵심이었다. 이 부담을 도저히 감당할 수 없을 때, 신민들은 재빠르게 변방이나 다른 나라로 달아나 버렸다. 근대 이전의 상황에서 밀집된 인구와 가축, 단일 작물에 대한 지나친 의존은 기근과 전염병을 일으켜 결국 인간과 작물의 건강을 해쳤다.

마지막으로, 초기 국가들은 신민들의 피를 빼는 '전쟁 머신'이었고 신민들은 징집, 침입, 약탈을 피해 도망갔다. 이렇듯 초기 국가는 인구를 흡수하려고 할 때마다 인구가 밀려 나갔고, 대개 그렇듯이 전쟁, 가뭄, 전염병, 또는 왕위 계승을 둘러싼 내란으로 국가가 멸망할 때 그 신민들은 토사물처럼 밖으로 쏟아져 나왔다. 국가는 결코 완전한 존재가 아니었다. 잠시 번성했다가 전쟁, 전염병, 기근, 또는 생태적 붕괴로 멸망한 국가의 중심부에서 발굴된 수많은 고고학적 유물은 긴 역사에서 국가가 성립과 멸망을 되풀이했다는 사실을 드러낸다. 오랜 세월에 걸쳐 사람들은 국가를 드나들었으며, '국가성' 그 자체는 대개 순환적이고 가변적이었다.[10]

이렇게 국가가 생겼다가 망하기를 오랫동안 반복하다보니 피난민들과 국가의 신민이 된 적이 없는 사람들로 이루어진 변방이 생겨났다. 변방은 대부분 도피 공간이거나 '파쇄 지대'였다. 그곳은 국가 형성의 여파로 그리고 국가에 맞서다 튕겨 나온 인간 조각들이 마구 쌓여 종족과 언어가 어리둥절할 정도로 복잡해진 지역이 되었다. 국가의 팽창과 멸망은 이따금 연쇄효과를 일으켜 도망친 신민들이 다른 사람들을 내몰았고, 그렇게 내몰린 자들은 안전을 찾아 새로운 곳으로 옮겨 갔다. 동남아시아 대부분의 산악지대는 사실상 파쇄 지대이다. 중국 남서부 윈난이 '인종 박물관'으로서 명성을 얻게 된 것은 바로 이러한 이주의 역사 때문이었다. 팽창한 국가와 제국, 만연한 노예무역과 전쟁, 자연재해로부터 벗어나 피난처를 찾아 사람들이 몰려간 외딴 곳 어디에든 파쇄 지대가 존재한다. 아마존, 라틴아메리카의 고원(경작 지대와 국가가 있는 안데스는 특별한 경우이다), 노예사냥으로부터 안전한 아프리카 고원의 회랑, 발칸, 캅카스 같은 곳이 바로 그런 예들이다. 파쇄 지대들을 관통하는 주요한 특징은 상대적으로 접근이 어렵다는 점과, 언어와 문화가 다양하다는 점이다.

변방에 관한 이러한 설명이 문명의 공식적인 자기 이야기와는 뚜렷이 다르다는 점을 눈여겨보면 좋겠다. 문명 담론에 따르면, 뒤쳐지고 단순하고 아마도 야만적인 사람들이 점차 선진적이고 우수하고 더 번성한 사회와 문화에 흡수된다. 이와 달리 통치의 바깥에 있는 수많은 야만인들이 정치적 선택으로서 국가와 거리를 두었다면, 새로운 정치 행위자가 등장하는 것이다. 국가 바깥 변방에 거주하는 사람들 대부분은 과거 사회의 유물, 잔존, 또는 동남아시아 평지의 민간전승에서 언급하듯이 '우리의 살아 있는 조상들'이 아니다. 의도적으로 국가의 변방에 자리를 정한 채 삶을 꾸려 나가는 사람들의 처지를 종종 하찮은 원시주의라고 불러온 것은 잘못이다. 그들의 생계 방식과 사회조직, 물리적 분산, 문화의 온갖 요소들은 남겨진 사람들의 낡은 특성이 아니라 주변의 국가에 흡수당하지 않기 위해, 그들 가운데 국가처럼 권력의 집중화가 일어날 가능성을 최소화하기 위해 의도적으로 고안한 것이다. '국가 피하기'와 '국가 막기'는 그들의 관행과 흔히 그들의 이데올로기에도 깊이 스며들어 있다. 달리 말해 그들은 '국가 효과'

(state effect)이고 '기획된 야만인들'이다. 평지의 중심부와 호혜적으로 활발하게 거래를 해 나가면서도 정치적 포획은 교묘히 피해 나갔다.

'야만인'들이 유민(遺民)으로서 '거기'에 존재하는 것이 아니라 자유를 지키기 위해 거주지와 생계 방식, 사회구조를 선택한 것이라는 가능성을 고려한다면, 사회 진보에 대한 문명의 상투적 언설이 철저하게 그 근거를 상실하게 된다. 연대기적인 '문명 발전 시리즈'(수렵채집에서 화전 또는 유목, 정착 곡식 재배, 관개농업으로 발전하는 단계)와 그것과 결부되는 또 다른 시리즈(정처 없는 산악 떠돌이 집단에서 작은 개간지, 작은 마을, 큰 마을, 도시, 왕궁의 중심부로 발전하는 단계)는 평지 국가가 생각하는 우월감이 무엇인지를 단적으로 보여 준다. 그런데 이런 시리즈의 추정적인 '단계들'이 실은 사회적 선택들의 배열이고 그 사회적 선택이 저마다 국가에 맞서기 위한 특유의 전략이라면 어찌할 것인가? 그리고 긴 시간에 걸쳐 많은 집단들이 국가를 멀리 두기 위해 그런 선택들 가운데 전략적으로 좀 더 원시적이라 여겨지는 형태로 옮겨 갔다면 어찌할 것인가? 이 점에서 보면, 평지 국가의 문명 담론은(그리고 초기의 수많은 사회 진보 이론가들의 생각은) '국가 내부에서 지배를 받으면 문명, 그렇지 않으면 원시'라고 자기 편의대로 갖다 붙인 것이다.

이 책 전체에 걸쳐 나는 이러한 논리를 근본적으로 뒤집을 것이다. 변방 거주, 물리적 이동성, 화전 경작, 유연한 사회구조, 비정통 종교, 평등주의, 문맹, 구술 문화에 이르기까지 산악민들을 낙인찍는 특징은 대부분 문명에 뒤쳐진 원시의 표식이 아니다. 긴 안목에서 보자면 국가의 포획과 국가가 건설되는 것을 피하기 위한 '기획 적응 전략'이라고 보는 쪽이 더 올바른 인식이다. 달리 말하여 유혹의 손길을 내밀면서도 위협을 가하는 국가들의 세계에 대응하는 국가 바깥 사람들의 정치적인 적응 양식인 것이다.

신민 만들기

지난 몇 세기까지 국가 피하기는 실제로 사람들의 선택이었다. 1천 년 전에 대부분의 사람들은 국가 구조 밖에서, 아니면 느슨한 제국 아래 또는 주권이 쪼개져 있는 상황에서 살았다.[11] 오늘날 이런 선택은 급속도로 사라지고 있다. 어떻게 지난 1천 년 동안 이런 선택의 여지가 급격히 줄어들었는지를 파악하려면 국가 밖의 사람들과 국가 사이에 존재하는 힘의 균형에 대해 거칠게나마 역사를 한 번 쭉 살펴보는 것이 도움이 될 것이다.

국가와 정착 농업의 단단한 결합이 이 이야기의 중심이 된다.[12] 국가는 정착 곡식 농업을 장려했고 이것이 역사적으로 국가권력의 원천이 되어 왔다. 결국 정착 농업은 토지 소유권, 가부장적 경제, 국가가 역시 장려했던 대가족제도에 대한 강조로 이어졌다. 이런 관점에서 보면 곡식 경작은 본질상 확산적이었고, 질병이나 기근이 없다면 새 땅으로 옮겨 개간할 수 있는 인구를 양산할 수 있었다. 장기적 관점에서 보자면, '이동적'이면서 공격적이고 끊임없이 자신을 재생산해는 것이 바로 곡식 농업이었다. 그런가 하면 채집과 사냥은 휴 브로디가 적절히 짚어 내듯이, 한 지역에 의존하고 인구도 훨씬 안정돼 있어 비교적 '강하게 고정되어' 있다.[13]

식민주의와 백인 거주지 개척을 통해 유럽의 힘이 광범위하게 퍼지면서 정착 농업 역시 널리 확산되었다. 북아메리카, 오스트레일리아, 아르헨티나, 뉴질랜드 같은 '신유럽'에서는 유럽인들이 될 수 있으면 자신들에게 익숙한 농업을 변함없이 이어 나갔다. 과거에 정착 농업에 기반을 둔 국가가 존재했던 식민지에서는 유럽인들이 토호들을 대체했다. 그러면서 그들은 토호들이 그랬던 것처럼, 그러나 훨씬 더 효과적으로 세금을 거두고 농업을 장려했다. 모피처럼 교역 물품으로서 가치가 큰 경우를 제외하고, 그 밖에 다른 생계 방식들은 국가 재정에 쓸모없는 것이라 취급했다. 따라서 채집인, 사냥꾼, 화전민, 유목민은 무시되고 잠재적 경작지에서 불모지로 쫓겨났다.

하지만 18세기 말에 이르러 국가 바깥 사람들이 전 세계 인구에서 더 이상 다수는 아니었더라도 여전히 숲, 험준한 산지, 스텝, 사막, 극지, 습지, 격오지에 이르기까지 지구 전체 육지에서 큰 부분을 차지하고 있었다. 그런 지역들은 여전히 국가를 떠나려는 자들의 잠재적인 도피처였다. 대체로 이 국가 없는 사람들은 재정적으로 빤히 드러나는 임금노동이나 정착 농업에 쉬이 빨려 들어가지 않았다. 이 점에서 보면 '문명'은 그들의 구미에 별로 맞지 않았다. 신민들이 짊어지는 고역과 종속, 속박을 굳이 지지 않더라도 충분히 거래 이익을 취할 수 있었기 때문이다. 국가 바깥 사람들의 대대적인 저항에 바로 뒤이어 대서양과 인도양, 동남아시아의 연안 지역에서는 이른바 노예제의 황금시대가 등장했다.[14] 생산과 노동이 눈에 띄지 않거나 수탈이 어려운 환경으로부터 식민지나 플랜테이션으로 대규모로 사람들을 강제 이주시켜 토지 소유자와 국가의 재정에 기여할 수 있는 환금작물(차, 면화, 설탕, 인디고, 커피)을 재배하도록 했던 것이다.[15] 이 첫 단계의 인클로저에서, 대체로 좀 더 자율적이고 '건강하던' 국가 밖의 공간으로부터 노동을 수탈할 수 있는 곳으로 재배치하기 위해서는 이들을 포획하고 속박해야 했다.

이 거대한 인클로저 운동의 마지막 두 단계는 유럽에서 19세기에, 동남아시아의 경우에는 대부분 20세기 말에 벌어졌다. 이 움직임은 국가와 변방의 관계를 근본적으로 바꾸어 버렸다. 이 마지막 시기의 '인클로저'는 사람들을 국가 밖의 공간에서 국가가 통제할 수 있는 지역으로 옮기는 것을 의미한다기보다는 변방 그 자체를 식민화하고 전적으로 통치가 가능한 공간, 재정적으로 이문을 많이 남길 수 있는 공간으로 탈바꿈시켜 버린 것을 의미했다. 여기에 담겨 있는 논리는 국가 밖의 공간을 완전히 없애 버리는 것이었다. 과거에는 이런 일이 실현되기에는 한계가 있었다. 거리 차이를 없애는 기술(포장포로, 다리, 철도, 비행기, 현대적 무기, 전신, 전화, 요즘의 GPS에 이르는 정보 기술)을 통해 비로소 가능해진, 실로 제국주의적인 이 프로젝트는 정말 혁신적이고 역학 관계마저 너무나 달라서 여기서 내가 하는 분석이 이 시기 이후, 그러니까 1950년 이후의 동남아시아에는 더 이상 통하지 않는다. 근대적인 국민주권 개념과 자본주의가 성숙하면서 커지는 자원에 대한 필요가 이 마지막 인클로저의 실현에 큰 역할을 했다.

20세기에 국민국가가 주권의 기본 단위로서 거의 독보적인 헤게모니를 쥐게 되면서 국가 바깥에서 살아가는 사람들의 삶이 엄청나게 열악해졌다. 국가권력은 그 정의상 폭력적 수단을 독점하고 마땅히 권력을 영토의 가장자리까지 온전히 행사할 수 있어야 한다. 영토의 끝자락에 이르면 마찬가지로 그 정의상 경계를 맞대고 있는 지역에까지 주권을 행사하려는 다른 국가와 마주치게 된다. 원론적으로 주권이 없거나 약하게 미치던 거대한 지역들이 이제 사라져 버렸다. 역시 그 어떤 주권 권력 아래에도 들어가 있지 않았던 사람들도 당연히 사라져 버렸다. 실제로 대부분의 국민국가들은 온갖 수단을 동원하여 이런 비전을 실현하기 위해 노력해 왔다. 국경수비대를 배치했고, 충실한 사람들을 변경으로 옮겼고, '충성심 없는' 사람들은 다른 곳으로 강제 이주시키거나 내쫓았고, 변경의 토지를 개간하여 정착 농업을 시행했고, 국경까지 도로를 건설했고, 그동안 탈주자로 살아 온 이들을 주민등록에 편입시켰다.

이러한 방식의 주권이 등장하게 된 이유는, 그동안 무시되고 쓸모없는 땅이라 취급되고 국가를 떠난 자들의 근거지였던 변방이 성장한 자본주의 경제에서 크나큰 가치를 지닌 것으로 갑자기 부상했기 때문이다.[16] 변방 지역은 석유, 철광석, 납, 목재, 우라늄, 보크사이트, 항공과 전자산업에 없어서는 안 되는 희토류, 수력발전 부지, 생물자원과 보존지에 이르기까지 대부분 국가 재정에 핵심인 자원들을 보유하고 있었다. 노예는 물론이고 금은을 비롯한 갖가지 보석이 묻혀 있는 가치를 있는 지역들이 새로운 골드러시의 대상이 되었다. 이 때문에 더욱더 국가의 힘을 변경 끄트머리까지 행사하고 그곳의 거주민들을 철저하게 통제해 나갔던 것이다.

국가가 변경을 점령하여 다스리면서 문화적인 정책도 역시 그에 맞게 추진했다. 대륙 동남아시아 국경의 여러 지역에는 국가를 중심으로 살아가는 사람들과는 언어나 문화에서 완전히 딴판인 사람들이 거주하고 있다. 놀랍게도 그들은 여러 정체성을 갖고 고토 회복이나 분리주의 운동의 무대가 될 수 있는 국경을 자유롭게 넘나들고 있다. 평지 국가들은 힘이 약하여 별 다른 선택이 없을 때 어느 정도 자율성을 허용하거나 묵인해 주었다. 그러나 힘이 있을 때는 지역의 모든 국가들이 변경 지역의 사람들을 일상의 통치 체계로 끌어들여 국가 중심부 주류 집단의 언어와 문화, 종교를 따르도록 장려하거나 강요하기까지 했다. 이를테면, 태국에서 라후족(Lahu)이 타이어를 읽고 말하고 불교를 믿으며 왕의 신민이 되는 것을 의미했다. 미얀마에서는 카렌족(Karen)이 버마어를 구사하고 군사정부를 충실히 따르는 불교도가 되는 것을 의미했다.[17] 경제적·행정적·문화적 동화 정책과 더불어 평지의 인구 증가 압박이나 자발적인 이주 계획에 영향을 받아 산을 통째로 손아귀에 넣는 정책이 추진됐다. 땅에 굶주린 수많은 사람들이 자의든 타의든 평지에서 산으로 이주해 나갔다. 그들은 그곳에서 평지의 거주 유형과 정착 농업을 변함없이 이어 갔다. 세월이 흐르면서 그들의 인구가 증가하자 흩어져 소규모로 살아가는 산악민들을 압도하기에 이르렀다. 1950~1960년대에 베트남에서 시행된 '유목민 정주 캠페인,' '정착 재배 및 정착 거주 캠페인,' '산지 박멸 캠페인,' '산지 정화 횃불 캠페인' 같은 일련의 동원 운동은 어떻게 이러한 강제 정착과 집어삼키기 정책이 어우러졌는지 잘 드러낸다.[18]

문화적인 관점에서 보면, 이렇게 상대적으로 자율적인 자치 공동체를 없애거나 표준화하는 작업은 역사적 기원이 오래 된 과정이라고 할 수 있다. 모든 대륙 동남아시아 대국의 역사의식에서 이 점은 핵심적인 관심사이다. 베트남의 공식적인 역사 서술에서 메콩 강과 바삭 델타 너머까지 이르는 '남진'(南進)은, 비록 그 역사적 과정에 대한 서술이 정확하지는 않지만 그 지역의 영광을 위해 벌이는 민족해방전쟁으로 취급된다.[19] 미얀마와 태국의 역사에서도 만달레, 아유타야, 그리고 오늘날의 하노이에서 각각 에야워디(Irrawaddy, Ayeyarwady), 짜오프라야, 메콩 강 델타로 인구가 이주한 것이 마찬가지로 취급된다.

한때 변방과 델타와 벽지였던 사이공(호찌민), 양곤, 방콕은 인구가 들어차 이전의 내륙 수도들을 압도하고 거대한 국제 해안 도시로 성장하기에 이르렀다.

넓게 보자면 이 과정을 내부 식민주의라고 이름 붙일 만하다. 그 과정에서 점령과 강제 이주, 나아가 선주민을 멸종시키기까지 했다. 삼림을 훼손하고, 물을 빼고, 수로를 만들고, 제방을 쌓아 자연경관을 탈바꿈시켜 국가와 식민주의자에게 익숙한 작물과 거주 유형, 통치 체계를 도입하려는 식물의 식민화도 자행했다. 이 식민화 과정에서 토착 언어와 소수종족은 물론 경작 기술, 토지보유 제도, 수렵과 채집, 삼림관리 기술, 종교에 이르기까지 온갖 토착적인 것들이 한꺼번에 사라지고 말았다. 국가의 지도자들은 이러한 변방 점령 시도를 문명과 발전을 가져다주는 사업이라고 해석한다. 그들이 말하는 발전이란 결국 한족, 낀족, 버마족, 타이족 같은 주류 종족의 언어와 농업, 종교 관행을 무자비하게 보급하는 것과 다를 바 없다.[20]

이렇게 해서 대륙 동남아시아에 남아 있는 자치 집단과 자치 공간이 몹시 왜소해졌다. 우리는 이 책 전반에 걸쳐 대륙 동남아시아, 특히 미얀마에 살고 있는 이른바 산악민(흔히 부족으로 오해되기도 한다)을 집중적으로 살펴볼 것이다. 이쯤에서 나는 어색한 용어인 '비국가 공간'(nonstate space)을 어떤 의미로 사용하는지 분명히 하고자 한다. 비국가 공간은 그저 산이나 고원지대만을 일컫지 않는다. 국가는 집약적 곡식 생산과 결부되어 있기 때문에 흔히 널리 펼쳐진 경작지에서 형성되기 마련이다. 대륙 동남아시아의 농업생태 환경은 대개 고도가 낮은 곳에 자리 잡고 있어 '평지의 국가'와 '산악민'을 구분 지을 수 있게 된다. 안데스처럼 기본적인 조건을 갖추어 쉽게 경작할 수 있는 토지가 고지대에 자리 잡고 있다면, 그 반대가 될 것이다. 국가가 산에 있고 비국가 공간이 내리막의 습한 저지대에 있다는 얘기이다. 따라서 지대의 높이 그 자체보다는 집약적 곡식 생산이 중요한 변수가 된다.

한편 비국가 공간은 지리적인 장애물 탓에 국가가 통치권을 확립하거나 유지하기가 무척이나 어려운 곳을 가리키기도 한다. 명나라의 어느 황제가 남서부 지방에 대해서 "길이 아득하며 위험하고, 산과 강이 거대한 장애물처럼 앞길을 막아서고, 풍습과 관행이 다르다"[21]고 말했을 때, 이런 점을 의식한 것이다. 늪, 습지, 맹그로브 해안, 사막, 화산 지대, 바다, 늘 변화하며 커지는 동남아시아 큰 강 유역의 델타에 이르기까지 모두 산악처럼 국가가 접근하기 어려운 곳들이었다. 따라서 비국가 공간은 해발고도와는 상관없이 국가가 접근하고 통제하는 데에 큰 어려움을 겪는 지형이라 할 수 있다. 앞으로 자세히 살펴보겠지만, 그런 공간은 대개 국가에 반항하거나 국가로부터 도망친 사람들에게 피난처를 마련해 주었다.

동남아시아의 거대한 산악 왕국

지구상에 남아 있는 여러 거대한 비국가 공간 가운데 하나가 대륙 동남아시아의 광대한 고원지대이다. 비록 가장 큰 비국가 공간은 아니지만 말이다. 이곳을 지칭하는 용어가 여럿 있다. 대륙 동남아시아 '산지'(massif)라고도 하고 최근에는 '조미아'라고도 한다.[22] 대륙 동남아시아, 중국, 인도, 방글라데시에 걸쳐 있는 이 거대한 영역은 25만

헥타르로 유럽 전체 면적에 맞먹을 정도이다. 이 산지와 이곳 사람들을 단일 연구 주제로 삼은 선구자 가운데 장 미쇼가 있다. 그의 범위 설정을 따르면, "북쪽에서 남쪽 방향으로 살필 때 쓰촨 남부와 서부, 구이저우와 윈난 전역, 광시 서부와 북부, 광둥 서부, 미얀마 북부 대부분, 인도 동북부, 태국 북부와 서부, 메콩 유역 위쪽 있는 라오스 전역, 안남산맥을 따라 펼쳐져 있는 베트남 북부와 서부, 캄보디아 북부와 동부 주변 지역"이 조미아를 이루고 있다.[23]

조미아에 살고 있는 소수종족들의 인구는 800~1,000만 명가량으로 추산한다.[24] 이곳 사람들은 수백여 종족 집단과 적어도 다섯 어족으로 나뉘어 있어 범주화하기가 무척이나 어렵다.

8개국에 걸쳐 뻗어 있다는 사실을 제외한다면, 해발고도 200~300미터부터 4,000미터 사이에 위치한 조미아는 애팔래치아(미국 동부와 캐나다 동부 일부에 걸쳐 뻗어 있는 산맥—옮긴이)와 닮아 있다. 좀 더 비슷한 경우를 찾자면 독일, 프랑스, 이탈리아의 변방에 위치하여 그 자체로 국민국가가 된 산악 왕국 스위스를 꼽을 수 있다. 아프리카 북부 아틀라스산맥에서 살아가는 베르베르족에 관해 언급한 어니스트 겔너의 표현을 빌리자면, 이 거대한 산악 지역은 "뻐꾸기시계만 없을 뿐 거의 스위스"라 할 수 있다.[25] 그러나 산악 국가가 결코 존재하지 않았던 이 고원 벨트는 국가의 경계에 자리 잡고 있으며 당연히 국가의 인구 중심지로부터 멀리 떨어져 있다.[26] 조미아는 거의 모든 면에서 주변적이라 할 수 있다. 경제 활동의 중심부에서 멀리 떨어져 8개국이 겹치고 여러 종교 전통과 세계관이 만나는 지대에 걸터앉아 있다.[27]

역사적으로 전통 국가와 그 문화 핵심부, 좀 더 최근에는 국민국가를 중심으로 다루고 있는 학문적 전통은 이 고원 벨트를 전체로 파악하는 데 뚜렷한 한계를 드러낸다. 빌렘 판 스헨델은 국민국가의 '파편들'이 쌓여 구성된 이 지역을 하나의 구별된 지역으로 다루어야 마땅하다고 주장해 온 몇 안 되는 선구자이다. 그는 이곳을 조미아라 이름붙일 정도로까지 중요하게 다루었다. 조미아는 본디 인도-방글라데시-미얀마 국경 지역의 티베트-버마어족 계열의 고산족들이 공통적으로 사용하는 용어이다.[28] 좀 더 풀어 보자면, 조(Zo)는 '동떨어져 있다'는 뜻과 관련된 용어로서 산에 살고 있음을 함축하고 있으며 미(Mi)는 '사람'을 뜻한다. 동남아시아에서 미조(Mi-zo)나 조미(Zo-mi)는 동떨어져 있는 어떤 산악 종족을 지칭했는데, 이 종족 명칭이 지리적 환경에 적용된 용어이다.[29]

판 스헨델은 조미아의 경계를 아프가니스탄과 그 너머에 이르기까지 광범위하게 확장한 바 있지만, 나는 조미아의 서쪽 경계를 좀 더 줄여서 인도 동북부의 나가(Nago)와 미조(Mizo) 산악 그리고 방글라데시의 치타공 산악 지역으로 삼고자 한다.

언뜻 보기에 조미아를 과연 구별된 지역이라고 부를 수 있을까 의문을 품을 수도 있다. 특정한 지리적인 공간을 '지역'이라고 일컬을 때, 일반적으로 그곳이 주변 지역과 다른 문화적 특질들을 공유하고 있다는 점이 전제가 된다. 이 점에서 페르낭 브로델은 지중해 연안의 사회들이 오랫동안 상업적으로 문화적으로 긴밀하게 관계를 발전시켜 오면서 하나의 지역을 형성했다는 것을 보여 주었다.[30] 가령 베네치아와 이스탄불은 정치적·종교적 차이는 있었지만 하나의 세계 속에 통합된 부분으로서 물품을 주고받으며 서로에게 영향을 끼쳤다. 앤터니 리드는 무역과 이주가 지중해보다 오히려 더 쉽게 발생했던 도서

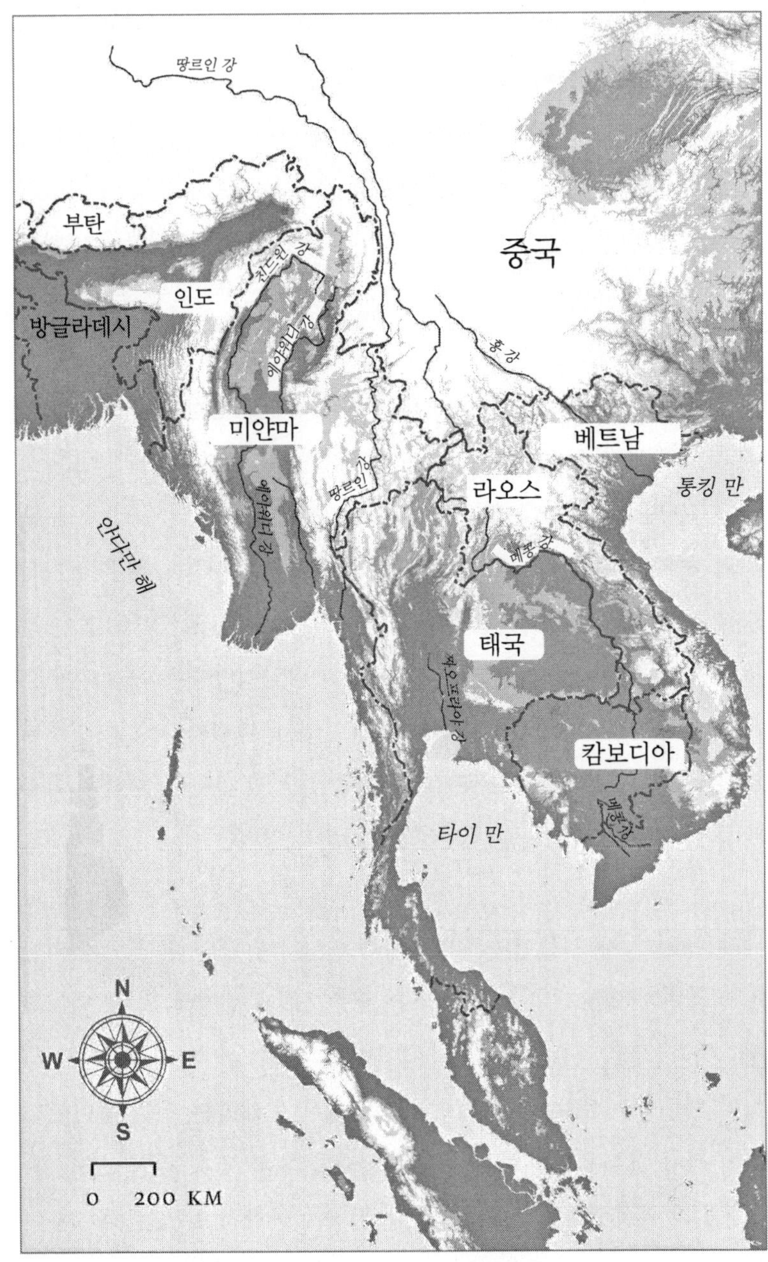
땅르인 강
부탄
중국
친드윈 강
인도
방글라데시
에야워디 강
홍 강
미얀마
베트남
땅르인 강
라오스
통킹 만
에야워디 강
안다만 해
메콩 강
태국
짜오프라야 강
캄보디아
메콩 강
타이 만
N
W
E
S
0 200 KM

지도 2 대륙 동남아시아

부 동남아시아의 순다(Sunda) 대륙붕 연안 지역을 두고 브로델과 비슷한 주장, 어떤 면에서는 그보다 더 강력한 주장을 펼쳤다.[31] 저마다 지역 만들기의 원리는 전근대 세계에서 물, 특히 잔잔한 물은 사람들을 모은 반면에 산, 특히 높고 험준한 산은 사람들을 갈라놓았다는 것이다. 1740년 무렵 잉글랜드 남부 사우샘프턴에서 희망봉까지 항해하는 데 걸린 시간은 런던에서 에든버러까지 역마차로 가는 데 걸린 시간과 비슷했다.

이런 까닭에 산악 조미아는 하나의 지역이라 일컫기에 알맞지 않은 것으로 보일 수 있다. 통일성보다 다양성이 조미아의 트레이드마크이다. 100킬로미터의 산악 지역에서 나타나는 언어, 의복, 거주 유형, 종족 표식, 경제활동, 종교 관행 등의 문화적인 차이들이 같은 규모의 평지 강 유역에서 나타나는 차이보다 훨씬 더 크다. 조미아는 몹시 분절된 뉴기니에서 나타나는 엄청난 문화적 다양성만큼은 아니지만, 그 복잡한 종족적·언어적 모자이크 탓에 잠재적 지배자는 물론 민족지학자나 역사학자들도 크나큰 혼란을 겪었다. 그래서 이 지역을 다룬 학술 연구는 그 지형만큼이나 분절적이고 고립적이다.[32]

나는 조미아가 하나의 지역으로서 자격을 충분히 갖추었을 뿐 아니라, 평지 국가의 형성과 멸망에서 조미아가 담당해 온 중요한 역할을 이해하지 않고서는 평지 국가를 만족스럽게 설명해 낼 수 없다고 생각한다. 서로 적대적이었으나 깊숙이 연관된 공간인 산과 평지 사이의 변증법적 또는 함께 진화하는 관계를 이해하는 것이 동남아시아의 역사 변화를 이해하는 핵심적인 출발점이라고 확신한다.

물리적·사회적 공간으로서 산악 지역이 공유하고 있는 대부분의 특징들은, 이곳이 인구를 더 많이 갖고 있는 평지와 얼마나 다른지 알

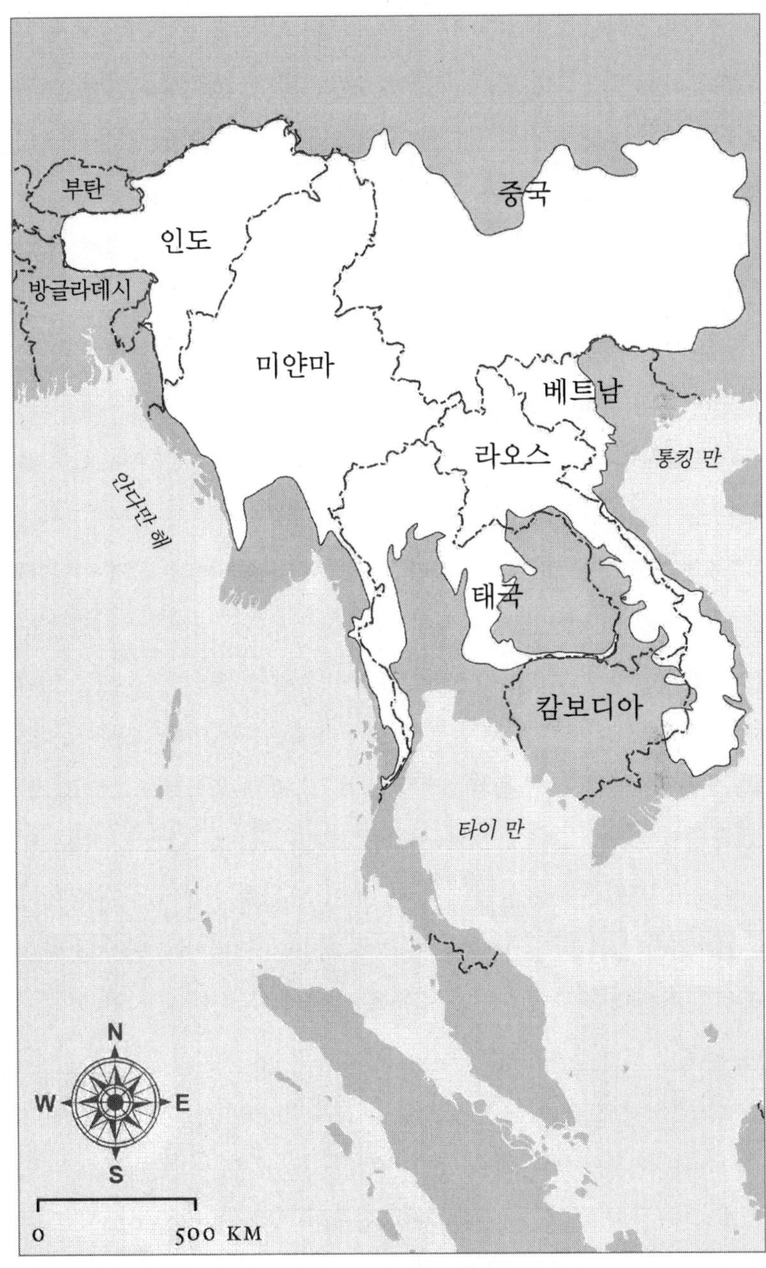

지도 2 대륙 동남아시아의 '조미아'

게 해준다. 산지의 인구는 평지의 인구보다 훨씬 더 분산되어 있고 문화적으로도 더 다채롭다. 지형적 장애와 상대적 고립 때문에 언어, 방언, 의복, 문화 관행이 몇 세기에 걸쳐 마치 '종의 분화'를 겪은 것처럼 말이다. 또 가파른 경우라 해도 삼림 자원과 개활지를 비교적 쉽게 구해 논농사 중심의 단일 작물이 주를 이루는 평지에서보다 훨씬 더 다양한 생계 방식이 이루어져 왔다. 좀 더 넓은 땅과 새로운 경작지 개간, 때때로 거주지 이동을 수반하는 화전은 산악 지역에서 훨씬 더 일반적인 생계 방식이다.

대체로 산악 지역의 사회구조는 위계적이고 표준화된 평지 사회보다 훨씬 더 유동적이고 평등하다. 혼성적 정체성과 이동성, 사회적 유동성은 변방 사회에 나타나는 일반적인 특징이다. 초기 식민 관료들이 새로 차지한 산악 지역의 목록을 만들 때, 여러 '인간 집단들'이 함께 거주하고 있는 작은 마을들을 처리하는 업무에 큰 혼란을 겪었다. 산악민들이 서너 가지 언어를 구사했고 개인이든 집단이든 종족 정체성이 변화를 거듭했는데, 때로는 한 세대 동안에도 그러한 변화가 일어났기 때문이다. 식물군뿐 아니라 인간군을 린네식 학명으로 분류하고자 했던 관료들은 한곳에 붙어 있기를 거부하는 사람들이 혼란스럽게 옮겨 다닌 탓에 늘 곤경에 처했다. 그러나 표면상 혼란스러운 이러한 정체성에 어떠한 질서를 부여해 주는 원리가 하나 있으니, 바로 고도(高度)이다.[33]

에드먼드 리치가 처음으로 밝혔듯이, 조미아를 높이 떠 있는 열기구가 아니라 옆에서 지형을 고려하여 바라보자면, 어떤 질서가 떠오르게 된다.[34] 어떤 경관에서든 특정 집단이 좁은 범위의 고도에 거주하며 그 환경에 맞게 농업경제 유형을 개발하기 마련이다. 가령 몽족은 해발 1,000~1,800미터 고지대에 거주하며 그곳에서 잘 자랄 수 있는 옥수수, 아편, 기장을 재배했다. 높이 떠 있는 열기구에서나 지도에서 볼 때 그들이 여기저기 흩어져 있는 작은 반점들처럼 보인다면, 그것은 그들이 산 정상을 차지하면서 중간 지대와 산 사이의 유역은 다른 집단들이 맡도록 내버려 두기 때문이다.

고도와 산악 환경에 따른 특화는 분산으로 이어진다. 장거리 이동, 결혼 동맹, 비슷한 생계 유형, 문화적 연속성 덕분에 서로 멀리 떨어져 있는 곳에서도 공통된 정체성이 형성될 수 있다. 윈난-태국 국경의 '아카족'과 북부 베트남 홍 강(송꼬이 강) 상류의 '하니족'은 1,000킬로미터나 떨어져 있지만 같은 문화를 갖고 있다. 40~50킬로미터밖에 떨어져 있지 않은 곳에 거주하는 평지의 이웃들과 공유하는 것보다 훨씬 더 많은 문화적 요소를 공유하고 있는 것이다. 따라서 조미아는 정치적 통합에 따라 하나의 지역으로 묶인 것이 아니라(사실 이런 일은 거의 없다) 다양한 산지 농업, 분산성, 이동성, 평지보다 비교적 높은 여성의 지위를 포함하는 기본적인 평등주의 같은 유형을 비슷하게 갖고 있어 하나의 지역으로 묶인 것이다.[35]

인접한 평지와 대응하여 조미아를 뚜렷하게 구분 짓는 특징은 이곳에 비교적 국가가 존재하지 않았다는 점이다. 물론 역사상 비옥한 고원이 많고 육상 무역로의 중요한 기착지가 있는 산악 지역에는 국가가 존재했다. 남조(南詔, 난짜오), 짜잉똥(Kyaingtong, 켕퉁), 난(Nan), 란나(Lan-na)가 그러한 곳에 위치했던 대표적인 국가이다.[36] 이런 국가들은 예외라 할 수 있다. 산악 지역에서 국가 만들기 프로젝트가 시행된 일은 많지만, 대부분 성공을 거두지 못했다고 말하는 편이 옳을 것이다. 그럭저럭 국가를 세웠다 할지라도 짧은 기간 동안, 그것도 끊임없이 위기에 시달리며 유지됐다.

게다가 평지와는 달리 산에서는 왕족에게 세금을 내거나 종교 기관에 종교세를 바치지 않았다. 비교적 자유롭게 국가 없이 살아가는 수렵채집인들과 산악 농민들이 그곳의 구성원이었다. 조미아는 평지 국가의 핵심부에서 멀리 떨어져 있었기 때문에 상대적 고립성과 그만큼의 자율성이 발달할 수 있었다. 여러 주권국가들의 국경에 걸쳐 있었기에 그곳 사람들은 밀수와 밀매, 아편 생산을 수월하게 해나갈 수 있었고, '국경의 군소 군벌 세력들'은 위태롭게 줄타기를 하며 불안정한 독립을 유지해 나갈 수 있었다.[37]

내가 더 확고하게, 더 정치적으로 옳게 얘기할 수 있는 바는 조미아에 거주한 산악민들이 전통 국가, 식민 국가, 독립 국민국가의 체제에 편입되지 않기 위해 적극적으로 저항해 왔다는 사실이다. 조미아의 많은 지역들이 국가권력의 중심부에서 멀리 떨어져 있다는 고립성을 단순히 활용했다는 점을 넘어, "주변 국가들의 민족 건설과 국가 만들기 프로젝트에 저항해 왔다."[38] 제2차 세계대전 이후 독립국가들이 들어서면서 조미아가 분리주의 운동, 원주민 권리 투쟁, 천년왕국 반란, 지역주의 소요, 평지 국가와 겨루는 무장투쟁의 근거지가 되었을 때 이러한 저항이 특히 두드러졌다. 그러나 이 저항은 그보다 깊은 뿌리를 갖고 있다. 식민 시기 이전에 평지의 유형에 대한 문화적인 반발에서, 피난처를 찾아 산으로 달아나는 평지인들의 도피에서 그러한 저항을 확인할 수 있다 .

식민 시기에 유럽인들은 산악 지역의 정치적·문화적 자율성을 인정하여 별도의 산악 행정 체계를 세웠다. 식민 지배에 적개심을 품고 있는 평지의 주류 종족에 대응하기 위해 마련한 평형추인 셈이었다.

몇몇 예외도 있지만, 이 고전적인 '분리지배'(divide-and-rule) 정책의 효과 가운데 하나는 산악민들이 반식민주의 운동에 거의 참여하지 않았거나 그 운동에 적대적이었다는 점이다. 좋게 말하자면 민족주의 운동에서 주변적인 위치에 머물러 있었고, 나쁘게 말하자면 민족의 독립을 위협하는 '제5열'(적과 내통하는 집단—옮긴이)이었던 셈이다. 독립 이후의 평지 국가들이 군사 점령, 화전 근절 캠페인, 강제 이주, 산악 이주 장려, 종교 개종 시도, 거리를 단축시키는 도로·교량·전선 건설, 정부 행정 체계나 평지 문화 스타일을 산악에 이식하는 개발 프로그램 등을 통해 산악 지역 전반에 걸쳐 통치권을 행사하려 했던 것은 어느 정도는 그런 이유 때문이다.

한편, 산악 지역은 정치적 반항의 공간이었을 뿐 아니라 문화적 거부의 공간이기도 했다. 저항이 단순히 정치적인 권위에 관한 문제에만 국한된다면, 높은 지대에서 그 지형적 조건 때문에 분산되어 자리 잡고 있다는 것 말고는 문화적으로 산지 사회가 평지 사회를 닮을 터이다. 그러나 대개 산지의 사람들은 문화적·종교적·언어적으로 평지의 중심부와 딴판이었다. 산과 평지 사이의 이런 문화적 간극은 유럽에서도 역시 역사적으로 계속되어 왔다는 것이 최근까지 나온 주장이다.

페르낭 브로델은 프랑수아 바롱 드 토트가 내놓은 "가장 가파른 곳은 언제나 자유의 안식처였다"는 말을 인용하면서 산악 지역의 정치적인 자율성을 인정했다. 브로델은 거기서 더 나아가 평지와 산악 사이에 건널 수 없는 문화적 차이가 존재한다고 주장했다. "산악 지역은 대체로 도시와 평지에 기반을 둔 문명과는 동떨어진 세계이다. 그곳은 역사적으로 문명의 거대한 물결에 전혀 영향을 받지 않았거나 그 주변에 머물러 있었다. 가장 오래되고 가장 집요한 문명일지라도 옆으로는 끝없이 퍼져 나갔지만, 위로는 불과 몇 백 미터 장애물만 만나도 힘을 잃고 올라가지 못했다."[39] 브로델은 결국 훨씬 이른 시기에 "아랍인은 평평한 곳만 손에 넣을 수 있었을 뿐" 산에 숨어 버린 부족들을 좇지 못했다고 말한 위대한 14세기 아랍의 철학자 이븐 할둔의 생각을 되풀이하고 있는 것이다.[40] "문명은 산에 오르지 못했다"는 브로델의 담대한 주장과 폴 휘틀리를 인용하며 식민 시기 이전 동남아시아를 두고 펼친 올리버 월터스의 주장을 비교해 보자. "많은 사람들이 동떨어진 고원지대, 역사 기록의 무대인 중심부의 영역 바깥에 거주하고 있었다. 만다라(문명과 권력이 집중된 궁정의 중심)는 평지의 현상이었고 그곳에서조차 지리적인 조건들 탓에 통치가 제대로 이루어지지 못했다. '산스크리트어가 해발 500미터에서 굳어 버렸다'는 폴 휘틀리의 표현은 아주 절묘하다."[41]

동남아시아를 연구하는 학자들은 지형, 특히 고도가 문화와 정치에 미친 엄청난 영향에 거듭거듭 강한 인상을 받아 왔다. 폴 무스는 베트남인과 그 문화의 확산에 대하여 "이 종족적 모험이 고지의 부벽 앞에서 멈춰 버렸다"며 휘틀리를 떠올렸다.[42] 중국 북부 변경 연구로 널리 알려진 오언 래티모어 역시 브로델이 인용한 것과 마찬가지로, 인도와 중국 문명이 평지에서는 널리 퍼졌지만 험준한 산을 만났을 때는 더 이상 뻗어 나가지 못했다고 밝혔다. "이런 분화는 중국을 넘어 인도차이나, 태국, 미얀마에서도 발견된다. 그 나라들에서도 집약 농업과 대도시가 발견되는 평지에서는 고대 문명의 영향이 멀리 뻗어 나갔지만 고도가 높은 곳에서는 그렇지 못했다."[43]

조미아가 언어 면에서 무척 다양한 곳이었지만, 그 언어는 대개 평지의 언어와는 달랐다. 친족 구조 역시 산과 평지 사이에 어느 정도 차이가 존재했다. 에드먼드 리치가 산지 사회가 '중국 모델'을 따랐고, 평지 사회가 '인도' 또는 산스크리트 모델을 따랐다고 언급할 때 어느 정도 이런 차이를 염두에 둔 것이다.[44]

산지의 사회는 대체로 평지 사회와 시스템 면에서 달랐다. 산악민들은 대개 정령숭배자들이었고 20세기에는 기독교들로서 평지인들의 '위대한 전통'인 구원 종교(불교와 특히 이슬람)를 따르지 않았다. 평지 이웃의 '세계 종교'를 신봉하는 경우가 있다 하더라도 비정통을 따르고 천년왕국의 열망을 품었고, 평지 엘리트들에게 안심을 주기보다 위협을 가하기 마련이었다. 산지 사회는 잉여물을 생산했지만 그것을 왕이나 승려에게 바치지 않았다. 잉여생산물을 흡수하는 집요한 대규모 종교·정치 기관이 없었기 때문에 산악 지역의 사회학적 피라미드는 평지 사회에 견주어 평평하고 지역에 따른 차이를 보였다. 물론 평지에서처럼 지위와 부에 따른 구분은 널리 퍼져 있었다. 그러나 평지에서는 그런 구분이 초지역적이고 지속적이었지만 산지에서는 불안정했고 지역적으로 한정되었다는 차이가 있었다.

그런데 이런 특징화는 산지 사회의 정치 구조가 다양하다는 점을 흐리게 할 수 있다. 라후족, 크무족(Khmu), 아카족(Akha)처럼 어떤 산악 집단은 평등하고 분권적인 성향이 강했지만, 정치 구조의 차이가 결코 '종족성' 때문에 생긴 것이 아니다. 그렇게 일반화를 할 수 없는 종족들도 많이 있다. 가령 카렌족, 까친족(Kachin), 친족(Chin), 몽족, 야오족(미엔족, Yao/Mien), 와족(Wa)의 경우에는 그 종족 집단 안에 위계에 따른 하위 집단과 분권적이고 평등한 하위 집단이 동시에 존재한다. 무엇보다 인상적이고 중요한 것은 위계와 중앙집권 정도가 늘 일정하지 않다는 점이다. 말하자면 정치 구조의 차이는 국가 만들기를 어떻게 흉내 내는가에 달려 있다. 곧 국가 만들기를 흉내 내는 것은 단기간의 전쟁 동맹이나 노예를 사냥하고 평지 사람들로부터 공물을 갈취하는 '약탈 자본주의(booty-capitalism)'와 같은 것이다. 산악민들이 평지 국가와 조공 관계(물론 정치적 편입이나 열등함을 의미하지는 않는다)를 맺을 때 수익성 좋은 무역로를 확보하거나 중요한 시장에 우호적이고 안정적으로 접근하기 위한 방편이 될 터였다. 극히 일부의 경우를 제외하면 그들의 정치적 구조는 왕족임내 과시하며 화려한 수사를 동원했을지는 몰라도, 정규군은커녕 세금을 바치는 신민, 행정 관할에 대한 직접적인 통치 같은 실제적인 내용물이 없었다는 점에서 모방하기에 불과했다. 산악 정치체는 대부분 재분배 체계이자 경쟁적 연회 체계로서 그것이 베풀어 주는 혜택을 통해 지탱되었다. 어쩌다가 그 정치체가 상대적으로 중앙집권화될 때면, 토머스 바필드가 명명한 초원 유목민의 '그림자 제국'(shadow-empires), 즉 제국의 끝자락에서 무역과 약탈을 독점하여 이익을 누리는 포식성 변방을 닮게 된다. 그 숙주 제국이 멸망하면 그 역시 마찬가지 운명을 맞이한다는 점에서 전형적으로 기생적이라 할 수 있다.[45]

국가의 힘이 미치지 않는 곳

조미아가 단지 평지의 국가에 저항하는 공간이 아니라 도피 공간이었음을 말해 주는 확고한 증거가 있다.[46] 내가 '도피'라 말할 때, 산지에 있는 많은 사람들이 1500년이 넘는 세월 동안 평지의 국가 만들기 프로젝트가 불러온 온갖 고통을 피해 그곳으로 왔다는 것을 의미한다. 결코 그들은 평지 문명의 전진 과정에서 '뒤쳐진' 자들이 아니라, 그 긴 시간 동안 국가의 손이 닿지 않은 곳을 선택해 온 자들이었다. 이 점에서 장 미쇼는 산지의 유목이 '도피 또는 생존 전략'이 될 수 있다고 보았고, 19세기 후반에 중국의 중부와 남서부에서 발생한 전대미문의 대규모 반란 때문에 수백만 명이 난민이 되어 남쪽의 더 외딴 고원지대로 몰려들었다고 한다. 조미아가 역사적으로 국가, 특히 한족 국가로부터 벗어나는 도피처였다는 이 책의 견해에 장 미쇼는 동조한다. 그는 이렇게 결론을 내리고 있다. "중국으로부터…… 지난 500년에 걸쳐 이주해 온 산악민들은 적어도 어느 정도는, 특히 한족의 팽창을 비롯하여 강력한 이웃들의 공격을 피해 원래의 거주지에서 고원지대로 옮겨 온 자들이다."[47]

명대 초(1368년) 이래로 한족의 팽창이 불러일으킨 충돌과 그에 따른 도피 이주에 관하여 수많은 증거가 상세하고도 명료하게 기록되었다. 청대에 들어와서는 기록상의 증거가 더 많아졌다. 그보다 앞선 시기의 기록은 구하기가 어려울뿐더러 종족과 정치체에 관한 표기가 몹시 혼란스러워 쉽게 알아볼 수 없다. 그럼에도 일반적인 패턴을 말하자면, 중국의 위세가 뻗어 나갈수록 그 팽창 지점에 살던 사람들은 흡수되어 한족이 되거나 종종 반란을 일으켰다가 실패하고 멀리 달아나 버리는 것이었다. 그렇게 떠난 사람들은 적어도 얼마 동안은 이주에 따른 '자기 주변화'라고 말할 수 있는 독특한 사회를 구성했다.[48] 그 과정이 되풀이되면 될수록 문화적으로 복합적인 도피 공간들이 국가의 배후에서 생겨났다. 매그너스 피스케스조는 "이 지역에서 국가의 통치를 받지 않는 수많은 사람들의 역사"는 산에서 (가령 와족처럼) 오랫동안 거주해 온 사람들과 피난처를 찾아 그곳으로 간 사람들이 얼기설기 얽힌 갈래의 역사로 서술할 수 있다고 본다. "[중국의 영향권]으로부터 떠난 사람들 중에는 먀오족(몽족)뿐 아니라 티베트-버마어족 계열의 종족들(라후족, 하니족, 아카족 등)도 포함되는데, 이들은 '패배의 유산'을 갖고 있는 '중국에서 비롯된 산악 부족'으로서 지난 몇 세기에 걸쳐 오늘날의 태국, 미얀마, 라오스, 베트남 북부 지역으로 옮겨 왔다. 이런 지역에서 그들은 여전히 새로운 이주민이라고 여겨지고 있다."[49]

국가의 힘이 직접 미치지 않는 그곳에서, 그 만큼 세금이나 강제 부역, 징병에서 벗어난 그곳에서, 더욱이 잦은 전염병과 흉작으로부터 벗어난 그곳에서 그들은 상대적으로 자유와 안전을 누리며 살았다. 그곳에서 국가의 수탈을 막기 위해 고안된 경작 방식인 '도피 농업'을 시행했다. 심지어 그들의 사회구조조차 분산과 자율성을 꾀하고 정치적 예속을 막기 위해 고안되었기 때문에 마땅히 도피 사회구조라고 부를 수 있다.

산악 지역의 엄청난 언어적·종족적 유동성은 정체성 변화를 놀랄 만큼 용이하게 해준다는 점에서 그 자체로 변화하는 권력관계에 적응하기 위한 중요한 사회적 자원이다. 조미아인들은 단지 언어와 종족면에서만 변화무쌍함을 보여 주는 게 아니다. 강한 열정을 갖고 사회변화를 곧 일으킬 수 있는 내부의 카리스마 강한 지도자들을 따라 전답과 가옥을 버리고 그 예언자의 영도 아래 새로운 공동체에 합류하거나 결성하기도 한다. 갑자기 새로운 선택을 할 수 있는 그들의 능력은 도피 사회구조의 최절정에 다다랐다.

산악 지역에서 볼 수 있는 문맹도 마찬가지로 더 사변적인 방식으로 해석할 수 있다. 거의 모든 산악민들은 한때 문자를 갖고 있었지만 잃어버렸거나 도둑맞았다고 주장하는 신화를 갖고 있다. 기록된 역사와 족보에 견주어 구술된 역사와 족보가 갖는 유연성의 이점을 고려하면 문자해득 능력과 기록된 문서의 상실은 국가 없이 살아가기 위해 의도적으로 기획한 적응이라고 볼 수 있다.

말하자면 산악민의 역사는 구태의연한 역사가 아니라 평지의 국가 만들기 과정으로부터 '탈주해 온' 역사이다. 긴 역사의 관점에서 보면 산악 지역의 사회는 주로 '탈주자'의 사회인 것이다. 산악민들의 농업적·사회적 관행은 쉬이 도피할 수 있도록 고안된 기술이라고 해야 가장 올바른 이해라고 할 수 있다. 물론 한편으로는 평지와 관계를 맺으면서 꾸준히 경제적 이익을 취했지만 말이다.

동남아시아에서 그랬던 것처럼, 인구밀도가 낮을 경우 한곳에 사람과 생산을 집중시키는 데는 어떤 형태로든 비자유 노동이 뒤따른다. 모든 동남아시아 국가는 예외 없이 노예제 국가였다. 어떤 국가는 20세기까지도 그러했다. 식민 시기 이전 동남아시아에서 전쟁은 땅을 획득하기 위해서라기보다 될 수 있으면 많은 포로를 잡아서 승전국의 핵심부에 재정착시키기 위해서 치러졌다. 이 점에서는 모든 국가가 마찬가지였다. 결국 페리클레스 시대의 아테네에서도 노예 인구는 완전한 시민 인구를 5대 1의 비율로 압도했다.

이런 형태의 모든 국가 만들기 프로젝트의 효과는 파쇄 지대 또는 도피 지대를 만들어 속박에서 벗어나고자 하는 사람들을 그곳으로 향하게 한다는 것이다. 도피 지역들은 바로 이러한 '국가 효과' 때문에 생겼다. 조미아는 주로 국가 체계를 일찍이 갖춘 중국의 팽창 때문에 우연히도 가장 넓고 오래된 도피 지역 가운데 하나가 되었다. 그러한 강압적인 국가 만들기의 피할 수 없는 산물로 나타난 지역은 모든 대륙에서 발견된다. 이제 몇몇 지역이 비교 사례로 등장하겠지만, 우선 그 지역들이 얼마나 비슷한지 보여 주는 다양한 사례를 들어 보고자 한다.

'신세계'에서는 에스파냐 식민 지배 특유의 강제 노동으로 말미암아 원주민들이 간섭받지 않고 살기 위해 흔히 산악이나 건조 지대 같은 손길이 닿지 않는 곳으로 대거 달아나 버리는 상황이 발생했다.[50] 그런 곳에서는 엄청난 언어적·종족적 다양성이 뚜렷이 나타났다. 또한 쉽게 이동하기 위해 사회구조를 단순하게 하거나 수렵채집과 화전을 생계 방식으로 삼는 특징도 나타났다. 이 과정은 에스파냐 식민 치하의 필리핀에서도 그대로 나타났다. 루손(Luzon) 북부의 산맥은 전적으로 말레이의 노예사냥과 에스파냐인의 레둑시온(reduccion, 포교 활동을 위해 설립한 대규모 원주민 촌락이다. 원래 16세기에 라틴아메리카에서 비롯됐다—옮긴이)을 피해서 도망쳐 온 평지의 필리핀인들로 채워졌다고 한다.[51] 사람들이 산지의 생태에 적응해 나가면서 종족이 새롭게 형성되는 과정이 뒤따랐는데, 나중에 그들이 선사시대에 그 섬으로 이주한 별도의 종족이라고 잘못 이해됐다.

러시아 여러 변방에 있는 코사크족 역시 그런 과정을 뚜렷이 드러내는 사례이다. 그들은 애당초 유럽 러시아의 곳곳에서 변방으로 몰려든 탈주 농노 그 이상도 그 이하도 아니었다.[52] 그들은 돈 강 유역의 돈 코사크족, 아조프 해(흑해 북쪽—옮긴이)의 아조프 코사크족을 비롯하여 지역에 따라 저마다 다른 코사크족 집단이 되었다. 그 변방에서 이웃한 타타르족의 말 타기 습관을 따라하고 공동의 개활지 초원을 함께 쓰면서 '하나의 종족'이 되었는데, 나중에 러시아 황제나 오스만 제국, 폴란드인들의 기병대로 이용되기도 했다. 17세기 후반 유럽의 '집시족'인 롬족(Rom)과 신티족(Sinti)의 역사는 더 놀라운 사례이다.[53] 낙인찍힌 다른 떠돌이들처럼 그들은 두 가지 형태의 처벌적 노동에 시달렸다. 지중해 유역에서는 갤리선 노예로, 북동부에서는 프로이센-브란덴부르크의 징집된 군사나 짐꾼으로 부역했다. 그 결과로 치명적인 위험이 도사리고 있는 이 두 지역 사이에 좁다랗게 끼여 있는 '무법천지의 회랑'(outlaw corridor)이라는 곳에 몰려들었다.

억류와 속박이 국가 만들기와 결부되어 그 여파로 도주 행위와 도피 지대를 발생시켰다는 점에서 보면, 노동 시스템으로서 노예제도가 크고 작은 조미아를 많이 만들어 냈다고 할 수 있다. 500년 동안 수천만 명을 잡아 올가미를 씌운 전 세계적인 노예사냥과 노예무역으로부터 상대적으로 안전한 서아프리카의 외딴 고원지대를 이런 맥락에서 바라볼 수 있다.[54] 지세가 험준하고 새롭게 생계를 개척해야 했지만 이 도피 공간에 계속 사람이 들어찼다.

아프리카에서 노예사냥을 피하지 못한 수많은 사람들은 일단 신대륙으로 실려 가면 곧바로 도망쳐서 도망노예들의 거주지를 마련했다. 노예제가 있는 곳이면 으레 그런 거주지가 존재했다. 자메이카의 유명한 고원인 '코크핏'(cockpit, 자메이카의 석회암층 지역에서 유래한 용어로 경사가 가파른 봉우리들이 연달아 붙어 있는 형세이다—옮긴이), 약 2만 명의 탈주자 공동체였던 브라질의 팔마레스(Palmares, 1605~1694년 오늘날의 브라질 북동부 알라고아스 주 안에 있었다—옮긴이), 그 반구에서 가장 많은 탈주자 인구를 보유하고 있었던 수리남, 이 세 지역을 우선 그러한 예로 꼽을 수 있다. 여기에 만약 습지, 늪, 델타 같은 작은 규모의 '레퓨지아'(refugia, 과거에 넓게 분포한 생물체가 기후변화 같은 이유로 현재는 소규모로 살아있는 지역—옮긴이)까지 포함하면 그 숫자는 이루 헤아릴 수 없을 정도이다. 몇 가지 예를 들면, 유프라테스 강 하류 지역의 거대한 습지 지역(사담 후세인 통치 시기에 간척됐다)은 2천 년 동안 국가의 지배로부터 벗어난 피난지였다. 좀 더 작은 규모인 노스캐롤라이나와 버지니아 주 경계에 있는 그 유명한 디즈멀 대습지(Great Dismal Swamp), 지금은 벨라루스와 우크라이나 경계에 있는 폴란드의 프리페트(Pripet) 습지대, 국가로부터의 피난지라고 알려진 로마 근처의 폰티노(Pontian) 습지대(무솔리니 때 간척됐다) 같은 곳도 그런 지역이다. 이런 레퓨지아의 수는 적어도 그것을 불가피하게 발생시키는 강압적인 노동통제 시스템의 목록만큼이나 길게 마련이다.

대륙 동남아시아의 산지 사회들은 어지러울 정도로 이질성이 존재해도 평지 이웃들과 뚜렷이 구분되는 어떤 특징을 서로 공유하고 있다. 역사적 도주의 패턴과 그에 이어 저항은 아닐지라도 반발의 위치성이 그 안에 자리 잡고 있다. 만약 이것이 우리가 밝히고자 하는 역사적·구조적 관계라면, 국민국가의 틀로서만 이해한다는 것은 전혀 이치에 맞지 않다. 우리가 다루려는 기간의 대부분 동안 국민국가가 존재하지 않았으며 뒤늦게 국민국가가 게임에 참가했을 때조차도 수많은 산악민들이 국가가 존재하지 않는 것처럼 변함없이 국경을 넘나들며 삶을 이어 갔다.

'조미아'라는 개념은 새로운 장르의 '지역' 연구를 탐구하려는 시도이다. 가령 라오스처럼 국가의 경계나 동남아시아처럼 국제정치 전략이 아니라, 국경의 한계를 뛰어넘어 생태학적 규칙성과 구조적인 연관성에 지역을 지정하는 기준을 두는 것이다. 우리가 이러한 '조미아 연구'를 개척해 나간다면, 다른 이들도 용기를 갖고 이 실험을 따라하고 이보다 나은 결과를 생산할 것이다.

산과 평지, 공생의 역사

전통 평지 궁정국가들의 역사를 외부와의 관련성 없이 그 자체로서만 본다면 제대로 이해할 수 없거나 심각한 오해에 빠질 위험이 있다. 평지의 국가들은 (만다라 국가든 근대국가든) 산지 사회와 늘 공생해 왔다.[55] 나는 '공생'이라는 말을 두 유기체가 어느 정도 긴밀한 관계 속에서 같이 살아가고 있다는 생물학적 메타포를 염두에 두며 쓰고 있다. 따라서 이 경우에 유기체는 사회적 유기체를 말한다. 이 용어는 상호 의존성이 적대적인가, 심지어 기생적인가, 아니면 호혜적이고 '상생적'인가를 구분하지 않는다. 나도 여기에서 그렇게 구분하지 않을 생각이다.

평지와 지속적으로 맺어 온 관계를 무시하고 산악 지역의 역사를 일관성 있게 써 나간다는 건 불가능한 일이다. 마찬가지로 산악 변방 지역을 무시하고 평지의 역사를 일관되게 쓴다는 것도 불가능한 일이다. 대체로 산지 사회를 연구하는 이들은 이 변증법적인 관계에 민감하여 두 사회 사이에 긴밀하게 지속된 공생적·경제적 교류와 인간 교류의 역사를 강조해 왔다. 그러나 평지의 역사를 다루는 연구에서, 심지어 가장 탁월한 연구에서조차 이러한 태도를 찾아 볼 수 없다.[56] 결코 놀라운 일이 아니다. 평지의 문화와 사회를 (가령 '태국 문명,' '중국 문명'과 같이) 자족적인 개체로 다루는 것은 경솔한 체계의 학문을 답습하는 것이고, 그리하여 평지의 엘리트들이 획책하는 신비주의 관점의 문화를 그대로 받아들이는 것이다. 중요한 사실은 산지 사회와 평지 사회를 관련 지어 살펴볼 때에야 제대로 이해할 수 있다는 것이다. 나는 여기서 그러한 이해를 시도하고자 한다.

산지를 포함시키지 않고 평지 인구 중심부의 역사를 쓴다는 것은 마치 미국의 변경을 고려하지 않고 식민 시기의 뉴잉글랜드와 중부 대서양 연안 주(뉴욕, 뉴저지, 펜실베이니아의 3개 주를 일컫는데, 때로는 델라웨어와 메릴랜드도 포함된다—옮긴이)의 역사를 쓰는 것과도 같다. 또한 자유민과 캐나다에서 유혹하는 자유를 생략한 채 남북전쟁 이전 미국 노예제의 역사를 쓰는 것과 같다. 두 경우 모두 외부 변방이 중심부를 길들이고 구분 짓고, 여러 면에서 중심부의 형성을 가능케 했다. 이런 차원을 놓치고 평지 국가를 서술하는 것은 그저 산지를 '생략'한 게 아니라 중심부를 그처럼 만든 일련의 경계 조건과 거래들을 무시하는 것이다.

평지와 산 사이의 끊임없는 왕래(그것의 원인, 유형, 결과)는 대단히 흥미로운 사실이다. 평지의 수많은 사람들은 이를테면 '예전의 산악민'이고, 산악의 많은 사람들은 '예전의 평지인'이었다. 양쪽에서 이주가 계속되었던 것이다. 상황에 따라, 사람들은 어느 한 국가를 떠났다가 나중에 다시 그 국가로 돌아오기도 하고 소속을 바꾸어 다른 국가의 일원이 되기도 했다. 때로는 붙잡히기도 했다! 한두 세기 이후에 이주를 단행하거나 국가 자체가 붕괴된다면 다시 국가 바깥에서 발견되곤 했다. 넓게 보자면 그런 변화는 때때로 종족 정체성의 변화를 동반했다. 나는 대륙 동남아시아의 이른바 산악 부족을 설명하면서 급진적 '구성주의' 이해를 내세울 것이다. 그들을 지난 2천 년에 걸쳐서 산으로 도망쳐 온 사람들이라고 보아야 가장 올바를 테고 적어도 거기에 가장 근접한 이해일 것이다. 버마족, 따이족(Tai, 태국뿐 아니라 중국 남부와 대륙 동남아시아에 걸쳐 있는 따이어 구사 종족을 포괄하는 용어—옮긴이), 시암족의 국가로부터뿐 아니라 특히 군대와 정착민들이 중국의 남서쪽으로 압박해 나가던 때인 당조, 원조, 명조, 청조 팽창기의 한족 제국으로부터도 이 도피가 이루어졌다. 그 결과로 그들은 산악에서 더 막강한 다른 탈주자들에게 밀리거나 신생 국가의 팽창에 위협을 받아 새로운 땅과 자유를 찾아 다른 곳으로 몇 차례나 이동할 수밖에 없었다. 그들의 위치와 온갖 경제적·문화적 관행을, 한 번 더 강조하건대 마땅히 '국가 효과'라고 부를 수 있다. 이러한 인식은 평지로 내려가 문명을 발전시킨 사람들에게 버림받은 원시인이라고 산악민들을 바라본 기존의 지배적인 인식과 전면적으로 대립된다.

같은 이유에서 논농사 중심의 평지 국가는 산악 효과 덕분에 혜택을 받았다고 볼 수 있다. 평지 국가들은 당연히 역사적으로 보면 대략 서기 500년 즈음에 등장한 새로운 구조물이었다. 그런 국가는 일찍이 다양한 인간 집단들을 끌어모아 성립했는데, 그 집단들 가운데 일부는 정착 농사를 받아들였을 테지만 대부분은 당연히 이전에는 국가에 속하지 않았던 사람들이었다.[57] 최초의 만다라 국가들은 군사 점령만을 일삼는 '전쟁 머신'이라기보다는 본디 어떠했든 국가의 종교적·언어적·문화적 양식을 따르고자 하는 사람들에게 열려 있던 문화적인 공간이었다.[58] 그 정체성이 여러 문화의 조각들이 모여 새로이 짜였기 때문에 그만큼 평지는 국가 바깥 사람들의 문화와 차별하여 자기를 드러내는 것이 무척 어려웠다. 따라서 산악 사회를 국가 효과라 말할 수 있다면, 평지 문화도 산악 효과라 말할 수 있는 것이다.

대개 '투박하다,' '야비하다,' '야만적이다'거나 중국의 경우에 '날 것이다'라고 번역하는 용어들은 곧 산에서 살아가는 사람들을 가리킨다. '산림 거주자' 또는 '산지인'은 '미개인'이라는 말과 다를 바 없다. 따라서 수백 년 동안 산과 평지 사이에 놓인 막이 쉽게 투과될 수 있어 사람과 상품, 문화 교류가 활발하게 이루어졌음에도 경험 세계에서 문화적 단절이 극명하게 지속되었다는 사실은 무척 놀라운 일이다. 평지인과 산악민은 오랜 역사의 증거와 달리 서로의 차이에 대해 원래부터 그런 차이가 있었다는 태도를 보였다.

어떻게 이런 역설을 이해할 수 있을까? 첫 번째 단계는 평지 국가와 산지 사회의 관계가 공생적이라는 점뿐 아니라 그 둘의 관계가 동시적이고 유사 대립적(quasi-oppositional)이라는 점을 강조하는 것이다. 산악 '부족'에 대한 예전의 이해에서, 오늘날 대중의 민속에서도 마찬가지로 그들은 초기 단계 인간 역사의 잔존이라고 여겨졌다. 논농사를 발견하기 이전, 문자를 배우기 이전, 예술을 발전시키기 이전, 불교를 받아들이기 이전 우리의 모습이라는 얘기이다. 이 확인되지 않는 이야기는 평지 문화가 너저분한 부족주의를 극복하고 훗날 차원 높은 문명을 이룩했다며 치켜세우는데, 이는 곧 여러 역사적 증거를 심각하게 왜곡하는 것이다. 이와 달리 평지 국가와 산악민들은 호혜적·동시적 관계를 맺으며 상대가 드리운 그늘에서 자신을 구성했다. 산지 사회들은 직접적으로 또는 해상무역로를 통해 제국주의 국가들과 늘 관계를 맺어 왔다. 평지 국가들도 마찬가지로 국가 밖의 변방과 지속적으로 관계를 맺어 왔다. 질 들뢰즈와 펠릭스 가타리의 말대로, 이를 "분절적 사회 집단들이 국가의 권력 기구에 맞서서 자신들의 권리를 지속적으로 확보해 나가는 군소 집단, 주변인, 소수자들의 지역적 메커니즘"이라 할 수 있다. 국가는 사실 "그러한 관계가 없다면 성립

불가능하다."[59]

초원 유목민처럼 이동하는 사람들과 국가의 관계도 바로 그런 경우에 해당한다. 이에 피에르 클라스트르는 이른바 남아메리카의 원시 인디언 사회가 정착 농업과 국가 체계를 만들지 못한 고대사회가 아니라 전염병으로 말미암은 인구 파멸과 식민적 강제 노동 같은 점령에서 파생된 효과에 대응하여 농업과 정주 마을을 떠나 버린 이전의 정착 농경민이었다고 강력하게 주장한다.[60] 그들의 이동과 생계 기법은 국가로 편입되는 것을 막기 위해 고안된 것이다. 중앙아시아 스텝 지역에서 가장 이른 시기의 유목민은 정치적·인구적 이유로 역시 경작지를 떠나 버린 이전의 정착 농경민이었다고 M. P. 그리아즈노프는 말한다.[61] 래티모어도 초원 유목이 농업 이후에 등장했으며 "농경 집단에서 스스로 떨어져 나온" 정착 농경민들이 초원의 끝에서 유목을 일삼았다고 하면서 같은 결론에 이르고 있다.[62] 국가와 유목민은 사회 진화의 선상에서 앞서거나 뒤떨어진 단계에 위치한 것이 결코 아니라, 어느 정도 같은 시간에 태어난 쌍둥이와 같았으며 때로는 앙숙 관계였지만 서로 피할 수 없는 처지에 있었다.

이 한 쌍의 공생과 대립 양상은 중동을 연구하는 역사학과 인류학에서 중요하게 다뤄지는 부분이다. 마그레브 지역(모로코, 알제리, 튀니지를 비롯한 아프리카 서북부 지역—옮긴이)에서는 아랍과 베르베르 사이에 구조적인 대립 형태를 띠었다. 어니스트 겔너의 고전적 저서인 《아틀라스의 성자들》(Saints of the Atlas, 1969)은 내가 생각하는바 역동성을 잘 포착하고 있다. 겔너 역시 아틀라스산맥의 고원지대에 사는 베르베르족의 정치적 자율성과 부족주의가 "정부 이전의 부족주의"가 아니라 "어느 한 정부를 정치적으로, 부분적으로 거부하면서 넓은 차원의 문화와 윤리는 일부 수용한 형태라는 것"을 강조한다.[63] 좀 더 높은 차원에서 이슬람 문화와 신앙의 요소들을 공유하고 있지만, 정치적으로는 뚜렷이 분리되어 있으며 그것도 의도적으로 그렇게 하는 것이라고 한다. 최근까지도 겔너는 마하젠(makhazen, 경계 안)의 영역과 시바(siba, 경계 밖)의 영역 간에 나타나는 대립 관계 측면에서 모로코의 역사를 다루어야 한다고 주장했다. 시바는 이따금 '무정부'라고 번역되기도 하지만 '제도적 반체제'라고 정의할 수 있을 것이다. 사실, 시바는 '지배받지 않는다'는 뜻이며 정치적 자율성과 독립의 공간을 일컫는다고 할 수 있다. 반면에 마하젠은 '지배받는다'는 뜻이며 국가에 예속되는 것을 가리킨다. 겔너의 주장에 따르면 정치적 자율성은 선택하는 것이지 주어진 것이 아니다.

겔너는 이동하거나 경계 밖에서 살기로 스스로 작정한 사람들을 '주변적 부족주의'(marginal tribalism)라는 용어로 설명하는데, 그들의 주변성이 정치적인 태도라는 점을 강조하기 위해서 그렇게 했다.

> 그런 부족민들은 좀 더 중앙집권적인 국가에 편입될 …… 가능성을 잘 알고 있다. 사실, 그들은 의도적으로 그 대안을 거부하거나 공격적으로 그에 맞서 저항할 수도 있다. 아틀라스산맥 고원지대의 부족들은 이런 유형에 해당한다. 근대 국민국가가 들어서기까지 그들은 반체제적이었고 그것도 자의식적으로 그렇게 했다. …… '주변적' 부족주의는 국가의 끄트머리에 위치하는 부족 사회의 한 유형이다. 이 주변적 부족주의는 예속으로 인한 여러 불편함 때문에 국가로부터 물러나 힘의 균형을 맞추기 위한 실천에서 비롯되었다. 산악과 사막 지형은 힘의 균형을 이룰 수 있게 했다. 그러한 부족주의

는 정치적으로 주변적이다. 부족주의는 무엇을 거부해야 하는지 잘 알고 있다.

조미아처럼 마그레브 지역에는 국가가 지배하는 공간과 주변적·자율적 공간 사이에 지리적·생태적·정치적 차이가 존재한다. "고원지대의 베르베르 언어와 정치적 반체제 사이에 대체로 연관성이 존재하는데, 협곡과 산은 '정부의'(bled el-makhazen) 영역과 '반체제의'(bled-es-siba) 영역을 뚜렷이 가르는 선이었다."[64]

베르베르족의 경우는 두 가지 점에서 흥미롭다. 첫째, 겔너는 아랍과 베르베르 사이를 가르는 선이 본질적으로 종교뿐 아니라 문명에 관한 것이 아니라는 점을 아주 명백히 드러낸다. 대신 이것이 국가에 예속된 사람과 국가의 통제 밖에 있는 사람 사이를 구별하는 정치적인 선이라고 강조한다. 겔너가 그랬듯이 이 구분을 넘나들었던 역사적인 이동성을 염두에 둔다면, 우리에게 흥미롭게 다가오는 점은 정치적 위치의 구별이 마치 정치적인 선택이 아닌 인간 집단 사이의 근본적인 차이인 것처럼 종족적으로 코드화된다는 것이다. 어떤 이유에서든 국가권력을 피해 떠난 사람들은 어떻게 보면 그들 스스로를 부족화한 셈이다. 종족성과 부족은 말 그대로 주권과 세금이 끝나는 데서 시작되었다. 그 종족적 공간이 국가의 권역 바깥에 있고, 따라서 반항의 본보기이자 국가를 회피하려는 자들을 늘 유혹해 왔기 때문에 국가는 이 공간을 두려워했고 여기에 오명을 씌웠다.

베르베르족과 아랍의 관계에 관한 겔너의 분석은 이른바 '평지의 관점' 또는 '국가의 관점'을 뒤늦게나마 수정했다는 점에서 눈여겨볼 만하다. 기존의 관점에서 보자면 '미개한 변방'은 사라져 가는 잔존들로서 곧 속도를 달리하여 아랍 문명의 빛으로 들어오게 될 이들이었다. 동남아시아와 마그레브에서 이러한 관점은 국가 밖의 변방이 지난 세기에 근대 국민국가에 의해 점점 더 많이 점령당해 왔기 때문에 신빙성이 있었다. 하지만 그때까지도, 빛의 중심이자 자석과도 같은 힘을 갖고 있는 중심이 변방의 사람들을 자석에 달라붙는 철가루처럼 줄 세우고 끌어당겼다는 식의 평지 관점은 절반 정도 틀린 것이었다. 그때까지도 국가 바깥에서 살아가고자 하면 더 살 수 있었고 어쩌면 더 매력적이기도 했었다. 일방통행이 아니라 오고가는 진동이 규칙이었다. 여기에서 펼치는 이야기들이 국가 피하기를 강조한 것이라면 이것이 전면적인 사실이라는 이유 때문이 아니라 그 역사적 중요성에도 불구하고 불행하게도 문명의 헤게모니 아래에 있는 내러티브에서 정당한 위치를 차지하지 못한 채 대부분 숨어 있던 이야기라는 이유 때문이다.

정치적 선택과 지리적 조건에 따라 형성된 이러한 공생과 대립의 모델은 대륙 동남아시아의 산악민과 평지 국가 사이의 역사적 관계에 적용될 수 있다. 마그레브 지역과 마찬가지로 동남아시아에서 '지배받는' 자와 '지배받지 않는' 자 사이가 구분된다는 것은 명백한 사회적 사실이었지만, 이 구분이 언어와 일반의 의식 속에 좀 더 확고하게 자리 잡고 있었다. 동남아시아에서 문화적 맥락에 따라 '익힌 것'과 '날 것,' '유순하다'와 '거칠다,' '평지 사람'과 '산지 사람'의 짝들은, 마그레브에서 문화적 맥락에 따라 마하젠과 시바, 곧 '지배받는다'와 '지배받지 않는다'의 짝과 같은 의미가 된다. 문명화되는 것과 국가의 지배를 받는 것이 너무나 당연하게 동일시되어 국가의 신민과 자치민 두 용어 사이에는 본질적인 차이가 존재했다.

중동처럼 동남아시아의 전통 국가들은 비국가 공간에 사는 비교적 자유로운 공동체에 둘러싸여 있었다. 그런 자율적인 사람들은 산악에서뿐 아니라 늪, 습지, 맹그로브 해안가, 강어귀의 미로 같은 수로에서 거주했다. 이 주변인들은 평지 왕국의 필수불가결한 무역 파트너인 동시에 국가권력으로부터 벗어난 도피의 공간, 평등과 이동의 공간, 평지 국가에 노예와 신민을 제공했던 공간, 거의 평지 정체성을 모사한 생태 문화적 정체성을 가리키기도 했다. 따라서 우리의 관심이 좁게는 고원 조미아에 있지만, 더 넓게는 국가 공간과 국가 바깥 공간 사이의 관계로 확장된다. 국가 사이의 광대한 고원인 조미아가 평지의 국가 만들기 프로젝트에서 도피한 사람들이 한데 모여 있는 가장 크고 복잡한 지대인 만큼, 우리가 조미아에 초점을 두는 것은 당연한 일이다. 조미아에 국가의 영향력이 미치지 못했기 때문에 사람들이 이곳으로 왔거나 머물러 왔다. 동남아시아라는 지리적인 표현은 통상 동남아시아 국가들의 국경을 구분 선으로 설정해 왔다. 다시 말하건대, 이런 지리적 인식 탓에 우리가 제대로 이해할 수 없었던 것이다. 지난 2천 년 동안 수많은 사람들이 국경을 넘어 조미아로 이주해 왔다. 그들 가운데 많은 수는 한때 정착 농경민이었다. 한족과 때때로 티베트족의 지배를 피해 (따이족, 야오족/미엔족, 몽족/먀오족, 라후족, 아카족/하니족 등이) 서쪽과 남쪽으로 또는 타이족과 버마족의 지배를 피해 북쪽으로 도망쳐 온 것이다. 그들은 정치 문화적으로 때로는 군사적으로 적합하다고 판단한 곳에 거처를 정했다.

더 나아가, 그들을 제대로 이해하려면 산악민들이 부족처럼 고립되어 살았다는 측면이 아니라 그들이 평지 왕국에 어떻게 전략적으로 대응해 왔는지를 반드시 살펴보아야 한다. 산지에서 보이는 종족적 특징과 정체성은 시간이 흐르면서 변화를 겪을 뿐 아니라 대개 국가에 대응하여 그 상대적 위치를 코드화하기도 한다. 나는 감히 '부족'이란 건 없었다고 말하고 싶다. 물론 그 용어가 상대적이고도 협의적으로 쓰여 그에 맞는 부족을 상정할 수도 있지만, 적어도 여기서 말하는바 변하지 않은 채 고립되어 살아가는 '부족'은 없었다는 얘기이다. 생계 방식과 작물은 마찬가지로 어떻게 국가에 바칠 수 있을지 또는 막을 수 있을지를 고려하여 선택한 것이다. 마지막으로, 앞서도 보았듯이, 산지의 사회적 구조와 거주 유형은 국가권력에 대응하기 위한 정치적인 선택이라고 보는 것이 올바른 해석일 것이다. 어떤 평등한 사회구조들은 "지배받지 않으려거든 분리하라!"라는 베르베르족 관행의 동남아시아판 변형을 드러낸다고 나는 본다.[65] 계보 관행, 혈통관계, 리더십 유형, 가족 구성, 심지어 문자해득률까지도 사회문화적으로 주어진 것이라기보다 국가에 흡수되는 것을 막기 위해 (드물게는 그것을 꾀하기 위해) 기획된 것이다.[66]

이런 맥락에서 소개된 모험적인 사례가 그 주장에 맞기도 하고 그렇지 않기도 하다. 그럼에도 나는 이 주장이 단지 도발이어서가 아니라 문명과 진보의 잔존이라며 산악민들을 상대적으로 자족적인 자들이라고 바라보던 통념에 비해 역사적 증거에 훨씬 더 부합하기 때문에 무릅쓰는 것이다.

아나키즘의 역사를 향하여

대륙 동남아시아 사람들이 명쾌하게 역사를 파악할 수 없도록 막는 것이 다름 아닌 국가이다. 전통 국가든, 식민 국가든, 독립국가든 마찬가지다. 지난 50년 동안에는 국가 중심의 관점이 정당할 수도 있겠지만, 이른 시기일수록 역사는 더 심하게 왜곡된다. 동남아시아의 대부분에 걸쳐 역사상 평지 국가가 없던 때가 많았다. 국가가 발생한 경우에도, 매우 짧게 존속했거나 작고도 가변적인 영향권을 가진 궁정 핵심부 밖에서는 그 힘이 비교적 미약했다. 대개는 인력을 비롯한 여러 자원을 실질적인 인구로부터 체계적으로 확보하지 못했다. 사실 '왕조가 성립되지 못한 기간'이 훨씬 일반적이었고 왕조가 존재했던 기간보다 길게 이어졌다. 또 식민 시기 이전에는 사람들이 온갖 작은 정치체 사이를 오가며 거주지와 충성도를 자신들의 이익에 따라 바꾸었으며, 주권이 없는 공간이나 인근 국가들이 상호 간에 주권을 행사할 수 없는 공간으로 이주했다.

국가가 존재하는 곳에서는, 그리고 그럴 때면 대륙 동남아시아 국가들은 사람을 끌어들여 곡식과 노동력을 최대한 확보하고 뽑아내기 위해 기획된 극성스런 조치들로 말미암아 휘청거리곤 했다. 인력이 핵심적인 사안이었던 것이다. 궁정이 무역을 통해 엄청난 부를 창출했을 경우에도, 그 부는 궁극적으로 국가가 사람들을 동원하여 무역로의 핵심 기지를 방어할 수 있는가 여부에 달려 있었다.[67] 국가는 포악했고 가끔씩 그 악행을 드러냈다. 자유를 찾기 위한 기본적인 행태인 공간적 도피는 국가의 힘을 크게 제약했다. 뒤에서 자세하게 보겠지만, 징집과 부역, 세금으로 몹시 괴롭힘을 당하는 신민들은 반란을 일으키기보다 대개 산이나 인근 왕국으로 도망쳐 버렸다. 전쟁의 참화, 왕위 계승 갈등, 흉작, 왕조의 과대망상 등 국가 건설과 관련된 위기는 언제 찾아올지 종잡을 수 없었으나 이내 필연적으로 다가왔다.

동남아시아 역사 쓰기에서 초창기의 논쟁은 과연 관심의 초점을 국가에 가장 우선적으로 두어야 하는가의 문제가 아니라 어떻게 국가의 역사를 써야 하는가의 문제를 둘러싸고 벌어졌다. 학자들은 조르주 쇠데스의 《인도화된 동남아시아 국가들》(Indianized States of Southeast Asia, 1968)은 동남아시아 왕조가 인도의 우주관을 의식적으로 받아들여 변모했다는 점을 보지 못했다며 비판했다.[68] 나중에는 유럽 중심적 식민주의 역사가 인도 중심적 사관의 역사 왜곡에 더해, 현지 사회를 "선박의 갑판에서, 성채의 망루에서, 무역회사의 회랑에서" 관찰했다며 비판했다.[69] 이 두 왜곡을 극복하고 동남아시아의 '자율적인' 역사를 써야 한다는 요청이 뒤따라 나오게 됐다.[70] 그러나 실제로는 최근까지도 그러한 요청에 부응해 쓴 역사 대부분이 깊이가 있든 독창적이든 동남아시아의 '국가'에 관한 것일 뿐이었다.

왜 이래야만 하는 것일까? '사람들'의 역사가 차지할 수 있는 자리에 어째서 국가들의 역사가 계속 교묘하게 둥지를 틀고 있을까? 자못 성찰이 필요한 지점이다. 단언컨대 그 이유는 바로 국가, 심지어 힘이 약해 사라져 가는 인도식 전통 국가조차도 물리적인 자원이 가장 집중된 정치 단위라는 점 때문이다. 국가 핵심부의 특징인 정주 농업 사회가 이런 경우이다. 정주 농업 사회는 수렵채집 사회나 화전 사회보다 반드시 복잡하다고 할 수 없지만, 인구밀도는 그런 사회들보다 훨씬 더 높았다. 가령 논농사의 경우에 수렵채집 사회보다 100배나 높았다. 그리하여 패총, 공예품, 건축 자재, 건축 유적 등 훨씬 집약된 형태의 유물을 남겼다.[71] 남긴 유적들의 더미가 클수록 역사 기록에서 차지하는 위상이 그 만큼 더 높아지는 것이다! 분산되고 유동적이고 평등한 사회일수록, 아무리 그 사회가 정교하고 무역 네트워크를 갖추었다 한들 그 자취가 너무 멀리 퍼져 있기 때문에 역사 기록에서 상대적으로 잘 보이지 않게 된다.[72]

마찬가지 논리가 문자화된 기록에 극명하게 적용될 수 있다. 동남아시아 전통 국가들에 관해 우리가 알고 있는 많은 것들이 비석에 새겨진 글들이나 훗날에는 토지 불하, 기념문, 과세와 부역 기록, 종교적 기부, 왕조 연대기 등 국가가 남긴 기록에서 비롯된 것이다.[73] 남긴 문서 기록이 두꺼울수록 역사의 기록에서 차지하는 위상이 그만큼 더 뚜렷해진다. 그런가 하면 활자화된 기록 때문에 역사 왜곡이 더 심해지기도 한다. 버마어와 타이어에서 역사를 가리키는 말이 전통적으로 각각 '야저윙'(yazawin)과 '퐁사와단'(phonesavadan)이라는 단어였는데, 둘 모두 '통치자의 역사'나 '왕들의 연대기'를 뜻한다. 역사라는 말이 이러할진대, 엘리트가 아닌 사람들이 궁정의 핵심부에 있었다 하더라도 그들의 생활 세계를 재구성하는 일은 어려울 수밖에 없다. 그런 사람들은 대개 이러저러한 노동자·징병 군인·납세자·농사꾼·공물 짐꾼 따위로 뭉뚱그린 채 그저 통계 수치로서 기록에 등장할 뿐이다. 역사적 행위자로 거의 등장하지 않았으며, 혹시라도 진압된 봉기에서 역사적인 행위자로 등장할 때면 으레 뭔가 아주 잘못된 취급을 받기 마련이다. 농민의 일이란 '아카이브' 바깥에 있었다고 할 수 있다.

궁정과 왕도를 중심으로 쓰인 지배자의 역사는 그 밖에 다른 왜곡도 불러들였다. '국가 공간'의 역사만을 우격다짐으로 다루었고, 국가의 세력이 미치지 못하는 '비국가 공간'을 홀대하거나 왕조가 멸망하여 국가가 존재하지 않았던 긴 시대를 축소하거나 무시했다. 만일 진정으로 공평하게 식민 시기 이전 대륙 동남아시아 국가들의 연대기를 적는다면 대부분의 페이지는 비어 있을 터이다. 우리는 그저 공식 연대기를 따르고 지배 왕조가 없다면 역사도 없다는 시늉을 해야 할까? 빈 페이지의 문제를 넘어서 궁정 중심의 공식 역사에는 왕조의 권력과 일관성, 위엄을 조직적으로 강조하는 속성이 똬리를 틀고 있다.[74] 전해 내려오는 궁정 기록물을 보면 한편으로 대부분 과세나 토지대장이거나 한편으로 왕조를 칭송하는 서사시이거나 권위에 대한 강조, 통치를 정당화하는 주장 일색이다. 이런 것은 사실 전달이 아니라 설득과 과장이 주된 목적이다.[75] 리처드 오코너가 언급했듯이, 궁정의 핵심부에서 발산되는 우주론적 허세를 실제의 사실로 받아들이면 몇몇 거대한 궁정의 제국주의적 상상력을 다른 지역에 억지로 적용하는 오류를 저지르게 된다.[76]

대륙 동남아시아의 독립국가들도 역사의 신비화에 다시금 한몫을 했다. 종족적으로 지리적으로 전통 왕국을 계승한 국가로서 선조들의 영광과 번영, 선행을 미화하는 데 관심을 두었다. 더욱이 민족과 민족주의의 원형을 세우는 정체성 작업 과정에 전통 국가들의 역사를 조사하고 왜곡하여 나라 안팎으로 현재의 적들과 대항하는 데 이용하려 했다. 이를테면 '동고'(Dong Son drum, 동으로 만들어진 의례용 물품. 대략 기원전 500년에서 서기가 시작될 무렵에 제작됐고 동남아시아 고원지대와 중국 남부 전역에서 발견된다) 같은 초기 유물들이나 지역의 봉기들은 그 시기에 민족 정체성과 종족 정체성이 전혀 이치에 맞지도 않는데도 민족적·종족적 업적으로 활용되었다. 그 결과 민족과 그 주류 집단의 시간을 끌어 올리는 역사 이야기가 창조되어 연속적이지 않고 우연적이고 유동적인 정체성을 가려 버린다.[77] 발터 베냐민이 일깨우듯이, 그런 이야기들은 대개 국가, 좁게는 국민국가의 발전과 필

요성을 자연스럽게 만들기 위한 목적을 수행했다.[78]

만다라, 왕조, 도읍, 문자 기반의 역사를 의심을 갖고 읽으면 그 부적절성이 너무나도 뻔히 드러나 자기 관심을 서술하고 우주론적 주장을 내세우기 위해 주로 이용됐다는 것을 알 수 있다. 역사 이래 대부분의 기간 동안, 특히 고원지대에는 국가가 아예 없었거나 거의 존재하지 않았다. 국가가 존재했을 경우라면 정말 보잘것없고 분절된 형태의 개인적 창조물에 불과했고 창시자 당대를 넘겨 유지되지 못했다. 국가의 우주론적 주장과 이념적인 영향권은 실제로 인간 노동과 곡식에 대해 실제로 행사했던 것보다 훨씬 컸다.[79]

여기에서 국가의 '강성' 권력과 이보다 범위가 훨씬 넓은 경제적·상징적 영향력을 구분해야 마땅하다. 식민 시기 이전 국가는 신민들로부터 곡식과 노동을 뽑아낼 때 단지 궁정의 작은 권역, 곧 300킬로미터 안에서만 그것도 오직 우기가 아닐 때만 그 힘을 행사할 수 있었다. 한편 국가의 경제적인 영향권은 훨씬 넓었으며 자발적인 교환에 기반을 두고 있었다. 상품의 가치가 높을수록, 무게가 가볍고 부피가 작을수록 더 멀리 뻗어 나갔다(비단과 귀금속을 목탄이나 곡식과 비교해 생각해 보라). 국가의 상징물, 가령 왕권 표식, 관직, 의복, 세계관에 이르기까지 이데올로기로서 퍼지는 범위는 훨씬 넓어 산악 지역에 깊은 인상을 남겼다. 심지어 평지 국가에 맞서 반란을 일으킬 때도 그러한 상징물이 자주 이용됐다. 평지 왕국들의 강성 권력은 광대한 제국주의적 상상력의 세계에서 극히 일부만을 점유했을 뿐이었지만, 물리적 혹은 특히 상징적 상품의 시장으로서 그 영향권은 이보다 훨씬 컸다.

만약 우리가 이러한 '제국주의적 상상'을 오랜 세월 국가의 부재가 일상적이었다고 보는 동남아시아 역사로 대체하면 어떨까? 그 오랜 세월 동안 가끔씩, 대개 짧게 왕조국가가 끼어들었고 왕조가 멸망할 때 그 뒤를 따라 제국주의적 상상력을 가진 새로운 국가가 등장했다고 동남아시아 역사를 쓰면 어떨까? 앤터니 데이가 지나치게 국가 중심적으로 쓰인 역사를 비판하며 바로 이런 길을 제시한다. "만약 우리가 집단 간 격동의 관계를 볼 때 이것을 절대주의 국가의 가치에서 벗어난 '무질서'라고 볼 것이 아니라, 그래서 이를 바로잡아야 한다는 그런 가치에서가 아니라, 일상적이고 보편적인 것이라고 받아들인다면 동남아시아의 역사는 어떻게 될까?"[80]

데이와 오코너가 강조하듯이 그리고 키스 테일러가 실제로 그 길로 상당히 나아갔듯이, 궁정 국가의 좁은 시야에서 벗어나 대륙 동남아시아 정치 질서의 기본 단위를 설명해 보도록 하자.[81] 나는 국가 영역 바깥에는 단지 무질서만 존재할 뿐이라는 오해를 피하고자 정치 질서라는 용어를 강조한다. 장소와 시간에 따라 그런 단위는 핵가족에서 분절적 계보, 양변 친족(bilateral kindreds, 재산과 지위에 대한 권리와 혈통이 남녀 구별 없이 동등하게 계승되는 친족—옮긴이), 촌락, 거대 마을, 성읍과 그 주변 지역, 그런 성읍들의 연합체에 이르기까지 다양하다.

연합체는 안정을 누렸고 가장 복잡한 수준의 통합을 이루었다고 할 수 있다. 논농사에 알맞은 지형에 위치한 작은 성읍들로 구성된 그 연합체는 인구를 집중시켰고 인근의 산악 지역에 사는 사람들과 협력 관계를 맺었다. 그러한 '논농사 섬들'의 연합은 수명이 짧고 내부 구성원들이 행동의 자유를 포기하지 않았지만 흔하게 등장했다. 이 지역 전체에 걸쳐서 여전히 이러한 연합체의 흔적이 지명에 남아 있다. 윈난의 시솽반나(Xishuang Banna, 1만2천 개의 논), 베트남-라오스 국경의 십송추따이(Sipsong Chutai, 12명의 따이족 주인), 서말레이시아의 느그리 슴빌란(Negri Sembilan, 9개의 영역), 미얀마 샨 주의 꼬묘(Ko Myo, 9개의 성읍)가 그런 예이다. 이 지역의 가장 거대한 형태의 반영구적인 연합체로 말레이의 '느그리'(느가라, negeri/Negara), 따이족의 '므엉'(muang), 버마족의 '마잉'(maín, မိုင်း)을 꼽을 수 있다. 저마다 인력과 곡식의 잠재적 비축지를 대표했으며 가장 좋은 경우는 중요한 무역로에 자리 잡고 있었다.

그런 권력의 잠재적 중심점들을 끌어모아 정치적·군사적 연합체를 건설했다는 것은 그 자체로 통치술의 작은, 대개는 순간적인 기적이었다고 할 수 있다. 그런 작은 단위들을 중앙의 지배 아래 둔다는 것은 정말 예외적인 일이었고 보통 오래가지 못했다. 그것이 표상하는 정치적인 조합이 분해되면 군소 국가, 작은 마을, 촌락, 계보에 이르기까지 본디 그것을 구성하고 있던 단위들로 갈라지게 마련이었다. 야심찬 새로운 정치 지도자의 지휘 아래 새로운 합성이 만들어질 수 있었지만 같은 기본 단위들로 구성된 늘 불확실한 연합체였다. 야망이 큰 지방 지도자들은 큰 권력을 가진 양 젠체하며 국가를 만들기 위한 상징적·이념적 양식을 인지하고 지켜 나갔다. 내가 앞서 우주론적 허세라고 부른 국가 흉내 내기는 중국이나 인도의 고급 양식에서 기본적인 요소들을 축소하여 모사한 것으로 가장 작은 마을의 촌장에 이르기까지 널리 퍼져 있었다.

좀 더 큰 정치 단위들이 근본적으로 불안했다면, 기본 단위들 그 자체가 영원불변한 구성 요소가 아니었다. 우리는 이 단위들이 언제나 변화를 거듭했다는 점을 눈여겨봐야 한다. 해체되고 쪼개지고 옮겨지고 합쳐지고 재구성되기를 거듭했다. 마을이나 계보 안에서 가족과 개인들은 끊임없이 변화했다. 가령 어느 한 거주지는 반세기 가량 지속될 수 있었지만 오고가는 거주민들 탓에 언어적·종족적 인식은 급격히 바뀌게 마련이었다.[82] 1600년 무렵 동남아시아의 인구밀도가 인도의 6분의 1, 중국의 7분의 1이라는 점을 감안할 때, 여기에서 인구는 중요한 역할을 했다. 개활지 변방이라는 존재는 마치 국가의 착취에 대한 자동 제어장치 같은 구실을 했다. 가족과 전체 마을이 질병, 기근, 과세, 부역, 징병, 파벌 갈등, 종교 분열, 망신, 추문, 청운의 꿈 등 여러 다양한 이유들로 옮겨 다니는 것은 비교적 수월한 일이었다. 따라서 그 단위 자체가 그렇듯이 어떤 기본 단위에서든 그 소속감이 항상 유동적이었다. 변하지 않는 요소가 있었다면 그것은 인간이 거주하기에 우호적인 환경과 지리를 갖춘 곳들이었다. 배가 오갈 수 있는 하천이나 무역로에 위치하고 관개가 잘 되는 평지는 때때로 버림받을지 몰라도 형편이 좋아지면 곧 다시 사람들로 채워졌다. 그런 곳들이 느그리, 므엉, 마잉의 전형적인 핵심부였다.

유동적이었지만 이러한 기본적인 정치 단위들은 국가를 만들고자 하는 사람이 유일하게 활용할 수 있는 구성 요소였다. 야망이 큰 강자가 없거나 좀 더 큰 정치체가 끝내 해체될 때, 그 '유민들'은 다시금 기본적인 정치 단위가 되었다. 그런 상황을 이해할 수 있게 해 주는 역사가 가능할까? 이는 왕조의 역사가 결코 아니지만 충분히 가능하다고 생각한다. 여기서 다루는 단위들은 역사를 갖고 있고, 형성—연합—해체로 이어지는 대략적인 원리를 따르고 있으며, 왕조와 근대국가에 대항하여 어느 정도의 자율성을 갖고 있다. 이 단위들이 역사를 갖고 있으나, 그 역사는 국가나 왕조의 역사와는 전혀 다른 관점에서 쓰인 것이다. 그 단위들은 유동적이었을지라도 비교적 지속적으로 지형적 특징과 관련을 맺었던 반면, 성공한 왕조 국가는 드물 뿐 아니라 일시적이었다. '국가'가 일시적인 현상이라는 점에서 하나의 통일체로서가 아니라 "계약에 따라 서로 복잡한 망"으로 보아야 한다.[83] 아킨라피팟이 19세기 초의 시암(Siam)에 대해 언급했듯이, '국가'가 해체될 때 "그 체계를 구성하고 있던 부분들은 자신의 목숨을 구하기 위해 분리되어 나가는 성향을 갖고 있었다."[84]

끊임없이 변화하는 셀 수 없을 정도의 작은 단위들을 이해하기란 불가능해 보일지 모른다. 왕조의 역사보다 훨씬 더 힘겨웠음에도 비교 관점에서 그 체계를 이해하려 했던 사람들로부터 도움을 받을 수 있다. 동남아시아의 경우를 보자면 유동성의 원리를 파악하려는 사회구조 연구가 적지 않다. 우선 가장 유명하면서 가장 논쟁적인 연구 성과로 에드먼드 리치의 《버마 고원의 정치체계》를 들 수 있다. 같은 맥락에서 고원지대에 관한 후속 연구들이 논의를 풍성하게 펼쳤다. 군소 국가들이 흥망성쇠를 거듭하고, 사람들의 이동이 늘 일어나고, 상류 지역과 하류 지역 간에, 지배받지 않는 자들과 지배받는 자들 간에 차이가 있었던 말레이 세계에 관한 연구는 말할 것도 없다. 동남아시아를 넘어서 다시금 우리는 국가와 국가 없이 살았던 중동 유목민의 관계를 주목할 수 있다.

리처드 화이트는 18세기 북아메리카 5대호 지역의 사례를 통해 가족으로부터 시작하여 마을, 부족, 즉흥적이고 흔들거리는 연합체로서의 동맹에 이르기까지 기본 정치 단위를 아주 훌륭하게 분석했다.[85] 마지막으로 투키디데스의 《펠로폰네소스 전쟁사》는 왕을 가진 사람들과 그렇지 않은 사람들의 세계를 다루고 있다. 그들의 변덕스러운 충성과 믿을 수 없는 일관성은 서로 동맹을 형성했으나 적대적 관계

였던 아테네, 스파르타, 코린트, 시라쿠사의 국가 지도자들에게 늘 걱정거리였다.[86]

국가 중심주의에서 벗어나 대륙 동남아시아 역사를 쓰면서 맞닥뜨리게 되는 과제 가운데 하나는 그 기본 단위들이 모이고 해체되는 조건들을 구체적으로 파악하는 일이다. 국가와 자율적인 변방 사이의 이동을 관찰한 이가 이 문제를 명료하게 드러낸 바 있다. "어떤 때는 느슨한 동맹을 구성하기 위해 뭉치지만, 또 어떤 때는 쉽게 쪼개져 버리니 실로 분자를 다루고 있다고 느낄 때가 있다. 심지어 그들의 이름조차도 규칙이 없고 확실하지도 않다."[87] 그 분자들의 유동성이 인류학자들이나 역사학자들에게 불편함을 주었다면, 이것이 어떻게 왕조의 관료나 국가 건설자, 식민 관료, 근대국가 조직을 괴롭히는 문제가 되었는지를 상상해 보라. 끊임없이 움직이고 영구불변한 조직도 일정한 거주지도 갖지 않고, 리더십이 일시적이고, 생계 방식이 유연하면서 도피적이고, 불변의 충성심을 거의 갖지 않고, 일정 시간이 흐르면 언어 구사와 종족 정체성까지 바꾸어 버리는 사람들한테서 국가 통치자들이 효과적으로 주권을 확립하기란 거의 불가능한 일이었다.

바로 이 점이 열쇠이다! 그들의 경제적·정치적·문화적 조직은 대부분 국가 구조에 편입되지 않기 위해 기획된 적응 전략이다. 국가 체계 바깥에 있는 산악 지역, 곧 조미아 같은 지역에서 사람들은 훨씬 더 쉽게 국가를 피해 적응할 수 있다.

> 여기[수마트라]에서 나는 전제정치를 옹호한다. 강력한 힘을 통해 사람들을 끌어모아 사회를 구성할 필요가 있다. 수마트라는 셀 수 없이 많은 크고 작은 부족들로 이루어져 있고 일반적인 정부도 없

는 상태에 있다. …… 사람들이 공중의 새처럼 습관을 따라 옮겨 다니는데, 어떤 권위 아래 모여 조직되기 전까지는 그들로써 뭔가 할 수 있는 게 아무것도 없다.[88]

19세기 초에 스탬퍼드 래플스 경(1819년에 근대 싱가포르를 건립한 인물—옮긴이)은 전통 시대 대륙 동남아시아 국가에서처럼 식민 지배의 전제 조건이 인구의 집중과 집약 농업이라고 생각했다. 그는 도망가지 않고 붙박여 있는 사람들이 필요했는데 그들의 노동과 생산을 국가가 파악하여 수탈할 수 있기 때문이었다. 자, 이제 대륙 동남아시아의 국가 공간 건설에 어떤 원리와 역동성이 있었는지 이해하는 쪽으로 관심을 돌려 보자.

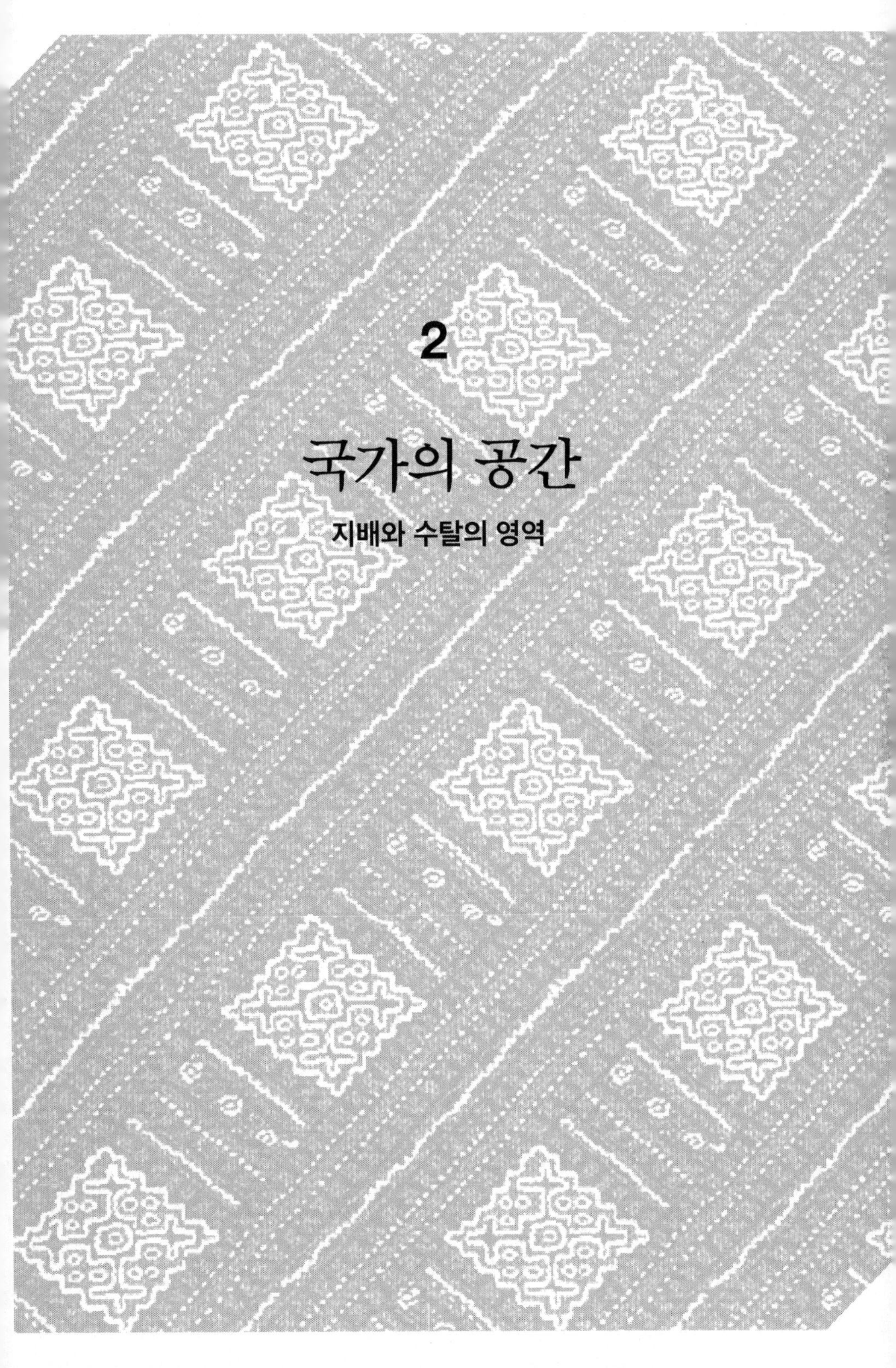

2

국가의 공간

지배와 수탈의 영역

채소는 바구니에 넣고, 사람은 므엉[왕도의 중심부]에 넣어라.

— 태국 속담

세금은 평지를 먹고, 명예는 산을 먹는다. — 아프가니스탄 속담

잠시 독자 여러분이 동남아시아에서 루이 14세 때 핵심 장관이었던 장바티스트 콜베르(1619~1683)와 같은 위치에 있다고 상상해 보라. 콜베르와 마찬가지로 여러분은 왕국의 지속적인 발전을 꾀해야 하는 책임을 맡고 있다고 치자. 17세기의 프랑스와 마찬가지로 배경은 전근대이다. 육상 여행은 도보, 마차, 역축을 통해, 해상 교통은 배를 통해 이루어졌다. 마지막으로, 콜베르와는 달리 여러분이 백지 상태에서 출발했다고 상상해 보자. 여러분은 생태와 인구, 지리를 마음대로 부려서 국가와 지배자에 이익이 되도록 할 수 있다. 이러한 조건에서 여러분은 무엇을 설계할 것인가?

노골적으로 말하자면, 여러분의 임무는 이상적인 '국가 공간'을 만

들어 내는 것이다. 국가가 수탈하기에 알맞은 공간 말이다. 국가가 세금이나 지대(식량, 부역 노동, 군사, 공물, 매매할 수 있는 물품, 화폐)에 크게 의존하고 있는 한, 뒤따르는 질문은 어떻게 최소한의 비용을 들여 지배자에게 안정적으로 노동력과 곡식을 최대한 확보해 줄 수 있는가이다.

그 설계의 원리는 당연히 국가의 신민들을 지리적으로 집중시키고 국가의 핵심부와 가까운 곳에서 경작하도록 하는 것이다. 그런 집중화는 우마차를 통해 곡식을 운반하는 만큼 경제활동의 지리적인 한계가 뚜렷했던 전근대적 배경에서 참으로 중요한 문제였다. 가령 한 떼의 소들이 250킬로미터 정도 평지를 따라 이동하다가 운반중인 한 달구지나 되는 곡식을 먹어 버릴 수 있었다. 거리는 다르지만 이 원리는 한족의 옛 속담에도 포착되어 있다. "천 리(415킬로미터)에 이르기 전에 곡식을 팔지 마라."[1] 국가의 중심부 근처에서 곡식을 재배하는 사람들이 그에 종사하지 않는 엘리트들, 예술가들, 국가 핵심부의 전문인들을 먹여 살렸다. 역사적으로 땅 대비 인구 비율이 낮아서 인구 분산이 촉진됐던 동남아시아의 맥락에서 보면 노동력 집중은 결국 매우 중요하고도 어려운 문제였다. 상대적으로 가까운 곳에 모여 있는 노동 집단이 반드시 왕국의 핵심부와 그 통치자들을 지키고 유지해야 했다.

콜베르라고 가정하고 바라본다면, 논벼(padi 파디, sawah 사와) 경작은 국가 공간에서 이루어지는 경작 형태에서 가장 궁극적인 것이었다. 투입 노동에 대한 산출에서는 논농사가 다른 생계 방식에 비해 낮을지는 몰라도, 단위면적에 대한 산출에서는 구세계의 어떤 작물보다도 높았다. 따라서 쌀은 국가 핵심부의 영향권 안에서 식량 공급을 극대화해 주었다. 우리의 콜베르는 또한 논농사가 지속적이고 비교적 안정적으로 식량을 공급하기 때문에 이것을 추천받았을 것이다. 논에 필요한 양분이 항류 하천에 의해 들어오거나 '범람 이후 농업'의 경우에서는 충적토에 의해 공급되는 한, 논은 오랫동안 생산성을 유지할 수 있었다. 마지막으로 쌀은 노동이 집약적으로 투여되어 생산되는 탓에 많은 인구가 필요했고 그 인구 자체가 국가 만들기의 핵심 자원이었다.[2]

국가 공간의 지리학과 저항적 지형

사실상 모든 곳에서 쌀은, 다른 주요 곡식과 더불어 초창기 국가 만들기의 기초였다. 우리의 콜베르에게 쌀이 주는 매력은 단지 인구 집중과 식량 공급을 가능케 했다는 데서 끝나지 않는다. 세금을 거둬들이는 사람의 처지에서 곡류는 가령 뿌리 작물보다 결정적인 이점을 갖고 있었다. 곡식은 결국 땅위에서 자라고 보통은 예상대로 모든 곡식이 대략 같은 때에 무르익는다. 세금 징수자는 들에서 작물이 익어 가는 것을 관찰하며 소출이 얼마나 될지 미리 계산할 수 있다. 무엇보다도 중요한 것은 군대나 세금 징수자가 작물이 무르익을 바로 그 때에 당도하여 그들이 원하는 만큼 곡식을 압수해 갈 수 있었다는 점이다.[3] 그래서 곡식은 뿌리 작물에 견주어 국가의 눈에 잘 띌 뿐만 아니라 쉽게 전유되기 마련이었다.

다른 식량과 비교하여 곡식은 또한 상대적으로 운송이 쉽고 단위 무게와 부피당 꽤 높은 가치를 갖고 있으며 특히 겨를 벗기지 않으면

상하지 않은 채로 비교적 오랫동안 저장할 수 있다. 예를 들어 한 달구지의 쌀과 한 달구지의 다른 작물, 가령 감자, 카사바, 망고, 녹색 채소의 상대적 가치와 부패 정도를 비교해 보자. 만일 콜베르가 처음부터 이상적인 국가 작물을 설계해 보라는 요구를 받았다면 논벼 말고는 다른 것을 생각할 수 없었을 것이다.[4]

이쯤 되면 동남아시아의 거의 모든 전근대 국가의 핵심부가 논농사에 유리한 생태적 환경에 자리 잡고 있었다는 것은 놀라운 일이 아니다. 그 환경이 더 좋고 넓을수록, 그곳에서 일정 규모와 지속성을 갖춘 국가가 들어설 가능성이 더 커졌다. 적어도 식민 시대까지 국가는 대개 논을 확장하지도 않았으며 이를 유지하는 데도 별다른 역할을 하지 않았다. 모든 증거들이 말하고 있는 바는 친족 집단이나 마을이 때때로 논을 관리했으며 수량을 조절하기 위해 물줄기를 돌리는 댐과 수문, 수로를 건설하거나 늘렸다는 사실이다. 그런 관개 작업은 국가의 핵심부가 들어서기 이전에 시작됐고, 그곳에서 집약 노동과 식량 공급의 이점을 취했던 여러 국가들이 멸망을 거듭한 이후에도 계속 이어졌다.[5] 국가가 논농사 핵심부에서 그 자신을 번성케 하고 그 영역을 늘릴 수 있었지만 창조하는 경우는 매우 드물었다. 국가와 논농사의 관계는 선택적 친화력의 일종이었지 원인과 결과의 차원은 아니었다.

이 선택적 친화력 뒤에 현실 정치가 명백히 작동했는데, 바로 "유럽인 총독과 동남아시아 지배자에게는, 풍부한 식량이 떠받치는 큰 규모의 정착 인구가 통치와 권력의 열쇠"였기 때문이다.[6] 비문의 증거를 통해 알 수 있듯이, 9~10세기에 자바의 토지 불하는 그것을 받는 자들이 산을 개간하고 화전 지역을 관개지(sawah, 사와)로 바꾸어 쌀을 재배할 것이라는 이해에서 이루어졌다. 얀 바이즈만 크리스티가 언급했듯이, 그 원리는 "사와가 …… 인구를 붙박아 두고, 눈에 띄게 하고, 작물을 비교적 안정적으로 생산하고 그 소출을 쉽게 파악할 수 있게 하는 효과를 갖고 있었다"는 점이다.[7]

앞으로 좀 더 자세히 살펴보겠지만, 궁정 주변으로 인구를 끌어들여 머물게 하고 벼를 재배하도록 만드는 데 온갖 노력이 쏟아졌다. 이에 1598과 1643년 미얀마의 칙령은 모든 군사들이 궁정 주변에 있는 그들의 거주지에 머물라고 명령을 내렸고, 비번인 왕실 근위병 모두에게는 들을 경작하라는 명령이 떨어졌다.[8] 그 칙령을 좀 '돌려서' 읽어보면, 들을 떠나거나 묵혀 두는 것에 대한 끊임없는 경고는 곧 국가가 목적을 이루는 데 크나큰 저항에 부딪혔다는 반증이라 할 수 있다. 왕실이 이런 목적을 달성하기만 한다면 인력과 곡식을 마음껏 쓸 수 있을 정도의 눈부신 '재정'이라는 결과를 거둘 수 있었다. 17세기 중반 자바의 마따람이 바로 이 경우에 해당될 것이다. 당시 네덜란드 사절은, "하루 길의 여행 동안 엄청나게 거대한 논들과 그 주변에 수없이 많은 마을들이 마따람의 사방에 퍼져 있었다"고 언급했다. 왕조의 핵심부에서 인력은 식량 생산에 긴요할 뿐 아니라 군사적으로 경쟁 국가에 대항하여 국가를 수호하거나 확장하는 데 필수불가결한 자원이었다. 섬 지역의 경쟁 국가에 비해 농경 국가가 갖고 있는 결정적인 이점이 바로 많은 수의 군사를 파병할 수 있는 능력에 달려 있었다.

험준한 지형 탓에 전통적인 농경 국가는 그 영향력을 효과적으로 펼치는 데 한계가 있었다. 그런 한계는 앞서 보았듯이 대량으로 식량을 옮길 수 없었기 때문에 본질적으로 확고부동했다. 평평한 지형과 좋은 길을 가정한다면, 국가는 반경 300킬로미터만 넘어도 그 공간을 효과적으로 지배하지 못했다. 19세기 말 이전에 인간은 비교적 쉽게 도보로 여행할 수 있었지만, 곡식을 먼 곳까지 옮기는 것은 무척 어려운 일이라서 동남아시아의 국가 형성에 근본적인 딜레마로 작용했다. 왕조 핵심부의 인구에게 곡식을 제공하는 일은 고질적인 거리의 한계와 수확량의 변동 탓에 어려움을 겪었다. 한편 후미진 곳에서 곡식을 경작하던 사람들은 너무도 쉽게 국가의 통제 밖으로 걸어 나가 버렸다. 달리 표현하자면, 험준한 지세와 소달구지 교통수단의 비효율성 탓에 국가 핵심부에 식량을 공급하는 것이 가로막혔다면, 비교적 전근대 국가가 쉽게 막을 수 없었던 신민들의 도보 이동 탓에 국가 핵심부에서 곡식 경작자와 수호자들을 빼앗기지 않을까 전전긍긍했다고 하겠다.[9]

전근대 시대의 여행과 운송에 관한 통계적 사실은 해상과 육상 간에 지세가 어떠한 영향을 끼쳤는지 한눈에 알게 해준다. 경험상 평지의 마른 땅위를 걷는다면 도보로 하루에 대략 24킬로미터를 갈 수 있다. 35킬로그램을 지고 가는 힘센 짐꾼이라면 이런 좋은 조건에서 거의 비슷한 거리를 갈 수 있다. 그러나 지세가 험해지거나 날씨가 사나워지면, 이런 낙관적 수치는 급격히 줄어든다. 이 계산은 전근대 동남아시아에서 코끼리를 이용할 때 조금은 달라지는데, 특히 전쟁에서 그러했다. 코끼리는 큰 짐을 옮길 수 있고 험준한 지형도 헤쳐 나갈 수 있었으나 그 수가 그리 많지 않았고 군사작전이 코끼리에 전적으로 의존하지도 않았다.[10]

이른바 어려운 산세를 지나는 국가의 행로는 훨씬 더 느렸다. 대륙 동남아시아의 산악 지역으로 확장하려던 당 왕조의 현존하는 기록은 (860년) 처음부터 여행 시간에 관한 중요한 군사 정보로 시작하는데,

표 1 동부 샨 주의 도보 여정(1892~1893)

이동 구간	거리 (km)	건너야 할 강 숫자	주요 고도 변화	비고
팡양-남응에람	11.25	1	760미터 하강 215미터 상승 365미터 하강	고도의 변화 때문에 "우기에는 행군이 어렵다."
남응에람-만캇	15.25	3 (하나는 배로 건너야 함)	550미터 상승 '매우 가파른' 하강 120미터 상승 120미터 하강	건너야 할 강들 때문에 "이 행군이 우기에는 어려울 것이다."
만캇-라우키우	14.5	3	1,200미터 상승 1,200미터 하강 275미터 '가파른' 상승 '아주 쉬운 하강'	강들의 '물살이 세고 홍수 때는 건너지 못한다."
라우키우-타퐁	19.25	2	큰 변화는 없지만, 매우 가파른 골짜기들이 있음.	
타맛롱-팡워	13.25	1	'쉬운' 850미터 상승 (마지막 90미터 내리막과 오르막)	'땅르인 강이 차오르면 길이 없어진다."
팡워-팍롱	13.25	0	150미터 내리막 150미터 '완만한 상승' 가파른 곳으로 2,400미터 하강	마을에 상당량의 쌀이 저장되어 있음.
팍롱-남와	10.5	1	350미터 하강 245미터 상승 335미터 가파른 하강	
남와-남응에람	14.5	2	첫 455미터 아주 가파른 상승 610미터 하강	

제국주의 확장의 교점들이라 할 수 있는 인구의 중심부들 사이를 며칠이나 걸려 이동할 수 있는지 알려 준다.[11] 천년 뒤에도 똑같은 집착이 발견된다. 대표적인 예가 1892년에 수장들의 정치적 충성도를 평가하고 군사로를 조사하기 위해 동부 샨 주를 통과한 C. 아인슬리 중위의 여행이다. 그는 헌병대 100명, 유럽인 5명, 큰 무리의 노새 그리고 노새 몰이꾼들과 동행했다. 그 길이 너무 비좁았기 때문에 바퀴 달린 운송 수단을 이용하지 않았다. 아인슬리는 팡양(Pang Yang)과 몬판(Mon Pan) 사이에 나란한 두 개의 길이 있는데 9일이 걸릴 거라 예상했다. 그는 여행이 얼마나 힘든지 날마다 기록했다. 수많은 강과 개울을 건너야 했고 "비가 오면 아예 건너지 못했다."[12] 하루 평균 진행 거리는 13킬로미터를 넘지 못했다. 그 편차가 심해 어떤 날은 20킬로미터까지 갔고 또 어떤 날은 간신히 7킬로미터에 이르렀다.

소달구지는 당연히 건장한 짐꾼이 옮기는 짐보다 7~10배 정도 많은 양(240~360킬로그램)을 나를 수 있었다.[13] 그러나 이런 이동은 오히려 더 느렸고 제약을 많이 받았다. 짐꾼은 오솔길도 지나갈 수 있었지

지도 3

중심부에서 걸어서 얼마나 걸리는지를 지형적 난관에 따라 비교하는 이 지도는 험준한 경관 때문에 국가 공간이 수축되었음을 표현하고 있다. 여기서 미얀마-중국 국경 지역의 샨 주의 도시인 뭉양(Mung Yang)을 예로 사용했다. 여기에 나타난 도보 여행 시간 등치선은 왈도 토블러의 '도보 여행자 함수'에 따랐는데, 이는 어떤 지점의 비탈면에서 여행이 얼마나 걸리는지를 추정하는 알고리듬이다. 이 등치선은 하루에 6시간을 걸어서 갈 수 있다는 것을 가정한 여행 거리이다. 비교를 위해 토블러 알고리듬을 준용해 평지에서는 얼마나 갈 수 있는지를 점선으로 표시됐다. 여행자는 뭉양에서 출발하여 평지에서는 하루 반이나 이틀 걸릴 거리를 3일 걸려서 갔다. 동쪽으로 갈 때보다 남쪽이나 북서쪽으로 갈 때 더 어려웠다. 통치의 영역이 여행의 수월성과 직접적으로 관련이 있다고 가정하면, 뭉양을 중심으로 했을 가상의 국가가 다스렸던 영역은 평지에서 통치했을 경우의 3분의 1에도 미치지 못했을 것이다.

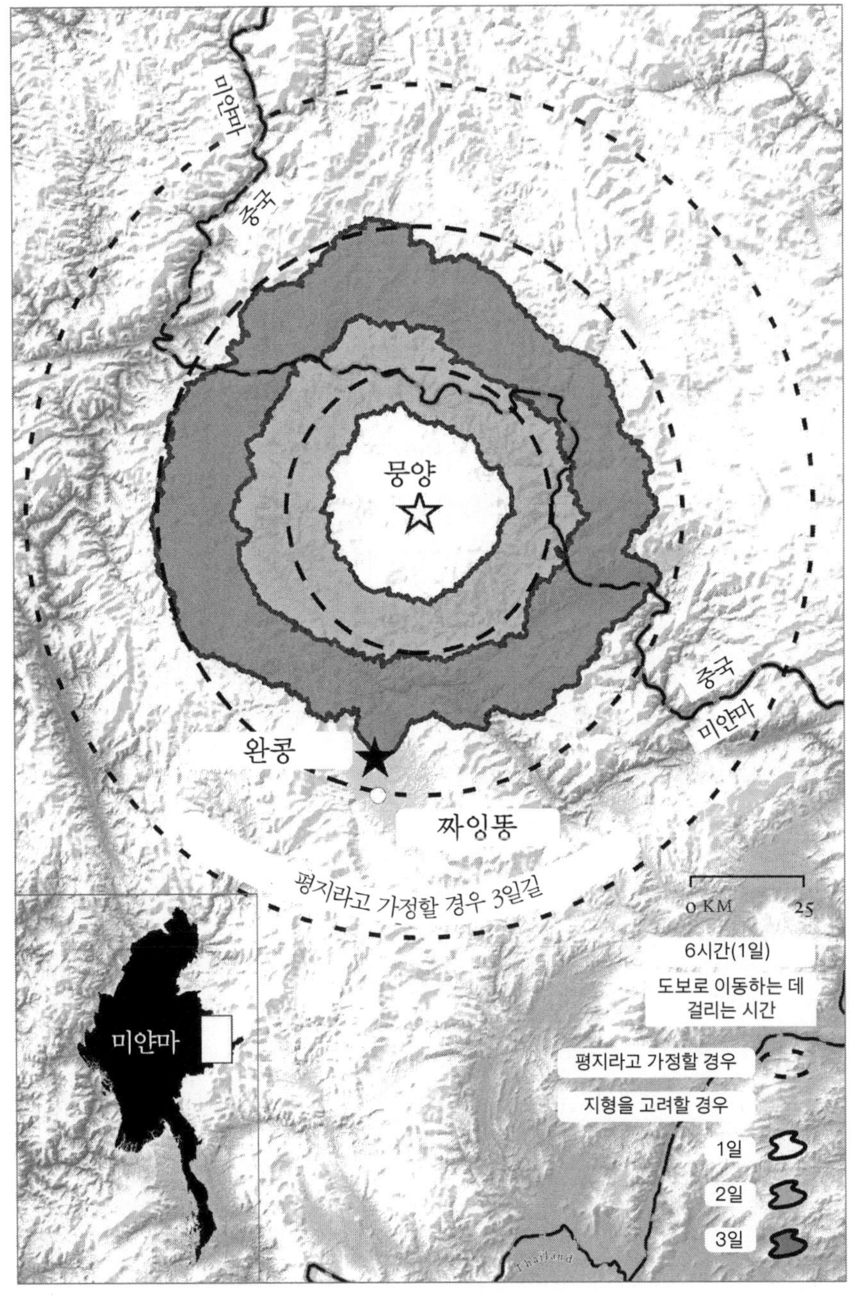

미얀마
중국
몽양
중국
미얀마
완콩
짜잉똥
평지라고 가정할 경우 3일길
0 KM
25
6시간(1일)
도보로 이동하는 데 걸리는 시간
평지라고 가정할 경우
지형을 고려할 경우
1일
2일
3일
미얀마

만, 소달구지는 더 넓은 길이 필요했고 어떤 지형에서는 아예 갈 수가 없었다. 미얀마 오지에서 바퀴 자국이 깊게 패인 길을 본 적이 있는 사람은 그렇게 앞으로 나아가는 일이 얼마나 느리고 고되었는지 짐작할 수 있을 것이다. 어떤 일정으로 여행하든, 수레꾼은 자기가 먹을 양식을 챙겨 가 이에 들어갈 비용을 줄여야 했다. 또는 자라난 양식을 채취할 수 있는 쪽으로 여행길을 맞추어야 했다.[14] 1~2백 년 전까지만 해도 심지어 서구에서조차도 규모가 큰 상품의 육상 운송은 "제한적으로 이루어졌고 본질적으로 고질적인 한계가 있었었다."[15]

이렇게 사람과 상품의 이동이 지리적으로 제한을 받게 되면서 육지에 근거를 둔 국가들의 확장에 한계가 드러났다. F. K. 리먼은 도보로 하루에 32킬로미터를 이동했다고 보다 넓게 추정하면서 식민 시기 이전 국가들의 최대 범위가 직경 160킬로미터를 넘지 못했을 것이라고 보았다. 물론 마따람의 경우는 이보다 컸다. 가령 직경 240킬로미터의 원형과 같은 왕조가 있다고 친다면, 중심에서 왕국 끝자락까지의 거리는 120킬로미터일 것이다.[16] 이 지점을 넘어서면 지형이 평평하다고 해도 국가의 권력이 희미해져 다른 왕국이나 지역 맹주, 무력 집단들에게 그 영향권을 넘겨주게 된다(거리에 관한 지형적 효과를 표현한 [지도 3]을 보라).

그러나 수상 운송은 전근대 사회에서 이러한 한계에 영향을 받지 않는 특별한 예외이다. 항해가 가능한 물 위에서 미끄러지듯 앞으로 나아간다. 바람과 물결은 수레를 통해서는 생각할 수 없을 정도로 부피가 큰 상품을 대량으로 먼 거리를 이동시킬 수 있다. 한 추산에 따르면, 13세기 유럽에서 해상 운송비는 육상 운송비의 5퍼센트밖에 되지 않았다. 이 차이는 너무나도 커서 해상무역로에 인접한 왕국은 전략과 무역에서 큰 이득을 취할 수 있었다. 규모가 어떠하든 식민 시기 이전 대부분의 동남아시아 국가들은 대부분 바다나 수송이 가능한 강 근처에 있었다. 사실 앤터니 리드가 언급했듯이, 대부분의 동남아시아 국가들의 수도는 강과 바다가 합류하는 지점에 있었다. 그곳에서 해양 선박이 짐을 내리면 작은 배가 그것을 실어 강 상류 쪽으로 옮겼다. 권력 교점지의 위치는 대개 통신과 교통이 만나는 지점과 일치했다.[17]

철도가 개설되기 전에 수상 교통이 얼마나 핵심적인 역할을 했는지는 수로의 엄청난 경제적 중요성에서 잘 드러난다. 수상과 육상(말, 노새, 소 등 역축을 통한 운송)에서 바람의 세기가 같다면 수상에서는 지형의 저항이 감소하기 때문에 바지선을 통한 운송이 가능하여 효율성이 아주 컸다. 강이나 바다를 통한 운송은 '저항이 가장 작은 길'이라는 장점을 취해서 아주 먼 곳까지 식량, 소금, 무기, 사람들을 옮겨서 교환할 수 있었다. 짧은 경구로 표현해 본다면, '잔잔한' 물은 '합치고,' '까다로운' 언덕과 늪, 산은 '나눈다'고 할 수 있다.

철도와 포장도로 같은, 거리 차이를 없애는 기술이 들어서기 이전에 육지에 기반을 둔 동남아시아와 유럽의 국가들은 가항(可航) 수로 없이 권력을 집중하고 세워 나가는 데 큰 어려움을 겪었다. 찰스 틸리가 언급했듯이, "19세기 후반 이전에, 육상 운송은 유럽 어디에서나 비용이 너무 많이 들어가 어떤 국가든 효율적인 수상 운송 없이 거대한 군대나 큰 도시에 곡식을 비롯한 무거운 물품을 제공할 수 없었다. 베를린과 마드리드 같은 큰 내륙 도시를 다스렸던 통치자들은 그 주변 지역에 식량을 공급하기 위해 막대한 노력과 비용을 치러야 했다. 네덜란드는 아주 효율적인 수상로를 갖고 있어 평화와 전쟁 시기에 큰 이점을 갖고 있었다."[18]

심지어 20세기 중반까지도 험준한 지세는 군사적으로 크나큰 장애물이었다. 1951년 중국 인민해방군의 티베트 점령이 바로 그런 경우에 해당된다. 베이징에서 협정에 서명한 티베트 사절단과 공산당 대표자들은 '더 빠른 길'로, 다시 말해 바다를 통해 콜카타로 간 뒤 기차와 말을 타고 시킴(Sikkim)을 거쳐 라싸로 되돌아갔다. 시킴의 공톡(Gong-tok)에서 라싸까지만 해도 16일이 걸렸다. 라싸의 인민해방군 전진부대는 여섯 달이 못 되어 굶주림의 위험에 처했고 쌀 3천 톤이 다시 배를 통해 콜카타로 그다음 노새를 통해 산을 넘어 도달했다. 식량은 북쪽의 내몽골 쪽에서도 왔으나, 이를 운송하기 위해 2만6천 마리나 되는 엄청난 수의 낙타를 부려야 했다. 그 마저도 낙타 절반이 도중에 죽거나 상처를 입었다.[19]

표준화된 근대 지도는 지형이나 수역에 상관없이 1킬로미터를 1킬로미터로 표현하고 있어 심각한 오해를 불러일으킨다. 잔잔한 가항 수로를 두고 300~400킬로미터 정도 서로 떨어져 있는 거주지들은 험준한 산악 지형으로 불과 30킬로미터밖에 서로 떨어져 있지 않는 거주지들보다 상호 사회적·경제적·문화적 유대 관계로 엮일 가능성이 더 크다. 마찬가지 이치에서, 쉽게 통과할 수 있는 거대한 평지 지역이 여행은 이동이 느리고 어려운 산악 지역보다 일관된 문화적·사회적 총체를 형성할 가능성이 훨씬 더 크다.

우리가 사회적·경제적 교환에 대한 정보를 좀 더 잘 표현한 지도를 원한다면, 전혀 다른 지도 작성 측량법을 고안해야 할 것이다. 그 측량법은 지형에 따라 지나기가 얼마나 쉽고 어려운지를 고려한 것일 터이다. 19세기 중반의 교통 혁명 이전이라면 도보나 소달구지(또는 배)

로 하루에 얼마나 갈 수 있는지가 측량 단위가 된 지도를 의미할 것이다. 표준화된 일직선의 지도에 익숙한 사람들에게 그 결과는 놀이 공원 거울에서 비친 모양과 같을 것이다.[20] 배가 다닐 수 있는 강, 해안선, 평평한 지대는 여행의 수월성을 반영하여 엄청나게 축소될 것이다. 그에 비해 통과하기가 어려운 숲이나 산악지대, 늪, 습지는 일직선의 거리가 가까울지 몰라도 여행 시간을 반영하여 엄청나게 확대될 것이다. 그러한 지도가 근대적인 눈에 이상하게 비치겠지만 우리가 익숙한 지도들보다 장소들 간의 접촉, 문화적 교류, 물품 교환에 대해서 훨씬 뛰어난 안내자가 될 것이다. 앞으로 보게 되겠지만, 이 지도들은 또한 국가의 통제와 수탈에 유리한 지리(국가 공간)와 본질적으로 국가 통제에 저항하는 지리(비국가 공간) 사이의 차이점을 명백하게 드러낼 것이다.

거리가 아니라 여행 시간이 측정의 단위가 되는 지도는 사실 킬로미터나 마일이라는 추상적이고 표준화된 개념보다 훨씬 더 현지의 고유한 관행과 일치한다. 만약 여러분이 어느 한 동남아시아 농부에게 가령 이웃 마을까지 얼마나 걸리느냐고 물어보면, 그는 직선거리가 아니라 걸리는 시간을 기준으로 대답을 할 것이다. 시계에 익숙한 농부는 '30분' 걸린다고 할 것이고, 시간 단위에 익숙지 않은 좀 나이 든 농부는 현지 고유의 단위를 사용하여 '세 번의 밥 짓기'나 '담배 두 대 피우기'과 같은 식으로 대답할 것이다. 이것은 굳이 손목시계 없이도 모든 사람이 알 수 있는 시간 측정 단위이다. 식민 시기 이전의 좀 오래된 지도에서 특정 두 장소 사이의 거리는 한 곳에서 다른 곳까지 가는 데 걸리는 시간에 의해 측정됐다.[21] 직관적으로 이것은 분명 이해가 간다. A라는 장소가 B라는 장소에서 24킬로미터 떨어져 있다고 하자. 그런데 여행 사정에 따라 이틀 여정이 될 수도 있고 닷새 여정이 될 수도 있기 때문에 여행자는 걸리는 시간을 반드시 알아야 한다. 사실 그 사람이 A에서 시작하여 B로 가는지 아니면 B에서 시작하여 A로 가는지에 따라 크게 다를 수 있다. B가 평지에 있고 A가 높은 산에 있다면, 비록 직선거리는 같을지라도 B에서 A로 산을 올라가는 여행은 A에서 B로 산을 내려가는 여행보다 더 오래 걸리고 힘들 것임에 틀림없다.

지형을 고려한 지도를 보게 되면, 추상적인 거리 때문에 잘 보이지 않을 법한 사회적·문화적 공간, 심지어 국가가 갑자기 눈앞에 드러나게 된다. 페르낭 브로델은 이 점을 간파하고 지중해 세계를 분석했다. 지중해 세계는 통상적 개념의 통일된 '영토'나 정치행정 체계 없이 상품, 사람, 이념을 활발하게 교환하면서 사회를 유지해 나갔다.[22] 약간 작은 규모의 세계를 보자면, 에드워드 화이팅 폭스는 고전 그리스의 에게 해가 정치적으로 통일되지는 않았어도 하나의 사회적·문화적·경제적 유기체로서 잔잔한 바다를 통해 만남과 교환을 도모하며 서로 긴밀한 관계를 형성했다고 주장한다. 바이킹과 노르만족처럼 '무역과 침략'을 일삼던 위대한 해양인들은 빠른 해상 교통수단에 의지하여 자신들의 영향력을 먼 곳에까지 떨쳤다. 그들의 역사적 영향력을 표현하는 지도는 항구 도시와 강어귀, 해안을 주로 강조할 것이다.[23] 이에 비해 드넓은 바다 공간은 작게 표현할 것이다.

이 현상을 가장 극명하게 보여 주는 역사적인 예가 으뜸의 해양 세계인 말레이 세계인데, 그 문화적 영향은 태평양의 이스터 섬으로부터 마다가스카르와 아프리카의 남부 해안에까지 이른다. 아프리카 항구들에서 사용되는 스와힐리어에는 말레이어의 흔적이 남아 있다. 말레이 국가 자체는 15~16세기에 전성기를 이루었는데 한자동맹처럼 무역항들의 이동 연합체였다. 치국의 기본 단위들은 잠비, 팔렘방, 조호르, 믈라카 같은 항구들이었고 말레이 귀족층은 정치나 무역의 이익을 좇아 그 사이를 오갔다. '왕국'이 오밀조밀 연속된 영토로 이루어져 있다고 바라보는, 땅에 붙박인 우리의 상식으로는 먼 거리에 걸친 그러한 도서부의 통합을 도무지 이해할 수 없는 것이다.

농경 왕국은 해양 왕국보다 대개 더 자립적이었다. 근처의 식량과 인력 비축분을 사용했음에도 농경 왕국들이 자급자족할 수 있었던 것은 아니다. 그들은 통치권 밖에서 들어오는 생산물, 즉 목재, 광석, 단백질, 목축 거름, 소금 등 산악과 바다로부터 들여오는 물품들에 의존했다. 해양 왕국들은 특히 노예를 비롯하여 그들의 필요를 채우기 위해 무역에 더 의존했다. 이 때문에 현지의 곡식 생산과 노동력에 의존하지 않은 이른바 고차원의 '국가 점유'의 공간이 존재했다. 필수 무역품을 (세금과 통행세와 탈취를 통해) 수월하게 통제할 수 있는 전략적인 곳이 바로 그런 곳이었다. 농업이 발명되기 훨씬 이전에 (품질이 뛰어난 석기의 재료가 되는) 흑요석의 주요 매장지를 통제하고 있는 사회는 교환과 권력의 우위를 점했다. 더 일반적으로 육상과 해상무역로의 전략적인 요충지를 통제하는 것은 확실하게 경제적·정치적 이익을 보장해 주었다.

강과 바다가 만나는 지점이나 강의 어귀에 위치한 말레이 무역항은 그 고전적인 사례이다. 이 항구의 지배자들은 상류(hulu) 쪽으로 수출하는 품목을 독점했고 마찬가지로 배후지에서 하류(hilir) 쪽의 해안이나 국제무역에 접근하는 것을 통제했다. 마찬가지로 믈라카해협은 인도양과 중국 사이에 장거리 무역의 요충지였으며 따라서 국가 만들기에 딱 알맞은 공간이었다. 더 작은 규모를 보자면, 수많은 산악 왕국들이 여러 품목들 중에서도 소금, 노예, 차가 지나는 중요한 대상 무역로 주변에 자리 잡고 있었다. 그 왕국들은 세계무역의 변동과 상품의 호황에 따라 성쇠를 거듭했다. 큰 사촌격인 말레이왕국과 같이 가장 평화로웠을 때 '통행세' 국가였던 셈이다.

이렇게 위치가 갖는 이점은 부분적으로는 지형과 바닷길의 문제라고 할 수 있다. 그 이점은 역사적으로 특히 근대에 교통·공학·산업 혁명, 이를테면 철도 및 도로의 교차 지점, 다리와 터널, 석탄, 석유, 천연가스 매장지 등에 달려 있었다.

그렇다면 국가 공간은 곡식 생산과 인력을 집중시키고 통제하는 공간과 같다는 처음에 내세웠던 우리의 투박한 주장이 수정되어야 하는가. 거리 차이를 없애는 수로의 속성과 요충지와 전략 품목이 표상하는 권력 교점지의 존재는 가까이 있는 곡식과 노동력의 손실을 메울 수 있었지만, 단지 일부분에 불과했다. 충분한 인력 없이는 통행세를 받는 국가가 그곳을 지켜 위치가 주는 이점을 유지하는 데 종종 어려움을 겪었다. 마지막 결전의 상황에서는 농경 국가들이 대개 도서 국가들이나 '무역로' 국가들을 숫자의 힘으로 압도해 왔다. 바바라 안다야가 베트남의 농경 왕조인 찐(Trinh)과 말레이 도서 국가인 조호르(Johore)를 비교하며 이 차이점을 강조했다. "말레이 국가들 가운데 가장 번성했지만 농업 기반이 없던 조호르의 군사력과 찐의 군사력을 비교해 보면 이 점이 확실히 드러난다. 1714년에 네덜란드는 조호르가 6,500명의 군사와 모든 종류의 배 233척을 전쟁에 동원할 수 있다고 추산했다. 베트남에서는 대조적으로 응우옌 왕조가 동원한 병사의 수는 해군 6,400명과 보병 3,280명을 포함하여 22,740명이었다."[24] 물론 도서 국가들의 취약성을 경고한 가장 오래된 이야기인 투키디데스의 《펠로폰네소스 전쟁사》도 결연했던 도서 국가 아테네가 결국엔 농업에 더 기반을 두었던 라이벌 스파르타와 시라쿠사에 압도당했음을 말해 준다.

지도에 그린 국가 공간

식민 시기 이전 대륙 동남아시아의 국가 건설은 지리적 요인 때문에 크게 제약을 받았다. 나는 여기서 대략적이나마 그런 제약과 국가의 장소, 운영, 권력 메커니즘에 미친 효과들을 개괄해 보자 한다.

논농사에 알맞고 상당수의 집중된 인구를 지탱할 수 있는 거대한 충적토의 존재가 일정 규모의 국가가 성립하기 위한 필요조건이다. 반드시 충분조건은 아니지만 말이다. 순다 대륙붕의 잔잔한 조류를 타고 쉽게 이동할 수 있고 아테네처럼 해양의 질서가 멀리까지 뻗어 있던 도서부 동남아시아와 달리, 대륙부 국가들은 지리적 난관에 맞서 힘겹게 싸워야 했다. 산맥과 큰 강들이 일반적으로 북에서 남으로 뻗어 있기에 이 지역 대부분의 전통 국가들은 이 거대한 북-남의 수계를 따라 세워졌다. 대륙부의 서쪽에서 동쪽으로 눈을 옮겨 보자면, 버마족의 전통 국가는 에야워디 강을 따라 친드윈 강과 만나는 지점 근처(버강, 잉와, 만달레)나 싯따웅 강을 따라 그리 멀지 않는 동쪽 지역(버고, 따웅우)에서, 타이족의 전통 국가인 아유타야와 훨씬 훗날의 방콕은 짜오프라야 강을 따라, 크메르족의 전통 국가인 앙코르와 그 후대 국가들은 메콩 강 지류인 톤레삽 호수 근처에서, 마지막으로 낀족

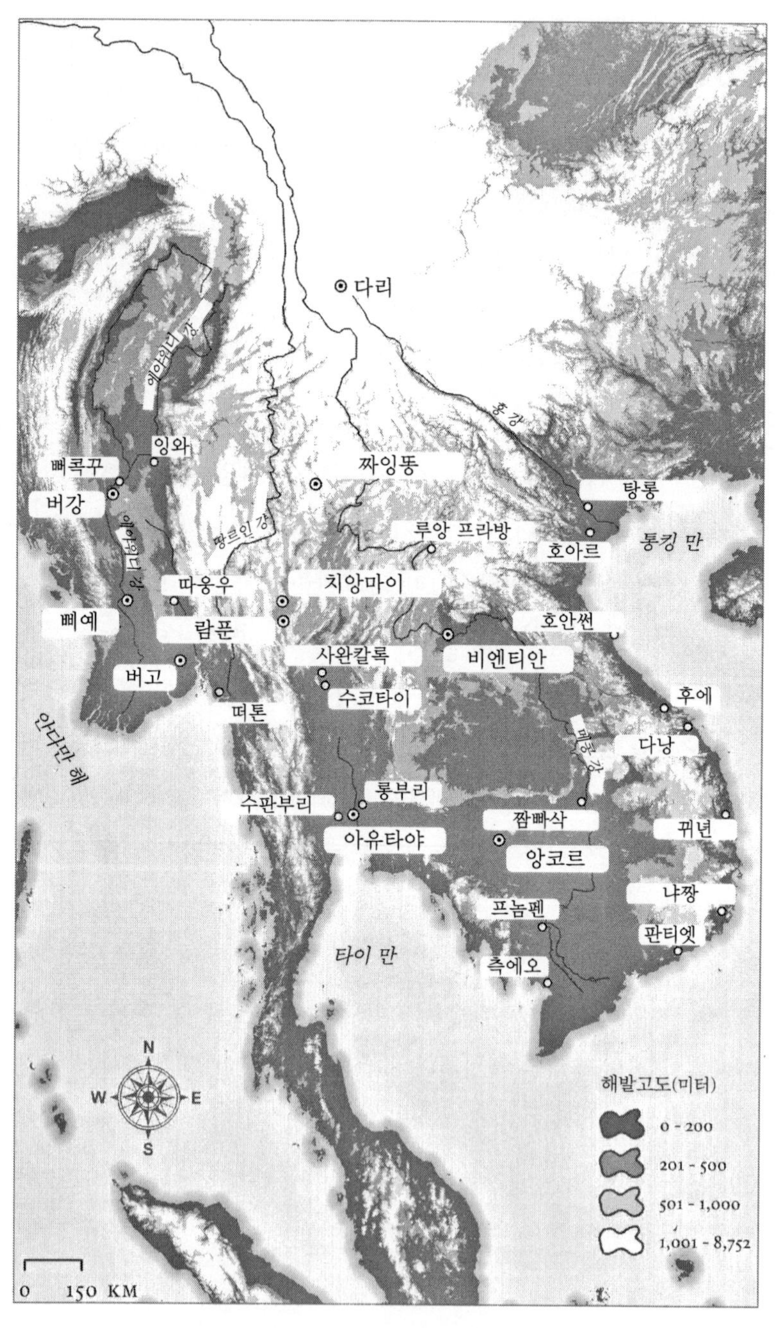

다리
에야워디 강
홍 강
잉와
빼콕꾸
짜잉똥
버강
탕롱
땅르인 강
루앙 프라방
호아르
통킹 만
에야워디 강
따웅우
치앙마이
삐예
람푼
호안썬
사완칼록
비엔티안
버고
수코타이
후에
떠톤
안다만 해
메콩 강
다낭
롭부리
수판부리
짬빠삭
아유타야
꾸년
앙코르
냐짱
프놈펜
판티엣
타이 만
측에오
N
W
E
S
해발고도(미터)
0 - 200
201 - 500
501 - 1,000
1,001 - 8,752
0 150 KM

의 전통 국가인 찐은 하노이 인근의 홍 강을 따라 성립됐다.

여기서 공통분모는 그 국가들이 가항 수로 근처 범람원보다 높은 곳, 즉 반반하고 경작에 알맞고 늘 물이 끊이지 않아 벼농사를 지을 수 있는 평지에서 세워졌다. 초기 대륙 동남아시아의 어떤 국가도 큰 강의 델타 지역에 자리 잡지 않았다는 점이 퍽 인상적이다. 에야워디 강, 짜오프라야 강, 메콩 강 등의 델타 지역은 강제 정착지로 20세기 초에 이르러서야 벼농사가 시작됐다. 이렇게 뒤늦게 발전한 이유는 ① 쌀 경작을 위해서는 거대한 규모의 배수 공사가 필요했고, ② 말라리아가 무성하여 꺼려졌고(특히 새로 개간을 할 때), ③ 연례의 홍수 규모가 예측할 수 없고 때때로 파괴적이었기 때문이다.[25] 그러나 이러한 지나친 일반화를 명확히 따질 필요가 있다. 우선 권력의 중심부에서 발산되는 정치적·경제적·문화적 영향은 브로델이 예상하듯이 지세에 따른 제약이 거의 없을 때, 즉 평지와 가항의 강과 해안지대에서 쉽게 뻗어 나간다. 베트남인들이 점차 짬족(Cham)과 크메르족을 몰아낸 것이 무엇보다 이 과정을 잘 보여 준다. 이 팽창은 남쪽으로 좁은 해안 지역을 따라 이뤄졌으며 그 해안은 메콩 델타와 바삭 지역에까지 이르는 수상 고속도로의 기능을 톡톡히 해냈다.

국가 중심부의 경제적인 영향력은 정치적인 영향력보다 대개 더 멀

지도 4

동남아시아의 강들과 전통 국가들. 이 지도가 보여 주듯 전통 국가들이 강 유역에 위치한 것이 일반적이었다. 땅르인 강은 그 어귀에 단지 하나의 전통 국가인 떠톤(Thaton)만을 갖고 있었다. 땅르인 강은 대부분 협곡 사이로 흐르고 배가 다닐 수 없다. 바로 이 때문에 예외였다. 짜잉똥과 치앙마이 역시 가항의 큰 강 유역 근처에 위치하지 않았다는 점에서 예외이다. 그러나 그 둘 모두 벼농사에도 알맞고 그 만큼 국가 만들기에도 우호적인 거대한 경작지대를 다스렸다.

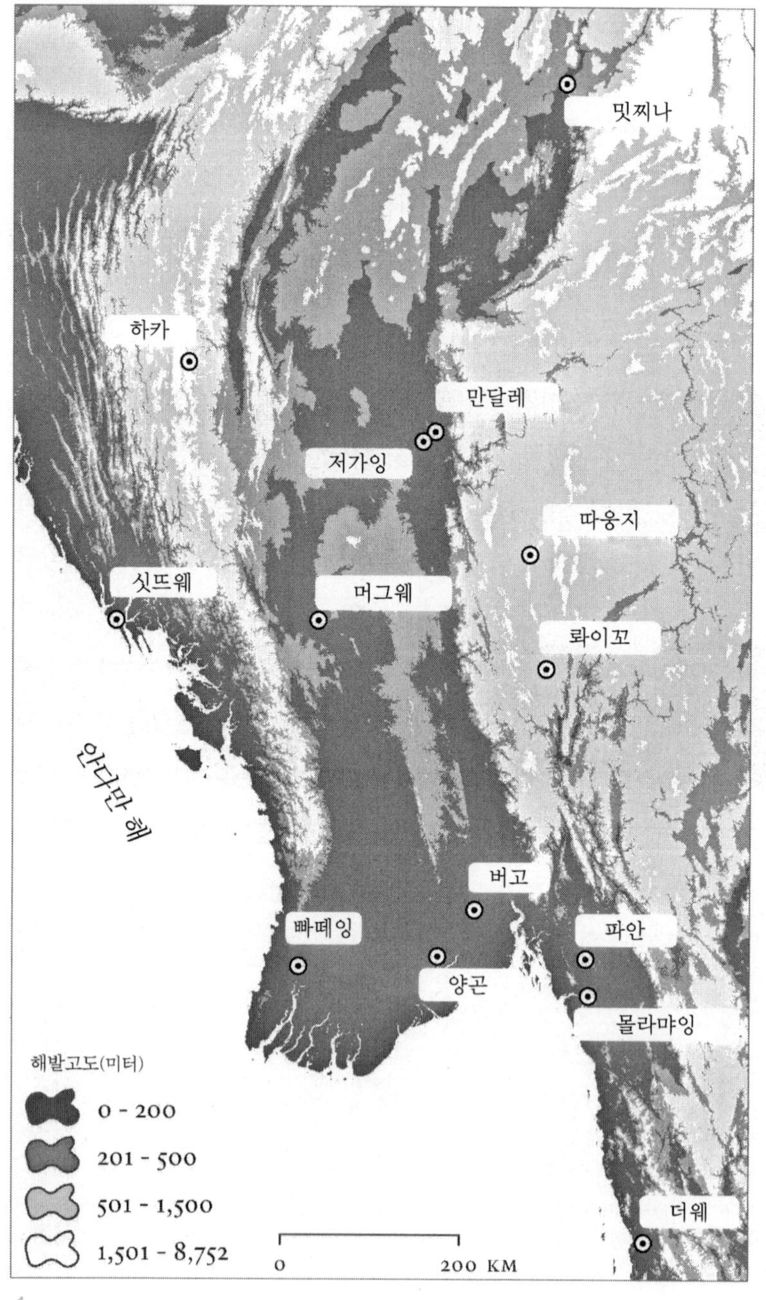

밋찌나
하카
만달레
저가잉
따웅지
싯뜨웨
머그웨
롸이꼬
안다만 해
버고
빠떼잉
파안
양곤
몰라먀잉
해발고도(미터)
0 - 200
201 - 500
501 - 1,500
1,501 - 8,752
더웨
0
200 KM

리 뻗어 나갔다. 정치적인 지배는 동원된 인력과 식량에 얼마나 독점적으로 접근할 수 있는가에 좌우됐지만, 무역에 미치는 영향은 이보다 훨씬 더 먼 곳까지 이르렀다. 지세의 저항성 원리가 여기서도 작동된다. 중량과 부피에 비해 상품의 교환가치가 클수록 거래가 이루어지는 거리는 더 확장된다. 이에 금, 보석, 향나무, 희귀 약품, 차, 의례용 동종(산지에서 중요한 위세품이었다) 같은 귀중품들이 정치적 주도가 아닌 교환의 원리에 따라 변방과 중심부를 이어 주었다. 이 원리에 따르면, 대량 운송이 불필요한 형태의 무역과 교환의 지리적 범위는 정치적 통합이 이루어지는 비교적 좁은 범위보다 훨씬 더 컸다.

나는 지금까지 대륙 동남부의 주요 전통 국가들만 다루었다. 국가 형성의 핵심 조건, 곧 논농사가 가능한 잠재적 중심지로서 완전한 통치 영역과 왕조의 수도를 핵심부에 두고 있는 곳이 다른 데에서도 마찬가지로 존재했다.[26] 순전히 규모의 차이일 뿐이다. 우호적인 조건에서 논농사 핵심부가 거대하고 근처에 있다면 거대한 국가가, 역시 우호적인 조건에서 그 핵심부가 보통의 크기라면 보통 규모의 국가가

지도 5

중부 미얀마의 고도. 식민 시기 이전 국가가 미치는 영향권은, 가장 강성한 국가였을 때, 대개 저지대 평원과 가항의 강줄기를 따라 매우 쉽게 뻗어 나갔다. 상부 미얀마의 모든 왕국들은 에야워디 강과 친드윈 강이 합류하는 지점의 위나 아래쪽을 끼고 있었다. 만달레와 잉와 동쪽의 샨 산악지대는 직선거리로는 하류쪽 도시인 빠콕꾸(Pokokku)나 머그웨(Magway)보다 가까울지언정 왕국의 효과적인 지배권 밖에 있었다. 식민 시기 이전 국가는 또한 북에서 남으로 뻗어 있는 버고산맥(Pegu-Yoma) 산맥의 가장자리 쪽에 위치해 있었다. 이 산맥은 평야를 가르며 높진 않지만 험준한 산들로 이루어져 있다. 이 산들은 식민 시기 이전에 그리고 대부분의 식민 시기에도 국가 통제 밖에 있었다. 심지어 미얀마가 독립한 이후에도 1975년까지 이 지역은 공산주의자와 카렌족 반란군들의 보루였다. 이곳은 지형의 저항성이 그리 크지 않게 변하더라도 어떻게 국가가 지배에 어려움을 겪는지를 보여 주는 단적인 예이다.

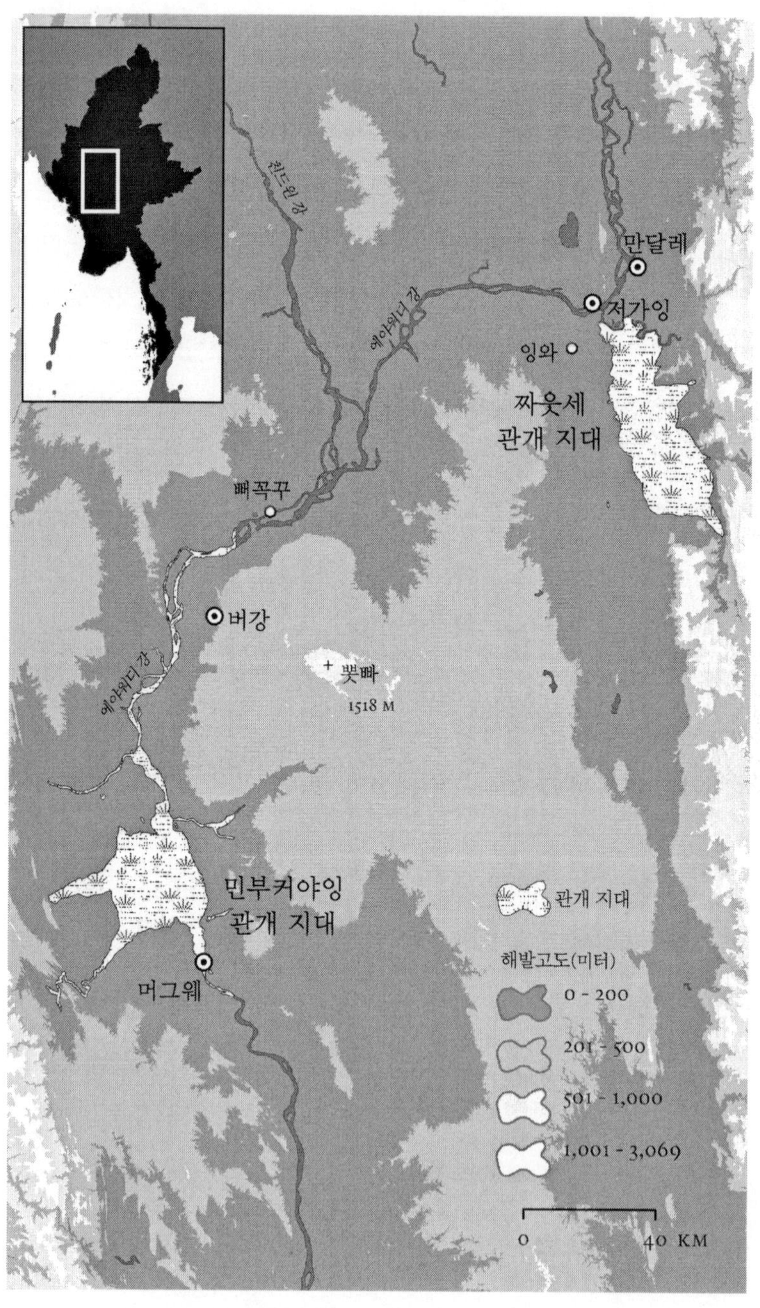
친드윈 강
에야워디 강
만달레
저가잉
잉와
짜웃세
관개 지대
빠꼭꾸
버강
+ 뽓빠
1518 M
에야워디 강
민부커야잉
관개 지대
머그웨
관개 지대
해발고도(미터)
0 - 200
201 - 500
501 - 1,000
1,001 - 3,069
0
40 KM

발생할 수 있었다. 이러한 설명에 부합하는 국가는 벼농사 평야 지대에 위치하면서 적어도 이론상은 한 명의 통치자를 두고 최소한 6천 명의 신민과 그 주변의 산악 연합 세력을 거느린 요새화한 성읍일 것이다. 대륙 동남아시아 전역의 상당히 높은 고도에서 대개 더욱 작은 규모의 국가 형성을 도모했던 농업생태학적 조건을 찾아볼 수 있다. 군소 따이족 국가들이 한때 그런 곳에 존재했다. 더 드물게는 그런 군소 국가들이 연합체나 동맹체를 결성하여 잠깐 더 강력한 국가를 만들 수도 있었다. 규모가 어떻든지 논농사 핵심부 주변의 국가 형성은 언제나 우발적이었고 대개는 일시적이었다. 에드먼드 리치처럼 "한곳에 붙어 있는 논"은 잠재적인 생태·인구적 강점을 갖고 있어 똑똑하고 운 좋은 정치 모험가는 이를 활용하여 국가 공간을 새로 만들거나 활성화하려 했다는 점을 강조할 수 있을 것이다. 심지어 성공한 왕조조차도 결코 나폴레옹식의 국가가 아니라 오히려 여러 주권들이 모인 흔들거리는 위계였다. 그 위계가 유지되는 한 노획물의 공정한 분배와 혼인 연합이 필요하다면 토벌이 이를 지탱시켰지만, 이 경우 결국 인

지도 6

민부 커야잉(Minbu Kharuin/K'àyaín)과 짜웃세(Kyaukse) 관개 공사. 이 두 주요 관개 지대는 식민시대 이전 상부 미얀마의 쌀통이었다. 민부 커야잉 관개 공사는 9세기에 세워진 버강 왕국보다 상당히 앞서서 이루어졌다. 이 두 쌀 곡창지대는 국가 형성 및 이에 불가피한 전쟁에 필요한 노동력과 식량의 저장고의 구실을 했다. 버마어 단어 커야잉(ခရိုင်)은 영어로 kharuin으로 표기되는데, '구역'(district)을 의미하며 '9개의 커야잉'이 전통 짜웃세를 이룬 것처럼 성곽으로 둘러싸인 도시를 함의한다. 이것은 샨 단어인 마잉(မိူင်း) 또는 타이어의 므엉(muang)과 대개 같은 의미로 쓰였다. 평야 지역인 이 두 지역을 넘어서면 강수량이 많고 경작지가 존재하기는 하지만 그 소출이 관개 지대처럼 일정하지도, 풍성하지도 않았다. 버고산맥의 북쪽 돌출 지역은 뽓빠(Popa) 산과 그로부터 뻗어 있는 높은 산들이 있는 곳인데, 인구는 더 희박하고 농업 생산 역시 보잘 것 없었다. 또한 현존하는 인구와 생산물을 전유하는 것도 어려웠다.

력에 대한 지배가 가장 중요했다.

그러므로 식민 시기 이전 미얀마의 형성을 알고자 할 때 이 기본적인 수탈 원리와 통치의 범위에 따라 이해해야 한다. 강력하고 번창했던 왕조 시대에 효과적인 정치체로서 '미얀마'는 대개 궁정의 중심부로부터 닷새 길 이내에 위치한 논농사 핵심부 지역들로 구성되었다. 이러한 논농사 지역들은 반드시 인접해 있을 필요는 없었으나 관료들이나 군사들이 무역로나 수로를 통해 국가의 중심부로부터 비교적 쉽게 접근할 수 있는 곳이어야 했다. 접근 경로의 속성은 그 자체로 중요했다. 곡식을 수거하거나 반란 지역을 진압하기 위해 파견된 군대가 그 길에서 식량을 자체 공급해야 했다. 이는 군대가 생존하기 위해서는 곡식, 역축, 수레, 잠재적인 병사들을 충분히 보유한 곳을 지나는 행군로를 찾아야 했음을 의미했다.

따라서 늪, 습지, 특히 산악 지역은 궁정의 핵심부 근처에 있을지라도 대개 "정치적으로 직접 통치를 할 수 있는 미얀마"의 일부분이 아니었다.[27] 그런 산지와 늪에는 사람이 거의 살지 않았고, 논벼를 재배할 수 있는 일정 규모의 고원지대를 제외하면 혼합 경작(쌀 생산을 위한 산개 화전, 뿌리 작물, 수렵, 채집)을 시행하고 있어 수탈은 커녕 없이 접근조차 어려운 실정이었다. 이런 지역들은 궁정과 조공 관계를 맺고 정기적으로 충성 서약을 갱신하고 귀중품을 교환했지만 일반적으로 궁정 관료들의 직접적인 통치 밖에 머물러 있었다. 어림잡아, 고도 300미터 이상의 산악 지역은 '미얀마' 평원의 일부가 아니었다. 따라서 우리는 식민 시기 이전의 미얀마는 평평한 곳에 나타나는 현상으로 논농사 생태 환경을 벗어나서는 거의 존재하지 않았다고 봐야 한다. 페르낭 브로델과 폴 휘틀리가 전반적으로 언급했듯이, 평평한 지형에서는 그 전반에 걸쳐 쉽게 정치적인 지배를 실현할 수 있었다. 그러나 지형이 까다로우면, 고도가 갑작스럽게 변하면, 험준한 산을 만나면, 흩어진 인구와 혼합 경작이라는 정치적 난관에 부딪히면, 그 정치적 숨이 턱밑까지 차올라 허덕거렸다.

근대의 주권 개념이 이런 배경에서는 거의 통하지 않는다. '미얀마'를 근대국가의 지도 작성 관례에 따라 선으로 명확히 구분하고 그 선 안의 모든 곳이 서로 연결되어 영토를 이루는 식으로 시각화하기보다는, 궁정의 세력이 미치는 영향권 이내에서 해발 300미터 아래의 벼농사에 알맞은 지대를 대부분 차지하고 있는 수평의 지형 조각으로 표현할 때 더 잘 이해할 수 있다.[28]

이러한 맥락에서 잠재적 주권과 문화적 영향력이 상대적인 기울기에 따라 어떻게 나타나는지를 보여 주기 위해 작성된 지도가 있다고 상상해 보자. 지형의 저항성이 어떻게 작용하는지를 떠올리는 방법의 하나로 독자 여러분이 고도 자체가 드러나는 딱딱한 재질의 3차원 입체 지도를 들고 있다고 마음속으로 그려 보자. 더 나아가 각 벼농사 핵심부의 위치에는 입구까지 가득 채워진 빨간 페인트 통이 놓여 있다고 상상해 보자. 그 페인트 통의 크기는 벼농사 핵심부의 크기, 따라서 수용할 수 있는 인구 규모에 비례한다고 하자. 이제 이 지도를 한 쪽으로 기울이고, 연이어 다른 쪽으로 기울인다고 마음속으로 상상해 보자. 그 페인트는 각각의 통에서 흘러나와 처음에는 평평한 바닥과 저지대의 수로를 따라 흘러갈 것이다. 그 지도를 더 기울인다면, 그 빨간 페인트는 지형의 경사에 따라 속도를 달리하며 어느 정도 높은 고도의 지형으로 흘러갈 것이다.

특정 지역에 도달하기 위해서 지도를 기울여야 할 각도는 대체로 국가가 그 영향력을 그곳까지 확장하려 할 때 부딪히는 어려움의 정도를 나타낸다. 빨간색의 농도가 흘러가는 거리와 다다르는 높이에 반비례하여 약화된다고 가정한다면, 희미해져 가는 영향력과 지배력을 다시 대략적이나마 추산해 볼 수 있다. 달리 말하여 그런 지역을 직접적으로 통치하는 데 들어가는 비용 단가를 어림잡을 수 있는 것이다. 높은 고도에서는 빨간색보다 하얀색이 짙게 나타날 것이다. 지형이 동시에 가파르고 높다면 그 색깔 변화가 확연할 것이다. 위에서 내려다보면, 짙은 붉은색이나 연한 붉은색의 궁정 중심부와 불규칙하게 산재한 하얀색의 산악 지역이 서로 대비되어 나타날 것이다. 이것은 바로 주권의 한계를 드러낸다. 하얀 반점을 차지하고 있는 사람들은 궁정과 조공 관계를 맺을 수 있지만, 거의 직접적인 지배를 받지 않았다. 정치적인 지배는 위압적인 산 앞에서 갑자기 약화된다. 문화적인 영향력도 마찬가지다. 언어, 주거 양식, 친족 구조, 종족 정체성, 산지의 생계 방식이 평지와는 극명히 차이가 난다. 대부분 산악민들은 평지의 종교를 따르지 않았다. 평지의 버마족과 타이족이 상좌불교도들이었던 반면, 산악민들은 일부 특별한 경우를 제외하면 정령숭배자들이었거나 20세기에는 기독교들이었다.

우리가 그려본 지형의 저항성 지도의 색깔 형식은 또한 정치적인 통합이 아닌, 문화적·상업적 통합의 양상에 대해 대략적인 안내를 할 수 있다. 빨간색 페인트가 저항을 거의 받지 않고 강줄기와 평야 지대를 따라 뻗어 나간 곳에서 종교 관행, 언어 구사, 사회 조직이 더 동질적으로 나타날 것이다. 산맥처럼 저항성이 갑자기 커진 곳에서는 문화적·종교적 변화가 불쑥 발생할 것이다. 저속도 촬영 사진처럼 그 지도가 또한 공간에서 발생하는 인간과 상품의 교통량과 그 이동이

얼마나 쉬운지를 보여 준다면, 사회·문화적 통합의 정도를 알게 해주는 좋은 도구를 갖게 될 것이다.[29]

여느 지도처럼 이 은유의 지도는 우리가 강조하고 싶은 관계를 눈에 띄게 표시하지만 다른 것들은 가려 버린다. 이 점에서 가령 늪, 습지, 말라리아 지대, 맹그로브 해안, 빽빽한 수풀 지역이 표상하는 저항성에 대해서는 쉽게 설명하지 못한다. 국가 핵심부의 '페인트 통'에 대해서도 주의를 기울여야 한다. 그 페인트 통은 순전히 가설적이다. 야심이 막강한 국가의 핵심부가 가장 우호적인 조건일 때 미칠 수 있는 영향권을 가리킨 것이다. 그 배후지에 대해 어떤 각도로 페인트 통을 기울여야 하는지 깨닫는 국가 핵심부는 거의 없었다.

국가 핵심부의 규모가 어떻든 그 자체로 완결된 지형을 갖고 있는 경우는 없었다. 각 핵심부는 커졌다 작아졌다 크기를 달리하며 경쟁하는 여러 핵심부들로 구성된 세계에서 한 단위로서 존재했다. 식민 점령기 이전에 그리고 근대 영토 국가가 지형을 대대적으로 체계화하고 단순화하기 이전에 대부분 극히 작았던 엄청난 수의 국가 핵심부들이 어지러울 정도로 널려져 있었다. 에드먼드 리치가 "사실 '미얀마'에서 일정 정도 크기의 성읍이라면 모두 한때 있음직하지 않은 거대한 경계를 가진 어떤 한 왕국의 수도였다고 주장하고 있다"고 언급했을 때 과장한 것이 아니었다.[30]

어떻게 우리는 다시금 그림 형태로 핵심부의 이러한 다중성을 이해할 수 있을까? 하나의 대안은 동남아시아에서 자주 사용하는 산스크리트어인 '만다라'(mandala, 왕들의 원)를 불러들이는 것이다. 만다라는 종종 신성한 혈통이라고 주장하는 지배자의 영향력이 쌀 평야 지대에 대부분 자리 잡은 궁정의 중심부에서 발산되어 주변의 변두

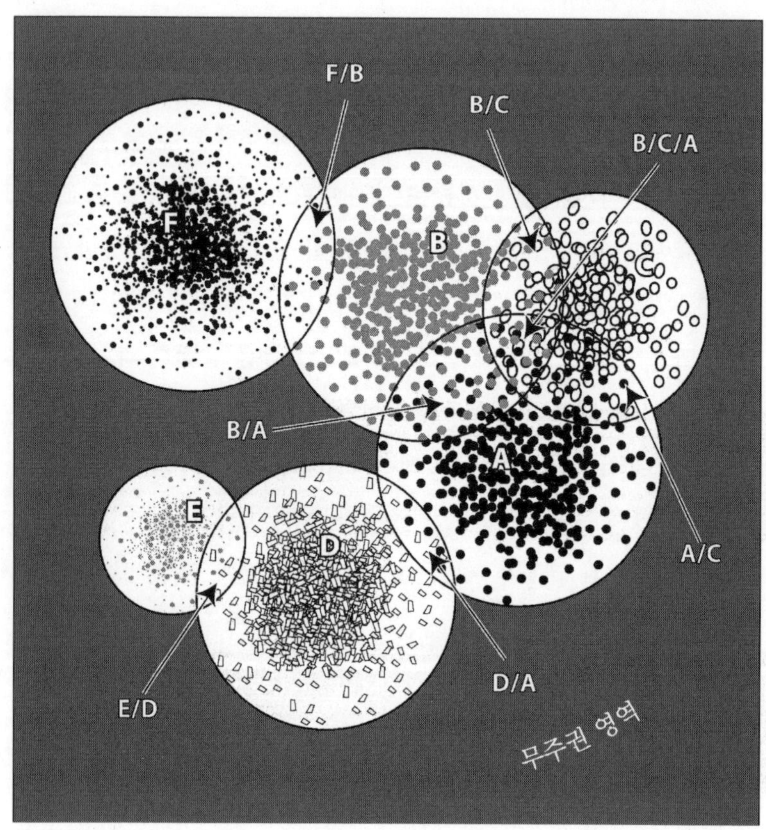

그림 1 만다라와 권력의 지형

리까지 뻗어 나가는 것을 형상화한다. 이론상 그 지배자는 자신의 영적·현세적 권위를 인정하는 그보다 약한 왕들과 수장들을 거느린다. 베네딕트 앤더슨이 처음으로 전구의 비유를 들어 빛의 세기 차이처럼 지배자의 카리스마와 영향력 차이를 표현했는데, 이 과거를 비추는 전구의 비유가 만다라 스타일 정치 핵심부의 두 가지 본질적인 특징을 포착해 낸다.[31] 빛의 세기가 약해진다는 것은 영적·현세적 권력이 중심으로부터 멀어져 감에 따라 점점 약해진다는 것을 의미하고,

이것의 잔광은 그 안에서만 주권이 100퍼센트 실현되고 그 너머에서는 갑자기 사라져 버린다는 근대적 개념의 '견고한' 경계와 전혀 다르다는 것을 가리킨다.

[그림 1]에서 나는 다중적인 만다라 시스템에서 주권이 얼마나 복잡하게 얽혀 있는지를 표현하려고 했다. 그렇게 하기 위해 여러 개의 만다라(느가라, 므엉, 마잉, 커야잉)를 고정된 원들로 표현했는데, 그 원들에서 권력이 중심에 집중되지만 바깥쪽에서는 그것이 점점 사라져 없어지게 된다. 잠시 지형의 거대한 영향력에 대해서는 눈을 감아 두자. 이 그림에서는 사실 팬케이크처럼 납작한 평지를 가정했다. 17세기에 미얀마의 통치자들도 자신들의 영토 질서를 그런 식으로 단순화시켜 이해했다. 한 지방을 원으로 머릿속에 그리고 그것이 정확히 100티앙(tiang, 1티앙은 3.25킬로미터)의 행정 반경을 갖고 있는 것으로 기술했다. 큰 성읍은 10티앙, 중간 성읍은 5티앙, 마을은 2.5티앙의 반경을 갖고 있었다.[32] 독자들은 이 원들이 늪이나 험준한 지형 등 불규칙한 지리 때문에 그 모양이 잘리는지 또는 이 원들이 가항의 강에서 수로를 따라 얼마나 확장되는지를 상상해야 한다. 안타깝게도 여전히 공간을 고정적으로 표현하여 시시각각 급격히 변화하는 시스템의 불안정성을 보지 못하고 있다. "영적인 권위와 정치적 권력의 중심은 끝없이 변한다"는 사실 말이다.[33] 독자들은 중심에서 멀어질수록 빛이 희미해지고 언젠가는 사라질 운명을 맞게 되지만, 한편에선 새로운 빛의 근원들과 권력의 지점들이 불현듯 나타나 점점 밝게 달아오른다고 마음속에 그려야 할 것이다.

각 원은 하나의 왕국을 표상한다. 어떤 것은 작고 어떤 것은 크다. 그러나 각각의 권력은 주변으로 갈수록 약화된다. 각 만다라에서 점들의 밀도가 낮아지는 것이 이를 설명한다. 약간은 간편한 이 그림의 목적은 순전히 식민 시기 이전 대륙 동남아시아의 권력, 영토, 주권의 복잡성을 시각화하여 이해하기 위함이다. 그 복잡성은 통차이 위니차쿤이 매우 자세하게 다루었다.[34] 이론상 만다라의 영향권 안에 있는 지역들은 연례적으로 공물을 바쳤고(그 대가로 같거나 더 높은 가치의 선물을 받곤 했다), 요청을 받게 되면 군사, 짐수레, 역축, 식량, 그 밖에 다른 물자들을 제공할 의무가 있었다. 그러나 이 그림이 나타내듯이 많은 지역들은 하나 이상의 군주의 영향권 안에 있었다. D/A의 지역에서처럼 이중 주권이 양쪽 왕국의 변방에 미칠 때는 서로의 주권이 상쇄되거나 약화되어 지방의 우두머리가 등장하고 그에 따라 자율성도 크게 확보할 수 있게 된다. B/A나 A/C처럼 왕국의 상당한 부분이 그러한 지역일 때, 중앙이 까다롭고 불충스러운 마을들에 대해 강제 징수나 징벌적 공격을 감행하기 십상이었다. 많은 산악민들과 군소 왕국들은 전략적으로 이중 주권의 상황을 활용하여 조용히 두 군주에게 조공 사절단을 파견하였다.[35] 조공 제공에 대한 계산적 사고는 '모 아니면 도'라는 식이 아니었다. 무엇을 보낼지, 언제 늦출지, 언제 노동력과 물자를 보류할지 이 작은 국가는 끊임없이 전략적인 선택을 했다.

왕국의 핵심부 밖에서는 이중 또는 다중 주권이, 특히 고도가 높은 지역에서는 무주권이 비정상이 아니라 정상이었다. 오늘날 라오스, 미얀마, 중국 국경 근처의 작은 도시인 차잉캥(Chaing Khaeng)은 치앙마이와 난(Nan)의 조공국이었으며 동시에 짜잉똥(켕퉁)의 조공국이기도 했다. 한편 치앙마이와 난은 시암의 조공국이었고, 짜잉똥은 미얀마의 조공국이었다. 이런 상황은 매우 흔해서 타이어와 라오어에 작은 왕국이 보통 '두 군주 아래'나 '세 군주 아래'에서 살아간다는 표현이 있을 정도였다. 19세기에 캄보디아가 동시에 시암 및 다이남(Dai Nam, 베트남)과 조공 관계를 맺은 경우를 두고서는 '두 개의 머리를 가진 새'라고 표현했다.[36]

20세기 국민국가에서 표준이라 할 수 있는 애매하지 않은 단일 주권은 일정 규모의 벼농사 핵심 지대를 벗어나면 희박했고, 벼농사에 기반을 둔 국가들 그 자체도 멸망하기 십상이었다. 그런 벼농사 지대를 넘어서면 주권은 애매모호하고, 다중적이고, 변화하고, 때론 아예 존재하지 않았다. 문화적·언어적·종족적 소속감도 마찬가지로 애매모호하고 다중적이고 변화무쌍했다. 여기에 정치권력을 행사할 때 지형과 고도 때문에 겪는 난관을 더한다면, 많은 사람들이 특히 산악민들이 이 지역의 궁정 핵심부와 접촉하지 않은 것은 아니지만, 그들의 손에 놀아나지 않았음을 이해할 수 있다.

가장 강성한 국가조차도 일단 우기가 본격적으로 시작되면 사실상 그 궁의 성벽으로 움츠려들었다. 식민 시기 이전 만다라 국가든, 식민주의 국가든, 최근의 국민국가든, 동남아시아 국가는 전적으로 계절적 현상이었다. 대륙부에서 대략 5월부터 10월까지는 비 때문에 길을 지나갈 수 없다. 미얀마에서 군사작전을 전개하는 기간은 전통적으로 11월에서 2월 사이였다. 3월과 4월에는 너무 더워서, 5월부터 10월까지는 대부분 비가 너무 많이 내려 싸우기가 어렵다.[37] 우기가 되면 군대와 세금 징수자들만 전진할 수 없었던 것이 아니라 여행과 무역도 건기의 규모에 비해서 보잘것없을 정도로 줄어들었다. 이것이 무엇을 의미하는지 파악하기 위해서 우리의 그 만다라 지도를 건기 때의 표현이라고 생각해야 한다. 우기 때는 지형에 따라 각 왕국이 4분의 1에서 8분의 1까지 그 규모가 줄어들었다.[38] 비가 시작되면 반년 동안 끝없이 범람하는 물길은 국가 공간을 처참하게 파괴했다. 비가 그치면 다시 국가 공간이 다시 회복되었다. 국가 공간과 비국가 공간이 이처럼 기상학적 일관성을 갖고 바뀌곤 했다. 14세기 자바의 지배자에게 바친 용비어천가는 지배의 주기성에 대해 언급하고 있다. "차가운 계절의 끝에[건기 때] 그분은 나라의 둘레를 돌아다니시기 시작하네. …… 특히 외딴 곳에서 깃발을 펼치시네. …… 그 궁정의 위엄을 자랑하시네. …… 모두에게 존경을 받으시고, 공물을 거두시고, 마을의 촌장을 방문하시고, 토지대장을 검토하시고, 배, 다리, 길 등 공공시설들을 살피시네."[39] 신민들은 대개 언제 그들의 지배자가 올지 알고 있었다. 또한 군대가 언제 닥쳐올지, 강제 징집이 언제 있을지, 군사 요청이 언제 있을지, 전쟁의 참화가 언제 일어날지 알고 있었다. 화재처럼 전쟁도 건기의 현상이었다. 미얀마 군의 시암 침입과 같은 군사작전은 언제나 우기가 끝나 길이 다시 열리고 곡식이 무르익을 때 개시되었다.[40] 전통적 국가 만들기를 세세히 살피고자 한다면 지리와 마찬가지로 날씨도 중요한 요인으로 고려를 해야 할 것이다.

식민 국가는 포장도로와 다리를 건설하기 위해 대대적으로 공사를 벌였으나 그들이 복속시킨 토착 국가와 똑같은 좌절을 겪었다. 식민 군대(대부분 인도에서 파병됐다)는 상부 미얀마를 점령하기 위해 아주 힘겹게 싸우면서 건기에 전진해 나갔으나, 비 때문에 종종 허사가 되곤 했다. 우기 때 발생하는 질병도 역시 그 전진을 가로막았다. 1885년에 영국 군대는 상부 미얀마의 민부(Minbu)에서 반란자들과 무법자들을 제거하려 했었으나 비 때문에 퇴각할 수밖에 없었다고 기록은 전하고 있다. "그리고 8월 말까지 그 지역의 서쪽 전부가 반란자들의 손에 있었고 우리에게 남은 땅이란 강둑 언저리에 한 뙈기밖에 없었다. 비가 억수같이 쏟아지는 끔찍한 우기에 요마[버고산맥]의 기슭은 질척질척해져…… 군사작전을 더 이상 수행할 수 없어서 그해가 끝나는 때[건기]를 기다려야 했다."[41]

오늘날에도 미얀마의 군대는 태국 국경 근처의 가파르고 험준한 지형에서 무자비하게 반란 종족 세력과 대결을 벌이고 있는데, 그 정규군은 여전히 우기 때문에 큰 어려움을 겪고 있다. 오늘날의 미얀마 군대에게나 과거의 버강과 잉와의 왕들에게나 11월과 2월 사이는 공격을 단행하는 전형적인 시기였다. 헬리콥터나 전진 기지, 새로운 통신 장비에 힘입어 미얀마 정부는 처음으로 우기 때도 공격을 할 수 있게 됐다. 그럼에도 카렌족의 마지막 요새를 손에 넣은 때가 1995년 1월 10일이었을 정도로 건기 때 치러졌던 과거의 전쟁 양상이 되풀이됐다.

국가를 멀리하고자 하는 사람들에게, 접근이 불가능한 산악 요새는 전략적인 자원이 될 수 있다. 결연한 국가가 집과 지상의 작물을 불태우며 토벌 작전을 전개할 수는 있으나 그곳을 장기간 점령할 수는 없었다. 만약 산악 동맹이 없다면, 적개심에 불타는 산악민들은 비가 오기만을 기다리면 됐다. 비가 오면 보급선이 단절되고(또는 끊기 쉬워지고), 주둔군이 굶주림에 처하거나 후퇴 압력을 받게 되었다.[42] 따라서 국가가 외딴 산악 지역을 물리적으로, 강압적으로 제압한다는 것은 무척 드문 현상으로 거의 불가능하다고 봐도 무방하다. 그 지역은 거주민이나 그곳에 가려고 작정을 한 사람들에게만 안전한 도피처였던 것이다.

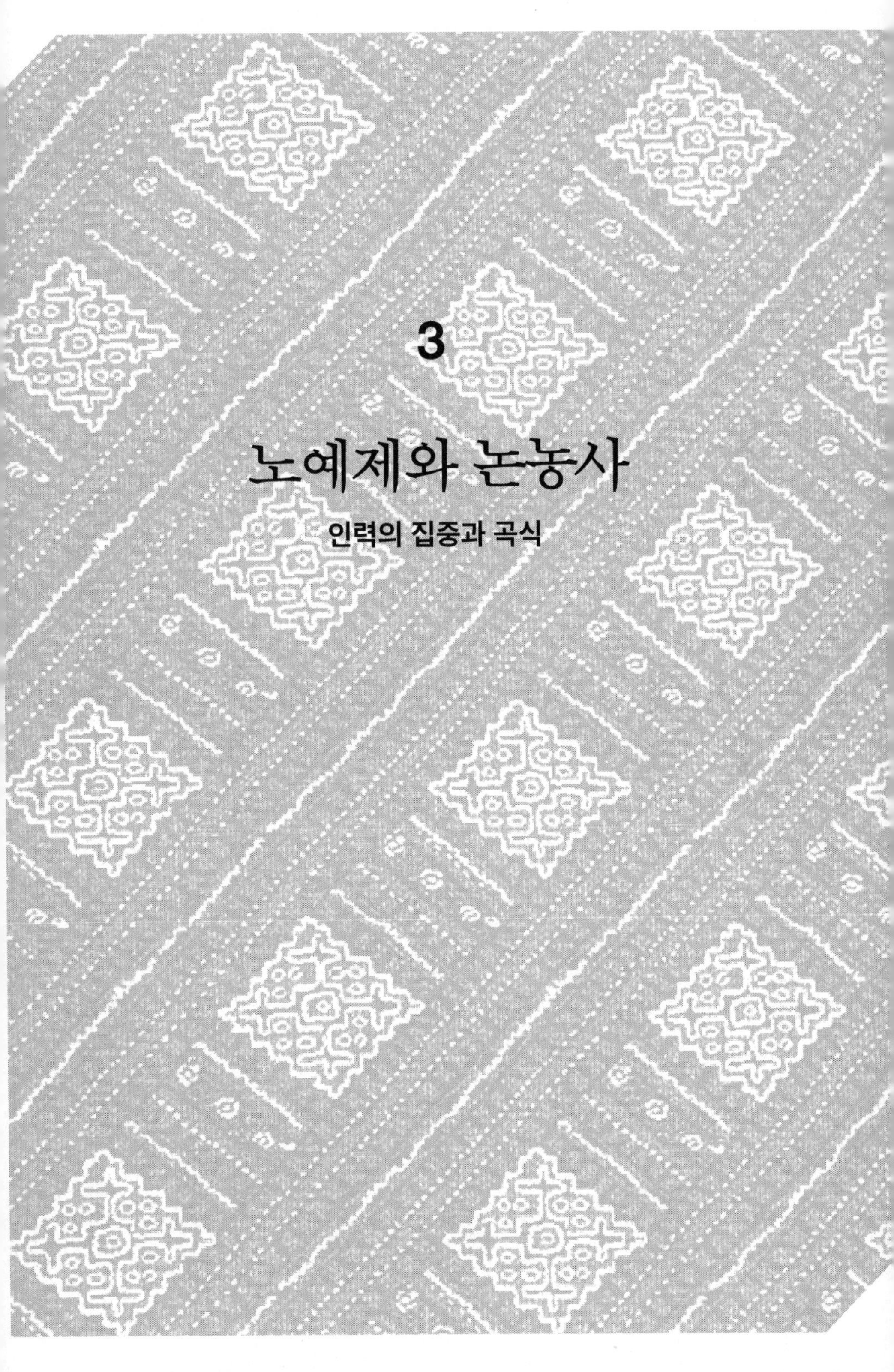

3

노예제와 논농사

인력의 집중과 곡식

[시암 왕국이] 나의 왕국보다 훨씬 크다는 것이 사실이라고 인정합니다. 하지만 골콘다[인도]의 왕은 사람을 다스리지만, 시암의 왕은 단지 숲과 모기만을 다스린다는 것을 당신은 인정해야 합니다.

— 골콘다의 왕이 시암의 방문 사절에게(1680년)[1]

인력의 집중은 전근대 동남아시아의 정치권력에서 아주 중요했다. 이것은 국가의 구성 원리였고 식민 시기 이전에 이 지역 거의 모든 왕국의 역사에서 핵심 사안이었다. 언제나 마르지 않는 하천이 적셔 주며 평평하고 비옥하고 광활한 곳, 그러면서 뱃길로부터 멀지 않은 곳에서 그런 국가 공간을 창조하기란 어려운 일이 아니었다. 국가 공간의 폭넓은 원리를 추적하면, 인력은 부족하지만 땅이 풍부한 정치 시스템과 땅은 부족하지만 인력이 풍부한 정치 시스템 사이에 근본적인 차이가 나타나는 것을 알 수 있다.

아주 기본적인 버전의 공식은 다음과 같을 것이다. 정치적·군사적 우위를 차지하기 위해서는 근처의 집중된 인력에 쉽게 접근해야 한다.

결국 집중된 인력은 오로지 오밀조밀한 정착 농업에서만 가능했고 그런 농업생태적 집중화는 20세기 이전의 동남아시아에서 오로지 논농사를 통해서 가능했다. 하지만 그 관계가 항상 결정되어 있는 것은 아니었다. 강 유역이나 물이 잘 드는 고원지대에서 논을 만들고 유지하기가 더 쉬웠다. 그러나 가파른 산악 지역에서도 엄청난 품을 들여 계단식 논을 만들 수 있었고 실제로 그렇게 만들었다. 베트남의 홍 강 상류 지역의 하니족, 필리핀 북부 루손의 이푸가오족 거주 지역, 발리에서 그런 계단식 논을 드물게나마 찾아볼 수 있다. 마찬가지로 생태적으로는 논이 들어서기에 안성맞춤인 지역임에도 실제로는 그렇지 않는 곳도 있다. 앞서 보았듯이 논과 국가의 관련성이 영구불변한 것도 아니다. 국가는 논농사 핵심부 곁에서 등장하기 더 쉬웠으나, 국가 없는 논농사 핵심부도 있고 때때로 논농사 핵심부가 없는 국가도 있다. 따라서 논농사는 정치적으로 인구와 식량을 집중시키는 가장 편리하고 전형적인 정치적 수단이라고 이해해야 한다. 상당한 규모의 논농사 핵심부가 없이도 그런 집중화는 노예제나 무역로 통행세, 약탈 등 다른 수단을 통해서 달성될 수도 있다.

인구 집중이 필요했던 것과 그렇게 하기가 어려웠던 것은 동남아시아의 인구 상황과 밀접한 관련을 맺고 있다. 1600년 무렵 동남아시아의 인구밀도는 중국의 7분의 1밖에 되지 않았다. 그래서 중국에서는 땅에 대한 지배가 사람에 대한 지배보다 중요한 반면, 동남아시아에서는 사람에 대한 지배가 땅에 대한 지배보다 중요했다. 동남아시아에는 경작지가 풍부하여 이동식 경작이 가능했다. 이 경작 방식은 노동력을 적게 들이면서도 많은 양을 생산했고 이렇게 경작하는 가족들은 상당한 소출을 거둘 수 있었다. 그러나 이동식 경작은 농민들에게는 이점이었으나 국가를 세우려는 야심가들에게는 불리한 점이었다. 이동식 경작은 논농사보다 훨씬 더 많은 땅이 필요했기에 인구도 분산될 수밖에 없었다. 이런 경작 방식이 널리 퍼져 있는 곳에서는 "인구밀도가 아무리 높다고 해도 1제곱킬로미터당 약 20~30명에 지나지 않았다."[2] 다시 강조하건대 집중화가 열쇠였다. 한 국가가 이용할 수 있는 인력과 곡식의 잠재적 잉여분이 여기저기 흩어져 있어 모으기 어렵고 비용이 많이 들어간다면 그 국가가 아무리 부유한들 소용이 없었다. 리처드 오코너가 말하듯이, "국가의 실질적인 힘은 대개 핵심부에 있지 그 국가 전체의 크기나 부유함과는 상관이 없었다. …… 논농사는 좀 더 강한 중심부를 만들었다. …… 그래서 밀도가 높은 인구를 먹여 살렸고 마을 사람들을 쉽게 동원할 수 있었다."[3] 북부 타이족 왕국인 란나는 국명 자체가 '백만의 논'이라는 뜻이다. 국가가 얼마나 재정과 인력에 대한 집착이 강했는지를 알 수 있는 대목이다.

풍요로운 논농사 중심부의 조건은 이른바 전근대 국가의 이상적인 신민을 만드는 데 유리했다. 정착 경작지에 빼곡히 모여 해마다 소출을 생산해 내는 농경민이 그 이상형이었다. 여러 세대에 걸쳐 엄청난 노동력을 논에 투입한 농경민들은 다른 곳으로 무리 지어 떠나려 하지 않았다. 무엇보다 농경민과 그들의 논은 붙박여 있었고, 눈에 띄었고, 과세와 징집이 가능했고, 근처에 있었다. 궁정과 관료들에게 빤히 드러나는 장점들이었다.[4] 이러한 '끌어모으기' 과정을 눈여겨본 조르주 콘도미나스는 '앙봐망[emboîtement, '그릇 만들기' 또는 '꾸러미화'로 번역하면 어울릴 것 같다]이라고 이름 붙이며 따이족 므엉의 발전을 설명했다.[5] 이동식 경작자와 달리, '이상적인 신민'에게 '국가 공간'의 삶은 앙봐망으로서 신민의 노동과 곡식, 전쟁 시에는 생명까지도 그 자신이 마음대로 권리를 주장할 수 없음을 의미했다.

국가, 인구를 집중시키는 장치

성공을 이룬 전근대 동남아시아 국가는 필요한 인구를 모으고 붙박아 두려고 부단히 애를 썼다. 사람들이 국가의 편이 아니었던 셈이다. 늘 유혹의 눈길을 던지는 변방은 말할 것도 없이 자연재해와 전염병, 흉작, 전쟁이 미약한 국가를 끊임없이 위협했다. 중국 역시 이러한 어려움 때문에 국가 만들기에 곤란을 겪었다. 어떻게 지배할 것인가를 둘러싸고 천 년도 넘게 이어 온 중국의 교본은 그 위험을 극명하게 밝히고 있다. "수많은 사람들이 흩어져 붙잡아 둘 수 없다면 그 도시의 국가는 폐허더미가 되고 말 것이다."[6] 동남아시아에서 고고학자들은 그런 더미를 많이 발견했다.

그렇게 사람들을 강력한 덩어리로 모으기도 하고 흩뜨리기도 하는 정밀한 사회경제적 세력균형을 파악하기란 두 가지 이유 때문에 정말 어렵다. 첫째, 그 균형이 해마다 지역마다 천차만별이었다. 전쟁, 전염병, 연이은 풍작, 기근, 무역로 파괴, 폭군, 왕위 계승 내전 등은 그 균형을 이쪽저쪽으로 기울게 만든다. 둘째, 왕조의 문서 기록들과 심지어 스스로 지배의 이상을 실현한 것이라고 자처하지만 그 증거는 미약한 지역의 연대기까지도 의심을 품고 꼼꼼히 살펴봐야 한다.[7] 액면 그대로 이것을 받아들이면 '왕의 평화,' 번성, 종교적 후원을 사실로 받아들이고 신의 섭리에 의해 국가 핵심부 곁으로 상당수의 사람들을 끌어모아 합칠 수 있는 권력을 부여받았다는 것을 곧이곧대로 인정하는 꼴이 된다. 줄잡아서 들으면 이러한 이미지가 완전히 틀리지는 않았다는 것을 알 수 있기는 하다. 왕과 그 신료들이 운영 자본으로 곡식과 역축을 제공하고 얼마 동안 세금을 면제해 주면서 정착민들을 드넓은 평지로 유인했다는 증거가 여럿 있다. 이를테면 버고 근처의 미얀마 신료는 1802년 수익 보고서에서 자신이 "먼 도시나 마을에서 수풀이 우거진 황량한 곳으로 기꺼이 옮겨 온 사람들을 먹여 살렸다고 자랑했다."[8] 사실 평화롭고 번성한 치세에는 정처 없이 떠돌아다니며 농사짓고 일하고 장사할 곳을 찾는 유랑자들을 국가의 수도 근처로 끌어올 수 있었다. 지금까지 국가 없이 살았던 사람들이 그토록 순순히 조금씩 궁정의 영화에 이끌려 모여들었다고 서술하는 것이 왕조사의 내러티브요, 식민 시기 이전의 국가를 이상적으로 다루는 오늘날 역사 교과서의 내러티브이기도 하다. 이는 대단히 왜곡된 서술이다. 예외를 규칙이라고 착각하고 있다. 식민 시기 이전 왕국들의 잦은 멸망을 전혀 설명하지 않을 뿐 아니라 무엇보다 전쟁과 노예, 강압이 이 여러 국가가 서고 유지되는 데 어떻게 결정적인 역할을 했는지를 무시하고 있다. 내가 번성한 왕조에 관해서 휘그식(자유주의·진보주의적 역사 인식—옮긴이) 설명이 가능할 수도 있는 경우를 무시하고 있다면 그것은 그토록 번성했던 순간들이 이미 상당 부분 꾸며졌고, 비교적 드물었고, 대륙 동남아시아 국가 형성의 기본 특성을 심각하게 왜곡하기 때문이다.

인구 조건과 열린 변방 때문에 국가의 강압적 행태가 그리 효과적이지 않았다 하더라도, 국가가 물리력을 사용하여 사람들이 '촘촘히 모여 사는 곳'을 만들고 유지했고 거기에 의존했다는 것은 확실하다.[9]

전쟁과 노예사냥을 통해 이루어진 인구 축적이 초창기 국가에서 전형적으로 나타난 사회적 위계와 중앙집권화의 기원이라 할 수 있다.[10] 강력한 왕국들은 강제로 전쟁 포로 수만 명을 정착시키고 노예를 구입하거나 납치하여 끊임없이 노동력의 기반을 확충해 나가려 했다. 국가권력의 중요한 척도가 동원 가능한 인력이듯이, 따르는 자들과 농노, 노예를 확보하기 위해 경쟁을 벌인 관료와 귀족과 종교 질서의 상대적 순위를 정하는 중요한 척도도 인력이었다. 수많은 칙령의 맥락과 행간을 읽어 보면 핵심부의 인구를 한 자리에 머물게 하는 작업이 얼마나 어려웠는지 알 수 있고 번번이 실패했다는 것도 감 잡을 수 있다. 18세기 황제의 칙령이 대부분 도망친 농노에 관한 것이었다면, 곧 농노의 도피가 일반적인 문제였다고 쉽게 짐작할 수 있다. 마찬가지로, 신민들이 도망가는 것, 거주지를 옮기는 것, 경작을 그만두는 것을 금지하는 수많은 어명은 종적을 감춰 버리는 신민들 때문에 통치자들이 늘 골머리를 앓았다는 사실을 보여 주는 증거이다. 대륙 동남아시아 대부분의 국가에서 신민들의 몸에 문신을 새겨 그들의 지위가 어떠하고 주인이 누구인지를 알 수 있도록 했다. 그러한 조치가 얼마나 효과가 있었는지 분간하기는 어렵지만, 중심부의 인구를 강제로 붙잡아 두려는 시도였다는 것은 틀림없다.

식민 시기 이전 통치의 모든 영역에서 국가가 핵심부에 인구를 확보하여 묶어 두는 데 얼마나 혈안이 되어 있었는지 확인할 수 있다. 클리퍼드 기어츠가 발리에서 벌어진 정치적 경쟁을 두고 "땅보다 사람을 둘러싼 투쟁"이라고 한 말이 모든 대륙 동남아시아 국가들에 똑같이 적용될 수 있다.[11] 이 원리는 멀리 떨어져 있는 땅을 차지하기보다는 국가의 핵심부에 포로를 잡아서 재정착시키려는 전쟁 행태를 부추겼다. 그런 까닭에 전쟁은 특별히 피를 뿌리지 않고서 치러졌다. 굳이 승리의 전리품을 파괴할 까닭이 있겠는가. 이 논리는 장거리 무역의 이익보다 핵심부의 농업 생산에 더 의존하는 내륙 농경 국가에게 가장 절실했다. 그러나 기습과 무역에 의존하던 도서부 동남아시아 국가들조차도 기를 쓰고 노동력을 확보하려 했다. 초창기 유럽 관료들은 새로 얻은 식민지에서 영토와 지방의 경계가 지극히 희미한 것에 놀라곤 했으며 인력 관리가 영토 관할권과는 거의 관련이 없다는 사실에 혼란스러워 했다. 영국의 측량 기술자 제임스 매카시가 "혼란스러워 하며 언급했듯이, 이것은 사람과 땅에 대한 지배가 분리된 [시암의] 특별한 관행이었다." 통차이 위니차쿤의 통찰력 있는 책이 보여 주듯이, 시암은 노동력이 없는 무가치한 땅에 대한 주권보다 동원 가능한 인력에 더 큰 관심을 가지고 있었다.[12]

인구 통제가 최우선이었다는 사실은 행정 용어에도 배어 있다. 태국 관료들은 원칙적으로 자신이 동원할 수 있는 사람의 숫자가 표시된 관직을 갖고 있었다. 쿤 판(Kun Pan)은 '천 명의 주인'을 의미했고, 쿤 센(Kun Saen)은 '십만 명의 주인'을 의미했다. 유럽처럼 '이러저러한 지역의 공작'을 뜻하는 게 아니었다.[13] 18세기 후반에 방콕이 통치했던 지역의 명칭들은 기본적으로 인력을 효과적으로 동원할 수 있는 등급에 따라 나뉘어져 있었다. 이를테면 방콕이 행사할 수 있는 힘의 정도에 따라 지방은 높은 등급에서 낮은 등급으로 나뉘어져 있는데, 4등급은 힘이 직접적으로 미치는 지역이었고 1등급은 힘이 약하게 미치는 지역(가령 캄보디아)이었다. 따라서 지방의 크기는 소집 명령이 떨어졌을 때 동원 가능한 인력의 표준 총계에 맞추어 조정되었다. 방콕의 영향력이 약했던 원거리의 지방들은 인구밀도가 낮았지만 면적은 훨씬 넓기 마련이었다. 그 이유는 지방마다 강제 부역이나 전쟁을 위한 징집 때 대략 같은 수의 인력을 공급하도록 하기 위해서였다.[14]

마지막으로 인력의 엄청난 중요성은 군사적인 고려 때문이기도 했다. 비옥한 평야나 주요 사원 밀집 지역, 핵심 무역로의 관문을 차지하더라도 성공적으로 지켜 내지 못한다면 소용이 없는 일이었다. 이 익숙한 사실이 이러한 전근대 정치체제의 힘을 분석하는 핵심 요소이다. 국가의 첫 번째 의무가 시민의 생명과 재산 보호라는 존 로크식 체제에서는 부가 힘을 낳지만, 전근대 체제에서는 오로지 힘만이 재산과 부를 보장할 수 있었다. 그리고 기술혁명 이전에, 전쟁에서 힘은 대개 지배자가 얼마나 많은 사람을 파병할 수 있는가에 달려 있었다. 말하자면 힘은 결국 인력이었다.

인력의 논리가 식민 시기 이전 동남아시아 정치체제의 모든 단계에서 작동되었다. 왕자, 귀족, 상인, 관료, 촌장, 가부장에 이르기까지 위기 때 의존할 수 있는 협력자들의 노동과 지원에 따라 그 지위가 결정되었다. 앤터니 리드가 그 논리를 잘 포착한 바 있다. "한 개인이 자신의 부를 지키고 정당화해 줄 사람을 충분히 확보하고 있지 않으면 그 부 때문에 오히려 정치적 위기 상황을 맞을 수 있었다. …… 따라서 노예를 사들이고, 필요한 자에게 돈을 빌려주고, 결혼이나 군사동맹을 맺고, 연회를 베풀어서 사람을 확보하는 데 우선적으로 자본을 투입해야 했다."[15] 누구든 이런 상황에서 권력을 축적하려면 로크식 체제 아래에서 비정상적이고 비도덕적으로 보이는 행동을 어쩔 수 없이 저지르게 된다. 이 조건에서 마키벨리아식 전략은 충성 의무를 짊어진 가장 많은 협력자들을 곁에 두는 것이다. 이렇게 하려면 신중해야 하고 도량이 넓어야 하며, 선물과 융자와 연회를 베풀 능력이 있어야 한다. 어떤 협력자들을 말 그대로 돈을 주고 살 수도 있다. 16세기의 한 방문자가 전하듯이, 믈라카 사람들은 "노예['예속민'이 더 적합한 번역일 것이다]들이 주인들을 보호하기 때문에 땅보다 노예를 갖고 있는 편이 더 낫다"고 믿었다.[16]

여기서 내가 주장하는 바는, 인력이 곧 부라기보다 부를 지켜 주는 유일한 수단이었다는 것이다. 사실 리드가 잘 설명하고 있듯이, 해상이나 육상 무역은 16~17세기에도 정착 농업보다 훨씬 이익을 많이 남겼다. 상부 미얀마의 대규모 농경 국가조차도 에야워디 강의 전략 지점들에서 중국과 인도, 그리고 그 너머의 시장으로 가는 귀중품들에 대해 부과하는 세금과 통행세에 크게 의존했다.[17] 그런 상품은 쉽게 보관할 수 있었고, 단위 무게와 부피당 갖는 높은 가치는 오늘날의 아편처럼 운송비를 충분히 상쇄하고도 남았다. 그러나 그러한 무역이 주는 이익을 거둬들이려면 왕국은 강이나 산악 경로에서 독점적인 지위를 지켜야 했고, 필요할 때면 물리력을 통해 조공을 바치도록 해야 했다. 그럴 경우에 경쟁은 다시 인력을 둘러싸고 벌어졌다.

인력이라는 확고부동한 이점 덕분에 동남아시아의 '농경' 왕국들이 장기간에 걸쳐 해상 왕국들에 대하여 헤게모니를 쥘 수 있었다고 빅터 리버먼은 주장한다. "군사 전문화에 한계가 있어 징집된 농경민들의 숫자가 군사적 성공의 유일한 표시였던 시대에, [미얀마] 북부는 자연스레 정치적 힘의 중심이었다"고 리버먼은 설명하고 있다. "대륙 동남아시아 중부와 자바에서도 역시 쉽게 일굴 수 있는 마른 땅, 그러면서도 물을 댈 수 있는 땅은 축축한 해안 지역보다 일찍부터 인구가 들어차기에 유리했다."[18] 개괄해 보자면, 시간이 흐르면서 몇 개의 큰 해상 왕국들(스리비자야, 버고, 믈라카)이 그보다 작은 해상 세력들을 병합했지만 결국에는 더 많은 인력을 갖추고 역시 그보다 작은 농경 세력들(위엉짠Vientien, 란나, 치앙마이)을 이미 흡수한 농경 국가들(마따람, 아유타야, 잉와)에 의해 그 빛을 잃었다. 잉와나 아유타야의 국가 형성에 관해 우리가 알고 있는 모든 바는 국가가 항상 성공적이지는 않았지만 줄곧 핵심부에 밀집된 인구를 붙잡아 두기 위해 그리고 가능할 때는 이를 늘리기 위해 갖은 애를 다 썼다는 사실이다.[19]

이런 과정은 유럽의 국가 만들기와 정치적 통합에 관한 연구와도 잘 부합된다. 여기서도 역시 찰스 틸리가 적절하게 설명하듯이, "강압적 취득은 많지만 자본은 빈약한" 내륙의 농경 국가와 제국들(가령, 러시아, 브란덴부르크, 프로이센, 헝가리, 폴란드, 프랑스)이 그들의 해상 경쟁국들(베네치아, 네덜란드, 제노바, 피렌체)에 대해 대개 압도적인 인력의 우위를 누렸다. 변동이 심한 무역에 덜 의존했던 이 농경 국가들은 위계적 사회였으며 식량 공급의 위기를 상대적으로 잘 겪지 않았고 상당히 많은 군사를 먹여 살릴 능력을 갖추고 있었다. 따라서 개별 전투나 전쟁에서 패할지는 몰라도 장기간에 걸쳐서는 우위를 차지하게 되었다.[20]

국가 형성의 주된 척도인 인구는 동남아시아의 궁정문학에서 무수한 속담과 훈계로 표현되어 있다. 시암에서 초기 방콕 왕조 시기의 한 경구는 땅에 견주어 인력이 가지는 상대적 가치를 아주 잘 드러내고 있다. "많은 사람을 [지배자의 신민으로서] 보유하고 있는 것이 많은 풀[개간되지 않은 땅]을 갖고 있는 것보다 낫다네."[21] 이 경구는 같은 때에 집대성된 미얀마의 《유리궁전 연대기》(Glass Palace Chronicle)의 경구와 내용이 거의 정확히 일치한다. "땅이 있으되 사람이 없네. 사람 없는 땅은 그저 허허벌판일 뿐이라네."[22]

다른 두 가지 시암의 격언은, 현명한 지배는 사람들이 중심부에서 떠나는 것을 막고 새로운 정착민들을 끌어들여 땅을 개간하는 것이라고 강조한다.

> 많은 하인을 거느린 거대한 집에서는 출입문을 열어 놓아도 안전할 수 있으나, 하인이 조금밖에 없는 작은 집은 출입문을 반드시 닫아 놓아야 한다.

> 지사는 충성스런 관료를 임명하여 그들에게 사람들을 설득해 오도록 하고, 정착하여 터전을 일구어 소출을 풍성히 내도록 해야 한다.[23]

결국 왕국의 멸망은 그 인구를 현명하게 다루지 못한 왕실의 실패에 따른 것이라고 여겨졌다. 미얀마 왕 나라띠하버디(Narathihapate)에게 왕비인 소(Saw)가 조언한 내용을 보면 그런 상황이 잘 드러난다. "왕국의 상황을 보십시오. 폐하의 주변에는 백성도 사람도 변방의 남정네도 여인네도 없습니다. …… 변방의 남정네와 여인네는 늑장을 부리며 폐하의 왕국으로 들어오지 않으려고 합니다. 오, 알라웅 왕이시여! 당신이 강한 군주이기에 그들은 폐하의 지배를 두려워하고 있습니다. …… 그러므로 폐하의 종인 저는 폐하에게 이를 오래전에 얘기한 적이 있습니다. 하지만 폐하는 제 말에 귀 기울이지 않으셨습니다. …… 저는 폐하께 이르기를 왕국의 복부에서 바람을 빼지 마시고, 왕국의 이마를 무시하지 마시라고 했었습니다."

반란을 제압하고 포로들을 왕궁까지 잡아온 시암 출신의 한 장군에 대한 칭송을 보면 전쟁이 경작지보다 경작 농민을 차지하기 위해 벌인 것이라는 점이 명백히 드러난다. "그날 이후로, 변방에 도적떼와 살인자, 폭도, 반란자들이 출몰할 때면 그는 아난다뚜리야(Anantathuriya)라는 자를 보냈다. 어디를 가든 그는 수많은 적들을 생포하여 왕에게 끌고 왔다."[24] 그렇게 드러나도록 말하지 않았어도, 인력이 중요하다는 점은 이른바 '사절단 정치'(entourage politics)에서 줄곧 강조됐다. 궁정 역사에서 어떤 신료가 언급될 때면 그를 따르는 자들의 규모와 특징이 열거되는 것이 일반적이었다.[25] 성공적인 군사작전이 보고될 때마다 생포하여 궁정으로 끌고 오는 포로의 숫자가 가장 큰 관심사였다. 나는 여기에서 대륙부의 증거를 중심으로 살펴보았지만, 도서부 동남아시아, 특히 말레이 세계에서도 인력에 대한 집착이 두드러진다.[26]

인구와 식량 생산을 반드시 집중시켜야 하는 과제는, 개활지는 엄청나게 펼쳐져 있지만 군사 기술이 단순했던 환경에서 국가를 건설해야 하는 지배자들에게 고민거리를 안겨 주었다. 넓은 지역에 흩어져 수렵채집 생활을 하며 품을 덜 들이는 방식으로 경작하려는 사람들의 성향에 맞는 어떤 방책을 고안해야 했다. 상업적 교환, 안정적 관개, 군사적 약탈 참여, 신성한 지식의 갈구 같은 유인책을 가동할 수 있었다. 그러나 그런 유인책의 이점이 국가 공간과 늘 결부되어 있는 과세와 징집, 질병의 고통을 반드시 상쇄해야만 집중화가 저항 없이 달성될 수 있었다. 하지만 좀처럼 그렇게 되지 않았다. 힘을 사용하여 이 이점을 보충하거나 때로는 완전히 대체하는 것이 일반적이었다.

여기서 서양의 고대 정치체제도 이처럼 실로 강압적이었다는 사실을 상기하면 좋겠다. 역사가 투키디데스는 아테네와 스파르타가 이념이나 종족 정체성을 두고 싸운 게 아니라 조공을 두고 싸웠다고 우리에게 말한다. 조공은 식량과 특히 인력이었다. 정복당한 도시의 주민들은 거의 살육을 당하지 않았다. 그 도시의 시민들과 노예들은 전쟁에서 승리한 쪽이 자신들을 붙잡은 개별 군인들의 포로가 되어 끌려갔다. 그들의 전답과 집을 완전히 불태워 버렸다면 이는 대개 그들이 돌아오는 것을 막기 위해서였다.[27] 에게 해에서 곡식이나 올리브유, 와인보다 가치가 높았던 중요한 거래 품목은 바로 노예였다. 농업에 더 기반을 두었던 스파르타에서는 헬롯(국가 소유의 농노로 주로 시민에게 배정된 땅을 경작했다—옮긴이)이 인구의 80퍼센트를 차지했지만 아테네와 스파르타 모두 노예제 사회였다. 제정 로마에서도 역시 전설적인 도로망을 따라 운송되던 가장 중요한 상품이 노예였다. 정부의 독점 아래 노예들이 사고팔렸던 것이다.

중국과 인도 역시 경작지를 통제하면 곧 땅에 굶주린 신민들을 통제할 수 있을 정도로 인구가 많아지기 전까지는 통치에 똑같은 어려움을 겪었다. 펠로폰네소스 전쟁이 벌어지던 시기에 중국의 초기 국가들은 인구의 분산을 막으려고 갖은 애를 다 썼다. 통치의 매뉴얼은 군주에게 "사람들이 곡식 생산에 더 매진토록" 산이나 습지에서 생계활동을 해나가는 것을 금지하라고 권고했다.[28] 이것과 여러 다른 공표들의 숨은 의미는, 선택이 주어진다면 왕의 신민들은 정착 농업을 버리고 그들 스스로 독립된 삶을 살아간다는 얘기이다. 그러한 저항은 도덕적 실패로 여겨졌다. 국가가 "산과 습지를 확실히 제압하는 유일무이한 힘을 갖고 있다면, 농업을 저버리고 게으르고 갑절의 이익을 바라는 백성들이 먹을 것을 구하러 갈 데가 전혀 없을 터였다. 그들이 먹을 것을 구하러 갈 데가 전혀 없다면 논밭에서 일을 할 수밖에 없는 셈이 된다."[29] 이 정책의 목적은 그러한 사람들을 다른 사람들과 구분하여 굶주리게 한 뒤 결국은 곡식을 경작하고 국가를 세우는 데 참여할 수밖에 없도록 만드는 것이라 할 수 있다. 어떤 점에서 보면, 이런 날카로운 충고는 그 정책이 전적으로 성공적이지 않았다는 것을 말해 준다.

더 현대적이고 유용한 사하라 남쪽 아프리카의 비슷한 사례는 인구밀도가 낮은 조건에서 통치가 어떠한 딜레마를 겪는지 알게 해 준다. 1900년의 그곳 인구밀도는 1800년의 동남아시아 인구밀도에 비해 그리 높지 않았다. 따라서 국가 핵심부에 인구를 꾸러미처럼 묶어 두는 것이 식민 시기 이전 정치가 겪는 가장 큰 어려움이었다.[30] 인력 집중이라는 테마는 토착 정치에 관한 문헌 곳곳에 들어가 있다. "친족들, 지지자들, 종속자들, 가신들, 신민들을 획득하고 그들을 일종의 사회적·정치적 '자본'으로 계속 곁에 두려는 움직임이 아프리카 정치 과정의 특징으로 자주 언급되어 왔다."[31] 그 아프리카의 경우가 너무나도 쏙 빼닮아 지배에 관한 그곳의 많은 격언들을 번역할 필요 없이 그대로 동남아시아에 옮길 수 있다. 쉐르브로(Sherbro, 시에라리온의 한 종족—옮긴이)의 한 속담이 언급하듯이, "우두머리이면서 홀로 앉아 있을 수는 없는 일이다." 개간된 영구 경작지와 왕국의 토대 사이의 관련성은 고대 말리의 왕에게 전달된 다음의 조언에서도 확인된다. "나무를 자르고, 숲을 전답으로 바꾸십시오. 그때 비로소 당신이 진정한 왕이 될 것입니다."[32] 동남아시아에서처럼 뚜렷한 경계의 영토를 강조하지 않았고, 특별한 의례의 장소를 제외하면 땅에 대한 권리가 아니라 사람에 대한 권리가 중요했다. 추종자들, 친족들, 종속자들을 차지하기 위한 경쟁은 모든 수준에서 일어났다. 인구가 잠재적 신민이 되기에 우호적일 때는 강제로 끌려오기보다 종종 유인되어 지배자 아래 살게 되었다. 신민들의 상대적인 자율성은 수많은 지위에서, 연회에서, 포로와 노예들의 재빠른 동화와 이동에서, 가신을 묶어 두기 위한 특별한 장치와 약품에서, 특히 불행한 신민들의 도주에서 드러났다. 이고르 코피토프에 따르면, 이렇게 힘의 균형이 이루어지다 보니 신민들이 그들의 지배자를 만들었지 그 반대의 경우가 아니라는 독특한 의식을 갖게 되었다고 한다.[33]

국가 경관과 신민의 형성

전근대 대륙 동남아시아의 지배자라면 오늘날의 이른바 국내총생산(GDP)보다 '국가접근가능생산'(SAP, state-accessible product)이라고 부를 수 있는 것에 더 큰 관심을 가졌을 것이다. 통화정책이 들어서기 이전의 상황에서, 먼 거리에서 도달한 생산물들은 운송비를 상쇄하기 위해서는 단위 무게와 부피당 가치가 높아야 했을 것이다. 예컨대, 향나무, 송진, 금은, 의례용 드럼, 희귀 약품 등이 그런 생산물이었다. 생산물의 운송 거리가 멀수록 선물이나 자발적 거래일 가능성이 더 컸다. 그런 상품을 통제할 수 있는 국가의 능력이 대체로 거리에 비례하여 약해지지 때문이다. 가장 큰 문제는 음식과 가축과 숙련공을 비롯해 인력을 손쉽게 확보하여 활용할 수 있는지 여부였다. 국가접근가능생산은 확인과 감시와 계산이(간단히 말해 산정이) 쉬워야 했고, 지리적으로 가까이 있어야 했다.

국가접근가능생산과 국내총생산은 그저 다른 것이 아니라 여러 면에서 서로 대치된다. 국가를 성공적으로 건설하려면 국가접근가능생산을 최대화해야 한다. 궁정으로부터 먼 곳에서 수렵채집이나 이동식 경작을 하며 살아가는 이름뿐인 신민들이 아무리 많다 한들 지배자에게 전혀 도움이 되지 않았다. 그 신민들이 수확 시기가 제각각인 작물을 재배하거나 쉽게 썩어서 산정과 집하, 저장이 어려운 작물을 재배하면 이 역시 지배자에게 득이 되지 않았다. 경작자에게는 비교적 비우호적이지만 국가에게 인력이나 곡식 등 큰 이익을 남기는 생계 방식과 경작자에게는 유리하지만 국가는 불리한 생계 방식을 선택해야 하는 상황에 처한다면 국가는 늘 전자를 선택할 것이다. 그때 지배자는 필요하다면 왕국과 그 신민들의 전체 부를 희생하면서까지 국가접근가능생산을 최대화한다. 그래서 전근대 국가는 눈에 띄는 수탈의 공간을 만들기 위해 국가 주변에 신민들을 배치하고 그 주변 경관에 손을 댄다. 성공할 때면, 대륙 동남아시아에서 논농사 기반의 단일농업생태학적 경관이라는 사회적 창조물이 태어났다. 바로 리처드 오코너가 부르는 '벼농사 국가'인 것이다.[34]

논벼의 가장 큰 이점은 인구와 곡식 모두를 집중화시킬 수 있다는 것이다. 여기서 논농사가 어떻게 공간에 사람을 붙박아 두는지 살펴볼 필요가 있다. 다른 어떤 품종도 그 많은 사람들을 궁정 핵심부에서 사나흘 길 걸리는 거리 이내에 두지 못했을 것이다. 단위면적당 논벼의 생산성이 압도적으로 높아 거대한 인구를 감당할 수 있었고, 관개 시스템이 제대로 작동하는 한 논벼는 비교적 영구적·안정적으로 재배할 수 있어 인구 자체가 한곳에 머물게 있게 해주었다. 각각의 논은 둑을 쌓고, 평탄 작업을 하고, 계단을 만들고, 배수로를 만드는 데 들어간 '켜켜이 쌓인' 수년간의 노동이 너무 아까워 쉽게 포기할 수 없었다. 꽁바웅 왕들의 "큰 문제는 어떤 지역에 가구가 얼마만큼 존재하는지를 정확히 파악하는 데 겪는 중앙의 어려움이었다"고 딴민우(Thant Myint U)는 언급한다.[35] 이것은 자원에 접근할 수 있게 하는 필수불가결한 조건인 '식별성'의 문제였다고 할 수 있다.[36] 분산과 자율성을 꾀했던 생계 유형에 견주어 논농사의 사회적 생태는 비교적 안정적이고 높은 밀도의 인구를 징세자와 군대의 발아래 두면서 이 문제를 간단히 처리했다.

벼농사 국가에서 정착 농민이 한곳에서 생산을 한다는 것은 지배자와 그 수하의 전문인들 및 신료들도 역시 한곳에 머무를 수 있게 됐다는 것을 의미했다. 식량, 사료, 땔감 같은 잉여물에 안정적으로 접근하여 확보하지 못한다면, 13세기 영국과 프랑스의 궁정이 어느 한 지역에서 식량 공급이 (그리고 참을성이!) 바닥났을 때 그랬던 것처럼, 궁정은 다른 곳으로 옮겨야 했다. 경작하지 않는 엘리트들의 규모도 물론 곡식 잉여물의 규모에 따라 제한을 받았다. 핵심부가 클수록, 그 수하들의 숫자도 더 많아지고 식량 공급도 더 많이 이뤄졌다. 오직 대규모 논벼 경작만이 농경 국가가 지속될 수 있도록 모험적인 기회를 제공했다.

단일 주곡 경작은 그 자체로 식별성과 수탈에서 중요한 진전이었다. 단일경작은 여러 다른 단계들에서 획일성이 나타나도록 했다. 논농사의 경우에 경작자들은 대략 같은 생산 리듬을 따랐다. 똑같거나 비슷한 수원지에 의존했고, 대략 같은 때에 같은 방식으로 볍씨를 뿌리고 모내기를 하고 피를 뽑고 벼를 베고 탈곡을 했다. 지적도와 과세 지도를 제작하는 이들에게 이것은 거의 이상적인 상황이었다. 땅의 가치는 대부분 한 가지 측량법으로 계측할 수 있었다. 한 작물이 일정한 시간에 집중적으로 생산됐다. 평야는 둑으로 그 경계를 구분할 수 있어 지적도를 작성하는 일이 그야말로 단순했다. 한 필지를 납세자에게 결부시키는 것이 그렇게 단순하지는 않았지만 말이다. 들판의 획일성은 결국 사회적·문화적 획일성을 가져왔고 가족 구조, 남성 노동 및 남아 선호, 식습관, 건축 양식, 농업 의례, 시장 교환 등에 그 획일성이 표현됐다. 단일경작의 강력한 힘에 의해 구조화된 사회는 농업 다양성에 의해 구조화된 사회보다 더 쉽게 감시하고, 산정하고, 과세할 수 있었다.

다시 한 번 아시아의 콜베르로서, 예컨대 여러 곡류, 과일, 견과, 뿌리 작물, 가축, 어류, 수렵채집 등 다양한 방식의 경작에 대해 과세 체제를 확립한다고 상상해 보자. 그런 다양성은 적어도 토지의 가치, 가족 구성, 작업 사이클, 식습관, 가옥 건축, 의복, 기구, 시장 등에서 다른 유형을 만들어 낸다. 그렇게 많은 생산물과 '수확물'의 존재는 공정한 과세 체제는커녕 과세 체제 그 자체를 만들어 내는 것조차 어렵게 할 것이다. 분석을 명쾌히 할 목적으로 내가 너무 또렷하게 선을 갈라놓은 것 같다. 대륙 동남아시아의 어떤 농경 국가도 순전히 단일경작만을 고수했던 것은 아니다. 그러나 단일경작에 근접하는 한, 이것은 국가가 관리하는 공간을 단순하게 획일화했다.

번창한 미얀마의 왕조들이 건조 지대 내에서 물 댄 논을 유지하고 늘리기 위해 온갖 노력을 다했던 것이 바로 이 점 때문이었다. 논농사 중심부의 바깥에 위치한 덜 생산적이고 더 다양한 농업 경관이 징세자들에게 어려움을 안겨 주었다. 지방의 세금징수 보고서(싯땅sit-tàns)는 언제나 그 지역의 논을 열거하는 것으로 시작하고 논이 아닌 다른 땅에서 나는 생산물, 즉 기장, 깨, 소, 물고기, 야자수, 수공예품

등은 집하하기가 어렵고 벼 수익과 비교하여 보잘것없다고 분명히 밝히고 있다.[37] 더 분산되고 대개 더 가난한 사람들의 생계 방식은 훨씬 더 다양하여 이들에게서 세금을 끌어모으는 것은 정말 보람이 없는 일이었다. 더욱이 집하된 것들을 왕실 관료나 지방의 실력자들이 쉽게 감춰 버리거나 독점해 버렸다.

미얀마의 식민 정부 역시 논에 의존했다. 논에 대한 세금을 현금으로 받았을 때조차도 그러했다. 존 퍼니벌은 쌀을 식민지 재정의 '주식'이라고 본다. "온순한 인도인이나 결코 온순하지 않은 버마족에게나 쌀이 의미하는 바는, 마카로니가 이탈리아인들에게, 소고기와 맥주가 영국인들에게 의미하는 바와 같다. 그보다 더 중요한 것은 레비아단 인디쿠스(Leviathan Indicus, 레비아단은 성서에 나오는 바다 괴물로 거대한 권력을 상징한다. 레비아단 인디쿠스는 인도령에 포함된 미얀마의 식민 정부를 일컫는다—옮긴이), 즉 인도에 사는 레비아단에 주는 수익이다. 쌀은 그의 양식이요 생명이었다. 소득세, 관세, 소비세 따위가 없이는 어떻게든 지낼 수 있을지 몰라도, 토지 소출 없다면 굶어 죽을 것이다."[38]

여기서 다시 국내총생산과 국가접근가능생산 간에 차이점이 두드러진다. 일반적으로 국가와 기업이 자신들을 위해 펼친 농업은 알아보기가 쉬웠고 단일경작의 특징을 띠었다. 단일경작 농장, 사회주의권에서 이제는 없어진 집단농장, 남북전쟁 이후 미국 남부의 면화 소작, 베트남이나 말라야에서 반란 세력을 진압하기 위해 만들어 낸 강제적 농업 경관도 물론 그런 경우에 해당된다. 효율적이거나 지속 가능한 농업 모델과는 거리가 멀지만 식별성과 수탈의 모델이 되었고 또한 그렇게 기획됐다.[39]

식별과 수탈이 가능한 농업 경관을 장려하거나 강제로 도입하는 정책은 국가 만들기에 깊이 내재되어 있다. 오로지 그런 경관이라야 실제로 이로웠고 접근이 가능했다. 따라서 정착(대개 쌀) 경작을 통해 인구를 정주시키는 노력이 식민 시기 이전의 국가뿐 아니라 그를 이은 오늘날의 국가에도 현저하게 지속된다는 것은 놀랄 일이 아니다. 베트남 황제 민망(Mihn Mang, 1820~1841)은 "새로운 쌀 재배지를 찾기 위해 갖은 방법을 다 썼는데, 땅을 개간한 자가 그 땅을 소유할 수 있게 허락하거나 부유층이 스스로 소작인을 고용하여 새로운 정착지를 일구는 것을 장려하는 방침 등이 이에 해당한다. 국가의 주요 목적은 인구를 지속적으로 통제해 나가는 것이었다. '동가식서가숙'은 지양됐고 흩어진 사람들은 한 필지의 땅에 정착하고 안정적으로 과제와 부역, 징집의 대상이 되어야 했다."[40]

프랑스 식민 정부는 이를 위해 개활지를 바꾸어 수익을 창출하고 식별이 가능한 작물을 재배하는 데 관심을 가졌다. 특히 플랜테이션에서 자라는 고무에 관심을 가졌다. 프랑스인들은 재정적으로 불모지였던 산악 지역을 임대가 가능하고 쓸모 있는 공간으로 탈바꿈시켰다. 사회주의 베트남은 오늘날까지 "정착 경작과 정착 거주지"(딘 깐 딘 끄 dinh canh dinh cu)에 힘을 쏟으며 논농사로 회귀할 것을 강조하고 있는데, 심지어 생태적으로 잘 맞지 않은 지역에서도 그렇게 하도록 강조하고 있다. 벼농사 국가는 영웅적인 사회주의 노동으로 자연을 정복한다는 이상주의 비전을 오랫동안 품어 왔다. "떠이박(Tay Bac, 서북 지역)의 산악 지역과 무성한 벌판이 광활한 곡창지대가 되는 그날, 옥수수 밭이 눈앞에 펼쳐지는 그날"을 낭만적으로 꿈꾸고 있다. 또 다른 웅대한 구호에서는 "인민의 힘으로 돌멩이도 낱알로 바꾼다"고 했다.[41] 어찌 보면 이 광대한 재정착 정책은 평지의 낀족이 그들에게 익숙한 농업 경관과 인간 거주지를 재생산하려는 열망의 반영이었다. 대개 그렇듯이, 새로운 환경에 전혀 적합하지 않은 경작 기술을 적용하려는 이주민들의 노력은 생태적으로 해를 끼치고 인간적인 고통을 낳았다. 또 다른 측면에서 보면, 이 유토피아적 열망은 베트남 국가가 적어도 레(Le) 왕조 이래로 식민 지배를 받기 전까지 국가를 지탱시켜 주었던 식별과 수탈의 경관을 재창조하려는 시도의 반영이었다.

식별 불가능한 농업 제거하기

> 사실 식민지에서 덤불과 모기와 토착민과 열병이 적대적인 자연, 드세고 끔찍이도 반란적인 자연을 표상한다. 이렇게도 까다로운 자연을 결국 성공적으로 길들일 때에야 비로소 식민화에 성공할 수 있다.
>
> — 프란츠 파농, 《대지의 저주받은 사람들》

프란츠 파농의 식민주의 프로젝트에 관한 신랄한 통찰에 대하여 유일하게 시비를 건다면, 적어도 '덤불'과 '토착민'에 관한 그의 관찰이 식민시기 이전뿐 아니라 이후에도 적용될 수 있다는 것이다.

식별이 가능한 국가 공간을 확장하고 사람들로 이를 채우는 것은 개활지 변경에서는 근본적으로 어려운 일이었다. 이것이 이따금 이루어졌다면 국가 공간이 내적으로 매력적이었거나 다른 대안을 선택할 가능성이 아예 없었기 때문이었다. 역사상 대부분의 지역에서, 오늘날까지도 대륙 동남아시아에서 논농사의 주요 대안은 (화전농업이라고도 알려진) 이동식 농업이었다. 이것이 인구 분산, (뿌리채소와 덩이줄기를 포함한) 혼합 경작, 주기적인 개간 등과 연관되는 한, 전통적이든 근대적이든 모든 국가 통치자들은 화전을 극도로 배척했다.

이 지역 최초의 국가로서 중국은 적어도 당나라 이래로 이동식 경작에 낙인을 찍어 왔고 할 수 있는 한 화전을 제거해 왔다. 이동식 경작 농업이 경작자에게는 투입한 노동에 비해 큰 이익을 갖다 주었지만 국가에게는 그림의 떡이었다. 그리고 특히 이것이 경작자에게 유리하다면, 무거운 세금을 부담하는 변두리의 쌀 재배 농민들은 늘 이에 끌려 대체 생계 방식으로 삼을 수 있었다. 중국 남서부 변방 지역에서 이동식 경작자들은 그 경작 방식을 포기하고 정착하여 곡식 생산을 하게끔 장려되거나 때로는 강요당하기도 했다. 17세기에 국가 공간에 편입된 것을 표현하는 중국어 완곡어법은 '지도에 들어가는 것'(to enter the map)이었다. 황제의 신민이 되어 충성을 공언하고 새로운 문화적 여정을 시작하여, 한족이 보기에 결국에는 동화에 이르는 것을 뜻했다. 특히 유목에서 정착 곡식 농업으로의 전환은 공식 과세 대장에 등록된 가구가 된다는 것을 뜻했다.[42]

이동식 경작을 제거하려는 베트남 황제 민망이나 중국 신료들의 열망 이면에 놓인 국가 재정의 중요성은 근대에 이르러 정치적 안보와 자원 관리라는 두 고려 사항에 의해 강화됐다. 이동식 경작자들은 국가 행정 체계에 편입되지 않고 국경을 아무렇게나 넘나들었고, 종족적으로 독특했기 때문에 잠재적인 체제 전복자들로 여겨졌다. 이 때문에 베트남에서는 강제 이주와 정착 프로그램이 무차별적으로 진행됐다. 오늘날 이동식 경작을 금지하는 또 다른 이유는 이것이 생태적으로 바람직하지 않아, 토양을 파괴하고 침식시키며 고가치 높은 삼림 자원을 망친다는 것이다. 이 근거는 상당 부분 식민 시대로부터 직접적으로 물려받은 정책 유산이다. 우리가 이제는 알듯이 이런 전제가 특수한 환경을 제외하고는 틀렸다. 그럼에도 국가가 그런 정책을 추진한 이유는 그런 땅을 영구 정착지로 활용할 필요성, 자연 자원을 뽑아내서 수익을 창출할 필요성, 그 비국가 공간의 사람들을 결국 발아래에 둘 필요성이 있었기 때문이다. 한 정부 소속 민족지학자가 외국인 동료에게 알려주듯이, 그가 산악 경제를 연구하는 목적은 "'이동식' 화전농업을 소수종족들한테서 어떻게 하면 제거할 수 있을까 알아보는 것이었다."[43] 1954년에 시작된 '유목민 정착 캠페인'은 어떻게든 확고부동한 정책으로 추진돼 왔다.

태국에서도 그러한 정책이 늘 강압적이지는 않았지만 꾸준히 추진됐다. 몽족을 연구한 민족지학자 니컬러스 탭은 정주화, 정착 농업, 정치적 통제, '타이화' 등을 시도하려는 정책들은 "수백 년 동안 국가 내의 사람들과 이 지역의 산악 소수종족들 간의 관계를 규정해 온 지극히 보수적인 전략을 표상한다"고 주장한다.[44] 쁘라팟(Prapas) 장군이 대포, 습격, 네이팜을 통해 몽족의 반란을 전멸시키고 난 이후에 화전을 막으려는 시도들이 본격적으로 이뤄지고 냉전의 절정 시기인 1960년대에 그 잔악성이 극에 달했다. 베트남과 태국이 이념적으로 정반대의 지점에서 전복을 두려워했지만, 그들의 정책은 놀랍게도 흡사했다. 몽족은 이동식 경작을 포기해야 했고 한 정책 문건이 언급하듯이, 관료들은 "흩어져 살던 산악 부족들이 프로젝트 지역으로 들어가 정착할 수 있도록 부추겨야 했다."[45] 이런 상황에서 국가 공간은 프로젝트 지역이라는 부가적인 의미를 갖게 됐지만 그 새로운 공간에서

도 이동식 농업을 제거하려는 시도는 변함이 없었다.[46]

이동식 경작을 막으려는 가장 오래된 폭력적 캠페인은 아마도 미얀마 군부가 카렌족에 대해 시행한 캠페인일 것이다. 군부는 이동식 경작을 생계 방식으로 삼는 사람들을 군부대 주변의 강제 수용소에 몰아넣거나, 여의치 않을 경우 국경 너머 태국으로 쫓아내 버렸다. 무장 부대는 화전의 작물이 무르익기 직전에 그곳에 가 곡식을 불태우거나 마구 짓밟아 버리고 지뢰를 매설했다. 성공적인 '방화'가 화전 수확에 얼마나 중요한지를 알고 있는 군대는 풍작의 기회를 박살내 버리기 위해 요원들을 보내 미리 그곳을 불 질러 버린 것이다. 이동식 경작과 이를 관행으로 삼는 적지 않은 사람들을 제거하여 국가 공간 밖에서 살아갈 가능성을 최소화했다.[47]

그렇게 여러 세기와 근대에 이르러서는 여러 스타일의 정권들에 걸쳐서 일치된 정책이 펼쳐졌다는 점은 국가 만들기에서 어떤 근본적인 것이 명백히 작동하고 있다는 증거이다.

여럿으로 이루어진 하나, 혼종의 중심

벼농사 국가가 궁정 주변에 어떻게든 인구를 집중시켜 놓는 것은 만만하지 않았을 인구 조건을 극복하며 얻은 힘겨운 승리였다. 인력 축적에 혈안이 된 국가로서는 누구를 편입시킬 것인지 고를 처지가 아니었다. 이 점에서 '인력 국가'는 이론상 문화적 구분과 문화적 배타를 결코 추구하지 않는다. 더 정확히 말하자면, 국가는 누구든지 끌어모으고 일정한 문화·종족·종교의 표준틀을 만들어 그렇게 모은 자들을 흡수하는 데에 큰 관심을 갖고 있었다. 대륙부와 도서부의 모든 동남아시아 벼농사 국가에서 이런 점이 확인된다.

포섭과 흡수를 강조하다 보니 전통 시대 버마족이나 타이족의 국가가 문화적으로 발전하여 내재적·종족적 일치성을 갖게 되었다는 오해를 줄 수도 있겠다. 그러나 각 국가의 핵심부를 사회적·정치적 창조물이라고, 섞이고 스민 것이라고, 여러 다양한 기원들의 흔적을 가진 혼합물이라고 보는 것이 올바른 이해에 더 가까울 것이다. 중심부의 문화는 진행 중에 있는 임시 작업이었다. 다양한 사람들과 문화는 조건부로 합쳐져 있고 언제든 조합은 변할 가능성이 있었다. 사람들은 그 문화를 자발적으로 또는 강요에 의해 받아들였다. 사람들을 흡수하는 많은 표준틀은 시바 숭배 컬트, 브라만 의례, 힌두 궁정 의례, 불교(처음에는 대승불교, 나중에는 상좌불교)에 이르기까지 인도에서 '빌려온' 것들이었다. 올리버 월터스 같은 이들이 밝히듯이, 이것들의 가치는 현지 권력자들의 초자연적 힘과 통치 정당성의 주장을 강화시켜 주었을 뿐만 아니라 수많은 종족적·문화적 파편들로부터 새롭게 국가 기반의 정체성을 창조할 수 있도록 보편적인 틀을 제공했다는 데서 찾을 수 있다.[48]

이렇게 통치의 가치가 명백히 정치적이라는 관점을 갖고 바라보면 '버마족이라는 것,' '시암족이라는 것,' 마찬가지로 '한족이라는 것'이 어떤 본질적인 요소를 갖고 있다는 이해가 얼마나 허구인지 깨닫게 된다.[49] 핵심부의 정체성은 그곳에 모인 다양한 사람들을 통합하기 위해 고안된 정치 프로젝트일 뿐이었다. 동맹 패권자들의 하수인, 전쟁과 사냥에서 포획된 노예들, 농업과 상업의 가능성에 이끌리어 오게 된 경작인과 상인들, 이 모두는 이질적인 사람들이었다. 가장 최고의 통합은 사회적 장벽이 높지 않아 동화, 결혼, 사회적 이동성이 비교적 쉽게 발생했음을 뜻했다. 정체성은 혈통의 문제라기보다 실행의 문제였다.[50] 전통 시대에 명멸했던 수많은 벼농사 국가는 모두 어느 정도 여기에 재능을 발휘했다. 시간이 흐르며 체계화된 문화는 저마다 어떤 문화적·인간적 요소들을 다량으로 흡수하여 작업했는가에 따라 다르게 나타났다. 만일 식민 시기 이전 궁정의 핵심부가 문화적인 매력을 갖고 있었다면 이주민과 노예들을 흡수하고 두세 세대 이내에 이들 및 이들의 관행을 버마족이나 타이족의 문화적 결합물 속으로 흡수하는 능력을 반드시 갖고 있었다. 타이족의 벼농사 국가, 말레이 지역, 전통 미얀마 등의 결합물 생성 과정을 훑어보면 인력 국가의 혼종성을 예리하게 파악할 수 있다.[51]

시암의 영역이 되는 중앙 평원은 13세기에 시암족이라는 "종족 정체성으로 형성되어 가는 과정 중"에 있는 몬족, 크메르족, 따이족 등이 복잡하게 섞여 있는 공간이었다.[52] 빅터 리버먼은 아유타야 시대인 15세기 중반에 이르러 독특한 '시암족' 문화가 행정 관료들(문나이 munnai) 사이에 등장했는데, 단지 그들 사이에서만 그랬던 것으로 보인다고 주장한다. 그들의 궁정 문화는 크메르어와 빨리어(Pali) 텍스트를 따랐지만, 포르투갈인 토메 피레스가 기록했던 1545년에 일반인들은 따이어가 아닌 몬어를 말했고 버고의 몬족처럼 머리를 자르기도 했다. 인력 국가의 모으기 관행은 17세기 말에도 여러 증거로 드러나는데, 당시 시암 중부에 3분의 1가량의 사람들이 "'외국인'이었고 주로 라오족과 몬족 포로들의 후세"였다고 한다.[53] 다시금 19세기 초에 궁정은 노력을 배가하여 미얀마와 전쟁 중에 발생한 거대한 인구 손실을 회복했다. 이 결과 "라오족, 몬족, 크메르족, 버마족, 말레이족이 중부 평원에서 시암족이라고 자처하는 자들의 숫자와 같아졌다. 푸언(Phuan, 태국 북동부의 이산 지역에 거주하는 이들—옮긴이), 라오, 참, 크메르 농민들이 방콕 주변의 상비군과 해군의 주력이었다. 코랏고원에서는 1827년 아누웡(Anuvong)의 반란 이후에 수많은 라오족이 태국으로 이송당해 정착하게 되었는데, 그들의 숫자가 방콕 왕조 전체적으로 시암족의 숫자와 맞먹을 정도였다."[54]

짜오프라야 강 유역의 사정이 그러했듯이 산악 여기저기에 섬처럼 흩어져 있던 군소 규모의 따이족(샨족) 벼농사 국가의 사정도 그러했다. 그 군소 규모의 따이족 국가가 정치군사적 발명품, 즉 조르주 콘도미나스의 앙봐망 체계라는 것에 이견이 없다. 거기에 따이족의 수가 적었다. 이 견해는 버마족의 숫자 역시 적었고 주로 국가 건설에 경험과 기술을 가진 선도적인 군사 지도자들이 주로 버마족이었다는 증거와도 부합된다. 정복 군주가 수적으로는 적었으나 궁극적으로 지배권을 갖고 있었다는 것은 영국의 역사를 잘 아는 사람들에게는 놀랄 만한 일이 아니다. 영국을 지배하기 위해 1066년 이후에 도달한 정복 노르만 엘리트들은 기껏 2천 가족에 불과했던 것이다.[55] 따이족 정복자들은 활용 가능한 사람들과 동맹을 맺고, 이들을 흡수하며 적응시키고, 이들로부터 국가를 만들어 내는 재주를 발휘하면서 성장했다. 그 과정에서 이전 정치 시스템(몬족, 라와족, 크메르족)의 잔재를 통합했고 무엇보다 산지 사람들을 대규모로 흡수했다. 콘도미나스는, 포획된 산지 사람들은 종속자로 시작하였으나 나중에는 논을 수여받을 수 있는 일반 따이족이 되었다고 주장한다. 운과 재주가 좋아 므엉 자체를 손아귀에 넣은 자들은 따이족의 귀족 이름을 쓰며 자신들의 족보를 시기적으로 끌어올려 그들의 개인적인 성취를 뒷받침하도록 짜 맞추었다.[56] 그러한 국가들 대부분에서 인구의 주류는 비따이족으로 구성되어 있었고 따이족과 불교도가 된 많은 사람들도 그들의 원래 언어와 관습을 유지해 나갔다.[57]

오늘날 많은 까친족 사람들이 샨족이 되어 간다고 생각하는 것이 관례가 되었지만, 대부분의 샨족 사람들이 한때 까친족이었다는 한 까친족 대학원생의 주장은 거의 정곡을 찌르고 있다.[58] 에드먼드 리치는 샨 사회가 "중국 남서부 아래 지역을 포괄하는 '이미 구성된' 문화가 아니라 오랜 시기에 걸쳐 토착 산악민들을 거느린 작은 규모의 군벌들과 경제적인 교류를 해나가면서 토착적으로 성장한 것"이라고 여겼다. 그는 또한, "우리가 현재 샨족으로 알고 있는 많은 이들이 고상한 불교-샨 문화에 최근에 동화된 산악 부족의 후예라는 견해를 뒷받침하는 여러 다른 증거들이 있다"고 덧붙였다.[59] 비슷한 형태이지만 작은 규모인 이 벼농사 국가들은 종족적으로 다양했고, 경제적으로 개방적이었고, 문화적으로 동화주의적이었다. 모든 경우에서 샨 정체성은 벼농사와 결국 샨 국가의 신민이 되는 것에 결부되어 있었다.[60] 논농사라는 수단을 통해 '샨족이라는 것"과 국가라는 것이 견고하게 연결되었다. 군사 자원과 접근 가능 소산과 정치 위계의 토대가 되는 정주민을 확보했던 것이 바로 논농사였다.[61] 이와 대조적으로 이동식 경작은 비샨족 정체성과 사실상 국가로부터 떨어져 살아가는 삶을 뜻했다.[62]

상부 미얀마에서 11세기 이래로 들어서 왔던 버마족 국가들은 전통 농경 인력 국가가 어떤 길을 걸었는지 알려주는 전형이라고 할 수 있다. 그 국가들의 농업생태학적 위치는 (베트남의 홍 강과 더불어) 아마도 인력과 곡식 생산을 집중화하는 데 가장 알맞은 곳이었다. 왕조가 저마다 다스려야 했던 국가 건설의 핵심부는 여섯 지역으로 구성되어 있었는데, 그 중 네 지역(짜웃세Kyaukse, 민부Minbu, 쉐보Shwebo, 만달레)이 1년 내내 물이 풍성히 흘러드는 항류 하천을 끼고 있었다. 그 이름 자체가 '논농사'를 뜻하는 짜웃세는 이들 중에서 가장 풍요로웠다. 이미 12세기에 1년에 삼모작이 가능한 곳들이 있었다.[63] 11세기까지 궁정에서 반경 130~160킬로미터 이내에 수십만 명의 사람들이 거주했다고 리버먼은 추정한다.[64]

타이족 왕국들처럼 버강은 인력과 곡식 생산을 축적하기 위해 만든 정치적인 기제였다. 그 때문에 어느 곳에든 사람들을 찾을 수만 있다면 환대하거나 붙잡아 궁정의 신민으로 묶어 두었다. 13세 중반의 버강은 몬족을 비롯해 버마족, 까두족(Kadu), 스고족(Sgaw), 깐얀족(Kanyan), 빨라웅족(Palaung), 와족(Wa), 샨족(Shan)을 포함한 종족적 모자이크였다고 비문은 전한다.[65] 어떤 이들은 커져 가는 제국이 제공하는 기회를 찾아 그곳에 왔고 일부에게는 그러한 이주가 "제국의 엘리트와 한편에 속하길 원하는 이중 언어 구사자들의 자발적인 동화"를 의미했다.[66] 그러나 인구의 상당 부분, 특히 몬족은 사냥, 전쟁, 강제 이주를 통해 획득한 '상'(常)이었다는 것은 의심할 여지가 없다.

당시의 인구 조건에서 이 다양한 집단들을 국가의 핵심부에 묶어 두는 일은 허약할 수밖에 없는 과업이었다. 국가 공간에서 과세, 징집, 종속 등 민생고에 시달리면 변방의 유혹에 넘어가기 쉬웠고 그에 따라 국가는 그 빈자리를 채우기 위해 늘 군사작전을 펼쳐 포로를 잡아들이고 이들을 핵심부에 강제로 이주시켜야 했다. 일단 설립된 국가는 그럭저럭 13세기 중반까지 그 인구를 유지해 나갔지만, 그 이후에 아마도 몽골 침략자들이 평야 지대의 생산물을 집중적으로 노획해 버린 여파로 발생한 인구 유출은 엄청난 타격이었고 결국에 제국이 멸망하기에 이르렀다.

영국 지배 전의 마지막 왕조인 꽁바웅(Kon-baung) 왕조는 이른 시기의 왕조들처럼 인력에 혈안이 된 국가였다. 그 통치자들은 꽁바웅 왕조가 충성 맹세와 공납으로 통합된 다언어 왕국이라고 이해했다. 버마족처럼 몬족, 시암족, 샨족, 라오족, 빨라웅족, 빠오족(Pa O)은 상좌불교도들이었다. 그러나 나름의 거주지, 모스크, 교회를 갖고 있던 무슬림과 기독교도의 입장에서 판단해 보면, 종교적 일치는 정치적 소속감의 조건이 아니었다. 초기(18세기 후반) 꽁바웅의 인구에 포로와 그 후손들이 얼마나 포함되어 있었는가를 파악하는 데 상당 정도 추측이 포함될 수밖에 없다. 그래도, 그들이 대략 2백만의 왕국 인구에서 15~25퍼센트 정도 차지했던 것 같다.[67] 이들은 궁정의 중심부 가까이에 집중적으로 몰려 있었고 왕실 서비스 부서에 편제되어 예컨대 선박 제작, 직물 제조, 보병 수비, 무기 제작, 기병대, 포병대 등에 종사했다. 아흐무단[ahmudan, 과업을 수행하는 자]으로서 그들은 한편으로 일반인인 '아띠'(athi)와도 다른 한편으로 개인들의 노예와도 구별되었다. 궁정 가까이에서 왕실 서비스를 담당하는 사람들(그들 중 많은 이들이 마니뿌르 사람들이었다)이 적어도 그 인구의 4분의 1에 이르렀다.

'인력'(manpower)이라는 용어 자체는 불특정적이었지만, 그렇다고 해서 실용적 목적을 위해 들여온 특정 노예들과 '객들'의 무리가 없었던 것은 결코 아니었다. 가장 유명한 싱뷰신(Hsinbyushin)은 1767년 아유타야를 초토화한 후에 그곳의 신료, 문필가, 공예인, 춤꾼, 배우,

왕족, 궁정 문인을 포함한 3만 명가량의 포로들을 이끌고 왔다. 그 결과 미얀마의 예술과 문학에 르네상스가 일어났을 뿐 아니라 새로운 혼종의 궁정 문화가 창조되었다. 궁정 수행단은 유럽, 인도, 아랍, 다른 동남아시아 지역에서 온 교관들뿐만 아니라 측량가, 총기 제조자, 건축가, 상인, 조선공, 회계사 등 우수한 전문가들의 코즈모폴리턴 컬렉션이었다. 보병 군인, 경작인들, 전문인의 서비스가 꼭 필요했기 때문에 이들에 대한 문화적 배제가 심하지 않았다.

지위 체계가 정교했으나 그 내부에서 이동성과 동화가 급격히 일어났던 것이 초기 방콕의 시암처럼 꽁바웅 미얀마의 특징이었다. 대부분의 버마족은 가까운 조상대에서 버마족이 된 자들로서 그 연결된 하이픈 앞에 샨족, 몬족, 타이족, 마니뿌르족, 여카잉족, 카렌족, 또는 산악민을 달고 있었다. 훨씬 더 거슬러 올라가자면, 대부분은 아닐지라도 많은 버마족들은 이른 시기 쀼족과 버마족이 만나 형성한 문화적 혼합물이라고 주장할 수 있다. 채무 노예든, 포로 노예든, 노예는 다른 동남아시아에서처럼 시간이 지나면 일반인이 되었다. 19세기로 들어설 즈음 잉와와 양곤에서 25년 이상 살았던 산제르마노 신부는 여러 다양한 종속 형태를 다루는 매우 정교한 미얀마 법체계를 전했다. 그러나 그의 관찰에 따르면 "한번 노예는 영원한 노예가 아니었다."[68]

인력 확보에 대한 끊임없는 근심은 쉬운 동화와 급격한 이동성을 촉진했고 결국 매우 유동적이고 쉽게 넘나들 수 있는 종족 경계를 만들었다. 리버먼은 잉와와 버고 사이에 벌어졌던 전쟁이 통상 버마족 대 몬족의 전쟁이라고 알려졌으나 실상은 그렇지 않았다고 강력하게 주장한다. 이중 언어 지역이었던 하부 미얀마에서 종족 정체성은 혈통적으로 주어진 것이라기보다 정치적인 선택이었다. 의복, 머리스타일, 주거지 등을 비롯해 개인의 종족 정체성도 역시 변화했다. 역설적이게도, 잉와의 미얀마 궁정이 버고에 맞서기 위해 파견한 군대에 버마족보다 몬족이 더 많았고 이후에(1752년) 버고가 알라웅퍼야(Alaungpaya)에 대항하기 위해 파견한 사람들도 대부분 버마족이었다. 따라서 잉와-버고 전쟁은 지역 충돌로서 그 지역의 왕국에 대한 충성이 다른 모든 고려들보다 우선 순위였으며, 그 가운데 어떤 경우든 정체성은 비교적 유동적이었다고 보는 것이 옳은 이해라 할 수 있다.[69]

우리가 살펴본 세 왕국들 모두에서 종교와 언어, 종족에 대한 고려가 그 정치 체계 안에서 위계적 질서를 만드는 데 일정 역할을 했다. 그러나 우리가 분명히 알아야 할 점은 그 정치 체계에서 소속감의 장벽이 없었다는 것이다. 더욱이 각 기준은 두 세대를 거치며 으레 급격한 변화를 겪었다. 어디서든 인력이 가장 중요했기 때문에 차별과 배제는 사치와도 같았다.[70]

우리가 살펴본 식민 시기 이전 국가는 열악한 인구와 기술의 조건에서 국가 만들기가 이루어진 특별하고 제한된 사례라고 할 수 있다. 한 국가가 들어서려면 그 지배자들은 신민들을 비교적 좁은 지리적 공간 안에 집중시켜야 했다. 국가 공간의 그 원리, 즉 식별성과 수탈성은 국가의 프로젝트든 비국가적인 조직의 프로젝트든, 사실상 모든 지배의 프로젝트에 작동하고 있다. 단일 작물과 노동자들의 막사를 거느리는 플랜테이션 농장, 종탑과 그 그늘 아래 거처하는 회중들을 거느리는 선교 기지는 지배의 독특한 형태라 할 수 있으나 이들 모두 식별과 감시를 필요로 했다. 식별과 감시의 정도를 크게 높이기 위해 일부러 경관이나 거주와 생산 유형을 바꾸지 않았다는 점에서 독특한 발전 프로젝트이다. 초기 식민 정부는 평정 캠페인의 일환으로 강제 이주, 화전농업 파괴, 인구 집중을 단행했다. 포장도로, 선로, 전신선, 안정된 화폐 덕택으로 인구와 생산물이 분산되어 있지만 큰 어려움 없이 지배할 수 있게 된 것은 정말 최근 일이다. 반란 진압 전략의 일환으로 종종 실제의 수용소에 몰아넣는 것과 다를 바 없이 식별이 가능한 공간에 두려워하는 사람들을 빽빽이 집중시키는 시도에서 그 축소판을 보게 된다.

사람을 통제하는 기술

> 노예제가 없었다면 그리스라는 국가도, 그리스의 예술과 과학도 존재하지 않았을 것이다. 노예제가 없었다면, 로마제국도 없었을 것이다. ……우리의 경제적·정치적·지적 발전이 노예제가 필수불가결한 국가를 전제로 한다는 것을 잊지 말아야 한다. 이런 점에서 고대의 노예제 없이는 근대의 사회주의도 존재하지 않았을 것이라고 말할 수 있다.
>
> — 카를 마르크스

노예제

식민 시기 이전 국가 공간에서 살았던 사람들은 어디에서 왔을까? 초기의 이론들은 엄청나게 많은 따이족과 버마족이 북쪽으로부터 내려와 앞서 거주했던 사람들을 몰아냈다고 주장했는데, 이 이론은 점차 설득력을 잃었다. 그 대신, 일정한 수의 따이족과 버마족이 그들에게 잘 맞는 논농사 공간에서 정치적 주도권을 확립했던 것 같다.[71] 이 벼농사 국가들은 분명히 쀼족이나 몬족 등 이른 시기에 존재했던 사람들을 흡수했고, 평화적 확장 시기에는 지위나 일자리, 상업의 기회를 엿보던 이주민들을 끌어들였다. 그러나 정말 놀라운 사실은 이 벼농사 국가들 중 어느 하나도 대규모 노예사냥 없이 성장하지 않았다는 것이다. 상투적으로 말하자면, 그리고 노예제와 문명에 대한 카를 마르크스의 관찰을 바꾸어 말하자면, 인력 집중 없으면 국가가 없고 노예제가 없으면 인력 집중이 없었다. 특히 도서부 국가까지 포함하여 모든 국가들이 노예제 국가였다.

노예들은 식민 시기 이전 동남아시아에서 가장 중요한 '현금 작물'이었다고 말해도 좋다. 이 지역에서 손에 넣고 싶은 최고의 상품이었던 셈이다. 사실상 모든 거대 상인들이 노예사냥꾼이면서 동시에 노예 구매자였다. 모든 군사작전과 모든 토벌은 포로를 사거나, 팔거나, 붙잡기 위한 캠페인이었다. 마젤란이 두 번째 항해에서 살해당했을 때 당사자인 필리핀 사람들이 남겨진 선원들을 모조리 잡아 섬에 팔아넘긴 것은 아주 익숙한 행태이다. 미얀마인들이 항구도시인 시리암(Syriam, 오늘날의 땅르인—옮긴이)을 17세기 초에 포르투갈 탐험가로부터 빼앗을 때, 생존한 유럽인들을 잡아서 수도인 잉와 근처의 마을에 강제로 정착시켰다. 동남아시아 왕국들은 인력의 획득에 관하여 통이 아주 컸다.

그 변방 지역에서 사람을 잡아와야 커 가는 벼농사 국가는 비로소 그 핵심부를 유지하고 방어하는 데 필요한 인력 집중을 달성할 수 있었다. 동남아시아 전반에 걸쳐서 노예사냥이 널리 퍼져 있었고 그 과정도 체계적이었다. 노예제에 관해 일가견을 이룬 앤터니 리드는 그 패턴을 이렇게 설명한다. "19세기에 계약 노예 노동이 발달하기 전까지 포로들과 노예들의 이주가 동남아시아의 주요 노동 공급원이었다. 대개 그 이주는 힘이 없고 정치적으로 분열된 사회로부터 더 강하고 부유한 국가로 향하는 형태를 띠었다. 가장 오래되고 인구 측면에서 가장 중요했던 이주의 형태는 강 유역의 막강한 논농사 경작인들이 그 경계 지역에서 정령숭배자인 화전민들과 수렵채집인들을 사냥하여 데리고 오는 것이었다."[72] 이 과정을 달리 표현하자면 비국가 공간, 특히 산에서 노예들을 체계적으로 몰아내고 이들을 근처의 국가 공간에 두는 것이다. 이 유형은 1300년 캄보디아에서 두드러졌으며 20세기까지도 몇 지역(예컨대 말레이시아)에서 이어져 왔다. 토머스 깁슨은 대략 1920년까지도 도시에 사는 동남아시아인의 주류는 노예나 그들의 후손(대체로 2세나 3세)이었다고 주장했다.[73]

이런 증거는 곳곳에 있다. 일례로 따이계 세계를 들자면, 19세기 말 치앙마이 왕국 인구의 3분의 2가 전쟁 포로들이었다. 다른 따이계 군소 국가인 치앙센(Chiang Saen)은 거의 60퍼센트가 노예였다. 람푼에서는 총 3만 명의 인구 가운데 17만 명이 노예였다. 농촌의 엘리트들 역시 노동력과 수행단의 일부로서 노예를 소유했다. 전쟁에서 노예들을 직접 포획하거나 산을 샅샅이 훑으며 무차별적으로 납치를 일삼던 노예사냥꾼들로부터 이들을 사들이기도 했다.[74] 태국과 미얀마의 궁정 역사와 연대기를 읽어 보면 긴 목록의 노예사냥 이야기를 확인할 수 있다. 노예사냥의 성공 정도는 대개 노예들의 숫자와 그들의 기술로 평가됐다. 반란을 일으키거나 할당된 조공을 바치지 않을 때에는 그 반항 지역을 짓밟고 불태워 버렸으며 그곳의 주민들은 승자의 궁정 핵심부로 강제 이주시켜 버리는 응징을 단행했다. 송클라(Songkhla)의 지배자는 처음에 거부했으나 결국에는 아유타야로 와 조공을 바쳤는데, 그 왕은 모든 송클라 거주민들을 노예로 삼아 수도 근처로 끌고 오는 것을 모색했다. 노예 획득이 바로 치국의 공적 목적이었기 때문에 다른 어떤 사안보다 중요하게 다루어졌다.

이러한 정치 시스템에서 물론 포획이 아닌 다른 방법에 의해 노예가 되는 경우도 있었다. 채무 노예도 흔했는데, 채무자나 그의 가족들은 그 빚을 다 갚을 때까지 채권자의 '노예'가 되었다. 아이들은 부모에 의해 노예로 팔려 나가기도 했고, 유죄 판결을 받은 범죄자들은 형벌의 일환으로 노예로 전락하기도 했다. 하지만 이런 메커니즘이 노예제의 주요한 사회적 기원이었다면, 대부분의 노예들은 자기 주인들과 공식적 지위에서만 다를 뿐 문화적으로는 비슷했다고 생각할 수도 있겠다. 그러나 캐서린 보위가 태국 북부에 대해 보여 주듯이, 그렇지 않았다. 여기든 저기든 대부분의 노예들은 문화적으로 독특한 산악 지역 출신이었고 전쟁의 부산물 가운데 하나로 노예가 된 것이다.[75]

노예사냥의 규모와 효과를 상상하기란 쉬운 일이 아니다.[76] 노예사냥 원정은 대부분의 대륙 동남아시아에서 정기적으로 건기에 전개된 모험적인 상업 활동이었다. 전 지역에서 펼쳐진 해적질, 소규모 납치, 대규모 이송(예를 들면, 1826년에 시암은 비엔티안을 점령한 후 6만의 가족들을 강제로 태국으로 이송했다)의 소용돌이 속에서 상당수의 거주민이 희생당했다. 보위는 그 규모와 인간에 끼친 영향을 포착했던 19세기 말의 관찰자 A. C. 코큰을 인용한다.

짐메(Zimme, 치앙마이) 주변의 산악에 산악민들이 희박하게 된 것은 주로 옛날에 조직적으로 들소처럼 사냥을 당해 노예시장에 팔려 나갔기 때문이다. ……

사로잡힌 사람들은 그야말로 노예가 되어 죽음과 도망 말고는 벗어날 길이 없이 끌려 다녔다. 매복의 덫에 걸려 곧 다마사슴처럼 사냥꾼들에 의해 내몰리고, 쇠고랑에 채인 채 정든 숲을 떠나 샨[치앙마이], 시암, 캄보디아 등 주요 장소로 압송당해 처분되었다.[77]

서로 다른 농업생태학적 지대로서 산과 평지는 자연스러운 거래 파트너였다. 그러나 팽창하는 평지 국가에게 가장 중요한 산지의 상품은 인력이었다.[78] 이 수렵과 채집의 인력은 아주 수지맞는 상품이었기 때문에 산지 사람들과 상당수의 산악 사회들이 대개 이 무역에 깊게 관여했다. 평지의 인구는 전쟁 포로와 처벌적 재정착에 의해서뿐만 아니라 본질상 상업적이었던 노예사냥 원정에 의해서도 증가했다. 산지의 사회들은 먹잇감 사회와 약탈자 사회로 분류할 수 있다. 전자는 노예사냥의 공급지였던 미약하고 분절된 사회였고 후자는 노예사냥을 조직하고 그들 스스로 노예를 잡아 두고 있던 사회였다. 예를 들면, 아카족, 빨라웅족, 리수족은 첫 번째 부류에 해당되었으며 카렌니족(Karenni)과 까친족은 대개 두 번째 부류에 속했다. 노예를 잡아 파는 것은 까친족 경제에서 큰 부분을 차지하고 있어서 어느 초기 식민 관료는 "노예제가 까친족의 전반적 관습"이라고 단언하기까지 했다.[79] 카렌족은 이와 대조적으로 어떤 때는 먹잇감이 되기도 또 어떤 때는 약탈자이기도 했다.[80]

주요 상품이 대개 그러하듯, 노예는 다른 상품들의 값을 정하는 표준 가치가 되었다. 19세기 말 친족이 거주하는 산악 지역에서 노예 한 명은 소 네 마리나 좋은 총 한 자루 또는 돼지 12마리와 그 값어치가 같았다. "노예는 산지에서 거래되는 화폐였고 문명 지역의 은행권처럼 쉽게 이 손에서 저 손으로 전달되었다."[81] 대부분의 노예들이 산지 출신이라는 관련성은 노예를 가리키는 용어와 산지인을 가리키는 용어가 종종 섞여 사용된다는 사실에서 뚜렷이 확인할 수 있다. 따이족 왕국의 최하층은 베트남어로 사(Sa 또는 xa), 라오어와 시암어로는 카(kha)였다고 콘도미나스는 밝힌다. 이 용어는 "맥락에 따라 '노예' 또는 '산악 부족'으로 번역될 수 있다."[82] 마찬가지로, 베트남어에서 미개인이나 야만인을 뜻하는 용어인 모이(moi)는 지울 수 없는 노예성을 그 안에 담고 있는데, 식민 시기 이전에 중부 고원지대는 룽모이(rung moi) 즉 '미개인의 숲'이라고 불리었다. 야만인을 뜻하는 크메르 용어인 프농(phnong) 역시 비슷한 의미를 내포하고 있었다.[83]

노예사냥의 기억은 오늘날의 많은 산지 사회에 두루 퍼져 있다. 그 기억은 전설과 신화 속에, 오늘날의 세대가 부모와 조부모로부터 들었던 유괴 이야기 속에, 어떤 경우에는 노인들의 개인적인 기억 속에 존재한다. 포카렌족(Pwo Karen)은 몰라마잉(Mawlamyine) 근처에서 납치되고 따이계 왕국에 노예로서 강제 이주당한 이야기를 끊임없이 읊는다. 카렌족은 아이들을 훈육할 때, 타이족 사람이 와서 잡아갈 것이라며 겁을 준다.[84] 오늘날의 라오스인인 라멧족(Lamet)은 버마족에게 노예사냥을 당한 기억을 집단적으로 갖고 있다. 쉽게 구별하기 위해 라멧족의 머리카락은 라임으로 물들였다. 이에 대응하여 라멧족은 마을을 고랑으로 두르고 함정을 파서 납치를 피하려 했다.[85] 어떤 집단의 문화는 노예제에 대한 두려움과 이를 피하려는 방책들의 영향을 받아 형성됐다. 레오 알팅 폰 괴사우가 태국-윈난 국경 지역의 아카족 사례를 통해 이 점을 확실하게 드러낸다. 아카족의 치료 의례는 평지의 노예가 되었으나 결국에는 자유를 되찾았던 경험을 되풀이하여 읊는다. 라멧족처럼 자신들을 상대적으로 힘이 없어 기지를 발휘해 살아야 하고 평지의 권력으로부터 떨어진 곳에 거주해야 하는 집단으로 바라보고 있다.[86]

이 점에서 노예사냥과 전쟁의 차이는 거의 신학적인 주제가 되었다. 대규모 전쟁은 영토와 그 왕조의 존망이라는 이해가 걸려 있을 때 다른 왕국에 대응하여 치러졌다. 그보다 작은 규모의 전쟁은 그러한 이해가 좀 덜 걸려 있었는데, 각각의 전쟁에서 지는 쪽의 많은 인구는 사로잡혀 승자의 핵심부로 끌려갔다. 산에서 벌인 노예사냥 원정의 경우, 전쟁이라는 것은 덜 조직화된 집단을 겨냥한 일종의 사람 사냥과 같았다. 사냥감이었던 사람들의 유일한 선택은 게릴라식 자기방어나 도피밖에 없었다. 이 세 가지 경우에서 얻게 되는 선물은 인력이었다. 전쟁은 인력 쟁취를 위해 벌인 위험스러운 대규모 도박이었다. 노예사냥도 무장은 했지만, 그보다는 덜 위험한 소규모 사업이었다. 버마족과 따이족의 국가를 '전쟁 국가'라고 응당 부를 수 있듯이 이들을 '노예 국가'라고 말하는 것도 옳다고 할 수 있다.

포로를 획득하는 것이 단지 전쟁의 주요한 전략적 목적만은 아니었다. 관료들과 군대에 종사하는 자들의 개인적인 목적이기도 했다. 병사들의 두 눈은 노획물 꽂혀 있었다. 전리품 중에 코끼리, 말, 무기, 탄약은 죄다 미얀마의 왕이 차지했고, 다른 나머지 것들, 즉 어린이, 여자, 남자, 소, 금, 은, 장식품, 식량 등은 그것을 탈취한 군사들의 몫이 되어 원하는 대로 처분할 수 있었다. 미얀마 왕들의 《유리궁전 연대기》는 18세기 말 린진(Linzin, 위엉짠Vientien)에 대한 공격 중에 개인적인 전리품으로 40명의 포로를 이끌고 돌아온 한 보병이 왕에게 그들 중 한 명을 팔았다고 보고했으며 왕은 그가 훌륭한 군인이 될 것이라고 생각했다고 전한다.[87] 우리는 그 군대를 지휘자의 뜻을 집단적으로 따르는 일치된 관료 조직이 아니라, 비록 위험이 따랐지만 여러 투자자와 참가자들이 이익을 나눠 갖는 벤처 무역 동업자와 같았다고 봐야 한다. 이 유형은 막스 베버가 전근대의 전쟁에 대해 묘사하며 일컬었던 '약탈 자본주의'(booty capitalism)에 잘 들어맞는다. 곧 투자자들 사이에 만약 그 사업이 성공하면 수익을 어떻게 배분해야 하는지에 관한 이해가 있었던 투기적 이익을 추구하는 전쟁이었던 것이다. 그 군대들이 행군하는 중에 자급자족해야 할 경우에 특히 더 파괴적이었고 두려운 존재였다. 어떤 군대는 정말 규모가 컸었는데, 행군 중 내내 달구지, 소, 물소, 짐꾼, 쌀, 고기, 부역꾼(도망자를 대신하여!) 등을 필요로 했다. 약탈이 '자급자족'의 필요와 포로들이 돌아오지 못하도록 아예 작물과 그들의 거주지를 파괴시켜 버리는 필요로 연결될 경우, 이런 전쟁은 반드시 피를 동반하지는 않았지만 대단히 파괴적이었다.[88]

승자의 영토로 강제 이송당한 일부 포로들은 따라서 왕조의 재산이라기보다 개인의 재산으로 다가왔다. 인력은 단지 치국의 목적만이 아니었다. 지위의 중요한 표시이기도 했다. 그 지위는 측근들의 규모에 달려 있었다. 엘리트들은 채무 변제와 구매를 통해 자신의 지위와 부를 보장해 주는 딸린 자들의 규모를 늘리기 위해 안간힘을 썼다. 왕족, 특권층 가족, 종교 기관(가령 불교 사원) 할 것 없이 가용할 수 있는 인력 자원을 확보하기 위해 서로 경쟁을 벌였다. 그 위의 수준에서 벼농사 국가는 그 힘을 유일하게 보장할 수 있는 인구를 확보하기 위해 상대 국가와 경쟁을 벌였다. 이를테면 시암족과 버마족은 버고가 멸망했을 때 그 둘 사이에 살고 있는 몬족과 카렌족을 손아귀에 넣기 위해 끊임없이 대결을 벌였다. 잉와와 치앙마이는 그 둘 사이에 살고 있는 라와족과 카렌족을 두고 경쟁을 벌였다. 그 경쟁이 늘 전쟁과 같았던 것은 아니었다. 때때로, 공급은 많으나 수요가 딸린 부동산 시장의 중개사처럼 그들은 그들의 날개 아래에서 살기로 동의할 사람들에게 우호적인 조건을 제시했다. 예컨대 북부 태국의 지배자들은 라와족과 카렌족이 지정 구역에 거주하고 매년 산지 산물을 공물로 바치는 한 그들에게 부역 노동과 세금을 면제시켜 주었다. 그러나 탐관오리, 군대 지휘자, 노예사냥꾼들이 이들을 잡아먹기 위해 이를 갈고 있는 상황에서, 심지가 굳은 지배자라 할지라도 그런 약속을 지켜 나갈 수는 없었다. 이 점에서, 치앙마이 지배자가 "라와족을 핍박하는 자는 멸망을 당할지어다!"라고 저주를 퍼부은 것은 다른 각도에서 보자면 얼마나 그가 그 뜻을 관철하는 데 힘이 상대적으로 미약했는가를 보여 준다.[89]

인력 체제가 잘 작동되거나 왕조가 매력적이거나 인구의 손실보다 획득이 훨씬 더 많을 때, 국가는 으레 코즈모폴리턴 성격을 띠었다. 흡수하는 인구가 다양할수록, 그 수도에는 혼종적인 언어와 문화가 더 많이 나타났다. 사실 그런 문화적 혼종성은 성공의 조건이었다. 말레이 해안 국가가 말레이어와 이슬람을 공유하면서 여러 문화적 조류를 흡수했던 것처럼, 따이족과 버마족의 벼농사 국가 역시 상좌불교와 주요 언어를 공유하면서 받아들였거나 붙잡아왔던 사람들의 여러 문화들을 흡수했다.

벼농사 국가가 사람을 모으는 프로젝트는 여러 면에서 모험적이고 위태로운 사업이었다. 첫째, 당연히 인구 동태가 불리하게 작용했다. 앞으로 자세히 보겠지만 인구는 늘 갖가지 이유 때문에 새어 나갔다. 모든 벼농사 국가의 역사는 대부분 인구 모으기와 인구 유출의 지속적 반복이라는 관점에서 쓸 수 있다. 왕조가 포획 전쟁을 치르고, 노예사냥에 나서고, 상업적·문화적 매력을 발산하여 핵심부로 끌어들이는 등 갖은 노력을 다해도 사람을 채울 수 없을 때면, 심각한 인구 감소와 군사 능력 감퇴의 위험에 직면해야 했다. 1626년 이후의 후기 따웅우 왕조와 1760년 이후 꽁바웅 왕조의 쇠퇴는 공통적으로 인구의 불안정 때문이었다고 할 수 있다. 후기 따웅우 왕조의 초기 왕들의 정복에 뒤따라 찾아온 평화로운 시기는 '핵심부'의 '착취'로 인해 도망간 사람들의 빈자리를 메울 새로운 포로들이 충분하지 않았음을 의미했다. 1780년대 보도퍼야(Bò-daw-hpaya) 왕 치하 꽁바웅 왕조의 해체는 그 왕조의 수동성 때문이라기보다 주변국에 대한 실패한 공격과 공공사업을 위해 전례가 없을 정도로 심하게 부역을 부과했기 때문이었다. 그 과도한 부역 때문에 기존에 핵심부에서 소규모로 발생하던 인구 유출이 결국에는 국가를 비틀거리게 하는 대규모 인구 유출로 발전하게 된 것이다.[90]

두 번째 장애물은 인력 확충을 위해 벌인 격렬한 쟁탈전이, 종합적으로 판단해 보건대 그야말로 제로섬 게임이라는 것이다. 이것은 승리자가 얻는 것이 패배자가 잃는 것과 동일했던 벼농사 국가들 사이의 전쟁의 경우에 명백히 드러난다. 산지에 파견된 노예사냥 원정의 경우조차도 적은 수의 군소 왕국들이 한정된 인력 풀을 똑같이 두고 경쟁을 벌였다. 마지막으로 벼농사 국가의 지배자들은 한꺼번에 발생하는 엘리트들과 일반인들의 재정적 저항과 회피를 극복하는 능력을 갖추지 못해 접근 가능 곡식과 인구의 상당 부분을 점차 잃어 갔다. 그럼, 그런 저항을 제압했을 때 대규모의 인구 유출을 발생시켜 국가에게 더욱 참담한 결과를 안기는 지배의 이 마지막 딜레마와 역설을 살펴보기로 한다.

눈에 잘 띄는 재정 자원

과세 체계가 효과적이기 위해서는 무엇보다도 과세 대상(사람, 토지, 거래)이 식별 가능해야 한다. 인구 대장과 비옥한 토지의 지적도는 핵심적인 식별성 행정 도구였다. 국내총생산과 국가접근가능생산을 우리가 앞에서 구분했던 경우에서처럼 총인구와 제임스 리가 부르는바 행정적으로 식별 가능한 인구인 '재정적 인구'를 구분하는 것이 중요하다.[91] 마찬가지로 실제로 경작되는 토지와 '재정적 토지'를, 실제의 총거래와 '재정적 거래'를 구분할 수 있다. 당연히 등록된(재정적) 토지와 인구일 때만 산정이 가능하고 따라서 접근이 가능하다. 재정적 자원과 기록대장에서 제외된 자원 사이에 얼마만큼 차이가 나는가에 따라서 과세 체계가 얼마나 효율적인지 판단할 수 있다. 전근대의 정치체제에서 그 차이는 상당했다.

얼마나 꼼꼼하게 기록을 남기려고 노력했는지를 17세기 초 미얀마 왕인 따룬(Tha-lun)이 "경작지와 따라서 과세 가능 토지, 사람들의 이름·나이·성별·생일·자녀, 왕실 시중 집단의 구성원과 그 토지, 지방 관료와 그 토지 및 관할권을 목록화하라"고 내린 어명에서 확인할 수 있다.[92] 그 왕은 사실상 과세할 수 있는 자원을 총정리하려고 했던 것이다. 이런 기록들이 모두 그렇듯, 그 기록이 모일 때는 정확했을지라도, 곧 발생하는 토지 이전, 인구 이주, 상속 등의 변화를 수용하지 못해 쓸모가 없어진 정지 스냅 사진이었다. 다른 칙령들은 기록들을 무의미하게 만들어 버리는 사회적 변화를 금지하여 그 유효성을 보존하려는 목적을 갖기도 했다. 신민들은 명시적 허가 없이는 이주할 수 없었고 일반인이나 왕실 시중 요원에서 노예로 사회적 지위를 바꿀 수도 없었다. 비교적 영속적인 논농사 평야 지대와 가부장제 아래 표준화된 '재정적' 가족은 국가 핵심부의 식별성 작업에 역시 도움이 됐다.[93]

전근대 재정 관리의 근본적인 어려움에 더하여 왕은 더 조직적이고 완강한 구조적 문제를 안고 있었다. 그의 신료들, 귀족들, 성직자들과 인력이나 곡식을 두고 직접적으로 경쟁을 벌여야 했다. 궁정의 시중을 담당하는 인구(아흐무단ahmudan)가 왕이 가장 쉽게 접근할 수 있는 인력 기반이었지만, 그들의 지위는 항상 변화했다. 덜 부담스럽고 덜 눈에 띄는 지위로 바꾸는 것이 왕실 시중 요원들의 관심사였다. 여러 선택들이 그들 앞에 있었다. 평민(아띠athi)이 되거나 막강한 후견인의 개인 수혜자가 되거나 채무 노예가 되거나 '떠다니는' 거대한 미등록 집단에 들어가기도 했다. 한편, 왕실 신료들과 실세 귀족들은 가능한 모든 방법을 동원하여 자원을 빼돌려 자신들의 수행원에 돌리고 그들 자체의 과세 기반을 마련하려는 데에 관심을 두었다.[94] 꽁바웅의 많은 법률 제도는 이렇게 엘리트들의 손아귀에 들어가는 빼돌림을 차단하고 재정적 식별 불가능성을 방지하기 위해 전념했다. 그것을 금지하는 장광설은 다른 각도에서 보면 왕실이 큰 성공을 거두지 못했음을 보여 준다.

타이족 왕국의 지배자들 역시 왕실의 재정 자원을 개인적으로 전유해 버릴 성향을 다분히 갖고 있는 신료들, 귀족들, 종교 지도자들과 대결을 벌여야 했다. 예컨대 북부 타이족 왕국인 란나(Lan Na)의 창건자인 멩라이(Mangrai) 왕은 "본인들이 감당해야 할 의무를 피하기 위해 궁정으로부터 도망친 자들이 [왕 이외의 어떤 누구의] 노예가 되는 것을 허락하지 않겠다"고 선언했다.[95]

태국과 미얀마의 왕 모두 여권과 주민등록증이 도입되기 이전에 많은 수의 남자들에 문신을 새기는 방법을 고안하여 지위를 영구적으로 표시했다. 꽁바웅의 부대에 모집되거나 강제로 끌려온 군사들은 군복무 의무를 표시하는 상징을 문신으로 새겨야 했다.[96] 타이족도 마찬가지로 문신을 새겼다. 타이족 노예와 종속자들은 그들이 왕에게 속하는지 아니면 귀족에게 속하는지를 나타내는 표시를 팔목에 문신으로 새겼다. 노예가 귀족에게 속하면, 그 문신에 그 귀족이 누구인지 표시됐다. 마치 말이나 소의 낙인이 그 소유주가 누구인지 알려주기 위해 쓰였던 것과 같았다.[97] 카렌족 전쟁 포로들도 포로 신분이라는 것을 표시하는 문신을 새겨야 했다. 문신 체계 때문에 산을 헤집고 다니며 도망자를 찾아 해당 주인에게 돌려주려는 전리품 사냥꾼이 등장했다. 그런 방식들은 인력 감시가 토지 등록보다 훨씬 더 중요했다는 점뿐만 아니라 이것이 매우 어려운 일이었다는 것을 알게 해준다.

왕의 신료들과 지역 세력가들은 '사유화'하고 독차지하기 위해 왕실 자원을 빼내기 위해 온갖 수작을 부렸다. 식민 시기 인구조사가 기록하듯이, 인구 대장에 올라 있는 사람의 숫자는 실제보다 너무나도 적었다. 신료들은 토지대장에 토지를 등록시키지 않고 그 대가로 수수료를 받아먹었고, 허술하게 등록된 왕실의 토지 그 자체를 차지해 버렸고, 거둬들인 세금을 축소하여 보고했고, 과세 대장에서 가구들을 삭제해 버리기도 했다. 윌리엄 쾨니히는 모든 곳에서 왕실 수입 가운데 10~40퍼센트가 이렇게 해서 빠져나갔다고 추정한다. 그는 양곤에서 발생한 1810년 화재 이후에 신료들이 새롭게 인구조사를 실시하라는 명령을 받았을 때 일어난 사건을 인용한다. 그들은 2,500가구 가운데 1천 가구를 새로운 등록 대장에서 빼내 버렸다.[98] 그 최종 결과로 일반인들의 세금 부담이 줄어든 것은 결코 아니었다. 오히려 국가의 이권 분배에 변화가 생겨 왕실뿐 아니라 일반인들도 잠재적으로 해를 입었다.

앞서 살펴본 대로, 벼농사 국가의 지배자가 전격적 도피와 재정적 불식별성에 의해 국가의 과세 기반이 점점 약해져 가는 상황에 맞서서 통치를 굳건히 해나가기란 여간 어려운 일이 아니었다. 그 앞에 놓인 선택 가운데 하나는 군사작전을 감행해 포로를 잡아와 그간 서서히 잃어버렸던 사람들의 빈자리를 채우는 것이었다. 새로운 전쟁 포로들의 이점은 그들 중 많은 수가 왕실 시중 요원이 될 수 있다는 것이었고 따라서 적어도 처음에는 직접적으로 왕에게 서비스를 바쳐야 하는 의무가 있다는 것이었다. 이는 왜 그렇게 벼농사 국가가 전쟁 국가 성향을 띠었는지를 설명하는 데 도움이 될 수 있다. 오직 전쟁을 통해서만 지배자는 단번에 자신이 계속 잃어 갔던 인력을 채울 수 있었다.

산악지대에서 그보다 작은 규모로 노예사냥을 하거나 변방 마을에 대해 공격을 감행하는 것은 위험이 덜 따랐지만 인력을 확보할 수 있는 규모가 그만큼 작았다. 대규모 전쟁은 수천 명의 포로들을 끌고 올 수 있었다. 하지만 앞서 보았듯이, 이것이 한 특정 왕조에게는 합리적인 전략이 될지는 몰라도 전체적으로 보면 비합리적이었다. 두 벼농사 국가 사이의 전쟁에서 패배자는 인구가 대규모로 감소되는 재앙을 겪어야 했다.

스스로 무너지는 국가 공간

동남아시아의 전근대 국가를 깊이 있게 연구하는 역사가들은 그 국가들의 취약성과 변화무쌍한 흥망성쇠를 흥미롭게 다루었다. 빅터 리버먼은 그 국가들이 '경련성'(convulsive guality)의 특징을 가졌다고 표현했고, 올리버 월터스는 늘어났다 줄어들었다 한다는 뜻에서 '콘서티나'(concertina)라는 용어를 적용했다.[99] 나는 이 취약성과 변화 뒤에 조직적·구조적 요인이 있다는 리버먼의 주장에 동의하여 이 마지막 절에서 좀 더 확대하여 다루고 싶다.

예시로 이해를 돕는 목적에서 미얀마 군사 정부가 반란에 대응하는 정책을 설명하는 데 '자기 파괴'의 논리를 그대로 적용할 수 있다. 군부대는 반란군들의 근거지인 국경 지역을 장악해 나가는 과정에서 부족한 재정에 쪼들리는 지휘관들로부터 현지에서 자급자족해야 한다는 명령을 받는다. 이에 전근대 국가처럼 군부대는 험준하고 척박한 환경에서 살아남기 위해 부역, 현금, 건축 자재, 식량을 반드시 구해야 한다. 보통 상당수의 민간인들을 어떻게든 잡아 주둔지 주변에 끌어모으면서 이를 해결하려 한다. 활용 가능한 인력, 곡식, 수입의 원천이 되기 때문이었다. 강제 부역에서 벗어날 수 없거나 부과된 곡식과 세금을 바칠 수 없는 민간인들, 특히 가난한 자들은 도망칠 궁리를 한다. 한 카렌족 교사는 인권 상황 조사원에게 이렇게 말했다. "평야로 이어지는 이 길 주변에 예전에 마을들이 많이 있었지만 이제 큰 마을들은 작아져 버렸고, 작은 마을들은 숲이 되어 버렸어요. SPDC(State Peace and Development Council, 국가평화발전위원회, 1988년 민주화 항쟁 뒤에 군부가 쿠데타를 일으켜 구성한 국가법질서회복위원회를 1997년에 계승한 뒤 미얀마가 민주화 조치를 취한 2011년까지 사실상 미얀마의 정부 역할을 했다—옮긴이)가 과도하게 세금을 부과하고 강제로 온갖 일을 시켰기 때문에, 많은 사람들이 [다른] 도시로 가 버렸거나 이곳으로 [산으로] 올라와 버렸어요."[100] 남은 자들에게 어떤 결과가 발생했는지는 뻔했다. "적은 수의 사람들에게 집중적으로 학대는 계속됐고, 그나마 버티고 살던 사람들의 상황이 점점 더 악화돼 어쩔 수 없이 도망칠 수밖에 없었어요."[101]

라피팟, 리버먼, 쾨니히는 전근대 따이족과 버마족의 국가에 대해 이와 유사한 주장을 했다.[102] 벼농사 국가의 핵심부는 곡식과 노동력이 가장 눈에 띄게, 가장 접근하기 쉽게 집중된 곳이었다. 다른 조건이 같다면, 바로 이 인구로부터 가장 쉽고 효율적으로 국가와 엘리트들을 지탱시키는 데에 필요한 자원을 뽑아낼 수 있었다. 이 핵심부의 인구가 재정적 압박을 가장 심하게 받았고 따라서 괴롭힘을 가장 많이 당했다. 꽁바웅 왕들의 치세에 만달레-잉와 지역의 사람들은 부역과 곡식 생산에 가장 많이 시달린 사람들이었던 반면, 외딴 곳의 사람들은 명목적 성격이 더 컸던 조공에서 이리저리 빠져나갈 수 있었다. 핵심부 인구 자체의 상당 부분을 신료들과 귀족들이 빼돌렸다는 것을 떠올린다면 남은 부담이 고스란히 과세 대장에 등록된, 그 상당수가 포로와 평민의 후예 출신이었던 왕실의 시중 요원들에게 불균형적으로 몰렸다는 것이 불 보듯 뻔하다. 인구 동태는 국가 전체적으로 항상성 기구처럼 작동되었다. 압박이 강할수록, 멀리 도망가 버리거나 어떤 경우에는 반란을 일으킬 가능성이 더 컸다.

리버먼은 사실상 황금알을 품고 있는 거위를 죽여 버리는 이러한 벼농사 국가의 유형을 여러 사례를 들며 소개했다. 16세기 후반의 (그 유명한 바인나웅Bayin-naung의 아들이었던) 버고의 왕은 주변의 많은 군사적 속국들이 그 영향권에서 빠져나가자 승려들로 하여금 군사가 되게 하고 도망자들을 처단하게 하는 등 그 핵심부의 사람들을 필사적으로 압박할 수밖에 없었다. 그 압박이 심할수록 인구를 더 많이 잃었다. 경작민들은 집단으로 사적인 노비나 부채 노예가 되거나 산이나 다른 왕국으로 도망가 버렸다. 곡식 생산자들과 군사들을 잃어버린 버고는 16세기 말에 적들에게 멸망을 당했다.[103] 가장 극적인 파국은 19세기로 접어들 때 발생했다. 왕국은 알라웅퍼야의 정복전쟁 승리와 반대파 제압으로 포로를 많이 획득했지만, 이 인구에 가해진 재정적 압박에 가뭄과 시암에 대한 공격의 실패가 가중돼 거대한 인구 유출이 발생했다.[104] 18세기 초 베트남의 찐 왕조의 멸망도 이 유형에 들어맞는다. 지방 귀족들이 자율성을 늘려 나가며 세금을 회피하고 국가에게 갈 노동과 재산을 횡령했다. 그 결과 "갚을 능력이 없는 적은 수의 사람들이 그 부담을 짊어져야 했다."[105] 대규모 도피와 반란은 그 후속타였다.

왕실 자문관들은 내재적이든 외재적이든 그들이 안고 있는 구조적인 문제들을 반드시 알고 있었을 터였다. 인력에 관한 속담들은 신료들에게 인력과 곡식을 뺏기는 것을 막기 위한 노력과 갖고 있는 자원을 더욱 철저히 목록화하려는 시도와 다른 수입원을 찾기 위한 모색이 어떠했는지 알려 준다. 이렇게 볼 때, 치국은 바람이 불어오는 쪽을 향하여 앞으로 조금씩 나아가는 아슬아슬한 항해와도 같았다. 즉 도피와 반란을 야기될 바로 그 지점에 살짝 못 미쳐 자원을 뽑아내야 했다. 포로 획득 전쟁과 노예사냥을 성공적으로 계속 이어 가지 못하는 상황에서 이것이 가장 합리적인 전략이었다.[106]

전근대 국가가 이런 방식의 자원 획득을 수정할 수 없었는가를 설명하는 적어도 세 가지 이유가 있다. 경우에 따라 그 이유가 달라 그 상대적 중요성을 따지기는 어렵다. 첫 번째 이유는, 간단히 말해 특히 신료들 상당수가 사리사욕을 위해 왕을 속여대 국가가 세밀한 결정을 내리는 데 필요한 체계적 정보를 갖지 못했기 때문이다. 작물은 그 원리상 식별 가능했으나 신료들은 그렇지 않았다. 둘째, 어느 농업 경제에서나 그렇듯이 인구의 재정적 능력이 날씨, 해충, 병충 등에 의한 수확 변동에 따라 시기별로 크게 차이가 났다. 여기에 도둑과 비적단도 한몫을 했다. 몰려 있는 지상의 곡식 작물은 국가에게처럼 도둑 무리, 반란자, 경쟁 왕국들에게도 크나큰 유혹이었다. 해마다 달라지는 경작자들의 지불 능력 차이를 참작한다는 것은 왕실이 그 농민의 복리를 위해 왕실 자체의 재정적 필요를 희생해야 함을 의미했다. 그러나 그와 달리 모든 기록들은 식민 시기 이전과 식민 시기 국가들이 신민들을 희생시키면서 국가에 해당되는 분량은 고수하려 했다고 증언한다.[107]

앞으로 자세히 보겠지만, 국가 공간의 인구 환경과 농업생태학적 조건 때문에 식량 공급이 불안정했고 질병에 매우 취약했다는 증거들이 있다. 요컨대, 온통 단일 작물인 경작 환경이 분산된 혼합 경작 환경보다 회복력이 약하기 마련이다. 질병에 더 쉽게 노출되고, 작물 실패의 경우 환경적 완충이 부족했고, 온갖 해충을 야기했다. 같은 사태가 가축과 가금과 함께 몰려 있는 인구 환경에서도 발생했다. 우리가 알건대, 대부분의 전염병이 가축과 인간 사이를 오가는 동물원성이었다. 또 서구의 도시 인구가 19세기 중반까지 번성하지 못했고, 초기 농업 사회의 곡식 섭취가 혼합 섭취에 비해 영양학적으로 열등했다. 마지막으로 우리는 식민 시기 이전 동남아시아의 작물 실패, 기근, 콜레라 발병에 관한 증거도 많이 갖고 있다. 조금은 추정적일 수 있지만, 국가 공간에서 쌀과 사람의 집중화는 그들 스스로에게 엄청난 재앙을 초래하기 마련이었다.

세 번째 이유는 왕이 적어도 이론상 세상 모든 권력을 갖고 있었던 정치체제의 심한 자의성 때문이었다. 기근에 시달리면서도 시암에 대해 침략을 단행하여 결국에는 파국을 맞이한 보도퍼야 왕에 대해 왜 그랬는지 이성적으로 설명할 수가 없다. 마찬가지로 그가 왜 1800년 무렵 민군에 있는 세계에서 가장 큰 파고다를 비롯해 수백 개의 파고다를 세우기 위해 대규모의 부역을 동원했는지 이성적으로 설명하기가 힘들다.[108] 결국 식민 시기 이전 왕조들의 불안정성은 구조적·환경적 이유와 더불어 제도화되지 않아서 즉흥적이고 난폭한 통치 방식이 또 다른 이유였다.

벼농사 국가가 쉬이 해체돼 사라져 버린 현상이었다는 것은 놀랄 만한 일이 아니다. 그 여정의 인구적·구조적·개인적 장애물을 고려할 때, 장기적 관점에서 정말 놀라운 일은 국가가 종종 여러 힘을 합쳐 표준의 문화 전통을 만들어 냈다는 사실이다.

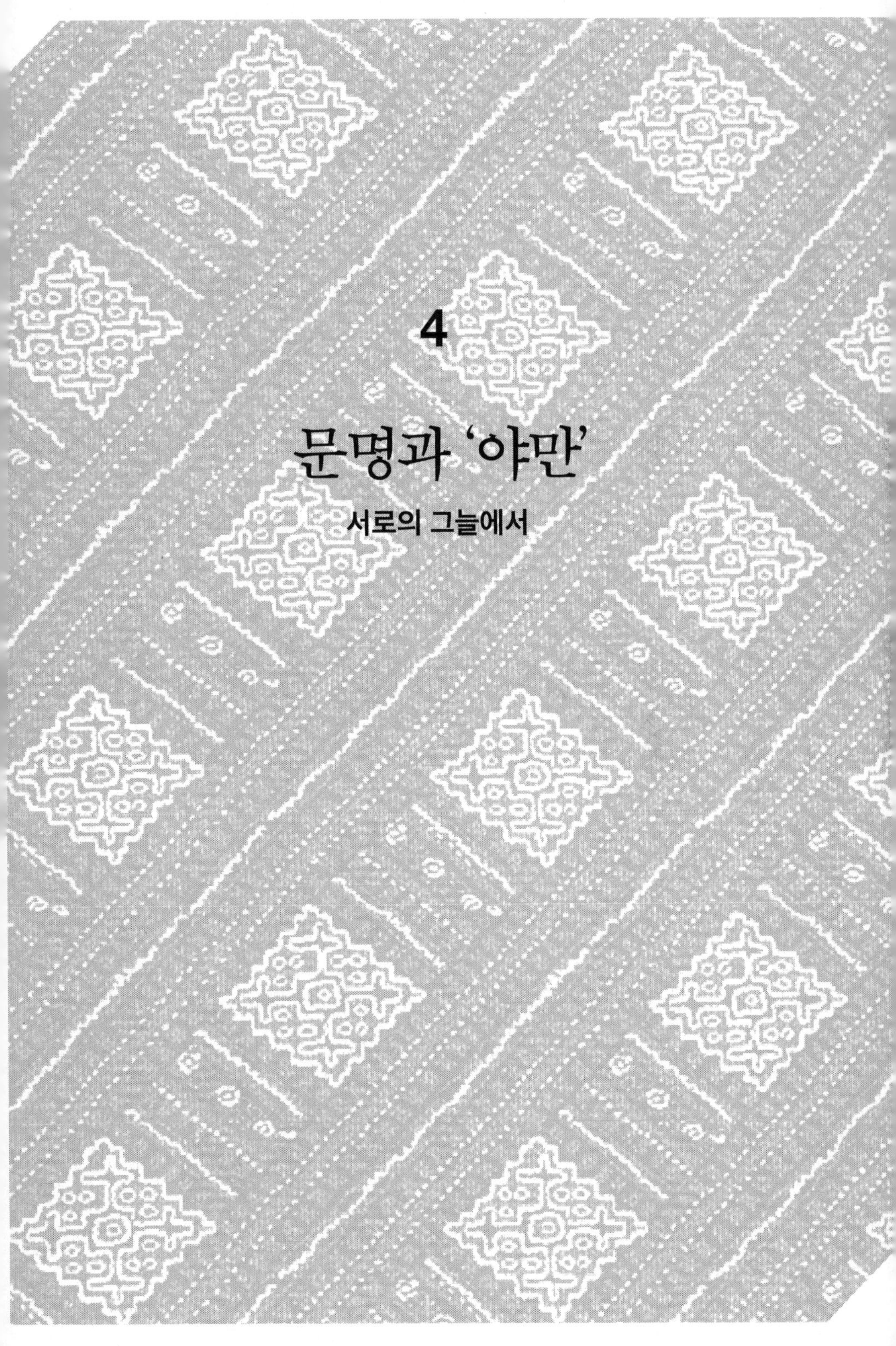

4

문명과 '야만'

서로의 그늘에서

이 갑작스러운 동요와 혼란의 이유는 대체 무엇인가?
(사람들의 얼굴 표정이 정말 심각하네)
어째서 거리와 광장이 그렇게 빨리 텅 비어 버렸는가?
모두가 생각에 잠겨 집으로 돌아가네
밤이 깊었는데도 야만인들이 오지 않았기 때문이라네
국경에서 방금 돌아온 사람들이 말하네
야만인들이 더 이상 없다고
그럼 이제 우리는 야만인 없이 어떻게 살아가란 말인가?
우리의 해결사였는데

— 그리스의 시인 콘스탄티노스 P. 카바피, 〈야만인을 기다리며〉(1914년)

사실 중요한 것은 어디서든 이 사람들을 모으는 일이다. 그리하여 다시 중요한 것은 그들에게 우리가 줄 수 있는 무언가를 만들도록 하는 것이다. 그들을 우리 손아귀에 둘 때야 비로소 현재 우리로서는 불가능한 많은 것을 해낼 수 있고, 그들의 몸을 사로잡아야만 그들의 영혼도 사로잡을 수 있을 것이다.

— 알제리의 프랑스 관료(1845년)[1]

이 사람들은 농업에 관심을 두지 않았거니와 그들을 특별 구역에 데려오기 전에는 그렇게 하리라 기대할 수도 없다. …… 그들이 집과 같은 것을 제공받지 못하면 문명이나 기독교의 영향권 밖에 머물 것이고 …… 사회의 유용한 구성원도 되지 못할 것이다. 야생 인디언들은, 야생말처럼 울타리 안에 가둬 놓아야 거기서 일을 시킬 수가 있다.

— 쇼숀족 담당 인디언국 관리(1856년)[2]

사람들이 정착하게 되면 어쩌면 국가의 가장 오래된 활동인 과세가 뒤따르기 마련이다. 문명 담론에는 항상 이런 조치가 수반되며 정주민들이 그들의 문화적·도덕적 수준을 높였다고 여긴다. 최절정의 제국주의가 무의식적으로 유목민 이교도들을 '문명화'하고 '기독교화' 한다고 수사적으로 말할 수 있지만, 그런 표현들은 근대에 이르러 구시대적이고 촌스러운 것이고 잔인함을 감추는 완곡어법이라고 여겨졌다. 그러나 그 표현들을 '발전,' '진보,' '근대화'로 대체해 보면, 그 프로젝트가 새로운 깃발 아래 여전히 꿋꿋하게 살아 전개되고 있다는 것이 뚜렷이 드러난다.

이 문명 담론에서 놀라운 점은 지속적인 영향력이다. 그 담론의 근원을 뒤흔든 증거가 있는데도 이런 이야기가 유지되었다는 건 더더욱 놀라운 일이다. 사람들이 수천 년 동안 이동을 하며 '문명'과 '비문명' 아니면 '미문명'(not-yet-civilized) 사이를 그리 어렵지 않게 오갔지만 그 담론은 여전히 살아 있다. 여러 인간 집단이 사회문화적으로 두 추정적인 영역의 중간 정도 되는 지점에서 늘 살아왔지만 그 담론은 여전히 살아 있다. 쌍방향 문화 교류에 대한 수많은 증거가 있지만 그 담론은 여전히 살아 있다. 두 영역이 상호 보완적으로 통합되어 하나의 경제 단위를 이루고 있었지만 그 담론은 여전히 살아 있다.

'문명인'이 되고, '한족'이 되고, 양식을 갖춘 '타이족'이나 '버마족'이 된다는 것의 실제 내용을 살펴보면, 이는 곧 국가에 편입되고 등록되어 세금을 바치는 신민이 된다는 것을 의미한다. 이와 대조적으로 '비문명인'이라는 것은 국가 영역 바깥에서 살아간다는 것을 의미한다. 이제 국가가 생성될 때 어떻게 '부족'들의 야만적인 변방이 등장했는지, 어떻게 그 변방이 비교의 대척점이면서 해결의 대척점이 되었는지 주로 살펴볼 차례이다.

불가피한 쌍둥이

현대식 어법으로 말하자면, 동남아시아의 전통 국가를 정당화한 것은 '강매'(hard sell)였다. 그 전통 국가라는 발상이 토착적 지배 개념을 조직적으로 체계화하여 생성된 것이 아니라, 근대 국민국가처럼 대부분 문화적·정치적 수입품이었다. 힌두교의 우주적 군주 개념은 이념적 도구가 되어 정치적 의례에서 최고 지위를 차지하도록 뒷받침했다. 그렇지 않았다면 정치 영역은 비슷한 힘을 가졌을 권력자들이 서로 치고 박고 싸우는 이전투구의 장이 되었을 것이다. 브라만 덕분에 10세기부터 14세기까지 야심만만하던 궁정은 우주론적 주장을 과감히 펼치고 그 주변의 지역 신앙을 왕실의 의례 속으로 통합해 나갔다.[3] 그 효과는 마치 베르사유의 프랑스 궁정 예절, 언어, 의례를 흉내 내던 18세기 상트페테르부르크의 러시아 궁정과 같았다고 할 수 있다. 그런 주장이 통하기 위해서는 클리퍼드 기어츠가 제시한 대로 실감 나는 무대뿐 아니라 그 주장을 뒷받침해 줄 인력과 곡식 생산의 기반이 되는 핵심 인구가 필요했다. 결국 이는 노예사냥 원정과 비자유 노동 시스템 같은 강압을 필요로 했다. 요컨대, 전통 국가는 자기 정당화였던 셈이다. 전통 국가들이 그렇게도 우주론적 허세를 부려 상대적으로 약한 정치적·군사적 능력을 보상하려고 했던 것이 이 때문이었는지 모른다.[4]

국가 구조 밖에 거주하던 여러 부류의 사람들을 모아서 그러한 국가들을 만들었다는 사실로 보건대, '문명적' 존재를 표상하는 주요 요소들이 마침 벼농사 국가 속의 삶과 일치한다는 것은 놀랄 만한 일이 아니다. 평지 정착 마을에 거주하는 삶, 고정된 들판에서 일구는 경작, 논농사에 대한 선호도, 왕과 성직자가 최정점에 위치하는 사회 위계에 대한 인정, 주요 구원 종교인 불교와 이슬람 또는 필리핀의 경우 기독교에 대한 믿음 같은 것이 바로 그 요소들이었다.[5] 각 특징들이 벼농사 국가 바깥의 주변 사회들, 즉 산악민들의 거울 이미지였다는 것 역시 놀랄 만한 일이 아니다.

벼농사 국가의 궁정 중심에서 볼 때, 숨 쉬는 공기가 희박할수록 문명화 정도가 낮아진다. 평지의 관점에서, 문명화의 수준이 해발고도에 달려 있었던 셈이다. 산꼭대기에 사는 사람들이 가장 미개하고 뒤떨어졌으며, 중간 고도에 사는 사람들이 그보다는 문화적으로 높은 수준이었고, 산악 평원에서 물을 대서 벼농사를 짓는 사람들이 다시 더 앞서 있지만 평지 국가의 핵심부에서 사는 사람들보다는 확실히 열등했다. 그리고 국가 핵심부의 최정상에 있는 궁정과 왕은 교양과 문명의 절정을 표상했다.

'산'은 그 자체로 자격 상실에 해당된다. 미얀마에서 많은 수의 빨라웅족 사람들이 소승불교도로서 버마족처럼 옷차림을 하고 버마어를 유창하게 구사하지만, 산에 살고 있는 한 문명인으로 간주되지 않는다. 소수종족에 우호적인 선구적 연구로 유명한 베트남의 민족학자 막 드엉(Mac Duong)이 그 관련성에 대한 현대판을 드러냈다. 그는 수많은 소수종족 사람들이 오래전에 산으로 올라올 수밖에 없었다고 서술한다. 베트남인들이 먼저 차지한 평지에 뒤늦게 도달하다 보니 산밖에는 갈 곳이 없었다는 것이다. 왜 그들이 '만'(蠻, 수백 년 동안 '오랑캐'를 의미함)이라 불리었는지 드엉이 이해하는 논리는 분명하다. 퍼트리샤 펠리가 언급하듯이 "고지대 사람들을 미개인이라고 부르는 정당한 이유가 있었는데, 그 근거는 드러나지는 않지만 명백하다. 문명은 지리, 무엇보다 고도로 매겨질 수 있었다. 평지 사람들(비엣족)은 완전히 문명화되었던 반면, 중간 고도에 사는 사람들은 얼마간 문명화되었으며 고지대 사람들은 여전히 미개인들이었다. 고도가 올라갈수록 미개의 정도가 심해지는 것이다."[6] 계단식 논을 만들어 논농사를 지어도 문명인의 자격을 갖추지 못했음을 물론이다. 북부 베트남 홍 강 상류 지역의 하니족이 바로 이처럼 하고 있으나 여전히 미개인이라 여겨진다.

해발고도와 문명 수준의 반비례는 태국에서도 같은 방식으로 작동된다. 아카족(하니족과 언어적으로 관련이 있다)을 평생 연구한 고(故) 레오 알팅 폰 괴사우는 '중간 고도' 사람들인 아카족이 최고도에 거주하는 집단들처럼 그렇게 미개하지 않지만 여전히 미개한 사람들로 낙인찍혔다고 보았다. "이런 상황은 삭디나(sakdina) 위계 체계[태국 평지의 지위 체계]와는 반대로 구조화되어 있어 가장 낮은 계급[와족, 부랑족, 크무족, 틴족, 두룽족 같은 몬-크메르 집단들] 이 가장 높은 곳에, 사회적으로 가장 높은 계급이 평지의 가장 낮은 곳에 거주하고 있다."[7]

버마어와 중국어 사용법을 보면 평지의 문명 중심이 상징적으로 높은 곳에 있다는 것을 알 수 있다. 큰 도시나 학교에 갈 때 보통 '위로 간다'거나 '올라간다'거나 '오른다'(뗏, တက်)라는 표현을 쓴다. 심지어 어떤 사람이 산꼭대기에 살아도 만달레로 '올라간다'고 한다. 마찬가지로 수도의 어떤 사람이 농촌 마을이나 산에 갈 때, 그곳이 해발고도 수천 미터에 있어도, '아래로 간다'거나 '내려간다'(싱, ဆင်း)고 한다. 여기서 위와 아래는 몇몇 서구의 맥락에서처럼, 해발고도와는 상관이 없고 문화적 고도와 긴밀히 관련을 맺고 있다.[8]

고지대 거주가 벼농사 국가에 의해 '야만적'이라고 낙인찍혔다면 물리적 이동이나 분산도 마찬가지이다. 여기서 다시 지중해의 역사와 무척 유사하다는 점이 드러난다. 기독교와 무슬림 국가들은 산악민들과 유목민들이 바로 국가로부터 벗어난 사람들이라는 이유로 이교도와 야만인이라 간주했다. 마호메트는 이슬람을 받아들이는 유목민은 개종의 조건으로 반드시 정착해야 하거나 그렇게 하기로 맹세해야 한다고 여러 차례 분명히 밝혔다.[9] 이슬람은 정착 엘리트의 종교이고 따라서 정착하지 않고서는 온전한 무슬림이라 할 수 없었다. 베두인들은 도시인의 이상인 메카 사람들과 완전히 반대로 살아가는 '야생의 사람들'이었다. 문명의 관점에서, 아랍 국가에게 유목은 벼농사 국가에게 고도와 같은 것이었다.

동남아시아에서 역시 문명의 개념이 대부분 농업생태학적인 코드와 맞물려 있다. 고정된 거주지가 없고 늘 종잡을 수 없을 만큼 이동하는 자들은 문명 바깥의 사람들이었다. 이를 보면 국가가 '알아볼 수 있도록' 머물고 또한 쉽게 차지할 수 있는 소출을 생산하는 조건이 문명의 개념에 깊이 스며들어 있다. 동남아시아에서처럼 서유럽에서도 종족적으로, 종교적으로 주류 사회의 일원이지만 정착하여 살지 않는 신민들에게 부랑자, 노숙자, 방랑자, 떠돌이라는 비슷한 낙인이 찍혔다. 인간은 본질상 도시(polis)에 거주하는 시민이라는 아리스토텔레스의 말은 유명하다. 그러한 공동체에 의식적으로 속하지 않으려는 사람들(아폴리스, apolis)은 그 정의상 인간의 가치를 지니지 못한 것이다.[10] 유목민, 집시, 화전민 같은 이들이 스스로 선택하여 떠돌이나 반떠돌이의 삶을 산다면 집단적인 위협이 될 수 있다고 여겨졌고 따라서 집단적으로 낙인이 찍혔다.

베트남인들은 일과 땅을 찾아서 아무리 멀리 퍼져 나가도 조상의 땅으로 결국에는 돌아오게 될 것이라 생각했다.[11] 조상의 땅이 없는 사람들은 "이 세상 각처의 사람들"이라 낙인찍혔다.[12] 더 나아가 산악민들은 부랑자들의 집단으로 한때 가련했으나 위험하고 미개한 자들이었다. 이동식 경작을 퇴치하고 산악민들을 변방에서 이주시켜 논농사를 '가르치기' 위해 기획된 국가 후원 '유목민 정착 캠페인'이나 '정착 경작과 정착 거주 캠페인'은 베트남인들에게 큰 반향을 일으켰다. 베트남인들과 관료들은 낙후되고 비속한 사람들을 베트남 문명 안으로 끌고 오기 위해 엄청난 노력을 기울이고 있다고 생각했던 것 같다.

버마족은 베트남인들처럼 조상의 묘 그 자체를 중요하게 생각하지 않지만 정착 거주지 없이 방랑하는 자들을 마찬가지로 두려워했고 따라서 멸시했다. 그런 사람들은 '루레루르윈'(လူလေလူလွင့်)이라 불리었는데, '바람에 날리는 사람'을 뜻하는 이 말은 부랑자, 떠돌이, 방랑자를 가리켰으며 쓸모없는 자라는 어감을 갖고 있다.[13] 수많은 산악민들이 이처럼 낙후되고, 신뢰할 수 없고, 문화를 갖지 못했다고 여겨졌다. 중국인들은 말할 것도 없이 버마족에게 떠돌아다니는 사람들은 당연히 문명적으로 수상한 자들이었다. 미얀마에서 이 고정관념은 오늘날에도 여전히 건재하며 산악민들을 괴롭히고 있다. 버다웅-카렌(Padaung Karen) 태생의 한 가톨릭 학생은 군부의 1988년 민주항쟁 탄압을 피해 도망칠 때, 산을 도피처로 삼는 것에 결부된 낙인 때문에 주저해 마지않았다.

> 동료들이 저더러 정글 도망자라고 부를까 봐, 순전히 그 이유 때문에 두려웠어요. '정글'(또, တော)이라는 말에는 여전히 도시 버마인들의 말 속에 비하하는 뜻이 담겨 있어요. 반란 종족 세력들의 근거지로 도망가는 사람은 누구든 '정글의 아이'(또걸레, တောကလေး)라고 불러요. 이 말은 원시성, 무정부성, 폭력, 질병을 함축하고 있고 미얀마인들이 혐오하는 야생동물들 가까이에서 불쾌하게 살아가고 있다는 걸 뜻하기도 해요. 저는 미개 부족의 일원이라 여겨질까 봐 늘 노심초사하며 고통스럽게 살아왔어요. 따웅지(Taunggyi)와 만달레에서 내가 꿈꿔 온 것은 문명 속으로 피난 가는 것이었어요.[14]

청나라 장수 오르타이(Ortai, 1677~1745)가 윈난의 산악민들을 "문명적 이상과는 정반대되는 야만 유목민"이라고 언급한 것은 굳이 새로울 것 없는 인식이며, 모든 벼농사 국가의 지배자들이 생각한 바를

표현한 것이다.[15]

중국과 미얀마와 시암에게, 일부의 생계 방식과 그에 잘 맞는 농업 생태학적 환경은 너무도 야만적이었다. 수렵과 채집, 화전 경작은 으레 숲에서 이뤄졌다.[16] 그야말로 영역 바깥이었다. 17세기 중국의 한 문헌은 윈난의 라후족을 "산과 숲, 개울의 사람들"이라 일컬었다.[17] 날것만 먹고 죽은 자를 매장하지 않는다면서 유인원이나 원숭이에 그들을 비유했다. 앤터니 워커가 생각한 대로, 그들이 평지에서 도망쳐 나와 산악 화전민이 되었다는 것을 부정하기 위해 본디 원주민이었다고 간주했다. 그들의 원시성과 시초성에 대한 증거로 바로 거주, 의복(또는 맨몸), 신발(또는 맨발), 음식, 매장 관행, 행실 같은 관습과 관행을 열거했는데, 이런 것들은 유교 문명의 이상과 어긋나는 것들이었다.

어지러울 만큼 무수히도 많은 남서부 변방의 산악민들에 관한 한족 관료들의 몇몇 보고서를 읽어 보면, 두 가지 느낌을 받게 된다. 첫 번째는 민족지적 '조류도감'이라는 느낌이다. 라후족은 이러저러한 색깔의 옷을 입고, 이러저러한 곳에서 살고, 이러저러한 방식으로 생계 활동을 한다는 식으로 그리고 있다. 행정가들이 그들을 마치 '날아다니는' 새처럼 바라보는 것이다. 두 번째는 진화와 문명의 발달 단계에 그들을 위치시키고 있다는 느낌이다. 여기에서 한족 문명의 이상이 측정 기준이 된다. 이 방식에서 보면, 산악민들은 '야성'(원시)과 숙성 사이에 분포된다. 그 발달 단계는 이렇다. '매우 유사한 한족,' '중간 단계의 한족,' '그들이 원한다면(그리고 우리가 그렇게 되기를 바란다면!) 결국 될 수 있는 한족,' 마지막으로, 보나마나 '사람이 아님'을 뜻하는 '미개인'(가령, 가장 야생적인 라후족) 부류.

화전민, 산악민, 숲 거주자, '깊은' 오지의 농민에 이르기까지 국가 권력의 변방에 위치한 사람들을 낙인찍는 어감을 갖지 않는 용어를 찾아보기 힘들다. 버마족에게, 문화적 중심에서 떨어져 살고 있는 마을 사람들에 대한 용어인 '또다'(တောသား)는 숲에 거주하는 사람을 뜻하며 시골티가 나고 야생적이고 비속하다(야잉, ရိုင်း)는 어감을 갖고 있다.[18]

평지 국가와 정착 곡식 농업의 밀착, 또 평지 평가와 '문명'을 표상하는 귀족과 평민들의 반영구적인 사회 질서의 밀착은 역설적인 결과를 불러왔다. 불평등과 과세의 영역을 벗어나 산으로 가 버린 사람들은 그 정의상 국가 바깥에 위치했다. 따라서 고도가 높은 곳은 '미개하다'고 낙인찍혀 버렸다.[19] 또 관개 벼농사가 대규모로 경관을 바꾸지만 산지 농업은 그렇게 강제성을 띠지 않는 한, 산악민들은 문화가 아닌 자연과 관련을 맺게 되었다. 이런 사실은, 문명은 세계를 바꾸지만 야만인들은 세계를 바꾸지 않고 세계에서 산다는, 틀렸지만 흔한 비교를 가능케 했다.

타이족과 버마족의 국가에게 소승불교 신앙은 특권의 문명으로 산악민들을 끌어들이기 위한 충분조건이 아닌 필요조건이었다. 말레이 세계에서 이슬람교와 마찬가지로 그 구원 종교는 동남아시아 사회를 구분 지었다. 이 점에서 그런 종교적 시도가 없었던 한족의 문명과 뚜렷이 구별된다.[20] 1950년대에 구이저우와 윈난의 '부족들'을 분류했던 중국공산당의 민족지학자들은 기본적으로 한족의 방식과 관습에 의거하여 문명 단계를 표시했다. 관개 벼농사를 하는가? 쟁기질을 하고 농기구를 사용하는가? 정착해 살고 있는가? 중국어를 말하고 쓸 수 있는가? 1948년 이전이라면 한족의 신, 특히 농신(農神)의 사당을 세웠는지가 부가적인 표식이 되었을 것이다.[21] 오늘날도 '소수민족'에 대한 한족의 일반적인 특징 묘사는 '문명'에 얼마만큼 눈에 보이게 다다랐는지에 따라 이뤄지고 있다.[22]

여러 피상적인 차이점이 있지만, 타이족과 버마족의 문화에서 종교문명은 논농사 기술이나 관습에 깊이 관련되어 있다. 논란을 일으킬 수도 있겠지만, 엄격하게 종교적인 관점에서 보면 소승불교를 믿는다고 해서 크게 의례를 바꿀 필요가 없다. 불교가 들어오기 전에 정령신앙(미얀마의 '낫'nat 신앙과 태국의 '피'phi 신앙과 달래기)은 점차적으로, 심지어 교리적으로 혼합 불교에 쉽게 융화되었다. 그러나 불교는 종교나 종족 정체성의 변화와 긴밀히 관련되어 있다. 리처드 오코너가 따이어 문헌을 살피며 밝히듯, "대륙 동남아시아 사람들은 종교를 농업과, 농업을 의례와, 의례를 종족 정체성과 관련시켰다. 카렌족, 라와족, 까친족 같은 산악 농민들은 평지의 논농사를 받아들일 때, 제대로 경작을 하기 위해서는 따이족의 의례가 뒤따라야 한다고 생각했다. 사실 농업 방식의 선택은 종족을 구성하는 하나의 요소가 되고 그 선택에 따라 종족성이 달라진다. 한쪽의 농업 방식으로 실제로 이동을 할 때 그 쪽의 의례를 따르는 것부터 시작해야 하며 결국 종족적 변화가 나타났다."[23] 오코너는 '종족적 변화'라고 썼지만 아마 '종교적 변화'라고도 썼을 것이다. 이 경우에 그 둘을 서로 분리할 수 없기 때문이다. 따라서 우리는 중국의 경우처럼 이 경우에도 문명의 패러독스에 이르게 된다. 불교로 개종한다는 것은 '산'의 속성, 가령 이동식 경작이나 주거의 이동 따위와 결부될 때, 빨라웅의 사례에서 보았듯이 올바른 길로 한 발걸음을 내딛었지만 확실한 문명화가 아니었다. 그 발걸음은 역사적으로 종교적인 개종과 따이족이 되거나 버마족이 되는 것, 다시 말해 벼농사 국가의 신민이 되는 것을 관련시켰다. 따라서 평지의 관점에서 볼 때 완전히 문명화된다는 것은 한족, 타이족, 버마족과 거의 구분할 수 없게 되는 것, 결국 그 정의상 국가의 신민으로 편입되는 것을 뜻했다.[24] 우리가 살펴보게 되겠지만, 국가 바깥에 머무는 것은 '미개하다'고 낙인찍혔다.

경제적으로 필요한 야만인

평지 국가들은 산지 사람들을 경멸하고 무시해도 크든 작든 경제적으로 그들과 긴밀히 엮여 있었다. 뗄 수 없는 이 의존성은 농업생태학적 환경이 서로를 보완해 주었기 때문이다. 경제적 파트너로서 때로는 정치적인 동맹으로서 평지인과 산악민, 국가 핵심부와 오지는 서로에게 꼭 필요한 상품과 서비스를 제공했다. 튼튼하고 서로에게 득이 되는 교환 체계를 세운 것이다. 오히려 평지 중심부가 산에서 나는 생산물, 특히 인력에 의존하는 경우가 그 반대의 경우보다 더 많았다. 그러나 저마다 이 자연스러운 거래 파트너 없이는 경제적으로 결핍을 면치 못했다.

이 경제적 상호성의 유형은 대개 강 유역의 상류(훌루)와 하류(힐리르) 지역 사이에 교환이 이뤄진 말레이 세계에서 아주 자세하게 나타났다. 이런 훌루-힐리르 체계들은 농업경제학적 입지가 달랐던 각 지역이 상대에게 제공할 수 있는 생산물에 기반을 두었다. 이 체계들의 상당수가 오랜 역사를 갖고 있다. 앞서 살펴보았듯이, 말레이의 경우에 평지의 중심부는 강어귀나 두 강이 합쳐진 곳에 자리 잡고 있었다. 내륙 무역로의 중요한 산악 관문을 점령하고 있는 정착지와 마찬가지로, 입지 조건 덕분에 자연스럽게 독점할 수 있게 되어 이 관문으로부터 전체 유역의 거래를 지배할 수 있었다. 평지의 중심부는 유역을 통해 도달한 상류 및 산악 지역의 산물을 평지 및 외국의 산물과 교환하며 집산지로서 기능을 해나갔다.[25]

평지 중심부는 입지의 이점에도 불구하고 교환의 조건을 자기가 원하는 대로 정하지 못했다. 한편, 유역의 상류에 자리 잡고 있는 무척 이동적인 공동체는 다른 유역에 근접해 있어서 그들이 원하기만 한다면 인접 강줄기의 다른 집산지로 무역 방향을 옮길 수 있었다. 설령 그런 시도가 실패하고 거래 조건이 상류 쪽 집단들에게 정치적·경제적으로 부담이 되더라도 하류 쪽 시장으로부터 빠져나오지 못할 정도로까지 평지 국가의 거래 물품에 의존하지는 않았다. 집산지 국가의 지배자들은 성미 사나운 그들을 군사적으로 어떻게 해볼 도리가 없었다. 상류 쪽 사람들의 분산성과 이동성 때문에 조직적인 강취는 말할 것도 없이 처벌적 원정도 통하지 않았다. 그 결과 항구 국가들은 오지와 동맹을 맺고 거래를 통해 이익을 확보하기 위해 다른 항구 국가와 경쟁을 벌여야 했다. 항구 국가는 그 뜻대로 밀어붙일 수단이 없었기에 그야말로 귀중품, 보석, 사치품 같은 형태로 거래에서 얻은 많은 이익을 재분배하며 그들로부터 충성을 간청할 수밖에 없었다. 상류 쪽 지도자들은 그렇게 받은 것들을 다시 자신의 무리들에게 재분배하여 충성과 거래를 계속 이어 나가도록 독려했다.

대륙 동남아시아 국가들, 특히 산이나 그 근처의 작은 국가들에게, 산과 평지 사이의 같은 공생 관계가 단일 유역권에서처럼 그렇게 세밀하지는 않더라도 널리 퍼져 있었다. 그 국가들의 번성은 대개 그 핵심부의 인구보다 많았던 주변 산악민들의 생산물을 시장으로 끌어들이는 능력에 달려 있었다고 해도 과언이 아니다. (팔기 위해, 물물교환을 위해, 빚을 갚기 위해, 공물을 바치기 위해) 산악민들이 갖고 온 상품을 제대로 헤아리려면 지면이 많이 필요할 것이다. 여기서 나는 그저 무척 다양한 그 상품들의 일부를 언급하는 정도밖에 할 수 없다. 내륙(중국으로 가는) 무역로와 해상무역로가 바뀌고 이로 인해 특정 상품에 대한 필요가 달라짐에 따라, 교역품의 구성도 종종 급격한 변화를 겪었다는 것을 염두에 두면서 말이다.

적어도 9세기 이래로 산악민들은 평지의 시장과 해안에서 유리하게 거래될 만한 상품을 구하기 위해 이 산 저 산을 헤집고 다녔다. 그런 많은 산물들이 넓게 퍼져 국제 사치품 무역의 일부를 차지했다. 거둘 수 있는 산지 산물을 꼽아 보자면, 희귀목이나 향나무(침향, 백단, 소목, 녹나무), 약용 물품(코뿔소 뿔, 위석, 산지 동물의 말린 내장, 알로에 나무), 갖가지 나무 진액(동유), 나무에서 나는 라텍스(구타페르카), 희귀한 코뿔새 깃털, 먹을 수 있는 새 둥지, 꿀, 밀랍, 차, 담배, 아편, 후추 같은 것들이다. 이 모든 산물들은 무게나 부피당 높은 가치를 지니고 있었다. 그런 것을 옮기려면 산길을 걸어 시장까지 가야 했지만, 그 노력을 보상해 주었던 것이다. 1450년부터 1650년까지 후추 붐이 특별히도 오래 지속될 때, 후추의 가치는 금과 은을 제외하고 국제무역에서 거래되는 다른 어떤 품목들보다 컸다. 그래서 후추열매를 머리에 한 짐 지고 해안가 시장에 가져오면 일확천금을 얻을 수 있었다. 귀금속과 보석(20세기에는 아편)은 운송도 쉬웠을 뿐더러 더 높은 가치를 지니고 있었다. 산지 사람들의 물리적 이동성을 고려해 본다면, 그런 상품들은 설령 구입하기로 한 사람이 거절하더라도 쉽게 다른 나라의 시장으로 옮길 수 있었다.

또 어떤 산지 산물들은 부피는 더 컸고 가치는 더 낮았다. 수상 운송을 쉽게 이용할 수 있는 경우가 아니면 먼 거리의 다른 시장으로 옮길 수가 없었다. 그런 산물들로 등나무, 대나무, 목재, 통나무(물에 뜨는 모든 것), 소, 가죽, 목화, 산지 과일과 주요한 식량이었던 산지 쌀(논농사가 아닌), 메밀, 옥수수, 감자, 고구마를 들 수 있다. 옥수수와 고구마 감자는 신대륙에서 왔다. 이 산물들은 알아서 자라도록 내버려 두거나 오랫동안 저장할 수 있어 판매자들이 가격을 보고 팔지 말지를 저울질할 수 있었다.

식민 시기 이전 동남아시아의 거대 왕국들조차도 산악 지역의 수출품에 크게 의존하여 번성했다. 1784년 베이징에 파견된 라마 1세의 첫 번째 태국 무역 사절단은 중국인들의 눈을 현혹하기 위해 산에 거주하는 카렌족들이 제공한 사치품을 포함시켰다. 코끼리, 침향, 흑단, 코뿔소 뿔, 상아, 카르다몸 향신료, 필발(long pepper), 호박(amber), 백단, 공작 깃털, 물총새 깃털, 루비, 사파이어, 커치(cutch), 자황(고무 수지), 소목, 다마르, 대풍수(Chaulmoogra), 그 밖에 여러 가지 향신료가 그런 것들이었다.[26] 식민 시기 이전 캄보디아의 수출품은 마찬가지로 산지의 자라이족(Jarai)에 의존했다. 이 평지 국가들이 해외에 내다 판 것들 대부분은 "베트남과 캄보디아의 연대기와 문헌들 그리고 중국인과 유럽인의 여행기에서 알 수 있듯이 고원지대에서 나온 산물이었다."[27] 규모가 작았던 샨족의 국가들은 평지의 삶에 필요한 물품뿐만 아니라 주요한 수출품을 확보하는 데 그 주변의 산악민들에 의존했다. 오늘날 그 주변의 산악 지역이 없다면 샨 주의 5일장에 물품들이 그토록 풍성하게 쌓이지 않았을 것이다. 주식, 건축 자재, 가축, 다른 곳과의 무역에 이르기까지 전반적으로 샨족의 번성이 그 산악 지역과의 거래에 크게 의존하고 있다. 리먼은 산악 까야족과 샨족에 관한 서술에서 샨족 지배자의 주된 목적은 산악 지역과 무역을 이끌어내고 이익을 얻는 것이라고 주장했다.[28] 샨족과 까야족 모두 저마다 생태 환경에 들어맞는 비교우위를 활용하여 많은 이익을 얻었다. 그러나 적어도 산악민들이 평지의 산물에 의존했던 만큼 그러한 국가들은 산지의 산물에 의존했다는 것이 확실해 보인다.

평지의 시장은, 갖고 싶으나 산에서 구할 수 없는 물품을 산악민들에게 제공해 주었다. 그 가운데 가장 중요한 것은 소금, 건어물, 철제 연장이었다. 세라믹, 도기, 자기, 제조 직물, 실과 바늘, 철사, 철제 기구와 무기, 이불, 성냥, 등유 같은 품목은 산지 상인들이 간절히 찾는 중요한 물품들이었다.[29] 교환 조건이 산악민들이 생각하기에 괜찮을 경우 교역이 활기찼고 산과 평지의 경제가 끈끈하게 엮였다. 갖가지 공물은 물론 무역업자, 행상인, 거간꾼, 대부업자, 투기꾼들이 그 중간에서 거래를 활성화시켰다. 하지만 우호적이지 않은 조건이라면 평지의 국가가 산지 산물을 옮길 도리가 전혀 없었다. 지리적으로 더 고정된 채 산지와 거래에 크게 의존하고 있는 평지 국가들은, 특히 작은 규모의 국가들은 산악의 무역 파트너들이 떠나 버리면 아주 심각한 위험에 봉착했다.

한편, 상품들의 이 단순한 목록에 평지의 중심부가 절대적으로 의존하고 있는 결정적인 산지 산물이 빠졌다. 바로 사람이다. 논농사 핵심부와 인력이 집중된 태국과 미얀마 궁정 핵심부는 길게 보면 강제적이든 자율적이든, 산악민들의 동화에 의해 구축된 것이다. 평지 국가가 산으로부터 가장 절실히 필요한 것이 사람이었다. 무역과 문화적 기회의 이점을 통해 그들을 끌어들이지 못할 경우에는, 대개 노예 사냥 원정이나 전쟁으로 잡아들이려 했다. 따라서 산지 사회가 평지에 제공하기를 거부하는 품목들 가운데 비장의 카드는 인력이었다. 평지 국가의 아킬레스건은 억압받은 평지 신민들이 국가 핵심부에서 도망쳐 버리고 산악민들도 여기저기 옮겨 다니며 국가 영향력 바깥에서 살아가는 것이었다.

우호적인 상황에서는 산악민들과 평지인들의 공생 관계가 오래 가고 서로가 뗄 수 없는 짝이라 생각했다. 경제적 상호 의존성은 정치적 동맹 관계에 적용되기도 했다. 이 유형은 말레이 세계에서 뚜렷이 나타났는데, 그곳에서는 대부분의 크고 작은 무역항이 비국가 공간의 산지 사람들이나 뱃사람들과 관련을 맺었다. 말레이 국가는 그들이 제공하는 물품에 대부분 의존했다. 이들은 이슬람을 믿지 않고 말레이 라자의 직접적인 신민이 아니어서 명목상 '말레이'로 간주되지는 않았지만, 상당수의 말레이들이 역사적으로 이들로부터 유래했다는 것은 확실하다. 마찬가지로 상업적 채취 자체가 제공하는 여러 기회들 때문에 산악 지역과 바다에서 무역의 중심지에 내다 팔기 위한 활동이 활발해졌다. 즉, 특화된 채취가 경제적 이익이나 정치적 독립을 보장해 주었기 때문에 산악 지역 사람들 대부분이 스스로 선택하여 그곳으로 옮겼거나 머물렀던 것이다. 여러 증거들은 이 영역 간을 오고간 인간들의 이주를 보여 주고 있으며 상업적인 채취 활동이 (미개의 조건이라기보다) '2차적인 적응'이라는 점을 보여 준다. 우리는 상류 쪽 사람들이 복합적인 경제·사회 체제의 '산악' 구성원이었다고 바라봐야 개념적으로 올바른 이해를 할 수 있다.[30] 그러나 평지는 그런 사람들을 본질적으로 다르고, 덜 문명화되고, 종교를 떠나 살아가는 자들이라고 바라봤다.

비슷하게 엮인 쌍들이 대륙 동남아시아의 과거와 현재에도 흔히 나타났다. 하부 미얀마의 포카렌족은 몬족의 벼농사 국가와 동맹 관계에 있었다. 몬족 사이에 섞여 살지만 대체로 숲으로 둘러싸인 상류 쪽에 살면서, 그들은 몬족의 파트너로서 성공적인 경제 교환 네트워크를 구축했다. 연대기로부터 판단하건대, 몬족은 포카렌족을 뚜렷이 구분되는 종족 집단이라 여기기보다는 한쪽 끝에는 순수한 쌀 경작자가, 다른 쪽 끝에는 순수한 화전민과 수렵채집인이 위치한 관습과 관행의 도표에서 그 양쪽 사이에 전반적으로 걸쳐 있는 집단이라고 여겼던 것 같다.[31] 사실상 모든 따이족(샨족) 왕국들은 다른 벼농사 국가처럼 주변 산악민들과 공생 관계에 있었다. 그들과 거래를 하고 인력을 제공받고 자주 동맹을 맺었다. 문헌들(으레 평지의 문헌들)은 이를 조공 관계인 것처럼 기술하며 산악 동맹자들을 열등한 파트너로 취급했지만, 실제로 산악민들이 종종 동맹 관계에서 우위를 차지하면서 평지 궁정으로부터 사실상의 조공 또는 '보호 비용'을 받아 냈다. 베트남과 자라이족의 경우처럼 평지 궁정이 압도적일 때도 산악민들은 궁정의 번성에 꼭 필요한 존재였고 변덕스러운 자연 정령을 달래는 의례에서도 그 역할이 중요했다.[32]

작은 규모의 평지 국가는 산악과의 거래와 삼림 자원 채취에 크게 의존하여 때때로 산악민들을 평지의 문화에 동화시키려는 노력을 삼가기도 했다. 만약 산악민들이 평지의 종교와 의복, 거주 유형을 채택하고 논농사를 시작하기라도 한다면 필연적으로 산지 물품을 제공하는 필수적인 역할이지만 오명의 그 역할을 포기해 버릴 것이라는 두려움이 있었다. 문화적 차이는 그것이 양성한 경제적 분화와 더불어 비교우위의 기초였다. 평지 국가들은 산에서 노예를 낚아챘다 하더라도, 그들이 의존하는 산악 무역 환경이 항상 존재하도록 온갖 궁리를 다했다.[33]

발명된 야만인

기호학에서 우리가 뭔가 배울 게 있다면 그것은 단어들이 본질적으로 상대적이라는 것이다. 단어들이 오직 암묵적 배제나 대조와 관계를 맺을 때에만 우리가 그 단어를 이해하고 '생각'할 수 있다.[34] 바로 '문명'과 '야만'이라는 단어가 그러하다.

오언 래티모어가 설명했듯이, 고전 중국에서 '야만인'이 사회적으로 태어난 것은 평지에서 논농사 핵심부가 분화되어 성장하고 이에 기반을 두어 국가 체계가 성장한 것에 밀접하게 관련돼 있다. 관개 작업은 고대 중국의 핵심 황토 지대에서 '엄청난 보상'을 보장해 주는 일이어서, 생산과 인구와 군대를 집중시킨 농업·정치 복합체는 지형적으로 조건만 맞는다면 어디까지나 뻗어 나갈 수 있었다. 확산 과정에서 이 복합체는 몇몇 주변 인구들을 흡수하기도 하고 다른 이들은 밀어내기도 했다. 밀려난 자들은 더 높은 곳, 숲, 습지대, 정글로 옮겨 가 덜 전문적이지만 광범위하고 다양한 형태의 생계 방식을 이어 나갔다. 요컨대, 논농사 국가 핵심부의 성장은 그 정의상 인구적·생태적·정치적 변방을 새롭게 만들어 낸 것이다. 벼농사 국가가 점차 그 자체를 독특한 문화이자 문명인 '한족의 중국'이라고 규정하면서, 이에 편입되지 않았거나 편입되기를 거부하는 사람들을 '야만인'이라 규정해 버렸다. 중국은 그 경계 지역에서 여전히 살아가고 있는 야만인들은 '내부' 야만인이라 이름 붙였고 "오래된 모체에서 떨어져 초원 지역 유목 사회의 구성원이 된" 사람들은 '외부' 야만인이 되었다. 대략 6세기까지 "중국인들은 평원이나 주요 유역에 거주하고, 야만인들은 작은 골짜기가 있는 산악 지역에 거주했다." 우리가 부르는바, 조미아인 중국의 남서부에서도 비슷한 과정이 진행됐다. 래티모어의 표현을 되풀이하자면, "중국과 인도의 찬란한 고대 문명이 집약 농업과 큰 도시들이 있는 저지대에서는 쭉 뻗어 나갔지만 고산지대에서는 그렇지 못했던" 상황이 발생했다.[35]

래티모어가 부르는바, 집약 농업과 국가 만들기의 중국식 모체는 그 존재 조건상 생태적·인구적 변방을 만들어 냈다. 이전에는 구분이 뚜렷하지 않았지만 시간이 지나 이 변방은 문명과 종족의 경계가 되었다. 초기의 중국은 전략적인 이유에서 뚜렷하게 문명 담론을 내세우고 경우에 따라서는 만리장성과 먀오족을 막기 위한 남서부의 남방장성 같은 물리적 장애물을 설립하면서 이 새로운 경계를 확실하게 구분하려 했다. 대략 1700년까지, 그리고 그 이후에도 변방 지역에서 중국은 그야말로 동남아시아 국가 형성의 고전적인 문제, 즉 국가 공간에 사람을 몰아넣어야 하는 문제에 직면했다는 점을 간과하기가 쉽다. 장벽과 수사학은 야만인들이 접근하지 못하도록 막을 뿐 아니라 세금을 회피하려는 중국인 농민들이 "넘어가서 야만인이 되어 버리는" 것을 막기 위한 방편이었다.[36]

평지 국가가 그 형성 과정에서 늘 종족적으로 코드화된 문명 변방을 창출했다는 것은 한족 국가에만 한정되지 않는다. 시암, 자바, 베트남, 미얀마, 말레이의 평지 국가들도 문화적 구성은 달라도 마찬가지로 변방을 창출했다. 조라이퍼 존슨은 태국 북부의 미엔(야오)족에 대해 서술하며, 하나의 범주로서 '산악민들'이라는 사회적 구성은 평지의 농업과 사람들에 대한 국가의 장악력에 기반을 두고 있다고 했다. 인도 문명의 영향을 받은 시암과 특히 하리푼차이(Haripunchai, 7~10세기 북부 태국에 위치했다)를 언급하며, 그 우주론적 주장이 야만의 변방을 만들어 냈다고 그는 언급했다. "국가 만들기는 집약 농업을 위해 평지를 점령하는 과정을 수반했다. 궁정, 지방 성읍, 농촌 마을로 내려오는 위계질서로 엮인 그 평지는 국가가 들어서는 보편적인 영역이었다. 그 너머의 영역은 그 보편적인 영역을 나름대로 상상했다. 그 보편적인 국가 영역의 사람들은 그 너머의 숲 지대에서 살아가는 사람들을 동물처럼 살아가는 자들이라고 상상했다."[37] 마찬가지로 개간된 논은 자바의 국가와 문화가 발달하는 데 기초가 됐고, 개간되지 않은 숲과 그곳 사람들은 비문명적·야만적 경계와 관련을 맺었다.[38] 말라야의 '오랑 아슬리'(통상 '원주민'으로 번역이 된다) 인구는 '믈라유다움'(Melayuness)의 반의어가 되었다. 제프리 벤저민과 신시아 초우가 언급한 대로, 이슬람이라는 새로운 요소가 '부족'을 만들어 냈다. "이전에는 '말레이'를 규정하는 법률적인 근거가 없었고 그 시대의 많은 비무슬림들은 무슬림과 마찬가지로 '말레이'였다. …… 그러나 1874년 이후의 말레이다움이라는 개념이 갑자기 비무슬림 말레이들을 오늘날 일컫는 바의 '원주민'으로 탈바꿈시켜 버리는 효과를 발생시켰다."[39]

동남아시아의 모든 전통 국가들은 야만족의 변방을 경계 바로 그 바깥에 있는 산과 숲, 늪 등 그 손이 닿지 않는 곳을 야만의 변방으로 만들어 냈다. 한편으로 야만의 변방에 대한 언어학적·경제적 필요성과 다른 한편으로 그 변방을 흡수하고 변화시키려는 보편적 우주론의 충동 사이에 갈등이 있었다. 우리가 이제 살펴보게 될 주제가 바로 그것이다.

빌려온 사치품의 내면화

캄보디아와 자바를 비롯해 이후에는 미얀마와 시암의 초창기 궁정 핵심부의 의례와 우주론은 인도 대륙에서 들여온 사치품이었다. 작은 규모의 평지 궁정들은 초기에 당도했던 인도 상인들과 궁정 브라만들이 전수해 준 의례 기법을 활용하여 잠재적 경쟁자들에 대하여 그 의례적 지위를 점차 상승시켜 나갔다. 올리버 월터스가 '내적 인도화'(self-Hinduization)라고 부르는 이 과정을 통해 지역의 지배자들은 브라만의 예법과 의례를 도입했다. 산스크리트어로 된 사람과 장소의 이름이 토착 명칭을 대체했다. 군주는 신비적인 브라만 의식에 의해 숭배되었고 신성한 기원을 거슬러 올라가는 신화적 족보를 부여받았다. 인도의 도상과 서사시도 남인도 궁정의 복잡한 의례와 더불어 소개되었다.[40] 이 산스크리트화는 궁정 근접지 너머의 평지 문화로까지는 깊이 파고들지 못했던 것 같다.

조르주 쇠데스에 따르면 이것은 '허식'이었고 "일반인들에게는 맞지 않은 귀족적 종교"였다.[41] 같은 입장에서 월터스는, 산스크리트어가 대대적으로 초기 궁정 문자로 도입된 것이 '장식적인 효과'를 얻기 위한 것이었는데, 그렇지 않았으면 토착적이었을 행태에 근엄함과 박식함을 덧입혀 뽐내기 위해서였다고 했다.[42] 한자가 대대적으로 베트남 문자로 도입된 것도 마찬가지였다. M. C. 리클레프스의 해석에 따르면, 왕국의 불가분성이라는 아이디어는 국가는 필연적으로 분열될 수밖에 없다는 현실에 대응하여 나온 일종의 이념적 보충물이었다.[43] 내가 앞서 언급한 우주론적 허세였던 것이다.

그런 흉내 내기가 평지 궁정의 일상적 권력을 거의 향상시키지는 못했더라도 산과 평지의 관계 양상에 중요한 영향을 끼쳤다. 우선 이를 통해 평지의 궁정과 군주는 그들이 보편적·통합적·카리스마적 중심이라 여기게 됐다. 로마 궁정이 그리스 문자를, 초기 프랑스 궁정이 라틴어를, 러시아의 귀족과 궁정이 프랑스어를, 베트남의 궁정이 한자를 사용했듯이, 산스크리트 문자를 사용하며 종족이나 지역, 그야말로 역사를 뛰어넘는 문명에 참여하고 있다는 주장을 펼쳤다.[44] 토착 문자가 11세기 이후에 잠시 등장할 때조차도 산스크리트어가 압도적으로 사용됐고 산스크리트어와 빨리어(Pali) 세계의 우주론적 고전 작품 번역이 심지어 불교 경전 번역보다 앞서 나왔다. (남인도에서처럼) 기존 토착 전통의 의례와 신앙을 크게 발전시키고 정제하여 이룬 궁정 문화와 달리, 동남아시아의 인도식 궁정은 외부의 의례와 신앙을 자의식적으로 끌어와 핵심 모델로 삼았다.

평지의 엘리트들은 남인도에서 유래한 의례적 풍선의 도움을 받아 스스로 하늘 높이 솟았고 날 수 없는 일반인과 변방 지역은 아득한 그 아래에 놓이게 된 셈이다. 월터스가 말하듯, 그들은 "스스로를 '인도' 문명사회의 중심에 있다는 관점에 의거하여 변방의 지위를 세계 질서에서 낮게 설정했다."[45]

따라서 산스크리트화는 그리 오래 되지 않았던 때에 그들 자체도 '야만인' 이었던 사람들이 야만인을 발명하는 것을 뜻한다. 본디 산악 고원지대와 긴밀한 관계를 맺었던 크메르 문화가 인도식 궁정 중심부가 들어서자, 이제는 "야생 대 온순함의 이분법, 어둡고 흉측한 숲 대 열린 거주지의 이분법을 크메르 문화 의식의 중심 주제로 계속 등장시키며 퍼뜨렸다."[46] 정제되고 안정된 궁정의 중심과 그 바깥의 무례하고 비문화적인 공간인 산악 사이의 문화적 거리는 극대화되었고, 데이비드 챈들러가 적절하게 표현하듯이, 문명은 "숲을 떠나 살아가는 '기술'(art)이 되었다."[47]

이처럼 인도 문화의 공기를 과도하게 흡입하는 과정과 외부의 것을 참조하여 위계질서를 세우는 것은 소규모 왕국과 산악 지역에서도 발견된다. 1300년까지 모든 해안 평야 지대가 인도의 왕권 개념에 기반을 둔 축소 모형 왕국이었듯이, 조금이라도 권력의 허세를 부리고자 한 크고 작은 지배자들도 꼼꼼하게 이 유형을 따랐다.[48] 어쩌면 그러한 의례적 과시가 평지보다 산에서 더 필요했을지도 모른다. 공유 재산과 개활지 때문에 대물림을 통한 불평등이 끼어들 여지가 거의 없는 화전민들이 옮겨 다니며 살아가는 공간인 산악 지역은 마을을 넘어서는 권위를 정당화해 주는 토착적 전통이 거의 없는 실정이었다. 마을들의 연합 조직은 무역과 전쟁을 위해서 존재했으나 그것을 통해 정치적인 권력을 영속적으로 추구하지 않았고 구성원들은 서로에 대해 명목적으로 평등했다. 마을을 넘어서는 권위의 모델을 꾀하려고 한다면, 평지의 인도식 궁정 아니면 북쪽 한족의 중국적 전제 질서로부터 빌려와야 했다. 카리스마 넘치고 사적인 권위를 획득하려는 것은 본디 산악 지역에서도 있었으나, 보편적인 인도식 국가를 세우려는 의도는 국가를 영구적 제도로 만들고 지도자와 군중의 관계를 왕과 신민으로 탈바꿈하려는 시도를 표상했다.

인도식 또는 중국식 국가를 세우려는 발상은 오랫동안 산악 지역에 퍼져 있었다. 이를테면 왕권 상징물, 신화적 선언문, 왕의 예복, 관직, 의례, 족보, 신성한 건축물 등 평지에서 유래한 이상한 모양의 파편들이 통용됐다. 그것들의 호소력은 두 가지 점에서 비롯된 것 같다. 첫째, 가장 확실하게 그것들은 성공을 꾀하려는 야심 찬 산악 지도자가 자신의 지위를 동료 집단의 일인자에서 왕족과 귀족, 평민을 거느리는 군소 국가의 군주로 탈바꿈하려는 데 사실상 유일한 문화적 형태의 기반을 제공해 주었다는 것이다. 에드먼드 리치가 설득력 있게 제시하듯이, 그런 움직임은 영구적인 종속을 두려워하는 사람들의 도피나 반란에 직면할 가능성이 있었다. 그러나 산악 지도자는 명목상 지도자에 불과해도 때로는 중개인으로서 평지 권력과 계약 조건을 협상하고, 공물과 무역을 조직하거나 평지의 노예사냥 원정에 대항하는 데에 유용한 역할을 할 수 있었다. 이런 형태의 외교를 성공적으로 완수하면 산악 집단들 사이의 경쟁에서 확실한 우위를 차지할 수 있었다.[49]

식민 시기 이전 국가든 식민 국가든 탈식민 국가든, 평지의 관점에서 보면 산에서 안정적 권위 구조가 확립되면 환영할 일이었다. 그 안정적 권위 구조를 주요 수단으로 삼아 간접 지배와 협상을 할 수 있었고, 혹시라도 문제가 발생하면 그 수장에게 책임을 물을 수 있었다(또는 그를 인질로 잡을 수 있었다). 이 때문에 식민주의자들을 포함한 평지 세력은 "산악 수장에 대한 집착"을 갖고 있었다. 그런 수장들이 존재하지 않을 때면 그래도 그런 수장들을 찾아냈고, 그들이 존재할 때면 그들의 권력을 과장했고, 평지의 방식에 의거하여 부족과 수장을 영토 지배의 단위로 창조하려고 했다. 평지 국가의 산악 수장에 대한 희구와 산악 지역의 강자의 야망이 어울려, 비록 그 달성이 오래가지 못했지만 종종 산에서 모방적인 국가 만들기가 시도됐다. 산악 지역의 수장들은 그보다 강한 왕국이 수여한 도장, 왕권 상징물, 관직을 얻기 위해 안간힘을 썼다. 이로써 그들의 경쟁자를 위압하고 수익성 좋은 무역과 공물을 독점할 수 있었기 때문이다. 평지 왕국의 제국주의적 카리스마를 인정하면서도 동시에 그 행정 영역의 바깥에 머물며 그 왕국의 신민들을 농락하는 것이 가능했다.

산에서 발생하는 국가 효과의 카리스마는 더할 나위 없이 인상적이다. J. 조지 스콧은 1890년대에 샨 주에서 군사작전을 펼칠 때 공물을 갖고 온 여러 명의 와족 '수장들'과 마주쳤다. 그들은 이제 스콧을 동맹이라 여기고 근처의 몇 샨족 마을을 치는 데 힘을 합쳐 달라고 간청했다. 받아들여지지 않자, 그들은 "아우성치며 자신들이 영국의 신민이라는 눈에 띄는 증거를 만들어 달라고 요청했다. …… 나는 종이 쪼가리 위에 성읍의 이름을 쓰고 값싼 우표 위에 서명을 하여 저마다 나눠 주었다. …… 그들은 감동을 받아 그 종이 쪼가리들을 저장할 대나무를 자르기 위해 밖으로 나갔다. …… 그들은 몽렘(Monglem)이 지난 10~12년 동안 점점 자신들의 영토를 빼앗아 갔다고 나에게 말했다."[50] 스콧은 다루기 힘든 산악 지역을 복종시켜 공물을 받아 내려고 했고, 이 와족 '수장들'은 자신들의 정치적 목적을 위해 동맹을 찾았던 것이다. 1836년에 명목상 버마족의 행정 체계 아래 있었던 샨의 산악 지역에서 이와 같은 조공과 동맹의 무대가 펼쳐졌다고 리치는 말한다. 버마족 관료가 초청됐고, 의례 음식이 제공됐고, 참석한 까친족과 샨족의 수장 열 명의 결속이 극화됐고, 잉와 왕국의 지배가 인정됐다. 그러나 리치는 참석한 수장들 가운데 여러 명이 서로 전쟁 중이었다고 언급한다. 그 의례를 국가 효과로 읽어야 한다고 리치는 주의를 준다.

> 나의 모든 예들이 정말로 보여 주는 것은 후까웅 계곡의 버마족, 샨족, 까친족이 …… 의례를 표현하는 용어를 공통으로 가지고 있었다는 점이다. 그들 모두는 이 공통의 '언어'로 자기들을 어떻게 이해시킬지 알고 있었다. 이 '언어'로 얘기한 것이 정치 현실의 '사실'을 뜻하지는 않는다. 문제의 그 표현들은 모가잉의 사오파(saohpa, 지배자)가 최상층부에 있고 그의 휘하에 후까웅 계곡의 모든 까친족과 샨족 수장들이 충복이 되는 이상적이고 안정적인 샨 국가를 가정하면서 나온 것들이다. 모가잉에서 어떤 사오파가 실제로 그런 권위를 행사했는지를 알려 주는 실증적인 증거가 없다. 확실한 것은 이 특별한 의례가 개최되기까지 거의 80년 동안 모가잉에 진정한 사오파가 없었다는 사실이다. 의례 뒤편에 실제 국가의 정치 구조가 아니라 이상형 국가의 '가정적' 구조가 놓여 있었다.[51]

이상형 국가의 '가정적' 구조는 산악 지역에서 실제와 '잠재적' 국가 건설에 깊이 새겨져 있었다. 미약하나마 논농사 핵심부 인구를 거느렸고, 그들의 이웃인 시암과 미얀마의 상좌불교를 마찬가지로 신봉했던 샨족의 크고 작은 국가들도 그 구조를 모방했다. 삔다야(Pindaya)의 샨 궁전(샨어로 호 haw)을 방문한 모리스 콜리스는 그 궁전이 미얀마 왕도의 축소 복제품이라고 언급했다. "2층 목조 건물의 아래층 바닥에는 기둥이 박힌 전당이 있고 바닥 전체에 삐야땃(Pya-that)이라고도 부르는 작은 오층탑이 놓여 있다. 층층이 쌓아올린 그 탑의 맨 꼭대기는 금박으로 입혀져 있다." 콜리스는 "이것이 작은 형태의 만달레 궁전 스타일"이라고 보았다.[52] 같은 종류의 흉내 내기가 사원 건축과 장례 절차, 왕권 상징물에도 나타났다. 왕국이 작을수록 그 모방이 더 조야 했고 규모도 더 작았다. 아주 보잘 것 없는 까친족 수장(두와 duwa)까지도 샨 스타일의 권력을 가진 것마냥 허세를 부렸다. 그 궁전은 그 실제 권력을 대변하듯이 난쟁이처럼 작았다. 이 점에서 리치는 까친족이 샨족을 다른 종족 집단이 아니라 위계적 국가 전통의 보유자로서 상황이 무르익을 때 모방의 대상이 될 수 있는 집단이라고 보았다고 주장한다.[53] 말하자면, 까친족이 샨족으로부터 국가 효과를 빌렸던 것이다.

샨 고원 카렌족의 일파인 까야족은 자율성을 지키면서도 샨족과 버마족의 정치체제를 모델로 삼고 모방했다. 이 경우 까야족은 대체로 불교도가 아니었기 때문에 그 흉내 내기에서 상좌불교의 요소는 빠졌다. 강탈자든 반란자든 평범한 마을 사람이든 천년왕국 예언가든, 모든 까야족 지도자들은 관직, 비품, 조작된 왕족의 족보, 건축에 이르기까지 평지 샨족의 궁정으로부터 빌려온 국가 형식을 고수했다고 F. K. 리먼은 지적했다.[54] 그 지도자들은 이상적으로 통일된 '가정적' 국가인 버마족의 국가와 이런저런 방식으로 관련지어 늘 자신들의 권위를 주장했다. 이 상징적 복종은 실제의 반란과 양립 가능했다. 그러면서도 그 상징주의는 하나의 기호로서 마을을 넘어서는 영역에서 권위를 주장하는 국가성의 관용어이자 유일한 언어였다. 대부분 까야족 지도자들의 권력이 제한적이었다는 점을 고려할 때, 근본적으로 이 언어는 실제의 권력 행사를 반영하는 것은 아니었다.

산악민들은 서로 다른 두 국가 모델을 활용할 수도 있었다. 남쪽에서는 인도식 모델이고 북쪽에서는 한족의 중국식 모델이었다. 야심찬 까친족 수장들이 '궁전'과 예식, 의복, 우주관에서 샨족을 모델 삼았지만, 샨족은 한편 중국식 모델을 따랐다. 까친족의 권력 전통에서 '하늘의 신령'과 '땅의 신령'에 바친 상징적 공간과 의례는 놀랍게도 지난날 베이징의 황제 의례와 닮아 있었다.[55] 전형적인 비국가 공간의 사람들인 아카족은 따이족(샨족)의 권위 모델이 아니라 오히려 도교와 유교와 티베트 모델의 족보, 권력, 우주관에 영향을 받았다. 여기에 불교적 요소는 다소 빠졌다.[56] 두 가지 국가 전통을 활용했기 때문에 그들의 국가 흉내 내기는 독특하게 혼종성을 띠었다. 그들은 저마다 신성한 보편적 군주라는 개념적·상징적 언어를 지배자의 말과 의례 행위 속에 담았지만, 실제 영향력은 그들이 사는 곳의 경계 너머까지 뻗어 나가지 못했다.

문명화 사명

조미아 변방의 모든 궁정 문화들은 정도의 차는 있어도 이른바 '문명인'과 '야만인'을 확실히 구분했다. 야만인은 날것, 산악민, 숲의 사람, 야생인, 개울과 동굴의 사람 등으로 다양하게 불린다. 우리가 살펴본 대로, 문명과 야만이라는 용어는 분리할 수 없고 서로가 서로를 규정하면서 길을 같이 걷는 동반자이다. 어둠과 밝음처럼, 각각은 그와 대조되는 짝이 없이는 존재를 드러낼 수 없는 법이다. 한 개체는 보통 다른 개체로부터 유추된다. 한나라 때 흉노족이 "문자 언어와 성씨를 갖고 있지 않고, 연장자를 존경하지도 않고" 도시도 영원한 거처도 없고 정착 농업도 행하지 않는다고 묘사될 때, 흉노족이 갖고 있지 않은 것들의 이 목록은 바로 한족이 갖고 있는 것들의 요약과 다를 바 없었다.[57] 물론 이 이항대립을 실제로 적용하려 할 때 그렇게 분류할 수 없는 많은 경우들을 마주하게 된다. 그렇다고 해서 그런 애매모호함이 인종과 문명에 관한 이항대립적인 사고의 견고함을 깨뜨리지는 못했다.

시암, 미얀마, 크메르, 말레이, 특히 중국과 베트남 궁정 문화의 표준화된 문명 이야기는 시간이 흐르면 야만인들이 점차 영화롭고 매력적인 중심부에 동화될 것이라 했다. 완벽한 통합은 결코 이루지지 않을 터였다. 그렇게 되면 문명의 중심이라는 개념이 더 이상 설 자리가 없을 것이기 때문이다. 야만의 변방은 늘 존재하기 마련이었다.

야만인들이 본질적으로 '우리와 같지만' 단지 조금 뒤쳐져 발전하지 못했을 뿐이라고 여긴다면 변방 사람들의 문명화가 개념적으로 훨씬 타당했다. 베트남의 경우에, 므엉족과 따이족은 말 그대로 "우리의 살아 있는 조상들"이었다. 키스 테일러와 퍼트리샤 펠리가 지적하듯이, 므엉족은 "일반적으로 과거에 (그리고 오늘날에도 여전히) 비엣족이 중국화하기 이전의 모습이라고 간주되었다."[58] 므엉족 자체를 위해서가 아니라 비엣족의 생성과 발전을 조명하기 위해 므엉의 토템, 거주 유형, 농업 방식, 언어, 문학 등이 샅샅이 조사됐다.[59]

야만인들이 이른 시기의 사람들이지만 돌이킬 수 없을 정도로까지 다르지는 않은 사람들이라는 인식은 원리상 그들도 결국에는 완전히 문명인이 될 수 있다는 생각으로 발전됐다. 이것은 공자의 믿음이기도 했다. 야만인들 사이에서 살아가는 것을 어떻게 생각하는지 질문을 받고, 공자는 "군자가 그들 사이에 거할진대, 무슨 비천함이 거기에 있겠는가"라고 대답했다.[60] 이 경우에 문명화 담론은 확실하게 단수이다. 곧 하나의 문화 정점에 올라가는 문제인 것이다. 다른 문명들, 그렇지만 같은 가치의 문명들은 대개 인정받지 못했고 따라서 (문명의) 이중문화주의(biculturalism)는 상상 밖의 일이었다.

19세기 초기 베트남 황제 민망은 행동으로서는 아닐지라도 수사적으로 이 문명화 사명의 철학을 웅대하게 표현했다.

> 이[자라이와 라데의] 땅은 멀고 외딴 곳이다. 여기 사람들은 실로 묶어 기록을 보관하고, 화전을 일구어 쌀을 거두고, 여전히 낡아 빠지고 원시적인 관습을 지켜 나간다. 그러나 그들의 머리에도 머리카락이 나고, 입에 치아도 있고, 자연스레 선천적 지식과 능력을 물려받았다. 그럴진대 어째서 그들이 덕행을 실천하지 못하겠는가. 이로 인해 과인의 영화로운 조상들은 그들의 부족적 관습을 바꾸기 위해 중국 문명을 그들에게 전수해 주었도다.[61]

민망은 고대 크메르 문명을 그대로 계승한 캄보디아의 동부와 중부를 병합한 뒤에, 신료들로 하여금 캄보디아인들에게 베트남의 관습과 언어를 가르치고 쌀과 뽕나무를 키우고 가축과 가금을 어떻게 기르는지를 보여 주라고 다그쳤다. 결국 신료들은 야만인의 관습을 단순화시키고 억압해야 했다. "[이것은] 마치 캄보디아 사람들을 진흙탕에서 건져 내 따뜻한 깃털 침대로 데려오는 것과 같았다."[62]

중국식이든 베트남식이든 이러한 전망의 안락과 사치가 저항자들에게는 해당되지 않았다. 문명은 저항자들을 무자비하게 폭력적으로로 진압해 버렸다. 19세기 중반 구이저우의 대반란 이전에, 1465년과 1526년에 각각 한용과 명나라의 대학자이자 장수인 왕양명의 주도 아래 먀오족-야오족의 반란을 진압하기 위해 엄청난 군사작전이 전개되었다. 명나라 부대는 사망자 6만 명을 내며 치열했던 대등협(大藤峽) 전투에서 승리했다. 사망자 가운데 8천 명은 베이징으로 호송되어 공개 참형을 당한 자들이었다.[63] 이후에 승리자인 왕양명은 그 유명한(악명 높은) "야만인으로 야만인을 다스리는" 토사(土司) 제도를 되살리는 데 한몫했다. 그런데도 그는 야만인들이 "정련되지 않은 보석과 같다"고 하면서 세심히 갈고 닦으면 완전한 문명인이 될 수 있다고 보았다.[64] 그렇게 무례한 사람들을 직접적으로 다스리는 게 왜 곤란한지에 대한 그의 설명은 기억에 남을 만하며 현실을 정확히 꿰뚫고 있다. "한족 관료가 직접적으로 민간인을 처리하는 행정은 사슴을 집안으로 몰아넣고 길들이는 것과 같다. 결국 그들은 당신의 희생 제단을 뿔로 받아 버릴 것이고 당신의 책상을 발로 차 버릴 것이며 광란의 몸짓으로 득달같이 달려들 것이다. 미개지에서는 미개의 특성에 맞는 방법을 써야 한다. …… [그렇게 한 자들은] 이들의 야생 본성을 헤아려 스스로를 맞춘 자들이다."[65]

실상은 제국의 중심부가 선전하는 문명 담론의 이상과 달랐다. 스스로 이상화했지만 제국 수도의 실제 삶과 거리가 있었으며 혼란이 난무하는 제국의 변방과는 더더욱 맞지 않았다. 《논어》 곳곳에는 탐험가, 비적단, 투기꾼, 무장 상인, 귀환 군사, 가난한 이주민, 망명가, 부패한 관료, 도망자, 난민들의 복마전이 등장한다. 남서부 변방의 1941년 보고서는 흩어져 힘겹게 살아가는 난민, '대박을 꿈꾸는 투기꾼들'인 영세 수공업자와 상인, 마지막으로 관료, 이렇게 세 부류의 한족을 구분했다. 그 관료들에 관해 언급하며, "고관들은 …… 빈둥거리며 지내고, 종종 거드름을 부리며 아편을 피우고, 조정의 명을 게을리 했다. …… 관직이 낮은 사람들은 사소한 부정 이득을 취하느라 정신이 없고 벌금을 통해 돈을 축적하고 불법으로 아편과 소금을 거래하기도 했다. 이익이 보이는 곳이라면 모조리 그들의 손아귀에 있었다. 이러한 행태들로 말미암아 그들과 압제로부터 고통을 받고 있는 변방 부족민들 간에 적대감이 생겨났다."[66] 신민들은 모든 것의 품격을 높이려는 식민 지배나 제국주의 지배의 이념적 상부구조와 심각한 갈등을 겪었다. 이 경우 문명적 이상은 대부분의 신민들에게 우스꽝스러우면서도 잔인한 것이었다.[67]

문명화 작업은 20세기 대륙 동남아시아에서 활개를 쳤다. 1960년대 후반 북부 태국에서 몽족(먀오족)의 반란이 있고 난 뒤에 쁘라팟 장군은 반란군을 진압하기 위해 거리낌 없이 네이팜이나 대포 같은 기술을 동원했을 뿐 아니라 학교, 재정착, 병원, 정착 농경 기술을 통해 반란 세력들을 '문명화'하려는 시도를 착수했다. 그 문화 캠페인은 사실상 1930년대 중화민국(신해혁명을 통해 1912년에 설립된 공화국—옮긴이) 정부 하에 '먀오족교화위원회'가 실시한 프로그램의 판박이라고 니컬러스 탭은 바라봤다.[68] 오늘날의 중국에서 소수종족에 대해 낙인을 찍는 이름은 없어졌지만 한족과 수많은 소수종족 사람들 사이에 큰 간극은 여전히 존재한다. '발전,' '진보,' '교육'이라는 완곡어가 '야생'과 '숙성'을 대체했으나 밑에 깔린 가정은 소수종족 사회와 문화가 '사회적 화석'으로서 머지않아 사라질 운명이라는 것이다.[69]

궁정 중심부의 문화에 따라서 제각각 문명이 무엇을 의미하는지, 바꾸어 말하면 야만이 무엇을 의미하는지가 달랐다. 각각의 문화는 올라가는 사다리를 비유적으로 내세우지만 그 사다리의 가로대들은 독특하고 개별적이다. 시암과 미얀마에서는 상좌불교가 문명화된 지위의 핵심적인 표시였다.[70] 베트남과 중국에서는 글을 읽고 쓸 줄 아는 것, 나아가 이를 넘어서 고전 작품과 익숙해지는 것이 중요했다. 왕양명이 야오족에 대해 묘사한 것처럼, 말레이 세계에서 상류 쪽 사람들은 "아직 완성되지 않은 말레이들"이었다. '완성'(중국어식으로 하면 '숙성')에 이르는 데 필수적인 가로대는 이슬람을 믿는 것이었다. 그러나 이 모든 사다리는 문화적으로 달랐지만 적어도 두 개의 가로대를 공유했다. 정착 농업과 국가 공간 안에 거주하는 것을 문명화의 조건으로 명시한 것이다.

비국가 공간의 사람들이 점차 산 아래로 내려와 논농사를 선택하고, 언어적으로 문화적으로 동화한다는 이 구심성의 문명화 이야기가 본질적으로 틀렸다고는 할 수 없다. 이것은 역사적인 과정을 말하고 있기 때문이다. 샨 지역의 여러 군소 국가들의 정착 신민이었던 샨족 사람들은 대부분 평지의 양식을 받아들인 산악민의 후예들이라는 데에 리치와 오코너는 의견을 같이한다.[71] 말레이 정체성도 마찬가지로 비국가 공간의 사람들이 작은 항구 국가들의 신민이 되는 과정에서 형성된 것이다. 역시 버강에서 첫 번째의 미얀마 왕국은 그 자체로 많은 사람들의 결합물이었다는 것이 확실하다.[72] 그렇다면 이 내러티브는 잘못된 것이 아니라 완전히 불완전한 설명이라 할 수 있다. 궁정 중심부의 제국주의적 자기 위세를 드러내는 사건만을 기록한 것이다.

문명의 지배

이 구심성의 문명 내러티브를 자세히 살펴보면, '문명화된다는' 것이 실제로는 벼농사 국가의 신민이 된다는 의미로 귀착된다는 것에 놀라게 된다. 지배받는 신민과 국가 바깥에 머무는 것 사이의 차이가 너무나도 중요하고 결정적이어서 대개 종족 정체성의 변화가 뚜렷이 나타났다. 논농사 중심부, 곧 국가가 짜 놓은 위계질서 속으로 들어간다는 것은 맥락에 따라 따이족이나 버마족, 말레이족이 되는 것을 의미했다. 중국의 남서부 변방에서 이것은 '야생'의 야만적 지위에서 '숙성'의 문명적 지위로 이동하는 것, 그래서 결국 한족의 정체성을 갖게 됨을 의미했다.

하이난의 12세기 문헌은 신민과 '숙성'을 연관시킨다. 숙성은 소양이 있다거나 순하다거나, 또는 프랑스어 관용구인 '에볼루에'(évolué, 진보적) 같은 의미로도 이해되었다. "성읍의 통치 체계에 들어와 있는 사람들은 숙성 리족(Li)이다. 산악 동굴에 살면서 우리에게 처벌을 받지도 않고 부역도 제공하지 않는 사람들은 야생 리족이다. 이들은 이따금 밖으로 나와 통치 체계 안에 있는 사람들과 물물교환을 하기도 한다." '숙성된' 리족은 마치 문지방 같은 경계의 공간을 차지하고 있었다. 그들은 더 이상 '야생'이 아니었으나 그렇다고 해서 완전히 동화된 한족 신민도 아니었다. 관료들은 그들이 밖으로 눈을 돌려 '교활하게' '야생' 리족과 협력하며 "조정의 땅을 침범하고 배회하며 여행자들을 강탈하려 한다"고 의심했다. 배반할 것이라는 두려움이 있었지만, '숙성된 미개인들'은 정치적 (국가) 질서와 관련을 맺는 자들이었고, '야생'의 사람들은 무질서와 관련을 맺는 자들로 분류되었다. 이를

테면 “야생 와족은 도둑질하고 강탈”했지만, ‘숙성된’ 와족은 “길을 지켰던” 자들이었다. 매그너스 피스케스조는 한족 행정가가 야생을 단순히 미개나 자연에 가깝다는 의미로 생각하지 않았다고 강조한다. 모든 ‘원시적인 것들’이 야생이라고 여겨졌지만, 그렇다고 해서 발전한 야만인들 모두가 숙성된 자들은 아니었다. 중요한 것은 한족의 행정 체계에 들어와 있는지 여부였다. 윈난-쓰촨 경계에 사는 대부분의 누어쑤족(Nuosu, 诺苏, 오늘날에는 이족에 포함된다) 사람들은 카스트와 같은 구조에서 위계적으로 조직되어 있고 문자 체계를 갖고 있을 정도로 발전해 있지만 정치적으로 편입되지 않았기 때문에 야생으로 분류된다. 중국의 지배 아래 살고 있는 작은 일파의 누어쑤족은 숙성된 자들로 일컬어진다. 요컨대, “‘야생’ 야만인들은 국가 기구가 통치권을 행사할 수 없는 곳에서 살아가는 사람들이다.”[73] 퍼트리샤 에브레이의 견해가 옳다면, 이 기준은 동주 시대(기원전 8~3세기)까지 거슬러 올라갈 정도로 유서가 싶다. 당시 주나라의 통치에 복속된 사람들과 그렇지 않은 사람들의 차이는 중국인(화인)과 야만인의 종족적 차이로 귀결되었다.[74]

18세기 하이난 고원과 리족 야만인으로 돌아오자면, 충성을 선언하고 청나라의 지배로 들어온 자들은 “지도 안으로 들어왔다”고 일컬어졌다. 그렇게 하면서 그들의 관습과 풍습이 여전히 남아 있었지만 곧바로 정치적 전자레인지에 의해 이른바 “익혀졌다.” “야생과 숙성의 정의는 대부분 정치적인 의미를 띠었지만 문화적인 의미를 거의 띠지 않았다.”[75] “지도에 들어간다”는 것과 관료제에 편입된다는 것에는 사람들이 한족 신민이라는 문명 규범을 따르는 과정에 들어갈 준비가 되었다는 의미가 담겨 있다. 그들이 기꺼이 그 과정을 받아들였다는 것이다.[76] 그 과정에서 가장 첫 번째이자 핵심적인 단계는 '숙성'의 정치행정적 지위였다. 즉 사람들이 "등록되어 세금을 바치며 부역을 제공하는 '선한' 신민이 되는 과정을 시작했다. …… '야만인'의 범주는 늘 '법률 바깥'과 결부되어 있었다. 어느 때였건 변방에 살며 비신민의 지위와 종족·언어적 차이 그리고 변방에 거주한다는 최소한의 기준에 부합되는(아니면 강요당하여 그렇게 부합되는) 어느 누구에게나 야만인이라고 쉽사리 부를 수 있었다."[77]

문화 그 자체가 아니라 행정적으로 지배를 할 수 있는가에 따라 변방의 종족적 범주가 만들어졌다고 이해해야 한다. 15세기 광동에서 야오족의 범주는 그들이 지도에 들어왔는가의 여부에 따라 부여된 지위였다. 세금과 부역에 등록된 사람, 곧 정주에 따른 권리를 누리는 자들은 민(백성)이 되었고, 그렇지 않은 자들은 야오족이 되었다. '만들어진' 야오족은 등록된 자들과 문화적으로는 구분할 수 없었으나 시간이 지나면서 그 딱지가 한족의 행정 관행에 의해 '종족화' 되었다.[78] 마찬가지로 청나라의 행정 관행에 의해 먀오족이라는 딱지가 붙었다. 이것은 서로 알아들을 수 없는 말을 하는 수십 개의 독특한 집단들을 포괄하는 혼성어가 되었다. 그들 모두에게서 나타나는 특징은 "회계 대장에 이름이 올라가 있는 사람"이 되기를 거부한다는 점이다. 애초에는 공통된 문화 요소를 갖고 있지 않다는 표현이었으나 시간이 흐르면서 종족적 정체성을 띠게 됐다.[79]

따라서 야만은 명과 청의 관행에서 국가에 대항하는 정치적인 위치, 하나의 위치성이라 할 수 있다. 야만인이 아니라는 것은 세금을 바치는 인구로 완전히 편입되었으며 짐작컨대 한족의 관습, 의복, 언어를 받아들였음을 의미한다. 숙성 야만인과 야생 야만인의 두 범주 역시 어떤 자리에 있는지 보여 준다. 숙성된 자는 문화적으로 독특하나 이제 한족의 행정 규범에 의해 등록되고 지배를 받는 자들이다. 자기네 지역 수장을 여전히 갖고 있어도 말이다. 그들은 문화적으로 한족으로 완전히 편입되는 행진을 시작한 것으로 여겨졌다. 대조적으로 야생 야만인은 전적으로 국가 바깥에 존재하며 부득이한 '타자'가 되었고 과도하게 종족화되었다.

국가를 떠나 야만인으로

국가의 힘이 미치지 못하는 곳으로 옮겨 가는 사람들은 문명과 야만 사이의 개념적인 경계를 건넌 자들이었다고 할 수 있다. 마찬가지로 엄격한 민의 생활이나 지시를 받는 숙성된 자의 삶을 떠나 야생의 변방으로 가 버린 사람들은 확고한 종족적 공간으로 들어간 이들이었다.

역사적으로 야만인이 되는 과정은 매우 일반적이다. 어떤 역사적인 순간에는 이것이 문명인이 되는 것보다 더 흔한 일이었다. 좀 더 설명할 수 있겠지만, 국가 공간을 떠나 야만인이 되고 보통 부족화되었다고 말하는 정도로만 해 두자. 9세기에 벌써 중국의 관료들은 중국 남서부에 샹족이라 불리는 사람들이 원래는 한족이었으나 시간이 지나면서 점점 '서쪽의 야만인들'과 섞였다고 보고 했다.[80] 나중에 샨웨족(Shan Yue)으로서 또한 야만인이라고 알려진 사람들은 과세를 피해 도망친 일반 백성으로 보인다. 14세기 초의 통치 보고서는 그들을 위험하고 무질서한 자들로 취급했지만 그들이 세금을 납부하고 통치를 받는 사람들과 인종적·문화적으로 달랐다는(토착적이었다는 것은 둘째 치고) 언급은 조금도 하지 않았다. 하지만 시간이 흘러 국가 영역 바깥에 거주했던 그들은 샨웨족이 되었다.[81] 국가권력으로부터 도망칠 이유, 즉 세금, 징집, 질병, 가난, 구속 또는 무역이나 습격의 이유를 가진 모든 사람들은 어떻게 보면 그들 스스로를 부족화했다. 말하자면 종족성은 주권과 세금이 끝나는 바로 그 지점에서 시작되었던 것이다. 종족적 공간은 주권 바깥에 있었고 따라서 어떤 이유에서든 국가로부터 벗어나고자 하는 사람들을 자석처럼 끌어당겼기 때문에 관료들은 이를 두려워하고 오명을 씌웠다.

그와 같은 움직임이 다른 곳에서도 일어났다. 제프리 벤저민은 말레이 국가의 지배 영역 바깥으로 가 버리거나 종종 그렇듯이 말레이 세계 그 자체가 붕괴되어 즉각적으로 변방이 창조되면서 기존의 비부족 집단들이 '부족화'되거나 '재부족화'되는 과정을 다루었다.[82] 비국가 공간의 사람들을 낙인찍는 용어는 효과적인 주권이 부재함을 그 안에 내포하고 있다. 가령, 보르네오 섬 남부 칼리만탄의 머라뚜스족(Meratus)은 독립성과 이동성 때문에 "아직 배치(조직)되지 않았다"는 낙인이 찍혔다.[83] 17세기 중반에 필리핀의 에스파냐 관료는 치코 강 산지의 사람들에 대해 국가 없이 살아가고 있는 것에 오명을 씌우지만 부러움도 어느 정도 느껴지는 단어로써 그리고 있다. "그들은 신도 법도 왕도 없고, 존경하는 그 누구도 없이, 완전히 자유롭게 원하는 대로 욕망에 따라 거침없이 살아가고 있다"고 한 것이다.[84] 평지 관료의 눈에 개탄스러운 후진성이라고 보이는 것들이 그렇게 낙인찍힌 자들에게는 자치와 이동성 그리고 세금으로부터 벗어난 정치적 공간을 표상했다.

백성, 숙성 야만인, 야생 야만인으로 구성된 문명 시리즈는 동시에 국가 편입 체감 시리즈라고 할 수 있다. 이것은 아랍-베르베르 문명 시리즈와 여러 면에서 쏙 빼닮았다. 그 시리즈에서 시바(siba)는 아랍 국가의 통제 바깥의 공간이고 마하젠(makhazen)은 통제 내의 공간이다. 시바에 살고 있는 사람들은 베르베르족이거나 베르베르족이 되어 갔다. 야생 야만인과 숙성 야만인의 경우처럼, 왕조의 통치 과제는 그 왕조를 지지하는 부족(귀쉬guish)의 경계를 확장하고 국가의 영향력을 키우는 것이었다. 어니스트 겔너에 따르면, 시바를 제대로 번역하자면 '제도화된 반항'이라고 할 수 있고 이곳에 거주하는 사람들은 따라서 무시를 당하며 '베르베르족'이라 규정되었다. 부족사회는 그 정의상 으레 불가피한 쌍둥이로서 비부족사회의 반대편에 존재한다.[85] 동남아시아와 달리 중동과 북아프리카의 '부족들'은 국가 공간 내의 사람들과 종교를 공유한다. 그 종교적 실천 형태는 다를지 몰라도 말이다. 그 상황에서는 아랍이 국가의 통제와 그 위계질서를 벗어났다는 기준에 의거하여 '베르베르족'이라 지칭했다는 것을 제외하고는 과연 '베르베르족'이 무엇을 의미하는지 알기가 쉽지 않다.[86]

그렇다면 야만인은 국가 효과라고 할 수 있다. 국가에 대한 '위치성'을 제외하고는 생각할 수 없다. 베넷 브론손의 최소화한 야만인 정의, 즉 "국가와 직접적으로 접촉하나 국가 자체는 아닌 정치 단위의 구성원"이라는 것이 이 점에서 일맥상통한다. 이렇게 보면 야만인은 문자해득, 기술, 근처의 '위대한 전통,' 예컨대 로마와 중국의 전통과 친숙성을 갖고 있으면 '문명인'이 될 수 있고 실제로 종종 그래왔다. 이 관점에서 아일랜드인이나 도서부 동남아시아의 미낭까바우족(Minangkabau)과 바딱족(Batak) 같은 비국가 사람들을 생각해 보

자. 그들은 이웃한 국가보다 군사적으로 힘이 세서 습격을 하거나 공물을 받아 낼 수 있다. 역시 이 관점에서 당나라 때의 몽골족, 모로족, 베두인족, 스코트족, 알바니아족, 캅카스족, 파탄족, 그리고 지난날의 아프간족을 생각해 보자. 그런 '야만인들'의 사회가 강할수록 부, 곡식, 무역품, 노예 등을 효과적으로 집중시켜 조직적으로 근처의 국가 공간을 약탈할 가능성이 더 컸다. 인도와 수마트라가 우호적인 농업 생태학적 환경을 갖고 있는데도 역사적으로 국가 형성이 상대적으로 미약했던 까닭은 강력한 비국가 약탈자 때문이었다고 브론손은 보고 있다.[87]

문화정치적 기획이라고 할 수 있는 모든 제국들은 몇 가지로 분류해 살펴볼 수 있다. 대체로 로마제국은 조미아와 관련된 국가들과 같은 특징을 많이 공유하고 있다.[88] 미얀마와 태국, 한나라가 그랬듯이 노예제는 로마에서 국가 만들기의 핵심이었다. 상인들은 포로를 사서 로마 인근에 팔기 위해 군대를 동원했다. 야만 지역에서 수많은 전쟁은 인신매매를 장악하여 이익을 남기기 위해 경쟁자들 사이에 벌어진 것이었다. 흡수한 다양한 '야만인'의 문화에 따라 로마의 문화는 지역별로 달랐고 로마 시민이라는 이름 높은 통일성과는 차이가 있었다.

중국과 대륙 동남아시아처럼, 로마는 야만인의 수장에 집착했다. 로마인들은 영토를 획득하는 곳마다 다소 자의적으로 종족 구분을 명시화했고, 지역의 수장을 지명하거나 인정했다. 그 수장은 싫든 좋든 로마의 지역 대리인으로서 그 휘하의 '집단'이 바람직한 행동을 하도록 책임져야 했다. 집단들은 문명의 진화론적 축척에 따라 눈금이 매겨졌다. 로마의 영향권에 근접해 있는 갈리아(오늘날 북이탈리아, 프랑스, 벨기에를 포함하는 지역—옮긴이)의 켈트족은 국가는 없었으나 문화적으로는 요새 도시를 갖고 농업을 주업으로 하고 있어 중국식으로 보자면 숙성 야만인과 견줄 수 있었다. 라인 강 너머에 살고 있는 게르만족 계통은 야생 야만인이었고, 로마와 흑해 사이에 거주하며 이동을 하던 훈족은 야생 중에 가장 야생인 야만인이었다. 로마의 속주인 브리타니아에서 하드리아누스 방벽 너머의 픽트족(Pict, 영국 북부에 거주했으나 스코트족에게 정복당했다—옮긴이)은 야생 중에 가장 야생인 야만인이었거나, 보는 사람의 관점에 따라서 '절대 자유민'이기도 했다.[89]

다시 말하건대, 제국주의 지배에 대한 위치성이 사람들의 문명 정도를 파악하는 데 중요한 표시였다. 로마 휘하의 지방에서 통치를 받는 (숙성) 야만인들은 농민들처럼 세금과 부역에 책임을 지게 될 때 종족의 딱지를 뗐다. 이 영역을 벗어난 모든 사람들은 여지없이 종족화되었고, 수장의 지도를 받았고, 특히 곡식을 재배하지 않았기 때문에 세금과는 구별된 공물을 바쳐야 했다. 로마의 직접 통치가 야만인의 지위와 어떻게 관련되는지는 그러한 '지방민들'이 로마의 통치에 대항하여 반란을 일으킬 때 명백히 드러났다. 그 경우 그들은 재종족화(재야만인화!)되었고, 그 과정에서 문명으로부터 후퇴가 가능해지고 이것이 정치적 범주가 된다는 것이 여실히 드러났다. 상황에 따라서 로마인들은 탈주자, 장사꾼, 정주민, 도주자로서 야만인들의 영역에 들어올 수 있었고 '야만인들'은 집단적으로 허락을 받는다면 로마의 영역으로 들어올 수도 있었다. 쌍방향으로 이동이 있었지만 경계를 가르는 선은 항상 분명했다. 여기서 다시 '야만인'은 국가 효과였던 것을 알 수 있다. "오직 정복할 때만 야만인의 세계에 대해 실제의 지식을 창출할 수 있었지만, 그렇게 정복하는 순간 야만인은 소멸됐다. 따라서 개념적으로 야만인들은 영원히 로마가 이해할 수 없는 곳에 떨어져 존재하고 있는 자들이었다."[90]

종족화된 야만인들은 국가 바깥이지만 국가에 인접한 정치적인 위치로서 중앙의 지배를 거부하는 사례를 언제나 표상해 왔다. 문명의 문화적 개념에 기호론적으로 필요했던 야만인들은 지형, 분산성, 분절적 사회조직, 이동성, 도피 생계 전략 등 갖가지 방어 이점을 갖고 있어 이들을 제거한다는 것이 거의 불가능하다. 그들은 국가에 기반을 둔 위계질서와 과세 체계를 벗어난 사회조직의 형태에 관한 사례를 제공해 왔다. 이 사례는 실제로 하나의 선택이고 유혹이기도 했다. 18세기에 윈난에서 청나라에 대항했던 불교도 반란자는 '야만성'(bararian-ness)의 호소력을 절감했다. "아피를 따르는 자들은 세금을 낼 필요가 없을 것이다. 스스로를 위해 땅을 갈고 스스로가 생산한 것을 먹을 것이다."[91] 인근 국가의 관료들에게는 야만성은 범죄자와 반란자의 도피처이자 세금 회피자의 출구를 의미했다.

문명 거부는 말할 것도 없이, 국가 통제를 벗어나 실제로 야만인이 되어 버린 것이 우리가 여기서 살펴보고 있는 네 가지 주요 문명, 즉 한족, 비엣족, 버마족, 시암족 문명의 공식적인 국가 내러티브에는 어떠한 논리적인 자리도 차지하지 못하고 있다. 모든 내러티브는 "일방향의 돌이킬 수 없는 동화(同化)"를 전제로 깔고 있다. 한족의 경우에 야생과 숙성이라는 용어는 되돌아갈 수 없음을 함축한다. 날고기는 익힐 수 있을망정 익힌 고기가 날고기가 될 수 없다는 것이다. 단지 부패할 뿐! 쌍방향 이동이나 후퇴는 고려되지 않는다. 동화의 목적지가 되는 핵심부의 문명 그 자체가 다양한 요소들의 문화적 합금물

이라는 부정할 수 없는 사실에 대해서도 역시 입을 다물고 있다.[92]

문화적·사회적 중심을 자처하고 그 규범에 맞추는 것이 바람직한 발전이라고 여기는 문명 내러티브는 대규모의 이탈을 설명하지도 않거니와 기록도 하지 않고 있다. 이것은 역사에서 일반적인 현상이다. 이탈에 대해 공공연히 눈감아 버리는 것은 내러티브 자체의 표현 양식이었다. 문명 담론은 비국가 공간으로 떠나서 그곳의 농업생태적 환경에 적응한 사람들을 늘 그곳에 있었던 사람이라고 단정 짓고 야만인이라는 종족적 굴레를 씌웠다. 15세기 중반 한족 군대가 야오족에게 결정적인 승리를 거두기 이전에 "한족의 사람들은 명목상 대규모로 비한족이 되어 갔다. 그 반대의 경우는 아니었다. …… 조정의 지배력이 약한 지역의 변방 이주민들은 [종족 신화인] 반호(槃瓠, 야오족를 비롯한 중국 남부 종족의 조상이라고 알려진 인물—옮긴이)의 상징, 그중에서 인근 야오족으로부터의 도움을 약속하는 상징을 따랐다. 그들은 조공을 바치고 문명에 존경을 표하며 궁정으로 몰려 갔던 '야만인들'과 상반된 길을 걸었다. 국가의 관점에 따르면, 반란군들은 문명을 배반하고 그들 스스로 야만인이 되어 버린 것이다."[93] 선물을 갖고 들어오는 사람들은 문명 담론의 칭송을 받았다. 야만인이 되어 버린 한족 신민은 그렇지 못했다! 청의 문헌에서 그들이 언급될 때면, '한간'(漢奸, 한족 반역자)이라고 낙인이 찍혔다. 이 말은 종족적 정서가 강한 용어였다.[94]

'자발적 야만인화'는 여러 방식으로 발생할 수 있었다. 거래를 위해서, 세금을 피하기 위해서, 법망을 피하기 위해서, 새로운 땅을 찾기 위해서 한족들은 끊임없이 야만인의 공간으로 들어갔다. 그곳에서 현지어를 배우고, 현지인과 결혼하고, 야만인 수장에게 보호를 청했다.

해체된 반란자 무리들(19세기 태평천국 반역자들이 가장 극명한 예이다)과 쫓겨난 왕족과 그 수행원들(가령 청나라 초기의 명나라 지지자들)이 그 대열에 합류했다. 때때로 남조(南詔)의 경우처럼 지역의 야만인 왕국이 막강할 때면 한족들은 포로로 잡히거나 팔려 가 흡수되었다. 야만인 지역을 다스리는 한족의 군사 관료로 임명된 자가 지역 세력과 동맹을 맺고 지역 여인을 아내로 맞이하고 시간이 흘러 현지의 수장으로서 독립성을 주장하는 일도 무척 흔했다. 마지막으로 한족의 지배 아래 들어오는 것과 문명인이 되는 것 사이의 관계를 확실하게 보여 주는 일종의 자발적 야만인 되기가 있다. 한족 지배 아래에 있던 숙성 야만인 지역이 반란에 성공했을 때, 그들은 다시 야생의 사람들로 분류되어 '야만인'의 항목에 재배치됐다. 바뀐 것은 그들의 문화가 아니라 오로지 한족의 지배에 대한 복종이었다.[95]

윌리엄 로는 아마도 극적인 효과를 노리며 "야만인으로 넘어가 버리는 것"이 예외가 아니라 일반적인 것이었다고 주장한다. "수백 년 동안의 역사적인 사실은 …… 중국 문명에 동화한 원주민 수보다는 원주민의 삶에 동화한 중국인 수가 훨씬 더 많다는 것이다."[96] 완성된 인구 대장이 무엇을 보여 주건, 이 맥락에서 눈여겨봐야 할 점은 퇴보가 진부할 정도로 흔했고 공식 내러티브에서 이를 정당하게 취급하지 않았다는 것이다. 왕조의 몰락, 자연재해, 전쟁, 질병, 끔찍한 폭정이 나타나면 서서히 흘러들었던 모험가, 상인, 죄수, 개척자의 물결이 갑자기 커지고 강해지고 빨라진다. 변방 근처에 사는 많은 사람들은 문화적인 양서류로서 상황에 따라 한 쪽이나 다른 쪽에 발을 디딜 수 있는 위치적인 이점을 갖고 있었다.

오늘날조차도 중국 남서부 변방에서는 소수종족 야만인이 되면 몇 가지 큰 이점을 얻을 수 있다. '한 아이' 정책을 피할 수 있고, 세금을 면제받고, 소수종족에게 득이 되는 '소수자 우대' 프로그램의 혜택을 누릴 수 있다. 이 지역에서 한족 중국인과 혼혈인들은 가능하면 먀오족, 다이족(Dai), 야오족, 좡족 등으로 등록하려 한다.

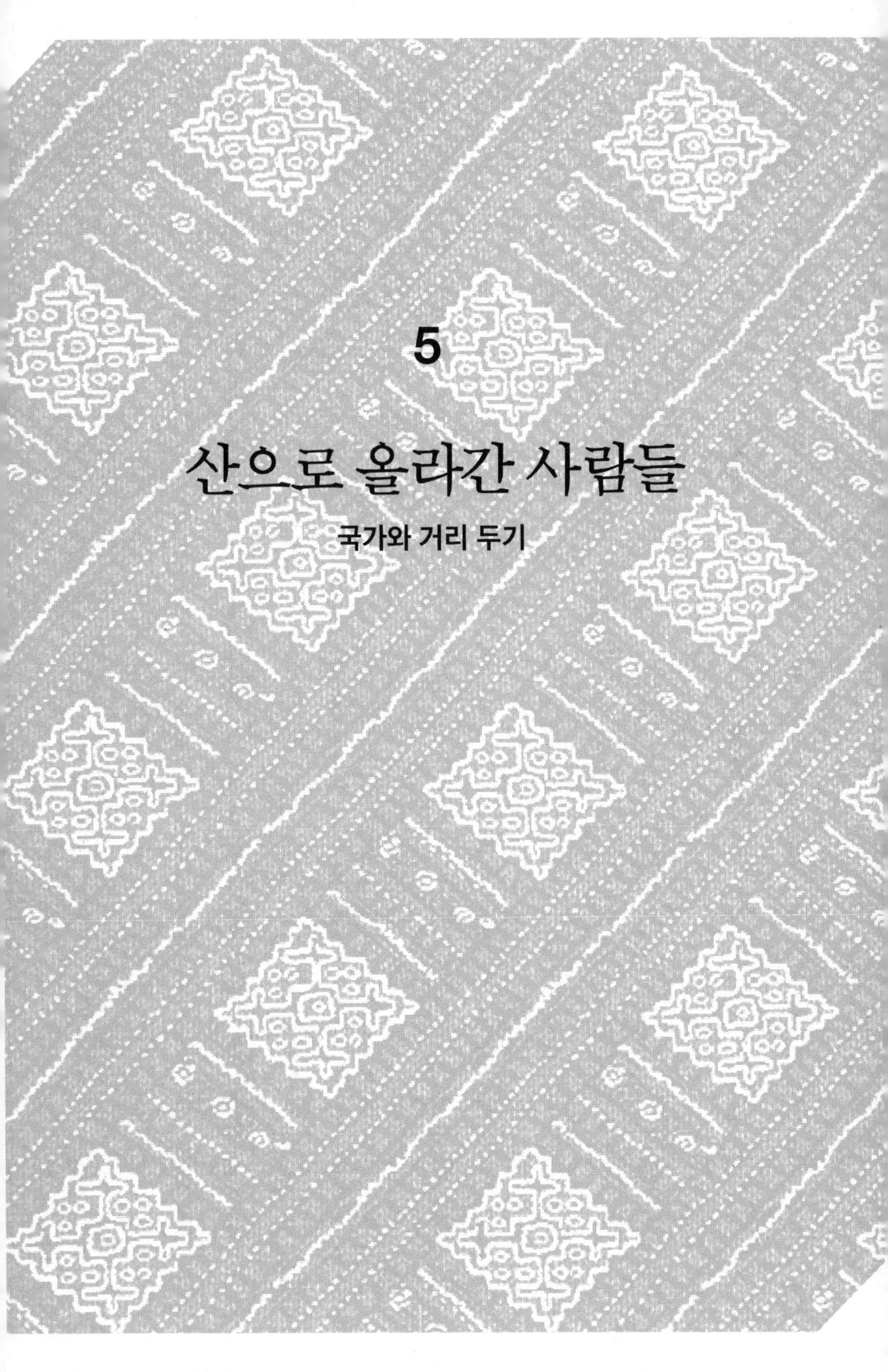

5

산으로 올라간 사람들

국가와 거리 두기

파고다가 완성되니 나라가 망한다. — 미얀마 속담[1]

습격은 우리의 농업이다 — 베르베르 속담

커져 가는 공동체가 영역을 넓히면서 기존의 모든 거주민들을(또는 그 일부를) 자기 품으로 받아들이지 않고 몰아낸다면, 그렇게 퇴각한 자들이 다른 곳으로 퍼져 새로운 사회를 건설하게 된다.

— 오언 래티모어, 《역사와 변방》[2]

9·11 위원회는 2001년 뉴욕 세계무역센터 공격에 대한 조사를 발표하면서 테러리스트의 근거지로서 새롭게 떠오른 위협적인 곳에 주의를 환기시켰다. 이곳은 적성 국가 단위라기보다는, 그 위원회가 부르는 바, '무법천지,' '외딴 곳,' '치안이 부재한 광대한 곳,' '매우 까다로운 지형'에 자리 잡고 있는 은신처였다.[3] 파키스탄-아프가니스탄 국경에 있는 토라보라(Tora Bora)와 샤이콧(Shah-i-Kot) 지역, 필리핀 남부

와 인도네시아에서 치안을 유지하기 어려운 섬 지역 같은 은신처들이 특별히 주목했다. 그 위원회는 이러한 곳들이 지리적으로 동떨어져 있고, 지형적으로 접근하기 어려우며, 무엇보다 국가권력이 상대적으로 영향력을 뻗치지 못해 미국과 그 연합 세력이 힘을 행사하기가 굉장히 어렵다고 했다. 그 위원회가 보지 못한 것은 바로 그곳이 역사적으로 국가권력으로부터 피하는 공간이었기에 오늘날에도 많은 사람들이 거기에 살고 있다는 사실이다.

국가가 존재하지 않고 지리적으로도 동떨어진 지역이 오사마 빈 라덴과 그 수행원들에게 피난처를 제공했듯이, 대륙 동남아시아의 광대한 산악 지역, 곧 우리가 조미아라고 부르는 곳이 국가를 피해 도망간 자들에게 역사적으로 피난처를 제공했다. 긴 안목으로 볼 때(여기서 의미하는 '긴' 시간은 1,500~2,000년이다) 오늘날의 산악민들을 오랫동안 이어져 온 망명 과정의 후예들로, 평지의 국가 만들기 프로젝트에서 도망친 자들로 바라봐야 제대로 이해했다고 할 수 있다. 그들의 농업 관행, 사회조직, 지배 구조, 신화, 문화 조직 등은 대개 '국가 피하기' 또는 '국가와 거리 두기' 관행의 흔적을 깊게 품고 있다.

이렇게 국가를 피하는 이주의 과정에서 산악 지역에 사람이 최근까지도 들어찼다고 보는 견해는 여전히 평지 사람들의 일반적인 생각으로 자리 잡고 있는 기존의 견해와 너무도 대조적이다. 기존의 견해에 따르면 산악민들은 어떤 이유에서든 더 문명화된 생활 방식으로 전환하지 못한 원주민들일 뿐이다. 특히 정착 논농사와 평지 종교를 받아들이고 좀 더 큰 정치 공동체의 (신민이나 시민으로서) 구성원으로 참여하는 데에 실패했다고 본다. 이러한 견해가 핵심적으로 내세우는 바는 산악민들이 고원지대의 문화적 웅덩이에 빠져 살아가는 불변의 이질적인 집단이고 따라서 문화적인 진보를 기대할 수 없다는 것이다. 오늘날 널리 퍼진 좀 너그러운 견해는 그런 사람들을 문화적으로 물질적으로 '뒤쳐진' 자들로 여겨 발전 프로젝트의 대상으로 삼고 국가의 문화와 경제에 통합시키려는 것이다.

그와는 반대로 조미아 사람들을 한때 자발적으로 국가권력이 미치는 못하는 곳으로 이동한 자들의 복합체라고 본다면, 기존의 견해가 내포하고 있던 진화론적 줄세우기는 설 자리가 없다. 산악성(Hilliness)은 대부분 국가 효과였다. 어떤 이유에서건 국가권력의 직접적인 영향권에서 벗어난 자들이 설립한 사회라는 뚜렷한 특징을 갖고 있었다. 산악민 집단을 국가를 멀리하려는 사회 또는 반국가적인 사회라고 바라볼 때, 산에서 발견되는 농업 관행, 문화적 가치, 사회구조를 훨씬 더 잘 이해할 수 있게 된다.

초창기의 증거는 좀 불명확하고 공백이 있지만, 산에 사람이 들어차는 것을 둘러싸고 시대를 관통하는 논리는 꽤 타당하다. 평지 벼농사 국가는 인구와 군사적 우위를 통해 그보다 작은 사회들을 복속하고 강한 국가로 성장해 갔다. 한편으로 흡수와 동화라는 이중 과정이 진행되었고 다른 한편으로 분출과 탈주를 양산했다. 흡수당한 자들은 자신들의 문화적인 색깔을 평지의 혼합적 문화에 섞기도 했지만 결국 그 독특한 특징을 잃어버렸다. 분출되거나 탈주한 자들은 대개 외딴 변방의 더욱 높은 곳에 있는 피난처를 찾아 떠나기 마련이었다. 그들이 갔던 도피 공간은 결코 텅 비지 않고 장기간에 걸쳐 국가를 떠나는 이주민들과 그 후예들로 채워졌다.

긴 역사적 관점에서 볼 때, 이 과정은 뜨문뜨문 진행된 것이 특징이다. 왕조가 평화로울 때와 무역이 번창할 때 그리고 제국이 성공적으로 팽창할 때면 국가권력 아래에서 살아가는 사람들이 많아졌다. '문명화 과정'에 대한 전형적인 설명이 화려하게 치켜세우는 것처럼 자애롭거나 자발적이지 않았지만 바로 그런 때에 관한 것이었다. 그러나 전쟁, 흉작, 기근, 끔찍한 과세, 경제 위축, 군사 정복이 나타나는 시기에는 평지 국가의 영역 바깥에서 사회를 이루며 살아가는 것이 훨씬 더 유리하여 사람들의 마음을 많이 끌었다. 산악 지역의 험준한 지세가 국가로부터 벗어나는 피난처를 마련해 주었기에 평지 사람들이 그곳으로 역류했다. 이렇게 해서 조미아에 사람이 들어차고 국가를 멀리하는 사회가 건설되기에 이르렀다. 이런 이주는 지난 1천 년 동안 규모를 달리하며 이루어졌다. 각각의 새로운 이주 물결은 이미 먼저 그곳에 이르러 터전을 이루고 살아가고 있는 사람들과 마주했다. 갈등과 화합의 과정 그리고 이 비지배의 공간에서 정체성의 재구성 과정이 진행돼 조미아는 종족적으로 복잡한 공간이 되었다. 자기표현이 중심이 된 평지 국가의 문헌은 이 과정을 무시하고 거의 기록하지 않았다. 20세기에도 그러한 과정은 매우 일반적이었고 오늘날까지도 이것은 작은 규모로 진행되고 있다.

다른 어떤 국가보다 대규모로 사람들의 이동을 촉진하고 여러 부류의 사람들을 흡수하는 강력한 힘을 가진 국가가 있었다. 중국이 적어도 한나라 때(기원전 202년~기원후 220년) 최초로 거대한 농경 제국이 되어 남쪽인 양쯔 강 쪽으로 확장한 때부터 청나라와 그 후예인 중화민국과 중화인민공화국에 단속적으로 이르기까지, 흡수를 회피한 사람들이 남쪽으로, 서쪽으로, 그리고 윈난, 구이저우, 광시, 대륙 동남아시아가 있는 남서쪽의 조미아로 흘러 들어갔다. 나중에 세워진 다른 벼농사 국가들은 작은 규모로 그 과정을 따라했고 때때로 중국의 팽창을 전략적으로 막기도 했다. 미얀마, 시암, 찐, 티베트 같은 국가들이 가장 두드러졌으나 여전히 '마이너리그' 국가였다. 한편 한동안 비슷한 역할을 했던 상당수의 작은 벼농사 국가들, 이를테면 남조, 뿌, 람푼(하리푼차이), 짜잉똥은 역사 속으로 사라졌다. 사람들을 잡아서 흡수하는 인력 장치로서 그 국가들은 같은 방식으로 국가를 피하려는 사람들을 산으로 쫓아 냈고 그들 자체의 '야만의' 경계를 만들어 냈다.

국가의 신민에 지워진 무거운 짐들로부터 벗어난 피난처로서 산의 중요성이 눈에 띄지 않는 것은 아니었다. 장 미쇼의 언급에 따르면, "산악민들은 전쟁 때문에 터전을 잃고 국가권력이 직접적으로 미치지 않는 곳에 머물기로 작정한 난민들이라고 볼 수 있다. 국가는 노동과 세금을 창출할 수 있는 자원을 통제하려 했고 그들에게 안정적으로 접근하여 병사나 하인, 첩, 노예로 쓰려고 했다. 산악민들이 늘 이동해야 했음을 의미한다."[4]

역사적·농업생태학적·종족적 증거에서 보자면, 미쇼의 관찰은 조미아를 국가에 대항하는 거대한 변방으로 볼 수 있게끔 아주 밝은 렌즈가 되어 준다. 이 장과 그다음 두 장의 목적은 이 렌즈의 해상력(解像力)에 힘입어 그 주장을 개괄적으로 살펴보는 것이다.

전 세계의 도피 지역

조미아를 이해하기 위해 우리가 내놓는 관점이 새로운 것은 아니다. 비슷한 경우가 전 세계의 크고 작은 여러 지역에서도 발견된다.

제국의 확장과 위협 때문에 사람들은 흡수와 저항 가운데 하나를 선택할 수밖에 없었다. 핍박당한 사람들이 그들 자체로 국가 형태를 조직하면 저항은 군사적 충돌의 형태가 될 수도 있었다. 싸움에 패한다면 곧 흡수되거나 다른 곳으로 떠나야 했다. 핍박당하는 사람들이 국가를 갖고 있지 않으면, 선택은 대개 흡수나 도주로 귀결되었다. 도주하면서 종종 후방 부대와 싸움을 벌이고 습격하기도 했다.[5]

거의 30년 전에 곤살로 아기레 벨트란이 라틴아메리카를 두고 이 같은 주장을 한 바 있다. 《도피 지역》이라는 책에서 그는 정복 이전의 사회와 같은 것이 외딴 곳이나 접근할 수 없는 곳에 존재하고 있어서 에스파냐의 힘이 미치지 못했다고 주장했다. 두 가지 요인이 이러한 곳에 도피처가 생기는 데 결정적으로 작용했다. 첫째, 그 지역들은 에스파냐 식민 통치자들에게 경제적으로 가치가 전혀 없거나 미미했다. 둘째, 그 지역들은 지리적으로 도달할 수 없는 지역으로 지형의 저항성이 매우 심한 곳이었다. 아기레 벨트란은 "물리적 장벽 탓에 교통로에 접근할 수 없는 험준한 오지로서, 지세가 매우 험하고 농업 소출이 보잘것없는 지역"을 지목했다. 이러한 조건을 갖춘 사막, 열대 정글, 산악이라는 세 가지 환경은 모두 "인간이 접근하기 굉장히 어려운 곳"이었다.[6] 아기레 베틀란의 생각에 따르면, 토착민은 그런 곳으로 내몰리거나 도피한 것이 아니라 그냥 그곳에 남겨져 살게 된 사람들이었다. 그들은 에스파냐 사람들에게 아무런 경제적인 이익이 되지 못했고 군사적으로 위협을 끼치지도 않았다.

아기레 베틀란은 일부 토착민들이 에스파냐의 토지 수탈 때문에 살던 곳을 버리고 메스티소 정착민들은 가고 싶어 하지 않는 그런 도피처로 들어갔다는 사실도 감안하고 있다.[7] 이어진 연구는 도피와 후퇴가 이 과정에서 어떤 역할을 했는지를 좀 더 자세히 살펴보는 일이 될 것이다. 긴 관점에서 보면, 다는 아닐지라도 아기레 베틀란이 얘기하는 '토착민'의 일부는 한때 엄격하게 위계화된 사회에서 살던 정착 경작민이었는데, 에스파냐의 압박과 더불어 전염병이 불러온 끔찍한 인구 재앙 때문에 적응과 이동성이 중심이 된 사회를 다시 건설할 수밖에 없었다. 스튜어트 슈워츠와 프랭크 샐러먼은 복잡한 유역 체계의 거주민들이 "친족 구성이 [그리] 엄격하지 않고 사회정치적으로 [그리] 중앙집권적이 않은 개별 단위 집단으로 하향식 변화를 감행하여" 결국 "따로 분리되어 다르게 살아가는 마을 사람들"로 탈바꿈했다고 지적한다. 뒷날 퇴보적인 부족민이라고, 신석기 시대 부족민이라고 여겨질 수도 있는 자들이 실은 역사적으로 정치적 핍박과 완전히 새로워진 인구 환경에 적응한 자들이었다고 봐야 더 옳다.[8]

대규모 인구 이주와 종족적 재편에 관한 오늘날의 이해는 슈워츠나 샐러먼과 비슷한 입장을 취한다. 브라질에서 식민 레둑시온과 그곳 강제 노동으로부터 도망친 원주민들, 곧 "패배한 촌락민, 메스티소, 탈주자, 도망친 흑인 노예들"은 종종 변방에서 합쳐 무리를 이루고 이미 들어와 거주하고 있는 자들과 함께 살며 원주민으로서 정체성을 갖거나 때로는 새로운 정체성을 갖기도 했다.[9] 아시아의 벼농사 국가처럼 에스파냐와 포르투갈의 지배 프로젝트는 국가 공간에서 활용 가능한 인력을 통제하는 것이 필수적이었다. 강제 이주로 말미암은 도피라는 최종 결과는 한편의 국가 공간과 다른 편의 높고 외딴 곳의 국가를 거부하는 사람들 사이를 구분 지었다. 신대륙에서 발생한 대규모의 인구 붕괴가 동남아시아에서도 비슷하게 발생했다는 사실은 놀라운 지점이다. 1570년의 레둑시온에 관해 슈워츠와 샐러먼은 이렇게 주장하고 있다.

에스파냐는 인구 감소와 식민지 경영에 노동력이 필요하여 집촌 교구에 사람들을 강제로 이주시켰다. 이 때문에 지난날 잉카제국이 다스리던 모든 곳에서 수천 명의 인디언들이 터전을 잃고 섞이게 됐다. 여러 곳에 흩어진 농업 목축 정착지들을 유럽식 통일된 도시 스타일로 집중화시키는 프로젝트는 계획대로 성공하지 못했다 하더라도 일치되지는 않지만 꽤 규칙적인 결과를 낳았다. 그 결과에는 한쪽의 토착 변방 및 높은 경사지와 다른 한쪽의 '문명화된' 교구의 핵심 지역 사이에 끊임없는 반목도 포함된다. …… 인구 감소, 엄격한 공물 부과, 강제 노동 할당으로 수천 명이 고향에서 쫓겨났고 섞이게 됐다.[10]

적어도 안데스에서는 문명 중심과 '토착 변방' 사이의 큰 차이가 정복 이전 시기 잉카의 궁정과 국가를 거부하는 변방 사람들 사이의 차이와 일맥상통한 것으로 보인다. 그러나 고도의 차원은 반대로 나타났다. 잉카의 궁정은 고도가 높은 곳에 있었고, 변방은 낮고 습한 적도의 숲에 있었다. 그 변방에 거주한 사람들은 잉카의 힘을 오랫동안 거부했던 것이다. 이 고도의 뒤바뀜은 전근대 국가 건설의 핵심이 경작 가능한 땅과 인력을 집중화시키는 것이지 고도 그 자체는 아니라는 사실을 중요하게 일깨워 준다. 동남아시아에 광대하게 펼쳐져 있는 경작지는 고도가 낮은 곳에 있었다. 이와는 대조적으로 페루에서는 사실 해발 2,700미터 아래 지역에서는 그 위보다 경작할 땅이 많지 않았다. 위쪽 지역에서는 물을 대 키운 벼가 아니라 신대륙의 주식인 옥수수와 감자가 무성히 자랐다.[11] 잉카 문명의 경우에 고도 차원이 반대로 나타났지만, 잉카나 에스파냐나 모두 국가를 거부하는 '야만인의' 변방을 만들어 냈다. 에스파냐의 경우에서 정말 놀라운 것은 의도적으로 국가 공간의 위험과 압제로부터 거리를 두려고 야만 변방으로 도망간 자들이 매우 복잡한 정주 사회 출신이었다는 점이다. 그곳으로 갔다는 것은 대개 그들이 본거지를 버리고, 사회구조를 단순하게 만들고, 더 작고 더 이동적인 집단으로 쪼개졌다는 것을 의미했다. 아이러니하게도 그들은 초기의 민족학자들을 바보로 만들어 야노마모족, 시리오노족, 투포과라니족 등 흩어진 집단들이 생존한 원시인들이라고 믿게 만드는 데 크게 성공했다.

한동안 유럽인의 지배에서 벗어나기 위해 싸워 나갔던 그 사람들은 불복종의 공간을 표상하기에 이르렀다. 그런 파쇄 지대가 특히 생계에 필요한 자원을 풍부하게 보유하고 있는 경우 자석처럼 식민 권력의 힘이 미치지 않는 곳에서 피난처를 찾는 개인들, 작은 집단들, 전체 공동체를 끌어당겼다. 슈워츠와 샐러먼은 유럽인들과 대결하여 아마존 상류에서 몇 개의 지류를 장악했던 히바로족(Jívaro)과 그에 이웃하는 자파로족(Záparo)이 어떻게 그러한 자석이 되었는지를 보여준다.[12] 인구가 밀려들어 오면서 대부분의 도피 공간에서는 하나의 특징이 필연적으로 나타나게 됐다. 바로 정체성과 종족성, 문화가 잡동사니처럼 뒤섞여 어리둥절할 정도로 복잡해진 것이다.

북아메리카에서 17세기 후반과 18세기 전반에 걸쳐 5대호 지역은 영국과 프랑스가 서로 인디언 연합 세력, 특히 이로쿼이족과 알곤킨족을 동원하여 서로 힘을 겨루게 되면서 도피와 유입의 공간이 되었다. 이곳은 여러 지역과 배후지로부터 온 도망자들과 난민들로 가득 찼다. 리처드 화이트는 이 지대를 "조각들로 구성된 세계"라 불렀다. 엄청나게 다양한 배경을 가진 사람들의 마을들이 다닥다닥 붙어 있었고 다른 거주지들도 여러 부류의 사람들이 마구 섞여 있었던 것이다.[13] 이런 조건에서는 아주 작은 마을 단위에서일지라도 지배 권력의 힘이 약하기 마련이고 각 거주지 자체가 대단히 불안정했다.

신대륙 도피 지대의 퀼트 같은 기묘한 종족 구성은 새롭게 들여온 사람들, 곧 아프리카 노예들이 도망쳐 그 지역에 들어가면서 훨씬 더 복잡해졌다. 남은 원주민을 노예로 삼으려는 식민 당국의 노력이 실패로 돌아가자 이를 만회하기 위해 아프리카 노예들을 들여온 터였다. 그들 자체로도 정말 복잡한 집단인 노예들이 예속에서 도망쳐 원주민이 이미 차지하고 있던 도피 지대로 들어간 것이다. 플로리다, 브라질, 콜롬비아, 카리브 해 곳곳에 이르기까지 여러 지역에서 이러한 조우는 쉽게 형언할 수 없을 정도로 혼종 인구를 양산했다. 노예들과 원주민들만이 국가 밖 삶의 약속에 유혹을 받은 것이 아니었다. 경계 지역의 전형적인 인물들인 군인 탐험가, 장사꾼, 비적단, 도주자, 추방자들도 역시 이들 지역으로 흘러 들어가 그 인구 구성이 더욱 복잡해졌다.

여기에서 일종의 역사 유형이 대략적이나마 발견된다. 국가의 팽창이 강제 노동의 형태와 결부될 때 (지리적 조건 탓에) 국가 바깥에 도주와 피난의 공간이 형성된다는 것이다. 그곳의 거주민들은 대개 도망자들과 일찍이 터를 닦았던 사람들로 구성된다. 유럽 식민 세력의 팽창이 당연히 이 유형을 입증하는 가장 좋은 사례이다. 그러나 이 유형은 근대 초기 유럽 자체에도 마찬가지로 적용된다. 15세기부터 러시아의 농노제로부터 도망친 사람들이 살아갔던 코사크 변방이 바로 그런 사례인데, 앞으로 살펴보게 될 것이다.

두 번째의 경우는 17세기 말과 18세기 초에 농업 국가인 프로이센과 브란덴부르크, 해양 세력인 베네치아, 제노바, 마르세유 사이의 '무법천지의 회랑'인데, 매우 흥미로운 사례이다.[14] 농업 국가들은 군사를 강제로 끌어모으기 위해 경쟁하면서 사실상 고정된 거주지 없이 살아가는 '유랑자들'을 끊임없이 괴롭히며 가혹한 징병 할당을 채우려고 했다. 낙인과 천형의 떠돌이 가난뱅이인 집시들은 죄인 취급을 받았으며 악명 높은 집시 사냥꾼들의 표적이 되었다. 남서쪽에서는 갤리선 노예를 확보하기 위해 해양 국가들 사이에 마찬가지로 끔찍한 경쟁이 벌어졌다. 갤리선 노예 역시 떠돌이 가난뱅이들 중에서 강제로 모집됐다. 이 두 지대에서 군사 노예나 갤리선 노예는 사형선고의 대체로 간주됐고 유랑자들에 대한 습격은 군사 인력에 대한 필요와 깊게 관련됐다.

그러나 이 두 예속 지대 사이에 대다수의 가난한 이주민들, 특히 집시들이 도망칠 수 있고 비교적 안전한 틈이 있었다. 이 무인 지대, 이 비좁은 도피의 지대는 '무법천지의 회랑'으로 알려졌다. 탈법의 회랑은 한눈에 보자면 "팔라틴(Palatine, 로마의 언덕 이름—옮긴이)과 작센 사이"의 이주민 밀집 지역으로 "프로이센-브란덴부르크의 징집 지역뿐만 아니라 지중해와도 동떨어져 있었다(지중해의 경우, 노예 운송에 들어간 비용이 노예 값보다 높았다)."[15] 아기레 벨트란이 보여 준 도피와 망명가 집단 지역의 경우에서처럼, 무법천지의 회랑은 국가 효과이자 동시에 의식적으로 굴종에 대처하고 이를 거부하면서 벼린 국가를 거부하는 사회적 공간이었다.[16]

조미아 지대로 눈을 돌리기 전에 동남아시아에서 국가 지배를 벗어난 '산악' 난민에 관한 두 가지 예를 간략하게나마 살펴보면 좋겠다. 첫 번째는 동부 자바 뗑게르 고원에 관한 것으로 문화적·종교적 생존이 이주의 동기로 크게 작용한 경우이다.[17] 두 번째는 거의 극단적인 사례인 북부 루손에 관한 것으로 도망자들이 도달했던 이 도피처는 사실상 사람이 살지 않던 공간이었다.

뗑게르 고원은 자바에서 대표적으로 비이슬람이었던 힌두-시바 사제들의 주요한 보루였다. 그 사제들은 마지막 주요 힌두-불교 왕국(마자빠힛Majapahit)이 16세기 초에 멸망한 뒤에 진행된 이슬람화의 물결을 유일하게 피한 집단이었다. 현지의 이야기에 따르면 패배한 사람들의 일부가 발리로 갔고 일부는 고원에서 도피처를 찾았다고 한다. 로버트 헤프너가 언급하듯이, "현재 뗑게르 고원에 있는 사람들이 힌두교의 다른 특징들, 가령, 카스트, 궁정, 귀족을 전혀 갖지 않은 채 힌두교 사제에 강하게 유착되어 있다는 것은 놀라운 일이다."[18] 그 고원의 인구는 주기적으로 평지 국가로부터 벗어나 도피처를 찾는 새로운 이주민들의 물결로 채워지곤 했다. 평지 국가인 마따람(Mataram)이 17세기에 흥기하면서 노예를 포획하기 위해 산악 지역으로 원정대를 반복해서 보내자 사람들은 잡히지 않기 위해 상대적으로 안정적인 더 높은 산비탈로 올라갔다. 1670년대에 마두라의 왕자가 당시 네덜란드의 보호를 받던 마따람에 대항하여 반란을 일으킬 때 그리고 그 반란이 분쇄되었을 때, 와해된 반란자들은 네덜란드 추적자들에 앞서서 산으로 도망쳐 버렸다. 또 다른 반란자이자 빠수루안(Pasuruan)을 세운 노예 출신의 수라빠띠(Surapati)는 나중에 결국 네덜란드에 의해 궤멸 당했지만, 그 후예들은 뗑게르 고원에 있는 보루에서 몇 년 동안 저항을 이어 나갔다. 헤프너가 부르는바 250년의 정치적 폭력의 산물로서, 그리고 노예, 패배, 과세, 문화적 동화, 네덜란드 하의 강제 경작으로부터 도망친 자들의 집합으로서 뗑게르 고원은 실로 엄청난 사례이다.

18세기 말까지 수많은 사람들이 경제적으로는 어렵지만 쉽게 접근할 수 없어서 방어하기에는 안성맞춤인 고원지대로 옮겨 갔다. 비무슬림인 그들은 해마다 화산에 제물을 바치면서 무슬림 군대로부터 도망친 그 도피의 역사를 기억했다. 그들의 독특한 전통은 힌두교적인 내용이긴 해도 문화적으로 그 안에 개별 가구의 자율성, 자립성, 반위계성을 강하게 품고 있었다. 한 산림청 관료는 처음에 이 지역을 방문할 때 이곳이 평지와 너무나 달라서 큰 충격을 받고, "부유한 자와 가난한 자를 구분할 수가 없다. 지위에 상관없이 모든 사람들이 상대방과 평등하게 대화한다. 어린아이들이 그들의 부모나 심지어 마을의 촌장에게 일상적 표현인 응오꼬(ngoko)를 쓰며 말을 건다. 어느 누구도 다른 사람 앞에서 허리를 굽히거나 인사하지 않는다"[19]고 언급했다. 헤프너가 말하듯이, 뗑게르 고원지대 사람들을 관통하는 목표는 '명령받는 것'을 피하는 것이다. 이 열망은 평지 자바의 정교화된 위계질서나 지위에 따른 행동 양식과는 절대 맞지 않았다. 뗑게르 고원의 인구 유형과 사회 풍토는 모두 국가 효과였다. 500년 동안 평지 국가로부터 도피한 난민들이 그곳에 찾아들었으며 서열을 중시하는 평지의 이슬람교도와 달리 평등주의적 가치와 힌두교 의례를 의식적으로 지켜 나갔다.[20]

도서부 동남아시아의 두 번째 역사적인 사례인 북부 루손의 산악지역은 전반적으로 조미아의 경우와 구조적으로 닮아 있다. 뗑게르 고원과 더불어 북부 루손은 평지의 예속에서 도망친 자들로 채워진 작은 규모의 조미아라 할 수 있다.

펠릭스 키싱은 《북부 루손의 종족사》(Ethnohistory of Northern Luzon)에서 평지 사람들과 고원지대 사람들 사이의 문화적·종족적 차이를 아주 상세하게 설명하고 있다. 그는 두 곳의 사람들이 근본적으로 아예 달랐다는 전제에 기반을 둔 설명을 반박한다. 그 전제 탓에 별도의 이주 역사를 써서 루손에 그들이 존재하고 있는 까닭을 설명하려고들 한다. 키싱은 이런 설명 대신에 그 차이는 장기간의 에스파냐 통치 시기에 "원래 동일했던 사람들에게 끼친 생태적·문화적 역동성"에서 비롯되었다고 주장한다.[21] 다시 말하자면, 대략 500년 이전 시기까지 거슬러 올라가는 도피의 역사인 셈이다.

16세기에 에스파냐 세력이 도착하기 이전에도 그 섬에 살았던 사람들 중 일부는 해안에서 습격을 일삼는 이슬람 노예 상인들을 피해 내륙 쪽으로 이동했다. 해안가에 남아 있는 이들은 종종 노예 상인들이 다가올 경우 이를 알리고자 망루를 세웠다. 그러나 에스파냐의 힘이 본격적으로 닿게 되자 예속을 피하려는 움직임도 본격화됐다. 벼농사 국가에서처럼 한곳에 인구와 농업 생산을 집중시키는 것이 국가 만들기의 핵심이었다.[22] 라틴아메리카의 레둑시온처럼 종교 부지들은 강제 노동 시스템이었고 '기독교 문명화'라는 이념적 미명을 정당화시키는 장이었다. 평지 권력이 세운 이 '강제 가옥'에서 사람들이 도망쳐 그때까지만 해도 사람들이 거의 살지 않았던 오지와 산악 지역으로 갔다고 키싱은 보고 있다. 문헌상의 증거는 "접근 가능 집단들이 외부인의 통제에 굴복하느냐 아니면 내륙으로 들어가느냐 사이에서 어떤 선택을 했는지를 보여 준다. 에스파냐 통치에 때때로 저항하면서 일부는 내륙으로 후퇴했고 일부는 산으로 들어갔다. …… 에스파냐 점

령기에 산으로 들어간 것은 대부분의 역사 연구에서 주요한 주제가 되었다"고 그는 주장한다.[23]

대부분 한때 평지인이었던 산악민들이 고지대로 도피하며 정교하고 복잡한 차별화 과정을 시작했다.[24] 새로운 생태 환경에서 여러 난민 집단들은 새로운 생계 방식을 채택했다. 이푸가오족(Ifugao)에게 그것은 고지대에서 정교하게 계단식 논을 만들어 계속 관계 벼농사를 이어 나가는 것을 의미했다. 다른 대부분의 집단들에게는 정착 농업에서 이동식 농업이나 수렵채집으로 바꾸는 것을 의미했다. 훨씬 나중에 이들을 마주친 외부인들은 이들을 완전히 다른 사람들이며 '원시적' 생계 기술에서 결코 벗어나지 못한 자들이라고 바라봤다. 그러나 키싱이 충고하듯이, 오늘날의 수렵채집인들이 100년 전에도 꼭 수렵채집인이었다고 단정하는 것은 잘못된 이해이다. 그들도 마찬가지로 경작자였던 때가 있었다. 여러 시기에 걸쳐 사람들이 물결처럼 흘러 들어와 고지대에 거주하고 나름의 생계 방식을 채택하게 되면서 평지의 통일성과 대조적으로 산악지대에서 '종족 경관'(ethnoscape)이 엄청나게 다양하게 펼쳐졌다고 키싱은 본다. 그는 그러한 종족 분화가 어떻게 발생했는지 설명하기 위해 도식적인 모델을 제안한다. "가장 단순한 이론적 그림은 …… 원래의 집단 중 일부는 평지에 거주하고 일부는 산으로 들어갔다고 보는 것이다. 그리고 각 집단은 종족적으로 재구성 과정을 거쳐 다른 집단이 된다. 무역이나 심지어 전쟁 등을 통해 계속 접촉하면서 그들은 서로에게 영향을 미친다. 고지대 이주민들은 분리되어 다른 생태 환경에서 거주하기 마련이다. 여러 경사지에서 그에 맞게 생계 기법을 계발해 나가고 집단을 재구성하는 것이다."[25] 평지의 국가로부터 그 인구의 일부가 도망쳐 나온 역사적 사실 때문에 산과 평지를 구분하는 구도가 확립됐다. 분쟁과 지극히 다양한 생태 조건과 험준한 지세로 어렵게 된 소통 탓에 산악 지역에서 문화적·언어적·종족적 다양성이 나타났다.

산과 평지의 생활 방식은 다른 경우와 마찬가지로 문화적인 속성과 깊게 관련을 맺었다. 루손에서 평지는 가톨릭, 침례, 복종(과세와 부역), '문명'과 연관됐다. 산은 평지의 관점에서 이교, 배교, 원시적 야생과 포악성, 불복종과 연관됐다. 침례는 오랫동안 새로운 지배자에 대한 공식적인 복종 행태로, 도피는 불복종 행태로 간주됐다(탈주자들은 레몬타도remondados라고 불리었다). 다른 곳에서처럼 '야생'(feroces)의 산악민과 '온순한'(dociles) 자들 사이의 구분이 평지의 핵심부에서 이뤄졌다. 이것은 마치 미국 기병대가 '우호적인' 자들과 '적대적인 레드스킨'(redskin, 미국 원주민을 가리킴—옮긴이)을 구분한 것과 다를 바 없었다. 루손에서 보통의 사람들이 위계화된 평지 국가의 신민이 되는 것과 산악 지역에서 비교적 자율적인 삶을 사는 것 사이의 정치적 선택에 의해 갈라졌으나, 이것이 문명화되고 발전한 한쪽의 집단과 원시적이고 퇴보적인 다른 쪽의 집단 사이의 본질적이고 원초적인 차이로 바뀌었다.

조미아를 향한 기나긴 행진

인도차이나의 산악 부족을 언급하면서 흔히 쓰는 미개인이라는 용어는 아주 부정확하고 오해를 불러일으킨다. 이들 중 많은 자들이 평지에서 세금에 시달리는 사람들보다 훨씬 문명화되고 인간적이고 사실 한때 거대한 제국에서 살았던 자들이다.

— 아치볼드 로스 코큰, 《샨 주에서》(1885)

조미아에 사람이 들어차게 된 것은 대부분 국가 효과 때문이었다. 근 2천 년이라는 긴 시간에 걸쳐 양쯔 강과 주장 강 유역 그리고 쓰촨과 티베트 고원에서 유래한 사람들의 이주를 단순하게 풀이하기란 매우 어려운 일이다. 나보다 훨씬 능력이 뛰어난 자라도 그렇게 하기가 어려울 것이다. 이론과 신화는 많지만 확인할 수 있는 증거는 드물고 더군다나 그 '사람들'을 알아볼 수 없을 만큼 여러 가지 이름으로 부르고 있어 누구를 가리키는지 알아낼 길이 막막하다. 가령 15세기에 먀오족이라 지칭된 집단은, 여하튼 타칭일 텐데, 18세기에 한족 관료가 먀오족이라 이름 붙인 집단과 아무런 관련성도 없다. 이런 혼란은 용어에만 한정되지 않는다. 끊임없는 이주와 문화적 충돌로 집단들이 자주 뒤섞이고 재구성되어 장기 지속의 족보와 언어는 언감생심이다.

실로 불확실한 이들의 정체성을 제대로 파악하기가 어렵지만, 이주의 전반적인 유형에 관해 개략적인 일반화를 조심스럽게 시도해볼 수는 있을 것 같다. 한족 왕국이 원래 그들의 본거지였으며 벼농사 중심이 아니었던 황허 강 지역을 벗어나 팽창함에 따라 새로운 벼농사 지역, 즉 양쯔 강과 주장 강 유역 그리고 강줄기와 평지를 따라 서쪽으로 확대됐다. 팽창 지역에 있었던 사람들에게는 세 가지 선택, 곧 동화와 흡수, 반란, 도망(종종 저항이 실패한 뒤에)이 놓여 있었다. 지방과 왕조의 반란 빈도를 통해 대략적으로 한족 국가의 팽창이 지리적으로, 역사적으로 어떻게 진행됐는지를 파악할 수 있다. 반란은 전형적으

표 2 《중국대백과사전》에 기록된 17세기 중반까지 남서부 중국의 지방별 반란 건수

	BCE 722~207년	BCE 206~CE 264년	265~617년	618~959년	960~1279년	1280~1367년	1368~1644년
쓰촨	0	2	1	0	46	0	3
후난	5	20	18	10	112	6	16
광시	0	0	0	14	51	5	218
광둥	0	4	3	5	23	17	52
윈난	1	3	3	53	0	7	2
구이저우	0	0	0	0	0	0	91

출처: Herold J. Wiens, *China's March toward the Tropics: A Discussion of the Southward Penetration of China's Culture, Peoples, and Political Control in Relation to the Non-Han-Chinese Peoples of South China in the Perspectives of Historical and Cultural Geography* (Hamden, Conn.: Shoe String, 1954), 187.

로 한족이 공격적으로 팽창했던 곳에서 발생했다.《중국대백과사전》(The Great Chinese Encyclopedia)에 들어가기에 충분할 정도로 거대했던 반란들을 정리한 다음의 표는 시사하는 바가 크다.

[표 2]는 당나라 초기에 윈난에 진출하면서, 뒤이어 송나라가 쓰촨, 광시, 후난을 지배하려고 시도하면서 얼마나 기세를 떨쳤는지를 보여준다. 짧게나마 상대적인 소강기에 뒤이어 14세기 후반에 30만 명 규모의 명나라 군사들과 정복자들이 원나라 저항 세력을 뿌리 뽑기 위해 이 지역에 대대적으로 침입했다. 그 침입자 중 많은 이들이 그들보다 앞선 원나라 사람들처럼 정주자로서 눌러앉았는데, 이로 인해 수많은 반란이 특히 광시와 구이저우에서 먀오족과 야오족 사이에 발생했다.[26] 제국주의적 침략과 무장 저항은 표에서는 나타나지 않지만 만주(청조) 시기까지 계속됐다. 청의 정책은 조공을 통한 지배에서 직접적으로 한족에 의한 행정 통치로 바꾸었는데, 이는 혼란과 도피를 더욱더 부추겼다. 1700년부터 1850년까지 3백만 명의 한족 거주민들과 군사들이 남서부 지역으로 들어감에 따라 이곳의 2천만 명 인구에서 한족의 비율이 60퍼센트까지 증가했다.[27]

한족이 팽창했던 각 단계마다 크고 작은 집단들이 한족의 행정 통치 아래 들어와 결국에는 왕국에 세금을 바치는 신민으로 흡수됐다. 그런 집단들이 그 지역에서 '한족'이 되면서 종종 지워지지 않는 그들 고유의 흔적을 남기긴 했지만, 자의식적인 고유의 정체성을 가진 종족 집단으로서 그들의 존재는 사라져 버렸다.[28] 한족의 국가 바깥에 거주하는 것을 선호하는 사람들이 도망갈 개활지가 있는 어느 곳에서나 이주는 언제든 발생할 수 있었다. 관개 벼농사에 적응한 사람들은 쉽게 논농사를 할 수 있는 작은 고원 평원을 찾아냈다. 특히 따이족(라오족)에게서 이런 움직임이 두드러졌다. 다른 집단들은 한족이 재정적으로 쓸모가 없고 농사를 전혀 지을 수 없다고 간주한 더 외딴 비탈이나 골짜기로 들어가서 그럭저럭 자율적인 삶을 살아나갔다. 이 과정으로 말미암아 조미아의 산악지대에 여러 세기에 걸쳐서 사람이 결정적으로 들어차게 되었다. 이 엄청난 이주의 물결을 처음으로 집대성한 헤럴드 윈스가 상세히 요약하듯이,

> 이 침입으로 말미암아 양쯔 강 유역에서 남서쪽인 윈난 변방 지역으로 한족이 진출하여 거주하게 됐고, 남중국의 부족들은 그들이 오랫동안 거주하던 지역에서 옥토를 두고 떠날 수밖에 없었다. 고유의 방식을 지키고자 했던 부족들은 사람이 거의 살지 않는 변방 지대로, 예컨대 매우 습하고, 덥고, 말라리아가 들끓는 지역으로 옮겨갔다. 그곳의 환경은 매우 열악하여 한족의 갑작스런 접근을 막을 수 있었다. 이주의 두 번째 방향은 환경이 열악한 이 산악지대로 향하는 수직적인 이동이었다. 그곳은 쌀을 재배하기에 알맞지 않아 한족 농경민들이 쳐다보지도 않았다. 평지에 거주하며 쌀을 재배하고 물을 사랑하는 따이족이 첫 번째 경로로 이주했다. 산을 옮겨 다니는 화전농이었던 먀오족, 야오족, 롤로족 그리고 이들과 연관된 농경 집단들이 두 번째 경로로 이주했다. 부족민들은 그렇게 수직적인 이동을 했지만 터전을 일구어 나갈 공간이 충분하지 않아 그들 중에는 남쪽과 남서쪽 변방 지역으로 심지어 베트남-라오스 및 북부 태국과 북부 미얀마를 넘어서까지 이주한 자들도 있었다.[29]

윈난, 구이저우, 광시 지역의 북부와 서부의 고원은 매우 험준한 산

악으로 이루어져 있어 한족 국가의 힘이 뻗어 나갈 수 없었고 한족들의 거주지도 확장될 수 없었다. 이 억센 지세가 국가 간 경계 지역인 남쪽으로 계속 진행되어 대륙 동남아시아 북부와 인도 동북부 지역에까지 이르기 때문에, 이곳들 역시 우리가 부르는바 마땅히 조미아의 일부라고 생각된다. 바로 이곳이 국가의 팽창을 막아 주었기 때문에 국가에 포섭되기를 거부하는 사람들이 이곳으로 향한 것이다. 시간이 흐르면서 산악 환경에 적응하고 포섭을 피하기 위해 사회구조와 생계 방식을 개발하고 나니 평지 사람들은 오늘날 그들을 가난에 찌들고, 퇴보적이고, 문명을 발전시킬만한 재능이 부족한 부족민들로 바라보고 있다. 그러나 헤럴드 윈스가 설명하듯이, "오늘날 '산악 부족'의 초기 조상들 역시 평지에서 살았던 사람들이었다는 것은 의심할 여지가 없다. …… 훨씬 뒤에 이르러서야 산악민으로서 먀오족과 야오족에 대한 구분이 생겨나게 되었다. 점령과 파멸로부터 피하려는 부족민들에게 이 구분은 선호의 문제라기보다 필요의 문제였다."[30]

한 집단의 이주 이야기를 역사적으로 깊게 그리고 정확하게 기술하고자하는 시도는 그 집단이 너무나 자주 쪼개졌다 합쳐졌다 했기 때문에 큰 어려움을 겪게 된다. 그럼에도 불구하고 윈스는 한족은 먀오족이라 부르지만, 그들 스스로는 몽족이라 부르는 거대한 집단의 여기저기 흩어진 조각들의 역사를 꿰맞추려고 했다. 6세기 무렵에 자체의 귀족층을 갖고 있었던 '먀오-만'('야만인')은 403년과 610년 사이에 40번이나 넘게 반란을 일으키며 양쯔 강 북부 한족의 평원 지역에 군사적으로 큰 위협을 가했다. 어떤 때에는 그들은 해체되었고 흡수되지 않은 자들은 흩어져 분산되고 귀족층도 갖지 않는 채 살아갔다. '먀오'라는 용어는 시간이 흐르면서 무차별적으로 한족 국가의 변방에서 지도자 없이 살아가는 거의 모든 사람들에게 적용되기에 이르렀다. 사실상 '야만인'의 약칭이 된 것이다. 지난 500년 동안 명과 청 치하에서 전개된 동화 캠페인이나 '진압과 토벌' 작전은 거의 늘 쉬지 않고 전개됐다. 1698년, 1732년, 1794년, 그리고 무엇보다 1855년 구이저우에서 발생한 반란을 진압하기 위한 캠페인은 중국 남서부와 대륙 동남아시아 산악 지역 곳곳으로 먀오족을 흩어지게 했다. 윈스는 추방과 절멸을 일삼은 이 캠페인들을 '미국의 인디언 취급'과 견주었다.[31]

이에 따라 먀오족은 긴박하게 도주하며 조미아 곳곳에 퍼지게 됐다. 먀오족(몽족)은 보통 높은 고지대에서 아편과 옥수수를 재배했지만, 중간 정도의 고지대에서 물을 대 벼를 재배하기도 했고, 수렵채집과 화전을 하기도 했다. 윈스는 몽족이 등장할 때 그 거주 영역에서 이러한 다양성이 발생했고 몽족이 경쟁 집단에 비해 강한 힘을 갖고 있었다고 설명한다.[32] 나중에 도달한 자들이 군사적으로 강하다면 대개 평지를 차지하고 기존의 집단들은 압박을 받아 위로 올라가기 마련이었다. 연쇄효과인 셈이다.[33] 나중에 도달한 자들이 그리 강하지 않다면 틈새 지역이나 종종 고지대를 차지해야 했다. 어떤 경우이든 개별 산이나 산맥에서 '종족성'이 수직적으로 층층이 쌓였다. 예컨대 윈난 남서부에서 해발 1,500미터 아래에서는 몬족 일파가, 1,700미터까지의 고원 분지에서는 따이족이, 그보다 높은 고도에서는 먀오족과 야오족이, 마지막으로 아마도 이 조건에서 가장 약한 집단으로 산 정상 가까이에 거주하는 아카족이 1,800미터까지의 고지대에 거주했다.

서쪽과 남서쪽으로 떠밀려 조미아 산악지대에 도달한 사람들 중에 따이족이 가장 많았고, 이는 오늘날에도 두드러진다. 범따이어 공동체는 오늘날 태국의 타이족, 라오족, 미얀마의 샨족, 중국 남서부의 좡족(중국에서 가장 규모가 큰 소수민족이다), 북부 베트남에서 아삼에 이르기까지의 여러 관련 집단을 포함한다. 여러 견해를 종합컨대, 많은(다는 아닐지라도) 따이족 사람들을 다른 조미아 사람들과 구별 짓는 것은 그들이 언제나 국가를 만드는 사람들이었다는 점이다. 즉 오랫동안 논벼를 재배해 왔고 전제적 지배의 사회구조와 강력한 군사력 그리고 대개 국가 형성을 촉진하는 세계 종교를 갖고 있었다. '따이적인 것'(Tainess)은 역사적으로 사실 '말레이적인 것'(Malayness)과 유사한 면을 많이 갖고 있다. 그것은 소수의 상층부 군사 엘리트나 귀족이 갖고 있었던 국가 만들기 기술이었으며 다른 많은 사람들은 시간이 흐르면서 상층부에 동화됐다. 그들의 위대한 국가 만들기 노력의 결과로 윈난에서 737년~1153에 남조(南詔) 왕국과 그 후예인 다리(大理)가 들어서며 당의 지배에 맞서 싸웠고 한동안은 쓰촨의 수도인 청두를 장악하기도 했다.[34] 몽골의 침입으로 멸망당하기 전에 이 세력은 중부 미얀마의 뿌 왕국을 점령했었고 북부 태국과 라오스에까지 그 힘을 떨쳤다. 몽골이 승리함에 따라 사람들은 동남아시아 고원지대 곳곳과 그 너머로 흩어졌다. 산에서 쌀을 재배하기에 알맞은 곳이라면 어디나 따이족의 모델을 따른 작은 국가가 생겨났다. 치앙마이나 짜잉똥처럼 우호적인 조건에서 세워진 경우를 제외하고는 대부분의 국가들은 그들이 처한 환경적 한계에 맞춘 작은 규모였다. 그 국가들은 대체로 인구와 무역로를 확보하기 위해, 한 영국인 관찰자가 아주 적절하게 동부 미얀마의 산악 지역을 "으르렁거리는 샨족 국가들의 아수라장"이라고 묘사할 정도로 다른 국가와 치열한 경쟁을 벌였다.[35]

조미아나 장기간의 파쇄 지대에서 나타나는 이주와 종족 재구성과 생계 유형의 복잡성은 혀를 내두를 정도이다. 한 집단이 애초에 가령 한족이나 버마족 국가의 압력을 받고 산으로 도망쳤다 할지라도, 저마다의 이유를 갖고 셀 수 없을 정도로 많은 이주와 분열이 뒤따랐다. 다른 산악민들과의 경쟁, 부족한 화전, 집단 내 갈등, 사나운 지신이 부리는 겹겹의 불운, 습격으로부터의 도주 등등이 그 예들이다. 더욱이 거대한 규모의 이주는 처음의 이주가 다른 이주를 부수적으로 발생시키는 연쇄효과를 일으켰다. 이것은 마치 자신들도 다른 이들에 밀려 이동했는데 결국 로마제국을 굴복시기에 이른 초원 유목민 침입의 연쇄효과와 같다. 쉽게 말하면, 한 차의 충격이 다른 차에 연달에 미치게 되는 놀이공원의 광적인 범퍼카 게임과도 같았다.[36]

국가를 떠난 이유

역시 많은 미얀마인들과 버고인들이 압제와 계속되는 부역과 세금을 더 이상 감당할 수 없어서 가족 모두를 데리고 고향에서 떠나버렸다. …… 그래서 왕국의 군대뿐만 아니라 인구도 근래에 크게 감소해 버렸다. …… 내가 처음 버고에 도착했을 때 거대한 잉와의 강[에야워디] 굽이마다 길게 거주지가 늘어서 있었는데, 돌아올 때는 그 강의 전체 유역에서 몇몇 마을만이 보일 뿐이었다.

— 산제르마노 신부, 1800년

거의 2천 년 동안에 산발적으로 그러나 무자비하게 한족 국가와 한족 거주민들이 조미아에 미친 압박은 단연코 사람들을 산악 지역으로 몰아낸 하나의 거대한 역사적 과정이었다. 그러나 이것이 결코 유일한 동인은 아니었다. 다른 국가들, 그중에 뾰, 버고, 남조, 치앙마이, 버마족과 타이족의 여러 국가들의 성장도 사람들의 이주를 발생시켰으며 많은 사람들을 국가 밖으로 내쫓아 버렸다. '보통의' 국가 과정, 가령 과세, 강제 부역, 전쟁과 반란, 종교 분란, 국가 건설의 생태학적 결과들은 사면초가에 몰린 신민들을 일상적으로 밀어냈다. 그런 과정이 과할 때는 사람들이 대규모로 곤두박질치며 도피해 버렸다.

평지에서든, 산악 지역에서든 동남아시아의 경작인들은 결코 땅에 얽매이지 않았다. 초기의 유럽인 방문자들, 식민 관료들 그리고 그 지역의 역사가들은 마을 사람들이 환경이 마음이 들지 않거나 새로운 곳에서 기회를 보게 될 때면 언제든 이주를 단행하는 기이한 성향을 눈여겨보았다. 문자 그대로 수천 개의 마을과 성읍에 대한 간략한 기록을 담고 있는 《상부 버마와 샨 주의 관보》는 그런 관찰을 보여준다.[37] 편찬자들은 마을이 얼마 전이나 몇 세대 전에 다른 곳으로부터 대개 전쟁이나 압제를 피해서 온 사람들에 의해 생겨났다는 말을 여러 번 들었다.[38] 예전에는 실로 번성한 성읍이었는데 거의 황무지가 됐거나 일부의 사람만이 남은 작은 마을로 전락한 거주지도 있었다. 이 모든 증거들은 식민 시기 이전의 이산과 이주가 특별한 일이라기보다 하나의 규칙이었음을 알려 준다. 논벼를 재배하는 사람들을 비롯해 동남아시아 경작인들의 놀라운 일상적인 물리적 이동성은 "땅에 붙박인 농민 가족이라는 오래된 고정관념"과 완전히 배치된다. 로버트 엘슨이 설명하듯이, "정주성보다는 이동성이 이 [식민] 시기와 그 이전 시기 농민의 삶에서 기조를 이루었다."[39]

이런 이주는 많은 부분 의심할 여지없이 평지 자체에서 발생하기도 했다. 평지의 한 왕국과 다른 왕국 사이에서, 왕국의 핵심부에서 주변부로, 자원이 부족한 곳에서 풍부한 곳으로 이주가 일어났다.[40] 그러나 우리가 이미 보았듯이 대다수의 이주는 산으로, 그래서 평지 국가의 힘이 미치지 않을 성싶은 보다 높은 곳으로 옮겨 간 것이었다. 19세기 초에 미안마가 아삼을 공격했을 당시 징집과 과세에 대응하여 친드윈 강 북부의 몽콴(Möng Hkwan) 주민들은 고지대로 도망가 버렸다. "끊임없이 짓누르던 압제에서 벗어나기 위해 샨족은 깊은 협곡의 피난처나 친드윈 강기슭의 평지를 찾아 떠났고, 까친족은 그 유역의 동쪽 끝에 있는 산악 지역의 움푹한 곳을 찾아 나섰다."[41] J. G. 스콧은 이 유형을 자세히 설명하면서 '산악 부족민'이 패배하여 산으로 떠밀려가 불행히도 가장 힘든 형태의 농업을 하고 있다고 보았다. "이 고된 일을 유순한 원주민이나 버마족한테 오래전에 괴롭힘을 당하여 번성한 평지에서 도망쳐 온 부족민들이 담당하고 있었다."[42] 스콧은 다른 데에서도 산지의 종족 다양성을 염두에 두면서 개괄적으로 조미아의 모든 지역이 도피 공간이나 '파쇄 지대'라는 관점을 과감하게 내세웠다. 그의 해석은 앞서 살펴본 윈스의 해석을 떠올리게 하는데, 좀 더 자세하게 옮겨 본다.

> 인도차이나[동남아시아]는 인도와 중국으로부터 탈주한 부족들에게 공동의 도피처가 되어 온 것 같다. 수백 년 동안 양쯔 강 남쪽으로 뻗어 나가지 못했던 중국 제국이 팽창해 나가고 스키타이족들이 찬드라굽타와 아소카 제국을 침입하면서 토착민들이 북동부와 북서쪽으로 쫓겨나 함께 인도차이나에 이르게 되고 여기에서 어렵게 생존해 나갔다. 그러한 이론으로써만 샨 주와 그 주변 지역의

계곡 피난처와 고지대에서 살아가는 인종들의 기이한 다양성과 눈에 띄는 차이들을 설명할 수 있다.[43]

조미아를 피난의 공간이라고 보는 스콧의 관점은 상당히 적절하다고 나는 생각한다. 그러나 식민주의자들이 마주친 산악민들이 모두 원래 '토착민'이었고 그들이 혈통적으로나 언어적으로 연속적인 공동체를 유지하며 조미아에서 살아갔다는 주장은 오해를 불러일으킨다. 산지의 많은 사람들은 대부분 오래 전에 국가 공간에서 도망친 평지 사람들이었다. 물론 많은 따이족처럼 더 강한 국가에 져서 산지로 함께 흩어지거나 옮겨 온 '국가를 만드는' 평지 사람들도 있다. 또한 우리가 앞으로 보게 되듯이, 징집 도피자들, 반란자들, 패잔병들, 몰락한 농민들, 전염병과 기근을 피해 도망친 마을 사람들, 도주 농노와 노예들, 참주들과 그 수하들, 종교적 반대파 등 평지 국가의 파편들도 있었다. 이들은 평지 국가의 토사물로서 이주 과정에서 끊임없이 산악민들과 섞이고 재구성되었다. 그 결과 조미아의 정체성이 당연히 그처럼 복잡하고 혼란스러워졌다.[44]

수백 년 동안의 도피가 산악 지역에 인구가 늘어나는 데 얼마만큼 결정적이었나를 판단하기란 어려운 일이다. 이를 알아내려면 천 년 전이나 그 이전의 산악 인구에 대해 현재의 수준보다 훨씬 더 많은 자료를 갖고 있어야 한다. 현재 우리가 갖고 있는 산발적인 고고학적 증거들로서는 산악 지역에 인구가 희박했다고만 알 수 있을 뿐이다. 폴 휘틀리는 도서부 동남아시아의 산악 지역에는, 아마도 키싱의 루손 북부 산악 지역처럼, 최근까지도 사람이 거의 살지 않았다고 본다. "19세기 말까지 그곳은 인간의 흔적이라고는 거의 없는 공간이었다"

는 것이다.[45]

왜 평지 국가의 신민들이 떠나기를 바랐는지, 왜 그럴 수밖에 없었는지를 설명하기란 쉬운 일이 아니다. 가장 일반적인 이유 몇 가지를 설명해 보려고 한다. 사람들이 이동하지 않고 그대로 있으면서도 국가 바깥에 놓여 버리는 흔한 역사적 사건, 즉 국가 핵심부의 수축이나 붕괴는 다루지 않는다.[46]

세금과 부역

식민 시기 이전 동남아시아의 치국에서 지켜졌다 깨졌다 했던 핵심적인 원칙은 왕국의 신민들을 압박하되 일제히 떠나 버리지 않는 정도로까지만 압박하는 것이다. 인력을 두고 경쟁을 벌였던 왕국들의 힘이 비교적 약했던 곳에서는 사람들이 대개 심한 압박을 받지 않았다. 사실, 그런 환경에서라면 거주민들은 곡식과 쟁기질 동물과 여러 농기구들에 마음이 끌려 어느 한 왕국의 한적한 곳에서 정착할 수 있었다.

상당한 면적의 논농사 핵심부를 통치하는 거대 국가는 독점적 지배자로서 그 이점을 끝까지 뽑아 먹으려는 경향이 있었다. 특히 핵심부에서 그러했고 왕국이 공격을 받거나 대대적인 공격 계획이나 파고다 건축 계획을 갖고 있는 군주가 지배할 때 그러했다. 식민 시기 이전 모든 미얀마 왕국의 전통적인 농업 핵심부였던 짜웃세 사람들은 과도한 세금 때문에 핍절한 삶을 살았다.[47] 과도한 착취의 위험은 식민 시기 이전 지배의 몇 가지 특징들 때문에 더 악화됐다. 첫째, '징세 농민들'의 활용이었다. 이들은 세금을 거둬들이는 권한을 갖고 있었고 이득을 취하는 데 혈안이 되어 있었다. 둘째, 인구의 절반 가까이가 포로자들이나 그들의 후예라는 사실이다. 셋째, 중요한 작물의 한 해 소출을 정확히 예측하기가 어려웠고 따라서 상황이 어떻게 돌아갈지 알 수 없었다. 더욱이 개별 가구와 토지에 부과된 부역과 세금으로 그 끝이 아니었다. 적어도 원리상 생각할 수 있는 모든 활동들에 세금과 수수료가 부과됐다. 가축, 낫(nat) 사당, 결혼, 목재, 물고기를 잡는 통발, 틈새를 메우는 역청, 초석(질산칼륨), 밀랍, 야자수와 빈랑나무, 코끼리 등에 부과됐고 당연히 시장과 도로에도 수많은 통행세들이 부과됐다. 여기서 왕국의 신민에 대한 실제 정의는 종족보다도 세금과 부역을 짊어지는 사회적 조건에 기초하고 있다는 점을 되새기면 좋겠다.[48]

한계점까지 압박을 받으면 신민들은 몇 가지 선택을 했다. 가장 일반적인 것은 왕실로부터 도망치는 것이었고, 가장 번거로운 것은 인력 확보를 위해 경쟁을 벌이고 있는 개별 귀족이나 종교 지도자들의 '신민'이 되는 것이었다. 여의치 않을 경우, 인접한 다른 평지 왕국으로 옮겨 가는 방법도 선택했다. 지난 300년 동안 수천 명의 몬족, 버마족, 카렌족들이 바로 이렇게 타이족의 영역으로 들어갔다. 또 다른 선택은 국가의 힘이 미치지 않는 오지나 산악 지역으로 이동하는 것이었다. 이 모든 선택은 대체로 공개적으로 반란을 일으키는 모험보다 선호됐다. 그러한 반란은 대개 왕위를 다투는 엘리트들만이 선택할 수 있었다. 1921년에 타이족 국가로부터 부역을 바치라는 심한 압박을 받은 미엔족과 몽족은 이에 대응하여 숲속으로 도망쳐 관료들의 눈에서 사라져 버렸다. 이는 정확히 그들이 의도하는 바였을 것이다.[49] 오스카 살레밍크는 산악민들이 집단적으로 더 외딴 곳으로, 때론 더

높은 곳으로 이동하여 베트남의 관료들과 간부들이 부과하는 짐에서 벗어나는 현대적 사례들을 소개한다.[50]

앞서 보았듯이 인구 상실은 왕국의 힘을 빼내 가는 항상성 기구처럼 작동된다. 이것이 종종 내구 한도를 깨뜨리는 첫 번째의 주요 표시였다. 이와 유사한 표시가 살기 위한 몸부림으로 걸인이 되거나 도둑과 비적단이 되는 '떠돌이' 인구의 등장이었다. 연대기들에 이런 사례가 많이 언급돼 있다. 험악한 시기에 신민이 되는 부담을 피하는 유일하고 확실한 길은 도망쳐 버리는 것이었다. 그러한 이동은 대개 논농사에서 화전이나 수렵채집으로 옮겨 가는 것을 의미했다. 얼마나 일반적이었는지 확실히 말할 수 없지만, 산악민들이 과거에 자신들이 평지에서 쌀을 재배했던 자들이었다고 읊조리는 여러 구술사로 판단해 보건대 결코 미미하지 않았다.[51]

전쟁과 반란

우리는 곤경으로부터 안전한 곳으로 여행을 하는 개미와 같습니다. 우리의 안위를 위해 모든 것을 뒤로 남겨 두고 떠났습니다.

— 태국으로 도망친 몬족 주민(1995년)

몬족과 버마족과 샨족 사이의 끊임없는 반란과 전쟁은 500년 동안 이 나라를 괴롭혀 왔다. 죽임을 당하지 않는 모든 사람들은 잔악한 침입자에 의해 고향으로부터 딴 데로 떠밀려 가거나 왕을 위한 싸움에 군사로 징발됐다. …… 이에 어떤 경우에는 소유자들이 [경작인들이] 죽임을 당하고 또 어떤 경우는 정말 먼 곳으로 떠날 수밖에 없었다. 조상으로부터 물려받은 재산에 대한 애착이 이루 말할 수 없지만 이를 돌보는 것이 불가능해졌다.

— J. G. 스콧, 《버마인》

찰스 틸리가 "국가가 전쟁을 만들고 전쟁이 국가를 만든다"고 한 표현은 근대 초기 유럽에서와 마찬가지로 동남아시아에서도 들어맞는다.[52] 우리의 목적에 맞게 틸리의 경구를 바꾸어 본다면, "국가가 전쟁을 만들고 전쟁이 (대규모) 이주민을 만든다"고 말할 수 있겠다. 같은 시기에 동남아시아의 전쟁은 유럽의 전쟁 못지않게 파괴적이었다. 군사작전을 전개하기 위해 유럽에서 모집한 것보다 훨씬 많은 장정들을 모집했고 전쟁은 전염병(특히 콜레라, 발진티푸스), 기근, 패배한 국가에서는 황폐화와 인구 멸절을 야기했다. 미얀마가 시암에 대하여 두 차례(1549~1569, 1760년대)에 걸쳐 성공적으로 수행한 전쟁이 인구에 끼친 영향은 어마어마하다. 패배한 왕국의 수도 주변에 살던 핵심 인구가 사라져 버렸다. 일부는 포로로 잡혀 미얀마의 수도로 압송됐고, 남은 대부분의 사람들은 더 안전한 곳을 찾아 흩어져 버린 것이다. 1920년에 이르러서야 시암 중심 지역의 인구가 침입받기 이전의 수준으로 간신히 회복됐다.[53] 심지어 전쟁에 이긴 쪽의 작전 개시 지역이 당한 고통 역시 종종 적진의 지역이 당한 고통 못지않게 파괴적이었다. 미얀마 왕 바인나웅의 군대는 시암의 수도를 무참히 짓밟을 때 버고 주변 델타 지역의 식량과 인구를 거기에 쏟아 부었다. 1581년에 바인나웅이 죽은 이후에 여카잉과 아유타야와 따웅우의 미얀마 왕조가 치른 전쟁으로 버고 주변의 땅은 "인구가 빠져나간 사막"이 되어 버렸다.[54]

군사가 아닌 일반 백성들, 특히 군사로에 위치한 사람들은 징집된 사람들보다 전쟁 때문에 오히려 더 끔찍한 고통을 겪었다. 17세기 말 유럽의 6만 군대가 말 4만 필, 100대가 넘는 짐수레, 날마다 450톤 정도의 식량이 필요했다면, 동남아시아 군대가 전쟁을 시작할 때 얼마나 늑탈과 파괴의 칼자루를 사방으로 휘둘렀는지 쉽게 짐작할 수 있다.[55] 이 이유로 침입을 시도할 때 가장 가까운 직선로를 선택하지 않고 인력, 곡식, 수레, 역축, 사료 등 거대한 군대가 필요로 하는 것들을(개인적인 강탈은 말할 것도 없이) 최대로 확보하기 위해 치밀하게 계산하고 시간을 측정하여 돌아가는 길을 선택했다.

간단한 계산 하나만으로 그 파괴 정도가 어떠했는지 짐작할 수 있다. 존 A. 린이 가정한 바대로 한 군대가 행진하면서 양편에서 식량 등을 찾아 8킬로미터를 헤집고 다니고 하루에 16킬로미터를 행진한다고 치자면, 하루에 260제곱킬로미터의 지역을 군사작전을 펼치며 뒤지게 된다. 이 군대가 10일 동안 진군하면 2만6천 제곱킬로미터에 영향을 끼치게 된다.[56] 인력에 목말라 있는 왕국에서 끊이지 않는 전쟁이 가하는 주요한 위협은 전쟁에서 죽는 것이 아니었다. 사실 운이 좋은 군사는 이 군사적 '약탈 자본주의' 형태에서 자신이 스스로 사람을 노획하고 노예로 팔아 이익을 남길 수 있었다. 정작 위험은 진군로 주변에서 살고 있는 사람들이 당하는 끔찍한 고통이었다. 포획되거나 도망가거나 군대에 모든 것을 빼앗겨 버리는 위험이었다. 그 군대가 '우리의' 군대건 이웃 왕국의 군대건 상관없이, 보급 장교가 요구하는 것은 똑같았고 그런 만큼 민간인과 재산을 다루는 방식 역시 그러했다. 16세기부터 18세기까지 산발적으로 이어진 미얀마와 마니뿌르 간의 전쟁에서 두드러진 사례를 찾아볼 수 있다. 반복되는 파괴로 말미암아 친-미조의 평원 거주자들은 카베-카보(Kabe-Kabaw) 유역에서 산악 지역으로 밀려났고, 거기에서 결국 '산악민'이 되어 "늘 거기에 있어 왔던" 자들로 여겨졌다.

18세기 말에 미얀마 왕 보도퍼야(1782~1819년 재위)가 터무니없는 정복과 사원 건축의 꿈을 실현하기 위해 소집한 동원은 왕국 전체를 파멸로 이끌었다. 우선, 1785~1786년에 시암에 대한 공격이 실패로 돌아갔는데, 여기에서 30만 정도 되는 군대의 절반을 잃고 말았다. 뒤이어 시암의 반격을 무찌르기 위해 인력을 동원했고, 메잇틸라(Meiktila) 관개 시설을 확장하기 위해 역시 인력을 동원했고, 세계에서 가장 큰 파고다를 세우기 위해 거대한 노동력을 징발했고, 마지막으로 시암에 대해 최후의 파괴적 전쟁을 벌이기 위해 더웨(Tavoy)에서 인력을 동원했다. 이 모든 사건들 속에서 백성들이 당한 고통은 이루 말할 수 없었다. 한 영국인 관찰자는 하부 미얀마 사람들이 징집과 군대의 강탈에 대한 두려움으로 '다른 나라로' 도망갔다고 언급했다. 비적단과 반란도 만연했으나 일반적인 대응은 국가 중심부와 왕의 습격 부대로부터 될수록 멀리 떨어진 곳으로 도망가는 것이었다. 군대의 "포악성은 이루 말할 수 없어" 군대가 다가오고 있다는 소문이 퍼지면 사람들은 죽을지 모른다는 두려움에 사로잡혀 더 먼 곳으로 달아났다.[57] 모든 주요 전쟁에서 으레 벌어지는 군소 왕국 간의 여러 차례 작은 교전이나 소규모 시뽀(Hsi-paw) 샨 왕국의 작은 공국인 숨사이(Hsum-Hsai)에서 1886년에 발생한 것과 같은 왕위 쟁탈전 때문에 그 지역은 거의 폐허가 되어 버렸다. 다른 샨 국가였던 센위(Hsen-wi)를 지배하기 위해 19세기 말에 내내 벌인 내전은 극히 파괴적이어서 마침내 "오늘날 샨 주의 최대 도시들조차도 오래된 성곽 주변에 시장터를 개설하지 못할 지경이었다."[58]

민간인들의 첫 번째 목적은 징집을 피하는 것이었다. 동원령이 떨어질 때면, 모든 성읍이 모집해야 할 군사들의 숫자를 할당받았다. 그렇게 도피해 버렸다는 것은 그 할당이 가혹할 정도로 점점 불어나면서 이어졌다는 표시이다(가령, 처음에는 2백 가구당 1명이었는데, 그 다음에는 50가구당 1명, 그 다음에는 10가구당 1명, 마지막으로 무차별적으로 동원했다). 그 할당량은 거의 채워지지 못했고 나중에 혹시라도 쉽게 확인하기 위해서 징집 대상자들에게 문신까지 새겨 놓았다. 앞선 시기에도 마찬가지였는데, 꽁바웅 왕조의 말기에 어떤 사람들은 뇌물을 바쳐 징집에서 벗어나기도 했다. 그러나 군사로 징발되는 것을 피하는 가장 확실한 방법은 벼농사 국가의 핵심부나 군대의 진군로에서 떠나 다른 곳으로 가는 것이었다. 18세기 말에 스고카렌족, 특히 포카렌족이 미얀마와 시암 간의 전쟁에서 침입로(그리고 퇴각로!) 주변에 거주하고 있어서 매우 불행한 일을 당했다. 로널드 레너드는 바로 이 시기에 그들이 땅르인 강 주변의 산악 지역으로 흩어졌고 산등성이를 따라 더욱 쉽게 방어할 수 있는 장옥에서 살게 됐다고 밝혔다. 나중에 타이족의 보호 아래 들어간 자들조차도 정착 거주지에서 살기를 거부했다. "여전히 돌아다니는 화전 생활을 선호했는데, 그들의 주장에 따르면 이렇게 살면 어떤 특정한 곳에 붙박이는 위험으로부터 벗어날 수 있기 때문이었다."[59]

일단 군사들을 모집했다면, 고난의 행군을 하고 있는 군대를 단단히 붙들어 두기 위해 엄청난 노력을 기울여야 했다. 16세기 말 한 유럽인 항해자는 약탈과 방화가 난무하던 미얀마와 시암 사이의 전쟁을 목격했고 "그러나 결국 그들은 절반의 사람들을 잃고 집으로 돌아올 수밖에 없었다"고 덧붙였다.[60] 그러한 전쟁들이 특별히 포악하지는 않았다는 것을 우리는 알고 있기 때문에, 손실의 대부분은 도피에 의해 발생하기 마련이었다. 실패로 돌아간 미얀마의 포위 공격에 관해 서술한 《유리궁전 연대기》로부터 이 점을 확인할 수 있다. 5개월간의 포위 이후에 군사들은 식량이 부족했고 전염병까지 발발하기에 이르렀다. 그 연대기에 따르면 25만 명으로 출발한 군대는 완전히 해체됐고 비참하게 퇴각한 뒤 "왕은 몇 명 안 되는 호위대만을 대동한 채 왕궁에 도착했다."[61] 대부분의 사람들은 그 포위가 무위로 돌아가고 전염병이 발발하자 도망쳐서 왔던 길로 돌아가 버리거나 좀 더 안전한 곳에서 새롭게 삶을 시작했다. 19세기 말 샨에 대한 미얀마의 군사 원정에서 군대를 맡았던 대신은 "전쟁을 도무지 수행할 수가 없었는데, 소문에 따르면 그가 군사들이 도망치는 것을 막는 데 혈안이 되어 있어서 싸울 시간이 없었기 때문이라고" 스콧은 전한다.[62] 근대 이전에는 도망자의 비율이 거의 모든 군대에서 높았으며 특히 실패한 원정에서는 더욱 그러했다.[63] 얼마나 많은 도망자들이(혹은 그 전쟁 통에 터전을 잃은 민간인들이) 결국 산악 지역이나 다른 외딴 곳에 다다랐는지 파악하기란 불가능하다. 그러나 많은 군사들이 "강제로 징집을 당한 자들이거나" 노예들이거나 그들의 후예였다는 사실과 전쟁 그 자체 때문에 그들 중 많은 자들이 오갈 데 없는 신세로 전락했다는 사실은 도망친 수많은 사람들이 다른 곳에서 새롭게 삶을 시작했음을 알려 준다.[64]

전쟁이 불러온 위험과 이산으로 인해 한때 쌀 경작자였던 많은 이들이 오지나 고지대로 옮겨 가 새롭게 생계를 꾸려 나갔다는 것을 보여 주는 몇 가지 증거가 있다. 일례로 오늘날 명백히 소수종족의 하나인 인구 8천 명가량의 가난족(Ganan)은 미얀마의 저가잉 주에 있는 무 강(Mu River) 상류 지역에서 살아가고 있다. 그 지역은 900미터가 넘는 산봉우리들로 둘러싸여 있고 그 사이에는 깊은 협곡이 있다.[65] 그들은 예전에 평지인들로서 벼농사 국가인 뾰의 중심부가 몬족, 버마족, 남조의 군대에 강탈당하여 멸망하기 전까지, 즉 9세기부터 14세기까지 뾰의 일원이었다. 그들은 무 강 줄기가 전쟁터로부터 떨어져 있어서" 강을 따라 위쪽으로 도피했고 거기에서 화전민과 수렵채집민이 되어 살아갔다. 그들은 문자도 없었고 비정통 불교를 신봉했다. 앞으로 보게 되듯이, 그들의 얘기는 한때 평지인이었다고 주장하는 오늘날 많은 산악민들의 얘기와 일치한다.

포획되거나 전쟁의 먹잇감이 되지 않기 위해 산으로 도망친 것에 대한 좀 더 최근의 증거들을 여기저기서 만날 수 있다. 스콧은 미얀마의 땅르인 강 동쪽의 짜잉똥(켕퉁) 주변에 현존하는 산악 집단들이 한때 짜잉똥 주변 평지에 거주했는데 타이족의 침입을 받아 산으로 옮겨 갔고 거기서 오늘날까지 화전을 일구고 있다고 믿었다.[66] 또한 찰스 카이스는, 이전에 평지의 환경에서 살았으나 시암을 피해 사라부리(Saraburi)와 코랏(Khorat) 사이 거의 근접 불가능한 산골짜기로 도망쳐서 외떨어져 살아가고 있는 카렌족에 대한 19세기 선교사의 기록을 인용한다.[67] 북쪽의 친족 역시 18~19세기에 벌어진 샨과 미얀마의 전쟁을 피해 더욱 외딴 산악 지역으로 도망가 때때로 국왕의 군대를 피해 도망쳐 온 미얀마 왕자들에게 피난처를 제공하기도 했다.[68]

전쟁 통에 발생한 국가의 벼농사 핵심부의 파멸이 정치권력과 생태의 측면에서 국가 공간을 파괴시키는 결과를 낳았음을 유념해야 한다. 좀 과장이 있지만 미얀마 침입 이후의 치앙마이에 대한 다음의 묘사는 시사하는 바가 크다. "성읍은 정글이, 논은 풀밭이 되어 버리고, 땅에는 코끼리가, 산에는 호랑이가 휘저어 국가를 세울 수가 없었다."[69] 이제 국가의 신민으로서 지게 되는 부담에서 벗어난 평지인들이 계속 평지에 머물렀을 것이라고 쉽게 단정할 수 있다. 그러나 문제는 왕국이 멸망하면 이웃 국가와 노예사냥꾼들이 가만있지 않고 경쟁적으로 남은 인구들을 수거해 가려고 했다. 평지에서 떠나 군대와 사냥꾼들이 쉽게 접근할 수 없는 곳으로 이동하면 자율과 독립을 온전히 누릴 수 있었다. 이것이 바로 "기억할 수 없는 때부터" 산악민이었다고 간주되는 아카족과 다른 많은 집단들의 선택이었다고 레오 알팅 폰 괴사우는 주장한다.

> 그러므로 여러 세기에 걸쳐서 접근하기가 훨씬 더 어려웠던 윈난과 그 인근의 베트남, 라오스, 미얀마의 산악 지역은 저지대를 장악한 작은 속국들에 의해 내쫓긴 부족 집단들의 피난처가 되었다. 내쫓기는 과정에서 하니족과 아카족 등 부족 집단들은 군사들과 비적단과 징세자들이 쉽게 접근할 수 없도록 역시 높고 울창한 숲에 거처를 선택하여 마련했다. 그 과정은 '캡슐화'(encapsulation)라 불리었다.[70]

습격과 노예 만들기

집중된 인구와 곡식 생산은 우리가 보았듯이 보통 국가 형성의 필요조건이었다. 바로 이런 지역이 국가를 건설하는 지배자들에게 잠재적인 잉여를 제공한 만큼 습격자들에게도 매력적인 공격 대상이었다. 거대한 궁정의 핵심부를 제외한 모든 지역에 노예들과 비적단의 습격

위협이 실제로 도사리고 있었다. 초기 식민 시기에 말레이 노예 습격자들의 두려움 때문에 미얀마와 시암의 여러 해안 지역에서 인구가 감소했다. 그 두려움 때문에 카렌족은 도로와 노출된 해변을 피했다. 취약함이 지속되면 종속과 약탈의 시스템이 굳어지기 마련이었다. 이와 같은 상황이 친드윈 강 구보(Kubo) 유역의 상류에서 더 심했다. 그곳에서는 산에 거주하는 친족이 스스로 평지 샨족의 지배자가 되어 많은 이들을 노예로 끌로 갔다.[71] 1960년에 5백 가구와 37개의 사원이 있었던 꽤 규모가 큰 그 도시는 이렇게 해서 고작 28가구밖에 남지 않은 곳으로 전락했다.

인근 평지 거주지를 장악하고 보호하고 그와 거래를 하고 그로부터 정기적인 공물을 받아내는 것이 산악민들의 일반적인 관심사였다. 상황이 안정적일 때는 공갈과 협박을 동원하며 보호해 주는 관계가 발전했다. 이따금 까친족 같은 산악 집단들은 실제로 "산기슭의 평야지대나 강 유역에서" 거주지를 마련하여 득을 보았다. 베르베르족이 정주 공동체에서 받아내는 공물을 '우리 농산물'이라고 말했던 것처럼 까친족은 에야워디 강 상류지역의 버모(Bhamo) 지역에서 버마족과 샨족의 우두머리를 임명했다. "따라서 바모 지역 전체에서 까친족의 보호를 받지 않는 마을이 없었고 까친족은 실제로 그곳의 주인으로 행세했다."[72] 이것이 지극히 안정적이고 일상화될 경우 성공적인 전근대 국가를 닮기에 이르렀다. 즉 평화를 유지하고 생산과 무역을 장려하면서 선을 넘지 않는 정도까지 수수료를 뽑아 먹는 독점적 보호 갈취 체제였다.

그러나 그러한 지역에서 산악민들은 여러 차례 "황금알을 낳는 거위를 죽여 버리는" 정도까지 평지 마을들을 노략질하여 황폐화시키

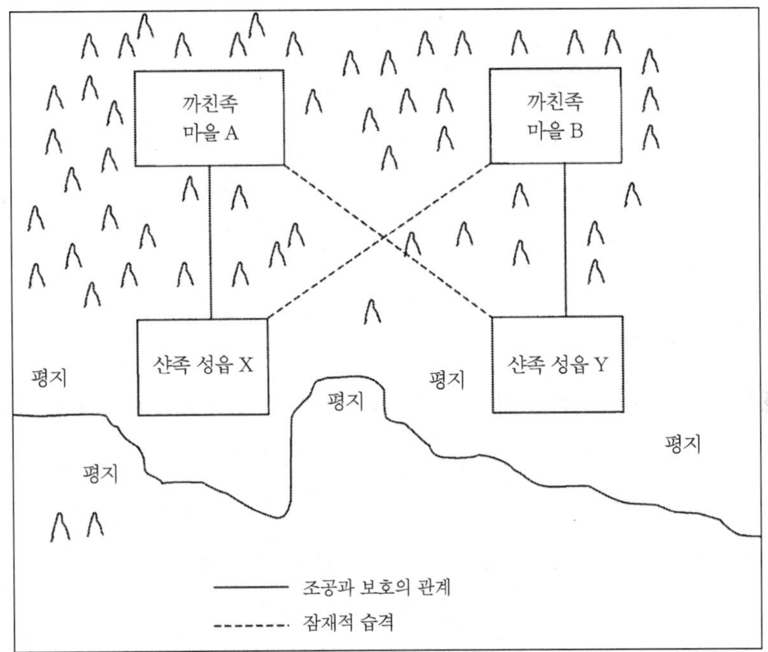

그림 2 산-평지 습격 개요와 조공 관계

고 사람이 거주할 수 없는 곳으로 만들어 버렸다.[73] 왜 그랬을까? 정답은 여러 작은 정치체들이 경쟁을 벌이는 산지 특유의 정치 구조에서 찾아야 한다고 생각한다. 이 각각의 산지 정치체들은 그들이 보호해 주는 평지의 마을들과 '연합'을 했을 것이다. [그림 2]는 가장 단순하고 도식적으로 이런 관계를 보여 준다.

까친족 '집단 A'는 그들이 보호해 주는 마을에서 사나흘 정도 걸리는 곳에 살고 있기 때문에, 까친족 '집단 B'는 '집단 A'가 보호해 주는 그 마을을 침략하고 빠져나갈 수 있었다. 습격이 알려질 때 까친족 '집단 A'는 해를 끼쳤던 '집단 B'가 보호해 주는 다른 평지 마을을 습격하면서 복수를 단행할 수 있었다. 이것은 당연히 합의가 이뤄지기 전까지 고원에서 갈등을 야기하게 된다.[74]

이 유형에서 얻을 수 있는 몇 가지 결론은 내가 펼치는 주장과 관련이 있다. 첫째, 산악 '부족'이 특히 평지 사람들(!)에게 일반적으로 단행하는 습격이 사실 아주 정교하게 기획된 산악 정치의 표현이라는 것이다. 둘째, 이 유형이 만연해지면 거대한 지역들에서 인구 감소와 취약한 평지인들의 이주를 발생시킨다. 이 경우 평지인들은 산으로부터는 멀리 떨어져 있지만 강에서는 가까운 곳, 즉 쉽게 도피할 수 있는 곳으로 옮겨 갔다. 마지막으로, 이 습격의 주요한 목적은 노예를 잡는 것이었다. 아마도 이 목적이 가장 중요했을 것이다. 까친족들은 많은 노예들을 잡아 두거나 다른 산악민들이나 노예상들에게 팔아넘겼다. 그런 습격이 성공한다면 그것은 결국 산지로 사람이 옮겨 가는 것을 뜻했다. 평지인은 또 다른 과정을 거쳐서 산악민이 되고 이로써 산지 사회는 문화적으로 더욱 다양해졌다.

일부 산악민들은 노예사냥꾼이라는 악명을 얻게 됐다. 일반적으로 샨 주에서 카렌니족(적색 카렌니족)은 특히 두려움을 주는 존재였다. 어떤 지역에서는 추수 이후의 노예사냥이 일상적인 일이 되었다.[75] "그래서 카렌족의 일파인 샨-양족, 욘달린족(Yondaline), 버다웅족(Padaung), 북서쪽 산맥의 렛하족(Let-hta)이 대부분의 카렌니족 마을들에서 발견되는데 모두 희망이 없는 노예들이었다. …… 그들은 유언족(Yon, 치앙마이 샨족)에게 팔리고 유언족에 의해 다시 시암족에게 팔렸다."[76] 산악민들의 이름뿐만 아니라 평지인들의 이름도 포함된 카렌니족 포로들의 목록은 시사하는 바가 크다. 카렌니족처럼 가장 중요한 거래 상품인 노예를 잡아들이는 사람들은 평지인들을 납치하여 산지 사회로 흡수시켜 버리거나 평지 시장에 팔아넘길 뿐만 아니라 취약한 처지의 산악민들도 납치하여 노예로 만들거나 팔아넘기기도 했다. 어떤 의미에서 보면 그들은 가변적인 컨베이어 벨트로서 한편으로는 평지의 국가 만들기에 원자재를 공급하면서도 다른 한편으로는 그들 자체의 인력 필요 때문에 취약한 평지의 마을들을 약탈했다. 어떤 경우이든 이 유형은 왜 평원의 사람들이 습격자들을 경계했는지, 왜 약한 산악민들이 접근이 불가능한 지역으로, 대개 방비가 견고하고 드러나지 않는 산꼭대기로 옮겨 가 자신들을 숨기려고 했는지를 설명하는 데 도움을 준다.[77]

반란과 내전

평지에서는 정복과 침략 전쟁만큼이나 반란과 내전 때문에 거주민들이 공포에 떨었다. 사람들은 이를 피해 더 안전하다고 생각한 곳으로 필사적으로 도망갈 수밖에 없었다. 주목할 점은 이러한 도피의 레퍼토리가 논리를 갖고 있었고, 그 논리는 계급, 더 정확히 말하자면 국가권력이 일상적으로 개인의 지위, 재산, 생명을 얼마나 보호하는지에 달려 있었다. 이 논리는 1954년에서 1965년 사이의 베트남전쟁 초기에 남부에서 발생한 도피의 차이에서 명백히 드러난다. 지주와 엘리트, 관료들은 그들의 안위를 찾고자 마을에서 벗어나 지방의 주요 도시로 점점 더 많이 옮겨 갔고, 전쟁이 격렬해지자 결국에는 아예 사이공으로 옮겨 갔다. 국가의 핵심부에 가까울수록 더 안전하다고 생각했던 것이다. 이와 대조적으로 많은 일반 농민들은 큰 마을의 정착 생활을 버리고 국가가 쉽게 접근할 수 없는 외딴 곳으로 옮겨 가 이동하는 삶을 살았다. 이는 마치 국가에 기반을 둔 허약한 사회적 덩어리가 분해된 것과 같았다. 엘리트는 국가의 강압적인 권력이 직접적으로 미치는 중심부로 향하고, 취약한 처지의 평범한 사람들은 국가의 강압적인 권력이 거의 미치지 않는 변방으로 향했던 것이다.

반란자들은 자신들의 힘이 세지 않다면 으레 더 간절히 산으로 가려 했다. 앤드루 하디가 설명하듯이, 인도차이나전쟁(1946~1954)의 초기 단계에 "수많은 비엣족 사람들이 전쟁을 피해 홍 강 델타에서 북부의 외딴 산악 지역으로 이동했다. 라오스 국경 근처의 디엔비엔푸 계곡에 이르기까지 숲은 혁명 세력에게 은신처를 제공했다."[78] 베트남과 그 주변에서 이런 유형의 역사적인 뿌리가 깊게 뻗어 있다. 적어도 엄청났던 떠이선 반란(1771~1802)까지 거슬러 올라갈 수 있다. 그 반란은 떠이선 마을의 세 형제가 피난처를 찾아 근처 산악 지역으로 도망가 따르는 자들을 모으면서 시작됐다. 이것은 식민 초기의 베트남에서 껀브엉(Can Vuong, 근왕勤王) 운동을 거쳐서 1930년에 응에-띤 반란으로 이어졌으며, 마지막으로 소수종족인 토족(Tho) 사람들이 살고 있는 산악 지역에서 근거지를 두었던 베트민에게 이어졌다.[79] 위협적인 반란 세력과 비무장의 일반인들은 국가를 피하면서 종종 새로운 생태 환경으로 옮겨 가 새로운 생계 방식을 택했다. 그런 생계 방식은 새로운 환경에 더 적합할 뿐 아니라 대체로 더 다양하고 이동적이어서 국가의 눈에 잘 띄지 않았다.

패배한 반란 세력들은 대개 전쟁에서와 마찬가지로 주변으로 밀려났다. 반란의 규모가 클수록 인구는 크게 흩어졌다. 이 점에서 19세기 후반에 중국에서 발생한 엄청난 혼란을 파악할 수 있다. 그 소용돌이 속에서 무참히 패배한 수십만 명이 한족의 세력으로부터 멀리 벗어난 곳에서 도피처를 찾았다. 가장 큰 소용돌이는 1851~1864년에 발생한 태평천국의 난이었다. 그야말로 세계 역사에서 가장 큰 농민 반란이었다. 구이저우와 윈난에서 발생한 두 번째 소용돌이는 종종 판타이(Panthay) 반란이라고 불리는데 1854년에서 1873년까지 지속되었으며 회족 무슬림을 비롯해 한족 '변절자'와 산악 먀오족(몽족)까지 가담했다. 이른바 '먀오족의 반란'은 2천만 명가량이나 목숨을 앗아 간 태평천국의 난의 진폭에는 미치지 못했지만, 진압되기 전까지 거의 20년 동안이나 지속됐다. 패배한 반란 세력과 그들의 가족들 및 전 공동체는 태평천국의 난의 경우에 황급히 조미아로, 먀오족의 반란의 경우에는 조미아 내에서도 더 깊은 곳으로, 더 남쪽으로 도망쳤다. 한족의 손아귀에서 도망치는 이주의 과정에서 약탈, 비적 행위, 파괴가 난무했을 뿐 아니라 이미 다양했던 산악의 종족 경관이 더욱 복잡해졌다. 연쇄효과처럼 한 집단이 다른 집단을 몰아내곤 했다.

통차이 위나차쿤은 19세기 말에 시암 북부에 들어온 수많은 중국인들이 태평천국 무리의 유민들이라 했다.[80] 패배한 먀오족의 반란 잔존 세력들이 남쪽으로 밀어닥침에 따라 반란 자체에 가담하지 않았던 많은 라후족 및 아카족 집단들도 그들과 함께 또는 그들보다 앞서서 위험을 피해 남쪽으로 옮겨 갔다.[81] 20세기의 성공한 반란인 중국 공산당 혁명은 패배한 국민당 군대라는 새로운 이주자의 물결을 일으켰다. 오늘날 라오스, 미얀마, 중국, 태국이 만나는 '골든 트라이앵글'(Golden Triangle)이라고 알려진 지역에 정착한 그들은 산악민들과 연합하여 아편 무역을 장악했다. 산악의 험준한 지세에 기대며 네 주권국가의 틈에 있다는 점을 정치적으로 활용했다.[82] 그들이 조미아의 도피처로 이주한 가장 최근의 사람들은 아니었다. 1958년에 중국의 공산당 간부와 군대의 압력에 못 이겨 와족의 3분의 1이나 되는 인구가 피난처를 찾아 국경을 넘어 미얀마로 넘어 왔다.[83] 문화대혁명 시기에는 또 다른 이주의 물결이 뒤따랐다.

우리는 국민당 세력이 황금의 삼각지로 퇴각한 것을 통해 산악 지역과 특히 조미아가 오랫동안 패배한 왕조, 왕위 쟁탈자, 궁정 정치에서 패배한 세력들이 퇴각하는(그리고 군사적으로 재정비하는) 지점이었음을 깨닫게 된다. 청 왕조 초기에 도주한 명나라 왕자들과 그들의 수하들은 구이저우와 그 너머로 도피처를 찾아 퇴각했다. 미얀마에서 샨과 친의 산악지대는 식민 시기 이전과 식민 초기에 왕위 쟁탈전을 벌였던 세력과 탈주자들이 피하는 곳이었다.

정치적 반대자와 이교도 또는 배교도는 자주 섞여서 특히 19세기 이전에는 서로를 구분하기가 어려웠다. 그러나 산악 지역이 반란이나 정치적 반대와 결부되어 있는 것만큼 평지에 대응하여 비정통적인 종교와 결부되어 있었다는 점을 강조하고 싶다.[84] 이렇다고 해서 놀랄 일이 아니다. 미얀마와 시암 같은 상좌불교 국가에서 승려들(승가)의 영향력과 지배자를 잠재적인 힌두-불교적 신왕처럼 만드는 우주관을 고려할 때, 왕이 종교적인 영역을 통제하는 것이 왕자들을 통제하는 것만큼이나 중요했다. 그러나 이렇게 하기가 어려웠다. 왕이 종교적인 영향력을 행사할 수 있는 거리는 그가 정치적인 힘을 행사하고 세금을 거둬들일 수 있는 거리와 대략 같았다. 이 거리는 지형뿐만 아니라 시기적으로 궁정의 힘과 응집력에 따라 달라졌다. 정통 교리를 쉽게 퍼뜨릴 수 없는 종교적 '변방'은 따라서 장소나 확정된 경계가 아니라 권력과의 관계 문제였다. 즉 변방은 달라지기 마련이며 그곳에서 국가의 힘은 확연히 사라져 버렸다.

전형적으로 국가가 들어선 논농사 유역과 평원은 그저 지형적으로만 평평한 곳이 아니라 문화적으로, 언어적으로, 그리고 종교적으로 평평한 곳이라 할 수 있다. 어떤 관찰자든 맨 처음에 산악 지역의 의복, 언어, 의례, 경작, 종교 관행들은 매우 다양하지만 평지 문화는 상대적으로 통일되어 있다는 점에 놀라게 된다. 이 상대적인 통일성은 확실히 국가 효과였다. 보편적인 교리를 지향하는 상좌불교는 이미 존재하고 있던 토착 정령(낫, 피)과 비교하여 중앙집권적인 국가의 종교였다. 혼합적인 성격을 띠고 애니미즘 관행을 포함했지만, 상좌불교의 군주들은 할 수 있는 한 비정통 승려들과 사원에 대해 제재를 가했고, 많은 힌두-애니미즘적인 의례(여러 의례들이 여성과 여장 남성들에 의해 주관됐다)들을 불법화했고, 그들이 생각하기에 '순수하고' 도덕적인 경전을 전파했다.[85] 따라서 종교적인 관행을 평준화한 것은 왕실 자체를 제외하면 유일하게 범왕국적이었던 이 엘리트 제도를 확실하게 왕실의 통제에 두기 위한 벼농사 국가의 프로젝트였다. 거대한 사원들은 결국 왕실처럼 국가 핵심부의 풍부한 생산과 집중화된 인력을 차지하며 성장한 엘리트들에 의해 운영되었기 때문에 어느 정도 통일성을 달성할 수 있었다.

중앙집권적인 권력은 그 핵심부의 종교적 정통성을 일정 수준 설명할 수 있지만 산악 지역의 거대한 종교적 다양성에 대해서는 완전한 설명을 하지 못한다. 산악 지역의 비정통은 그 자체로 일종의 국가 효과였다. 산악민들은 국가의 영향권 밖에 위치하고 있다는 것 외에도 더 흩어져 있었고, 다양했고, 대개 고립되어 있었다. 불교 승려가 있을 때면 외롭고, 쓸쓸하고, 가난했다. 왕권의 보호와 관리가 없어서 지역민들의 보살핌에 더욱 의존해야 했다. 그 지역민들이 비정통적이라면, 대개 그렇듯이 그들의 성직자 역시 비정통적이었다.[86] 따라서 분열적인 종파가 산에서 쉽게 발생할 수 있었다. 만약 그리고 실제로 그것이 발생할 때 국가권력의 주변에 있어 제압하기가 어려웠다. 그러나 또 다른 두 요인이 결정적이었다. 첫째, 경전 불교와 부처의 전생에 관한 자타카 이야기의 조합은 왕궁 건축물이 세워지는 근거였던 메루산의 우주론과 더불어 퇴각의 빌미를 강하게 제공했다. 은둔자, 방랑 승려, 산악 수도회 등 이 모두는 사회 바깥에서 유래하는 카리스마와 영적인 지식을 품고 있었다.[87] 둘째, 평지에서 배척당한 비정통적인 분파들은 대개 평지의 위험으로부터 빠져나와 산으로 옮겨 갔다. 산악의 인구와 지리적 조건은 비정통적 종교를 촉진했을 뿐만 아니라 평지에서 핍박당한 분파들에게 피난처를 제공했다.

불교를 믿고 쌀을 재배하는 사람들에 의해 설립된 군소 평지 국가가 있었던 고원의 미얀마 샨 산악지대는 이 점을 극명히 드러낸다. 마이클 멘델슨은 미얀마의 승가에 대한 연구에서 19세기말에 "미얀마 평원에서 쫓겨나" 샨의 산악지대에 정착한 것으로 보이는 조띠(Zawti, 빛, 발광) 개혁 분파를 다루었다.[88] 그 분파는 샨의 문자와 성상과 더불어 약간 독특한 샨 불교 관습을 받아들였다. 동시에 빠라맛(Paramats, 보도퍼야 왕이 잠시 19세기 초에 따랐던 분파)의 몇 이교적인 관행들을 따랐다. 멘델슨은 '도피 공간'이라는 관점을 넌지시 제시하며 그 분파에 대해 간략히 설명을 마무리 짓는다. "학자들은 샨 주가 수백 년 동안 '이교적 신앙'이라는 이유로 미얀마 평원에서 쫓겨난 분파들에게 도피처를 제공했을 가능성을 연구해야 한다."[89] 샨족은 16세기 말에 이르러서야 불교도가 되었고 미얀마 핵심부로부터 배척당한 분파들의 탈주는 그들의 개종에 큰 역할을 했다. 이 점에서 에드먼드 리치가 모든 샨족 사람들이 불교도라고, 그것이 사실상 샨 정체성의 조건이라고 말할 때, 서둘러 "대부분의 사람들이 사실 그리 독실하지 않았고 샨의 불교는 분명히 이교적인 분파들을 많이 포함하고 있다"고 덧붙였던 것이다.[90]

더 일찍이, 《관보》에서 스콧은 무장 상인으로서 요새화된 기지를 갖고 있으며 담배를 피우고 두건을 쓰고 있는 승려를 묘사했다. 그리고 조사이어 N. 쿠싱(1840~1905, 미얀마의 샨 주에서 주로 활동했던 선교사이자 학자로 《샨어-영어사전》을 저술하기도 했다—옮긴이) 박사를 인용하며 미얀마 권력 중심으로부터 멀어질수록 이교도적인 성향이 증가하게 되는 효과를 설명했다.[91] 1980년대에 은밀히 샨 주를 여행한 한 저널리스트는 중국 국경 근처의 불교 승려들이 여자와 잠자리를 같이 하며 아편을 피우고 요새화된 사원에서 생활하고 있다고 언급했다.[92] 그러한 부분적인 증거들을 통해 샨족 불교도들은 지난 수 세기 동안 핍박을 받고 미얀마의 중심부로부터 쫓겨난 반대파 불교도들의 살아 있는 역사 고고학을 표상한다고 볼 수 있을 것 같다.

조미아가 평지의 반란자들과 패배한 군대에 도피의 공간이 된 만큼 배척받은 종교 분파들에게도 피난처가 되었다. 이 과정을 몇 세기 전으로 되돌려 보면, 조미아가 같은 우주론적 요소들을 사용하면서도 어떻게 그림자 사회와 같은 것이 되었는지, 어떻게 거대한 벼농사 국가의 거울 이미지가 되었는지를 알 수 있다. 조미아는 그러한 아이디어들과 국가 만들기의 피해자들과 왕조 체계의 부수적 피해자들이 모여드는 지역이었다. 평지로부터 추방당한 복합주의가 산에서는 풍성히 발견됐다. 그 파편들은 평지 왕국이 무엇을 평지로부터 몰아냈는지, 그리하여 그것들이 다른 상황에서는 무엇이 될 수 있는지를 우리에게 알려 준다.

산과 사막, 밀림 같은 변방이 너무나도 흔히 종교적 반역과 깊이 관련되어 있어 이를 무시하고 넘어갈 수 없다. 짜르 러시아의 코사크 변경은 평등한 사회구조뿐만 아니라 구교도의 요새가 되었기 때문에도 유명했다. 그 구교도들의 교리는 대규모 라진(Razin) 농민봉기와 푸가체프(Pugachev) 농민봉기에 큰 역할을 했다. 스위스에서는 오랫동안 평등주의와 비정통적 종교가 두드러졌다. 알프스는 대체로 바티칸에 의해 이단의 요람이라 간주됐다. 발도파(Waldensians, 12세기 후반부에 프랑스 리옹에서 발생한 기독교의 한 분파로 청빈을 강조하고 예수와 사도들의 가르침으로 되돌아가야 한다고 주장했다—옮긴이)들은 거기에서 피난처를 발견했고 17세기 중반에 사보이(Savoy) 왕가가 위협하며 강제로 개종을 시도할 때 높은 계곡으로 옮겨 갔다. 알프스 지역은 지리적으로 분절되어 있어서 각 해당 지역이 서로 연결되지 않았지만 종교개혁이 알프스를 휩쓸어 제네바는 칼뱅파가 되었고 바젤은 츠빙글리파가 되었다.[93]

산악의 이교성은 정치적·지리적 주변성을 매우 단순하게 반영하고 있다고 할 수 있다. 즉 핍박받은 소수자들이 여차하면 튈 수 있는 저항의 공간인 것이다. 그러나 이 관점은 구별과 저항의 표현이자 문화적인 선택인 쌍방 성격의 산악 차이를 제대로 평가하지 못할 수도 있다. 산악 베르베르족은 인근의 지배자와 암묵적으로 경쟁을 벌이며 대체로 그들의 종교 분파를 재구성해 나갔다. "이프리키야(Ifriqiya, 아프리카) 지방을 통치하던 로마인들이 기독교도가 되었을 때, (로마가 결코 정복하지 못했던) 고원의 베르베르족 역시 기독교도가 되었다. 그러나 로마 교회와 구별하기 위해 그들은 도나투스파(Donatist, 4세기

초에 북아프리카에서 발생한 기독교 분파로 자기들만이 유일하고 진정한 교회라 주장하며 정통 기독교 세례와 안수를 부정했다—옮긴이)와 아리우스파(250~336년에 이집트 알렉산드리아에서 발생한 기독교 분파로 삼위일체설을 부정했다—옮긴이)가 되었다. 이슬람이 그 지역을 휩쓸고 지나갔을 때 베르베르족은 무슬림이 되었다. 그러나 곧 아랍 무슬림의 불평등한 통치에 대한 반대를 표현하기 위해 카와리지파(Kharijite, 7세기 말에 이라크 남부에서 발생한 이슬람의 한 분파로 칼리프의 권위를 부정하며 어떤 무슬림이든 공동체의 지도자가 될 수 있다고 했고, 자신들만이 진정한 신자이며 다른 무슬림들은 비신자라고 단정하며 죽임을 당해도 마땅하다고 주장하기까지 했다—옮긴이)가 되었다."

로버트 르로이 캔필드는 비슷한 유형인, 아프가니스탄의 힌두쿠시 산맥에서 아주 전략적으로 존재했던 비정통 이슬람 분파를 자세하게 살펴본다.[94] 평지의 주요 농경 지역에서는 수니파가 주도했지만 주변의 산악 지역에 사는 사람들은 대부분 이마미파(Imami sect, 시아파의 일종으로 12명의 이맘의 가르침을 계승하려 했다—옮긴이)를 따랐고, 접근이 어려운 더 외딴 곳에 살았던 산악민들은 이스마일파(Ismaili, 이스마일을 신의 계시를 받은 제7대 이슬람 이맘이라고 주장했다—옮긴이)를 따랐다. 지역과 신앙 분파의 그러한 결부는 생태적 차이에 따라 이뤄졌으며 종종 언어적·종족적 경계에 걸쳐 있었다. 이 두 비정통 이슬람 분파는 순니 정통 교리의 담지자로 그 자신을 규정했던 국가에 종속되지 않았던 사람들을 내포한다. 이 경우에 종교적 정체성은 정치적·사회적 차이를 강조하기 위해 스스로 선택한 경계 만들기의 도구였다. 우리는 8장에서 산악 지역의 천년왕국에 대한 믿음을 다루면서 대륙 동남아시아에서도 같은 과정이 진행됐음을 살펴보게 될 것이다.

과밀, 보건, 국가 공간의 생태학

> 농민들은 [수렵채집인들과는 대조적으로] 더 역겨운 균을 내뿜고, 더 좋은 무기와 갑옷과 대체로 더 강력한 기술을 갖고 있고, 정복 전쟁을 더 잘 수행하는 중앙집권적인 정부 아래 살고 있다.
>
> — 재레드 다이아몬드, 《총, 균, 쇠》

정주 곡식 경작과 가축(돼지, 닭, 거위, 오리, 소, 양, 말 등등)의 사육이 전염병을 비약적으로 발생시켰다는 것은 명백한 사실이다. 우리에게 고통을 안기는 대부분의 치명적인 전염병(천연두, 독감, 결핵, 역병, 홍역, 콜레라)은 가축을 사육함으로써 비롯된 동물원성 질병이다. 과밀이 결정적이다. 여기서 과밀은 단지 사람들의 집중뿐만 아니라 가축의 집중과 쥐, 생쥐, 진드기, 모기, 벼룩 등을 동반하는 '절대' 기생충의 집중도 의미한다. 문제의 그 질병들이 (기침, 접촉, 공동 식수를 통한) 수인성 전염병이거나 절대 기생충에 의해 퍼져 나가는 한, 숙주 그 자체의 과밀은 전염병이 급속히 퍼져 나가는 데 더없이 좋은 환경을 의미한다. 근대 초기에 유럽 도시의 사망률은 대략 19세기 중반까지 자연증가율보다 높았다. 19세기 중반에 이르러서야 비로소 위생 관리와 깨끗한 식수 공급이 이뤄져 사망률이 상당히 낮아졌다. 동남아시아 도시들도 매한가지였다. 이 질병들의 대부분은 '문명의 질병들'이라고 해도 틀린 말이 아니다. 이 질병들은 곡식 재배 핵심부와 더불어 그것이 전제하는 식물군과 동물군과 곤충들의 집중화와 함께 역사 기록에 등장한다.[95]

벼농사 국가의 연대기와 초기 유럽 관찰자들의 증언은 전근대 동남아시아의 거대 도시들에서 파멸적인 전염병이 빈번히 발생했음을 입증한다.[96] 데이비드 헨리는 술라웨시(Sulawesi) 북부와 중부에 관한 포괄적이고도 꼼꼼한 연구에서 전염병이, 특히 천연두가 인구 성장을 가로막은 대표적인 장애물이었다고 주장한다. 아마도 과밀한 조건에서, 그리고 무역로 가까이에서 살아가고 있었기 때문에, 해안가 사람들은 "건강하고 강한 인상"을 주었던 "고원지대의 사람들"보다 약했던 것으로 보인다.[97]

전염병이 발발했을 때 가장 안전한 길은 바로 그 도시를 떠나 교외 지역이나 산으로 흩어지는 것이라고 거의 모든 사람들이 생각했던 것 같다. 사람들은 대개 무엇이 실제로 질병을 옮겼는지 알지는 못했지만, 분산과 고립이 질병의 확산을 막을 수 있다는 점을 암암리에 알고 있었다. 일반적으로 산악민들은 평지가 건강하지 못한 곳이라고 생각했다. 1천 미터 이상의 고지대에 살고 있는 사람들은 낮은 지대에 말라리아가 들끓었기 때문에 또는 도시의 전염병과 상인들에 의해 전파된 해상 질병의 위험 때문에 그렇게 생각했던 것 같다. 루손에서 저지대에서 살던 이고로트족(Igorot)은 전염병이 발발하는 순간 반드시 산으로 돌아가 흩어짐으로써 그 파괴로부터 자신들을 지키려 했다.[98] 전염병에 대응하여 산으로 도망간 사람들이 인구학적으로 얼마나 중요했고, 그 위험이 지나간 뒤에 도망갔던 사람들 가운데 얼마만큼 되돌아왔는지를 파악하기는 어려운 일이다. 그러나 가뭄과 기근에 따른 도피까지 여기에 더해지면 그 인구학적 충격은 당연히 엄청났을 것이다.

모든 농업은 위험한 과업이다. 여러 상황을 두고 볼 때, 벼농사 중심의 농업은 수렵채집은 말할 것도 없이 고원의 농업보다 거의 모든 면에서 많은 위험에 시달린다. 논농사가 갖고 있는 단 하나의 주요한 이점은 용수가 늘 하천에서 흘러 들어올 때 당분간은 그럭저럭 가뭄에 견딜 수 있다는 것이다.[99] 한편 고원 화전과 수렵채집이 갖고 있는 큰 다양성은 여러 영양 출처를 갖고 있어 한두 작물이 실패하는 어려움이 있어도 그리 파괴적이지는 않다. 아마도 가장 중요한 것은 재배 품종의 과밀에 따른 질병학적인 결과가 호모 사피엔스의 과밀에 따른 문제점과 대부분 같을 것이다. 상대적으로 협소한 곡식 생산의 유전적 기반은 곤충, 곰팡이, 녹병, 그리고 다른 작물의 해충, 가령 벼의 해충이 자라기에 알맞은 질병학적 서식지가 된다. 벼를 주로 심은 관개지 평원에서 그런 해충들이 늘어나면 급속히 파국에 이르게 된다.

비가 오지 않거나 눈에 보이는 해충들이 작물을 공격할 때, 작물 실패의 원인은 불 보듯 뻔하다. 비록 가뭄에 타격을 입은 작물들이 마치 면역 반응이 제대로 작동하지 않는 환자가 감염에 취약한 것처럼 다른 병원균에 쓰러질 수 있지만 말이다. 16세기 말에 쥐떼가 창궐하여 하부 미얀마의 한따워디(Hanthawaddy, 버고 지역)를 휩쓸고 저장된 곡식 대부분을 삼켜 버렸다.[100] 곡식이 떨어지자 사람들이 떠났다. 분명한 것은 쥐떼의 공격 그 자체가 상당한 양의 저장된 곡식 때문에 발생했거나 적어도 그것 때문에 지속됐다는 점이다. 이와 대조적으로 1805년과 1813년 사이에 상부 미얀마를 강타했던 거대한 흉작과 기근의 원인은 확실치가 않다. 딴민우에 따르면, 제한된 농경 핵심지에 가한 맬서스식 인구 압박이 일정한 역할을 했다. 가뭄도 그처럼 일정한 역할을 한 것으로 보인다.[101] 정확한 이유가 무엇이든 이는 엄청난 인구 유출을 촉진했다. 특히 "이동식 경작으로 향하는 거대한 이동"을 부추겼고 논은 텅 비어 버려 꽁바웅의 세금 관료들은 이를 처리하기 위해 새로운 토지 분류를 만들어 내야 했다. 종적을 감춘 신민들이 전부 산속으로 들어갔는지는 불확실하지만 한 가지 확실한 것은 그들이 떼를 지어 벼농사 핵심부를 떠나 버렸다는 점이다.[102]

핵심부에 가해진 맬더스적인 압력은 벼농사 핵심부가 재정적인 측면에서뿐 아니라 환경적인 측면에서도 자기 제한적이었을 것이라는 흥미로운 가능성을 보여 준다. 바로 찰스 키턴이 주장하는 바이다.[103] 그의 관점에 따르면, 민돈(Mindon) 왕 치하에 건조 지대 주변에서 거대하게 이루어진 삼림 벌채 때문에 물과 토사의 유출이 증가하여 저수지와 운하가 막혀 버리는 결과가 나타났다. 많은 운하들이 버려진 것이다. 비가 아주 적게(1년에 50~65센티미터) 내리는 지역에서조차도 강우량이 조금만 줄어들면 가뭄과 인구 유출이 촉발됐다. 이 점에서 보면 건조 지대는 척박하고 취약한 환경이어서 작물이 실패할 가능성이 매우 크다. 기근을 피해 도망간 사람 중 일부는 산으로 갔을 수도 있겠지만, 19세기 말에 대부분의 사람들은 급속히 개발되고 있었던 에야워디 델타의 개활지로 향했다. 여하튼 그들도 역시 벼농사 핵심부를 떠나 버린 것이다.

곡식에 대항하여

식민 시기 이전 동남아시아 벼농사 국가들 그리고 명조와 청조는 공식적인 기록에서 자애롭게 사람들을 끌어모았다는 식으로 화려한 색채로 스스로를 묘사하고 있다. 현명한 관료들은 무례한 사람들을 보살펴 글에 눈을 뜨게 하고 불교나 유교의 궁정 중심으로 그 마음이 향하도록 했다고 한다. 궁정의 핵심부에서 정주 논농사를 하고 왕국의 완전한 신민이 되는 것이 문명화를 이룬 업적의 표시였다. 모든 이념들의 자기표현이 그렇듯이 그들이 그렸던 헤겔주의적인 이상은 베트남전쟁에서 '강화'(pacification, 화해)라는 말의 용법처럼 특히 변방에서 실제로 경험한 바의 잔인한 패러디였다.

잠시 '문명'이 무엇을 표상하는가라는 거대한 질문을 뒤로하고 그런 자화상을 살펴보자면, 적어도 두 가지 점에서 완전히 틀렸음을 알 수 있다. 첫째, 사람들을 끌어모은 과정이 일반적으로 문명을 향한 자애롭고 자발적인 여정이 결코 아니었다. 중심부의 사람들은 대부분 포획된 자들이었다. 전쟁의 전리품으로 집단적으로 잡혀 핵심부로 끌려온 자들이거나 노예사냥 원정단에서 사들인 자들이었다. 노예사냥 원정단은 국가가 가장 필요로 했던 품목을 팔았던 것이다. 잉와에서 1650년에 세습 아흐무단(ahmudan, 대부분 노예와 그들의 후예로 이루어진 서비스 제공 계급)의 구성 비율은 그 수도의 200킬로미터 반경 내에서 40퍼센트를 차지했다. 마니뿌르, 샨 고원, 하부 미얀마에서 1760년과 1780년 사이에 엄청난 전쟁 포로의 이주는 그 무렵 감소했던 아흐무단 계급을 늘리기 위해 의도된 것이다. 시암은 포로들의 왕국으로서 더욱 두드러지는 예이다. 한 관찰자에 따르면, 17세기 말에 중부 시암의 3분의 1이나 되는 인구가 "주로 라오족 전쟁 포로들과 몬족 전쟁 포로들의 후예들인 외국인들"이었다. 미얀마의 침입으로 인구가 감소했던 시암은 19세기 초에 "중부 평원에서 라오족, 몬족, 크메르족, 버마족, 말레이족을 모두 합치면 시암족의 숫자와 같았을" 정도에 이르기까지 노예를 잡아오는 거대한 군사작전을 전개했다.[104] 이 모든 것이 절호의 기회와 이익을 찾아 상당수의 변방 지역 사람들이 궁정 중심으로 들어갔다는 사실을 부정하지는 않는다. 그러나 이러한 인구 상황에서 그 국가 만들기가 포로와 속박 없이 과연 가능했을 것이라는 점은 부정한다.

둘째, 이 자화상은 국가 핵심부에서 사람들이 도피했다는 엄청난 증거들이 있음에도 정말 터무니없게 이를 빠뜨리고 있다. 당연히 이를 인정하면 문명 담론을 사실상 부정하게 되어 도대체 왜 사람들이 벼농사 중심부에서 떠나 "야만인이 되려고" 하는가 하는 질문에 답하기가 어려워진다. 지난 60년의 기간에서만 보자면 도시 핵심부의 인구가 눈에 띄게 증가하고 근대국가의 산악 지배 능력이 증가하여 근시안적인 역사 안목을 가진 관찰자들의 이러한 오류를 용서할 수는 있겠다. 그러나 그 이전에 천 년이 넘는 시간 동안 사람들은 적어도 국가에 다가가는 만큼 그곳에서 떠났다는 게 아주 명백한 사실이다. 그 과정은 결코 규칙적이지 않았다. 벼농사 핵심부에서 완전히 떠나 버리는 것과 완전히 채우는 것 사이를 크게 오갔다.

국가 핵심부에서 벗어나려는 이유는 수도 없이 많으나 이를 대략 목록화할 수 있다. 평지에서 쌀을 재배하는 것을 선호했다고 암묵적으로 단정하는 문명 담론과 달리, 강압적인 국가가 없었다면 사람들은 논농사보다 산악 화전과 수렵채집을 더 선호했다. 최근까지도 그러했던 것처럼, 개활지가 많은 한 화전이 대체로 투입 노동 대비 이익의 관점에서 논벼 재배보다 훨씬 효율적이었다. 화전은 대개 더 건강한 환경에서 시행됐고 영양학적인 다양성을 더 갖고 있었다. 마지막으로 이것이 평지에서 그리고 국제무역에서 귀하게 취급받는 상품을 구하는 수렵채집과 결합될 때 비교적 적은 노력을 들이고도 큰 이익을 남길 수 있었다. 상업적 교환의 이점을 누리면서 사회적 자율성을 유지해 나갈 수 있었다. 산으로 가는 것이나 이미 산에 살고 있다면 그곳에 계속 머무는 것은 대개 물질적 부족이라는 희생을 치르면서 자유를 선택한 것이 아니었다.

기근과 전염병 또는 전쟁으로 말미암은 인구 재앙 뒤에 다행히 살아남는다면, 화전이 바로 벼농사 평야 지대에서 일반적인 생계 방식이 되기 마련이었다. 국가를 거부하는 공간은 따라서 지도 위의 장소가 아니라 권력에 대한 위치성이었다. 이 공간은 성공적으로 반항을 펼치거나 농업 기술을 바꾸거나 기대치 않게 신이 개입하여 만들 수 있었다. 똑같은 장소가 벼농사 국가의 영향력과 그 잠재적인 신민이 될 수도 있는 사람들의 저항력에 따라 국가의 지배력이 강하게 미치는 공간이 되기도 했다가 상대적으로 자유로운 공간이 되기도 했다.

실제로 발생하는 도피에 관하여, 천천히, 꾸준히, 일상적으로 해마다 사람들을 몰아내는 사건과 대규모 탈주를 촉발하는 큰 사건을 구분하여 이해하면 좋을 것 같다. 전자의 범주를 보자면, 야망이 큰 군주 아래 세금과 부역의 짐이 늘어나면 국가권력에서 벗어나려는 고달픈 신민들의 무리들을 꾸준히 발생시킨다. 종교적인 반대파들, 파벌 간 권력 쟁투에서 패배한 자들, 마을에서 쫓겨난 자들, 범죄자들, 탐험가들 역시 변방으로 향했다. 이런 이주자들은 기존의 산지 사회에 쉽게 흡수되었다.

꾸준히 차곡차곡 신민들이 떠나는 것과 대란이 발생시키는 대규모의 탈주 가운데 어떤 것이 궁극적으로 핵심부의 인구에 더 큰 손실을 끼쳤는가를 판단하기는 어렵다. 전자는 그리 눈부신 사건이 아니었다는 바로 그 이유 때문에 연대기보다는 세금 징수 기록에서 발견될 개연성이 더 크다. 전쟁, 기근, 화재, 전염병은 더 이목을 끌었고 따라서 연대기와 아카이브에서 더 두드러지게 등장한다. 미얀마의 민간 속담은 이 네 가지 대란(전쟁, 기근, 화재, 전염병)에 폭정을 보태어 4대 재앙으로 다루고 있다.[105] 주로 그 때문에 한 국가와 다른 국가의 인구가 대규모로 뒤섞였고, 벼농사 핵심부에서 국가의 변방 지대로 향하는 이주가 발생했고, 산에서조차도 인구가 새롭게 구성됐다.

전쟁이나 기근 또는 전염병으로 인해 발생할 재앙을 미리 알아낼 길은 없다. 또한 그 재앙이 얼마나 지속될 것인지 언제 끝날 것인지를 알 길도 없다. 본질상 그 재앙들은 걷잡을 수 없이 극심한 공포로 사람들을 몰아넣고 곤두박질치며 도망가게 했다. 그러나 그런 재앙들은 식민 시기 이전에 동남아시아 일상의 한 부분이어서 많은 사람들이 "늘 재앙과 더불어" 살았다고 할 수 있을 정도이다. 마치 식량 부족 시기에 농민들이 이를 넘기기 위해 먹을 수 있는 구황식량에 대한 지식을 갖고 있듯이 말이다. 분산, 도피 여정, 대안 생계 방식은 핵심부 농민들이라면 누구나 위기를 넘기기 위해 마음속에 품고 있던 전략들이었다.[106]

집단적인 탈주는 종종 반란이나 비적과 결합되어 대부분의 동남아시아 국가들의 식민 시기 이전 역사에 큰 획을 그었다. 여기서 핵심부의 인구를 내몰아 다른 국가에서, 권력의 한계에서, 산악에서 도피처를 찾도록 했던 재앙과 야심 찬 왕조에 의해 처음으로 국가에 강제로 편입된 사람들의 저항과 도피를 구분할 수 있겠다. 둘 모두 14~16세기 북부 베트남에서 눈에 띄게 발생했다. 1340~1400년에 발생한 가뭄, 반란, 침입 때문에 홍 강 델타에서 벼를 재배하던 사람들이 파국을 맞이했다. 인구가 그 이전에 비해 80만 명이나 감소하여 160만 명 가량으로 곤두박질쳤고 수많은 피난민들이 분명코 산으로 갔다. 16세기 초에 인구를 회복한 중심부는 그 영향력을 "수도의 서쪽과 북쪽 그리고 동북쪽에 있는 산악 베트남 지대"로까지 뻗으려고 했다. 기적을 일으키는 불교와 도교의 기인들이 어느 정도 주도한 일련의 반란들에서 사람들은 결연히 맞섰고, 이 과정에서 수천 명이 도피처를 찾아 떠났으며 그들 중 많은 사람들은 추정컨대 더 깊은 산 속으로 들어가 버렸다. 19세기 초 시암의 궁정은 라오스 남쪽 지역까지 지배를 확장하면서 과세 부담자들에게 문신을 새기고('적철' 정책 red-iron policy), 부역자들을 늘리고, "고지대 부족민들을 집단적으로 노예화하려는 시도"했다. 그럴 때면 마찬가지로 사나운 저항에 부딪쳤다.[107] 반란이 분쇄될 때, 편입되기를 거부하는 사람들은 산으로 향하고 노예사냥 원정대에 위협을 당한 사람들은 이에서 벗어나기 위해 더 깊은 산속으로 들어가기 마련이었다. 13세기 몽골의 침입에서부터 15세기에 이르기까지 상부 미얀마는 혼란과 기근을 겪었다. 그 기간 동안 "많은 사람들이 전통적인 보호의 영역에서 떠나 고립된 도피처로 옮겨 갔다"고 마이클 아웅-뜨윈(Michael Aung-Thwin)은 전한다.[108] 이 피난민들이 정확히 어디로 갔는지는 확실치 않으나 상당수가 왕조 근처의 산악 변방으로 흩어졌을 것이다. 19세기에 이르러서야 하부 미얀마의 델타 지역이 그 자체로서도 원래부터 피난지였지만 미얀마 권력의 핵심부에서 도피하는 사람들에게 일반적인 목적지가 되었다.

그 증거들이 비록 산발적이긴 하지만, 우리는 벼농사 국가의 중심부에 거주하며 국가의 통치를 받는 사람들과 이 권역 밖에서 사는 사람들 사이의 이동 유형에 관해 한두 가지 가정을 해볼 수 있다. 왕조의 영향권에서 떨어진 거리의 관점에서, 강력한 지배 아래 있는 중심부 사람들과 산등성이에 거주하며 방어벽을 쌓는 국가 밖의 사람들 사이에 어떤 연속체가 있다고 생각할 수 있다. 핵심부 인구의 경계 지점에 있는 사람들과 근처의 배후지 산에 사는 사람들은 국가권력에 대응하여 중간 지점을 차지하고 있다. 추정해 보건대, 사람들이 살 궁리를 찾을 때 첫 번째 단계로 인근의 안전한 지대로 옮겨 갈 것이라는 점은 쉽게 생각할 수 있다. 중심부에 있는 사람들은 전쟁이나 기근을 만날 때 그 중심부의 끝단으로 가기 마련이다. 중심부의 끝단에서 사는 사람들은 우선 재정적인 의무를 던져 버리고 스스로를 보호하면서 중심부의 혼란으로부터 그들 자신을 막으려고 시도할 것이다.[109] 이 전략이 실패로 돌아가면 그들은 결국 근처의 배후지와 산으로 향할 것이다. 배후지와 산에 있던 사람들은 직접적인 통치나 노예사냥의 형태로 국가가 그들에게 힘을 뻗으려고 할 때 반란을 일으키거나 도망하여(또는 반란을 일으킨 다음 도망하여) 더 깊숙하고 높은 산속으로 들어갈 것이다.[110] 각 지점의 사람들은 위험을 만날 때 연속선상에서 그다음 지점으로 옮겨 국가권력으로부터 멀어지려 한 것이다. 핵심부의 조건이 좀 더 우호적이라면, 그 과정은 반대로 작동하여 많은 사람들이 핵심부에서 무역과 높은 지위 기회를 얻기 위해 그쪽으로 더욱 가깝게 옮길 것이다.

올리버 월터스가 동남아시아의 '콘서티나'(concertina) 만다라 국가를 언급했는데, 우리는 이와 비슷한 유형을 위험과 보상에 따라 다가왔다 물러갔다 하는 만다라의 사람들에게까지 확장할 수 있다. 이 점에서 그 사람들을 정치적으로 '양서류'였다고 봐야 한다. 국가 내의 삶과 국가 밖의 삶 사이를 거듭거듭 오갈 수 있는 능력은 개활지가 얼마나 큰지와 새로운 환경에 적응할 수 있게 하는 사회구조와 생계 방식을 얼마나 손쉽게 마련했는가에 달려 있었다. 그러나 그것이 결국 완전히 새로운 환경이었을까? 인구의 큰 부분이 포로들이거나 그들의 후예였다는 점, 그들 대부분이 산에서 끌려온 사람이었다는 점을 떠올린다면, 어쩌면 어떤 사람들에게는 국가로부터 벗어나는 여정이 고향 방문과 귀향과도 같은 것이었다.

저항적인 지형과 거리

> 필요한 것도 없고 숲과 산과 깊숙한 정글과 높은 벼랑에 둘러싸인 사람들[이고로트족]을 정복하기란 정말이지 어려운 일이다.
>
> — 에스파냐 관료(18세기 필리핀)

식민 시기 이전과 식민 시기 관료들은 모두 외딴 산악 지역을 정복하는 데 군사적 장애물이 만만치 않았음을 알고 있었다. 이동적인 삶을 살며 대체로 적대적인 사람들이 게다가 험준한 지형에 있다는 것은 군사적인 점령은 고사하고, 토벌 원정조차도 매우 위험한 일이었다. 《유리궁전 연대기》는 그러한 한 원정에 대해 이렇게 기록하고 있다. "마하우파야자(Mahaupayaza)와 잉와의 왕이 모가웅(Mogaung)의 소브와(Sawbwa, 샨족의 영주—옮긴이)를 뒤쫓도록 명령을 받았는데, 산악 지역에서 길들이 눈 더미에 막히고 안개와 구름이 정오까지 걷히지 않는 등 큰 어려움 때문에 앞으로 나아갈 수가 없어 포기할 수밖에 없었다."[111] 19세기 말에 더 우수한 무장을 갖추고 북부 미얀마를 '강화'하기 위한 군사 원정대를 이끌었던 스콧은 진군의 어려움을 성읍을 점령하기 위해 걸린 시간과 관련지었다. "거대한 미개간 숲, 몇 킬로미터나 되는 침수 지역, 말라리아가 득실대는 지역, 뒤엉킨 관목 정글과 협곡들은 무장 강도들의 은신처여서 한두 해 걸려도 질서가 잡히지 않았다."[112] 베트남에 진출한 프랑스 역시 별반 다르지 않았다. 1901년의 한 보고서는 "가파른 산과 거의 비집고 들어갈 수 없는 숲"의 보호를 받고 있는 산악 지역의 적대자들과 문제자들을 제압하는 데 어려움이 따름을 경고하고 있다.[113]

앞에서 말한 바는 물론 평지 국가의 관점이다. 산으로 물러난 사람들의 관점에서 보자면, 이것은 그들이 활용할 수 있는 자연스러운 이점이었다. 이고로트족이 그랬듯이, 그들은 산길을 막았고 필요하다면 더 깊숙한 산으로 퇴각했다. 산은 대체로 방어전에 유리했고 작은 규모의 집단이 훨씬 큰 군대를 물리칠 수 있는 수많은 적소를 제공했다. 산악지대의 안쪽 깊은 곳은 가장 가까이 있는 평지의 중심에서 다다르기가 지극히 어려워 국가의 직접적인 통치력이 거의 미치지 않았다. 그런 곳은 문자 그대로 산악 요새였다. 영국이 생각하기에 태국과 중국과 미얀마의 샨 주 동부 사이에 위치했던 '야만의' 와족이 바로 그러한 지대에 거주했다. 한 식민 관료에 따르면, 세기가 바뀐 뒤 만들어진 지도도 주요 산등성이가 "가파른 봉우리들로 뒤덮인" 그 지형의 실제 난관을 표현하지 못했다.[114] 오늘날에도 2백만 명을 거뜬히 넘는 와족은 "의심할 여지없이 근대 세계에서 마지막으로 남은 거대한 산악 밀림 지대 가운데 한 곳에서 살아가고 있다."[115]

어떤 경관의 저항성이 어느 정도인지는 단순히 지형을 보고 알 수 있는 것이 아니다. 이것은 상당 부분 사회적으로 작동되고 조작되어 저항성이 커지기도 하고 작아지기도 한다. 산지에 영향력을 확립하기 위해 영국이 채택한 과정은 대부분 거리 차이를 무색케 하는 기술들의 발전을 이용하는 것이었다. 즉 교각, 포장도로, 삼림 벌채, 상세 지도, 전신을 통해 산에 세력을 확장하려 했다. 최신 고엽 기술, 헬리콥터, 비행기, 근대 위성 촬영은 지형의 저항성을 더 약화시켰다. 따라서 지형의 저항성은 기계적으로 '거기에' 있는 것이 아니라 끊임없이 하나의 또는 다른 목적을 위해 그 형태가 변화를 겪는다. 지형의 저항성을 키우고자 하는 사람들은 교각을 파괴하고, 통행로에서 매복하거나 위장 폭탄을 설치하고, 길 따라 나무들을 쓰러뜨리고, 전화선과 전신선을 절단하는 등 갖가지 대항 전략을 사용했다. 게릴라 전쟁에 관한 문헌의 상당 부분이 정보를 확보하기 위한 기술에 관한 것이 아니라 지리적 조건을 활용하는 노력들에 관한 것이다.

지형의 저항성을 통제하려는 군사적인 논리는 사회문화적인 영향력과 더불어 작동된다. 이 결과를 개략적으로 파악하면 산지 사회와 벼농사 국가 사이에 나타나는 몇 가지 사회적인 차이점을 아는 데 도움이 될 것이다. 동남아시아는 해상무역 상인들에 의해 전달된 거대 외부 문명의 영향을 받아 왔다. 브라만적인 힌두교, 불교, 나중에는 이슬람이 이렇게 다다랐다. 착륙한 해안에서 시작되어 이들의 영향력은 사람들의 상업 경로와 이동 경로를 따라 평야, 강 유역으로 널리 퍼져 나갔다. 평지 사람들의 이동 궤적을 따랐던 것이다. 저속도 연속 촬영 사진 시리즈를 상상한다면 이 문화들의 영향력이 지형의 저항성이 거의 없고 사람들의 왕래가 활발한 지역에서 훨씬 더 쉽게 뻗어 나가는 장면이 떠오를 것이다.

이 맥락에서 저항성이 매우 심한 곳, 가령 늪, 습지, 협곡, 험산, 황야, 사막 등이 국가 핵심부에서 직선거리로는 가까울지 몰라도 상대적으로 접근이 불가능하여 얼마나 정치적·문화적으로 다른 지대가 되었는지를 상상해 보길 바란다. 거대한 산악 지역 경우에 긴 시간이나 연속적 시간의 차원에 수직적 또는 높이의 차원을 더한다면 일종의 문화적인 층화가 어떻게 발전하게 되었는지를 쉽게 알 수 있다. 예컨대 힌두-시바 숭배 문화복합체는 국가권력과 상업적 교환에 힘입어 해안가에서 수로를 따라 평야 지대로 퍼져 나갔다. 이유가 어떻든 이 문화복합체를 따르지 않기로 작정한, 예컨대 정령숭배자들은 유역 위로 더 멀리 이동하거나 깊숙한 내륙 지역으로 들어가 영향권으로부터 벗어나 있었다. 그 다음 또 다른 문화복합체, 가령 불교나 이슬람이 첫 번째의 것을 뒤따랐다고 상상해 보자. 이 새로운 충격은 역시 국가의 후원을 받고서 이 문화를 따르지 않으려는 힌두-시바 숭배자들을 유역 위쪽으로 몰아내고, 결국 이는 초기의 정령숭배 난민들을 더 높은 지역이나 더 깊숙한 내륙 지역으로 밀어내게 된다. 이런 상황에서 앞서 언급된 지역인 뗑게르 고원에까지 사람들이 어떻게 이르게 되었는지를 쉽게 알 수 있다.

가장 오래된 것이 가장 높은 곳이나 깊숙한 곳에 있고 가장 새로운 것이 평지에 있거나 표면에 있게 된 일종의 문화적 충격들의 수직적 퇴적이 이루어진 것이다. 실제로는 이동의 유형이 당연히 훨씬 복잡했고 20세기에 대륙 동남아시아에서 기독교 선교사들이 이 과정들을 그야말로 '생략하고' 바로 고원지대로 향했다. 이 개략적인 설명은 국가가 접근하기 어려운 곳인 고지대와 오지에서 사는 사람들이 왜 문화적으로도 독특하면서도 어떤 뜻에서는 역사적으로도 층화가 이루어졌는지를 알게 하는 데 도움을 준다.[116]

미니 조미아, 건조 지대와 습지대

지금까지 우리는 조미아라 불리는 광활하게 뻗어 있는 산악 지역에 초점을 맞추어 왔다. 그러나 거리의 저항성, 도피 지역, 국가에 저항하는 지형 등의 원리들은 더 작은 규모에도 적용된다. 역사적으로 중요한 사례 가운데 하나가 바로 미얀마의 버고산맥지역이다. 버고산맥은 그 길이가 400킬로미터에 이르고 폭은 65~200킬로미터 정도 되며, 에야워디 강과 싯따웅 강 사이의 미얀마 중심부를 관통한다.

비옥한 평야 지역과 가장 인접해 있는 반국가 공간인 버고산맥은 오랫동안 도망자, 반란자, 비적들의 보루였다. 숲은 울창하고, 계곡은 깊고, 무엇보다 쌀을 재배하는 풍요로운 곳 주변에 위치하고 있어 찰스 크로스웨이트가 언급하듯이 "어떤 무장 강도단도 그보다 나은 조건을 바랄 수 없을 정도였다."[117] 그러나, 마지막 남은 거대한 티크 산지 중의 하나인 이곳은 티크가 20세기 초의 식민 미얀마에서 가장 큰 이익을 가져다주었던 품목이었던 만큼 매우 큰 가치를 지닌 지역으로 떠올랐다. 영국이 자원을 통제하긴 했지만 버고산맥은 제2차 영국-미얀마 전쟁(1885~1887) 시기에, 다시금 사야쌍(Hsaya San) 봉기 시기에, 그리고 결정적으로 제2차 세계대전 시기에 영국의 손에서 벗어났다.

전쟁 이후에도 1975년까지 거의 30년 동안 그곳은 북쪽에서는 공산당 반란 세력들, 남쪽에서는 카렌족 반란군들의 주요한 근거지였다. 카렌족 반란군은 양곤의 정부를 거의 무너뜨릴 뻔했다. 이 반군들의 근거지는 매우 안전하여 미얀마 공산당은 이곳을 자신들의 '옌안'(중국 산시 성 북부 중국공산당의 근거지였다—옮긴이)이라 생각했고 그 산악 요새에 있는 중앙마르크스-레닌주의학교를 "황금성의 베이징"이라 불렀다.[118] 1975년 결국 정부 손에 넘어갔을 때 미얀마 공산당과 카렌민족연합당(Karen National United Party)은 중부 평원과 중앙 정부에서 아주 가까운 거리에 있었던 그들의 마지막 근거지를 잃

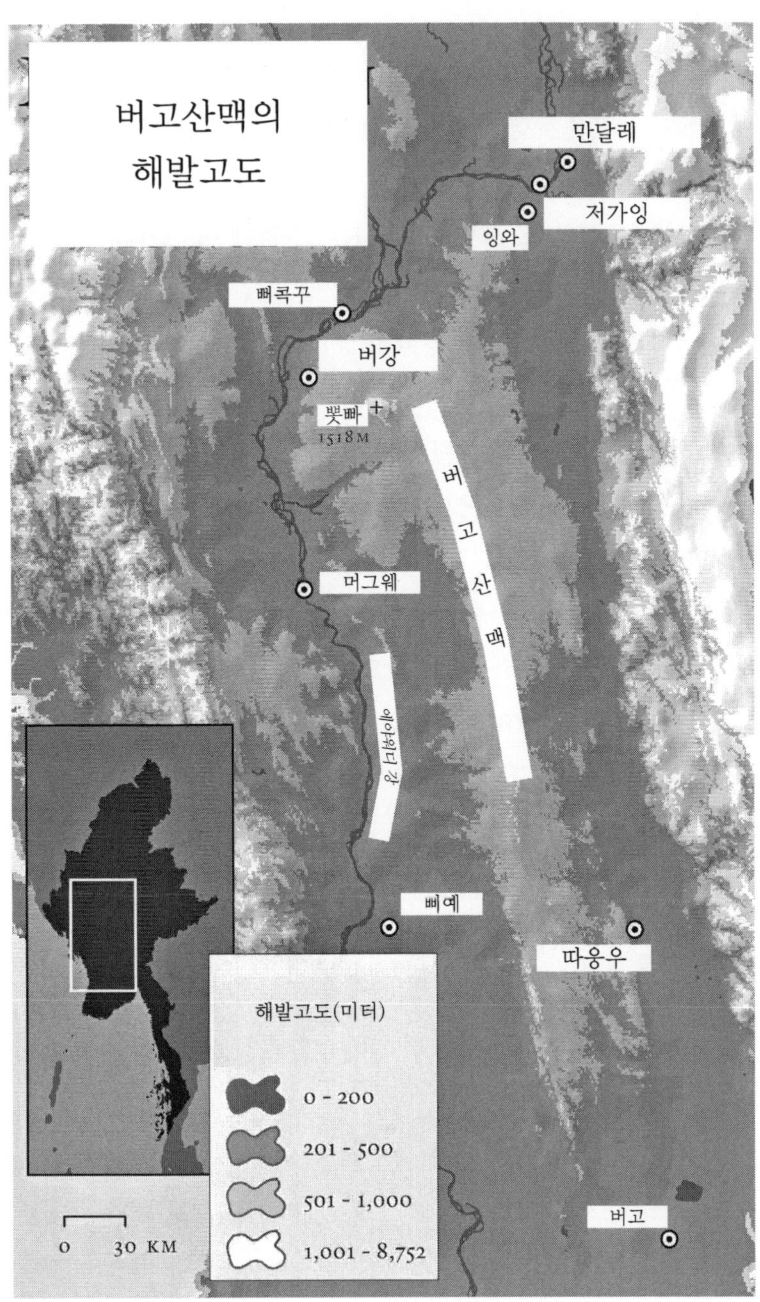

지도 2 버고산맥의 해발고도

어버리게 됐다. 사람들이 듬성듬성 살고 있지만 버고산맥은 미얀마에서 반국가 공간을 설명할 때 그 자체로 한 장 분량을 차지할 가치가 있다.[119]

오늘날 중요한 불교 사원과 순례지로 유명한 버고산맥의 최북단에 있는 뽓빠(Poppa) 고원 또는 폿빠 산은 바로 얼마 전까지도 유명한 반국가 공간이었다. 메잇틸라(Meiktila)와 차웃(Chauk) 사이에 있으면서 만달레의 남서쪽에 위치해 있는 이 가파른 1,500미터의 봉우리는 깊은 협곡과 낭떠러지, 우거진 덤불로 둘러싸여 있다. 이곳은 주요 도피 공간이나 혁명의 근거지가 되기에는 충분치 않았지만 무역로와 평지 사람들에 가까이 있어 비적단과 소도둑들에게 은신처를 제공했다. 한 비적단은 영국이 미얀마를 합병한 이후에 10년 내내 그곳에서 자리를 틀고 있었다.[120] 점령하고 지배하기가 어려워 영국이 난공불락의 요새라 불렀던 지역이 실로 수백 곳이나 되었는데, 폿빠는 그중 하나일 뿐이었다. 그곳들은 왕이 되기를 꿈꾸는 자나 비정통 산악 분파, 반란자, 비적들을 수용했다. 각 지역은 반국가 공간으로서 그 자체로 독특한 역사를 갖고 있었고 어떤 이유에서든 국가로부터 멀어지려 했던 자들은 그곳이 안전한 피신처가 될 수 있다는 것을 알고 있었다. 이곳들은 모두 다 방어와 퇴각에 유리한 복잡한 지형을 갖고 있었고 또한 비국가성의 전통을 견지하며 흩어져 옮겨 다니는 사람들을 품고 있었다.

국가에 저항하는 공간을 완벽하게 설명하려면 축축한 저지대 지역, 가령 늪, 습지, 소택지, 수렁, 습지 초원, 델타, 맹그로브 해안, 복잡한 수로와 도서 등도 고산 지대 요새처럼 여러 쪽에 걸쳐 다루어야 한다. 지배하기가 어려운 그러한 곳들은 저지대의 쌀 재배 지역에 가까이 위치하기 마련이기에 평지의 정치 질서에 고산 지대가 주는 위협과 마찬가지거나 더 큰 정도의 위협이 된다. 양쯔 강 델타 남쪽에 있는 자싱(嘉興)은 17세기 초에 대단히 혼란스러웠던 곳이었다. 종잡을 수 없는 크고 작은 물길들은 정치적인 질서를 확립하는 데 골칫덩어리였다. 이를 제압하는 임무를 부여받은 한 지방관은, "끝없이 펼쳐지는 호수, 습지, 포구, 작은 연못 때문에 큰 물줄기들의 행방을 알 수 없다. 사방에서 강도질을 일삼던 사람들이 바로 이곳에 몰려 들여와 근거지를 삼고 나타났다가 사라지곤 한다"고 언급했다.[121]

습지대가 베네치아와 암스테르담에서 국가 핵심부에 일종의 자연적인 방어선 구실을 한 것처럼, 같은 이치에서 반란자나 비적단, 해상에서는 해적단에게도 피난처였다. 13세기 위대한 중국의 고전 작품인 《수호전》은 실각하거나 배신당한 관료들과 그들을 따르는 비적단들이 습지대에서 펼치는 모험담이다.[122] 이보다 더 오랫동안(3천년 이상) 이야기의 무대로 전해 내려오는 거대한 습지대는 티그리스 강과 유프라테스 강 사이의 메소포타미아 습지대이다(오늘날의 이란과 이라크의 경계 지역). 계절에 따라 형태가 달라지는 15,000제곱킬로미터의 이 습지대는 최근까지도 국가에서 벗어나 떠다니는 섬에서 살아가는 상당수 사람들의 근거지였다.

영어권 세계에 처음으로 이 지역을 알린 책인 《습지 아랍》(The Marsh Arabs)을 지은 탐험가 윌프리드 데시저는, 이 습지대가 "복잡한 갈대밭 때문에 오로지 보트로만 이동할 수밖에 없어 패주자들의 피난처였고 이른 시기부터 무법과 반란의 중심지가 되어 왔다"고 언급했다.[123] 계절에 따라 달라져 (훈련되지 않은 외부인의 눈에) 갈피를 잡을 수 없는 미로 같은 물길들은 옮겨 다니며 살아가는 이곳 거주민들을 국가의 어떤 침략으로부터 충분히 보호해 주는 구실을 했다. 다른 습지대 저항 공간의 경우와 마찬가지로 이 지역을 가혹하게 다루는 방식은 습지대의 물을 빼서 거주지를 철저하게 파괴하는 것이었다. 사담 후세인은 이곳에서 벌어진 이란-이라크 전쟁에서 큰 손해를 본 뒤에 국가 공간을 확장하는 이 거대한 프로젝트를 마침내 완수한 바 있다. 대규모 습지와 늪지에서 물을 빼는 작업은 산악 도피처와 대면하고 있는 지배자는 할 수 없는 최종적인 해결책으로 그 이유가 무엇이든 언제나 저항과 반란의 잠재적인 공간을 없애 버리려는 시도가 되어 왔다.[124]

백인 거주자가 지배하는 북아메리카에서 산이나 변방처럼 늪은 반란과 도피의 공간이었다. 오세올라 추장 하의 세미놀족(Seminole)은 다른 도망노예들과 연합하여 앤드류 잭슨의 인디언 제거 정책을 기를 쓰고 실행하려는 연방 군대에 맞서서 7년 동안 승산 없는 전쟁을 벌였다.[125] 동부 버지니아와 노스캐롤라이나 경계에 있는 디즈멀 대습지는 "노예를 잡아 두고 있는 강력한 남부의 집단들 한가운데 있으면서" 여러 세대 동안 도망간 노예 수천 명의 근거지였다.[126] 그들은 백인 이탈자, 징집을 피한 남부인, 도주자, 탈법자, 밀주 주조자, 사냥꾼, 석수, 덫사냥꾼들과 합류했다. '디스멀 대습지'는 《수호전》의 늪처럼 롱펠로의 〈음울한 습지의 한 노예〉(A Slave in the Dismal Swamp)라는 시와 해리엇 비처 스토(Harriet Beecher Stowe)의 《드레드: 음울한 습지의 이야기》(Dred: A Tale of the Dismal Swamp, 1856)라는 소설 덕분에 역시 문학 작품에 이름을 올렸다. 피난처를 제공했던 습지 아랍의 경우처럼 디즈멀 대습지가 '가장 비천한 부류'의 사람들에게 자유와 독립을 보장해 주었기 때문에 이곳에서 물을 빼야 한다는 요청이 여러 차례 제기되었다.[127]

해안가 환경은, 특히 동남아시아에서 반란자들과 국가를 피하려고 하는 사람들에게 은신처를 제공했다. 대륙 동남아시아 주요 강들(메콩, 짜오프라야, 에야워디)의 변화를 거듭하는 델타들은 수없이 많은 만들과 하구들로 들쑥날쑥 굽어 들어 치안을 유지하고 통치를 해나가기가 거의 불가능하다. 강력한 국가기관들은 그 수역의 형세를 세세히 알고 있을 뿐 아니라 순식간에 사라져 버리는 탈주자들에게 상대가 되지 않는다. 혁명 세력에 유리한 지리적 조건을 우려한 프랑스와 미국이 후원했던 사이공 정부는 산악과 습지대 모두를 유의해서 지켜봐야 할 곳이라고 지목했다. "중부 고원과 서부 메콩 강 델타의 습지대[바삭 횡단 지역]는 공산당이 잠입하기 쉬운 주요한 두 전략 지역이다."[128] 미얀마 정부에 대항한 카렌족 반군 역시 "거대한 맹그로브 늪, 빽빽한 숲, 진흙 강, 은밀한 개천 등 뚫고 들어갈 수 없는 지역들"이 주는 이점을 최대한 활용했는데, "그런 곳에서는 정부군의 이동이 언제나 지체될 수밖에 없었다."[129]

그 통행로가 지극히 복잡하고 구불구불하여 오랜 경험을 가진 사람을 제외하고는 그 어느 누구도 갈 길 모르는 맹그로브 서식지는 일종의 이상적인 도피처로서 조건을 갖췄다고 할 수 있다. 보호막으로서 여기에 견줄 만한 것이 없을 것이다. "진흙과 모래 둑방에 가로막힌 구불구불한 도랑들과 개천들이 우거진 수풀을 지나며 눈에서 사라지고 좁다란 맹그로브 미로는 니파(nipah, 야자나무)의 줄기나 기다란 잎사귀들로 빽빽이 둘러싸여 있다. 여기에서 이 복잡한 지리를 잘 알고 있는 이 수역의 사람들은 위험이 닥치는 순간 능수능란하게 감시를 피할 수 있다."[130]

은신과 도피에 우호적인 지리는, 같은 이치에서 습격자들에게도 우호적인 지리였다. 버고산맥이 번성한 평지에 인근에 있었듯이 맹그로브 지대는 해상무역로 인근에 있었다. 습격자들은 여기저기서 번쩍 하며 선박을 약탈했고, 해안가 거주지를 급습했고, 노예를 잡아들였다. 마치 바이킹과도 같은 바다 집시들은 상인인 동시에 습격자였다. 그들은 빠르고 얕게 잠기는 페라후(perahu)를 갖고 있었다. 이 배 덕택에 큰 배들이 들어갈 수 없는 작은 개천들로 도망가고 밤에는 종종 비보호의 상류 지역으로부터 거주지를 약탈할 수 있었다. 그들은 맹그로브 지대를 활용하면서 한동안 네덜란드와 영국의 동남아시아 해상무역에 심각한 위협을 끼쳤다. 오늘날까지도 단단히 무장을 한 채 모터보트를 타고 활동하는 그들의 직계 후손들은 믈라카해협을 오가는 대형 선박들을 몹시 괴롭히고 있다.[131]

산악 지역과 마찬가지로 늪, 습지, 맹그로브 지대는 사람들이 모여들던 장소이자 그곳으로부터 습격도 감행할 수 있는 장소였다. 그러나 무엇보다 국가의 힘이 미약한 공간이었다. 어떤 이유에서든 국가의 영향권에서 벗어나려는 자들은 그곳에서 피난처를 찾을 수 있었다.

야만인으로 넘어가 버리기

> 우리는 경계 지역에 사는 일부 중국인들이 다른 갈래의 진화[초원 유목]를 똑같이 따르기 시작했다는 것을 알고 있고, 또한 만리장성을 세운 것은 새로운 유형의 야만인들을 중국에 접근하지 못하도록 하기 위해서뿐 아니라 중국인들을 중국 안에 잡아 두기 위해서라는 것을 알고 있다.
>
> — 오언 래티모어, 〈역사와 변방〉

소수종족이 누구이고 어떻게 그들이 그곳에 다다르게 됐는지에 관한 오래된 내러티브와 평지의 민속 이야기들은 대개 그들을 최초의 원주민 집단으로 간주하고 그들로부터 평지 사람들이 유래했다고 보고 있다. 역사가들과 현재 조미아에 살고 있는 소수종족을 연구하는 민족지학자들은 종종 그들을 패배와 핍박과 주변화의 경험으로 점철된 이주자들이라고 표현한다. 이러한 이야기는 일반적으로 부당한 피해자를 만들어 버린다. 이러한 내러티브가 지속되는 데에는 두 가지 가정이 숨어 있다. 첫째, 모든 산악민들이 평지 경작민이 되는 것을 선호하고 이들 중 많은 이들이 한때 평지 사람들이었는데 강압에 못 이겨 마지못해 산악으로 들어올 수밖에 없었다는 것이다. 둘째, 그들은 자연스레 그들에게 붙은 '야만'과 낙오의 낙인에서 벗어나기를 원한다는 것이다. 즉 야만은 도피의 논리적 결과라는 것이다. 평지의 기준에 따르면 문명인들은 논농사를 짓고 국가에 세금을 바치는 신민들이기 때문에 그 조건에서 떠나 국가의 영향권 밖으로 가서 새로운 생계 방식을 선택하는 것은 그 자체로 경계 바깥에 그 스스로를 위치시키는 것이었다.

그 이야기를 그대로 받아들이면 이 이주의 중요한 의도성, 즉 주체성을 무시하게 된다. 개활지가 있을 때나 평지 거주지와 무역을 할 때면 산악 거주민들은 힘을 덜 들이고도 상대적으로 부유한 삶을 누릴 수 있었다. 물론 세금과 부역도 피할 수 있었다. 래티모어가 중국의 북쪽과 서쪽 변방 지역의 수많은 유목민들이 여러 배경을 가진 경작인들로 "가난에 허덕이는 농업 생활을 버리고 유목민으로서 더 안전한 삶을 살기로 결정한 사람들"이라고 언급했듯이, 고원지대로 옮겨 가 화전과 수렵채집을 하는 것은 경제학적인 관점으로 좁혀 보면 대개 자기 이익을 추구하기 위해 자발적으로 선택하여 이동한 것이라고 할 수 있다.[132] 자기 이익에 자기의 작물을 더 보유하는 이점과 자기의 노동을 더 활용하는 이점을 더한다면 국가권력으로부터 스스로를 멀리하는 이유는 물질적인 관점에서만 보아도 자명하다.

산지의 생계 추구 방식인 이동은 평지의 관점에서 보면 늘 지위의 하락과 결부되어 있어서 자발적으로 이것이 발생할 것이라는 것은 상상할 수 없는 일이었다. 평지의 서술에 따르면, 산악민들은 한 번도 문명화되어 보지 못한 원주민이거나 더 동정적으로 보면 폭압에 의해 평지에서 쫓겨난 사람들이었다. 끊임없이 그들이 받는 모욕을 의식하고 있는 많은 부족민들은 구술사에서 현재의 위치와 지위가 희생과 배반, 무관심이 결합한 소산이라고 설명한다. 그럼에도 모든 산악 집단들이 문명에서 빠져나온 수많은 탈주자들을 그들의 계보 속에 편입시켜 왔다는 것은 꽤 확실한 역사적 사실이다.

이 탈주자 중 많은 수가 문명에서 벗어나 산으로 가는 것이 편리하다는 것을 알게 된 한족들이었다. 앞에서 보았듯이, 유교에 근간을 둔 한족의 국가 형성의 자화상에서 국가에 반하는 그러한 내러티브에 대한 공간은 존재하지 않는다. 만리장성과 먀오족을 막기 위한 후난의 '남방장성'은 공식적으로 야만인에 대한 방어막으로 보이기도 했지만, 한편으로 그것들은 사실 세금을 납부하는 정착 경작민들을 국가권력의 주위에 붙잡아 두기 위해 쌓았다는 것도 틀림없다. 매그너스 피스케스조가 보여 주듯이, "과거에 수많은 상상의 야만인들과 [19세기 중반에] 이른바 '먀오족 반란 세력'은 실제로 주류 사회에서 납세 의무나 형사 책임에서 도망친 주류 한족이었다."[133] 무역, 토지 희구, 결혼도 한족과 여타의 이주민들이 산지 사회에서 발견할 이점들로 이주의 또 다른 이유가 되었다. 스스로 주변화되거나 평지의 관점에 따르면 "스스로 야만화 되는 것"은 흔한 일이었다. 그러나 문명 담론은 그런 결정을 생각할 수 없을 일이라 간주했다.[134]

사실 사람들이 평지 국가의 문화와 일상에 적응하지 않기로 선택한다면, 그리고 대신 의도적으로 그 문명으로부터 물리적으로 문화적으로 떨어져 살기로 선택한다면, 손실을 입었다거나 자비에서 멀어졌다는 식으로 다루는 것을 넘어서 이 과정을 취급하는 방식이 필요하다. 제프리 벤저민은 말레이반도의 산악민들이 스스로를 생태적·경제적·문화적으로 말레이 국가에 대응하여 위치시키는 방식을 포착하려고 애쓰면서 이를 '이화'(異化, dissimilation)라 불렀다.[135] 이화는 위장(dissimulation)과 혼동하지 말아야 하는데, 사회들 사이에 문화적 거리를 어느 정도 의도적으로 두려는 것을 의미한다. 이것은 다른 언어를 쓰고 유지하는 것, 다른 역사를 갖고 유지하는 것, 의복, 유형의 매장과 결혼 관례, 가옥 유형, 경작 방식, 고도 등에서 다른 유형을 갖고 유지하는 것을 포함한다. 한 집단은 그런 모든 문화적 표시들에 의해 다른 집단들과 구분되기 때문에, 그것들은 반드시 상대적이다. 이화는 전반적인 산악-평지 경제에서 특정 환경을 차지하는 주장을 내세우는 효과도 갖는다. 예컨대, "우리는 숲에서 수렵채집을 하며 살아가는 사람들이다, 우리는 쟁기를 손에 들지 않는다"고 할 수 있다. 그런 이화가 지속적으로 추구되고 좀 더 세분화되면 결국 종족 집단의 출현으로 이어진다. 이것은 앞으로 7장에서 다루게 될 주제이기도 하다.

여기서는 국가 핵심부에서 벗어나는 이주의 역사적인 맥락에서 많은 산악민들에게 이화의 가장 중요한 면들이 무엇이었는지 살펴보고자 한다. 이화의 가장 중요한 행위는 "우리는 국가 밖의 사람들이다, 우리는 평지 국가로부터 멀리 떨어져 살아가고자 했기 때문에 산에서 화전과 수렵채집을 하고 있다"는 주장이다.

자율, 국가를 피하는 사람들

한 사회와 다른 사회 사이의 차이와 거리를 뜻하는 이화는 많은 산악민들에게 문자적으로 그들 자신과 평지 국가 사이에 거리를 둔다는 것을 의미한다. 어떻게 보면, 이 과정은 과도하게 결정적이고 동어반복적이다. 예컨대 오랜 과정의 이주 그 자체를 고려해 보자. 적은 숫자이거나 군사적으로 약한 평지의 사람들이 패배당하여 정복당할 상황에 처해 있거나 아니면 더 그럴듯한 상황인데, 이 두 상황 모두에 처해 있다고 하자. 사면초가에 몰린 이 집단의 일부 분파는 정복을 당하고 시간이 지나면서 동화된다. 다른 분파는 퇴각하여 오지나 산으로 옮겨 가 아마도 생계 방식을 바꾸면서 자율성을 유지해 나갈 것이다.

더 나아가 메도라크(Meadowlark)라고 칭하는 집단이 있다고 하자. 남아 있는 메도라크 집단은 자신들의 독특한 특징을 평지 문화에 남기기는 하겠지만 우세한 평지의 문화에 흡수될 것이다. 그들은 더 이상 '메도라크'가 아니라, '중국인,' '미얀마인,' '시암인,' '따이인'이 될 것이다. 그곳을 떠난 많은 사람들은 비록 그들 역시 변화를 했지만(아마도 더욱 심하게!) 여전히 메도라크라고 알려지고 더욱이 그들 역사에서 주요한 국면으로서 평지 국가에서 벗어난 이주가 기록될 것이다. 평지의 관점에서도 역시 '메도라크'는 도피와 국가 피하기로 각인될 것이다. 이 과정이 여러 번 반복된다면, 국가 피하기의 국면은 그 집단의 본질적인 특성을 대표하게 될 것이다.

이 과정은 여러 민족지학자들과 역사가들이 먀오족(몽족)의 특히 지난 3세기 동안의 반란과 도피를 개략적으로 유형화하며 묘사한 것이다. 니컬러스 탭은 분기의 과정이라 묘사했다. 한쪽에서는 중국의 주권과 중국식 이름과 정착 농업을 받아들여 시간이 지나면서 대부분 한족의 문화에 동화된 '숙성된' 먀오족 또는 '중국인 먀오족'이 있었고, 다른 한쪽에는 높은 산으로 이동하여(또는 머물러) 화전과 사냥을 하며 중국과 거리를 두는 '야생의' 먀오족 또는 '먀오족인 먀오족'이 있었다.[136] 먀오족(몽족)의 역사를 탐구하는 다른 사람은 "몽족이 토지 부족, 삼림 부족, 과도하고 부당한 징세, 관료와 지주들의 횡포 등으로 고통을 받을 때 대부분은 새로운 환경에 적응하려고 시도했다. 어떤 이들은 맞서서 싸울 태세를 했고, 또 어떤 이들은 새로운 행정 구역이나 다른 나라로 가버리는 쪽을 선택했다. 이러한 이주들은 일부의 몽족 사람들에게만 해당됐고 대부분은 그대로 눌러 앉아 적응했다"고 보았다.[137] 이 설명에서 도피 행각과 "지도 속으로 들어가기"를 거부하는 것이 표식이 된, 국가를 떠난 몽족 탈주자들은 일부에 지나지 않는다.

역사적으로 몽족이라고 알려진 사람들은 대부분 한족 국가의 신민으로 흡수되어 구별된 집단으로서 그들의 존재는 사라져 버렸다. 그들과 함께 반란을 일으키거나 도주한 다른 사람들이 몽족 계열로 흡수됐다는 사실까지 고려한다면 이 일부의 사람들이 유전적인 연속성은커녕 혈통적인 연속성을 갖고 있다고 보기 어려울 것이다. 몽족인으로서의 연속성 또는 의미는 조상의 피를 물려받았다는 어떤 추정적인 주장보다도 반란과 도피의 역사를 공유하고 있다는 것에 훨씬 더 강한 기반을 두고 있다.

이와 비슷한 이야기가 조미아 모두는 아닐지라도 많은 사람들에게 적용될 것이다. 와족, 아카족, 라후족, 리수족, 크무족, 빨라웅족, 버다웅족, 라멧족, 카렌족 등의 일부가 대개 반란 이후에 어떤 이들은 남고, 어떤 이들은 영향권에서 도망가고, 어떤 이들은 그 도주의 길에서 다른 이주민들을 흡수했던 역사를 공유하고 있다. 샨샨 두(Shanshan Du)는 지난 3세기 동안 라후족이 20번 정도의 반란에 가담했고 그 이후에 많은 이들이 "한족의 전제적 통치 지역에 머물렀던 반면 다른 이들은 한족의 엄청난 진압 이후에 남쪽을 향해 떠나 멀리 떨어진 산악 지역에 이르게 되었다"고 보고 있다.[138] 카렌족, 특히 포카렌족의 복잡한 역사는 그런 요소들을 많이 갖고 있다. 몬족과, 18세기 중반에 버고가 함락된 뒤에는 시암족과 연합했던 카렌족은 몬족, 시암족, 샨족, 버마족 등의 국가에 흡수되는 경우가 많았다. 오늘날 우리가 카렌족이라 알고 있는 많은 사람들이 산으로 도망가거나 산에 머물러 있기를 선택한 자들로서 취약한 상황에 처해 있지만 국가 없이 자율적으로 살아가는 사람들이다.[139] 한때 카렌족, 라후족, 몽족이었던 대부분의 사람들이 역사적으로 국가 신민으로서 평지의 복합물에 동화된 반면, 종적을 감춘 나머지 사람들은 자신들의 독특한 정체성을 유지하며 도피와 비국가성의 역사를 써 가고 있다.[140]

"정체성으로서 국가로부터의 도피"라 부를 수 있는 것을 가장 정교하게 보여 주는 경우가 바로 고(故) 레오 알팅 폰 괴사우가 연구한 아카족이다. 베트남 북부의 하니족을 포함하여 250만 명가량의 인구를 갖고 있는 아카족은 티베토-버마어족 계열로 과거에는 '흑골'(blackbone: 야생의, 날것의) 비중국계 이-롤로족(Yi-Lolo)이라 여겨졌다. 오늘날 그들은 윈난 남부(시솽반나)와 인근의 라오스, 미얀마, 태국에 위치하고 있다. 지난 2세기 동안 그들은 전쟁과 노예제 때문에, 그리고 새로운 화전을 찾아서 먼 남쪽으로 내려왔다. 그들이 관계를 맺었던 두 평지 왕국은 한족과 따이족의 왕국이었다. 한족 왕국이 그들의 문화적 관행과 믿음에 훨씬 더 깊은 영향을 남기기는 했다.

우리의 목적과 관련하여 아카족에게서 발견할 수 있는 가장 중요한 것은 이들이 정교하게(신뢰할 수 없지만) 계보를 유지하면서 그들의 역사를 음유시인이라 할 수 있는 피마(phima)를 통해 읊고 있다는 점이다. 이 역사의 일부는 기록될 수 있다. 그러나 기록이 되든 그렇지 않든, 이 구술사를 통해 그들에게 도피와 비국가성이 결정적인 특성이라는 점을 알 수 있다. 그들은 원래 고원지대 사람들이었는데 점차 평지로 내려와 쌀을 재배했다고 믿고 있다. 명백히 국가의 신민은 아니었지만 말이다. 그 뒤 국가 체제의 따이족 전사들이 남부 윈난에 도달해 아카족 중 일부를 흡수하고 나머지 사람들을 빨라웅족 및 다른 사람들과 함께 산으로 몰아냈다고 한다. 폰 괴사우는 이 이야기가 12세기 후반에 따이-르족(Tai-Lue) 전사인 바젠(Ba Zhen)이 첫 번째 도시국가(므엉)를 건립할 때 원래 살고 있던 많은 사람들을 몰아냈던 사건과 일치한다고 주장했다. 이 사건 뒤에 13세기 중엽 원 왕조를 세운 몽골족의 침입이 뒤따랐고 이 지역에 국가권력이 확장되기에 이르렀다. 이 계기로 아카족은 그들 자신을 "군대, 비적단, 징세자들이 쉽게 접근할 수 없도록" 거처와 생계 방식을 선택하는 국가를 회피하는 사람들이라 보았다.[141] 도피했음에도 불구하고 그들은 대개 유전적으로 고립되어 머물러 오지 않았다. 폰 괴사우가 생각하기에 유연하게 여러 양식을 수용하고 계보를 창조하면서 그들은 라후족, 빨라웅족, 크무족, 와족 등 다른 산악민들뿐 아니라 따이족과 한족까지도 흡수했다.

아카족의 도피와 비국가성은 규범적으로 그들의 역사와 우주론에 표현되어 있다. 그들의 전설에서 핵심적인 인물은 13세기에 아카 왕을 자처하여 인구조사(세금과 국가 만들기 행태의 상징!)를 시행했으나 측근들에게 살해당한 조방(Dzjawbang)이다. 그의 아들 방주이(Bang Dzjui)는 앞뒤를 가리지 않는 이카로스 같은 인물이었다. 그가 탄, 밀랍으로 된 날개를 단 기이한 말은 태양에 너무 가까이 다가가는 바람에 목숨을 잃었다. 두 이야기 모두 위계와 국가 형성을 경고하고 있다. 떠도는 혼을 몸에 되돌리는 의도를 가진 일반적인 샤먼의 치유 의례도 마찬가지로 국가를 회피하는 교훈을 갖고 있다. "구중의 이 [영혼] 세계로 향하는 여행은 산악 지역에서 평지로 내려오는 과정으로 그려진다. 평지에서 사람의 영혼이 '미로의 용'에 사로잡혀 목숨을 부지하기 위해 부역이나 노예 노동을 해야 하는 비참한 처지에 이르게 됐다고 한다. 영혼을 회복하기 위해 그들은 돼지나 들소 같은 몸집이 큰 동물들을 바쳐야 한다. …… 노예무역에서 일반적으로 행하던 것과 똑같은 방식으로 말이다."[142]

종교라 부를 수 있는 것에서도 마찬가지의 원리가 널리 퍼져 있다. 전문가와 유서 깊은 계보를 가진 자와 대장장이에게 존경심을 바치는 것을 제외하고는 아카족은 초월적인 신을 믿지 않고 그야말로 어느 누구에게도 머리를 숙이지 않는다고 주장한다. 국가 및 영속적 위계 체계에 대한 거부를 더 포괄적으로 표현하고 있는 구술사, 관행, 우주론을 갖고 있는 집단을 떠올리기가 쉽지 않을 것이다.

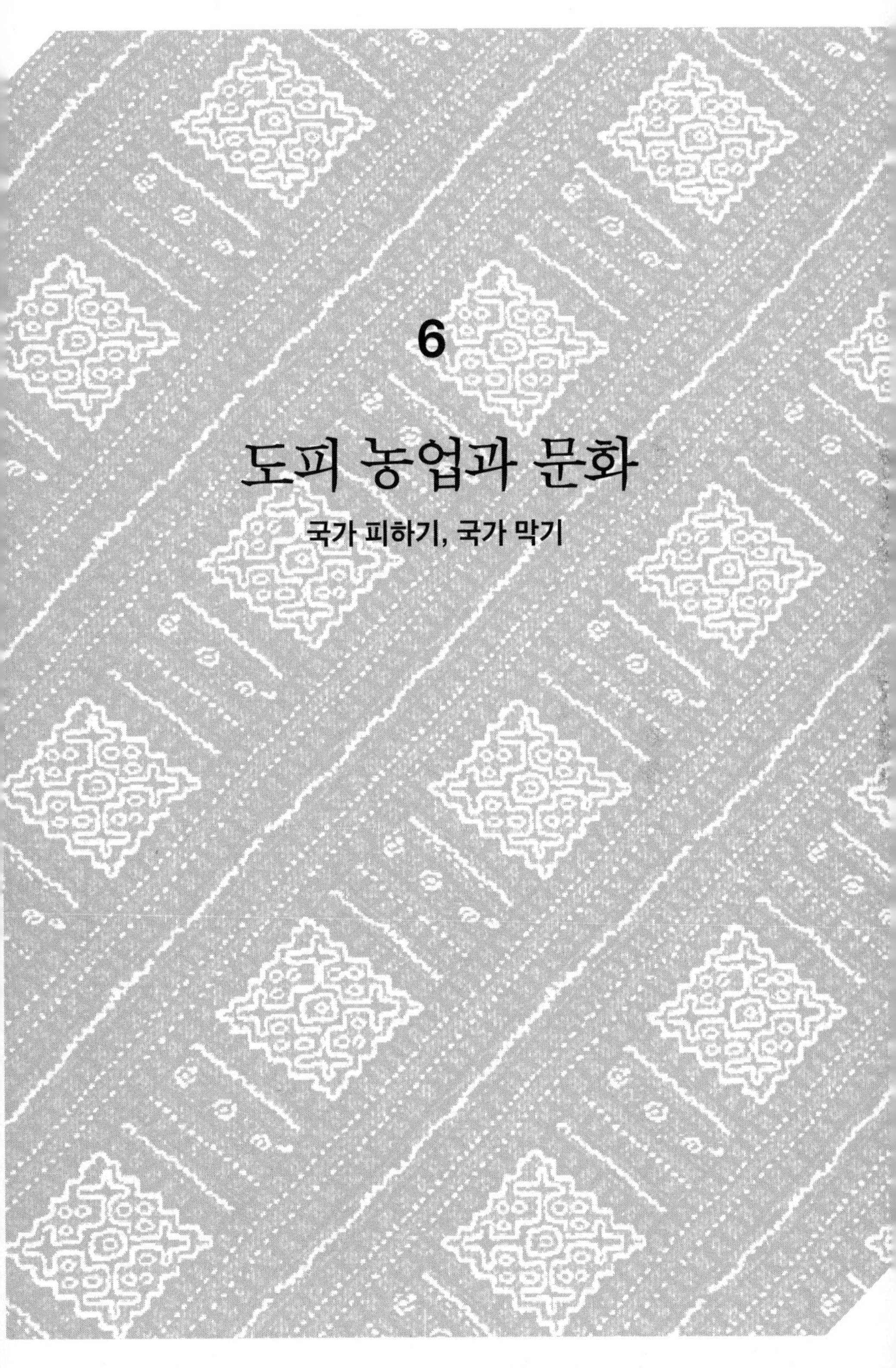

6

도피 농업과 문화

국가 피하기, 국가 막기

포도밭을 일구지 말라, 묶일 것이다
곡식을 키우지 말라, 붙박일 것이다
낙타를 끌고, 양을 치거라
그날이 오면, 왕이 될지니

— 유목민의 시

다시 한 번 여러분이 동남아시아에서 장바티스트 콜베르와 같은 위치에 있었다고 상상해 보자. 다만 이번에는 여러분의 임무가 수탈을 위해 이상적인 국가 공간을 기획하는 것이 아니라 정확히 그 반대의 것이라 하자. 여러분은 어떻게 지형을 고안하고 생계 전략을 짜낼 것이며, 국가가 형성되는 것과 그에 의해 수탈되는 것을 최대한 막아내기 위해 어떻게 사회구조를 고안해 낼 것인가?

여러분이 기획하는 많은 것들이 국가가 만들어진 방식과 반대되는 것이라고 나는 생각한다. 평평하고 상대적으로 험하지 않는 충적평야 지대를 대신하여 여러분은 '지형의 저항성'이 엄청나게 센 험준한 곳을 생각해 냈을 것이다. 한꺼번에 익고 한군데 모인 곡류 작물 대신 여러분은 이동적이고, 다양하고, 분산되고, 익는 시기가 제각각인 뿌리 작물들을 선호할 것이다. 정착지와 고정된 정치 권위를 대신하여 여러분은 분산되고 이동적인 거주 유형과 쉽게 쪼개졌다 합쳐질 수 있는 유동적인 무두형(acephalous, 우두머리 없는) 사회구조를 고안할 것이다.

대략적으로 여러분이 기획하고자 하는바 '국가를 피하는' 유형의 거주와 농업, 사회구조가 대부분의 조미아 지역에서 발견된다. 이를테면 이것은 인력과 곡식을 모으려는 국가의 전략에 몹시도 비우호적인 농업생태학적 조건을 대표한다. 이 유형은 두 가지 독특한 점에서 국가를 피하고 있다. 첫 번째이자 가장 명백한 것은 당시의 국가가 그곳을 차지하는 데 투입하는 행정적·군사적 비용에 비해 거둬들이는 인력과 곡식의 소산이 적다면 그 지역을 편입시키는 데에 망설일 것이라는 점이다. 조공을 받아 내는 지위라면 생각해 볼 수 있겠지만 직접 지배는 그렇지 않을 것이다. 이 사회 경관에서 두 번째 국가 피하기의 특징은 그 공간에서 토착 국가가 발생하는 것이 거의 불가능하다는 점이다. 국가가 반드시 필요로 하는 거대한 규모의 집중화된 인력, 부, 곡식이 근본적으로 부족하다. 더욱이 국가 수탈에 비우호적인 인구와 농업경제적 조건은 결국 다른 형태의 수탈에 대해서도, 특히 습격에 대해서도 마찬가지로 비우호적이었다. 국가가 그랬던 것처럼 노예사냥 원정대, 습격대, 비적단, 굶주림에 지친 잠재적 식량 탈취자들은 흩어져 있고, 이동적이고, 뿌리 작물을 재배하고, 항구적 권위 구조가 없는 지역에서 하찮게 약탈하는 것보다는 '국가 공간'에서 약탈하는 것이 훨씬 더 유리하다고 생각했다. 이 점에서 그러한 산악 사회는 단지 국가를 멀리할 뿐만 아니라 일반적으로 국가의 수탈을 거부한다.

나는 콜베르 같은 전략가가 꾸미는 장치와 '기획'이라는 아이디어를 자못 의도적으로 사용했다. 대륙 동남아시아 산악민들의 역사와 민족지는 많은 부분 암묵적이든 명시적이든 그들의 지리적 위치, 거주 유형, 농업, 사회구조를 자연스레 발생한 것이라 여기고 이른바 전통과 생태적 제약에 의해 주어진 것, 운명적인 것이라고 취급하는 경향이 있다. 나는 그러한 제약이 있다는 것을 부정하지 않지만 역사적·전략적 선택이라는 요소를 강조하고 싶다. 조금만 장기적인 관점에서 보면 산과 평지의 거주 유형, 사회구조, 농업 형태, 종족 정체성이 놀라울 만큼 유동적이고 다양하다. 정적으로 보이는 유형들, 심지어 일견 시간이 멈춘 것으로 보이는 유형들도 한걸음 물러나서 역사적인 렌즈를 굳이 몇 백 년이나 천 년이 아니더라도 몇 세대의 범위로만 확대하면 엄청난 유연성을 드러낸다. 역사적인 증거는 우리가 산지 사회를, 즉 그들의 지리적 위치, 거주 유형, 농업 기술, 친족 형태, 정치 조직을, 평지 국가 및 더불어 살아가는 다른 산악민들에 대응하여 스스로를 위치시키기 위해 고안한 사회적·역사적 선택으로 해석해야 한다고 일러 주고 있다.

카렌족의 극단적인 '도피촌'

극단적인 사례는 그 독특함이 매우 커서 종종 사회 과정의 기본적인 역동성을 드러낼 수 있다. 대부분 카렌족 지역에서 미얀마 군부가 반란에 대응하여 자행하는 끔찍한 전략이 바로 그 사례이다. 여기에서 군대 주둔지 주변의 '국가 공간'은 단순히 수탈의 공간이라기보다 완전히 집중화된 캠프이다. 이와 대조적으로 '비국가 공간'은 효과적으로 세금을 거둬들이는 영역을 벗어난 지역이라기보다 사람들이 살기 위해 도망가는 피난처이다.[1]

미얀마 군대는 오웰적인 완곡어법을 사용하며 그들이 통치하는 카렌족 민간인들의 공간은 평화촌으로 부르는 반면 그들의 영향권 밖으로 도피한 사람들을 수용하는 공간은 도피촌으로 부른다. 공식적으로 '평화촌'은 그 지도자가 반란군을 돕지 않을 것과 돌아가며 군사 기지에 부역을 제공할 것을 동의한 마을을 가리킨다. 이렇게 하면 그 보상으로 그 주민들의 집은 불태워지거나 강제로 옮겨지지 않았다. 사실 평화촌은 강제로 군사기지 자체의 경계로 재배치되는 경우가 많았고 그곳에서 사람들은 언제나 이용할 수 있는 부역자와 인질의 풀을 제공했다. 거주민들은 등록이 되었으며 신분증을 발급받았다. 그들의 농경지, 빈랑나무, 카르다몸(cardamom, 생강과 식물, 향료로 쓰인다—옮긴이) 산지는 군대의 과세와 징발 대상으로 선정됐다. 우리가 3장에서 살펴본 벼농사 국가 핵심부의 축소판과 군사판에서 그 주둔지의 지휘자들은 사실 본부 가까이에 있는 평화촌에서 그들이 필요로 하는 대부분의 노동력, 현금, 식량을 뽑아내려 했다. 그곳의 주민들은 암묵적으로 인구 집중이 강제 노동과 연관되어 있다는 것을 알고 있다.

기록된 여러 사례 중 하나를 보면 일곱 마을이 강제로 병영 근처의 두 마을인 클러라(Kler Lah)와 따이꼬더(Thay Kaw Der)로 통합되었다. "그들이 짐꾼을 찾을 수 없을 때 클러라와 따이꼬더의 모든 마을 사람들을 끌어냈어요. 남녀를 가리지 않고 끌어냈어요. …… 정부[SPDC, 국가평화발전위원회]가 1998년에 강제로 마을 사람들을 그곳으로 이주시켰어요. 그래서 [마을 사람들이 한곳에 있기 때문에] 강제로 일을 시키고 짐을 나르게 하는 것이 쉬워진 겁니다"라고 한 거주민이 말했다.[2] 유사한 재정착지에서 한 거주민은 군사기지 근처에 집중화된 탓에 자신들이 얼마나 쉽게 착취를 당했는지를 토로했다. "제 생각에, 그들은 거주민들에게 일을 시키기 위해 이곳으로 옮기라고 한 거예요. …… 마을 사람들이 한곳에 몰려 있으면 미얀마인들이 일을 시키기가 쉬우니까요."[3]

지역에서 필요한 식량과 물자를 공급받아야 한 데다 부패와 약탈의 전통까지 있었던 군부대는 재정착지를 극도의 수탈 공간으로 탈바꿈시켜 버렸다. '이상적인 형태의' 군사 공간은 큰 길 옆에 있는 평평하고 개방된 지형이었다(매89-복이 없는 곳!). 그 주위로는 등록된 재정착 민간인들이 쉽게 감시할 수 있는 들에서 작물을 재배하고, 유인하는 덫이나 인질 역할을 하고 노동력, 현금, 식량을 제공하는 것이다. 버농사 국가의 행태를 반복하며 미얀마 군대가 인력에 너무나도 심한 압력을 가하고 사로잡은 사람들을 가혹하게 자원으로 활용하자 결국에는 대부분의 사람들이 필사적으로 도망가기에 이르렀다.[4]

군대 주둔지 주변에 격리된 거주민들이 국가 공간이 어떠한지 사실적으로 드러내듯이, 그 부담에서 도망치는 자들의 국가를 멀리하는 기술들 역시 어떤 전략을 구사하는지 사실적으로 드러낸다. 그 전략들을 이번 장에서 살펴본다. 간략히 말하면 접근이 불가능한 지역으로 도망가는 것, 흩어져서 더 작은 집단으로 쪼개지는 것, 눈에 띄지 않거나 드러나지 않는 생계 방식을 추구하는 것을 포함한다.

가장 빠르게 가닿을 수 있는 도피처는 일반적으로 수역의 상류 지역이거나 산악의 높은 지역이다. "도망가야 한다면 산으로 올라갈 것입니다"라고 한 카렌족 노인은 말한다. 추격을 당한다면 더 높은 곳의 상류 쪽으로 들어간다. "그다음 그들이 와서 우리를 찾자 더 위쪽으로 피했습니다. 세 번째 그들이 왔을 때 우리가 이곳까지 도망친 것입니다"라고 말을 잇는다.[5] 그런 도피처들의 이점은 직선거리로는 마을과 들에서 그리 멀지 않으나 모든 도로에서 떨어져 있어 사실상 접근이 불가능하다는 것이다. 군대의 압박이 커질수록 이른바 그런 도피촌(유와봉, ရွာပုန်း)은 더 작은 단위로 갈라진다. 그들이 원래 살았던 마을에는 15~25가구가 있었지만 도피촌에는 7가구가 넘지 않고 여전히 위험이 존재한다면 더 작은 집단으로 분리된다. 더 분할할수록 추격을 받거나 사로잡히거나 죽임을 당할 가능성은 더 낮아진다. 이 경우에 마지막에 이르러서 주민들은 태국 국경과 난민촌으로 가는 모험을 감행하기도 한다. 미얀마의 사법권 바깥으로 말이다.

산에 남기로 한 사람들은 눈에 띄는 것을 피하기 위해 그리고 만약 머지않아 또다시 옮겨야 한다면 물리적 이동성을 극대화하기 위해 고안된 생계 전략을 채택한다. 산에서 식량을 찾는 수렵채집은 눈에 드러나지 않는 궁극적인 형태의 생계 방식이다. 이것은 수렵채집민들의 자취를 제외하고는 어떠한 흔적도 남기지 않는다. 그러나 순수한 수렵채집만으로는 식량을 충분히 마련할 수 없다.[6] 산에서 숨어 사는 한 주민이 이를 설명한다. "그 마을 사람들은 내가 숲에서 먹는 것과 같이 뿌리와 잎을 먹어야만 했어요. 나는 어떤 때는 4~5일 동안 뿌리와 잎으로 연명해야 했어요. …… 너무나 두려워서 마을에 거주할 수 없어 1년 동안 숲 속 오두막에서 살았어요. 바나나를 길렀고 뿌리와 몇몇 채소들을 먹었어요."[7]

숲으로 도망친 많은 사람들은 쌀을 최대한 많이 가져와서 좁다란 틈에 숨겼다. 그러나 오랫동안 살아온 사람들은 작은 구역을 개간하여 옥수수, 카사바, 고구마, 카르다몸을 재배했다. 이렇게 하다 보니 작고, 분산되고, 눈에 띄지 않는 개간지들이 많이 생겨났다. 도망친 인간들의 행동 유형에 해당됐던 분산과 비가시성(非可視性)이 그들의 농업적 선택에도 역시 적용된 것이다. 가능하다면 그들은 손이 덜 가고 빨리 성장하는 작물, 쉽게 파괴되거나 탈취당하지 않고 편한 때에 거둬들일 수 있는 뿌리 작물을 선택했다. 사람과 밭과 작물이 모두 포획을 피하기 위해 배치된 것이다. 주민들은 그야말로 살아남기 위해 무엇을 희생해야 하는지 잘 알고 있었다. 마을의 의례, 교육, 스포츠, 무역, 종교적 의식은 모두 혹독한 국가 공간에서 군사 노예로 전락하는 처지를 오로지 피하기 위해 제거하지는 않았지만 축소하여 맞춘 것이다.

카렌족 주민들이 구사한 필사적인 도피 기술은 대체로 조미아의 역사와 사회조직을 특징짓는 전략들의 한 극단적인 경우를 보여 준다. 우리가 고려하는 많은 부분의 '산악' 농업, '산악' 사회구조, '산악' 위치 그 자체를 국가 피하기(그리고 국가 막기)의 유형을 중심으로 파악할 수 있다고 나는 강조하고 싶다. 그런 전략들은 여러 세기에 걸쳐서 식민 국가를 포함한 평지 벼농사 국가와 끊임없이 '대화'하면서 개발하고 정교하게 만든 것이다.[8] 이 대화는 중요하게도 산지 사회와 그 대화 상대자인 벼농사 국가 모두를 포함했다. 각자는 생계 방식과 사회구조, 권력의 대안적인 유형이었다. 각자는 서로 모방과 갈등의 복잡한 관계 속에서 상대방의 그림자였던 셈이다. 산지 사회는 평지 국가의 그늘에서 작동됐다. 마찬가지로 동남아시아의 평지 국가는 존재하는 대부분의 시간 동안 위협, '야만'의 공간, 유혹, 도피처, 가치재 공급지를 표상하는 산악, 늪, 미로의 수역 등에서 살아가는 상대적으로 자유로운 공동체에 둘러싸여 있었다.

위치, 위치, 위치 그리고 이동성

접근 불가능성과 분산은 수탈의 적이었다. 국가와 마찬가지로 행군 중인 군대에게 수탈은 생존에 필수적이었다. "모든 군대가 도망가는 왕을 계속해서 쫓았으나 진군이 어렵고 마을들은 드물고, 멀고, 그곳의 인구도 얼마 되지 않았으며 군사들과 동물들을 먹여 살리는 양식도 충분히 획득할 수 없었다. 그 결과 그들은 계속되는 행군에 지쳤을 뿐만 아니라 절반 정도는 제대로 된 음식을 제공받지 못해 굶주림에 죽어 갔다. 많은 군사들이 병과 굶주림과 음식 고갈로 죽기에 이르렀으나 추격은 계속됐다."[9]

도피의 첫 번째 원리는 위치였다. 지형의 저항성 탓에 (직선거리로) 가까운 곳에 있는 국가도 거의 접근하지 못하는 곳들이 있었다. 사실 여러 위치들이 어느 한 벼농사 국가로부터 상대적으로 어느 정도의 접근 불가능성을 갖고 있는지 계산할 수 있다. 발리를 '극장 국가'(theatre-state)라 이름하며 그 영역권을 다루었던 클리퍼드 기어츠에게서 그러한 차이를 찾아볼 수 있다. 그는 '고원 군주들'이 더 험악한 곳에 위치하고 있었기 때문에 "군사적인 압력을 막아 내는 데 자연적인 이점을 갖고 있었다"고 언급했다.[10] 더 위쪽을 보자면, "가장 높은 고지의 건조 농업 공동체는 어떤 군주도 효과적으로 다다를 수 없는 곳에 있었다." 조미아 가운데에도 구이저우의 남서부 지역 대부분은 순수한 지리적 관점에서 아마도 가장 접근이 어려운 난공불락의 장소였을 것이다. 구이저우에 관해 통상적으로 말하기를 "어떤 경우에도 사흘 연속 맑지 않고, 어떤 경우에도 1제곱미터가 평평하지 않고, 어떤 경우에도 한 사람이 호주머니에 3센트를 갖고 있는 경우가 없다"고 했다. 19세기 말 한 여행자는 구이저우에서 머물렀던 기간 내내 수레 한 대도 보지 못했다면서, 무역이 "그리하여 두발짐승이나 네발짐승의 등에 업혀 이루어지고 있다"고 언급했다. 많은 곳들이 오로지 원숭이들만 접근할 수 있어 사실상 비적단과 반란 세력에게 도피처였던 셈이다.[11] 이런 맥락에서 위치는 국가권력 바깥에 있다는 것을 나타내는 여러 가능한 형태 중의 하나일 뿐이다. 앞으로 보게 되겠지만 물리적 이동성, 생계 방식, 사회조직, 거주 유형도 역시 공동체를 국가의 수탈로부터 거리를 두는 데 동원됐으며, 때로는 이것들이 서로 결합되기도 했다.

긴 역사적인 관점에서 보면 국가권력의 변방에 위치하는 것은 문화적으로 또는 생태적으로 주어진 것이 아니라 사회적인 선택으로 다루어야 마땅하다. 위치는, 생계 방식이나 사회조직과 마찬가지로 가변적이다. 시간이 흐르면서 그런 변화가 목격됐고 기록됐다. 대개 그러한 변화는 국가권력 형태에 대응하는 '위치성'을 의미했다.

최근의 학술 연구는 그런 '국가 바깥의' 사람들을 가령 말레이시아에서처럼 이른바 '오랑 아슬리'(organg asli, 원주민)라고 자연스럽게 바라보는 것에 문제를 제기하고 있다. 기존에 오랑 아슬리는 이른 시기에 이주한 사람들의 후예이지만 결국에 반도에서 이들을 압도하게 된 오스트로네시아어족보다 기술적으로 뒤쳐졌다고 여겨졌다. 그러나 유전적 증거는 이주의 물결이 달랐다는 이론을 뒷받침하지 않는다. 한 쪽의 오랑 아슬리(가령 세망Semang, 테무안Temuan, 자쿤Jakun, 오랑 라웃Orang Laut)과 다른 쪽의 말레이족을 진화론적 배열이 아니라 정치적인 배열로 봐야 올바르다 할 수 있다. 제프리 벤저민은 그런 관점으로 아주 설득력 있고 자세하게 보고 있다.[12] 벤저민은 이 점에서 부족성(tribality)이 그야말로 국가 피하기의 전략에 해당되는 용어라고 본다. 이의 정반대편에 국가에 편입된 경작 체계인 농경이 있다. 그가 보기에 대부분의 오랑 아슬리 '부족'은 국가를 거부하는 반도 사람들의 분파 그 이상도 이하도 아니다. 각 '부족'(세망, 세노이, 테무안, 오랑 라웃, 자쿤)은 저마다 약간 다른 국가 피하기 전략을 구사하고 각자 그러한 전략을 채택하면서 사실상 세망, 세노이 등이 되었다. 마찬가지로, 그러한 국가 바깥의 사람들은 이슬람이 들어오기 전에도 역시 늘 말레이가 되는 선택을 갖고 있었다. 많은 이들이 실제로 그렇게 했고 말레이다움은 이러한 흡수의 흔적을 갖고 있다. 동시에 모든 오랑 아슬리는 예전부터 현재에 이르기까지 교환과 무역에 의해 평지 시장과 연계되어 있었다.

우리에게 중요한 것은 국가에 대응하며 변방에 자리를 잡은 것이 정치적인 전략이라는 점이다. 벤저민은 다음과 같이 언급한다.

> 우선, …… 부족성은 대부분 선택에 의해 생겨났고, 둘째, …… 국가에 기반을 두는 문명(근대와 전근대 모두)의 존재는 대부분 그 선택에서 모습을 드러냈다…….
>
> 그렇기 때문에 우리는 더욱더 많은 부족민들이 국가를 멀리하려

는 전략의 일환으로 그러한 선택을 하여 지리적으로 동떨어진 지역에서 살아왔다는 것을 기억해야 한다.[13]

피하기의 두 번째 원리는 이동성, 즉 위치를 바꾸는 능력이다. 접근 불가능한 사회가 권력의 변방에 위치해 있다는 것에 더해 더욱 동떨어져 유리한 곳으로 쉽게 옮겨 갈 수 있다면 그 능력이 증폭된다. 국가 중심부로터 고립성이 얼마나 차이가 나는지를 살펴봤듯이 이동성의 측면에서도 역시 상대적으로 자유롭게 위치를 옮길 수 있는 능력으로부터 상대적으로 고착되어 있는 것까지 그 차이를 생각해 볼 수 있다. 물리적 이동성의 고전적인 사례는 당연히 초원 유목이다. 한 해의 대부분 목축과 떼를 지어 이동하는 유목민들은 초원의 필요하다는 제약이 있긴 해도 재빠르게 먼 곳을 이동하는 그들의 능력은 타의 추종을 불허한다. 그들의 이동성은 동시에 국가와 정주민을 약탈하는 데 놀라운 실력을 발휘하기도 한다. 사실 '부족' 연합으로 뭉친 초원 유목민은 대개 곡식을 생산하는 정주 국가에게 가장 큰 군사적인 위협이 되었다.[14] 그러나 우리에게 중요한 것은 유목으로 비롯된, 국가 권력에 대응하는 회피 전략이다. 예를 들어, 페르시아 국가권력 변방에 위치한 요무트 투르크멘(Yomut Turkmen)은 유목적 이동성을 이용하여 곡식을 재배하는 공동체를 약탈하면서도 페르시아가 부과하는 세금과 징집을 피했다. 거대한 군사 원정대가 그들을 제압하기 위해 파견되면 군대가 다다를 수 없는 스텝 사막 지역으로 가축과 가족을 데리고 퇴각해 버렸다. "그리하여 이동성은 그들을 정치적으로 자기 손아귀에 두고 효과적으로 통제하려는 페르시아 정부에 대항하는 가장 궁극적인 방어책이었다."[15] 다른 형태의 생계 방식이 언제든 가능한 조건에서 그들은 전략적인 차원에서 유목을 이어 나갔다. 정치적 자율을 누리고 약탈을 하고 징세와 징집을 피하는 데 유리했기 때문이다.

고원지대의 동남아시아에서는 환경적인 요인 때문에 규모가 큰 목축 집단이 존재하지 않았다. 이동의 수월성 측면에서 가장 가까운 형태가 옮겨 다니는 수렵채집민들이다. 대부분의 산악민들은 어느 정도 수렵채집을 병행했고 취약한 상황에 처할 때 그것에 상당히 의존하는 생계 방식을 추구했다. 그러나 수렵채집에 특화된 사람들은 국가권력으로부터 멀리 떨어진 곳에 거주할 뿐만 아니라 물리적 이동성을 필요로 하는 생계 유형을 갖고 있었다. 이동성은 일종의 습관이었고 위협당할 때에 쉽게 빠져나가게 해주었다. 역사가들과 평지인들은 보통 그런 사람들을 독특한, 진화론적인 관점에서는 더욱 원시적인 '부족'의 잔존 세력이라고 이해했다. 오늘날의 학자들은 이러한 견해를 뒤집었다. 현대에 들어서 수렵채집은 뒤쳐진 삶의 방식이 아니라 대부분 정치적인 선택이거나 국가의 포획을 벗어나기 위해 적응한 것이라고 이해하고 있다. 테리 램보는 말레이반도의 수렵채집민인 세망(Semang)에 대해 쓰면서 새롭게 합의된 이 견해를 확실히 드러냈다. "따라서 세망은 아주 원시적이라고 보이는데, 이는 그들이 고립되어 주변부의 안식처로 내몰리게 된 구석기 층위의 잔존을 표상하기 때문이 아니라 이동적인 수렵채집 방식이 압도적인 군사력을 갖고 있었으며 종종 적대적이었던 농경민들 근처에 살고 있었던 미약한 소수종족 집단들에게 가장 유리하고도 안전한 전략이었기 때문이다. …… 유목민이 정착 농민보다 잡아들이기가 훨씬 어려웠기 때문에 신변보호의 관점에서 수렵채집은 역시 당연한 선택이었다."[16]

그렇다고 극단적인 형태의 분산이 가장 안전하다고는 할 수 없다. 그와 대조적으로 새로운 위험과 불리함이 최소 규모의 집단들에게 드리워졌다. 우선 습격, 특히 노예사냥에 대항할 필요가 있었다. 이 때문에 작게나마 공동체가 필요했다. 격리된 화전은 함께 수확할 수 있는 집단의 화전들보다 해충, 새, 다른 야생 동물의 공격을 훨씬 더 쉽게 받을 수 있다. 질병, 사고, 죽음, 식량 부족의 위험을 모두 고려하면 최소 단위의 집단이 유리했는지 의문을 던질 수 있다. 따라서 미얀마 군부로부터 도피하는 원자화된 카렌 난민들은 예외적인 경우로 단지 짧은 기간 동안만 지탱할 수 있다. 탈주에서조차도 스스로를 오랫동안 방어하려면 적어도 일곱 가족이 필요하다.

생계 전략을 여러 대안들 가운데 정치적으로 선택한 것이라고 본다면 그 생계 방식이 어느 정도 이동성을 부여할 수 있는지 계산해야 한다. 초원 유목과 더불어 수렵채집은 국가로부터 멀리 떨어지려고 하는 집단들에게 엄청난 이동성을 부여한다. 이동 경작(화전농법)은 수렵채집보다는 덜하지만 고정식 농업보다는, 관개 벼농사는 말할 필요도 없이, 훨씬 큰 이동성을 부여한다. 국가 공간을 건설하려는 자들에게 핵심부의 논농사에서 벗어나 외딴 변방의 대거 수렵채집으로 옮겨 가는 것은 국가권력을 떠받치는 인력과 식량에 위협이 된다.

따라서 산악 화전민들과 수렵채집민들이 원래부터 또는 후진성 때문에 산악 지역에 고립되어 있다고 단정하는 것은 이치에 맞지 않다. 그와 대조적으로 그들이 의도적으로 그곳에 있고 그렇게 살아가고 있었다고 보는 것이 훨씬 더 설득력이 있다. 사실 이것은 가혹한 세금에 눌리거나 강자의 종이 될 위협을 당했을 때 산으로 도망갔던 기존에 평지에 거주했던 많은 사람들의 역사적인 선택이었다. 그 의도는 그들의 관행에 새겨져 있는데, 다른 이들도 마찬가지겠지만 평지 사회에 동화되지 않으려고 그것을 선택했다는 점에서 그렇다는 것이다. 그 의도 중 하나는 국가나 그 대리인에게 노예나 신민으로 잡혀가는 것을 피하는 것이다. 일찍이 9세기에 중국 남서부의 한 중국인 관료는 '야만인들'이 숲과 깊은 계곡에 흩어져 있고 "따라서 어떻게 해서든 잡히지 않고 빠져나가기" 때문에 한족의 권력 중심부로 그들을 재정착시키는 게 불가능하다고 바라봤다.[17] 자율과 상대적으로 평등한 사회관계가 산에 널리 퍼져 있어 이 또한 부역과 세금을 피하는 것만큼 중요한 목적으로 사람들을 끌어들인 요인이었음을 간과해서는 안 된다.

그렇지만 자율성에 대한 갈구에만 집중하여 산악민들이 다른 대안들보다 그곳을 선호한 더 적극적이고 긍정적인 이유를 가벼이 봐서는 안 된다. 최근의 자료와 고고학적 증거는 극히 일부를 제외하면 거의 모든 경우에 수렵채집민이 집중화된 정착민들보다 건강하고 질병, 특히 동물성 전염병에서 더 자유롭다는 것을 보여 준다. 대체로 농업의 출현은 당초에 인간의 복지 수준을 증진한 것이 아니라 낮추었던 것 같다.[18] 더 나아가 이동식 경작은 이를 시행할 땅만 충분하다면 그 다양성과 인구의 분산성 덕분에 사람들이 더욱 건강하게 살 수 있게끔 했다. 그렇다면 산지의 생계 방식은 건강과 여유라는 이유에서 더 선호되었다고 할 수 있다. 신민들이 수렵채집과 화전을 하지 못하도록 한 초기의 중국에 관한 마크 엘빈의 설명은 이러한 선호도를 드러낸다. 평지가 건강하지 못하다는 믿음이 산악민들 사이에 널리 퍼져 있었던 것이다. 이 믿음은 말라리아모기가 역사적으로 해발 900미터 이상 고지대에서는 거의 발견되지 않았다는 사실에만 바탕을 두고 있는 게 아니다.

전근대 사람들은 질병이 전염되는 수단과 경로를 몰랐음에도 불구하고 언제나 흩어진다면 생존할 기회가 증가한다고 이해했다. 《전염병 연도 기록》(Journal of the Plague Year)에서 대니얼 디포는 흑사병이 처음 발발했을 때 수단을 갖고 있던 사람들은 런던을 떠나 변두리 지역으로 갔다고 말한다. 옥스퍼드대학과 케임브리지대학은 전염병이 강타했을 때 학생들을 변두리의 은신처로 분산시켰다. 마찬가지 이유에서 윌리엄 헨리 스콧은 북부 루손 지역에서 평지인이나 '복속당한' 이고로트족 모두 전염병을 피하기 위해 산으로 가 흩어졌다고 말한다. 산에 이미 살고 있었던 이고로트족은 감염을 피하기 위해서 흩어지고 산으로 이르는 길을 차단해야 한다는 것을 알고 있었다.[19] 그렇다면 평지 국가가 드리운 위협이 노예들이나 공물을 바쳐야 하는 사람들에만 한정되지 않고 보이지 않는 미생물에게까지 확대됐다는 것은 자명하다. 이것은 그 자체로 벼농사 국가 영역 바깥에서 살기로 작정한 또 다른 강력한 이유를 보여 주는 것이다.

도피 농업과 작물

'신세계'의 사례

사회구조와 생계 방식을 의도적인 정치적 선택의 일부로 바라보는 시도는 강력한 문명 내러티브와 정면으로 충돌한다. 그 내러티브는 경제적·사회적·문화적 진보에 따라 배열된 '역사 발전 시리즈'로 구성되어 있다. 그 시리즈는 생계 방식에 관해 가장 원시적인 것에서 가장 발전된 형태로, 즉 수렵채집, 초원 유목, 원예·이동식 경작, 정착 농업, 관개농업, 산업적 농업 순서로 배열할 것이다. 사회구조에 관해서는 다시금 가장 원시적인 것에서 가장 발전된 형태로, 즉 숲이나 초원의 작은 무리, 소규모 마을, 대규모 마을, 성읍, 도시, 대도시 순으로 배열할 것이다. 이 두 시리즈는 물론 본질적으로 같다. (단위면적당) 농업 생산이 늘어나는 순서 그리고 인구 밀집이 강화되는 순서를 목록화한 것이다. 조바니 바티스타 비코에 의해 18세기 초에 정교해진 이 내러티브는, 그 헤게모니적 지위를 단지 사회 다윈주의와의 친연성로부터 끌어낼 뿐 아니라 대부분의 국가와 문명이 그들 자신에 대해 얘기하는 이야기를 그럴듯하게 그리고 있다. 이런 도식은 집중화된 인구와 집약된 곡식 생산으로 향하는 일직선상의 진행을 단정하고 있다. 뒤로 돌아가는 것은 아예 상정하지 않고 각 단계는 되돌릴 수 없는 진행 과정에 있다.

지난 두 세기에 걸쳐 이룩되었고 이제는 산업화된 세계의 인구적·농업적 추세를 경험적으로 그리고 있는 이 도식에 대해 나는 할 말이 많다. 유럽의 비국가적 ('부족적') 인구는 실제로 18세기에 다다랐을 때 사라졌고, 가난한 국가들의 비국가적 인구는 오늘날 사라지고 있으며 열악한 처지에 놓여 있다.

전근대 유럽이나 20세기까지의 대부분 가난한 나라들에 대한 경험적인 기술로서 그리고 대륙 동남아시아(조미아) 산악 지역에 대한 경험적인 기술로서 이 내러티브는 심각하게 잘못된 것이다. 이 도식은 진보를 자기만족적이고 규범적으로 서술할 뿐 아니라 각 단계들이 국가구조로 얼마나 깊게 편입되고 있는지를 서술하고 있다. 그런 문명의 단계들은 동시에 약화되어 가는 자율성과 자유의 지수이다. 최근까지도 많은 사회들과 집단들이 고정식 경작을 버리고 이동식 농업과 수렵채집을 택했다. 마찬가지로 그들은 친족 체계와 사회구조를 바꾸고 흩어져 좀 더 작은 거주지를 형성했다. 실제로 도서부 동남아시아의 고고학적 증거들은 상황에 따라 수렵채집과 농업이 긴 시간을 두고 오고갔음을 밝히고 있다.[20] 비코에게는 통탄할 만한 퇴보와 쇠락이 그들에게는 불편한 국가권력을 피하는 전략적 선택이었다.

최근에 이르러서야 우리는 원시적이라 보이는 여러 사람들이 더 자율적인 삶을 위하여 정착 농업과 정치적 종속을 포기해 버리는 정도가 어떠한지 인식하게 되었다. 앞에서 살펴보았듯이 말레이시아의 수많은 오랑 아슬리는 그 경우에 해당된다. 그러나 정복 이후의 '신세계'에서 그러한 경우가 더 현저하게 드러났다. 프랑스 인류학자 피에르 클라스트르는 남아메리카의 많은 수렵채집 '부족들'이 결코 뒤쳐진 자들이 아니라 예전에 국가 구조 내에서 살았고 고정식 농업을 시행했다고 주장한 첫 번째 사람이다. 그들은 고의적으로 종속을 피하기 위해 그런 농업을 포기했다.[21] 좀 더 거대한 경제적 잉여와 규모가 큰 정치 질서를 창출할 수 있는 능력을 갖고 있었으나 국가 구조 바깥에 거주하기 위해 그렇게 하지 않기로 선택했던 것이다. 에스파냐인들이 (잉카인, 마야인, 아즈텍인들과 달리) "신도 법도 왕도 없는" 사람들이라고 비하했지만 그들은 지도자들이 자신들에 대해 권력을 거의 행사하지 못하는, 상대적으로 평등한 사회 질서에서 살기로 작정한 사람들이라고 클라스트르는 보았다.

왜 그런 집단들이 작은 무리를 이루어 수렵채집을 하며 살아가는지 정확한 이유를 파악하는 데는 논란이 따른다. 여러 요인들이 작용했다. 우선 가장 중요한 것이 유럽인 보균자들 때문에 여러 지역에서 90퍼센트가량 사망에 이를 정도로 파멸적인 인구 붕괴였다. 이것은 단지 기존의 사회구조가 붕괴되었을 뿐만 아니라 생존자가 수렵채집과 이동식 농업에 활용할 땅들이 엄청나게 늘어났다는 것을 의미했다.[22] 동시에 많은 사람들은 자신들을 채무 노동자로 전락시켰던 악명 높은 에스파냐 정복자의 레둑시온에서, 또한 그런 밀집된 인구에서 으레 발생하기 마련인 전염병에서 멀리 달아났다.

당초 앨런 홀름버그가 인류학 고전인 《긴 활의 유목민》(Nomads of the Longbow)에서 다루었던 동부 볼리비아의 시리오노족(Siriono)은 전형적인 사례를 보여 준다. 명백히 불이나 옷을 만들 능력이 부족하고 가축도 기르지 않고 그럴듯한 세계관도 갖고 있지 않는 그들은 참다운 자연 세계에 살고 있는 구석기 시대의 유민들이라고 홀름버그는 썼다.[23] 이제 우리는 합리적인 모든 의심들을 넘어서 시리오노족이 대략 인플루엔자와 천연두가 그들의 마을을 휩쓸며 수많은 자들의 목숨을 앗아 간 1920년까지 작물을 재배하던 주민들이었다는 것을 알고 있다. 수적으로 우세한 사람들에게 공격을 받고 노예가 될 처지로부터 도망친 시리오노족은 어쨌든 작물을 지킬 만한 인구를 갖고 있지 않을 때 사실상 이를 포기해 버렸다. 이 경우에 그들은 자유와 생존을 위해 작은 집단으로 갈라져 수렵채집을 했으며 위협을 받을 때마다 옮겨 다녔다. 가끔씩은 도끼와 칼을 구하기 위해 마을을 습격하기도 했으나 동시에 종종 그 습격자들이 품고 돌아오는 질병을 몹시 두려워하기도 했다. 그들은 질병과 포획을 피하기 위해 자발적인 선택으로 비정주민이 됐다.[24]

클라스트르는 예전에 정주민이었으나 노예제, 강제 노동, 질병에 위협을 받고 그 손아귀에서 벗어나기 위해 유목적 생계 전략을 채택한 그와 같은 사례들을 살펴봤다. 특히 투포-과라니족(Tupo-Guarani)은 예전엔 번영을 구가하며 농업을 업으로 삼았던 사람들이었으나 17세기에 예수회의 레둑시온, 그들을 해안의 플랜테이션에 보내려고 기획된 포루투갈인과 메스티소의 노예사냥, 그리고 질병이라는 3중 위협으로부터 수만 명의 사람들이 도망치기에 이르렀다.[25] 그들은 나중에 역사적인 안목이 전혀 없는 사람들에게 퇴보적이고 단순한 기술을 가진 사람들이라고, 남겨진 원주민이라고 여겨졌다. 사실 그들은 문명이 야기한 종속과 질병을 피하는 수단으로 더 이동적인 삶을 택하고 그것에 적응했는데 말이다.

그 가까이에 또 다른 신세계 도피 농업의 사례가 있다. 그것은 바로 노예상인들의 손아귀에서 벗어나 공동체를 설립한 아프리카 도망노예(maroon) 집단에 대한 연구이다. 이 집단들의 규모 차이는 매우 크다. 브라질의 팔마레스에는 2만 명가량이, 네덜란드령 기아나(수리남)에는 그보다 규모가 더 큰 집단이, 자메이카, 쿠바, 멕시코, 생도맹그(1659~1809년 프랑스의 식민지, 오늘날의 아이티공화국—옮긴이) 등 카리브 해 전역과 플로리다와 버지니아-노스캐롤라이나 경계의 디즈멀 대습지에는 규모가 더 작은 집단이 있었다. 나는 '도피 농업'에 관한 이론을 더 자세하게 설명할 터이지만 여기서 우리는 도망노예 집단들이 택한 농업 전략의 대략적인 유형 정도만을 간단히 살펴볼 것이다.[26] 동남아시아 고원지대 사람들이 택한 방식을 이들 도망노예들도 선택했다는 사실을 알게 될 것이다.

도망노예들은 쉽게 눈에 띄지 않는 아주 동떨어진 곳에 몰려 있었다. 늪, 험산, 밀림, 전인미답의 폐허 등이 바로 그곳이었다. 그들은 가능하다면 외길이나 단 하나의 경로로 접근이 가능한, 그래서 가시

덤불이나 덫으로 막을 수 있고 쉽게 감시할 수 있는 곳을 방어 구역으로 선택했다. 발견되거나 방어막이 무너질 경우를 대비해 비적단들처럼 퇴로도 마련해 놓았다. 이동식 경작은 도망노예 집단들의 가장 일반적인 방식이었고, 수렵채집, 무역, 절도가 이를 보충했다. 그들은 밖으로 잘 드러나지 않고 땅에 두고 편한 때에 거둬들일 수 있는 뿌리 작물(예를 들어, 카사바, 얌, 고구마)을 선호했다. 그 지역이 얼마나 안전한가에 따라 바나나, 질경이, 밭벼, 옥수수, 땅콩, 호박, 채소 같은 더 지속적인 작물들을 재배하기도 했지만 그런 작물은 쉽게 탈취되거나 파괴됐다. 몇몇 집단들은 단명했고 또 어떤 집단들은 몇 세대 동안 이어졌다. 수많은 도망노예 집단들이 그야말로 법의 테두리 밖에 거주하면서 어느 정도는 인근 마을과 플랜테이션을 습격하면서 살아갔다. 어떤 집단도 자족적으로 살아가지 못한 것으로 보인다. 귀중품이 나는 농업생태학적 공간을 차지했던 많은 도망노예 집단들은 은밀하게 그리고 공개적으로 무역에 참여하며 좀 더 큰 경제체제에 긴밀히 통합되어 있었다.

이동식 농업

이동식 농업의 도입은 필요에 의해 좌우되었다기보다는 정치적인 선택이었을 것이다.

— 아자이 스카리아, 《혼종의 역사》(1999)

이동식 경작은 대륙 동남아시아 산악 지역에서 가장 일반적인 농업 관행이다. 사람들이 이를 선택했다는 것은, 정치적 선택이라는 것은 말할 것도 없이, 평지의 관료들이나 발전 프로그램을 운영하는 사람들로서는 이해할 수 없는 부분이다. 그들은 오히려 이 기술을 원시적이면서 환경 파괴적인 것이라고 여긴다. 더 나아가 이 방식으로 경작하는 사람들을 퇴보적이라고 규정한다. 이러한 기술과 기회로 보건대 그들이 언젠가 이동식 경작을 포기하고 정착지에서 고정식 (우선적으로 논농사) 농업을 하게 될 것이라고 암묵적으로 가정한다. 다시금, 화전에서 논농사로 향하는 이동이 일방적인 진화 과정으로 간주된다.

이런 관점과 대조적으로 나는 이동식 경작의 선택은 철저하게 정치적인 선택이라고 본다. 이 주장은 결코 내가 처음 내세운 것이 아니다. 뒤에 이어지는 주장에서 나는 이 점을 주의 깊게 다룬 많은 역사학자들과 민족지학자들의 판단에 의존할 것이다. 윈난에서 시행되는 화전기법과 화전민들에 관해 연구한 최고의 중국인 전문가는 이것이 오래되고 원시적인 경작 기술 방식으로 이를 시행하는 사람들이 관개 기술을 익히는 순간 버려질 운명에 처해 있다는 주장을 전면적으로 부정한다. "그러나 윈난의 화전농업이 농업 역사에서 그런 원시적인 '단계'를 대표한다고 간주하는 것은 잘못이다. 윈난에서 화전과 칼과 도끼는 괭이나 쟁기와 공존했고 다른 사용처와 기능을 갖고 있었다. 어느 것이 앞섰고 뒤섰는지를 말하기가 어렵다. …… 그러나 그 문제에서 무엇보다 중요한 것은 우리의 '순수' 화전농업이 가장 초기 단계라고 간주하는 것에 근거가 없다는 점이다."[27]

화전을 선택하거나, 마찬가지로 수렵채집이나 유목을 선택한 것은 국가 공간 밖에서 살기 위해 그렇게 한 것이다. 이 선택은 역사적으로 동남아시아 일반인들이 누렸던 자유의 근간이 되어 왔다. 따이족 산악 군소 국가(므엉)들의 신민들은 늘 두 가지 선택을 갖고 있었다고 리처드 오코너는 지적한다. 하나는 거주지를 바꾸어 조건이 더 유리한 다른 므엉에 소속되는 것이다. "한편 또 다른 도피는 논보다는 산에서 경작하는 것이었다." 오코너는 "산악 경작인은 부역에 대한 부담이 없었다"고 언급했다.[28] 더 일반적으로 화전은 물리적 이동성을 촉진했다. 장 미쇼에 따르면, 바로 그 이유 때문에 "몽족이나 롤로족 등 중국에서 벗어나야 했던 집단들에 의해 도피나 생존 전략으로 이용될 수 있었다. …… 한때 정착민이었던 이들 집단은 역경, 전쟁, 기후 변화, 또는 그들 고향에서 감당할 수 없는 인구 압력 때문에 이동을 시작했다."[29] 이동식 경작은 심지어 가장 작은 국가의 재정과 인력 기구가 다다를 수 없는 것이라 여겨졌다. 바로 이 때문에 대륙 동남아시아의 역사에서 국가들의 대변자들이 한결같이 화전 경작을 못하도록 하거나 비하했다. 이동식 경작은 재정적으로 수입을 거둬들일 수 없는 형태의 농업이었다. 다양하고 흩어져 있어 감시가 어렵고 세금을 징수하거나 탈취를 하기가 곤란했다. 화전민들 자체도 흩어져 있어 감시가 어렵고 부역과 징집이 곤란했다. 국가를 등지는 화전의 이러한 특징들 때문에 국가를 피하는 사람들이 이쪽에 끌린 것이었다.[30]

논농사와 화전농업은 발전 순서대로 배열될 수 없을뿐더러 상호 배타적이지도 않다.[31] 많은 산악민들이 정치적·경제적 이익에 따라 균형을 맞추며 논농사와 이동식 경작을 동시에 시행한다. 마찬가지로, 평지인들도 전염병이나 이주로 갑자기 활용 가능한 땅이 많아질 때 논농사를 화전으로 바꾸기도 했다. 여러 지리적 조건에서 화전농업, 밭농사, 논농사가 가능하다. 계단식 부지와 일정하게 물을 공급하는 샘이나 하천이 있다면 상대적으로 높은 고지대와 경사가 깊은 지형에서도 논농사를 할 수가 있다. 베트남 홍 강 상류 하니족과 루손 북부 이푸가오족의 정교한 계단식 논이 바로 그 경우이다. 샘과 하천이 용수를 공급하는 계단식 논이 카렌족과 아카족 마을에서도 역시 발견된다. 자바와 발리에서 쌀 경작에 대한 가장 초기의 고고학적 증거들은 평지에서가 아니라 여러 산들과 화산을 두르고 있는 고원의 중간 비탈 지대에서 발견된다. 그 지역에서는 늘 샘물이 솟고 건기가 뚜렷하여 쌀 재배가 가능했다.[32]

식민 시기든 오늘날이든 평지의 관료들은 화전농업을 단지 원시적일 뿐 아니라 엄격한 신고전주의 경제학적 관점에서 비효율적이라고 바라봤다. 이러한 견해는 단일 품종의 벼농사와 비교하여 화전이 무질서하고 다양하게 보인다는 점에서 이끌어 낸 다소 부당한 추론이다. 더 깊이 들어가 보면 이것은 효율이라는 개념을 잘못 이해하고 있다. 논농사는 이동식 경작에 견주어 확실히 단위면적당 생산량이 더 많다. 그러나 투입 노동량에 비해서는 일반적으로 생산량이 떨어진다. 두 시스템 가운데 어느 쪽이 더 효율적인가는 과연 땅과 노동 중에 어떤 것이 희소성이 높은 생산 요소인가에 크게 달려 있다. 대부분의 대륙 동남아시아 지역이 역사적으로 그러했듯이, 땅이 비교적 풍부하고 노동력이 희소한 곳에서는 이동식 경작이 단위 산출량당 투입 노동이 적어서 더 효율적이었다. 국가 형성에서 노예가 중요했다는 점은 강제로 이동식 경작자들을 포획하여 노동집약적인 벼를 재배하도록 하고 세금을 부과한 것에서 드러난다.

각 농업 기술의 상대적인 효율성은 인구 조건뿐만 아니라 농업생태학적 조건에 따라 달라졌다. 해마다 강이 범람하여 비옥한 충적토가 쌓여 쉽게 일굴 수 있는 지역에서는 범람 이후 관개 벼농사를 하는 데에 정교한 관개 공사나 저수지가 필요한 지역보다 노동력이 훨씬 덜 필요했다. 이와 대조적으로 지형이 가파르고 용수 공급이 일정치 않는 곳에서는 관개 벼농사를 시행하는 데에 노동력이 엄두를 못 낼 만큼 많이 필요했다. 하지만 비용의 관점에서 상대적 효율성을 그렇게 평가하는 것은 결정적인 정치적 맥락을 간과하고 있다. 건설과 유지에 엄청난 노동력이 필요함에도 불구하고 정교한 계단식 논은 그 어떤 그럴듯한 신고전주의 논리와 반대로 산에서 만들어졌다. 그 이유는 대부분 정치적이라 할 수 있다.

에드먼드 리치는 까친 고원의 계단식 논에 대해 궁금증을 품었는데 군사적인 이유 때문에 발생했다고 결론을 내렸다. 즉 중요한 통과 지점을 방어하여 무역을 통제하고 통행세를 확보하기 위해서 집중화된 자가공급 수비대가 필요했던 터였다.[33] 그러한 계단식 논은 사실상 산에서 축소된 형태로 농업생태학적 공간을 아로새기려는 노력의 일환으로 군소 국가가 이에 기반을 둘 수도 있었다. 다른 경우를 보면, 초기 식민 여행자들이 기록한 요새화된 산악 거주지처럼 계단식 논은 평지 국가의 공격과 인력에 대한 필요를 채우기 위해 파견된 노예 원정대에 맞서고 방어하는 데 필요했던 것 같다. 여기서 다시 그 논리는 정치적이지 경제적이지 않다. 노예사냥을 성공적으로 막아 내려면 상대적으로 접근하기 어려운 곳에 자리 잡고 있어야 했고 상당 규모로 집중되어 있는 방어자들이 거대하고 집요한 적들과 분연히 맞설 수 있어야 했다.[34] 미쇼는 베트남 북부 하니족의 고원지대 계단식 논이야말로 정주하면서 동시에 국가 중심으로부터 멀리 떨어져 있기를 바라는 사람들의 작품이라고 했다.[35]

그러나 대부분의 조건에서 이동식 경작은 습격, 국가 만들기, 국가의 수탈에 대응하는 가장 일반적인 농업정치학적 전략이었다. 험준한 지형이 접근을 심각하게 제한한다는 것이 이치에 맞다면, 이동식 경작이 전략적으로 수탈을 심각하게 제한한다는 것도 마찬가지로 이치에 닿을 것이다. 화전이 갖고 있는 결정적인 이점은 그 본질상 수탈에 저항적이라는 것이다. 정치적 이점이 결국 경제적 이점도 덤으로 가져다주었다.

이 정치적 이점을 명확하게 보기 위해 화전과 논농사 어느 것이나 가능하고 효율성 면에서 한쪽의 방식이 다른 쪽의 방식보다 눈에 띄게 우월하지 않은 인구적·농업생태학적 조건을 상상해 보자. 이 경우에 선택은 정치적이고도 사회문화적인 것이 된다. 화전이 갖는 큰 정치적인 이점은 인구 분산(방어보다 도피에 유리하다), 작물 다원화, 시차를 둔 작물들의 숙성 시기, 거둬들이기까지 한동안 땅속에 있을 수 있는 뿌리 작물에 대한 강조이다. 국가나 습격을 단행하는 집단에게 이것은, 탈취는 둘째 치고 산정하기가 어려운 농업 생산물이자 인구적 조건이다.[36] 이것은 수렵채집에는 미치지 못하지만 수탈을 최대한 막을 수 있는 농업 방식이다. 그러나 사람들이 논벼 재배를 선택한다면 그들이 어디에 있는지, 그들의 작물, 수레, 쟁기질 하는 가축, 소유물이 어디에 있는지 알고 있는 국가에게 쉽게 목표물이 될 수 있다. 사람과 그 작물이 탈취당하거나 파괴될 가능성이 훨씬 커지고 수탈에 대한 저항 정도가 줄어든다.

따라서 이동식 경작에 대해 순수한 의미에서 경제적인 평가를 하더라도 이것이 세금과 부역을 피하게 하고 습격을 손해 보는 장사로 만드는 정치적인 이점을 반드시 고려해야 한다. 벼농사에서 거둬들이는 총산출이 이동식 경작에서 거둬들이는 총산출과 어느 정도 같다 손 쳐도 벼농사에서 농민들은 노동과 곡식의 형태로 '지대'를 반드시 바쳐야 했기 때문에 순이익은 이동식 경작에 여전히 미치지 못했다. 그렇다면 화전에 두 가지 이점이 있는 것이다. 무엇보다 상대적인 자율성과 자유(그 자체로 위험이 없는 것은 아니지만)를 제공하고, 농민들이 그들의 노동력과 그 노동력의 소산을 자신이 결정할 수 있게끔 한다. 둘 모두 본질적으로 정치적인 이점들인 것이다.

산악 농법을 시행하는 것은 국가 구조 밖에서 사회적·정치적 삶을 선택하는 것이다.[37] 마이클 도브는 자바의 국가와 농업을 분석하는 연구에서 의도적인 정치적 선택을 설득력 있게 강조했다. "개간된 땅이 자바 국가와 그 문화의 성장과 관련됐듯이, 숲은 비문명, 통제 불가능, 두려운 힘과 관련됐다. …… 이 두려움은 역사적인 경험에 근거를 두고 있었다. 고대 자바의 화전민들이 지배 왕조 문화를 받아들이지 않았고 무엇보다 지배를 받지 않았기 때문이다."[38] 조라이퍼 존슨이 태국-중국 국경의 야오족(미엔족)에 대한 연구에서 밝혔듯이, 화전은 국가 영역 바깥에 있었기 때문에 더 광범위하게 시행됐다는 의미를 좀 되새겨 봐야 한다. 논농사는 국가의 인정을 받거나, 그렇지 않았다면 단지 여러 농업 방식들 중에서 한갓 정치적으로 중립적인 선택에 지나지 않았을 터인데, 정치적인 의미를 갖게 됐다고 그는 언급한다. "이 두 농업 방식은 역사적으로 함께 시행됐지만 국가의 통제를 받으면 사람들은 논농사 농민, 공예가, 군사 등으로 국가와 길을 같이 갔고, 그렇지 않으면 화전민으로 국가와 다른 길을 갔다."[39]

몽족(먀오족)의 사례는 시사하는 바가 크다. 그들은 해발 900미터 위에서 화전농법으로 아편, 옥수수, 수수, 뿌리 작물, 메밀 그리고 여러 다른 고원지대 품종을 재배하며 살아가는 전형적인 고원 종족 집단이라고 일반적으로 알려져 있다. 그러나 사실 몽족은 온갖 종류의 농업 방식을 시행하고 있다. 한 농민은, "우리 몽족을 보면, 어떤 이는 [건조] 밭을 일구고, 어떤 이는 논벼를 재배하고, 어떤 이는 둘 다 하고 있다"고 언급한다.[40] 여기서 작동되는 것은 한 집단이 얼마나 멀리 국가와 거리를 두어야 하는가에 대한 정치적인 판단이다. 국가의 위험이 그리 확실치 않고 감지되지 않는다거나 그 유혹을 거부할 수 없다면, 그 선택에 정치적인 의미가 별로 담겨 있지 않게 된다. 그러나 국가가 문화적으로 정치적으로 그 선택에 영향을 미친다면 농업 방식은 국가의 신민이 되느냐 '산악 부족'이 되느냐 사이의 선택 또는 그 사이에서 위태롭게 줄타기를 하느냐의 선택이 된다. 경작자들이 택할 수 있는 생계 방식 중에서 화전농업의 수탈에는 여러 장애물이 있어 국가를 멀리하는 가장 일반적인 선택이었다.

작물 선택

도피 농업에 대한 논리와 수탈에 대한 저항은 이동식 경작 같은 총체적 기술 체계뿐만 아니라 특정 작물에도 적용된다. 당연히 산악 지형과 분산성은 물론 그 작물의 식물학적 다양성도 국가 수탈에 대항하는 화전의 전반적인 저항을 표상한다. 이동식 경작인들이 60종이 넘는 품종을 심고 가꾸고 장려하는 것은 무척 흔한 일이다. 그런 조건에서 의욕에 넘치는 한 징세자가 이 작물들의 소출을 산정하거나 세금을 거둬들이는 것은 물론 이를 목록화하는 작업이 얼마나 혼란스러운 일일지 상상해 보라.[41] 바로 이 때문에 산악민들이 "국가에 의해 중요한 존재로 취급받지 못했고," "관료들이 보기에 이들 가구가 얼마나 되는지, 심지어 마을들이 얼마나 되는지 헤아리려는 시도가 그야말로 정력 낭비였다고" J. G. 스콧은 언급했다.[42] 거의 모든 화전민들이 또한 근처 숲에서 사냥도 하고, 물고기도 잡고, 채집도 하고 있다는 사실까지 더해 보자. 그들은 그렇게 넓게 생계 전략의 포트폴리오를 추구하면서 위험을 분산하고 다양하고 영양가가 높은 음식을 확보하며 그들을 울타리에 몰아넣으려는 어떤 국가도 그들을 쉽게 파악할 수 없도록 했다.[43] 그 때문에 대부분의 동남아시아 국가들이 그토록 화전민들을 잡아 강제로 이미 들어선 국가 공간으로 옮기려 했다.[44]

개별 작물들은 어느 정도 수탈을 거부하는 특징들을 갖고 있다. 과일과 채소처럼 쉽게 상하여 오랫동안 저장할 수 없는 품종이나 대부분의 박류, 뿌리 작물류, 덩이줄기류처럼 단위 무게 및 부피당 가치가 낮은 품종들은 세금 징수자들이 들인 노력을 헛되게 만들 수 있다.

대체로 얌, 고구마, 감자, 카사바와 같은 뿌리 작물이나 덩이 작물은 거의 수탈이 불가능하다. 다 자란 다음에 땅속에 두 해 동안이나 안전하게 박혀 있을 수 있고 필요할 때마다 조금씩 파낼 수 있다. 따라서 약탈할 저장고가 없는 것이다. 군대나 징세자들이 가령 감자를 원한다면 하나씩 파내야 한다. 1980년대에 미얀마 군사 정부가 추천했던 품종들의 작황 실패와 강제로 조달하는 소산물들의 터무니없는 가격에 신물이 난 많은 농민들이 금지 작물인 고구마를 몰래 재배했다. 쉽게 감출 수 있고 빼앗아 가기 어려웠기 때문에 그들은 고구마로 옮아간 것이다.[45] 19세기 초에 아일랜드인들은 고구마가 국한된 구역에서 많은 칼로리를 제공했을 뿐만 아니라 탈취되거나 소각되지 않으며 작은 구릉지에서도 재배할 수 있어 [영국인!] 마부가 그곳을 질주할 때 말 다리가 부러지는 위험을 감수해야 했다. 그러나 가엾게도 아일랜드인들은 유전적으로 다양한 신세계 감자류 중에서 극히 일부만을 선택한 결과 특정 종류의 감자와 우유에만 전적으로 의존하여 연명할 수밖에 없었다.

국가 밖의 사람들은 뿌리 작물, 특히 감자에 의존하여 약탈 전쟁과 수탈을 피할 수 있었다. 국가도 역시 이런 작물에 의존하여 이러한 위험들에서 벗어났다. 윌리엄 맥닐은 프로이센이 19세기 초기에 성장하게 된 것은 감자 덕분이었다고 했다. 적군들은 곡류가 자라는 들, 가축, 땅위에서 자라는 사료 작물을 탈취하거나 파괴할 수 있을지는 몰라도 프리드리히 1세와 그 뒤를 이은 프리드리히 2세가 열성적으로 장려한 품종인 키 낮은 감자에 대해서는 어찌할 수가 없었다. 프로이센이 외부 세력의 침입을 독특하게 피해갈 수 있었던 것은 바로 감자 때문이었던 것이다. 곡식과 작물을 재배하는 사람들은 이것이 빼앗기거나 파괴되었을 경우 흩어지거나 굶주림에 처할 수밖에 없었으나 덩이뿌리를 재배하는 농민들은 군사적인 위협이 지나가면 곧 돌아와서 그들의 양식을 파낼 수 있었다. 한 번 파서 한 끼 식사를 해결하곤 했던 것이다.[46]

다른 조건이 같다면, 변방이나 고원지대에서 자라는 작물들은(가령 옥수수) 경작인들에게 흩어지거나 도망칠 공간을 제공해 주었기 때문에 도피에 유리했다. 그리 큰 수고를 들이지 않고도 수확을 빨리 할 수 있는 품종들 역시 노동 집약적이고, 여물기까지 오래 걸리는 작물들에 비해 이동성을 더 많이 부여하는 한 역시 국가의 눈을 피할 수 있다.[47] 주변 자연의 식물들과 비슷해 잘 드러나지 않은 키 낮은 작물들도 역시 쉬이 지나칠 수 있어서 수탈을 어렵게 할 수 있었다.[48] 작물들이 더 흩어져 있을수록 이를 모으기가 어렵듯이 흩어진 사람들 역시 잡아들이기가 무척 어려웠다. 그런 작물들이 화전민들에게 포트폴리오(자산)의 부분인 한, 그 만큼 그것들은 재정적으로 국가와 습격자들의 수입을 그리 늘려주지 않았고 따라서 "수고할 만한 가치가 없는" 것으로 여겨졌다. 말하자면 국가 밖의 공간이었던 셈이다.

동남아시아의 화전

우리가 화전 경작을 고정식 경작보다 당연히 역사적으로 앞서고 더 원시적이고 덜 효율적이라는 잘못된 견해를 버렸다면, 마지막으로 버릴 착각이 하나 더 있다. 화전이 지난 천 년간 바뀌지 않고 상대적으로 정적인 방식을 고수해 왔다는 착각이다. 이와 달리 화전은, 그 문제에 관한 수렵채집조차도 그 기간 동안 논농사보다 훨씬 큰 변화를 겪었다고 주장할 수 있다. 어떤 학자들은 우리에게 익숙한 화전 경작이 본질상 철기, 나중에는 화전을 개간하는 데 들어가는 노동력을 엄청나게 줄여 준 강철 날을 가진 도구들의 산물이라고 주장한다.[49] 확실한 것은 쇠도끼가 기존에 개간하기 어려웠던 지역과 대체로 좀 성가셨던 곳들에서 화전이 가능하도록 해주었다는 점이다.

적어도 두 가지 다른 역사적인 요소들이 화전을 변화시키는 과정에 작용했다. 첫째 요소는 고부가가치 상품의 국제무역으로 이는 적어도 8세기부터 화전민과 수렵채집민을 국제시장과 연결시켰다. 1450년에서 1650년까지 세계무역에서 금과 아마도 노예를 제외하고 가장 가치가 높은 상품인 후추가 가장 두드러진 예이다. 이것 외에 약재, 수지(송진), 동물의 장기, 깃, 상아, 향나무가 중국 무역에서 중요하게 취급됐다. 어떤 보르네오 전문가는 이동식 경작의 핵심 목적은 산에서 고부가가치 무역품을 구석구석 찾아다닐 수 있는 사람들을 유지하기 위해서였다고 주장하기까지 한다.[50] 이동식 경작을 변화시킨 마지막 요소는 화전의 범위와 편의성을 확장시킨, 16세기부터 들여온 일군의 신세계 작물들이었다. 정치적 자율성이라는 이점은 차치하더라도 화전이 관개 벼농사에 대하여 갖는 비교경제적인 이점이 16세기부터 19세기까지 늘어났을 것이고, 동시에 화전은 늘 그랬던 것처럼 국제무역 상품에 쉽게 접근하도록 해주었다.

그런 요소들이 19세기 초 국가 핵심부에 살았던 버마족이 대규모로 도피하고 이동식 경작으로 옮기는 데에 얼마만큼 중요한 영향을 미쳤는지는 파악하기 어렵다. 그럼에도 이 사건은 우리의 목적에 비추어 볼 때 시사하는 바가 있다. 화전은 일반적으로 소수종족들에게만 한정된 관행으로 여겨졌다. 그러나 이 사례에서는 벼농사 국가 사람들이었던 버마족들이 화전으로 옮겨 갔다. 그들을 핵심부에서 떠나게 만든 것은 극도로 끔찍한 세금과 부역이었다. 5장에서 살펴본 바와 같이, 19세기 초 정복과 사원 건설, 공공사업에 대한 보도퍼야 왕의 야망으로 신민들은 극심한 생활고에 시달렸다. 이에 대한 대응은 반란, 비적, 그리고 무엇보다 무차별적인 도피였다. 관료들이 버려진 엄청난 규모의 토지를 기록하기 시작할 정도로까지 경작인들은 핵심부 토지를 포기하기에 이르렀다. “이러한 강제 징수에 대응하여, 수많은 가족들이 접근이 어려운 농촌 지역으로 도망갔다.” 이 때문에 한꺼번에 “이동식 경작으로 옮기게” 됐다고 윌리엄 쾨니히는 언급했다.[51] 왕의 신민들이 영역 밖으로 떠나서 장악하기 어려운 농업 방식을 시행했기 때문에 사람들을 대규모로 재배치해야 했다.

수많은 몬족 사람들이 기존에 정착하여 불교를 믿고 논벼를 재배했으나 18세기 중반에 잉와의 버마족 궁정에 맞서 반란과 전쟁을 벌인 결과로 논을 버렸다는 것은 잘 알려진 사실이다. 그들은 연합한 카렌족들과 더불어 혼란과 패배에서 도망쳤고 이동식 경작으로 옮겨 안정적인 식량 확보를 도모했다.[52]

식민 국가의 요구를 더는 참을 수 없을 때 도피와 이동식 경작은 식민 국가에 대한 일반적인 대응이었다. 조르주 콘도미나스는 라오스에서 프랑스 식민 관료들이 "모든 마을들이 책임이 너무 부담스러울 때, 예컨대 마을이 길 옆에 있어 언제나 그 길을 지켜야 하는 의무를 질 때, 떠나 버린 것"을 자주 불평했다고 언급했다.[53] 라오스 농민, 태국 농민, 베트남 농민들은 화전이 눈에 잘 띄지 않아 수탈을 피할 수 있다는 것을 알고 있었기 때문에 그런 이주는 대개 화전과 결부되었다.

전쟁의 끔찍한 위험에서 벗어나는 수단으로 이동식 경작과 수렵채집을 택한 것이 단지 옛사람들의 관심사만은 아니다. 동남아시아에서 제2차 세계대전과 그에 뒤이은 대(對)반란 전쟁의 와중에 상류 지역으로 퇴각하여 위험의 길에서 벗어나는 선택을 종종 했다. 사라왁의 푸난 루송족(Punan Lusong)은 1940년 이전에 쌀을 재배했으나 일본의 침략을 받고 수렵채집민과 화전민이 되어 숲속으로 들어가 버리고서는 1961년까지 고정식 경작으로 되돌아오지 않았다. 이 점에서 그들은 일구던 들을 떠나 2~3년 동안 숲을 헤매며 사고야자(sago palm, 쌀알 모양의 흰 전분의 야자—옮긴이)를 재배하거나 사냥에 의존해 살아가는 근처의 케냐족(Kenyah)과 세봅족(Sebop) 농민들과 다르지 않다. 전쟁 중에 기존의 무역 공간이 닫히긴 했지만 이렇게 적응했다고 하여 반드시 가난에 이른 것이 아니었다. 산악 벼농사 화전으로서 사고야자는 들인 노동에 대하여 적어도 두 배의 칼로리를 가져다주었기 때문이다.[54]

서말레이시아의 반도에서 자쿤족(Jakun, 오랑 말라유 아슬리Organ Malayu Asli)은 일본군에게 들키거나 포획당하지 않기 위해 숭게이 링구이(Sungei Linggui, 링구이 강) 상류 지역으로 도망가 버렸다. 그들은 숲을 잘 알고 있었기 때문에 일본군한테, 나중에는 비상사태(Emergency, 영국이 공산당 위협을 막기 위해 1948년부터 1960년까지 자국 군대를 투입한 상황—옮긴이) 중에 영국군이나 공산당 반란 세력한테 안내 요원이나 짐꾼이 되도록 강요당하기 십상이었다. 그들은 옮겨 다니며 카사바, 고구마, 바나나, 채소, 노인과 어린이의 경우 약간의 쌀에 의존해 살아갔다. 닭 울음소리 때문에 그들의 은신처가 들킬까봐 시끄러운 닭들을 잡아먹기도 했다.[55]

동남아시아의 도피 작물

'도피 작물'은 국가나 약탈자의 습격을 쉽게 피하게 해주는 여러 특징들을 갖고 있다. 대개는 그저 소재를 파악하고 관리하기가 어려운 환경적 조건, 즉 높고 험준한 산악, 늪, 델타, 맹그로브 해안 등지에 잘 적응하기 때문에라도 도피 작물이 될 수 있다. 여기에 수확 시기가 다르고, 빨리 자라고, 쉽게 감출 수 있다면, 그리고 손이 거의 가지 않고, 단위 무게 및 부피당 가치가 거의 없고, 땅속에서 자란다면, 도피 작물로서 더 큰 가치가 있다. 그런 많은 품종들이 화전 방식에 딱 맞아 도피의 가치가 훨씬 커진다.[56]

신세계로부터 작물이 도입되기 전에 몇 종류의 고원지대 곡류가 국가로부터 독립하려는 자들에게 어느 정도 자율성을 베풀었다. 귀리, 보리, 속성 수수, 메밀은 척박한 토양, 고원, 짧은 생장기 등을 배추나 순무처럼 잘 견뎌 내며 산지 쌀보다도 수월하게 사람들이 고원지대에서 살아갈 수 있도록 해주었다. 국가 밖의 사람들은 역시 구세계의 뿌리와 덩이 작물인 토란과 얌을 사고야자와 더불어 선호했다.[57]

토란은 습기와 비옥한 토양을 필요로 했지만 비교적 높은 지대에서 자랄 수 있었다. 어느 때나 심을 수 있었고, 빨리 익었고, 먹기까지 손이 덜 갈 뿐 아니라 준비가 거의 필요 없었다. 다 자라면 땅속에 그대로 두어 필요할 때마다 캐낼 수 있었다. 역시 여러 곳에서 자랄 수 있는 얌은 마찬가지로 많은 유리한 점을 갖고 있었다. 얌은 더 많은 노동력이 필요하고 우기의 끝자락에 심어야 했지만 벌레와 곰팡이의 공격에 잘 견뎠고, 여러 다양한 조건에서도 자랄 수 있었고, 시장에서 현금작물로 팔 수 있었다. 신세계 작물이 이 두 작물을 압도하기 전까지 얌이 토란을 대체하려는 경향이 있었다. 토란에 알맞은 많은 토지에 점점 논벼를 심었지만 얌은 더 건조한 산악 지역에 더 잘 맞았기 때문이라고 페터 붐하르트는 생각한다.

사고야자(진짜 야자가 아닌)와 그 몸통을 쪼개서 껍질 안쪽 부분을 으깨고, 빻고, 씻고, 갈아서 만든 가루는 도피 식량으로 제구실을 했다. 이것은 자연스럽게 생겨나 빨리 자랄 수 있었고 산지 쌀이나 아마도 카사바보다도 손이 덜 가도 되고 습지 환경에서도 잘 자랄 수 있었다. 얌처럼 사고야자의 분말 가루는 팔거나 물물교환을 할 수 있었으나 900미터 이상의 고지대에서는 자랄 수 없었다.[58] 이 모든 식량은 '구황' 식량으로 알려져 있다. 심지어 쌀을 재배하는 사람들도 종종 수확기 이전에 식량이 떨어져 굶주림에 처할 때 이것들에 의존했다. 또한 이것들은 국가의 수탈로부터 보호되어 영양 섭취의 기본이 되었다.

도피 농업은 16세기에 신세계 작물의 도입과 더불어 급격한 변화를 겪었다. 옥수수와 카사바가 이 변화에 결정적인 역할을 했는데, 이 두 가지는 따로 다룰 필요가 있겠다. 그런데 신세계 작물에는 대체로 몇 가지 두드러진 특징이 있다. 무엇보다 완전히 새로운 생태 조건에 옮겨진 많은 '외래종'과 같이 그것들은 원산지에서처럼 처음에 병해충 천적을 갖고 있지 않았다. 그래서 새로운 환경에서 잘 자랄 수 있었다. 이 장점은, 왜 동남아시아 여러 지역에서 특히 국가 밖에서 살기를 바라는 사람들이 매우 빠르게 이것들을 받아들였는지를 설명해 준다.

특히 고구마가 두드러지는 예이다. 위대한 네덜란드 식물학자이자 삽화가인 게오르크 에버하르트 룸피우스는 고구마 재배가 얼마나 재빨리 1670년까지 네덜란드령 동인도 지역 전역에 확산됐는지 알고서 깜짝 놀랐다. 다수확, 병저항성, 영양 가치, 맛이 그 장점들이었다. 그런가 하면 도피 작물로서 고구마의 가치는 세 가지 특징이 있었다. 빨리 자랐고, 식용 가능한 토착 뿌리나 덩이 작물보다 투입 에너지에 비해 더 높은 칼로리를 생산했고, 결정적으로 얌이나 토란보다 더 높은 곳에서 잘 자랄 수 있었다. 붐하르트는 고구마가 고원지대의 인구를 늘려 도피를 도왔을 것이라고 암시했다. 그곳에서는 (뉴기니에서처럼) 종종 돼지 사육이 함께 이뤄지기도 했다. 고구마의 경작은 부루(Buru) 섬과 같이 접근이 불가능한 지역의 유목민과 반정주민(semisedentary)에게까지 퍼졌다.[59] 도피 작물로서 고무마의 지위는 필리핀에서 더 두드러졌다. 에스파냐 식민주의자들은 헤아릴 수도 정착시킬 수도 없는 이고로트족의 유목주의를 그 탓으로 돌렸다. "[그들은] 여차하면 한 곳에서 다른 곳으로 [옮겼다]. 걱정거리였을 법한 집을 어느 곳에서든 건초 한 더미로 지을 수 있고, 얌과 고구마를 갖고 살던 곳에서 다른 곳으로 옮겨 갔기 때문에 그들을 막을 도리가 없었다. 고구마는 어느 곳에든 심으면 뿌리를 내릴 수 있기 때문에 그들은 덩이를 거두고 그것에 의존하여 큰 어려움 없이 살아갈 수 있었다."[60] 사람들에게 그때까지 접근이 불가능했던 곳으로 이동하여 그곳에서 자급자족할 수 있도록 해주는 어떤 작물이든 그 정의상 국가에 의해 낙인찍힌 작물이었다.

식량 작물에 대한 우리의 논의에서 산악민 집단이나 도망자 집단이 그 격리 정도가 어떠하든지 간에 결코 완전히 자급자족적이지는 않았다. 사실상 그런 모든 집단들은 가치재를 키우거나 사냥하거나 채집하여 평지의 시장에서 물물교환하거나 내다 팔았다. 정치적으로 자율성을 유지한 채, 거래와 교환을 통해 이익을 추구했다. 역사적으로 목화, 커피, 담배, 차, 그리고 무엇보다 아편이 그러한 거래 작물이었다. 이 작물들은 더 많은 노동력이 필요했고 정주 작물의 특징을 갖고 있었으나 이를 재배하는 공동체가 국가의 영역 밖에 있다면 정치적인 독립과 잘 맞아떨어졌다.

어떤 작물이건 대략적으로 이것이 국가를 피하려는 목적에 얼마나 부합하는지 추정할 수 있다. [표 3]은 아편과 목화를 제외하고 이러한 차원에 한정하여 여러 식량 작물들을 비교하고 있다.[61] '도피 가능성'의 순서척도는 노동 집약도, 강인성, 저장성을 포괄적으로 측정할 수 없는 한 비현실적이다. 그러나 특정의 농업생태학적 환경을 고려하여 명목상 비교는 가능하다. 신세계에서 들여온 그러한 두 작물인 옥수수와 카사바(마니옥 또는 유카라고도 불린다)가 어떻게 도피의 특징을 지녀 그 진가를 인정받았는지를 살펴보면 전 지구적으로 비교하는 이 표가 당연히 빠뜨린 역사적 맥락을 보여 줄 수 있을 것이다.

옥수수와 카사바

옥수수는 15세기에 포르투갈이 동남아시아에 들여와 급속히 퍼졌다.[62] 17세기 말까지 도서부 동남아시아 전역에 확고히 자리를 잡았고 1930년대까지 소작농의 4분의 1가량이 옥수수 농사를 지었다. 옥수수는 또 다른 신세계 품종인 고추와 함께 대부분의 동남아시아인이 토착 작물로 여길 만큼 견고하게 뿌리내리고 토착 세계관에 융화됐다.

옥수수보다 더 나은 도피 작물을 생각하기가 힘들 것이다. 산악 쌀에 비해서도 여러 이점을 갖고 있었다. 산악 쌀에 견줘 옥수수의 단위노동 및 토지당 칼로리 생산량이 더 많았을 뿐 아니라 생산량도 더 일정했고 변화무쌍한 날씨에도 잘 견뎠다. 옥수수는 다른 품종과 함께 쉽게 재배할 수도 있었다. 빨리 자랐고, 사료로도 쓰였고, 말리면 저장이 잘 됐고, 산악 쌀에 비해 영양학적으로 우수했다. 그래도 무엇보다 중요한 것은 "산악 쌀을 재배하기에 너무 높고, 깊고, 메마르고, 생산력이 없는 곳에서도 잘 자란다는 점이다."[63] 이 특성 때문에 산악민들과 평지인들이 예전에는 금지되었던 새로운 공간을 마음대로 이용할 수 있었다. 계곡을 따라 올라가 1,200미터 이상 되는 곳에서도 거주하며 여전히 일정한 식량을 거둘 수 있었다. 접근하기가 어려워 자연스레 보호가 되는 깊고 험한 곳에서 국가의 손을 벗어나 정주민

표 3 작물의 도피 특성

작물	저장성	노동 집약도	기후/토양(습성/건성)	질병 감염	고도	단위 무게 및 부피당 가치 (현금 경제 가정)	땅속 저장 가능성
토란	낮음	중간-높음(관개시설 사용에 달라짐)	온화하고 습한 날씨	20세기에 발생	저지대와 중간 지대 (0~1,800미터)	낮음	단기간
카사바	낮음 그러나 건조가 가능함	낮음	더운 기후, 건조한 토양을 견뎌냄	20세기에 발생	저지대와 중간 지대 (0-2,000미터)	낮음	가능
아편	가공되면 높음	높음	내성을 지님	있음	보통 고지대	가공되면 높음	불가능
옥수수	중간	중간	덥고 습한 날씨	20세기에 발생	광범위(0-3,600미터)	낮음	불가능
얌	높음	중간-높음	매우 습하고 더운 날씨	없음	저지대(0-900미터)	낮음	가능
고구마	중간(최적의 습도에서 6개월)	낮음	습기 선호	있음	저지대(열대의 0~1,000미터)	낮음	가능
귀리	높음	중간-높음	습하고 온화한 날씨	있음	저지대와 중간지대	낮음	불가능
수수	높음	중간-높음	다양한 날씨 그러나 덥고 건조한 기후에 잘 자람	없음	저지대와 중간지대, 그러나 저지대를 선호함	낮음	불가능
감자	중간	낮음	여러 기후에 잘 맞음, 그러나 시원한 밤 날씨가 최적임	19세기와 20세기에 발생	광범위 (0-4,200미터)	낮음	가능
보리	높음	중간-높음	어느 곡류보다도 여러 환경에, 특히 찬 기후에 잘 적응함	20세기에 발생	고지대와 저지대	중간-낮음	불가능

목화	높음	높음	더운 기후	있음	저지대	중간	불가능
메밀	낮음(동물 사료로서는 중간)	중간-높음	좋지 않은 토양에 견딤. 찬 기후를 선호함	없음	고지대에서 잘 견딤	낮음	불가능
진주기장 (pearl millet)	높음	중간-높음	극류 중 가뭄과 열에 가장 잘 견딤	없음	저지대와 중간지대	낮음	불가능
땅콩	높음	중간-높음(같은 땅에서 재배되는 주요 작물과 같음)	열대나 아열대 기후	20세기에 발생	저지대 (0~1,500미터)	중간	불가능
바나나	중간	생계 작물로서는 낮함, 수출 작물로서는 중간-높음	열대	있음	저지대와 중간지대 (0~1,800미터)	생계 작물로는 낮음, 수출 작물로는 중간	불가능

출처 D. E. Briggs, *Barley* (London: Chapman and Hall, 1978).

D. G. Coursey, *Yams: An Account of the Nature, Origins, Cultivation, and Utilisation of the Useful Members of the Dioscoreaceae* (London: Longman's, 1967).

Henry Hobhouse, *Seeds of Change: Five Plants That Transformed Mankind* (New York: Harper and Row, 1965).

L. D. Kapoor, *Opium Poppy: Botany, Chemistry, and Pharmacology* (New York: Haworth, 1995).

Franklin W. Martin, ed., *CRC Handbook of Tropical Food Crops* (Boca Raton: CRC Press, 1984).

A. N. Prentice, *Cotton, with Special Reference to Africa* (London: Longman's, 1970)

Purdue University, New Crop Online Research Program, http://www.hort,purdue.edu/newcrop/default.html.

Janathan D. Sauer, *Historical Geography of Crop Plants: A Select Roster* (New York: Lewis, 1993).

W. Simmonds, *Bananas* (London: Longman's, 1959).

United Nations Food and Agriculture Organization, *The World Cassava Economy: Facts, Trends, and Outlook* (New York: UNFAO, 2000).

의 삶과 유사하게 살 수 있었다. 관개 벼농사가 오랫동안 이뤄졌던 고지대 평원에서 옥수수는 사람들로 하여금 벼농사 국가의 핵심부에서 벗어나 있는 인근 산악 지역을 개발할 수 있도록 해주었다.

옥수수 덕분에 갑자기 벼농사 국가 바깥에서 자율적으로 살아가기가 훨씬 쉬워졌고 이에 대한 유혹이 더 강렬해졌다. 수많은 사람들이 이런 기회를 붙잡게 됨으로써 큰 쪽으로 인구 재분배가 일어났다. 붐하르트가 말하듯이, "옥수수는 정치·종교·경제·건강의 이유로 평지나 고원 마을의 인구 밀집 지역을 떠나려 했던 집단이나 개인들이 지금까지 거의 사람이 살지 않았던 산악 지역에서 생존할 수 있고 심지어 번성할 수 있도록 해주었다."[64] 옥수수의 이용이 고원지대의 비국가 사회 구성에 결정적이었다고 강력하게 주장할 수 있는 것이다. 동부 자바 뗑게르 고원에서 살았던 힌두교도 자바인의 사례에서 로버트 헤프너는 옥수수가 "무슬림들이 힌두 마자빠힛(Majapahit)을 점령하게 되자 힌두교도 농민들이 산을 올라 접근이 어려웠던 뗑게르 고지대 지형으로 점진적으로 퇴각할 수 있도록 촉진제 역할을 했다"고 생각한다.[65] 다른 곳에서도 옥수수와 다른 고지대 작물들(감자, 카사바)은 대개 고원지대에 사람이 들어서는 데에 그리고 평지 국가와 구별되게 그들의 정치적·문화적 특징을 확립해 나가는 데에 결정적이었다. 종교적 분리, 전쟁, 부역, 식민 체제 아래 강제 경작, 속박으로부터의 도피 등 국가 공간에서 떠나려는 이유는 그야말로 다양했으나 옥수수가 잠재적 도피의 새롭고도 중요한 수단이 되었다.[66]

태국과 라오스나 그 근처에서 살아가는 고원지대의 몽족은 한족의 군사적 압박으로 말미암아 그리고 한족에 대항하여, 나중에는 통킹에서 프랑스에 대항하여 일으킨 반란이 실패로 돌아감에 따라 지난 200년 동안 옮겨 다니며 도피 생활을 이어 오고 있다. 일반적으로 1,000미터 이상의 고지에 살며 옥수수, 콩류, 뿌리 작물, 박, 양귀비를 재배하는 몽족은 실로 국가 밖의 사람들이었다. 산악 쌀이 일반적으로 천 미터 이상에서 자라지 못하지만, 양귀비는 오로지 900미터 이상에서만 자랄 수 있었다. 그들이 산악 쌀에 의존하여 아편을 주요 작물로 삼는다면 900~1,000미터 사이의 좁은 범위에서 살아갈 수밖에 없었다. 그러나 그들은 옥수수를 재배했기 때문에 그보다 300미터 더 높은 곳까지 퍼질 수 있었다. 그곳에서는 옥수수와 아편이 동시에 자랄 수 있었고 국가가 그들에게 관심을 덜 갖기 마련이었다.

신세계 도피 작물의 챔피언은 바로 카사바(마니옥, 유카)이다.[67] 옥수수처럼 카사바는 도서부 동남아시아와 대륙 동남아시아 전역에 급속하게 퍼졌다. 어느 곳에서든 어떠한 조건에서든 자랄 수 있었다. 이 거대한 뿌리 작물은 악조건에서도 잘 견뎌내고 스스로 자랄 수 있어 이를 막는다는 것이 재배하는 것보다 더 어려울 지경이었다.[68] 이것은 새로운 땅을 개간하는 데도 안성맞춤이었다. 가뭄을 타지 않고, 그야말로 아무것도 자랄 수 없는 토양도 견뎌냈고, 들여온 다른 신세계 품종처럼 천적이 거의 없었고, 토란이나 고구마와 비교하여 야생 돼지가 잘 먹지 않았다.[69] 단점이 하나 있다면 옥수수와 감자처럼 가장 높은 고지대에서는 잘 자라지 못한다는 것이다. 이 점 말고는 사람이 정착하거나 돌아다닐 때 카사바 때문에 구속받을 일은 거의 없었다.

카사바는 다른 뿌리 및 덩이 작물의 도피 특성을 마찬가지로 갖고 있었다. 비록 고구마처럼 빨리 자라지는 않지만 다 자라고 나서도 필요할 때까지 땅에 그대로 둘 수 있었다. 변통성, 내성과 더불어 단지 땅위의 잎사귀만 불에 탄다는 성질 때문에 에스파냐어권에서 대개

'전투식량'(farina de guerra, 전쟁 분말)이라는 이름을 얻게 됐다. 결국 게릴라들은 국가를 피해 옮겨 다니는 사람들을 표상한다. 카사바가 하나 더 갖고 있는 이점은 일단 거둬들이면 분말(타피오카)로 만들 수 있어 일정 기간 동안 저장이 가능하다는 것이다. 덩이와 분말 모두 시장에서 팔 수도 있다.

아마도 카사바가 갖고 있는 가장 두드러진 이점은 힘을 가장 적게 들이면서도 가장 많은 소출을 거둘 수 있다는 것이다. 그 점에서 타의 추종을 불허할 정도이다. 바로 그 때문에 옮겨 다니는 사람들이 가장 선호하는 작물이었다. 심어 놓고 떠나고서는 2년이나 3년 뒤 그야말로 아무 때나 돌아와 거둘 수 있었다. 한편 그 잎사귀를 먹을 수도 있었다. 카사바는 재배하는 사람들로 하여금 실로 어떤 생태적 환경이든 그곳을 차지하여 마음 내키는 대로 돌아다니며 고역을 피할 수 있도록 해주었다. 이렇게 놀라운 이점을 갖고 있었기 때문에 고구마를 대체하며 가장 흔한 뿌리 작물이 되었다. 과거에 얌을 대체했던 고구마는 이제 그 자리를 카사바에 물려주었다.

식민 시기든 그 이전이든 벼농사 국가에게 그렇게 쉽게 접근할 수 있고 노동력을 줄여 주는 생계 작물은 위기 시에 구황식량으로서 가치를 지녔지만 국가 만들기에는 위협이 되었다. 국가의 관심사는 벼농사 지대를 크게 늘리거나 만약 이것이 여의치 않을 경우 목화, 인디고, 사탕수수, 고무 같은 다른 중요한 현금 수출 작물을 대개 노예 노동력을 통해 재배하는 것이다. 신세계 도피 작물에 대한 접근성 때문에 도피의 경제가 도피의 정치만큼 솔깃해졌다. 식민 관료들은 카사바와 옥수수를 일하기 싫어하는 게으른 원주민의 작물이라고 낙인찍는 경향이 있었다. 신세계에서도 사람들을 임금노동이나 플랜테이션에 몰아넣는 일을 담당했던 사람들은 마찬가지로 자유농이 스스로 삶을 꾸려나갈 수 있도록 해주었던 작물을 경멸했다. 중앙아메리카의 대농장 소유자들은 카사바 때문에 농민에게 필요한 것은 단지 엽총과 낚싯바늘일 뿐이었고 더 이상 임금을 위해 규칙적으로 일하지 않게 되었다고 주장했다.[70]

카사바는 여느 뿌리 작물처럼 결국 국가를 회피하려는 속성이 배어 있는 사회구조에 큰 영향을 미쳤다. 그 영향 때문에 일반적으로 곡류 문화, 구체적으로 논농사 문화와 큰 차이가 발생했다.[71] 논농사 공동체는 단 하나의 리듬에 의해 살아간다. 심고, 옮겨 심고, 거두어들이는 것과 그에 관련된 의례는 용수 통제에서와 마찬가지로 긴밀하게 조직화되어 있다. 용수 관리, 작물 감시, 노동 교환에서 이뤄지는 협력은 강제적이진 않더라도 보답을 받는다. 그런데 고구마와 카사바 같은 뿌리 작물에서는 그렇지 않다. 가족 단위의 선택과 필요에 따라 심는 것과 거둬들이는 것을 어느 정도 연달아 할 수 있었다. 작물 그 자체의 성격이 협력을 아예 또는 거의 필요로 하지 않았다. 뿌리 작물과 덩이 작물을 재배하는 사회는 곡류 재배자보다 더 넓게 퍼질 수 있었고 협동 노동도 덜 필요했다. 따라서 편입과 위계와 종속까지도 거부하는 사회구조가 생기기 마련이었다.

도피의 사회구조

벼농사 국가는 눈에 띄는 경관인 논농사와 으레 그와 결부되는 집중화된 인구를 필요로 한다. 이 접근 가능한 경제와 인구는 수탈이 가능한 경관이라 볼 수가 있다. 감시와 수탈이 쉬운 경제적 경관이 있는 것처럼 쉽게 통제하고 수탈하고 종속할 수 있는 사회구조가 있다. 그 반대도 역시 사실이다. 우리가 보았듯이 수탈을 피해 나가는 농업 기술과 작물 양생법이 있다. 마찬가지로 감시와 종속을 피해 나가는 사회 및 정치조직의 유형이 있다. 이동식 경작과 카사바 재배가 국가에 대한 '위치성'을 표상한다면, 여러 형식의 사회조직 역시 국가에 대한 전략적인 위치를 표상한다. 사회구조는 농업 기술처럼 주어진 것이 아니라 시간이 흐르면서 취하게 된 주요한 선택이다. 그 선택의 많은 부분이 넓은 의미에서 정치적이다. 여기서 사회조직을 변증법적 관점에서 바라볼 필요가 있다. 대륙 동남아시아 변방의 정치구조는 늘 그들 주변에 있었던 국가 체제에 적응하는 과정에서 형성되었다. 어떤 때는 행위자로서 인근 국가와 쉽게 협력하거나 그에 편입되기 위해 사회구조를 바꿀 수도 있다. 그런가 하면 조공 관계를 끊거나 편입되지 않기 위한 쪽으로 사회구조를 맞출 수도 있다.

이 점에서 사회구조는 한 공동체의 영원불변한 사회적 특성이 아니라 가변적이고, 그 목적 가운데 하나가 인근 지역의 권력과 맺는 관계를 조절하는 것이라고 봐야 한다. 동부 미얀마의 까야족을 연구한 리먼(칫흘라잉)이 이러한 관점을 그 누구보다도 분명히 설명했다. 그보다 앞서 에드먼드 리치가 그랬던 것처럼, 시간이 흐르면서 사회조직이 계속 왔다 갔다 하는 모습을 관찰한 뒤에 이 진동을 이해할 수 있는 변화의 법칙에 관심을 가졌다. "사실 대략 앞서 말한 관점에서 사회체제를 생각하지 않고 까야족이나 어떤 다른 범주의 동남아시아 산악민들을 이해한다는 것은 불가능해 보인다. 주변의 문명과 맺는 관계의 주기적인 변화에 대응해 사회구조가 바뀌고 때론 '종족' 정체성도 바뀐다는 것은 이 사회들의 전제라고 할 수 있다."[72]

일반적으로 한 사회나 그 일부가 편입이나 수탈을 회피하기로 선택할 때마다 더 단순하고, 작고, 분산된 사회 단위를 향해, 즉 우리가 앞서 불렀던 사회조직의 기본 단위를 향해 움직인다. 수탈을 가장 완강하게 거부하는 사회구조는 비록 어떤 방식으로 공동 행동을 이끌어 내는 데는 저해가 되지만, 적은 수의 가구들이 우두머리 없이 뭉쳐진 형태이다. 그런 형태의 사회조직은 수탈을 거부하는 농업이나 거주의 형태와 더불어 한결같이 평지의 벼농사 '문명'에 의해 '야만적,' '원시적,' '퇴보적'이라고 취급받았다. 이렇게 문명에 어느 정도에 이르렀는지에 따라 농업과 사회조직을 바라보는 방식이 그들이 수탈과 종속에 얼마나 적합한지를 바라보는 데도 그대로 적용되고 있다는 것은 우연이 아니다.

'부족성'

국가와 부족의 관계는 로마와 그 군대에게는 큰 문제였으나, 그 이후로 유럽의 역사 서술에서 사라져 버렸다. 유럽의 마지막 독립 부족민들이었던 스위스인, 웨일스인, 스코틀랜드인, 아일랜드인, 몬테네그로인, 러시아 남부 초원의 유목민이 더 강력한 국가들과 지배적인 종교와 문화에 하나씩 흡수되어 갔다. 부족과 국가의 문제는 그러나 여전히 중동에서 첨예하다. 이에 그 지역의 부족-국가 관계를 다룬 민족지학자들과 역사학자들의 논의에 의존하여 우리의 얘기를 풀어 나갈 수 있겠다.

부족과 국가는 쌍방향적인 관계에 의해 구성되는 실체들이다. 진화론적인 발전 단계가 따로 있는 것이 아니다. 부족이 국가에 앞서서 존재한 것이 아니라는 얘기이다. 부족은 오히려 국가와 맺는 관계에 의해 규정되는 사회구성체이다. "중동의 지배자들이 '부족 문제'에 온통 마음이 쏠려 있다면, …… 부족은 끊임없이 '국가의 문제'로 대두되어 왔다고 말할 수 있다."[73]

부족이 대개 안정적이고, 지속적이고, 혈통이나 문화적으로 일관된 단위라고 보이는 까닭은 국가가 전형적으로 그러한 단위를 바랐고 시간이 흐르면서 그런 식으로 색칠을 했기 때문이다. 한 부족은 정치적 모험 정신이나 정치적 정체성에 의해 그리고 국가가 부과하는 보상과 처벌 체계의 '트래픽 유형'에 의해 생겨날 수 있다. 어떤 경우이든 부족의 생성은 국가와 맺는 관계에 달려 있다.

지배자들과 국가 기관들은 교섭이나 지배를 하기 위해서 안정적이고, 일관되고, 위계적이고, '손에 잡히는' 사회구조를 필요로 한다. 국가는 충성을 바쳐서 이익을 늘려줄 수 있고, 지시 사항을 전달해 줄 수 있고, 정치 질서에 대해 책임을 질 수 있고, 곡식과 조공을 전달해 줄 수 있는 중개자나 파트너가 필요했다. 부족민들은 정의상 국가의 직접적인 행정권 밖에 있었기 때문에, 그들이 지배를 받는다는 것은 반드시 자신들을 대변해 주고 필요할 때는 볼모가 돼 줄 수 있는 지도자들에게 지배를 받는다는 것을 뜻했다. '부족'이라고 표상된 실체는 결코 국가가 상상한 대로 존재하지 않았다. 이 그릇된 표상은 국가가 지어낸 공식적인 정체성 때문이기도 하지만, 서술과 분석을 위해 일관성을 지닌 사회 정체성을 필요로 하는 민족지학자들과 역사학자들 때문이기도 했다. 계속 눈에 들어왔다가 빠져나가는 사회 유기체를 다스리기는커녕 서술한다는 것 자체가 쉬운 일이 아니었던 것이다.

국가 밖의 사람들(달리 말해 부족들)은 국가 체계로 정치적·사회적으로 편입 압력을 받을 때 다양한 반응을 보였다. 그들 전체나 일부는 지명된 지도자(간접 지배)를 갖는 조공 사회로서 느슨하게 혹은 단단하게 통합이 될 수 있다. 물론 자율성을 지키기 위해 특히 군사화된 유목민이라면 싸움을 벌일 수도 있다. 멀리 가 버릴 수도 있다. 끝으로 쪼개지고 흩어지고 생계 전략을 바꾸어 눈에 띄지 않거나 수탈의 대상으로 매력적이지 않도록 할 수도 있다.

마지막에 나온 전략은 저항과 도피의 선택이다. 군사적인 선택은 몇 예외적인 사례가 있지만 동남아시아에서 국가 밖의 사람들이 거의 취할 수 없었다.[74] 멀리 가 버리는 것은 대개 이동식 경작이나 수렵 채집을 선택하는 것을 수반하므로 이미 다룬 바가 있다. 아직 살피지 않은 것은 사회를 재조직하는 마지막 전략이다. 이것은 사회가 최소 단위로, 종종 몇 가구 단위로 해체되어 작고 흩어진 무리에게 유리한 생계 전략을 도입하는 것을 포함한다.

어니스트 겔너는 베르베르족이 "분리하여 지배를 피하라"는 슬로건을 내걸며 취하는 이런 의도적인 선택을 소개한다. 이것은 멋진 경구로 "분리하여 지배하라"는 로마제국의 슬로건이 어떤 세분화 지점을 넘어서면 작동되지 않는다는 것을 보여 준다. 맬컴 얩이 같은 전략에 대해 이름 붙인 '해파리' 부족도 마찬가지로 적확하다고 할 수 있다. 그런 분할 때문에 잠재적 지배자가 형태도 없고 구조화되지 않은 사람들을 마주칠 때 어디로 들어가야 할지 알지도 못하고, 도무지 어찌할 도리가 없다는 사실을 지적하고 있기 때문이다.[75] 마찬가지로 오스만은 기독교들과 유대인들이지라도 조직화된 집단이 우두머리가 없고 분산된 조직을 가진 이교도 분파보다 다루기 쉬웠다. 가장 두려운 집단이 신비적인 데르비시교도(Dervish, 수피 이슬람을 따르며 극도로 금욕적인 생활을 하는 집단—옮긴이)처럼 자율적이고 저항적으로 살아가는 집단이었다. 이 집단은 그야말로 오스만 경찰의 단속망 밑으로 들어가 어떤 집단적인 정착이나 눈에 띄는 리더십을 피했다.[76] 이런 상황에 부딪힐 때 국가는 종종 협력자를 찾았고 수장국(首長國, chiefdom)을 만들어 냈다. 보통 이 기회를 잡으려는 사람이 있기 마련이지만, 휘하에 두려는 사람들이 그를 쉽게 져버릴 수 있었다.

부족 구조의 기본 단위들은 벽돌과 같아서 흩어지거나 형태를 알 수 없도록 쌓여 있었고 또는 거대하게, 가끔은 가공할 정도로 부족 연합체를 건설하기 위해 서로 엮일 수 있었다. 이란의 카쉬카이(Qashqa'i) 부족을 매우 세밀하게 다루었던 로이스 벡이 언급하기를, "부족 집단들은 팽창하고 수축한다. 어떤 부족 집단은 국가가 자원에 대한 접근을 제한하려 할 때나 외부의 세력이 군사를 보내 그들을 공격하려 할 때 더 큰 집단에 합류했다. 큰 부족 집단들은 작은 집단으로 나뉘어져 국가의 눈에 잘 띄지 않게 되어 국가의 손아귀에서 빠져나갔다. 부족간 이동성(유동적인 종족 정체성)은 일반적인 유형이었고 부족이 형성되고 해체되는 과정에 나타나는 한 부분이었다"고 했다. 라틴아메리카를 다룬 피에르 클라스트르의 중동판이라 할 수 있는 이 사례에서 로이스 벡은 유목으로 옮겨 간 농업주의자들을 지목하여 이 두 사회조직과 생계 전략이 정치적인 선택이었으며 때론 이것이 눈에 띄지 않게 시행됐다고 했다. "많은 사람들이 원시적이고 전통적이라 여기는 형태들이 대개 더 복잡한 체제에 대응하고 때로는 이를 본뜬 창조물이었다." 벡은 "그런 지역 체제는 그들을 제압하려는 사람들의 체제에 적응하고 도전했거나 그로부터 멀리 떨어지려 했다"

고 덧붙인다.[77] 다른 말로 사회구조는 대개 국가 효과이고 선택이었다. 그 하나의 가능한 선택이 국가를 만들려고 하는 자들에게 들키지 않고 읽히지 않는 사회구조인 것이다.

사회 형태의 변화라는 이 주제는 유목민과 수렵채집민에 관한 서술에서 잘 드러난다. 무정형의 몽골인의 사회구조와 그 '신경 중추'의 부재는 중국의 점령을 막기 위한 것이었다고 오언 래티모어는 평가한다.[78] 리처드 화이트는 북아메리카 식민지의 인디언 정치에 대해 분석하면서 부족 구조와 정체성의 급진적인 불안정성, 지역 집단의 자율성, 새로운 영역으로 옮겨 가서 생계 전략을 재빨리 바꿀 수 있는 능력을 강조했다.[79] 화이트가 다루고 있고 대부분의 조미아 지역의 특징이기도 한 종족과 이주민의 파쇄 지대에서 정체성은 실로 복수 형태이다. 그 사람들은 정체성을 바꾼다기보다 그들이 자산으로 갖고 있는 여러 가능한 정체성 중에서 하나의 문화적·언어적 측면을 강조한다고 할 수 있다. 정체성과 사회 단위의 희미함, 다원성, 대체 가능함은 어떤 정치적 이점을 갖고 있다. 그것들은 국가와 다른 사람들과 관계를 맺었다가 분리되었다가 하는 레퍼토리를 표상한다.[80] 이란과 러시아의 국경의 투르크메니스탄이나 러시아의 칼미크족(Kalmyk) 같은 초원 유목 집단에 관한 연구는, 유리할 때마다 작은 독립 단위로 분리하거나 세분화하는 그러한 집단들의 능력을 눈여겨본다.[81] 칼미크족에 관해 연구한 한 역사가는 마셜 살린스의 부족민들에 대한 일반적인 서술을 인용하고 있다. "그 정치 조직은 그렇다면 우두머리를 보호하는 외골격이 덮고는 있으나 그 아래에는 근본적으로 단순하게 분할된 원시 유기체의 특징을 지니고 있다."[82]

그런 사회들의 여러 특징들은 분리되고 해체되는 사회구조를 촉진하고 어떤 경우에는 그런 사회구조를 필요로 하는 것으로 보인다. 집단들은 목초지, 사냥터, 잠재적 화전과 같은 공유 자산에 의존해 독립적으로 살아갈 수 있었고, 동시에 이를 공유함으로써 상속 가능한 사유재의 특징인 부와 지위의 큰 차이나 고착이 발생하는 것을 막았다. 수렵채집, 이동식 경작, 무역, 가축 사육, 정주 농업 등 생계 전략의 혼합적인 구성도 마찬가지로 중요했다. 각 생계 유형은 나름대로 형식의 협력, 집단 규모, 정주 양식과 관련을 맺었다. 이와 함께 생계 방식들은 여러 사회조직 유형들에 일종의 실제 경험이나 실천을 제공했다. 혼합적 구성의 생계 기술은 정치적·경제적 이득을 쉽게 취할 수 있는 혼합적 구성의 사회구조를 만들어 냈다.[83]

국가성과 고정된 위계 피하기

윈난과 구이저우의 한족 행정 관료들, 아유타야의 타이족 궁정, 잉와의 버마족 궁정, 샨족의 수장들(사오파), 영국 식민지 국가, 독립국의 정부에 이르기까지 조미아를 지배하려는 야망을 품은 모든 국가들은 그들이 다룰 수 있는 수장국을 찾으려고 했다. 여의치 않을 경우 이를 만들어 냈다. 미얀마에서 영국은 한곳에 빼곡히 모여 있어 협상이 가능한 전제적인 '부족' 체제를 모든 곳에서 선호했다. 역으로 그들은 확인가능한 대변자가 없는 무정부적이고 평등주의적인 집단을 혐오했다고 리치는 언급했다.

"까친 고원에서 …… 역시 인구밀도가 낮은 여러 다른 곳에서 아주 작고 독립적인 마을들이 엄청나게 많이 있었다. 모든 마을들에서 촌장은 전적으로 왕(두보, du baw)의 지위에 있는 독립된 수장을 표방했다. …… 이 사실은 계속 언급됐고 영국 행정 당국이 끊임없이 그렇게 분절된 거주를 반대해 왔기 때문에 더욱 두드러진 사안이었다."[84] 20세기로 접어들 무렵의 다른 영국인 관료는 관찰자들에게 군소 까친족 수장의 겉으로 보이는 복종을 심각하게 받아들이지 말라고 경고했다. "이 명목상의 복종을 넘어서 각 마을들은 독립을 주장하고 단지 그들의 수장만을 인정한다." 나중에 리치가 말했던 것처럼 가장 작은 사회 단위조차도 이 독립성을 특징으로 갖고 있다고 그는 강조했다. 이 독립성은 "가구와 각자의 집주인에게까지 이르렀고 만약 자신의 수장과 의견을 달리한다면 마을을 떠나 다른 곳에서 터전을 마련해 수장(사오파) 행세를 할 수 있었다."[85] 따라서 다른 국가들처럼 영국은 민주적이고, 무정부적인 사람들을 '온순한,' '숙성된,' '문화적인' 전제주의적 이웃들에 견줘 같은 언어와 문화를 갖고 있어도 '야생적'이라고, '날 것'이라고, '조야 하다'(야잉, ရိုင်း)고 딱지를 붙이는 성향이 있었다.

무정부주의적인 '해파리' 부족을 안정적으로 간접 지배하는 것은 거의 불가능했다. 그들과 화평을 맺는 것조차도 어렵고도 일시적인 일이었다. 1887년과 1890년 사이의 영국의 최고 식민지 판무관(chief commissioner)은 까친족과 빨라웅족 지역을 정복하는 것은 이들이 "기존에 어떤 중앙의 통제에 복속된 적이 없으므로" 산악 지역을 '한 곳씩' 정복해야만 한다고 언급했다. 그의 관점에서 친족도 마찬가지로 골칫덩어리였다. "그들이 갖고 있는 유일한 지배 체제는 마을 수장의 지배 체제이거나 잘해야 소규모 마을들의 지배 체제여서 결과적으로 친족을 하나의 집단으로 여겨 협상을 하는 것이 불가능하다."[86]

까다롭고 잘 빠져나가는 친족에 진절머리가 난 영국은 '민주적인'

친족 지역에서 수장을 세워 그에게 힘을 주기 시작했다. 그 수장은 식민 세력의 지원에 힘입어 성대하게 공동체 연회를 베풀 수 있었는데, 이는 곧 '연회 사회'에서 일반인들과 견줘 그의 지위를 상대적으로 강화시켜 주었다. 이에 대한 반작용으로 공동체 연회를 거부하는 새로운 혼합적 컬트가 발생했고 한편으로는 우두머리가 아니라 개인적인 지위를 높이기 위한 개인적 연회의 전통이 지속됐다. 이 파우친하우(Pau Chin Hau) 컬트는 즉시 자니아트(민주적인 부족 지역) 전역에 퍼졌고 그 행정 구역에서 친족 인구의 4분의 1 이상이 이를 수용했다.[87] 대개 그랬듯이 이 사례를 보면 국가와 거리를 두고 국가와 같은 형태를 거부하는 독립된 지위가 "경제적인 번성보다 훨씬 더 중요했던" 것으로 보인다.[88]

머리를 잘라 오는 사냥 때문에 아마도 가장 사나운 산악민들로 알려진 와족은 '민주적인' 친족과 굼라오 까친족과 마찬가지로 평등주의를 강력하게 실현한 종족이다. 연회와 지위 경쟁에서 평등성을 강조하고 이미 특출하거나 부유한 자들이 제물을 더 바치는 것을 허락하지 않는데, 이는 그들이 수장의 지위로 등극하지 못하도록 하기 위해서였다. 매그너스 피스케스조가 지적하듯이, 이 평등주의는 국가를 멀리하려는 전략으로 비롯된 것이다. "중국의 관점이나 다른 진화론적인 입장에서 '원시' 사회적인 것이라 잘못 해석되고 있는 와족의 평등주의는 저쪽에서 몰려올 위협에 맞서 자율성을 잃지 않기 위한 방편으로 이해할 수 있다. 그 위협은 곧 공물을 받아 내거나 세금을 강제로 부과하는 국가였다. 국가는 이미 중간의 완충 지대에서 그렇게 했었다(그 완충지대는 중국에서 보듯이 어떤 뜻에서는 '야만인을 막아내는' 방어벽 시스템의 역할을 수행했다)."[89]

국가가 정치구조를 만들어 이를 통해 영향을 행사하려는 압력에 또 다르게 반응하는 것이 위장이다. 곧 수장의 권위와 비슷한 형태를 만들어 수용하되 그 내용은 아예 비어 있는 것이다. 북부 태국의 리수족이 바로 그렇게 했던 것 같다. 수장이 속 빈 강정과 같다는 것은 그 마을에서 부와 능력을 가진 존경받는 남성 원로가 아니라 실제로 아무런 힘이 없는 사람을 수장으로 세운다는 사실에서 명백히 드러난다.[90] 동일한 유형이 식민 치하 라오스의 산악 마을에서도 전해졌다. 그곳에서는 허울뿐인 지방 관료와 유명인을 필요에 의해 내세웠지만 존경받는 지역 인사들이 그 허울뿐인 관료들의 활동을 비롯해 지역의 대소사를 계속 관장해 나갔다![91] 여기서 '도피의 사회구조'는 국가를 피하기 위한 사회적 발명이라기보다 정교하게 위계질서를 연출하면서 지켜내는 평등적인 현존 사회구조이다.

조미아의 산악민들에 대한 민족지 중에서 가장 유명한 것이 에드먼드 리치가 까친족에 대해 연구한 《버마 고원의 정치체계》이다. 리치의 분석은 유래가 없을 정도로 두 세대 동안 학자들에 의해 검토와 비판의 대상이 되어 왔다. 진동하는 균형점이라는 자신의 구조주의적인 개념을 위해 리치가 까친족의 사회구조에 영향을 미쳤던 더 큰 정치적·경제적 변화(영국의 제국주의 지배와 특히 아편 경제)를 의도적으로 무시했다는 점은 확실하다.[92] 또한 까친족 결혼연합 체계의 토착 용어와 그 결혼연합 체계가 계보에 따른 사회 위계의 고착화에 끼친 영향을 심각하게 잘못 이해한 것으로 보인다. 그의 기여에 대한 오늘날 민족지학자들의 철저한 검토가 프랑수아 로빈과 만디 사단이 최근에 엮은 책에 실려 있다.[93]

그러나 이 훌륭한 비판적인 검토에서도 까친족의 여러 사회체제들의 개방성과 평등성에서 서로 간에 중요한 차이가 있었다는 사실을 부정하지 않는다. 또한 지난 세기 말에 이르러 전제적인 수장을 암살하고, 끌어내리고, 져버리려는 움직임이 있었다는 사실도 부정하지 않는다. 리치의 민족지에 핵심으로 자리 잡고 있는 것이 도피 사회구조의 분석, 즉 샨족의 군소 국가나 샨의 권력과 위계질서를 흉내 내려는 까친족 수장들(두와 duwa)이 획책하는 포획과 수탈을 막아 내기 위해 고안된 사회조직 형태의 분석이다. 간략하고도 도식적으로 리치는 까친족 지역에 샨, 굼사(gumsa), 굼라오(gumlao)라는 세 정치조직 모델이 있다고 주장한다. 샨 모델은 국가 같은 재산과 위계 구조이며(기본적으로) 수장은 세습되고 과세와 부역이 조직적으로 이뤄진다. 반대편 끝에 굼라오 모델이 있다. 이 모델은 모든 세습 권위와 계급 차이를 무시한다. 비록 개인적인 지위 차이를 무시하지는 않지만 말이다. 영국인들이 잘 알아차리지 못했던 굼라오 마을들은 독립적이었고 대개 평등과 자율을 강화하는 구실을 한 의례조직과 수호신을 갖고 있었다. 샨과 굼라오 형태는 상대적으로 안정적이었다고 리치는 주장한다. 여기서 리치가 다루었던 사람들이 현상학적으로 이해하는 종족적 특징이 없었다는 사실이 매우 중요하다. '샨' 쪽으로 이동하는 것은 위계와 의례가 긴밀히 따른다는 것이고 국가 같은 사회를 형성할 기회를 더 가질 수 있다는 것이다. 굼라오 쪽으로 이동하는 것은 바로 샨족의 국가와 그 관행으로부터 거리를 둔다는 것이었다. 역사적으로 사람들은 이 모델들과 관례들 사이를 왔다 갔다 했다.

세 번째로 중간 형태의 굼사 모델이 있다. 여기에서는 계보가 이론상 경직되고 서열화되어 있는데, 아내를 데려오는 계보가 아내를 주는 계보보다 사회·의례적으로 우위를 차지하고 있다(스콧은 서열의 차이를 반대로 이해하고 있다. 리치에 따르면 아내를 주는 계보가 아내를 데려오는 계보보다 우위에 있다—옮긴이).[94] 이 모델은 유난히 불안정하다고 리치는 주장한다.[95] 굼사 체제에서 최고 지위를 차지하고 있는 계보의 우두머리가 그 자신을 샨족 군소 국가의 지배자와 같은 지위로 바꾸려는 시도를 하기 마련이었다.[96] 동시에 지위를 고착시키고 낮은 지위의 계보를 자신의 종속자로 만들려는 위협적인 시도는 반란이나 도피를 불러오고 평등한 굼라오 쪽으로 향하는 이동을 부추긴다.[97]

우리의 목적과 관련하여 보건대, 리치의 까친족 민족지는 국가 형성을 막거나 피하는 평등을 추구하는 사회조직 모델이 언제든 곁에 있음을 잘 드러내 주고 있다. 리치는 이 세 모델들 간에 왔다 갔다 하는 진동을 까친족 사회의 항구적 특징이라고 보았다. 한편 굼라오 형태 역시 부분적으로는 어떤 특정한 역사적 혁명의 결과였다. 《상부 버마 관보》는 굼라오 '폭동'이 한 수장(두와)의 딸과 결혼하기를 갈망한 두 남자의 구혼이 거절당했을 때 시작되었다고 보고한다(승낙은 그들과 친족 집단의 지위를 높일 수 있었다).[98] 그들은 두와와 그 딸을 취한 남자를 죽였다. 이어 그들은 추종자들과 함께 많은 두와를 끌어내렸고 두와 중 일부는 그들의 지위와 특권을 포기하며 죽음이나 추방을 모면했다. 이 이야기는 굼사 구조가 낮은 지위 혈통 출신의 사람이 경쟁적으로 연회를 베풀어 높은 지위로 등극하려는 것을 계급적 서열로써 막는다는 리치의 견해와 통하는 면이 있다.[99] 리치가 폭동이 발생한 가장 가까운 원인으로 설명하고 있는 바는 훨씬 미묘하고 자세하지만 그 핵심은 부역 제공의 거부였다. 부역은 고기의 넓적다리와 더불어 수장의 특권이었던 것이다.[100]

굼라오 마을들은 두 방식 어느 쪽으로나 발생할 수 있었다. 첫 번째 방식은 방금 언급된 대로, 그 마을들은 작은 평민들의 공화제를 세우려는 소규모 평등화 혁명의 결과였다. 두 번째의 방식은, 아마도 가장 일반적인 기원일 텐데, 가족과 계보가 더 평등한 마을을 새로 설립하기 위해 위계화가 심한 마을을 떠나는 것이었다. 굼라오 마을의 기원 신화는 하나나 혹 다른 하나를 강조한다. 리치는 그 시점에서 불평등이 발생하면서, 유리한 위치의 사람들이 굼사적인 과시물로 그 우위를 정당화하고 관례화하면서 굼라오 그 자체가 불안정을 겪는다고 언급한다. 그러나 다른 해석도 가능하다. 굼라오 공동체는 대개 분열에 의해, 불평등이 숨 막힐 지경에 이를 때 스스로 새로운 삶을 개척하려는 몇몇 평등한 지위의 가족들에 의해 만들어졌다. 분열은 작은 규모의 혁명과 더불어 더 큰 세계의 인구와 발전 상황의 조건에 크게 달려 있었다. 영국의 압력 때문에 카라반 무역의 이익이 줄어들고 노예무역이 감소하게 되자 불평등이 질식할 정도에 이르렀던 것이다. 아편 시장의 번성으로 사람들은 변방에 마음이 더 끌렸다. 인구 압박이 적고 따라서 화전 경작을 할 수 있는 땅이 많은 곳에서는 분열이 폭동보다 더 일반적일 가능성이 더 컸다.[101]

굼라오 지역은 국가를 몹시 혐오했다. 까친족 지역에 대한 이른 시기 영국의 한 서술은, 호의적인 세습 수장의 마을을 통과하는 것은 쉬웠지만 "사실상 작은 공화제로서 아무리 선한 수장인들 고분고분하지 않는 그 어떤 마을 사람들의 행동을 통제하지 못하는 굼라오 마을"을 지나는 것이 어려웠다며 이 둘을 비교했다.[102] 굼라오 사회조직은 여러 면에서 국가를 회피한다. 이 이념은 봉건 영주를 자처하는 잠재적인 세습 수장이 나오지 못하도록 하거나, 나올 경우 죽여 버린다. 인근 샨족 공국이 요구하는 공물이나 그에 의한 통제를 거부한다. 마지막으로, 지배는 물론이고 평화를 맺기조차 어려운 평등하고 작은 공화제로서 상대적으로 다루기 힘든 무정부주의를 표방한다.

나는 상당한 지면을 도피 사회구조로서의 굼라오 마을에 할애했는데, 단지 리치 덕택에 이것이 잘 기록되어 있기 때문만은 아니다. 다는 아닐지라도 많은 산악민들이 양분되거나 심지어 삼분된 사회조직 모델을 갖고 있다는 증거들이 다수 있다. 어떤 것은 평등한 굼라오 까친 모델과 가깝고, 어떤 것은 위계적인 굼사 모델과 가깝고, 또 어떤 것은 샨족의 군소 왕국 모델과 가깝다. 리치는 "이와 같은 대조적인 원리의 지배 체계가 버마 아삼 변방 지역 전반에 걸쳐서 발견된다"고 언급하며 친족, 세마족(Sema), 콘약족(Konyak), 나가족(Naga)에 대한 연구를 인용한다.[103] 리치의 목록에, 우리는 카렌족과 와족에 대한 최근 연구를 보탤 수 있다.[104] 대륙 동남아시아의 산악민들은 경제적 레퍼토리에서 도피 작물과 도피 농업을 가졌듯이 정치적 레퍼토리에서 국가를 멀리하는 사회 모델을 갖고 있었다.

국가의 그늘에서, 산의 그늘에서

미얀마가 독립하기 직전에 부족의 대표자들을 소집하여 질문을 하나 던졌다. 외딴 북부 와족 지역의 몽몬족(Mongmon) 수장에게 어떤 통치 체계를 선호하느냐고 물었다. 그는 매우 설득력 있게, "우리는 야생의 사람들이기 때문에 그것에 대해 생각해 본 적이 없습니다"라고 대답했다.[105] 와족의 정체성이 바로 통치를 받지 않는다는 데에 있다며 정곡을 찌르며 질문을 던진 관료보다 훨씬 나은 이해를 보여 주었다.

상황을 짐작케 해주는 이러한 오해는 대부분의 산악 사회가 '그림자' 사회이거나 '거울' 사회라는 중요한 사실을 일깨워 준다. 말하자면 산악 사회가 정치적·문화적·경제적·때론 종교적 위치성의 구조이며 종종 자의식적으로 국가와 같은 그들 이웃들의 형태와 가치를 부정한다는 것이다. 리치에 따르면 이러한 반항은 경제적인 손실을 가져올 수 있다. "까친족은 대개 경제적인 이익보다 독립을 훨씬 더 높은 가치로 여긴다"고 그는 결론 내린다.[106] 동시에 평지 국가로 옮겨 가 동화한 사람들은 평지 사회의 밑바닥으로 들어갔다. 그런 사람들이 역사적으로 많았다. 리먼이 설명하듯이 단기적인 지위의 관점에서 보면, 미얀마 사회로 들어간 친족은 결함 있는 미얀마인이거나 성공한 친족이거나 둘 중 하나를 선택할 수 있었다.[107]

산악 지역의 정체성은 어떻게 살아야 하는가에 관한 암묵적인 대화와 논쟁이었다. 대화자들은 바로 근처에 있는 대조적인 문명들이었다. 중국(한족)과 벌인 긴 싸움을 언급하는 구술사를 갖고 있는 먀오족(몽족)과 같은 사람들에게 그 대화는 매우 크게 다가온다. 따라서 그들 자신에 관한 이야기는 한족 국가와 벌인 논쟁에서 취한 자세와 방어, 위치의 일종이다. 몽족이 주장하는 몇 가지를 살펴보면 다음과 같다. "그들은 황제를 가졌으나 우리는 모두 (개념상) 동등하다. 그들은 지배자에게 세금을 바치나 우리는 바치지 않는다. 그들은 문자와 책을 가졌으나 우리는 달아나면서 잃어버렸다. 그들은 평지의 중심 지역에 몰려 있으나 우리는 산에서 흩어져 자유롭게 살고 있다. 그들은 종속되었으나 우리는 자유롭다."[108]

이런 식으로 얘기를 끌어가다 보면 아마도 산악의 '이념'이 전적으로 평지의 이념에서 파생되었다고 결론을 내릴 듯도 싶다. 하지만 그것은 두 가지 이유에서 잘못이다. 첫째, 산악 이념은 평지 사회뿐만 아니라 인근의 다른 산악민들과 벌인 대화에서 비롯된 것이고 족보, 영혼 달래기, 인간의 기원과 같이 무거운 문제이지만 평지 중심부와 벌인 대화에서 그리 영향을 받지 않는 것들도 갖고 있다. 둘째, 아마도 더 중요한 이유일 텐데, 산악 이념이 평지 사회에 의해 영향을 깊게 받았다고 말할 수 있다면, 마찬가지로 평지 국가 그 자체도 역사적으로 여러 부류의 사람들이 합쳐진 덩어리이고 '무례한' 이웃들과 견줘 그들 '문명'의 우월성을 설명하는 데 혈안이 되어 있었다고 할 수 있다.

이와 관련되어 적어도 세 가지 주제가 산악민들의 내러티브와 위치성에 대한 자기 이해에서 거듭거듭 등장한다. 바로 평등성, 자율성, 이동성이라 할 수 있고 모두 상대적으로 이해해야 한다. 사실 이 세 가지가 당연히 산악 지역의 물질적인 삶에, 즉 평지 국가와 멀리 떨어져 있는 위치에, 분산에, 공유재산에, 이동식 경작에, 작물의 선택에 깊이 배어 있다. 산악민들은 선택을 통해 "버마족 [국가] 기구들이 쉽게 착취할 수 없고 따라서 버마족 왕국의 부분이 아니라고 간주됐던 경제를 꾸려 나갔다"고 리먼은 지적했다.[109] "관개 벼농사가 국가에 대한 신민의 관계를 함의했듯이 회전 경작은 보편적인 국가와 산악 변방으로 양분된 지역 문화 내에서 정치적인 위치를 어느 정도 표현하는 것이다."[110]

우리가 살펴보았듯이 굼라오 까친족은 욕심을 부리는 수장을 끌어내리거나 암살함으로써 평등한 사회적 관계를 실현한 역사를 갖고 있다. 이 역사와 이것이 수반하는 내러티브가 전제적인 야망을 가진 계보의 수장에게 차가운 경고 메시지가 되었다고 상상할 수 있다. 카렌족, 까야족, 까친족이 살고 있는 모든 지역은 반란의 전통으로 유명하다.[111] 까친족이 수장을 갖고 있을라치면, 그 수장은 으레 무시되거나 특별한 존경을 받지 못했다. 다른 종족들도 비슷한 전통을 갖고 있다. 리수족은 "자기주장이 강하고 독단적인 수장을 혐오했고," "피살된 수장에 대한 리수족의 이야기는 무수히도 많다."[112] 이러한 이야기들에서 중요한 사안은 진실성보다는 권력관계의 규범에 관한 공표였다.[113] 비슷한 이야기가 라후족에서도 회자된다. 그들 사회가 "극도로 평등하다"고 한 민족지학자는 묘사했고, 다른 이는 젠더의 관점에서 그 사회가 이 세상에서 그 어느 집단보다 평등하다고 주장했다.[114] 아카족 역시 신화적인 인물을 통해 평등한 관행들을 강조한다. 그 신화에서 한 수장과 그의 아들은 밀랍으로 된 날개를 단 기이한 말을 타고 너무 높이 날아간 나머지 이카로스처럼 날개가 녹아 떨어져 죽게 되었다. 이 이야기의 '화려한' 강조 방식은 위계적인 수장과 국가형성에 대한 혐오를 여실히 드러낸다."[115]

고착된 내부 위계질서와 국가 형성으로부터 벗어나는 산악민들의 자율성은 전적으로 물리적 이동성에 달려 있다. 이 점에서 굼라오 반란은 규칙을 증명해 주는 예외이다. 반란이 아니라 도피가 산악에서 자유의 기본이었고, 훨씬 더 평등한 거주지는 반란이 아니라 도주에 의해 건립됐다. 리치가 언급하듯이, "샨족의 경우에 마을 사람들은 그들의 [벼] 땅에 매여 있는 자들이었고 논은 자본 투자를 표상했다. 까친족은 따웅야[화전, '산악 경작']에 투자를 하지 않았다. 어느 한 까친족 사람이 수장을 좋아하지 않는다면 어느 곳으로든 갈 수 있었다."[116] 주저하지 않고 식민 정부와 동남아시아의 독립국가들을 괴롭힐 만한 구실이 있으면 떠나 버리는 것이 산악민들의 능력이자 실제 관행이었다. 조미아의 많은 지역이 국가 만들기를 피한 광대한 도피 공간이라고 할 수 있지만 조미아 내에서의 이동은 언제나 국가와 같은 위계화의 장소에서 더 평등한 변방 쪽으로 향해 있었다.

산악 카렌족은 여기에 딱 들어맞는 사례이다. 새로운 화전을 개간하기 위해서뿐 아니라 여러 가지 비농업적 이유 때문에 그들의 소규모 거주지의 일부나 전체가 새로운 곳으로 옮겨 갔다. 불길한 징후, 잇따른 질병이나 죽음, 파벌적 분열, 공물의 압박, 욕심을 부리는 수장, 꿈, 존경을 받는 종교 지도자의 부름 등 어떤 것이라도 떠나기를 부추기는 충분한 이유가 되었다. 여러 국가들이 카렌족을 정착시켜 활용하려고 노력을 기울였으나 끊임없는 분리와 거주지의 이동으로 말미암아 좌절을 겪었다. 19세기 중반에 많은 카렌족들이 몬족 연합 세력과 함께 미얀마를 떠나 타이족의 권위를 받아들였을 때 타이족 관료가 바랐던 것처럼 한곳에 정착하지 않으려 했다.[117] 영국도 버고산맥에서 정부의 보조를 받는 '숲속 마을'에 카렌족을 정착시켜 제한된 형태로 화전을 시행하고 의도적으로 가치가 있는 티크목 지대의 보호자가 되게 했다. 하지만 이 계획은 저항에 부딪혔고 카렌족은 떠나버렸다.[118] 산악 카렌족에 대해 우리가 알고 있는 모든 것, 즉 그들이 역사적으로 노예제를 두려워했고 고아였고 핍박받은 사람들이라는 자기 이미지는 그들의 사회구조와 화전이 포획에서 안전한 거리를 두기 위해 고안된 것임을 알려 준다. 여기서 안전은 유동적인 사회구조를 선택하는 것도 의미한다. 산악 카렌족은 대개 자율적이고 느슨하게 구조화된 사회, 다시 말해 경제적·사회적·정치적·종교적 문제가 걸려 있을 때 쉽게 분리될 수 있는 사회를 갖는 사람들로 여겨졌다.[119]

더 민주적이고 국가 없이 살아가는 산악민들에서 나타나는 사회구조의 절대적인 유연성은 아무리 강조해도 지나치지 않다. 형태 변화, 분열, 분해, 물리적 이동성, 재구성, 생계 방식의 변화는 종종 너무나 혼란스러워서 인류학자들이 사랑하는 단위들, 즉 마을, 계보, 부족, 소촌(小村)의 존재에 의문을 품게 된다. 역사가나 인류학자가, 이 점에서라면 행정가가 어떤 단위를 주목하고 있는가가 거의 형이상학적인 문제가 된다. 가장 낮은 지위의 산악민들은 특히 다양한 형태를 갖기 마련이다. 다양한 언어를 구사하고 여러 문화적 관행들을 실천하면서 갖가지 상황에 재빨리 적응한다.[120] 라후니족(Lahu Nyi, 적색 라후)을 연구한 민족지학자인 앤터니 워커는 나뉘고, 옮기고, 함께 사라져 버리고, 다른 곳으로 흩어지고, 새로운 자들을 받아들이는 마을들에 대해, 또 갑자기 등장하는 새로운 거주지에 대해 기록했다.[121] 그 어떤 것도 한곳에 오랫동안 머물러 있지 않아 그 형태를 묘사할 수가 없었다. 적색 라후족 사회의 기본 단위는 그 어떤 의미에서도 마을이 아니었다. "라후니족의 마을 공동체는 본질적으로 몇 가구들이 모인 집단이었다. 그 구성원들은 당분간 그들이 받아들일 만한 공동의 수장을 두고 공동의 지역을 공유하는 편리함을 누린다." 그 수장은 "무던히도 독립적인 가구들 연합체"의 수장이라고 워커는 언급한다.[122]

여기서 우리는 단지 '해파리' 부족만이 아니라 '해파리' 계보, 마을, 수장, 그리고 그 끝에 해파리 가구를 살펴보고 있는 것이다. 이동식 농업과 더불어 이 형태의 다양성은 놀랍게도 국가의 틀 안에 편입되는 것을 피하려는 목적에 잘 들어맞는다. 그러한 산악 사회는 좀처럼 국가 자체에 도전하지는 않지만 국가에게 쉽게 들어오는 지점을 허용하거나 지렛대를 제공하지 않는다. 위협을 당할 때 퇴각하고 흩어지고, 수은처럼 분해된다. 그들의 좌우명이 실로 "분리하여 지배를 피하라"였듯이 말이다.

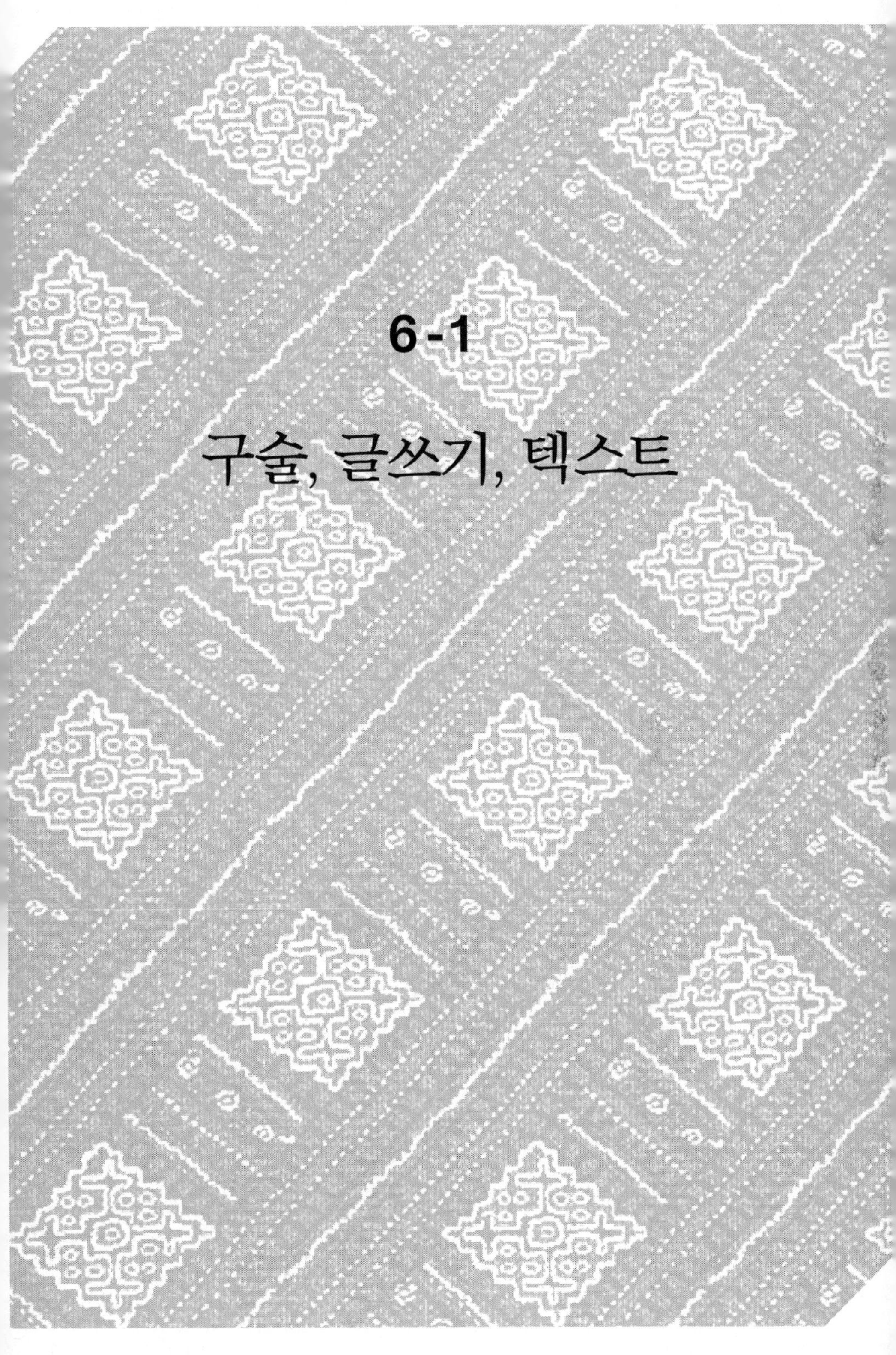

6-1

구술, 글쓰기, 텍스트

시는 인류의 모국어다. 초원이 전답보다, 그림이 문자보다, 노래가 연설보다, 비유가 추론보다, 물물교환이 무역보다 오래됐듯이…….

— 브루스 채트윈, 《노랫길》

엄격히 말하여 법은 문자이기도 하다. 문자는 법의 편이다. 법은 문자에서 산다. 그중 하나를 알고 다른 것을 모른다는 것은 더 이상 가능하지 않다……. 문자는 직접적으로 법의 힘을 나타낸다. 그것이 돌에 새겨 있든, 동물 가죽에 칠해져 있든, 파피루스에 그려져 있든.

— 피에르 클라스트르, 《국가에 대항하는 사회》

평지의 엘리트에게 야만의 조건을 나타내는 특징은 비문자(nonliteracy)이다. 문명이 산악민들에게 찍는 모든 낙인들 중에서 대개 문자와 텍스트를 갖고 있지 않다는 것이 가장 두드러지는 낙인이다. 문자 이전의 사람들을 글의 세계와 정규 교육으로 끌어들이는 것은 당연히 발전된 국가의 존재 이유이다.

그러나 긴 관점에서 보건대 만약 많은 이들이 문자 이전의 사람들이 아니라, 레오 알팅 폰 괴사우의 용어를 사용하여 문자 이후의 사람이라고 하면 어떻게 될까?[1] 도피와 사회구조 및 생계 방식이 변화한 결과로 그들이 텍스트와 문자를 버렸다고 하면 어떨까? 가장 급진적인 가능성일 텐데, 이렇게 텍스트와 글자의 세계를 포기해 버린 이유가 적극적이거나 전략적인 차원이 있다면 어떻게 될까? 이 마지막 가능성에 대한 증거는 거의 전적으로 상황적이다. 이 때문에 아마도 내가 신경을 제대로 쓰지 못해 앞선 도피 농업과 도피 사회구조에 관한 설명에서 이에 대한 논의를 빠뜨렸다. 그러나 비문자를 '전략적으로' 유지하는(창조는 아닐지라도) 경우 역시 마찬가지 이치이다. 화전과 분산이 수탈을 막는 생계 전략이라면, 사회 분화와 우두머리를 두지 않는 것이 국가에 편입되는 것을 막는 것이라면, 마찬가지로 문자와 텍스트의 부재는 역사, 족보, 식별성에서 기동의 자유를 제공하여 국가의 책동을 좌절시킬 수 있다. 화전과 평등하고 이동적인 거주가 빠져나가기 쉬운 '해파리' 경제와 사회 형태를 표상한다면, 구술도 역시 탈주 해파리의 문화적 변종이라고 볼 수 있다. 이런 식으로 보면, 구술은 많은 경우에 국가 형성과 국가권력에 대응하는 '위치성'이라 할 수 있다. 농업과 거주 방식이 오랫동안 전략적인 위치성을 반영하여 왔다 갔다 했던 것처럼, 문자와 텍스트도 받아들였다가 버리고 다시 같은 이유로 받아들였다.

나는 비문자나 구술(orality)이라는 용어를 문맹(illiteracy)이라는 용어보다 더 많이 사용했는데, 구술이 단순히 결핍이 아니라 잠재적으로 적극적인 문화적 삶의 도구라는 것을 강조하기 위해서이다. 여기서 말하고 있는 '구술'이라는 것은 누군가가 일차적 문맹이라고 부르는 것, 다시 말해 어떤 한 사회가 처음으로 문자를 거부하는 상황과는 구분이 되어야 한다. 그와 대조적으로 동남아시아 고원에서 문자 없는 사람들은 2천 년 동안 소수의 식자층, 텍스트, 기록물을 갖고 있었던 국가와 접촉하며 살아왔다. 그들은 그런 국가에 대응하여 자신들을 위치시켜야 했다. 마지막으로 최근까지도 평지 국가의 문자 엘리트가 전체 신민들의 인구에서 극히 일부에 불과했다는 점은 말할 필요도 없다. 평지 국가에서조차도 대부분의 인구는 문자와 텍스트에 영향을 받기는 했지만 구술 문화에서 살았다.

문자의 구술사

평지 국가와 식민주의자들이 역사적으로 문자를 가지지 않은 것에 어떠한 낙인을 찍었는지를 알고 있는 대부분의 산악민들은 자신들이 왜 쓰지 않았는지를 '설명하는' 구전 전설을 갖고 있다. 놀라운 점은 많은 전설들이 대륙 동남아시아에만 한정되지 않고 말레이 세계와 유럽에서도 발견되고 그 내용도 비슷하다는 것이다. 이 이야기들은 하나의 주제로 귀결된다. 문제의 그 사람들이 한때 문자를 가지고 있었지만 부주의로 잃어버렸거나 속임을 당하지만 않았다면 그것을 갖고 있었을 것이라는 주제이다. 그러한 전설들은 종족 정체성 그 자체처럼 다른 집단에 대응하여 전략적으로 자기 집단의 위치를 구별한다. 종족 정체성과 마찬가지로 그런 전설들은 상황이 눈에 띄게 변화하면 그에 따라 그 내용도 바뀌게 마련이다. 이 전설들이 종종 다른 전설과 비슷해진 것은 어떤 문화적인 관성 때문이 아니라 거대한 평지 국가와 대응하여 국가 바깥에서 살아가는 대부분의 산악민들이 공통적으로 자기 자신들을 위치시켰기 때문이었다.

아카족이 어떻게 문자를 '잃게' 되었는지에 대한 통상적인 설명은 이를 전형적으로 보여 준다. 그들은 아주 오래전에 평지에 거주하며 국가에 편입되어 살았던 벼농사꾼이었다고 주장한다. 대부분의 설명에 따르면, 따이족의 군사적 위협으로 어쩔 수 없이 평지를 떠나 여러 곳에 흩어졌다고 한다. 도망가던 중 "배가 고파 버펄로 가죽으로 된 책을 먹어 버려 문자를 잃게 되었다."[2] 미얀마와 태국과 중국의 국경 지역에 걸쳐 있고 아카족과 이웃한 산악민들인 라후족은 그들의 신인 귀샤(Gui-sha)가 떡에 문자를 새겨 놓았는데, 그것을 먹어 버림으로써 문자를 잃어버렸다고 얘기한다.[3] 와족도 비슷한 이야기를 들려준다. 소가죽에 새겨진 문자를 가진 적이 있었다고도 주장하고 있다. 굶주리고 먹을 것이 없게 되자 소가죽을 집어삼켜버려 문자를 잃게 되었다.

또 다른 와족의 이야기에 따르면, 그들에게 희대의 사기꾼인 글리네(Glieh Neh)라는 사람이 있었는데, 그가 모든 남자들을 전쟁터로 보내고 그만 홀로 뒤에 물러앉아 모든 여자들과 놀아났다고 한다. 붙잡혀 죄인 취급을 받은 글리네는 가지고 있었던 악기들과 함께 관속에 넣어져 물에 잠겼다. 떠내려가면서 그는 아주 매혹적인 연주를 했는데, 강 아래의 모든 생물체들이 이에 감동하여 그를 관에서 빼내 주었다. 마침내 그는 저지대 사람들에게 글쓰기를 비롯해 자신의 모든 기술을 전수해 주었다. 그러나 와족은 문맹인 채로 남아 있었다. 와족에게 글쓰기는 사기꾼의 모습과 관련을 맺고 있다. 글쓰기에 관한 단

어는 장사에 관한 단어와 같아서 사기나 속임수를 뜻한다.[4]

카렌족은 세 형제(카렌족, 버마족, 한족이나 유럽인) 각자가 문자를 부여받았다는 여러 변종의 전설을 갖고 있다. 버마족과 한족은 그것을 간직했으나 카렌족 형제는 화전을 일구던 중 가죽에 쓰인 그것을 그루터기 위에 놓아 두었는데 들짐승(또는 가축)이 먹어 버렸다고 한다. 이와 같은 장르의 이야기들은 무한정 되풀이될 수 있다. 장-마르크 라스트도르퍼가 까야족과 그들의 정체성에 관한 연구에서 까야족만을 대상으로 하여 이 주제의 여러 전설들에 관해 꽤 설득력 있는 조사를 실시했다.[5] 라후족은 자신들이 한때 문자를 쓰는 방법을 알고 있었다면서 잃어버린 책에 대해 말한다. 사실 그들은 읽을 수 없는 상형문자가 새겨진 종이를 휴대해 온 것으로 알려져 있다.[6] 그러한 이야기들은 국가와 문자를 갖고 있던 더 강력한 집단과 암묵적으로 맺은 관계에 크게 영향을 받았다는 인상을 준다. 다른 지역에서도 역시 이러한 얘기들이 있어서 더욱 그렇다.[7]

배반의 이야기는 부주의 이야기만큼 일반적이다. 한 종족이 그 레퍼토리에서 둘 모두를 갖고 있는 경우도 있다. 각 이야기들은 특정한 독자나 상황에 맞추어져 있기 마련이다. 잃어버린 책에 관한 카렌족 이야기는 가르칠 사람이 한 사람도 남아 있지 않을 지경까지 모든 카렌족 식자들을 발견하는 대로 죽여 버린 버마족 왕들을 비난한다. 라오스의 크무(라멧)족의 전설은 문자의 상실을 정치적 종속으로 전락한 것과 관련시킨다. 일곱 마을들이 같은 산에 이르러 화전을 일구고 따이족 권력자에 공동으로 대항하자고 다짐했다. 그 다짐을 버펄로 갈비뼈에 새기고 엄숙하게 산꼭대기에 묻었다. 그러나 나중에 그 갈비뼈가 도굴 당했고 "그날로 우리들은 문자를 잃어버렸고 이후 줄곧

람(lam, 따이족 지배자)에게 종속되어 고통을 겪어 왔다."[8]

20세기로 접어들 때 수집된 친족의 이야기는 그 집단의 문맹을 버마족의 속임수 탓으로 돌린다. 친족은 다른 종족들처럼 101개의 달걀에서 생겨났다. 맨 마지막에 태어났기 때문에 그들은 큰 사랑을 받았다. 그러나 토지는 이미 할당되었고 그들은 고작 남겨진 산악과 가축들만을 받았다. 그들을 다스리라고 임명된 버마족 관리자는 그들을 속여서 코끼리(왕의 상징)를 빼앗았다. 또한 그들에게 문자판의 비어 있는 뒷면을 보여 주면서 친족이 문자라고는 한 자도 배우지 못하게 되었다.[9] 백몽족(White Hmong)의 문자에 관한 이야기에는 부주의와 속임수 둘 모두가 내용으로 들어가 있다. 한 이야기에 따르면 한족으로부터 도주할 때 몽족이 잠에 들게 됐는데, 그들의 말들이 문자를 먹어 버렸다거나 부주의하여 그 문자들을 끓인 요리에 넣어 먹어 버렸다고 한다. 또 다른 이야기는 더욱 불행한 경우를 언급하고 있는데, 한족이 평지에서 몽족을 몰아내면서 그들의 문자를 빼앗아 불태워 버렸다고 전한다. 산으로 간 식자들이 죽었을 때 더 이상 문자는 존재하지 않게 되었다.[10]

몽족과 미엔족처럼 일부의 집단들에게 문자의 상실은 평지에서 국가를 일구었던 사람들로서 그들의 역사를 주장하는 것과 긴밀히 관련되어 있다. 그들의 이야기는 암묵적으로 평지에서 쫓겨나기 전에 논에서 쌀을 재배했고, 문자를 가졌고, 현재 갖지 않았다는 이유로 낙인찍힌 모든 것을 갖고 있었다고 한다. 문자와 기록물의 도래는 이 점에서 보면 새로운 것이 아니다. 잃어버렸거나 도둑맞은 것을 되찾은 것이다. 선교사들이 성경을 갖고 도착하고 토착어 문자를 만든 것이 잃어버린 문화적 자산의 회복으로 여겨진 것이 당연한 일이었다. 버마족이나 한족이 아니었기 때문에 더더욱 환영을 받았다.

잃어버린 문자의 전설들을 통해 무엇을 생각할 수 있을까? 긴 역사의 관점에서 보면 이 전설들이 역사적 진실을 구현하고 있다고 볼 수 있다. 따이족, 몽족(먀오족), 야오족(미엔족)의 이주 역사를 재구성해 보면 평지의 환경에서 왔고 한때 벼농사 국가의 신민이었다는 것이 틀림없다. 많은 따이족 집단들의 경우에는 심지어 그들 스스로 국가를 만들기도 했다.[11] 다른 많은 산악민들이 오래 전에 또는 그리 멀지 않은 과거에 식자층의 평지 왕국에 편입이 되지는 않았지만 긴밀히 관계를 맺었다. 이 점에서 평지에서 산악 환경으로 옮겨 온 사람들 중에 적어도 소수의 식자층이 포함됐을 개연성이 있다. 따라서 사라져 버린 식자층에 관한 몽족의 전설은 왜 문자 지식이 전달되지 않았는지를 설명하지 않더라도 이에 대한 일면의 진실을 담고 있다.

카렌족은 한때 문자를 갖고 있었던 몬-버고, 따이-남조, 버마족 국가, 타이족 국가 등 여러 벼농사 국가와 긴밀히 관련을 맺었다. 그러한 관계는 틀림없이 일부의 식자층을 양성했을 것임이 틀림없다. 무(Mu)강의 상류 지류에 거주하는 현재 비문자의 가난족(Ganan)은 산악 보루로 도망가기 전에 문자를 갖고 있었던 쀼 왕국의 구성원이었다는 것이 확실하다. 다른 많은 산악민들처럼 가난족과 몽족은 자신들이 한때 관계를 맺었던 평지인들의 문화적 관행과 믿음을 다수 보유하고 있다. 앞서 내가 주장했듯이 오늘날의 산악민들이 다는 아니더라도 '평지'의 과거를 갖고 있다면, 그런 문화적인 연속성은 놀랄 만한 일이 아니다. 그렇다면 대부분의 경우에 왜 그들이 문자와 기록물을 갖지 않은 채 살았을까?

문자의 협소함과 그 상실의 몇 전례

표준적인 문명 내러티브에서는 문자의 상실이나 포기에 대한 이야기가 전혀 존재하지 않는다. 문자의 획득은 이동식 농업에서 논농사로, 그리고 숲속 떠돌이 무리에서 마을, 성읍, 도시로 전이하는 것과 같이 일방적인 여정으로 간주됐다. 그러나 전근대 사회에서 가장 우호적인 상황에서조차도 전체 인구 중 1퍼센트도 안 되는 극소수의 사람들만이 문자를 깨우쳤다. 이것은 필경사, 상층부의 종교 지도자, 한족의 경우에는 극히 일부 학자층의 사회적 자산이었다. 이 점에서 모든 사회나 사람들이 문자를 깨우쳤다는 주장은 틀린 것이다. 모든 전근대 사회에서 대부분의 사람들은 문맹이었고, 문자에 영향을 받기는 했지만 구술 문화 속에서 살았다. 인구학적으로 문자를 읽고 쓰는 것이 실낱같았다고 말하는 것은 많은 경우에 절대 과정이 아닐 것이다. 이는 극소수의 엘리트에게만 해당되었고 결국 문자의 사회적 가치는 국가 관료체계, 조직화된 성직자, 문자가 수월성의 수단이자 지위의 상징이었던 사회적 피라미드에 의존했다. 이 제도적 구조를 흔드는 사건은 어떠하든지 문자 그 자체를 흔드는 것이었다.

이 제도적 붕괴 같은 것이 대략 기원전 11세기(트로이전쟁)에서 기원전 700년까지 400년 동안 지속된 '그리스 암흑기'의 뒤에 존재했다. 그 이전에 어떻든지 적은 수였던 미케네 그리스인들은 미노스인들로부터 빌린 무척 어려운 문자를 사용하여 주로 궁정의 행정 업무와 징세에 관한 기록을 남겼다. 여전히 완전히 확실치 않은 여러 이유들 탓에, 가령 북쪽에서 내려온 도리안들의 침입, 내전, 환경 재앙, 기근 같은 이유들 탓에 펠로폰네소스의 궁정들과 성읍들이 약탈당하고 불에 타고 내버려졌는데, 이는 장거리 무역의 붕괴, 난민들의 이주, 디아스포라의 양산으로 이어졌다. 바로 문자 기록이 남아 있지 않기 때문에, 그리고 선형문자 B(크레타 섬에서 발견된 그리스의 두 문자 체계 중 하나로 주로 미케네인들이 사용했다. 미노스인들이 사용한 더 오래된 형태의 선형문자 A에서 유래했다—옮긴이)에 대한 지식을 그때의 혼란과 분산 와중에 버렸기 때문에 그 시기를 암흑기라고 부른다. 음유 시인들을 통해 구전된 이야기로서 나중에 기록된 호메로스의 서사시《일리아드》와《오디세이》가 그 암흑기에서 생존한 유일한 문화적 유물이다. 기원전 750년 무렵 좀 더 평화로운 상황에서 그리스인들은 페니키아인들로부터 빌려서 다시 문자를 갖게 되었다. 인간의 음성이 실제로 내는 소리를 시각적으로 표현한 순수한 알파벳을 그때 갖게 된 것이다. 이 에피소드는 문자를 잃어버렸다가 나중에 다시 갖게 된 가장 확실한 사례 가운데 하나이다.[12]

다는 아닐지라도 문자를 대부분 잃어버렸던 또 다른 경우를 서기 600년 무렵 쇠락한 로마제국의 멸망 이후 시기에서 볼 수 있다. 그 제국의 비군사적 직업 경로에서 가장 값어치 있고 필요했던 라틴어 능력이 이제는 장식품으로서의 가치를 제외하고는 특별한 가치를 지니지 못했다. 지역 엘리트에게 안위와 권력의 길은 이제는 지방 군주에 바치는 군사 서비스에 달려 있었다. 글을 깨치는 것이 이전에 로마의 영향권 아래에 있었던 갈리아의 지역들에서조차 주로 성직자들에게만 해당될 정도로 축소됐다. 멀리 떨어진 브리튼에서는 허울뿐인 로마 문화와 교육이 모두 사라져 버렸다. 고대 그리스에서 미케네의 사회 질서가 더 제한적이었던 선형문자 B를 떠받쳤던 것처럼 로마제국과 그 제도들이 문자가 '엘리트'의 본질적 성분이라는 틀을 떠받쳤던

것이다. 그 제도적 결합이 무너지자 문자의 사회적 기반도 무너져 버렸다.[13]

오늘날의 산악민들 중 많은 이들이 한때 어느 정도 문자를 갖고 있었던 평지 국가나 그 근처에서 살았고 더 나아가 마땅히 그들의 일부 엘리트층이 가령 중국어를 읽고 쓸 수 있었다고 가정하면, 이 능력을 이후에 잃어버렸다는 사실을 어떻게 설명할 수 있을까? 여기서 다시 염두에 두어야 할 것은 한족 사회에서 한족 국가가 세력을 확장하면서 마주친 사람들 가운데 식자층이 얼마나 되었느냐 하는 점이다. 물론 소수에 불과했을 것이다. 둘째, 평지 국가의 문자를 아는 사람들이 이중 문화의 기술을 발휘하여 평지 국가의 협력자나 행정가가 되었을 테고, 만약 선택할 수 있다면 동화의 길을 선택했을 엘리트였다. 대부분의 역사가들이 추정하듯이 오늘날의 산악 소수종족들 중 많은 이들이 이전에 한족의 팽창 과정에서 흡수되었다면 이 소수의 식자들이 물러서 있거나 동화하여 이득을 본 한에서 그러한 선택을 했을 것이라고 추정할 수 있다. 이렇게 가정하면 평지의 권력 중심으로부터 옮겨 가거나 도망친 사람들이 그 소수의 식자 대부분을, 아마도 모두를 뒤에 남겨 두고 떠났다고 할 수 있다. 더 나아가 추정을 해 보면, 반항자들 및 도망자들과 같이 옮겨 간 일부의 식자들은 그 무리 중에서 애매한 지위를 차지하고 있었을 것이다. 그 무리가 피했던 국가의 문자에 능통하다는 이유로 그 국가를 도와줄 수 있는 자들이거나 잠재적인 제5열로 여겨졌을 것이다. 그런 경우가 발생한다면 그 일부의 식자들은 문자 능력을 파묻고 다른 이들을 가르치지 않기로 선택했을 것이다.

문자의 상실에 관한 다른 가능한 설명은 이것이 오로지 산으로 이주하면서 수반된 사회구조의 분화와 이동과 분산의 논리적인 결과라는 것이다. 평지의 중심을 떠나 버린 것은 이동성을 추구하기 위해 복잡한 사회구조를 벗어던진다는 것을 의미했다. 이 점에서 문자와 기록은 더 이상 이용할 가치가 없었고 기억에서는 아니었지만 적어도 실천에서는 소멸됐다.[14] 로마의 경우와 마찬가지로 문자 사용은 대개 직접적으로 국가와 그 관료제적 관행의 존재에 의존했다. 국가 문서, 법률, 연대기, 전반적인 기록 보존, 세금이나 경제적 거래, 그리고 무엇보다 국가와 관련된 관직이나 위계의 구조 등에 관한 소양의 필요 때문에 문자는 인기 있는 명망재가 되었다. 일단 이 구조를 떠나 버리면 문자를 획득하여 전수하도록 추동하는 사회적 인센티브가 급격히 감소되기 마련이었다.

불리한 문자, 유리한 구술

문자의 상실에 관한 지금까지의 주장은 식자층의 상실과 그들의 서비스를 가치 있게 했던 조건들의 상실에 초점이 맞추어져 있었다. 구술 문화로 옮겨 간 것의 적극적인 이점들에 대해 좀 더 강력한 주장을 내세울 수 있다고 나는 생각한다. 그런 주장은 본질적으로 문자 전통이 구술 전통에 견줘 확실하게 갖고 있는 유연성과 적응성의 이점에 기반을 두고 있다.

이 주장을 위해 나는 비밀 문자와 기록물이 주술적인 효과를 위해 이용된 경우를 일단은 다루지 않겠다.[15] 주술 문자는 그 지역 전체에 걸쳐 일반적으로 나타난다. 문자와 상징은 마술 주문처럼 활용되고 상징으로서 "세상에 영향을 끼칠 것으로" 기대된다. 그러한 문자들은 부적으로서 휴대되고, 몸에 문신으로 새겨지고, 부적과 문신의 보호 능력을 보증하는 승려와 샤먼의 축복을 받아 강력한 물신으로 작동한다. 그것들이 문자의 상징적인 힘을 증명하고 그 자체로 분석할 만한 가치가 있지만 여기에서 이해하는 바의 문자와는 다르다. 나는 또한 이 지역에서 발견되지만 오로지 구술 문화를 위한 비망록으로서의 역할에만 한정된 문자는 제외한다. 중국 남부 후난 성의 야오족(미엔족)은 한족 이전 시기에서부터 그들의 애가를 기억할 수 있도록 고안된 간단한 문자를 갖고 있었고 그 애가(哀歌)를 옷감에 수놓을 수도 있었다고 한다. 이렇게 항구적인 텍스트, 문학, 문서들을 갖고 있지 않은 제한적인 문자 이해는(호메로스가 《오디세이》에서 기억을 쉽게 하고 어려운 문장들을 암송할 수 있게끔 도와주는 문자를 갖고 있었던 것처럼) 본질적으로 구술 위주의 문화에서 문자를 사용하는 대단히 흥미로운 사례이지만 이 논의에서는 역시 다루지 않을 것이다.[16]

특이하고 제한된 형태의 문자가 존재한다는 것은 넓게 보자면 텍스트가 여러 형태를 취할 수 있다는 점을 유익하게 일깨워 준다. 책과 문서는 그중에서 단지 두 형태일 뿐이다. 세대를 이어 가는 연속성을 꾀하는 모든 위계 체계들은 마땅히 권위와 권력의 정당성을 주장하는 '텍스트'를 생산해 내는 게 틀림없다. 그런 텍스트들은 문자가 발명되기 이전에 물질적인 대상을 그 형태로 취했다. 왕관, 문장(紋章), 트로피, 망토, 머리쓰개, 왕실의 색깔, 숭배 물품, 가보, 비석, 기념물 따위가 바로 그런 것들이다. 이런 유에 대한 권리를 야심차게 주장하고 있는 국가는 영속성을 꾀하기 위해 그러한 텍스트를 양산해 낸다. 초창기 국가들은 변질되지 않는 돌판 위에 글씨나 상형문자를 새겨 권력을 계속 주장하려 했다.

자의적이긴 했지만 그것들이 일단 세워지거나 기록되면 어느 때건 '캐낼' 수 있는 사회적 화석처럼 불변하게 됐다. 기록된 텍스트는 그것이 기원 전설이든, 이주의 기록이든, 족보든, 성경이나 코란 같은 종교적인 텍스트든 정통과 같은 것을 만들어 낼 수 있었다.[17] 물론 완벽하게 투명한 의미를 갖고 있는 텍스트는 없다. 여러 경쟁하는 텍스트가 존재한다면 맘에 드는 대로 해석할 여지가 훨씬 커진다. 그럼에도 텍스트 그 자체가 확고한 출발점이다. 이것은 어떤 해석을 불가능하지는 않더라도 받아들이기 어렵도록 했다. 반론의 여지가 없는 텍스트가 있다면 이것은 원본에서 벗어나는 것을 대략적이나마 판단하는 기준이 되었다.[18] 이 과정은 텍스트가 권위적이라 간주될 때 가장 두드러졌다.

가령 X 집단이 어떤 곳에서 유래했는데 어떤 평지 왕의 부당한 징세로부터 도망쳐 어떤 여정을 거쳐 다른 곳에 이르고, 어떤 수호신을 숭배하며, 어떤 방식으로 망자를 매장한다고 주장하는 텍스트가 있다고 해 보자. 그러한 텍스트의 존재 그 자체는 강력한 결과를 일으킨다. 정통적이고 표준화된 설명을 만들어 내는 것이다. 그 텍스트로부터 표준화된 설명을 직접적으로 알게 되고 이 때문에 그 텍스트를 읽을 수 있는 식자 계급은 특권을 갖게 된다. 뒤따르는 설명이 어떠하건 표준화된 설명에 맞출 수 있다면 각양각색의 이설이 유추될 수 있다. 이와는 대조적으로, 입에서 나온 이러저러한 설명이 신빙성이 있는지에 관한 구술 문화의 논쟁에서는 기록된 권위의 텍스트를 참조할 수 없다.

더욱이 그런 문서들은 그러한 모든 문서들과 마찬가지로 어떤 특정한 역사적 맥락에서 만들어졌고 따라서 그 맥락을 반영하고 있다. 그것들은 '아전인수적이고' 역사적인 입장을 가진 텍스트이다. 만들어질 때 그 집단의 역사를 유리하게 설명하는 하나의 기준으로서 역할을 했음이 당연하다. 상황이 급격히 변하고 텍스트의 설명이 불편해졌을 때 어떤 일이 발생할까? 어제의 적이 오늘의 친구가 되고 그 반대의 경우도 일어난다면 어떠할 것인가? 텍스트가 충분히 다의적이라면 이를 상황에 맞게 재해석할 수 있다. 그럴 수 없다면 이것은 불태워지거나 버려질 것이다. 기념비의 경우라면 특정 이름과 기록된 사건을 끌로 파서 지울 것이다![19] 고착된 설명이 시간이 흐르면서 성공 외교의 도구가 되는 만큼 올가미와 방해물도 될 수 있다는 점을 쉽게 알 수 있다.[20]

산악민들과 대부분의 국가 바깥의 사람들에게 문자와 텍스트의 세계는 또한 국가와 긴밀히 관련되어 있다. 평지의 벼농사 국가는 세계 종교의 중심적인 숭배지였기 때문만이 아니라 쓰기가 행정과 국가 형성의 필수불가결한 도구였기 때문에 문자해득의 중심이었다. 과세지 지적도, 부역 등록 대장, 수령 대장, 기록 보관, 칙령, 법전, 특별 합의문과 조약, 그리고 이루 헤아릴 수 없는 각종 목록들을 갖고 있지 않은 벼농사 국가가 있었던가! 간단히 말해 쓰기 없는 국가를 상상하기란 어렵다.[21] 국가 형성의 기본 형태는 인구 대장과 가구 조사이다. 이것이 징세와 부역의 기본이기 때문이다. 초기 메소포타미아 왕국이 우루크(Uruk, 오늘날 이라크 남부에서 기원전 4000년 무렵에 설립된 것으로 추정되는 수메르 도시 국가—옮긴이)에서 발견된 모든 기록문서 중에서 85퍼센트가 경제와 관련된 기록이었다.[22] 클로드 레비스트로스가 언급하듯이, "쓰기는 중앙집권적이고 계급으로 나뉜 국가가 이를 재생산하는 데 필요했던 것으로 보인다. 쓰기는 이상야릇한 것이다. ……

어김없이 쓰기와 결부되는 현상 가운데 하나가 도시와 제국의 형성, 곧 하나의 정치체계에 엮이는 통합이다. 말하자면, 상당수의 개인들을 카스트의 위계질서와 노예 시스템에 편입시키는 것이다. …… 이는 인간을 계몽하기보다는 착취를 쉽게 하기 위한 방편으로 보인다."[23]

집단을 이루어 떠돌아다닌 방랑('길')에 대한 아카족 자신들의 일반적인 설명에서 그들은 한때 쌀을 재배하던 평지 사람들이었으나 이-롤로(Yi-Lolo) 지배자에게 몹시도 핍박을 받았다고 한다. 그 내러티브에서 핵심 인물은 자비올랑(Jabiolang) 왕인데, 그들의 눈에 왕이 저지른 크나큰 악행은 해마다 실시한 인구조사였다.[24] 인구조사라는 아이디어는 상징적으로 국가권력을 유지하기 위한 핵심적인 도구였다. 초기의 식민 역사는 처음 시행된 식민지 인구조사에 대한 토착민들의 저항으로 가득 차 있다. 농민들과 부족민들 모두 인구조사가 징세와 부역에 꼭 필요한 서곡이라는 것을 확실히 알고 있었다.

문자와 기록물에 대한 비슷한 태도가 국가에 대한 식민지 농민의 반란 역사에도 곳곳에 가득 차 있다. 농민의 노여움을 산 첫 번째 목표물은 대개 식민 관료가 아니라 토지소유 대장, 징세 목록, 인구 기록 같은 종이 문서들이었다. 그것들을 통해 관료들이 통치 활동을 펼쳤기 때문이었다. 반란자들에게 공식적인 기록물 사무실을 불태우는 것이 그 자체로 일종의 해방을 암묵적으로 약속하는 것이었다. 문자와 국가 억압의 고리가 식민지에서만 한정되지는 않는다. 영국 내전에서 경작파(Diggers)와 수평파(Levelers)로 대표되는 급진파는 법전과 성직자의 라틴어가 그들의 등골을 뽑아먹도록 고안된 도구라고 간주했다. 문자에 대한 지식 그 자체가 의심을 사는 명백한 이유였다.[25]

초기의 국가 만들기는 대개 과거에 유동적이었거나 이름이 없던 마을, 성읍, 친족, 부족, 수장, 가족, 장소 같은 단위들에 이름을 붙이는 과정이었다고 할 수 있다. 이름 짓기의 과정이 국가의 행정 권력과 결부될 때 전에는 존재하지 않았던 개체를 만들어 낼 수 있다. 한족의 관료에게 '야만인'이 갖고 있는 두드러진 특성은 부계 성씨를 갖고 있지 않은 것이었다. 한족들이 갖고 있는 그러한 고정 이름은 초기 국가 만들기의 결과였다. 이 점에서 공식적이고 고정된 형태를 유지하면서 구별된 계보와 역사를 갖고 있는 정체성이나 장소의 단위들은 쓰기와 연관된 국가 효과이다.

국가 바깥에서 문자 이전이나 문자 이후의 삶을 사는 사람들에게 문자와 쓰기의 세계는 단순히 그들이 권력과 지식을 갖고 있지 않았고 그 때문에 낙인이 찍혔다는 것을 상기시켜 주는 것이 아니다. 이것은 명백히 현존하는 위험이기도 했다. 문자의 획득은 국가권력과 결부되어 있는 만큼, 쉽게 힘을 얻을 수 있는 길이기도 했지만 쉽게 힘을 빼앗기는 길이기도 했다. 쓰기와 문자를 거부하거나 포기하는 것이 그들에게는 국가의 영향 밖에서 살아가는 하나의 전략이었다. 오히려 "관료제적 체계화를 거부하는 지식"에 의존하는 것이 훨씬 현명한 일이었다.[26]

평지의 강성 국가들 사이의 낀 공간에서 살아가는 국가 바깥 사람들은 따라서 적응성, 흉내 내기, 재창조, 수용 등을 중요한 생존 기술로 삼았으며 구술의 토착 문화에 깊이 빠져 있었다. 구술 문화에서 지고지순한 정통으로 행세하는 권위의 단일 계보나 역사가 있을 리가 만무했다. 여러 읊조림에서 어떤 것이 믿을 만한가 하는 문제는 예의 그 음유시인이 서 있는 곳과 그 설명이 얼마나 가깝게 청자들의 관심과 기호에 호응하는가에 달려 있었다.

여러 관점에서 보건대 구술 전통은 근본적으로 적어도 두 가지 이유에서 문자 전통보다 더 민주적이다. 첫째, 읽고 쓰는 능력은 대개 이야기를 말하는 능력보다 고루 퍼지지 않는다.[27] 둘째, 여러 읊조림의 구술사를 '판정하는' 단순한 방법이 거의 존재하지 않는다. 다양한 발화들의 진실성을 비교할 고착화되고 기록된 텍스트가 존재하지 않는 것이다. 구술 대화는 '공식적인' 발화자들이 참여하더라도 그 의미상 모여서 이를 듣고 얼굴을 맞댈 수 있는 청취자의 규모에 제한이 있다. 언어 그 자체처럼 입에서 나온 단어는 집단의 행위이다. "그 규약이 다양한 규모의 전체 사회 집단에 의해 먼저 공유되어야 그 '뜻'이 어떠하든 전달 과정에서 그 사회의 개인들에게 다가갈 수 있기" 때문이다.[28] 발화된 텍스트(일종의 연출)가 저장된 연설이라는 글의 형태로 굳어질 때, 이는 가락, 억양, 중단, 음악과 율동 동반, 청중 반응, 몸짓 및 얼굴 표정 등 원래의 의미에서 핵심적이었을 것들을 제거해 버린다.[29]

사실 구술사와 구전의 경우에 '원래의 것'(original)이라는 개념은 단연코 이치에 맞지 않는다.[30] 구술 문화는 특정한 시점과 장소에서 관심의 대상인 청자를 위해 연출된 독특한 행위로서 존재하고 그 자체로만 유지된다. 물론 이 행위들은 발화된 말들을 기록한 것보다 많다. 각각의 행위는 배경, 몸짓, 행위자들의 표현, 청자의 반응, 그 사건의 성격 자체 등을 포함하고 있기 때문이다. 따라서 구술 문화는 불변의 현재성을 갖고 있다. 이것이 관심의 대상이 아니라면, 당시의 청자를 위한 목적을 갖고 있지 않다면, 이는 더 이상 존재하지 않을 것이다. 이와는 극명히 대조되는 활자 기록은 어느 정도 눈에 띄지 않게 천년 동안 존재할 수 있고 갑자기 발굴되어 권위를 가진 대상으로 대접을 받을 수 있다.

따라서 구술 전통과 문자 전통의 대별성은 다소간 화전농업과 논농사의 대별성 또는 작고 흩어진 친족 조직들과 집약된 정주 사회의 대별성과 견줄 수 있다. 그것들은 '해파리'처럼 모양이 바뀌고 관습과 역사와 법률이 유연한 형태를 갖고 있다. 시간이 흐르면서 내용과 강조가 어느 정도 '표류'하도록 놓아둔다. 집단의 역사가 전략적으로 이익이 되는 쪽으로 개조되어 특정 사건이 이제는 생략되고 다른 것들은 더욱 강조되고 또 다른 것들은 '기억'된다. 비슷한 배경을 가진 집단이 둘이나 그 이상의 하위 집단으로 갈라지면 각 하위 집단은 물리적으로 다른 환경에 처하게 되고 따라서 그들의 구술사가 달라지게 마련이다. 다른 구술 전통이 감지할 수 없게 서로 멀어짐에 따라 공유된 기록 텍스트가 제공하는 기준점처럼 각 전통이 원래의 공유된 설명으로부터 어느 정도 멀리, 어떠한 방식으로 갈라졌는가를 측정할 기준점이 없었다. 구술 전통은 거듭된 이야기를 통해서만 살아남아 이어지기 때문에 전달될수록 여러 해석들이 더해진다. 각 이야기는 현재의 관심사, 현재의 권력관계, 이웃 사회와 친족 조직에 대한 현재의 관점을 어쩔 수 없이 반영한다. 수마트라(잠비 및 팔렘방)의 구술 전통에 관해 서술한 바바라 안다야는 적응과 변형의 과정을 잘 포착했다. "공동체의 암묵적인 동의로 현재와 관련이 없는 것들은 전설에서 사라지고 조상으로부터 내려온 구전 지식으로 포함된 새로운 관련 요소들이 그 자리를 채우며 과거를 끊임없이 의미 있게 만든다."[31]

구술 전통은 이를 담지하고 있는 집단이 원한다면 여러 세대를 거치면서도 충실히 전달되는 눈부신 위업을 이룰 수 있다. 세르비아의 구전 서사시에 관한 혁신적인 연구를 통해 우리는 음유적 전통에 관해 많은 것들을 알고 있다. 나아가 호메로스의 서사시를 통해 운율과 박자와 오랜 연습이 아주 긴 문장들을 상당히 정확하게 입으로 전달할 수 있게끔 한다는 점을 이해하고 있다.[32] 아카족에서 특별한 카스트인 피마(phima)는 선생이자 낭송자로서 기나긴 족보와 아카족 역사에서 주요한 사건과 관습법을 상당히 구체적으로 낭송하면서 지켜나갔다. 의례가 있을 때면 그것을 읊조렸다. 넓게 퍼져 있으며 여러 방언을 가진 하위 집단들로 이루어진 아카족이 거의 동일한 구전 텍스트를 간직하고 있다는 사실은 그러한 기술의 효과를 입증한다. 더욱 인상적인 것은 아카족과 하니족이 800년 전보다도 오래된 시기에 분리됐지만 아직도 서로가 상당히 이해할 수 있는 구전 텍스트를 간직하고 있다는 점이다.[33]

나는 미얀마 샨 주의 깔로(Kalaw) 동쪽에 있는, 걸어서 이틀 걸리는 한 빠오족 마을에서 세세한 구술사의 현대판 사례를 인상 깊게 마주했다. 저녁 식사 끝에 마을 사람들 몇 명이 한 노인에게 제2차 세계대전 이후에 가장 유명한 빠오족 정치가 우아웅따(U Aung Tha)의 이야기를 읊어 달라고 요청했다. 우아웅따는 1948년에 따웅지 근처에서 알려지지 않은 괴한에게 암살을 당했다. 내가 테이프에 녹음한 그 낭송은 두 시간 넘게 계속됐다. 내가 예상했던 영웅적이고 허세부리는 서사시와는 전혀 거리가 멀었는데, 번역을 해 보니 우아웅따의 일상과 그의 마지막 날들을 아주 구체적으로 설명한 것들이었다. 이것은 흡사 아주 꼼꼼한 경찰 보고서였다. 아웅따가 그 마을에 언제 도착했는지, 그의 동료가 누구였고 무엇을 입었는지, 그의 지프차 색깔이 무엇인지, 누구와 얘기를 했는지, 언제 목욕을 했는지, 언제 여러 명의 사람들이 와서 어디에서 그를 찾을 수 있는지 물었는지, 아웅따의 부인에게 무엇을 말했는지, 아웅따의 시체를 어디에서 찾았는지, 그가 무엇을 입고 있었는지, 끼고 있는 손가락 반지가 무엇인지, 부검에서 무엇을 발견했는지 등을 세밀하게 설명한 것이었다. 낭송의 마지막에 낭송자는 청중들에게 이 진실의 이야기를 간직하여 "절대로 잃어버리거나 변질되지 않도록" 해달라고 간청했다. 반세기 동안 꼼꼼하게 주의를 기울여 입으로 전달하고 모든 증거들과 물리적인 사실들을 보전하기 위해 온갖 노력을 기울였던 것 같다. 혹시라도 심각한 경찰 조사가 있을 경우를 대비해서 말이다! 나는 또한 빠오족 전 지역에서 낭송하는 사람들이 돈을 받고 결혼 및 의례에서 우아웅따의 암살에 관한 이 이야기를 읊는다는 사실을 알고 놀랐다. 이 이야기는 꾸며내는 연기는 부족하지만 구체적인 사실에 충실하여 많은 사람들의 신뢰를 받았다.[34]

그렇다면 구전 전통은 어떤 상황에서는 고착된 기록 텍스트의 영속성과 같은 것을 지닌 채 전략적으로 재구성하고 변화를 가할 수 있는 잠재적인 유연성도 함께 갖고 있다고 볼 수 있다. 말하자면 두 방식을 동시에 갖고 있는 것이다. 정확한 원본의 텍스트라고 주장하지만 실제로는 가히 새로운 텍스트로 그 진위를 평가하기가 쉽지 않게 된다.

구술 전통이 전략적이고 기회주의적인 적응을 하는 데에 여러 이유들이 있다. 일단 관습과 혈통이나 역사에 관한 설명이 상황에 맞게 설정된 것임을 충분히 인지한다면 이것들이 시간이 흐르면서 변화를 겪는 것은 당연한 일이다. 이야기를 전달하는 것이 전문 사제와 이야기꾼들의 몫인 까친족에서 "모든 전문화된 이야기는 여러 다른 판을 갖고 있으며 저마다 나름의 기득권을 떠받치기 마련이었다." 여러 까친족의 계보가 지위의 우월함이나 귀족적 특권을 두고 벌이는 경쟁에서 까친족의 유래, 역사, 숭배 정령에 관한 각 이야기들은 특정 종족 집단의 이익을 도모하기 위해 고안된 색깔로 덧입혀진다. 그리고 에드먼드 리치가 일깨우듯이 "까친족의 전통에 '정통 판본'이 없고, 어느 정도 같은 유의 신비적인 인물들에 관한 이야기들만이 그리고 같은 종류의 구조적 상징주의를 활용하는 수많은 이야기들만이 있을 뿐이다. …… 그러나 누가 그 얘기를 말하는가에 따라 중요한 부분에서 서로 다르게 나타난다."[35]

친족이나 계보에 적용되는 것은 역시 종족 집단처럼 더 큰 사회적 단위들에도 역시 적용된다. 시간이 지나며 상황이 바뀌면서 이익도 바뀌고 따라서 그 역사와 관습, 심지어 신들에 대한 설명도 바뀌게 마련이다. 현재 몬족 근처, 타이족 근처, 버마족이나 샨족 근처 등 여러 다른 환경에서 살고 있는 카렌족 집단들은 그들이 처한 각 환경에 맞게 구술 전통을 발전시켰다. 그들의 불안정한 정치적 위치가 갑자기 격변하는 만큼 구술 전통의 유연성은 적극적인 이점이 될 수 있다. 로널드 레너드가 주장하듯이 카렌족 문화가 '급회전'할 수 있고 여행과 변화에 훌륭히 적응할 수 있다면, 그들의 구술 전통은 적어도 이동식 경작과 물리적 이동성처럼 이 목적에 유용할 수 있다.[36]

구전 문화의 표류는 결코 순 엉터리거나 비꼬아 만든 조작물이 아니라, 이야기꾼들에 의해 눈에 띄지 않게 발생한다. 이야기꾼들은 그들 스스로 진실을 꾸며내는 자라고 생각하지 않는다. 이 표류는 선택적인 강조와 생략의 사례이다. 어떤 설명이 현재의 상황에 더 중요하거나 적합하기 때문이다. 다양한 구술 전통이 기본적인 요소를 공유하지만 그 요소의 배열과 강조점과 그 도덕적 무게가 다른 의미를 전달하는 만큼 여기서 '브리콜라주'(bricolage)라는 용어를 적용할 수 있다.[37] 많은 산악민들이 동맹을 맺거나 다른 이들과 적대 관계를 형성할 때 이용하는 족보 낭송이 그에 들어맞는 사례이다. 아무리 많더라도 혈통 집단을 만들어 낼 수 있고, 그들의 조상들도 그만큼 많아지게 된다. 단지 8세대 이전으로 거슬러 올라가도 부계 혈통으로 255명의 직계 조상을 만들어 낸다. 양변제로 추정을 하면 두 배로 510명까지 늘릴 수 있다. 이 조상들의 계보에서 어떤 것을 생략하고, 추적하고, 강조할지는 어떤 의미에서 자의적이다.

어떤 식으로든 추적을 해 보면, 대부분의 미국인들은 에이브러햄 링컨을 조상으로 두고 있다. 그들은 마찬가지로 존 윌크스 부스(링컨을 암살한 사람—옮긴이)를 그들의 족보에 둘 수 있지만 그와의 관련성을 쫓거나 강조하지는 않을 것이다! 마땅히 특정 조상을 전략적으로 선택하고 강조하여 실제의 혈통 관계를 확립하고 현재의 동맹 관계를 정당화할 수 있다. 이 점에서 혈통 관계를 세밀하게 하면 연합을 구축할 수 있는 자산을 크게 얻게 된다. 대부분의 혈통 관계가 감추어져 있지만 필요하다면 동원할 수 있다. 사회적 환경이 혼란할수록 감춰진 조상들을 자산으로 동원할 개연성이 커지게 된다. 베르베르족은 정치와 목초지 권리 또는 전쟁에 필요한 동맹을 사실상 어느 누구와도 편리하게 맺을 수 있도록 혈통적인 근거를 마련하는 능력을 지닌 것으로 알려져 있다.[38]

이와는 대조적으로 기록된 족보는 유동적으로 변화를 거듭하는 어느 한 구전 혈통을 고착화하고, 이를테면 그것에서 시간을 제거하여 이 형태로 후세대들에게 물려준다. 일본에서 첫 정치 기록물은(서기 712년) 위대한 가문의 계보 역사로 '거짓'은 버려지고 공식적인 전통의 기본 문서로 기억되고 쓰인 것이다. 이 기록물의 목적은 바로 여러 구술 전통을 선택하여 자기 이익에 맞게 조제하고 성문화하고 이를 불변의 신성한 역사로 반포하는 것이었다.[39] 따라서 다른 판본들은 비정통으로 간주됐다. 공식적인 왕족 계보의 창조는 어떤 곳에서는 직접적으로 정치적 중앙집권화와 관련되기도 한다. 마까사르(인도네시아 술라웨시 남부의 주요 도시—옮긴이)의 여러 군소 왕국 가운데 한 왕국이 홍기하여 실권을 잡고 사실상 승리한 지배 가문의 유사 신성을 '문서화한' 족보를 공표하며 지배를 공고히 했다.[40] 초기에 기록된 족보는 단지 입으로만 주장할 때 생길 수 있는 권력 누수를 막고 이를 계속 주장하기 위해 고안되었다고 봐도 무방하다. 초기의 스코틀랜드 역사에서 맨 처음 기록된 족보를 조사한 마거릿 니케는 구술 유형과 기록 유형의 차이점을 포착해 낸다.

> 구술 사회의 전통에서 …… 고의로 증거들을 조작하면서 적당한 족보를 비교적 쉽게 만들어 낼 수 있다. 그 주장이 무엇이든지 간에 이를 외부에서 입증할 방법이 거의 없기 때문이다. …… 일단 문서화된 형태로 남겨지면 족보는 그 이전의 어떤 경우보다도 확고하게 특정 개인과 가문을 관직을 맡은 자로 내세울 수 있다. 그런 개인들의 권력과 지위에 도전하기 위한 주장을 꾸며내기 위해서는 기존의 족보들에 접근하여 다른 판의 족보를 만들 수 있는 기술을 갖고 있어야 했다.[41]

혈통적 선택과 마찬가지로 한 집단이 자의적으로 활용할 수 있는 역사 자산에 대해서도 마찬가지 얘기를 할 수 있다. 선택, 강조, 생략의 가능성이 엄청나게 많다. 지극히 평범한 예일지 모르지만 미국과 영국의 관계를 들어 보자. 미국이 영국과 두 차례의 전쟁(독립전쟁과 1812년 전쟁)을 벌였다는 사실은 20세기의 세계 전쟁과 냉전에서 두 나라의 협력 관계를 볼 때 그리 심각한 것이 아니다. 만약 미국이 현재 영국의 적이라고 가정한다면 아마도 서로 다르게 역사 서술이 이루어졌을 것이라고 쉽게 상상할 수 있다.

구술사와 구술 족보에서처럼 기록 역사와 기록 족보에서도 고쳐 쓸 가능성이 많다는 것은 확실하다. 차이점은 구술 전통의 경우에 선택적인 망각과 기억이 훨씬 눈에 띄지 않고 자연스럽다는 것이다. 구술 전통에서는 고쳐 쓰는 행위를 막을 장애물이 마땅히 존재하지 않는다. 게다가 참으로 신기하게도 상충에 대한 걱정 없이 그 자체를 전통의 소리로 전달할 수 있다.

역사를 갖지 않는 것의 유리함

구술사와 구술 족보가 기록된 역사나 기록된 족보보다 마음대로 부릴 여지를 더 많이 제공한다면 이 모든 것들 중에서 가장 급진적인 단계는 사실상 역사나 족보를 주장하지 않는 것이다. 조라이퍼 존슨은 이 점에서 리수족을 루아족 및 미엔족과 비교한다. 리수족은 권력을 주장하는 수장을 죽였다는 주장을 제외하면 철저히 축약된 구술사를 갖고 있다. "리수족의 망각은 루아족과 미엔족의 기억만큼이나 적극적"이라고 존슨은 주장한다. 그는 리수족이 사실상 역사를 갖고 있지 않다는 것과 이 선택이 가져온 효과는 "마을이나 의례로 연결된 마을 연합체와 사회조직 같은 초가족적 구조들이 적극적으로 활동하는 공간을 주지 않는 것, 또는 사람들의 관심과 노동과 자원을 모집하는 공간을 주지 않는 것"이라고 내비쳤다.[42]

리수족의 전략은 두 가지 방식으로 책략을 부릴 여지를 확장시킨다. 첫째, 어떤 역사든, 족보든, 심지어 구술 형태에서든, 이는 다른 집단과 대응하여 선정하는 전략적인 위치를 나타낸다. 이것은 그렇게 위치를 선정할 수 있는 많은 것들 중 하나에 불과하다. 어떤 선택은 불편한 것일 수도 있다. 그 위치성을 재조정하는 것은 구술 설명에서조차도 즉각적이지 않다. 자율성의 전통을 제외하고 과거에 대한 어떤 설명이든 그것에 그들 자신이 얽매이는 것을 거부하는 리수족은 재조정할 위치를 갖고 있지 않다. 책략을 부릴 여지가 끝 간 데 없는 것이다. 그러나 리수족의 무역사성은 두 번째의 관점에서 훨씬 급진적이다. 정체성의 범주로서 '리수다움'(Lisuness)을 부정한다. 외부인에게는 아닐 테지만 말이다. 역사를 부인함으로써, 집단의 정체성을 규정하는 공유된 역사나 족보를 갖지 않음으로써 리수족은 개별 가구를 넘어서는 어떠한 단위의 문화적 정체성도 거부한다. 리수족은 그들 자신에 대한 위치를 선정하지 않음으로써 궁극적으로 '해파리' 문화와 정체성을 창안했다고 말할 수 있을 것이다! 이 선택은 격동의 환경에 적응하는 그들의 능력을 극대화했지만 집단적인 저항을 조직하는 가능성은 약화시켰던 것으로 보인다.

상대적으로 힘이 약했던 산악민들은 문화적으로 수작을 부릴 여지를 극대화하기 위해 기록된 전통과 고정된 텍스트를 회피하거나 이를 모두 포기해 버리는 것이 그들에게 이익이 될 것이라 생각했을 것이라고 나는 주장했다. 그들의 족보와 역사가 짧을수록 설명을 덜 하게 되고 즉석에서 만들어 낼 수 있는 여지가 더 커진다. 유럽에서 집시의 경우가 시사점을 준다. 핍박을 크게 받은 그들은 고착된 기록 언어를 갖고 있지 않지만 구술 전통은 풍부히 갖고 있고 이를 전달하는 이야기꾼은 대단히 존경을 받는다. 그들에게는 고정된 역사가 없다. 기원에 관한 이야기도 나아갈 약속의 땅에 관한 이야기도 없다. 사당도 찬가도 유적도 기념물도 없다. 자신들이 누구인지, 어디에서 왔는지를 비밀로 해야 하는 집단이 있다고 한다면 바로 집시들이다. 여러 나라에 흩어진 채 고통 속에 살았던 집시들은 생존의 필요에 따라 자신들의 역사와 정체성을 늘 바꿔야만 했다. 무한히 출렁거리며 떠도는 사람들이었다.

한 집단이 얼마만큼 '역사'를 필요로 하거나 원할까? 구술사와 기록사를 간략히 조사해 보면 결국 역사를 갖고 있는 사회 단위는 무엇인가, 그 역사는 구술되어야 하는가 아니면 기록되어야 하는가에 관한 좀 더 거대한 질문을 하게 된다.

중앙집권적인 정부와 지배 왕족이 존재한다면 지배자들은 족보, 궁정 전설, 시, 서사시, 찬가 등을 통해 정치적 정당성과 고유성을 내세우는 주장을 만들어 내기를(날조를 하더라도) 원했다. 구술이든 기록이든 역사에 의존하지 않고 자연스러움과 불가피성을 주장하는 제도들을 상상하기란 어렵다. 비슷한 사례가 모든 사회적 위계에서도 존재한다. 어떤 계보가 다른 계보보다 우위를 차지하고 있어야 한다거나 어떤 성읍이 다른 성읍보다 특권적 지위를 갖고 있어야 한다는 주장은 이것이 자의적이지 않거나 물리적 힘에 기반을 두고 있지 않다는 것을 보여 주기 위해 역사와 신화를 기준 삼아 정당화해야 한다. 단일 세대를 넘어 우월한 지위나 불평등을 주장하기 위해서는 역사적인 증서가 필요하다고 말할 수 있다. 그러한 주장은 굳이 기록이나 구술을 필요로 하지 않았고, 산악에서 대개 그렇듯이, 가치 있는 왕권 상징물, 징, 북, 도장, 가보, 심지어 머리 등의 소유에 달려 있었다. 의례에서 이런 것들을 진열하여 그러한 주장을 내세웠다. 정주민 공동체는 높은 지위에 있지 않지만 그들의 생성과 과거에 대한 이야기를 갖고 있을 뿐만 아니라 소유한 터전과 가옥이 가치 높은 자산이 될 정도로까지 그 주장을 역사화시킨다.

한편, 화전민이 대개 그렇게 하듯이, 국가의 변방에서 살아가며 이리저리 터전을 자주 옮기는 사람들에 대해서는 무엇을 말할 수 있는가? 그 사람들은 유연성을 위해 구술사를 선호하고 역사를 그리 필요로 하지 않는다고 말할 수 있지 않겠는가? 우선 계보를 비롯해 '역사를 갖고 있는 단위' 자체가 가변적이고 문제가 많다고 할 수 있다. 또한 역사를 갖고 있는 단위가 무엇이든지 화전민들은 지켜야 할 깊게 뿌리박힌 역사적 특권을 거의 갖고 있지 않지만, 그들의 역사를 즉흥적이도록 내버려둘 여러 전략적 이유를 갖고 있다.

얀 판시나는 구술사에 대한 그의 고전적인 저서에서 이웃하는 부룬디와 르완다의 구술 전통을 이 선상에서 대조하며 설득력 있게 주장을 펼친다. 그들은 공통점을 많이 갖고 있지만 부룬디는 위계제와 중앙집권의 정도가 훨씬 덜 하고 따라서 중앙집권적인 르완다보다 구술사를 훨씬 덜 가지고 있다. 르완다와는 달리 부룬디는 왕가의 혈통도, 궁정의 노래도, 왕족의 시가도 갖고 있지 않다.

이 모든 정치체계의 유동성은 참으로 놀랍다. 세세한 구술 전통이 발생하는 데 유리한 그 어떤 것도 없다. 지방이 불안정하기 때문에 지방사도 없고, 왕가[권위가 거의 없는 찬탈자]를 제외하고 주요한 가문이 없기 때문에 이에 대한 역사도 없고, 중앙 정부가 없기 때문에 공식적인 역사가도 없다. …… 과거를 잊는 것이 모든 사람들의 이익에 맞아떨어진다. 그 나라를 섭정한 한 원로가 나에게 말하기를, 궁정에서 역사는 관심 밖의 일이어서 사실상 역사 기록이 전혀 없다고 했다. 그 정치체계가 그 이유를 보여 준다.[43]

기록 문화와 구술 문화가 서로 배타적인 것은 아니다. 텍스트에 영향을 받지 않는 구술 문화도 없고 평행을 이루면서 때로는 저항적이기까지 한 구술 전통을 갖고 있지 않은 텍스트 중심의 사회도 없다. 논농사와 화전농업에서처럼 또는 위계적 사회 형태와 상대적으로 평등한 사회 형태에서처럼, 양자 간에 이동하는 것을 다루면 훨씬 유용할 것이다. 텍스트 중심 국가의 우위가 확대될 때 국가 밖의 사회는 문자와 쓰기로 이동할 것이고 국가의 우위가 약해질 때 국가 밖의 사람들이 구술 전통에 머무르거나 그쪽으로 더 깊숙이 이동할 것이다.

어떤 집단이나 친족 조직, 공동체가 역사와 맺는 관계는 그 역사와 국가성의 관계를 설명해 준다. 모든 집단들은 일종의 역사를 갖고 있다. 그들이 누구인지, 어떻게 해서 현재 살고 있는 곳에 처하게 되었는지에 관한 그들 자신의 이야기 말이다. 이 공통성을 제외하면 더 이상 비슷한 점을 찾아볼 수 없다. 변방의 우두머리 없는 집단들은 떠돌아다녔던 여정, 패배, 이주, 경관을 강조할 것이다. 지위, 영웅적인 탄생, 토지 소유권은 이와 대조적으로 중앙집권화와 (잠재적인) 국가 형성에 해당되는 것들이다. 전통이 취하는 형태도 역시 달라진다. 기록 전통은 영속적인 정치적 중앙집권화와 행정 체계를 세우는 과정에 엄청나게 중요한 가치를 지니고 있다. 한편, 구술 전통은 복지와 생존이 변덕스럽고 위협적인 정치적 환경에 재빠르게 적응하는 것에 달려 있는 사람들에게 큰 이익을 준다. 마지막으로 한 집단이 얼마만큼 역사를 갖기로 선택하는가에 차이점이 있다. 예를 들어 리수족과 카렌족은 가볍게 여행하며 할 수 있는 한 역사적 짐을 적게 짊어지는 것을 선호하는 것 같다. 부정기 화물선의 선장처럼 다음 기항지가 어떤 곳인지 확신할 수 없다는 것을 그들은 경험적으로 알고 있다.

국가 밖의 사람들은 문명의 근본적인 특성, 즉 역사성을 결여하고 있기 때문에 대개 이웃한 문화에 의해 '역사가 없는 사람들'로 낙인찍혀 있다.[44] 이러한 비난은 두 가지 점에서 틀렸다. 첫째, 그 낙인은 오로지 기록된 역사만이 정체성의 내러티브와 공유된 과거로서 의미가 있다고 단정하고 있다. 둘째, 더욱 중요한 이유인데, 사람들이 얼마만큼 역사를 갖고 있는가는 진화의 과정에서 낮은 단계를 표시하는 것이 아니라, 늘 적극적인 선택 사항으로 텍스트 중심의 강력한 이웃에 대응하여 설정한 그들의 위치성을 말해 주는 것이다.

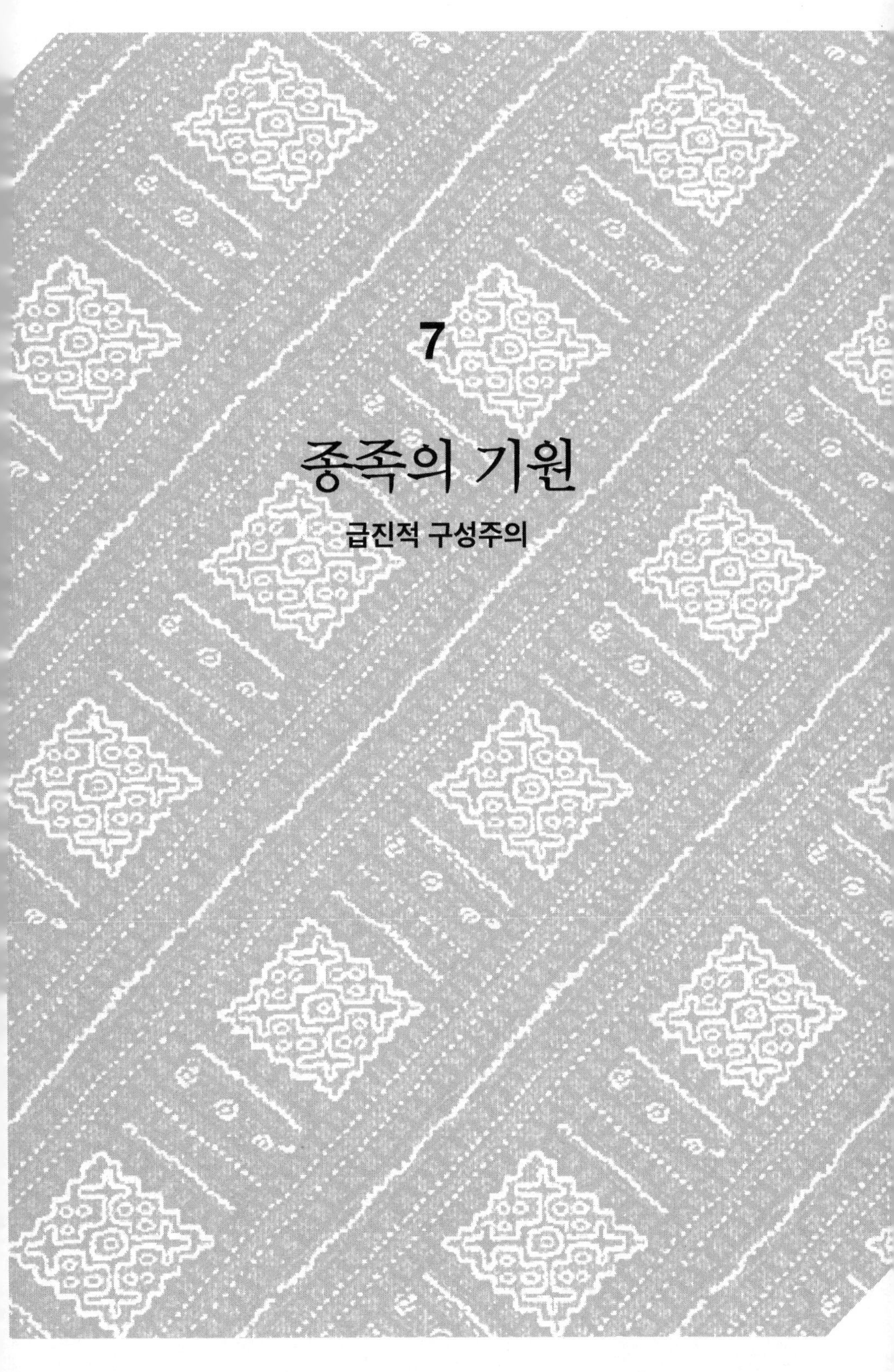

7

종족의 기원

급진적 구성주의

에르네스트 르낭이 한 세기도 전에 "망각과 내가 말하고 싶은바, 역사적 오류는 민족(nation)을 만드는 데 핵심적인 요소이고 따라서 역사 연구의 발전은 종종 민족성(nationality)에 위협이 된다"고 썼다. 아주 적절한 표현이다. 민족적 신화에 위협을 가하는 것이야말로 역사가들이 해야 할 근사한 일이라고 나는 생각한다.

— 에릭 홉스봄, 《1780년 이후의 민족과 민족주의》

고대의 정체성을 품고 있는 자들이 그 누구보다도 근대적이다.

— 찰스 킹

부족들은 개별적으로 분리되어 살아가지 않고 무차별적으로 섞여 있다. 더욱이 그들[까친족]의 마을들에서 빨라웅족, '라족,' 와족, 중국인, 몇 명의 샨족을 발견할 수 있다.

— J. G. 스콧, 《상부 버마와 샨 주의 관보》

얼토당토 않은 부족과 종족성

큰 재산을 물려받은 어느 상속자처럼, 영국은 다른 곳에서처럼 미얀마에서 그들이 새롭게 얻은 소유물을 목록화하는 작업에 착수했다. 토지조사가 부동산을 목록화하는 수단이라면, 인구조사는 정복하면서 물려받은 사람들을 헤아리는 수단이었다.

1911년 조사와 그 뒤의 조사들을 담당한 행정가들이 산에 이르렀을 때 엄청난 복잡성과 맞닥뜨리게 됐다. 그 복잡성은 분류 질서에 대한 그들의 열정을 속수무책으로 만들어 버렸다. '부족'을 지칭하는 대부분의 용어가 외부 사람들이 붙인 이름이고 당사자들은 그 이름을 결코 사용하지 않는다면 어떻게 진행시킬 것인가? 여러 외부인들조차도 공통의 용어를 거의 사용하지 않았다. 더욱이 그런 외래어는 경멸적이거나('노예,' '개고기 먹는 자들') 지리와 관련된 일반 용어였다('산악민,' '상류 사람들'). 《상부 버마 관보》에서 J. G. 스콧이 다루었던 중국과 경계를 이룬 곳에서 살아가는 북부 샨 주의 마루족(Marus)을 예로 들어 보자. 그들은 자신들을 까친이라 부르지 않고 '권력자들'도 그렇게 부르지 않았는데, 그들의 이웃들이 그들을 '까친'이라고 고집스레 주장했다. "'까친'[징포Jingpo]처럼 옷을 입고 까친과 결혼을 하지만 그들의 언어는 징포어보다는 버마어에 더 가깝다."[1] 인구조사에서 그들을 어떻게 부를 것인가?

1911년과 1931년의 인구조사에서 '인종'의 조작적 정의는 사실 언어에 기초했다. 그 당시 언어학 이론에 따르면 "어느 특정 언어를 말하는 사람들은 개별적이고 식별이 가능한 단위를 형성하며 이 단위는 개별 문화와 역사를 갖고 있다는 것이 도그마로 받아들여졌다."[2]

'부족'이나 '인종'을(두 용어는 인구조사에서 번갈아 사용됐다) '모어'(母語)와 동일시하면서 웃기는 일이 발생했다. 조사 요원을 훈련시켰던 자들은 '모어'는 "요람에서부터 말한" 언어이지만 "집에서는 일상적으로 사용하는 언어가 아닐" 수 있다는 점을 매우 조심스럽게 지적해야 했다. 후자는 보조어라고 기록돼야 했다. 일반적으로 단일어를 사용했으며 벼농사 국가 중심부에 사는 버마족을 제외하면 소수종족 산악민들에게 이중 언어는 예외가 아니라 규칙이었다. 카렌어, 샨어, 다른 (비버마어) 티베트-버마어들을 모어로 말하는 사람들은 대개 두 언어를 말했으며 때로는 세 언어를 말하기도 했다.[3] 개별 마을의 미시적 수준에서도 그 복잡성은 풀리지 않았다. 단지 130가구만 살고 있는 한 '까친족' 마을에서 적어도 여섯 개 이상의 '모어'가 존재했다. 마을 사람들은 징포어를 말레이어와 스와힐리어처럼 공통어로 사용했지만 말이다.[4]

모어를 부족이나 역사와 동일시하는 것은 구사된 언어가 끊임없이 일정하게 사람들을 한데 엮는 실 가닥이라고 암묵적으로 가정한다. 그렇다 하더라도 인구조사 작성자들은 "미얀마에서 언어와 인종적 특징이 굉장히 불안정적"이라는 점을 인지하기에 이르렀다. 재미라고까지는 못하겠지만, 분노에 차 있으면서도 교훈적인 "미얀마의 토착 인종에 대한 노트"라는 제목을 가진 인구조사의 부록에 J. H. 그린은 더 나아가 이렇게 적고 있다.

> 미얀마에서 몇 인종들 또는 '부족들'은 옷을 바꾸는 빈도만큼이나 언어를 자주 바꾼다. 정복, 흡수, 분리에 의해 그리고 더 강력하고, 숫자가 많고, 발전을 이룬 부족이나 인종에 속했다고 간주되는

이웃들의 언어를 받아들이는 경향 탓에 언어는 바뀐다. …… 인종들은 점점 더 섞이고, 실 가닥은 점점 더 풀기가 어려워졌다.

인종에 대한 언어 조사의 비신뢰성이 다시금 이 인구조사에서 명백히 드러났다.[5]

인구조사를 기획했던 자들에게는 아니더라도, 에드먼드 리치에게는 확실하게 다가왔던 그 결론은 언어 집단이 유전에 의해 확립되지 않고 시간이 지나면서 변화를 거듭한다는 것이다. 따라서 역사를 추론하기 위해 언어를 사용하는 것은 '허튼소리'이다. 이것은 이 문제를 주의 깊게 다루어 온 대부분의 사람들이 공유하는 결론이다.[6]

거듭 사람들을 목록화하려던 자들의 좌절을 마주치게 되는데, 그 자들은 공공연한 혼란에 아연실색했다. 가지런하게 객관적이며 조직적으로 부족을 분류하는 것은 그 부족의 모든 구성원들이 공유하는 안정된 특성을 필요로 한다고, 또한 그 특성은 그 부족 밖에서는 찾을 수 없어야 한다고 그들은 믿었다. 모어가 이 목적에 부합하지 않다면 다른 대부분의 특성 또한 부합하지 않았을 터였다. '까친족,' 카렌족, 친족이 존재한다는 것은 틀림없었다. 확실치 않은 것은 한 종족이 어디에서 시작되고 다른 종족은 어디에서 끝이 나는지 그리고 그 이전 세대에서 그들이 까친족이었는지, 카렌족이었는지, 친족이었는지 또는 그들이 그 다음 세대에서도 그렇게 유지하는지의 문제들이었다.

먀오족이라 알려진 거대한 집단(중국에만 750만 명)과 태국과 라오스에서 그 동족인 몽족은 이와 관련하여 한 사례를 보여 준다. 그들은 세 가지 주요 언어를 말하고 각각의 언어에는 서로 이해할 수 없는 방언들이 있다. 게다가 대부분의 먀오족 남성과 많은 먀오족 여성들은 세 가지 또는 그 이상의 언어를 말할 수 있다. 평지에서 쌀을 재배하며 스스로를 먀오족이라 일컫는 집단도 있고 고지대에서 이동식 농업(아편, 옥수수, 메밀, 귀리, 감자)과 수렵채집을 하는 사람들도 있다. 중국식 의복, 의례, 언어를 받아들인 먀오족도 있고 고립된 외딴 지역에서 여전히 고대 형태의 중국 문화를 간직한 채 평지의 관행과 거리를 두는 다른 먀오족도 있다. 개별 마을의 미시적 수준에서 마찬가지의 문화적 '불규칙성'이 명백히 존재한다. 먀오족과 다른 집단(크무족, 리수족, 중국인, 따이족, 카렌족, 야오족 등) 간의 혼인이 비일비재하고, 다른 집단에서 입양하는 일도 매우 일반적이다.[7] 많은 먀오족이 문화적으로 자신들을 구분 짓는다고 믿는 특성들조차도, 가령 희생 제물로 소를 바치는 것과 갈대피리도 실제로는 다른 집단들에게도 있는 것들이다. 이 혼성은 여러 중국 지역에서 한족 관료들이 반항적이거나 한족의 행정 체계에 속하기를 거부하는 집단을 지칭하는 용어로 먀오족을 사용했다는 사실에 주로 기인한다. 시간이 지나면서 이 명칭은 국가의 통치 관행에 의해 확고히 굳어지게 됐다. '먀오족'은 강력한 타자들이, 즉 그 범주를 강요하여 사용할 수 있게 할 수 있는 자들이 먀오족이라 불러서 대개 그렇게 된 사람들이었다.

카렌족의 다양성 역시 놀라울 정도이다. 종교, 의복, 매장 의례 또는 서로 의사소통할 수 있는 언어 같은 특성을 그들 모두가 공유하고 있지 않다. 각각의 카렌족 하위 집단 역시 엄청난 다양성을 보여준다. 마틴 스미스가 언급하듯이, "'스고카렌(Sgaw Karen)'이라는 용어는 오늘날 델타의 빠떼잉(Bassein)에서 태어나 자라고 버마어를 말하는 양곤대학 졸업생에게나 도나 산맥[태국 국경 근처]의 문맹자이자 정령숭배자인 산악 부족민에게도 마찬가지로 적용된다."[8] 외부 문화의 수용과 종족 간 통혼은 먀오족이나 야오족에 비해서 덜 퍼졌을지라도 꽤 흔한 관행이다. '카렌족 정체성'은 꼭 배타적인 종족 정체성일 필요가 없는 것이다. 찰스 카이스에 따르면 적어도 태국에서 어떤 사람이 집안과 마을, 교회라는 환경에서는 '카렌족'이면서 시장이나 정치, 타이족과의 교류에서는 '타이족'이 되는 것이 가능하다. 역시 마찬가지로 타이족과 중국인 사이, 타이족와 크메르족 사이, 타이족와 라오족 사이를 마찰 없이 일상적으로 이동하는 것도 사실이라고 그는 말한다. 카렌족을 비롯한 여러 소수종족들이 대개 종족적으로 양서류여서 충돌감 없이 그러한 정체성 사이를 지나다닐 수 있다. 종족적 양서류들은 다른 문화적 복합계와 긴밀히 공생 관계를 맺으며 살고 거의 완벽하게 각 조건에 필요한 행태들을 체득한다. 카이스는 또한 화전민이자 정령숭배자인 루아족(라와족)을 언급하면서 그들이 집에서는 몬-크메르어를 말하지만 타이어뿐 아니라 평지의 경작 기술과 불교에도 능통하여 평지로 이동하면 하루아침에 타이족이 될 수 있을 정도라고 했다. 카렌족 정체성의 문화적 다양성과 마주하게 된 카이스는 논리적으로 다음 단계로 나아가 공통된 문화적 특성의 중요성을 낮추고 종족성은 스스로 만들어 내는 프로젝트라고까지 선언하기에 이른다. "종족 정체성 그 자체가[즉 이에 대한 주장이] 종족 집단의 문화적 특성을 구별 짓는다." 이 정체성을 수용한 사람들은, 다른 카렌족도 이를 수용했다고 가정한다면, 바로 그 사실 때문에 카렌족이 되는 것이다.[9]

사려 깊은 의심을 넘어 확실한 것은 종족성 구성에 필요한 특성들이 동남아시아 고원에서는 거의 관심을 끌지 못한다는 점이다. 산악성 그 자체와 그와 함께 가는 화전이나 분산도 종족성 구성에 결코 완전한 필요물들이 아니다. 대부분의 까친족, 먀오족, 카렌족이 산악 거주 및 화전과 관련을 맺고 있다는 것은 사실이다. 그들의 의례 중 많은 것들이 '화전농업'과 수렵채집에서 나왔다. 그러나 동시에 스스로 까친족이라, 먀오족이라, 카렌족이라 인지하는 상당수의 사람들이 다른 생계 방식에 의존하면서 고정식 관개 벼농사를 하고 있으며 벼농사 국가 핵심부의 언어를 비롯해 여러 평지 거주의 특성들을 수용했다.

왜 특성에 기초한 종족 정체성이나 부족 정체성의 필요물들이 실제의 소속감을 이해하는 데 완전히 실패했을까? 그 이유는 바로 산악 집단들 자체가 누구든지 흡수했던 인력 체계였기 때문이다. 이 흡수 능력 때문에 산악 사회에서 문화적 다양성이 크게 일어났던 것이다. 새로 이주한 자들의 흡수, 포로를 잡기 위한 신속한 사회적 동원력, 재주를 부리며 획책하는 혈통 등이 산악 체계가 문화적으로 수용적이 되도록 하는 데에 역할을 했다. 까친족의 독특한 분절적 계보 위계 체계조차도 엄격하지 않았고 이웃하는 리수족과 중국인들을 수용하기 위해 활용됐다. 프랑수아 로빈이 주장하듯이, 이것은 다종족적인 수용성의 놀라운 사례였다.[10]

어떤 한 특성이나 그것들의 복합체로서 '부족'의 경계를 선명히 그으려던 시도의 실패는 사람들을 린네식으로 분류하는 것이 일이었던 사람들이 겪은 혼란에서도 드러난다. 나가고원(오늘날 미얀마-인도 국경 지역)의 다양성과 맞닥뜨리게 된 식민 관료들은 "수천은 아니더라도 수백 개의 작은 마을들이 서로 어느 정도 비슷하면서도 다르고 관습, 정치체계, 예술이나 언어조차도 결코 늘 공유하지 않는 종족의 혼돈 상황을 그들 주변에서 겪고 그것을 이해하려고" 온갖 노력을 다했다.[11] 그 혼란은 사실이었고 네 가지 이유에서 그러했다. 첫째, 어떤 개별적인 특성은 색깔의 농도처럼 변화를 보였고 때론 이 마을이나 집단에서 다른 마을과 집단으로 중단 없이 이어졌다. 의례, 의복, 건축 양식 또는 언어에서조차도 뚜렷한 변화가 없어서 이를 가르는 어떠한 선도 자의적이었다. 둘째, 실제로 심혈을 기울여 미세한 변화를 발견하고 의식적으로 그 개별적 특징에 따른 경계를 정당화하려고 시도해도 또 다른 엄청난 문제가 뒤따른다. 특성 A, B, C에 기반을 둔 경계가 서로 일치하지 않는다. 각각의 특성은 다른 경계선과 다른 분류의 '종족성'을 만들어 낸다. 셋째, 정말 어려웠던 것일 텐데, 그러한 특성에 기초한 종족성은 그 부족민들 및 그들의 생활 세계에 대한 현상학적인 이해와 일치하지 않았다. 식민 민족지학자들의 지도는 그들을 A라고 말하지만 당사자들은 자신들이 B라고 하고 늘 그래 왔다고 말하는 것이다. 어찌 그것이 문제가 되지 않겠는가? 분류 작업이 앞의 세 가지 혼란을 어느 정도 견뎌냈다 하더라도 네 번째의 어려움인 시간이 결정적으로 한 방을 날린다. 역사의 변화에 대해 어느 정도 감이 있는 사람들은 특성이나 자기 정체성에서 A는 그리 얼마 전에 B였고 놀랍게도 이제는 C가 되려고 한다는 것을 알고 있었다. 어찌 한 종족 집단이, 한 부족이 시간이 흐르면서 그렇게 급격하게 바뀔 수 있고 그러면서도 여전히 집단을 이루는 것일까?

정체성의 급진적인 변화는 한편에서 보면 그리 놀랄 만한 일이 아니다. 조미아는 캅카스나 발칸처럼 국가 만들기의 '파쇄 지대'라 부를 수 있는 곳이었고 지금도 그러하다. 이곳은 적어도 2천 년 동안 국가 중심부로부터, 침입과 노예사냥과 전염병과 부역으로부터 퇴각하거나 도피한 사람들의 끊임없는 물결로 채워졌다. 이 도피 지대에서 그들은 험준하면서도 외딴 지리적 환경에 자리 잡고 있던 산악민들에 합류했다. 조미아에서 쉽게 언어와 관습과 정체성이 섞이고 스몄던 것이다. 대부분 고도에 맞추어 고안된 여러 생계 기술도 이러한 다양성을 촉진했다. 여기에 더해 산지 내부에서 노예, 습격, 통혼, 입양 등에 의한 인구 교류로 정체성이 더 복잡해졌다. 이 엄청나게 혼란스러운 조각보 이불과 같은 모양을 마주해야 했던 식민주의자들이 어떠한 좌절을 맛보았을지 이해가 된다.

말레이반도의 유사한 사례를 눈여겨본 제프리 벤저민과 신시아 초우가 결론에 이르러, "유전자와 아이디어와 언어의 혼류가 무척이나 강하고 다방향적이어서 여러 '집단들'을 아주 독특한 지리적·언어적·생물학적·문화역사적 특징을 가진 꾸러미로 취급하여 구분하고자 했던 어떤 시도도 헛일이 되었다"고 말했는데, 이것이 조미아에도 마찬가지로 적용된다.[12] 이러한 급진적인 해체는 우리를 교착상태에 빠뜨린다. 단언컨대 엄밀한 의미에서 '부족' 따위는 없다는 것이다. 뚜렷하게 한 '부족'을 다른 부족과 구분 지을 어떤 객관적인 혈통적·유전적·언어적·문화적 공식이 존재하지 않다는 것이다. 그러나 우리는 누가 혼란에 빠졌는가라는 질문을 던질 수 있다. 역사가와 식민 민족지학자들이 그러했다. 제국주의 지배의 마지막 순간까지도 헛되이 까친족과 샨족 사이에 행정적인 구분을 시도했던 '깔끔한 관료들'은 북부 미얀마의 혼성 마을들을 '극도로 혐오'했다.[13] 그러나 당사자인 산악민들은 혼란에 빠지지 않았다. 그들은 자신들이 누구인지 확실히 알고 있었다! 산악민들은 연구자나 행정가의 상호 배타적이고 소모적인 범주에 대한 열광에 함께하지 않았고 시간이 흐르면서 다양해지고 변화되는 정체성에 의해 마비되지 않았다. 오히려 애매모호하고 스며드는 정체성이 그들에게는 정치적 자원이었고 지금도 그러하다.

물론 산악민들은 그들이 살아온 경험에서 '부족'이 존재한다. 자기 정체성을 가진 카렌족, 까친족, 몽족 등 여러 종족들이 그 정체성을 위해 싸웠고 목숨을 잃었다. 많은 이가 정체성이 공고히 이어져 온 역사를 갖고 있다고 믿었다. 그러나 그 믿음은 비판적으로 검토하면 설 자리를 잃게 된다. 그렇게 강력한 정체성은 이 점에서 근대 세계에서 민족 정체성처럼 상상되고 구성된 것이다.

유일하게 가능한 분석적 대안은 그러한 자기 정체성을 우리의 출발점으로 삼는 것이다. 40년 전에 제안되었듯이 우리는 부족의 구분을 "본질적으로 정치적"인 것으로 취급해야 한다. 마이클 모어먼이 언급했듯이 카렌족, 따이족, 라와족, 빨라웅족, 틴족 같은 태국의 산악민들이 하나의 생태학적 환경에 처해 있어 "종교와 농업 방식처럼 종족을 구성하는 여러 기초 요소들과 상징들 중에서 그리고 언어, 음식, 의복과 같은 여러 표식들 중에서" 선택을 해야 할 때 핵심적인 문제는 어떤 계산 하에 그 선택을 하게 되는가이다.[14]

여기에서 취하여 자세하게 다룬 관점이 급진적 구성주의이다. 즉, 산악에서 종족 정체성은 권력과 자원을 두고 다른 이들과 벌인 경쟁에서 위치를 잡기하기 위해 정치적으로 기획되고 만들어졌다는 것이다. 국가처럼 대부분 그들보다 강한 행위자들로 가득한 이 세계에서 그들의 자율성은 크게 제약을 받는다. 정체성을 만들어 내지만 마르크스의 말을 달리 표현해서 그들이 스스로 선택한 상황에서 그렇게 한 것이 아니다. 문제의 그 위치성은 무엇보다 평지 국가와 다른 산악민들에 대응한 위치성이었다. 그것이 산악 정체성의 기능이다.

여러 세기에 걸쳐서 조미아로 이주해 온 사람들은 실제로 평지 국가에 농민으로 동화되는 것을 거부했다. 산으로 오게 되면서 평지 국가에 편입되어 본 적이 없거나 아주 오래 전에 이를 떠나 버렸던 사람들에 합류했다. 국가 밖인가 국가 안인가의 사이에서 기본적으로 선택을 해야 했다. 각각의 선택에서 물론 몇몇 보정된 변종이 나타나기도 했다. 조라이퍼 존슨은 북부 태국의 미엔족에 관한 중요한 연구에서 이 관점을 설득력 있게 내세웠다. 그는 "사람들이 어떻게 국가의 신민이 되는 범주와 숲에서 비신민으로 살아가는 범주 사이를 오갔는가, 그리고 자율적인 고지인으로부터 두 사회적 방향으로 나뉘어 어떤 이는 국가의 신민이 되고 다른 이는 마을을 버리고 작은 무리를 이루어 채집 생활을 하게 됐는가" 하는 문제를 제기한다. 그리고 "이것은 사회적 경관의 이동에 관한 일반적인 사례와 관련되고 또한 사람들이 어떻게 구조적인 범주 사이를, 여러 관계들을 오가며 반복적으로 그들의 정체성, 공동체, 역사를 재구성했는가 하는 문제와도 관련된다"고 언급했다.[15] 이 관점에서, 제국주의 행정 관료와 인구조사 시행자들이 끔찍한 혼란이라고 여겼던 것들은 사실 거대한 평지 국가에 대응하여 자신들의 위치를 잡기 위하여 어떻게 생계 방식, 사회구조, 정체성을 동원했는가에 대한 증거라고 보는 것이 더 적절할 것이다.

종족 정체성과 '부족' 정체성은 19세기에 그리고 대부분의 20세기에 민족주의 및 국가 중흥에 대한, 때론 좌절되기도 했던 열망과 결부되었다. 그리고 오늘날 민족국가가 정치 단위로서 제도적인 주도권을 절대적으로 잡게 되자 조미아의 많은 종족 집단들도 그들 자신의 민족국가를 건설하고자 하는 열망을 갖게 됐다. 그러나 산지의 긴 역사를 헤아려 보건대 놀랍고도 눈여겨봐야 할 것은 이 종족 및 부족 정체성이 자율성을 얻기 위한 목적뿐만 아니라 비국가성을 위한 목적에서도 활용된다는 점이다. 말하자면 '반국가적 민족주의'라고 역설적으로 부를 수 있을 텐데, 이것은 대개 관심의 대상이 되지 않았다. 그러나 이것은 국가 밖의 삶이 사상 최초로 희망 없는 이상이 된 19세기까지는 정체성을 이루는 가장 일반적인 요소였음이 틀림없다. 에릭 홉스봄이 민족주의에 관한 통찰력 있는 연구에서 다음의 중요한 예외들을 언급한다. "'부족적' 종족성이라 할 수 있는 가장 강력하고 오래된 의식을 갖고 있는 사람들이 단지 민족국가든 다른 형태든 근대국가뿐 아니라 일반적으로 그 어떤 형태의 국가의 강요에 저항한다고 주장할 수 있을 것이다. 아프가니스탄과 그 주변의 파슈툰족, 1745년 이전의 스코틀랜드 고지인, 아틀라스의 베르베르족 등 쉽게 떠올릴 수 있는 여러 종족들이 이를 증명하듯이 말이다."[16]

당연히 가장 먼저 떠올릴 수 있는 중요한 여러 종족이 천년이 넘는 세월 동안 국가를 피해 온 바로 조미아의 수많은 산악민들이다. 그들이 그렇게 많은 이름으로, 그렇게 많은 위치에서, 그렇게 많은 전통적·식민적·근대적 국가에 맞서서 싸워 왔고 피해 왔기에 그들의 투쟁을 쉽게 인식할 수 있는 하나의 깃발 아래 두기가 어려운 것이다.

코즈모폴리턴 국가 만들기

초기 벼농사 국가의 창시자들은 그동안 국가 밖에 있었던 사람들을 신민으로 끌어모아야 했다. 그리고 종종 그랬듯이 국가가 해체될 때 그 뒤를 이어 국가를 만들려는 자들이 다른 국가를 습격하거나 국가 밖의 산악민들을 편입하면서 획득한 파편들 중에서 다시금 신민들을 재조직했다. 이주에 관한 초기의 '물결' 이론은 수많은 버마족과 따이족이 북쪽으로부터 벼농사에 적합한 충적토 지대로 밀고 들어와 기존의 거주민들을 물리쳤거나 쫓아냈다고 추정했다. 이제는 증거가 부족하여 신뢰를 잃은 이 관점은 암묵적으로 버마족과 따이족의 모든 구성원들이 지배자든 신민이든 한꺼번에 내려와 정복자로서 입지를 다졌다고 단정했다. 오늘날에는 버마족과 따이족이 벼농사 핵심부를 조직하고 주도할 수 있는 군사적·정치적 기술을 가진 일종의 개척자 엘리트로 등장했다고 보고 있는데, 이것이 훨씬 그럴듯한 설명으로 생각된다. 이렇게 들여다보면 그들의 신민들은 국가 밖의 공간이었던 근처의 산에서 모인 자들이었고 우리가 벼농사 국가라고 부르는 권력의 접속점에서 그렇게 정제된 자들이었다. 긴 관점에서 보면, 오늘날 샨족이라 일컬어지는 대부분의 사람들은 예전엔 산악민이었으나 시간이 지나면서 샨의 평지 정치체에 완전히 편입된 자들이다. 오늘날 버마족이라는 대부분의 사람들도 산악과 평지에서 최근이나 오래전에 유래한 비버마족들(샨, 까친, 몬, 크메르, 쀼, 친, 카렌 등)의 후예이다. 마찬가지로 대부분의 타이족이 과거에 산악민이었고 가장 긴 관점에서 보면 '한족'의 생성 그 자체가 역사상 가장 성공적이고 오래 지속된 국가 중심의 집합이라고 보아야 한다. 초창기 이 국가들이 인력에 대한 필요가 너무나도 커서 그 신민이 어디에서 왔는지 따지고 물을 만큼 여유롭지 못했던 것이다.

말레이 해상무역 중심지(느그리)에 대한 연구는 그런 집합의 유형을 아주 주의 깊게 관찰하고 자세하게 설명했다. 유럽인들이 이미 16세기 이전부터서 이를 다루어 왔기 때문이다. 느그리는 산지 물산의 채취자와 국제무역 간에 중개자의 역할을 했던 '사이의' 정치체로서 우격다짐과 동시에 상업적 이익이라는 유인책을 통해 인력을 끌어모았다. 그 해상 노예사냥 원정대는 넓은 그물을 던져 낚인 포로들을 느그리에 편입시켰다. 완전히 편입되는 조건은 간단했다. 말레이 수장 아래 들어가 이슬람을 믿고 말레이 제도의 공통어였던 말레이어를 말하기만 하면 됐다. 느그리는 종족성이 아니라 구성원의 정치적 자격에 기반을 두었다. 무역과 습격이 예측할 수 없을 정도로 벌어짐에 따라 각 말레이 무역 느그리는 시간이 흐르면서 편입했던 사람들의 조합이 달라지고 이에 다른 문화적 양상을 갖게 됐다. 미낭까바우족, 바딱족, 부기스족, 아쩨족, 자바족, 인도인, 아랍 상인들 등이 각 느그리에서 서로 다른 양상으로 섞였던 것이다. 믈라카처럼 왕성했던 느그리는 베네치아에 견줄 정도로 먼 곳으로부터 상인들을 끌어당기는 자석과 같았다. 그러나 변동하는 해상무역에 극도로 의존하면서 느그리는 해체될 위험에 쉽게 처했다.

따이족 또는 샨족의 소규모 므엉(정치체)은 무역의 번성에 따른 급격한 변동에 그리 영향을 받지 않았지만 여러 면에서 느그리와 비슷했다.[17] 므엉은 인력 확보를 두고 그 이웃들이나 더 거대한 국가들과 끊임없이 경쟁을 벌였다. 또한 배경에 상관없이 신민들을 포획하거나 받아들였다. 게다가 매우 위계적이었으나 급속한 사회적 이동에 개방적이었다. 완전한 구성원이 되는 조건은 또 다른 세계 종교인 상좌불교에 대한 믿음, 쌀 경작, 따이족 지배자에 대한 충성 서약, 지역 따이어를 말할 수 있는 능력이었다.

따이족과 샨족의 군소 국가들은 북부 베트남에서 조미아를 가로질러 북동부 인도까지 퍼졌다. 그 숫자가 많고 규모가 작았기 때문에, 미얀마와 태국(가장 성공한 따이족 국가!)에서 그리고 심지어 중국에서 벼농사 국가가 어떤 역사적인 과정을 겪었는지 관찰할 수 있는 실험실이라고 할 수 있다.

리치가 언급하듯이, 거의 모든 따이족과 샨족의 평민들이 "최근에 격조 높은 불교-샨 문화의 방식에 동화된 산악 부족민들의 후예"라는 점을 언급하지 않는 역사가나 민족지학자들은 거의 없다.[18] 조르주 콘도미나스는 훨씬 뒤에 "특히 샨 주와 다른 따이족 군소 왕국에서 대부분의 사람들이 비따이족의 성분을 간직하고 있었다"는 견해를 밝혔다.[19] 므엉이 개방적이었기 때문에 거기에 살았던 비따이족은 따이어뿐만 아니라 자신들의 언어를 사용할 수 있었고 고유 관습도 유지할 수 있었다.

노예제와 유연한 사회 이동성의 결합은(그리고 예전의 산악민들이 평지의 샨족이나 따이족이 되는 연금술은) 역사가들이 신세계에서 나타나는 형태와 비교할 정도로 큰 관심을 받았다.[20] 리치는 속박에 의해 내부로 들어오는 전형적인 과정을 그렸다. 개인이든 집단이든 까친족은 일꾼이나 군인으로 샨족에게 서비스를 바치며 그 내부로 들어왔고 그 보답으로 샨족 아내를 얻었다. 평지에 거주하며 새로운 곳의 의례(그의 샨족 아내의 지역 수호신이나 낫)를 받아들이면서 까친족 친족과의 관계를 끊고 밑바닥에서부터 샨족의 위계 시스템에 진입했다. 일반적으로 까친족을 이르는 샨족의 명칭은 종을 의미하는 접두사(카kha)를 포함하고 있고 리치는 까친 고원에서 "낮은 계급의 샨족 거의 모두"가 "까친족 출신의 노예[포로]이거나 평민들"이었다고 추정했다.[21] 좀 더 긴 시간의 틀에서 관찰한 콘도미나스는 노예로서 따이족 체제에 들어온 예전의 산악민들이 얼마 지나지 않아 여느 따이족처럼 평민이 되었다고 밝혔다. 그리고 정치적 갈등 와중에 누군가 권력을 잡게 되면 그는 곧 귀족 따이족 이름을 얻었고, 그의 족보는 다시 쓰여 그의 출신이 현재의 권력에 맞추어졌다.[22] 그래서 "따이족이 카[노예]와 다른 것처럼 카는 원숭이와 다르다"고 단언하는 따이족 속담이 있기는 하지만, 혹독하게 경쟁적인 정치체에서 시민권의 조건은 사람들을 쫓아낼 수 있는 관행들을 멀리하는 것이었다.

그러나 일반화된 습격과 노예제 관행은 정치체를 훨씬 급격하게 변화시켰다. 1836년에 한 치앙마이 방문자는 28명의 부인을 두고 있는 샨족의 수장에 대해 언급했는데, 그 부인들 모두가 포로 출신이었고 그 수장의 수하들 역시도 스스로 여자를 잡아들였다고 한다. J. G. 스콧은 외부인 출신의 부인들이 주류를 차지하고 있어 "두 세대가 지나면 그 지역 거주민들의 신체적 특징과 언어가 완전히 변할 것"이라고 보고했다. 여러 해 동안 샨족 수장이 "때론 포획하고 때론 사들이고 때론 선물로 받아 중국인계, 버마족계, 카렌족계, 까친족계 부인을 얻는 것이 샨족의 관습이었다. 가끔 그런 결합으로 권력을 잡을 때가 있다. 종종 소브와가 그의 백성 대부분과 다른 인종이라는 결과로 이따금 그 결합의 사안이 정치적 논란이 되었다"고 그는 덧붙였다.[23]

위계 시스템과 국가 아래 사는 것을 의미하는 '샨족'이나 '따이족'이 되는 다른 경로는 좀 더 집단적으로 그런 특성을 갖는 것이다. 성공한 까친족 수장이 '개방되고' 평등한 그의 영역을 샨족 스타일의 군소 왕국으로 탈바꿈시키는 것이 이에 해당된다. 리치의 고전적인 연구는 많은 부분 이 주제에 천착하고 있다. 대체로 그 전략에는 강력한 까친족 수장이 샨족의 귀족 계보에서 아내를 취하는 것이 포함된다. 이 결혼으로 단번에 그 까친족 수장은 샨족의 왕자로 바뀌었고 동시에 샨족의 왕자로 젠체하면서 까친족 계보에게 아내를 주는 것을 꺼렸다. 이로써 그의 동료 까친족 계보들이 그의 (수장) 계보와 결혼을 통해 지위를 달성하려는 것을 막는 효과를 얻을 수 있었다. 그때 그를 따르는 까친족 사람들은 그 변화를 인정하여 사실상 샨족 평민이 되든가 아니면 그 수장에 대해 반란을 일으키고 그를 죽이거나 쫓아내든가, 아니면 그 영역을 떠나 새로운 공동체를 세우든가 선택을 해야 했다. 리치가 기발하게 파헤친 지점이 바로 이 논리였다.[24] 까친족 수장이 상인들과 평지인들로부터 정기적으로 공물을 모집하는 위치에 있을 때면 필연적으로 자신을 군소 샨족 소브와라고 내세우려고 했다. 하지만 늘 성공적이지는 않았다.

샨악민들을 평지인으로 만드는 이러한 군소 국가 만들기의 과정은 쉽게 뒤집힐 수 있었다. 거대한 벼농사 국가가 침입, 기근, 전제 지배, 습격, 계승을 둘러싼 내전 등 국가를 해체하는 힘에 취약했던 것처럼, 따이(샨)족 군소 국가 역시 그러한 힘에 대처하기가 어려웠다. 샨족의 군소 국가가 멸망함에 따라 흩어진 사람들은 어떻게 되었을까? 증거를 보면 많은 이들이 아주 먼 곳에 떨어졌을지라도 더 우호적이었던 샨족 국가로 옮겨 간 것 같다. 여전히 많은 사람들이, 특히 최근에 샨족이 되었던 까친족 출신들과 리수족 출신들이 산으로 돌아가 다시 화전농업을 하고 이전의 정체성을 다시 가졌을 것이다. 이것은 상대적으로 쉽고 익숙한 선택이었고 안전해지면 언제든 벼농사 중심부로 쉽게 돌아올 수 있었다. 이 종족적 탈바꿈이 적어도 20세기 이전에는 양방향적이었고 종족 정체성은 이중적이거나 양서(兩棲)적이었다.

동남아시아의 수많은 산악민들에게 가장 가까이에 있는 평지 국가는 따이족의 므엉이었는데, 이는 한족과 버마족과 타이족의 궁정에서 빌린 원거리 '상위' 모델을 지역화한 형태였다. 성공한 평지 국가는 까친족, 리수족, 아카족, 와족, 크무족, 루르족, 미엔족 등 많은 산악민들을 끌어들여 새로운 정체성을 갖게 했다. 그 정체성은 더 큰 왕국의 신민이 되는 것에 비해 덜 확정적이거나 덜 영속적이었다. 두 개나 그 이상의 벼농사 국가 사이에 자리 잡은 일부의 종족 집단에게는 더 많은 위험과 선택이 있었다. 몬족과 버마족과 타이족의 벼농사 국가 사이에 있었던 카렌족, 특히 포카렌족이 이러한 상황에 처해 있었다. 하부 미얀마의 수많은 버마족은 의심할 여지없이 몬족이나 카렌족 출신이었고 한 신빙성 있는 사례는 카렌족이 문화적으로, 전략적으로 이 세 평지 국가가 만나는 지점에 자리 잡고 있어 큰 혼란 없이 한 정체성에서 다른 정체성으로 옮겨 갔다고 알려 준다.[25] 카렌족은 이 중간 위치를 활용했으면서도 이 때문에 끔찍한 고난을 당하기도 했다. 그들은 타이족 궁정의 수행원과 대리자로서 다른 산악민들로부터 공물을 탈취해 오는 역할을 했는데, 그 끔찍한 고통이 비탄조의 이야기에 서려 있다. "우리에 대한 통치가 너무나 가혹하고 세금은 너무나 무거워서 사람들이 공물을 운반할 때 그 옮기는 바구니의 끈이 기타 줄처럼 울릴 정도였습니다." 한편 카렌족은 미얀마가 시암을 처참하게 공격할 때, 타이족의 '제5열'로 의심받아 무거운 대가를 치렀다.[26]

실제로 집단의 경계를 쉽게 넘나들 수 있고 정체성이 유동적이라면, 시간이 흘러 어떤 정체성은 유리하게 되고 다른 정체성은 그렇지 않게 되면서 사람들은 그에 따라 정체성을 바꾸었을 것이다. 오늘날 중국에서 가장 거대한 공식 소수종족 집단 가운데 하나인 따이어를 말하는 좡족에 관한 최근 사례가 이를 여실히 보여 준다. 다른 집단들처럼 중국 남서부의 산악 지역으로 쫓겨 간 좡족은 다른 따이족처럼 그들 스스로를 평지인이라 간주했다. 대체로 화전을 했던 이족, 먀오족, 야오족보다 낮은 고도에 터전을 잡았다. 한족과 그들 위의 고산족들 사이에서 문화적 환경을 차지했다. 더 정확히 말하자면 창조하게 됐다. "먀오족은 산머리에 살고 좡족은 강머리에 살고, 한족은 길머리에 산다"는 속담이 전해진다.[27] 시간이 흘러 지금껏 낙인이 찍혔던 좡족이 그들 스스로 한족 기원이라는 신화를 만들어 냈고 사실상 그들보다 위에 사는 소수종족들에게 "한족으로 행세"했다. 스탈린주의의 기준에 따라 새롭게 종족 집단을 구분한 혁명 정부는 그들을 대부분 언어에 기반을 두고 '좡족'이라고 파악했다. 당초에 이것은 새로운 낙인으로 보였고 좡족이라 추정되는 대부분의 사람들은 이 분류를 거부하며 대신 그들이 "좡족 언어를 말하는 한족"이라고 주장했다. 1953년의 인구조사에서 대부분의 좡족어 사용자들은 그들을 좡족이라 스스로 인식하지 않았다. 공산당은 고유한 토착적 이해가 그들의 범주와는 맞지 않았지만 좡족의 행정 구역을 설립했다.

그러나 새로운 소수종족 정책 아래에서 '좡족'이라는 정체성에 새로운 정치적·행정적 지위들, 기술학교와 고등교육에 우호적인 접근, '한 아이' 정책 면제 등 엄청나게 새로운 이익이 따라붙었다. 갑자기 공식적인 좡족 정체성의 현금 가치가 오명을 충분히 보상하고도 남는 지점까지 치솟게 되자 새로운 정체성을 굳게 부여잡았다. 물론 '좡족-한족'은 여전히 토착적인 이해에서는 좡족이면서 한족이었지만, 그들 야누스 얼굴의 한쪽 면, 즉 공식적인 얼굴이 더욱 가치를 갖게 되었다. 새로운 시혜들은 이전에 뚜렷했던 '좡족'의 점진적인 한족화 과정을 거꾸로 돌렸다.

평지 국가의 성장이 강압적으로든 그렇지 않든 무차별적으로 사람들을 끌어모았던 기법의 결과라고 보는 것은 중심을 해체하는 것이다. 이는 국가 만들기를 종족적인 관점에서 봤던 초기 역사학과 근대 민족주의 역사를 수정하는 데 기여할 수 있다. 리치의 결론에 따르면, 샨족의 문화는 "어딘가에서 이미 만들어진 복합체를 그 지역에 수입한 것으로 간주해서는 안 된다. 이는 오랫동안 작은 규모의 군사 점령지들이 토착 산악민들과 경제적인 교류를 통해 이룩된 고유한 성장이다."[28] 가장 성공했던 식민 시기 이전 버마족 및 시암족의 국가들에게도 마찬가지 얘기를 할 수 있다. 각 국가는 벼농사 핵심부에 국가 건설에 알맞은 집약된 생산 인력을 만들어 내기 위해 다양한 언어와 문화적 배경을 가진 사람들을 모으고 붙들었던 효과적인 정치적 기구였다. 노르만 정복자 2천 가구가 영국의 토착민들을 다스렸던 것처럼 버마족과 시암족은 다양한 배경의 수많은 사람들을 끌어모아 다스렸다.

버마족과 타이족의 국가들은 따라서 종족적 프로젝트라기보다는 국가 만들기의 조리 기법이라고 봐야 할 것이다. 첫째, 북쪽에서 기존의 주민들을 제거하거나 대체하는 대대적인 침입이 없었다. 둘째, 식민 시기 이전 벼농사 국가의 문화적 기초를 잠깐이라도 본다면 종족적 표식이라기보다 국가 공간의 틀로 봐야 제대로 이해를 할 수 있다. 물론 그 핵심은 최우선으로 벼농사 중심부를 만들어 낼 수 있는 관개 벼농사 기술이다. 그러나 이것은 버마족이나 따이족만이 이용한 기술이 아니었다. 그보다 앞서 크메르족, 쀼족, 몬족 궁정들의 기초이기도 했다. 인도식 궁정 중심부의 우주관과 건축은 이른바 신성한 왕족의 이념적 상부구조였고 그 목적을 위해 개조됐다. 또 다른 수입품인 상좌불교는 보편적인 영역으로서 새로운 패권 아래 "종족적 신들과 정령들"을 끌어모았다. 마치 벼농사 국가의 신민들이 궁정 아래 모였던 것처럼 말이다. 가톨릭이 이방신을 성인들의 전례 아래 수용했듯이 지역 정령(낫, 피)을 보조적인 신으로 수용했다. 국가 건설자들의 언어들인 버마어와 타이어조차도 그 문어 형태(산스크리트어와 그에서 비롯된 빨리어에서 유래)에서는 불교도 인도식 국가를 정당화하는 우주론에 관련되어 있었다. 샨족, 버마족, 타이족 문화의 종족적 개별성과 특징이라 여겨졌던 많은 것들이 국가 건설을 위한 기본적인 장치에 긴밀히 엮였다. 달리 말하자면, '국가성'(stateness)이 종족성의 기초에 들어가게 된 것이다. 역으로 샨족과 버마족과 타이족의 관점에서, 아직 모이지 않은 산악 지역 사람들의 종족성은 바로 비국가성(statelessness)을 구성하는 것이었다.

반반한 평지

평지 왕국과 산악 사이에 나타나는 문화적인 큰 차이점은 평지 사회가 종교적으로 언어적으로 그리고 시간이 지나면서 종족적으로 놀랍도록 통일을 이룬 것이다. 끌어모으기의 역사적인 과정이 보편성을 추구하는 과업이었고, 그렇게 모인 사람들은 일군의 공통적인 문화적 관행과 제도들을 공유하기에 이르렀다. 벼농사 국가에서 수백 킬로미터를 여행하더라도 여전히 처음부터 끝까지 놀랍도록 비슷한 종교적 관행, 건축, 계급 구조, 지배 형태, 의복, 언어, 의례를 만날 수 있다. 이와는 대조적으로 산악 지역에서 짧은 거리만 여행하면 어리둥절할 정도로 복잡한 언어, 의례, 정체성을 마주해야 한다. 조라이퍼 존슨의 말에 따르면, 평지의 체계는 구심력을 갖고 있었던 반면에 산악 체계는 원심력을 갖고 있었다. "일체화된 평지 지역과 혼란스러운 고원 지역의 다양성 사이에 보이는 극명한 대조"는 서로 다른 이주의 결과가 아니라 한쪽에서는 구심성의 계급 고착 체계가, 다른 쪽에서는 원심성의 계급 개방 사회가 서로 다르게 체계를 운영하여 발생시킨 사회적 결과물이다.[29]

이 문화적 차이는 미얀마와 태국, 중국, 베트남 같은 거대한 평지 왕국과 산악지대 사이뿐만 아니라 샨족의 군소 국가와 그 산악 이웃들 사이도 뚜렷이 구분 짓는다. 리치는 반세기 전에 이 차이점을 강조하며 상당한 근거를 제시했다.

> 샨족과 이웃한 산악민들은 엄청나게 다양한 문화를 갖고 있지만 샨족은 넓게 흩어져 살아가고 있는데도 놀랍도록 통일성을 유지하고 있다. 샨족 문화의 이러한 일체성은 샨족의 정치조직과 관계가 있고 그 정치조직은 결국 샨족이 처한 특수한 경제적 조건들에 의해 결정된다고 나는 주장한다. 평지의 샨족이 지난 몇 세기 동안 어느 곳에서도 그들의 산악 이웃들을 동화시켜 왔으나 그 상황에서 경제적 조건들이 변하지 않았다는 것은 그 동화의 유형이 어느 곳에서나 비슷했다는 점을 의미한다. 샨족 문화 그 자체는 비교적 거의 바뀌지 않았다.[30]

리치가 의미한 대로 샨족 군소 왕국의 일체성은 지리, 역사, 정치적으로 그 왕국들이 미니어처 국가 공간이었다는 사실에 근거를 두고 있다.

각 샨족의 국가는 해발 600~900미터 정도 되는 유역이나 평지에 자리 잡고 있었으며 "어떤 국가는 기다랗고 비좁았고, 어떤 국가는 컵처럼 둥글었고, 어떤 국가는 접시처럼 납작했고, 어떤 국가는 에야워디 유역을 본떴다고 할 만큼 드넓었다."[31] 더 커다란 평지에서처럼, 각각의 지역은 논농사에 알맞았고 샨족의 정체성은 쌀 재배와 동일시되었다. 작은 핵심부 지역에 사람과 곡식이 빽빽하게 들어차서 그만큼의 작은 국가를 만들어 냈다. 그러나 쌀 재배는 다른 결정적인 사회적 효과를 갖고 있었다. 거대한 평지에서처럼, 단일 작물에 대한 강한 의존은 많은 사람들의 작업 관행과 사회 조직을 지배하기에 이르렀다. 각 가구는 거의 같은 시기에, 거의 같은 방식으로, 같은 작물을 심고 옮기고 제초하고 거둬들였다. 용수 조절 때문에 어느 정도 제도적인 협동과 분쟁 해결이 필요했다. 농업의 일체성은 결국 벼 심기 자체에 관한 의례의 일체성, 추수 의례, 용수 통제를 촉진했다. 쌀 재배 사회는 식사법, 조리법, 농기구, 쟁기질 가축, 가옥 건축 등 비슷한 물질적 문화를 또한 빚어냈다.[32]

불변의 쌀 경작은 또한 토지 소유 및 상속 체계들을 만들어 냈고 그 체계들은 사회계급 간에 차이를 발전시켰다. 불평등 그 자체로는 평지를 산악지대로부터 구분 짓지 않았다. 지위 차이와 불평등은 산에서도 만연했다. 그러나 벼농사 국가의 불평등과 달리 산악 지역의 불평등은 조야한 국가가 필요시 강압적인 힘을 가하여 발생시킨 상속 재산의 불평등과 관련이 없었다. 공통 농업 체제와 계급 체제의 동질화 효과는 반란에 의해 자주 꺾였다. 반란은 기존의 사회질서를 새로운 운영 방식에 맞게 재생산했다. 단 하나의 구조적인 대안은 공유재산 체제와 개방된 체제의 산악 지역으로 도피하는 것이었다.

평지 국가의 사회적·문화적 동질성은 지형의 저항성이 미약했던 벼농사 지대에서 가능했던 정치적 장악력의 유물이기도 했다. 그 동질성 때문에 공통의 제도적 질서를 창조하고 유지할 수 있었으며 무역과 교환을 발전시켜 문화적 통합을 촉진시킬 수 있었다. 이질적인 산에서보다 이러한 지리적 공간에서 권력이 매우 쉽게 뻗어 나갈 수 있었다. 바로 그 동질적인 힘이 거대한 평지 국가의 기능을 축소된 형태로나마 수행했기 때문에 샨족 왕국의 왕궁, 의례, 우주관은 잉와와 어머라뿌라(Amarapura)와 만달레의 궁정, 의례, 우주관을 지역 차원에서 모방할 수 있었다.

동남아시아 전역에서 이루어진 평지의 동질화 과정은 1600년과 1840년 사이에 국가의 중앙집권화가 강화되면서 더 널리 퍼졌다. 서구를 본뜬 모방적 국가 건설과 국제무역에서 거둔 수입의 증가가 결합되면서 대륙 동남아시아 국가들은 종교적 이질성을 근절하고, 더 통일되고 효율적인 징세와 행정 체계를 만들었고 왕국 전역에 걸쳐 경제적 통합과 군사화를 꾀할 수 있었다.[33] 무기, 군사 조직, 토지조사, 기록 관리, 텍스트의 확산 등에서 발전이 이루어져 소규모이지만 그 이후인 19세기에 철도, 증기력, 전신이 거리 차이를 없앴던 것과 같은 효과를 거두었다. 평지 국가가 더 동질적인 미얀마, 시암, 베트남, 샨을 만들어 내기 위해 혈안이 되어 있었을 때, 산악지대는 차이와 이질성, 새로운 정체성을 계속 만들어 나갔다.

투과성, 복수성, 유동성

대륙 동남아시아에서 대부분의 산악민들은 식민 국가가 그들을 구태여 분류하기 전에는 우리가 말하는 '적절한' 종족 정체성을 갖고 있지 않았다. 대체로 그들 자신을 장소 이름을 사용하여 X 계곡 사람, Y 유역 사람 등으로 불렀거나 친족이나 계보의 이름으로 부르기도 했다. 그리고 누구에게 자신을 소개하는가에 따라 정체성이 달라졌다는 것이 확실하다. '고지대' 사람들, '서쪽 산등성이' 사람들이라는 것에서 알 수 있듯이 많은 이름들이 상대적이었고, 그들에 대한 지칭을 그 상관관계의 짝에서 차지하는 하나의 부분이라고 파악할 때에야 제대로 이해할 수 있었다. 여전히 다른 이름들이, 먀오족의 경우가 대개 그러하듯, 외부인이 붙인 외래어라서 그 맥락을 제외하고는 더 이상 의미를 갖지 못했다.

문제를 더 복잡하게 하자면, 정체성은 복수 형태였다. 대부분의 산악민들은 각기 다른 맥락에서 동원할 수 있는 정체성의 레퍼토리를 갖고 있었다. 그리고 그러한 정체성은 쉽게 바뀔 수 있었다. "종족 정체성과 언어 차이는 대륙 동남아시아에서 유동적이었다. 한 집단은 다른 사람과 접촉하면서 비교적 짧은 시간에 그 둘을 모두 바꿀 수 있었다."[34] 정체성의 유연함은 식민 시기 이전의 권력관계에 내재되어 있었다. 산악민들뿐 아니라 많은 평지인들이 둘 또는 그 이상의 국가 사이에 위치해 있었다. 커지고 줄어드는 그 국가들의 영향력에 따라 그들의 세계도 달라졌다. 영토 지배와 상호 배타적인 주권과 종족성을 관행으로 하는 근대국가가 들어서기 전에는 그런 애매모호함이 일반적이었다.

유동적인 정체성은 또한 낮은 지위의 사람들이 높은 지위의 권력자와 견줄 수 있거나 적어도 따를 수 있는 성격의 사회계층화를 특징지었다. 그랜트 에번스는 북부 베트남의 따이족 지역에 관한 분석에서 정체성의 이중성과 그것들이 어떻게 동원되는가를 눈여겨보았다.[35] 흑따이족(Black-Tai)에게 노예로 여겨졌던 낮은 계급의 집단인 싱문족(Sing Moon)은 그들 자체 언어와 더불어 따이어를 말하고, 그들 자체의 '종족' 이름과 더불어 따이어 이름을 갖고 있고, 대체로 따이족을 따르려고 했다. 흑따이족으로서는 과거에 비엣족 고관의 의복을 흉내냈고 비엣족의 용어를 받아들였다. 한편, 백따이족(White-Tai)은 비엣족의 장례를 수용하고 통혼을 통해 비엣족 사회에 동화되는 정도까지 나아갔다. 일반적으로 따이족 엘리트는 문화적으로 양서적이었다고 에번스는 밝힌다. 그들과 명목상 동급인 따이족이나 그 아래의 따이족에 대해서 힘을 과시할 때는 따이족이라는 정체성을 강하게 동원하고, 그들보다 위에 있는 자들을 다룰 때는 비엣족이라는 정체성을 동원했다. 요컨대 정체성이 복수형이라는 것과 그것이 권력 및 위신 관계에 의해 체계적으로 구조화되어 있다는 것이다. 존슨은 북부 태국의 미엔(야오)족에 관한 분석에서 이 일반적인 주제를 좀 더 자세히 다루고 있다. 미엔족은 자기를 표현하는 여러 명칭을 갖고 있는데, 상황에 따라 각 명칭을 전략적으로 내세울 수 있었다.[36]

식민 관료와 인구조사 시행자가 겪었던 혼란과 달리 미얀마에 관한 나중의 민족지학자와 역사가는 종족 경계가 불안정하고, 헐겁고, 대부분 인위적이라는 리치의 선구적 주장을 단지 확증할 뿐이다. 그리하여, 예를 들자면 서로 다른 관찰자들은 사용된 기준과 분류의 목적에 따라 같은 집단 사람들을 '카렌족,' '라와족' 또는 '타이족'으로 분류할 수 있었다. 서로 다른 사람들이 근처에서 오랫동안 살았다면 흠결 없이 하나로 합쳐졌기에 그들 사이에 경계를 나눈다는 것은 자의적이고 부질없는 짓이었다.[37] 앞에서 살펴보았듯이 루아족(라와족)은,

몬-크메르어족 계열로 화전을 하고 정령숭배를 하는 자들인데 타이어, 쌀 경작, 불교와 아주 친숙하여 월요일에는 전적으로 루아족이고 화요일에는 전적으로 타이족이 될 수 있을 정도였다. 그들을 하나의 종족적 분류에만 밀어 넣는다면 이치에 닿지 않는다. X가 특성이나 정체성의 대역폭을 갖고 있어 필요할 때면 언제든지 동원하거나 행세할 수 있다고 말하는 것이 더 나은 설명일 것이다. 이 점에서 한 개인의 종족 정체성은 취할 수 있는 행동과 그것이 드러나는 맥락의 레퍼토리라 할 수 있다.[38]

많은 행위자들이 활용할 수 있는 정체성의 대역폭이나 레퍼토리를 인식하는 다른 방법은 리치가 그랬듯이 그들이 동시에 여러 다른 사회체제에서 이른바 지위 설정을 했다는 것을 알아차리는 것이다. 이것은 너무나도 일반적이어서 F. K. 리먼은 그 지역의 대부분에 걸쳐서 종족성은 귀속적으로 '주어진 것'이 아니라 하나의 선택이라고 믿었다. "모든 사회가 어떤 집단에 속해야 할지 의식적으로 선택해야 했다."[39] 우리가 세 가지 요건만 염두에 둔다면 이는 그러한 복수 형태의 정체성을 파악하는 유용한 길이라 할 수 있다. 첫째, 강력한 외부인, 특히 국가는 행위자들 대부분의 정체성 선택을 제한한다. 둘째, 여러 정체성 중에서 하나를 향하여 가는 이동은 상황이 바뀌면 그 이동의 방향이 반대일 것이라는 가능성을 배제하지 않는다. 마지막으로, 우리는 정체성의 중대한 변화를 바라본 외부인의 시각과 당사자인 행위자들의 실제 경험을 혼동하지 말아야 한다. 리치는 이 맥락에서 평등적이든 위계적이든 '까친족' 공동체와 샨족 공동체가 같은 의례 언어를 다르게 해석은 하지만 많은 부분 공유하고 있다는 사실을 강조한다. 경제적으로 우호적인 환경에 있는 작은 까친족 정치체가 샨 므엉의 일부가 되었을 때 이것이 외부 관찰자에게는 까친족이 샨족이 되었다고 보일 것이다. 이것이 사실이기는 해도 행위자들에게는 "이 변화가 거의 눈에 띄지 않는다. '세련'되어 간다는 것은 한 개인이 그 이전에는 까친족의 의미만 갖고 있던 의례적 행위에 샨족의 가치를 단지 덧붙이기 시작했다는 것을 뜻하는 것에 불과했다." "문화 및 사회 조직에서 일어난 변화들이 엄청나게 충격적인 의미를 갖고 있다고 단정하려는 자들"은 오로지 외부 관찰자이다.[40]

실제 행위자들의 경험과 완전히 다르게 해석하는 정체성 변화에 대한 모든 분석적 이해는 당연히 결함을 갖고 있다. 지역 당사자들의 토착적인 이해를 좀 더 잘 수용할 수 있도록 종족적 변화에 관한 틀을 다르게 만들 수 있다고 나는 믿는다. 산악민들이 복수형의 정체성 레퍼토리를 갖고 있다고 간주하면, 앞서 우리가 보았듯이 특정한 사회적 맥락에서 나온 행동이 그 레퍼토리의 여러 부분들은 끄집어낸다. 말하자면 정체성은 상황의 지시에 따라 수행되는 것이다. 가령 폭넓게 카렌-타이 레퍼토리를 갖고 있는 어떤 사람은 타이족의 시장에서 카렌족 마을 축제의 맥락에서와는 다르게 입고, 말하고, 행동할 것이다. 물론 그 레퍼토리의 한 부분이 다른 것에 비해서 진본인지, '사실'인지 단정할 어떤 이유도 없다. 그렇다면 표현되거나 수행된 정체성은 대체로 그것에 맞는 사회적 맥락이 상대적으로 얼마나 자주 출현했는지 알게 해주는 '상대빈도'(relative frequency, 통계학 용어로 각 변량의 도수를 전체 도수로 나눈 것—옮긴이)의 기능을 수행한다. 가령 문제의 그 카렌-타이족이 압도적으로 타이족이 거주하는 평지로 옮겨 논에서 쌀을 재배하면 타이족의 사회문화적 맥락의 빈도가 높아져서 그 레퍼토리에서 타이족 부분이 수행되기 마련이다. 외부 관찰자에게는 종족 정체성의 변화라고 보이는 것이 그 레퍼토리 가운데 타이족 부분이 수행된 상대빈도의 변화 그 이상도 그 이하도 아니다. 이것이 점진적으로 일어날 수 있었다. 여하튼 이런 관점에서 생각한다면 당사자는 그 계기에 반드시 어떤 박탈감이나 상실감을 내적으로 느낄 필요가 없었다.

두 집단 모두 평지의 쌀 재배자인 몬족과 버마족 간의 역사적 관계는 정체성이 복수형이고 수행된다는 것을 보여 주는 사례일 뿐 아니라 언제든 마음껏 활용할 수 있는 일련의 정체성을 갖는 것이 전략적으로 가치가 있었다는 점을 보여 준다. 18세기가 시작될 무렵에 약간 우세를 점했던 몬족이 버마족과 함께 에야워디 델타를 공유했다. 그들 사이의 중요한 차이점은 몸에 새긴 문신(버마족은 허리 아래에 문신을 했다), 머리 스타일(몬족은 앞머리 둘레를 잘랐고 버마족은 머리를 길러 상투를 틀었다), 의복, 언어였다. 정체성의 변화는 이러한 코드들을 대체하는 문제였고 몬족과 버마족이 서로 인접하여 살았던 두 언어의 델타 지역에서는 이것은 비교적 단순한 문제였다. 잉와의 권력이 우세할 때 버미어를 말하고 허벅지에 문신을 하는 등 버마족의 문화 코드를 선택하는 사람들이 많아졌다. 버고의 권력이 우세할 때는 그 영역 내의 버마족들이 상투를 자르고 몬어를 말했다. 잉와나 버고의 명목적인 조공국이었던 작은 독립국가들은 그들의 충성을 바꾸었다. 두 종족 간의 갈등 그 자체가 어떤 문화적 표시들을 확고히 하고 정치화하여 나중에는 그 표시들이 종족적으로 간주되기에 이르렀지만 그 갈등의 발단은 결코 종족적이지 않았다.

이런 맥락에서 어떤 정체성의 적응 가치를 눈여겨볼 수 있다.[41] 상황에 따라 자기 자신을 버마족이나 몬족으로 내세울 수 있어서 버고와 잉와 간의 전쟁에서 많은 일반인들이나 포획된 전투원들이 구원을 받았을 것임에 틀림없다. 이러한 정체성의 '혼합적 자산관리'를 문화적인 보험 증서라고, 즉 도피 사회구조라고 볼 만하다. 환경에 적응하는 카멜레온의 색깔처럼 애매모호하고 움직이는 정체성은 보호 가치를 크게 갖고 있고 바로 그 점에서 집단들이 이를 적극적으로 키워온 것이라 할 수 있다. 그들에게는 명확하고 고정된 정체성이 치명적일 수 있었다. 앞서 '해파리'와 같은 부족들에서 봤던 것처럼 외부인이 제도적인 접근을 통해서는 그런 유연성을 알 턱이 없었다.

부족은 죽었으나, 영원하리라

엄밀하게 말하자면 '부족'은 존재한 적이 없다. 내가 여기서 '엄밀하다'고 말할 때, 이는 구별되고, 구획되고, 통일된 사회 단위라고 간주되는 부족을 일컫는다. '부족성'(tribeness)에 대한 시험이 혈통적으로 유전적으로 일치되어 커온 사람들로서 독특한 언어 집안이자 하나로 통일되어 영토를 갖고 있는 정치 단위이며 문화적으로 독특하고 일관된 정치체를 따지는 것이라면, 사실상 모든 '부족들'이 그 시험을 통과하지 못한다.[42] 앞에서 살펴봤듯이 문화적 관행, 사회 통합, 언어, 생태 공간의 실제 배열에는 뚜렷한 구분이 없고, 그리 된다고 해도 그 구분이 일대일로 대응하지 않는다. 한때 상상되었듯이 가령, 무리-부족-수장제-국가 또는 대안적으로 부족-노예제-봉건제-자본주의와 같은 진화론적 배열에서 한 단계를 차지하는 '부족'은 존재하지 않는다.

국가와 제국은 칭기즈칸, 샤를마뉴, 오스만, 만주족처럼 보통 부족이라 알려진 사람들에 의해 창건된 적도 있다. 그러나 부족이 국가를 만든다기보다 국가가 부족을 만든다고 말하는 것이 훨씬 더 정확할 것이다.

부족은 '2차적 형태'로 불리며, 두 가지 방식으로 그리고 오직 국가나 제국의 맥락에서 만들어졌다. '부족'의 반의어나 또는 대립어는 '농민'이다. 물론 그 차이점은 농민은 이미 국가의 신민으로서 완전히 편입된 경작자라는 것이다. 한편 부족은 (아직!) 국가의 지배에 완전히 들어오지 않은 주변의 신민들이거나 국가를 피해 살기로 선택한 자들이다. 식민 제국과 근대국가는 부족을 많이 만들어 냈으나 주변부 부족이라는 지칭은 로마나 중국 당나라 같은 초기 제국이나 작은 말레이 무역 국가에서도 일반적으로 사용됐다.

'부족'은 '지배의 측정 단위'라고 할 수 있다. 부족 지칭은 분류의 기술이었고 가능하다면 비농민이거나 아직 농민이 되지 않은 자들을 통치하는 기술이기도 했다. 부족 및 그 부족의 지역이라고 일단 표시가 되면 상품과 사람 공물의 단위, 수장을 임명하고 그 실행에 책임을 질 단위, 군사적으로 평정할 지역의 단위로 사용되기 마련이었다. 자의적이긴 했지만 적어도 관료 지배의 목적을 위해 이름을 가진 사람들과 그들이 있어야 할 장소를 만들어 냈다. 그렇지 않고서는 조직되지 않은 거주지와 사람들을 질서 있게 구분할 재간이 없었다.

국가와 제국은 토착 사회관계의 특징이었던 유연성과 무정형성의 속을 가르며 내뚫기 위한 바로 그 목적으로 부족을 창조했다. 가령 화전농과 수렵채집인 사이에, 섬 지역 사람과 내륙 지역 사람 사이에, 곡식 경작자와 원예 경작자 사이에 토착적인 구분이 있었다는 것은 사실이다. 그러나 그런 구분은 언어, 의례, 역사 등 다른 많은 구분들과 겹쳤다. 그것들은 뚜렷한 단절이라기보다 색깔의 농도처럼 점진적인 변화였고 정치적 권위의 기초가 거의 되지 않았다. 어떤 면에서는 부족이 얼마나 자의적인지 인공적인지 전혀 문제가 되지 않았다. 핵심은 지배와 협상의 단위를 제도화하여 그 유동성을 행정적으로 통제하는 것이었다. 이에 로마는 집요하게 행정구역을 마련하고 이름이 붙은 야만인들을 원리상 그들을 책임을 질 수장 아래 두려고 했다. "사회적 유대와 야만인들의 내부 정치에서 유동성이 엄청났기" 때문에 행정적인 구획이 필요했다.[43] 그 지칭이 토착민의 이해에 닿는지는 그 핵심에서 크게 비껴나 있었다. 청조 말기와 공화정제 중국의 남서부 변경 지역에서 골치 아픈 '먀오족'의 하위 집단 이름은 어설프게 여성의 의복에 기초하여 자의적으로 만들어졌고 토착민이 스스로 인식하는 용어와는 전혀 관련이 없었다.[44]

식민 지배자는 토착적 명명에 대해 마찬가지로 '극심한 혼란'을 경험했고 자의적으로 행정적 부족을 공표함으로써 이를 해결했다. 베트남에서 프랑스는 민족지학자들을 대동하고 결정론적 사회진화론으로 무장한 채, 희미하게 보이는 부족들의 둘레에 경계를 치고 수장을 임명하여 지배를 실현하려고 했을 뿐만 아니라 그 사람들을 사회 진화의 범위에서 지정된 눈금에 위치시켰다.[45] 네덜란드도 인도네시아에서 토착 관습법(아닷 adat)을 인정하고 나아가 이를 명문화하여 임명된 수장을 통해 실시하는 간접 지배의 기초로 활용하면서 행정적인 연금술을 이룩했다. 타냐 리가 말한 대로 "'아닷 공동체'라는 개념을 통해 농민들을 종족 집단으로 간주하고 또한 그렇게 만들어 내려고 했다. '전통'과 이름을 지닌 …… 이로써 집단 정체성을 정의하고 공인된 지도자가 통치하는 중앙집권적 정치구조를 세우고자 했다."[46]

이 지배의 기술은 단번에 새롭고도 뚜렷한 정체성을 상정했을 뿐만 아니라 보편적·위계적·군주적 질서를 내세웠다. 작은 마을이나 혈통을 넘어 수장이나 그 어떤 영원한 정치 질서를 갖고 있지 않은 무두(無頭)의 평등한 사람들은 새로운 행정 체제에서 설 곳이 없었다.[47] 그들이 싫어하든 그렇지 않든 아무렇게나 그들을 수장의 세계에 강제로 밀어 넣었다. 평등한 토착 질서를 가졌던 사람들은 그에 맞게 다스릴 제도적 수단을 갖지 못했다. 필요하다면 그러한 제도들은 강제로 부여되어야 했다. 동부 미얀마의 샨 주로 알려지게 된 곳에서 영국은 대략 그 인구의 절반가량이 무두적이고 평등주의적인 집단들(굼라오 까친족, 라후족, 빠오족, 버다웅족, 까야족)과 마주쳤다. 간접 지배의 정치적 진입 지점을 제공할 수 있었던 위계적 제도를 찾으면서 영국은 자연스럽게 대개는 실제가 아닌 이론상 영역을 지배했던 40명가량의 샨 소브와들에 대신 의존하기로 선택했다. 이 선택은 그 뒤에도 저항을 불러일으켰지만, 영국이 유일하게 활용할 수 있는 제도적 연결고리였다.

그러나 발명되자마자 부족은 그 자체로 생명을 이어 나갔다. 지배의 정치 구조로 창조된 단위가 정치적 논쟁과 경쟁적 자기주장의 일상적 표현 방식이 되었다. 자율성, 자원, 토지, 무역로, 여타의 가치재에 대한 권리를 주장하는 공인된 방식이 되었다. 마치 국가가 주권을 주장하듯이, 배타적인 권리를 내세운 것이다. 주장을 내세우기 위해 공인된 그 표현 방식은 국가 안에서는 농민, 상입, 귀족 등의 계급을 끌어들였고, 국가 공간의 밖에서는 부족 정체성과 자격을 끌어들였다. 북아메리카의 백인 거주 식민지에서 다른 어떤 곳보다도 뚜렷하게 나타났다. 앨프리드 크로버가 정확히 썼듯이, "아메리카 원주민을 바라볼수록 우리의 일반적인 부족 개념에 맞출 수 있는 특징들이 일관되게 발견된다는 점을 확신할 수 없게 된다. 또한 백인이 인디언에 대해 얘기하고, 그들과 협상하고, 그들을 다스리기 위해 자기 편의대로 이 개념을 만들었다는 것이 확실히 드러난다. 결국 순전히 우격다짐으로 밀어붙여 그들에게 우리의 생각을 주입한 것이다. …… 이제 이것이 그렇게 과도하게 만들어진 것은 아닌지 살펴봐야 할 때가 이르렀다."[48]

이 2차적 관점에서 자의식적인 정체성을 가진, 이름을 갖게 된 부족들이 확실히 존재하기는 했다. 그들은 자연스럽게 존재했다기보다 인간의 창조물로 다른 '부족들' 및 국가와 말을 걸고 경쟁하기 위해 기획된 정치적 프로젝트였다. 종족적 차이가 엄청나게 컸음을 볼 때, 경계를 가르는 선들은 처음부터 노골적으로 자의적이었다. 관료든 그렇지 않든, 추정된 문화적 차이에 기초한 정체성을 새기려고 안간힘을 쓴 정치 기획자들은 사회적 경계를 발견했다기보다는 수많은 문화적 차이점 중에 하나를 선택하고 이를 집단 구분의 기반으로 삼았다. 이 차이점들(언어, 의복, 음식, 생계 방식, 추정 족보) 중 어떤 것을 강조하는가에 따라 '우리'와 '그들'을 구분 짓는 다른 문화적·종족적 경계가 명문화됐다. 왜 부족의 발명이 정치적 프로젝트라고 봐야 옳은지를 알려주는 이유이다.[49] 선택된 경계는 바로 그 방식으로 차이점들을 조직하기 때문에 그리고 이것은 집단 형성의 정치적 도구였기 때문에 전략적인 선택이었다. 누가 X이고 누가 Y인지를 결정하는 데 오로지 옹호할 수 있는 단 하나의 출발점은 당사자 자신들의 지칭을 받아들이는 것이다.

부족 '만들기'

국가는 여러 방식으로 부족을 날조해 낸다. 가장 노골적인 점은 그들을 행정 질서와 정치 지배를 위한 템플릿으로 만든다는 것이다. 그러나 변방에서 부족 정체성이나 종족 정체성이 순전히 자율성과 자원에 대해 정치적 권리를 주장하기 위해 발생했다는 사실은 놀라운 일이다.

그 기원을 따지면 난데없이 생겨난 것이지만, 자의식적 종족으로서 코사크족의 생성은 동남아시아에서 종족의 생성을 이해하는 데 특별한 시사점을 준다. 코사크족이 된 사람들은 유럽 러시아의 도처에서 달아난 노예들과 도피자들이었다. 그들 대부분은 16세기에 "러시아 모스크바 대공국의 사회적·정치적 혼란에서 벗어나거나 피하기 위해" 돈 강 스텝 지역에 당도했다.[50] 그들 사이에는 종속과 도피라는 것 말고는 공통점이 없었다. 광활한 러시아의 배후지에서 그들은 시베리아와 아무르 강에서부터 돈 강 유역과 아조프 해에 이르기까지 지리적으로 22개의 코사크 '집단'으로 분리되었다.

그들은 새로운 환경 조건과 생계 방식과 크게 관련된 여러 이유들 때문에 변방에서 하나의 '종족'이 되었다. 그들의 위치에 따라 타타르족, 체르케스족(이들의 의복을 받아들였다), 칼미크족(이들의 말타기 습관과 거주 유형을 본떴다) 등과 더불어 거주했다. 유목과 농업을 동시에 할 수 있는 넓은 땅이 존재했기 때문에 이 개척 거주자들은 공유지 체제에서 살면서 나름대로 생계 방식을 선택할 수 있었고 이동과 거주의 자유를 완벽하게 누릴 수 있었다. 종속을 이미 아는 그 사람들이 갈구하는 자율과 평등의 정신이 변방 생태의 정치경제에 깊이 새겨 있었다.

코사크 사회는 이 단계에서 제정러시아의 노예제와 위계제의 일종의 거울 이미지였다. 제국에 위협을 가한 세 번의 거대한 농민 봉기 모두 코사크족의 땅에서 시작됐다. 조미아처럼 이곳 국가 바깥의 변경은 종교 개혁이 종속과 관련된다며 이를 거부한 이른바 '복고신앙파'(Old Believers)를 가장 현저히 끌어들였다.[51] 불라빈 봉기(1707~1708)가 패배로 끝난 뒤에 코사크족의 자율성은 차르의 군대에 완전무장한 기마단을 제공할 수 있는지에 달려 있게 됐다. 그리고 푸가체프 반란(1773~1774)에 깊이 연루된 코사크족을 군사작전을 펼쳐 무자비하게 진압한 이후에는 코사크족의 기초 지역 민주연합체를 토지를 소유한 귀족 코사크족으로 대체했다. 그 귀족 코사크족은 대부분 우크라이나 출신인 노예를 보유했다.

어떻게 상상력을 펼치든 처음에는 일관성을 갖춘 '종족'이 아니었지만 오늘날에 코사크족은 러시아에서 가장 굳건한 소수 '종족'이 되었다. 남아시아와 동남아시아에서 카렌족, 까친족, 친족, 구르카족처럼 '군사 소수 집단'으로서 그들의 용도는 확실히 이 종족 생성의 과정에 기여했다.[52] 그러나 이것이 종족을 발생시킨 것은 아니다. 발명된 종족성인 코사크족의 정체성은 굉장히 인상적이지만, 독특한 것은 아니다. 본질적으로 도망자 집단이 구별하여 자의식적인 종족 집단이 된 사례는 상당히 일반적이다. 코사크족 말고도, 여섯 집단 이상의 다른 '종족'으로 발전하기에 이르고 각 종족은 자체의 언어, 음식, 거주, 결혼 형태들을 갖고 있는 수리남의 탈주자들 사례는 같은 점을 보여준다.[53] 북아메리카의 세미놀족이나 유럽의 집시는 도망자들이 앞길을 알 수 없는 길을 서로 다르게 시작했으나 핍박의 경험을 공유하고 비슷한 생태적·경제적 환경에 적응하면서 종족으로 태어난 사례를 보여 준다.

모든 종족 정체성과 부족 정체성은 응당 상대적이다. 각자 경계를 주장하기 때문에 이것은 배타적으로 그리고 암묵적으로 그 명문화된 종족 경계 밖의 다른 집단들과 대응하여 어떤 자리와 위치를 차지하고 있는지를 드러낸다. 그러한 많은 종족 정체성들이 노예 대 자유 코사크족, 문명 대 야만, 산 대 평지, 상류(훌루) 대 하류(힐리르), 유목 대 정주, 목축업자 대 곡식생산자, 위계(샨, 굼사) 대 평등(까친, 굼라오) 등 이항의 짝에서 구조적으로 반대의 위치를 주장하고 있다고 할 수 있다.

'위치성'과 종종 농업생태학적 환경이 종족 경계를 만드는 데 매우 중요하여 장소나 생계 유형의 용어에서 비롯된 것이 종족성을 나타내기에 이르렀다. 조미아와 말레이 세계에서 놀랍게도 단지 산악지대에 거주함을 뜻하던 용어가 빈번히 부족의 실제 이름이 되었다. 버다웅, 따웅두(Taungthu), 부이키딴(Buikitan), 오랑 부낏(Orang Bukit), 오랑 훌루(Orang Hulu), 미조(Mizo), 따이 로이(Tai Loi) 등이 그러한 예이다. 그와 같은 많은 이름들이 평지 국가가 거래를 같이한 산악민들에게 적용한 외래어로 시작을 했고 무례함이나 야만성을 내포하고 있었다. 시간이 지나면서 그런 이름들이 때론 자부심을 갖는 본명이라고 간주되기도 했다. 인류학자들은 생태적·직업적 환경과 종족 경계가 대개 일치한다는 점을 눈여겨보았다. 마이클 해넌은 "종족 집단의 경계와 생태적 경계가 균형 있게 일치한다"고까지 주장하기에 이르렀다.[54]

아마도 야만인과 곡식을 재배하는 한족 사이의 구분이 이와 같은 경계에서 가장 본질적이지 않나 싶다. 초창기 한족 국가가 성장해 나갈 때 남아 있는 사람이나 제국 내의 "산악 지역, 늪, 정글, 숲 등의 지대"로 도망간 이들을 여러 이름으로 부르기도 했으나 앞서 우리가 보았듯이 뭉뚱그려 '내부 야만인'이라고 불렀다. 정주 농업이 불가능하거나 보람이 없는 스텝 지역의 가장자리로 밀려난 이들은 '외부 야만인'이라고 칭했다. 각각의 경우에 여러 집단들 사이의 효과적인 경계는 생태였다. 1870년대에 바론 폰 리히토펜이 지질과 사람 사이의 경계가 돌연히 이뤄지는 광경을 생생하게 묘사했다. "여러 [황토] 지대를 건넌 뒤 마지막 꼭대기에 도달하자마자 갑자기 광활한 초원이 물결치듯 펼쳐지는 것을 보니 놀라웠다. …… 그 경계에 마지막 중국인 마을이 서 있고 그 이후로는 몽골인의 천막이 초원(차우티 Tsauti)을 차지한다."[55] 래티모어는 '몽골인'이 어떤 동질적인 집단이 아니라 예전의 한족까지도 많이 포함하고 있는 엄청나게 다양한 집단이라고 말하면서 생태의 결정적인 영향력에 주목한다. "여러 종류의 토양 사이의 경계가 농업과 유목 사이, 중국인과 몽골인 사이의 경계와 정확히 일치한다"고 밝혔다.[56]

생태 환경은 여러 생계 방식, 의례, 물질문화를 구분하기 때문에 그로부터 종족이 발생할 수 있는 독특함을 갖고 있다. 그러나 이것은 종족이나 부족 형성의 필요조건이나 충분조건은 아니다. 그렇게 차이를 만드는 것이 정치적 프로젝트인 한, 원래는 중요하지 않았던 특징들이 이를테면 귀중한 자원에 대한 권리를 주장하기 위해서 중요하다는 의미를 부여받게 된 것이라 할 수 있다. 인근의 다른 카렌계 사람들과 구별된 집단으로서 까야(카렌니) '부족'의 발명은 이를 분명히 보여 주는 사례이다.[57]

19세기 초 카렌니족의 탄생은 충분히 최근의 사례인데 이를 통해 우리는 '부족'의 기원에 관해 몇 가지 타당한 추정을 해볼 수 있다. 이는 1820년대 샨족 모델에 따라 왕자들이라고 자처한 카렌족 천년왕국 신봉자들의 도래와 관련을 맺고 있다. 왕자들이라 자처하지 않았다면 이들은 평등주의적인 비불교도 공동체였을 터였다. 다음 장에서 보게 되듯이, 천년왕국 운동은 산악 지역에서 새로운 공동체를 생성하는 데에 불균형적인 역할을 했다. 자체의 소브와를 가진 샨 스타일의 왕국을 건설하면서 "중부 카렌족 방언 집단들 중 하나에 불과했던 그들이 매우 독특한 까야족의 사회문화 체계로 탈바꿈하는 데에 성공을 거두었다."[58] 이와 같은 모방적 국가 만들기 자체는 그리 특별하지는 않다. 특별한 것은 그들이 정치적으로 사회적으로 그 성공을 이루어 냈다는 점이다. 결국 그러한 성공은 새로이 생겨난 카렌니 국가가 미얀마에서 가장 높은 가치를 지닌 티크목을 생산하는 곳에 자리 잡았다는 행운에 기반을 두었다.

군소 국가라는 옷을 걸치고 새롭게 부족 정체성을 주장해 나가면서 그 지역에서 티크목 거래를 독점하는 효과를 갖게 됐다. 카리스마적 지도력은, "지금까지는 샨족을 위해 일해 왔으나 안간힘을 써서 점점 이익이 커지는 티크목 무역 지배권을 그들로부터 빼앗기 위해" 느슨하게 엮여 있는 카렌니 공동체를 주식회사와 같은 것으로 통합시켰다.[59] 카렌니 종족 정치가들은 국가 건설의 모델을 가장 가까이에서 빌려왔다. 즉 샨족의 벼농사 국가가 모델이었는데, 이 자체도 결국은 티크목에 대한 절대적인 권리를 주장하고 이를 지키기 위해 미얀마의 왕족으로부터 빌린 것이었다. 정체성을 만들어 내고 자원을 통제하는 전략으로서 이것은 큰 성공을 거두었다.

확실히 많은 정체성들이 비슷한 목적을 염두에 두고 생겨났다. 전략적인 무역로를 지키기 위해, 물과 광물 또는 높은 가치의 토지에 대해 배타적인 권리를 주장하기 위해, 특정 상품의 소유권을 주장하기 위해, 경쟁자에 대항하여 어업권이나 수렵권을 지키기 위해, 이문이 남는 자리의 입구를 방어하기 위해, 혹은 의례적 특권을 주장하기 위해서 말이다. 이 점에서 부족과 종족의 탄생은 국가 밖의 사람들이 국가와 상호작용하며 만든 주장 내세우기의 표준 양식이라고 일컬을 수 있다. 그들 사회에서 이것의 목적은 현대 사회에서 노동조합, 회사, 동업자 조합의 결성이 이루고자 하는 바와 본질적으로 같다.[60] 이에 기반을 두어 자원에 대한 권리를 성공적으로 주장하는 자들은 새로운 정체성을 마다하지 않고 기꺼이 수용했다. 마찬가지로 그들은 다른 사람들을 같은 자원에 접근하지 못하도록 배제했다. 배제되어 그리 달갑지 않은 환경으로 밀려난 자들은 대개 상반된 종족화의 과정을 밟았다.[61]

아프리카에서 부족의 경계는 모든 식민지에서 그러하듯 공식적인 제국주의 프로젝트이기도 했다. 한 전문가 집단이 대개 국가 밖의 사람들에 대하여 바삐 종족 경계를 긋고, 관습을 명문화하고, 영토를 획정하고, 수장을 임명하여 제국주의 지배를 원활히 펼칠 수 있는 단위를 만들었다. 어떤 분류 기준은 어리둥절한 문화적 다양성에 억지로 적용되어 이름이 붙은 조공과 세금과 행정의 단위를 만들어 냈다. 식민지를 그렇게 몰아붙여 "부족의 존재를 미리 말하고 행정적 지배를 통해 볼 수 없는 없는 것을 만들어 낸 자기실현적인 예언의 효과를 거두었다." 부족이 국가 밖의 사람들을 표상하는 데 적절한 단 하나의 사회 형태로서 일단 자리를 잡자 재빨리 지배적인 단위가 되었다. 자의적이거나 가공적이라 해도 원주민들은 식민의 틀에서 역할을 하기 위해서는 "그들 자신을 부족으로 내세워야 한다는 것을 알고 있었다."[62] 행정 질서에 대한 열의가 데카르트적 계몽주의 사고나 그 실행이라면 앵글로-색슨이나 칼뱅주의적 단아함에만 해당되는 것은 아니었다. 원주민들을 상호 배타적이고 구역이 확실한 부족으로 나누는 사업에도 해당됐다. 카이사르의 《갈리아 전쟁기》만 읽어봐도 비록 당시의 사실이 좀 혼란스럽기는 하지만 같은 종류의 부족적 질서에 대한 열의가 로마의 모든 총독들 눈에서 이글거렸음을 알 수 있다. 토착인을 속국 수장으로 임명하고 야만인들에게 이름을 붙인 한족 중국의 제국주의 프로젝트도 이와 비슷하게 행정적인 시도를 한 흔적을 갖고 있다. 토사 제도(야만인으로 야만인을 다스림)는 원대(1271~1368)에 고안되어 18세기에 이르기까지 직접 지배가 불가능하거나 재정적으로 이익이 되지 않은 제국의 지역들에서 번성했다.[63]

국가에 의해 마련된 분류가 제멋대로 적용된 이유를 한층 아래로 파헤쳐 들어가면, 지역에서 자원과 위신과 권력을 두고 벌이는 끝 모를 갈등이 드러난다. 의례를 둘러싼 다툼, 가장 좋은 땅을 차지하려는 분파들, 혼인 연합을 위해 다투는 계보들, 지역의 리더십을 두고 벌이는 계승 분쟁 같은 이러저러한 갈등이 끊임없이 새로운 사회문화적 분화를 만들어 냈다. 달리 말해, 새롭고 경쟁적인 사회 단위의 잠재적인 기본 요소들이 날마다 재생산되었던 것이다.

맥스 글럭먼의 독창적인 통찰력을 따라 우리는 대략적으로 구심성의 갈등과 원심성의 갈등을 구분할 수 있다.[64] 분파들이 수장 지위를 두고 싸움을 벌일 때 그 포상이 무엇인지 암묵적으로 동의하고 따라서 그 단위 자체의 중요성을 재확인한다면 그들의 갈등은 중앙집권적이다. 한 분파가 쪼개지거나 탈퇴하여 다른 단위를 만든다면 그 갈등은 분권적이거나 원심적이다. 이 맥락에서 조미아의 인구적·지리적 조건은 원심적 갈등을 부추긴다. 가령 리더십 경쟁에서 패한 분파가 떼를 지어 떨어져 나가 새로운 화전을 개척하고 새로운 거주지를 설립하는 것이 비교적 간단한 문제였다. 종속과 고착화된 위계질서 속에서 살아야 했을 상황에 비교하면, 이는 꽤 평등주의적인 대안이었다. 저항적인 지형 탓에 분리된 공동체는 특히 평지 사회와 비교하여 대체로 고립되어 머물렀다. 험준한 지세와 상대적 고립성 때문에 스며드는 시간이 오래 걸려 언어의 차이, 즉 일종의 언어 분화가 발생했고, 역시 조미아의 여러 조건들 때문에 문화적 차이가 커지고 공고해졌다. 이러한 문화적 표류와 차이화 과정은 대개 '부족적' 구분을 위한 원자재였다. 그러나 문화적 차이와 부족 정체성 또는 종족 정체성을 혼동해서는 안 된다. 이름을 갖게 된 부족이나 종족 집단의 생성은 종종 문화적 차이를 이용하는 정치적 프로젝트이다. 한편 여러 현저한 문화적 차이들이 결코 정치화되지 않고 마찬가지로 그러한 현저한 문화적 차이들이 흔히 동일한 부족 정치체에서 수용되기도 했다.

일단 생성되면 정치화된 집단으로서 '부족'은 문화적 차이를 재생산하고 강화하는 사회적 과정을 시작할 수 있다. 즉 그들 자체의 존재를 위한 근거를 마련해 내는 것이다. 정체성의 정치적 제도화는 성공한다면 사회적 삶의 유형을 재정비하면서 이 효과를 발생시킨다. 인도네시아에서 거의 아무것도 없는 데서 네덜란드 식민지 권력에 의해 '중국인' 종족 집단이 만들어진 것을 설명하기 위해 베네딕트 앤더슨이 사용한 '통행 유형'(traffic patterns)이라는 개념이 이 과정을 잘 포착해 낸다.[65] 바타비아에서 네덜란드는 그들의 선입견에 따라 중국인 소수자들을 구분했다. 이 혼합 집단은 그 자체를 중국인이라 여긴 적이 없었다. 그들은 자연스럽게 다른 바타비아인들과 어울렸고 서로 간에 결혼도 자유롭게 이뤄졌다. 그러나 네덜란드는 이렇게 종족성을 구분하면서 공상 속의 행정을 제도화해 나갔다. '중국인' 구역을 따로 정하고, '중국인' 관료를 선발하고, 그들이 본바 중국의 관습법에 따른 지역 법원을 설립하고, 중국인 학교를 세우고, 대체로 식민 체제에서 이 분류에 맞아떨어지는 모든 사람들은 바타비아 '중국인'이라고 확신했다. 네덜란드 제국주의적 상상력의 산물로 시작된 것이 제도의 '통행 유형'을 통해 실제로 사회학적인 실체가 되어 버린 것이다. 자, 보시라! 60년이 지나서 정말로 스스로를 중국인이라 인식하는 공동체가 존재하고 있다는 사실을. 에드윈 윌름센에 따르면, 결국 네덜란드는 행정 질서를 통해 그들이 볼 수 없었던 것을 제조해 낸 것이다.

'부족'이 정치적 정체성으로서, 즉 권리, 토지, 지역 지도자를 가진 대표적인 단위로서 제도화되자, 그 정체성의 유지와 강화가 그 부족의 많은 구성원들에게 중요하게 다가왔다. 제프리 벤저민은 세노이나 세망 같은 고산 집단들이 더욱 '부족적'이 되고 분산과 수렵채집을 도모하는 일련의 결혼 관습을 제도화하면서 식민 국가와 말레이 국가의 유혹과 위협에 대응했다는 것을 보여 준다. 쟁기 사용에 대한 문화적 터부는 정착 생활을 더욱 막는 구실을 했다.[66] 그 정체성이 자원과 위신을 획득하는 데 성공적인 역할을 할수록 구성원들은 그 경계를 감시하는 데 관심을 더욱 가졌고, 그럴수록 그들의 경계는 더욱 뚜렷해졌다.[67] 요컨대 한번 생성되면 제도적인 정체성은 그 자체의 역사를 갖게 된다는 것이다. 이 역사가 길고 깊을수록 신화 만들기와 망각의 민족주의를 더 많이 닮는다. 시간이 지나면 그러한 정체성은 그 기원이 얼마나 허구인지와 상관없이 본질적인 특징을 갖게 되고 열정과 충성을 불러일으킨다.

혈통과 위신 세우기

> 통상 부족적이라 지칭된 평등한 사회에서 혈연을 헤아리는 가장 일반적인 방식은 명문화에 의한 것이라고 나는 주장하고 싶다.
>
> — 모턴 프라이드, 《부족의 개념》

초창기 식민 관료들은 어떻게 보면 산에서 부족을 '발견한 것'에 대해서 용서를 받을 수 있다.[68] 이것은 그들의 기대였을 뿐만 아니라 많은 산악민들이 스스로를 그렇게 표상하여 그 기대를 부채질했다. 대표할 국가가 없다면 사회적 결합의 원리들은 형식적으로 친족, 족보, 혈통에 기반을 둔다. 물론 이런 원리는 바로 식민주의자들이 부족 지대에서 찾고자 한 것들이었다. 경쟁, 찬탈, 반란, 이주, 사회적 분열, 유동적인 복수형 정체성의 정치적 현실이 어지러울 정도로 복잡하고 늘 변화를 겪었지만, 마르크스주의자들이 부를 수 있는바 이념적 상부구조는 잘 조직되고 역사적으로 일관된 혈연 집단의 모습을 유지해왔다. 일종의 혈통적·역사적 술수에 의해 계승, 혈연, 서열의 공식적 역할이 보존됐다. 연속성과 상징적 질서가 사안들마다 어떤 단계에서 중요하다면, 이 과정은 특별한 의미를 갖게 된다. 어찌 됐든 분절적이고 격동적인 산악 정치의 불규칙성은 다스릴 수 없을 뿐만 아니라 예단할 수도 없다. 가령 성공한 찬탈이나 변칙적인 결혼의 결과를 다르게 해석하여 결국 지배가 만족스러웠고 여전히 안정됐다고 교묘하게 드러내는 것은 훨씬 쉬운 일이었다.

모든 산악민들은 예외 없이 이방인을 흡수하기 위해 그들의 족보를 개작한 오랜 경험을 갖고 있다고 나는 확신한다. 산악 사회는 또한 인력 체제였고 새로운 이주민들을 흡수하고, 입양하고, 외부인들과 결혼하여 이들을 편입시키고, 사람을 사고, 노예 원정대를 파견하여 머릿수를 늘리려고 했다. 새로운 인력은 화전을 새로 개간할 수 있을 뿐만 아니라 받아들이는 집단의 정치적·군사적 힘을 키울 수 있어서 환영을 받았다. 마찬가지로 인력을 갈구했던 평지 사회도 언제든 신참자들을 계급 질서 안으로 흡수하여 일반적으로 그 질서의 맨 아래에 배치했다. 이와는 대조적으로 산악 사회는 신참자들을 종종 가장 강력한 혈연 집단이나 친족 집단에 붙였다.

카렌족은 다른 산악민 집단들에 비해 다른 종족 집단과 통혼을 그리 많이 하지 않는 것으로 잘 알려져 있지만, 여러 강성 이웃들의 틈새에 살고 있어서 새로운 구성원들을 실로 엄청난 규모로 흡수했다. 그렇게 흡수된 사람들 중에는 중국인, 샨족, 리수족, 라후족, 아카족, 버마족, 몬족, 라오족, 루르족이 있었다.[69] 아래쪽의 평지인들과 위쪽의 다른 산악민들 사이인 중간 지역에서 '끼여 살고 있는' 아카족 역시 사람들을 동화시키는 체계를 오래전에 갖추고 유지해 왔다. 엄청나게 긴 구전 족보로 유명한 이 사회에 결혼하여 들어간 사람은 제사를 지내고, 아들을 갖고, 아카어를 말하는 한 새로운 (아래 지위의) 계보의 창시자로 받아들여졌다. 대체로 비교적 짧은 족보(단지 15~20대)를 가진 종족들은 실제로 조상들의 과거 정체성(윈난 출신 중국인, 와족, 따이족 등)을 떠올릴 수 있었다. 잡혀 온 노예는 그 주인의 종족이나 그에 혈통적으로 가까운 집단에 편입되었다. 레오 알팅 폰 괴사우에 따르면, 통합의 레퍼토리가 아주 오랫동안 지속되고 일상적이어서 아카족은 그 집단 자체를 유지하면서도 지난 세월 동안 새로운 이주민들이 섞여 유전적인 관점에서 보면 아주 새로워진 게 틀림없다고 한다.[70] 그러나 족보에 관해 말하건대, 모든 이민자들이 기존 출계 유형의 씨줄과 날줄에 들어가 이른 시간에 '귀화'되면 그 혼란은 사라졌다.

이렇게 족보에 술책을 부리는 것이 획득한 권력과 출신 성분을 정당화하기 위해 수장의 계보를 꾸며 내는 데에서도 작동된다. 한 까친족 수장의 계보는 40대나 그 이상에 이르는 족보를 만들어 낼 수 있었다. 리치는 이 족보들이 '허구적'이고 "역사적 사실로서 가치가 없다"고 보았다. 한 계보가 영향력을 갖게 될 때 일반인 계보들은 가만히 있지 않고 어떻게 하든 유리한 방식으로 그 힘 있는 계보와 가깝다는 것을 강조하기 위해 자신들의 족보를 다시 썼다. 까친족의 계보 체계에서 실질적인 권력은 의례적 의무를 수행하면서 과시적 연회를 베푸는 데 달려 있었고, 이로써 베푼 자에게 빚진 모든 이들의 충성과 노동(인력)이 자신의 권리라고 내세웠다. 귀족의 의무라고 간주된 것들을 성공적으로 수행한 사람들은 누구든 그 출신이 어떠하든 귀족으로 받아들여졌다.[71] 리치는 족보가 사실상 모든 실제의 권력관계에 대해 정당성을 주장하기 위해 고안될 수 있다는 점을 아주 명확히 보여 주었다. "사회적 상승은 이중 과정의 산물이다. 우선 개인들이 의례적 의무를 따르면서 베푼 과시를 통해 위신을 획득한다. 그런 다음 개별 계보의 지위를 과거로 거슬러 올라가 정당화시킴으로써 이 위신을 공인된 지위로 바꾼다. 이 마지막 단계는 대개 과거의 족보를 조작하는 문제이다. 계승에 관한 까친족의 규정이 너무나도 복잡하여 그러한 조작이 특히나 쉬웠다." 더욱이 "어떤 영향력 있는 귀족이건 족보를 자기의 구미에 맞게 시기를 거슬러 올리며 개작"할 수 있었다." 원리상 한 사람의 지위가 정확히 그의 출생에 의해 정해졌다고 해도 실제로는 그 체제에서 유동성이 거의 무한대로 적용됐다."[72]

산악 지역의 '부족성'은 따라서 사회에서 권력의 실제 분배를 혈연으로 정당화하기 위해 계획적으로 재구성된 혈통적 신화에 의해 조장된 것이다. 이야기꾼들은 그 신화를 사실로 꿰맞추는 일을 했던 전문가들이었다. 산에서 만들어진 혈통 신화는 근시안적 사고와 행정적인 편의에 입각하여 위계제와 부족성을 만들어 내려 했던 식민 관료들에게 힘을 더 실어 주었다. 그들은 그리 위계적이지 않았던 사람들이 무수히 거주했던 지역에 샨 주를 설립했다. 까친족 중에서는 귀족과 수장과 전제적 통치자가 있는 집단을 선호했고 '무정부적'이고 민주적인 굼라오 까친에 대해서는 혐오감을 표시했다.[73]

카렌니족에서도 마찬가지로 지도자의 자리에 오르는 것은 대부분 카리스마, 연회, 정치 군사적 기술에 달려 있었다. 세습과 혈통적 지위가 정치적 성공에 중요하게 자리 잡고 있어서 지도자는 반드시 적법한 자손이라고 이념적으로 내세울 수 있어야 했다. "심지어 찬탈자도 권력을 잡자마자 그 자신은 평범한 마을 사람이었지만 그 조상들 중 하나나 그 이상이 '왕가의 뼈대' 출신이었음을 보여 주려 했다"고 리먼은 설명한다. 카렌니족과 대개의 카렌족이 부계 쪽과 모계 쪽을 모두 친족에 포함시키는 '공계친족(cognatic kinship) 체계'를 따르는 한, 필요한 연결 고리를 찾기가 까친족보다 훨씬 쉬웠다. 이런 상황에서 식민주의자들이 잘 정돈된 혈통 계승 규칙과 긴 역사에 의해 구성된 부족을 찾는다면, 그들이 마주친 고산족들은 정말로 기꺼이 식민주

의자들이 만든 회고적 혈통 질서를 반기고 고산족들 스스로 그것을 자신들의 정치적인 수단으로 삼았다.[74]

공식적 사회제도로서 부족은 다른 지역에서도 마찬가지로 정치적 현실에 대한 유용한 가이드로서보다는 일종의 이념적 외골격으로서 더 두드러진다. 역사상 가장 유명한 부족 가운데 하나인 오스만제국을 건설한 오스만 부족은 사실 여러 부류의 사람들과 종교가 정치적인 목적을 위해 연합한 잡다한 집합이었다. 이것은 특별한 경우가 아니었다. 이에 대한 증거를 조사한 루디 폴 린드너는 "오늘날 인류학자들의 [중동 지역] 현지조사는 부족이나 씨족, 심지어 캠프의 구성원이 되는 것이 부족에 관한 일상적 표현 양식이나 이념이 말하는 것보다 훨씬 열려 있다는 사실을 보여 준다"고 주장했다.[75] 오스만의 경우, 부족은 투르크 유목민들과 비잔틴 정주민들을 한데 모으는 유용한 도구였다. 그리고 만약 피를 같이 나누었다는 것이 혈연 집단으로서 부족이라는 아이디어를 유지시키는 데 바람직하다면 씨족의 족보는 관계가 먼 사람들을 엮어서 다시 만들 수 있었다. 분절적 유형의 계보는 의심할 나위 없이 부족의 이념 차원에서는 일반적이었지만 그 현상을 유지할 필요가 있는 경우를 제외하면 부족의 관행 차원에서는 일반적이지 않았다.[76]

사회적 결속력을 정당화하는 유일한 근거로서 혈연과 출계 법칙의 지배력은 비록 사실적인 오류가 많긴 해도 너무나도 강력하여 자기 표상을 독점해 버렸다. 산악민에게 이것은 실제의 권력을 정당화하기 위한 유일한 길이었다. 찰스 디킨스 소설 속의 베니어링 부부(《우리 서로의 친구》 Our Mutual Friend의 등장인물—옮긴이)가 이웃들에게 보였던 모습을 자신들에게도 보이도록 안간힘을 썼던 것처럼, 흉내 내기는 냉소적 도구가 아니라 사회관계를 의식하는 방법이다. 이를 민주적 메커니즘이라고까지 할 수 있다. 공동체의 구성원들이 주어진 의례와 자선의 의무를 지키는 지도자들에게 회고적 정당성을 부여할 수 있기 때문이다. 이렇게 특별한 관점에서 부족을 생각하는 것은 식민주의자들의 상상 속에서처럼 산악 지역의 이념 속에도 깊이 배어 있었다.

종족 정체성의 애매모호함, 그들 사이 경계의 허술함, 저마다 다른 정체성의 생성과 소멸, 비교적 평범해 보이는 혈통적 연속성의 표면 아래에서 벌어지는 끊임없는 '권력 정치' 등을 고려할 때, 산악 정체성에 관한 급진적인 구성주의 입장은 피할 수 없는 것이라 보인다. 적어도 리치가 까친족에 대해 보여 주었던 것처럼, 어떤 산악민이든지 취할 수 있는 일련의 사회 형태를 갖고 있다. 우리가 앞에서 보았듯이, 이 유동성에 고정된 형식을 적용한 것은 제국주의적 상상력의 가공물이었다. 토머스 커시는 리치의 안내를 따라 사회조직의 유동성 그 자체에 관심을 돌리고 이를 중요한 현상으로 다루었다. "동남아시아의 종족 전통에서 중요한 자리를 차지하고 있는 이러한 다양한 산악민 중 그 어느 누구도 고착되거나 움직일 수 없는 종족 지위를 갖고 있지 않다(또는 않았다)"고 그는 주장했다.[77]

산악 지역에서 나타나는 사회 형태의 불확정성, 역사와 족보의 유연성, 언어와 사람들의 엄청난 복잡성은 단지 지배자와 민족지학자와 역사가들의 수수께끼가 아니었다. 이는 산악 사회를 구성하는 특징이었다. 첫째, 이것은 라틴아메리카 여러 곳에서처럼 수많은 이주민, 도망자, 몰락한 농민, 반란자, 그리고 기존의 다양한 산악민들로 채워진 도피 공간에서 예상할 수 있는 바이다. 지형 그 자체가 산악 지역의 문화적·언어적 다양성을 도모하고 유지하는 데 일조했다. 그러나 역시 이 불확정성을 느닷없이 급격하게 바뀌는 상황에 대처하는 적응이라고 보는 것도 타당하다. 카렌족이 다양한 생태 지대에 걸쳐 흩어져 여러 강력한 평지 국가 가까이에 거주하고 있음을 눈여겨본 레너드는 그들의 사회구조, 구술사, 친족 유형, 생계 기술, 음식, 건축 등에서 나타나는 놀라운 유연성이 이동을 손쉽게 하고 갖가지 변화에 대처하기 위해 마련된 것이라고 생각했다. 필요하다면 대부분의 카렌족 집단들은 방향을 쉽게 돌렸다. 이 위대한 적응력은 카렌족이 살아가는 데 큰 도움이 되는 자질이다.[78]

어떤 역할을 해야 하는지, 어떤 상황에 적응해야 하는지 완전히 알지 못하는 산악민으로서는 문화적 레퍼토리를 최대한 많이 계발하여 갖고 있는 것이 유리하다고 생각했다. 존슨은 레퍼토리의 대부분을 "부족 정체성 형성"과 관련짓고, 특히 마을 단위를 벗어났을 때 거의 유일하게 일상적인 활동의 장이 된 '부족'이 그 레퍼토리의 한 요소라고 보았다. 그는 산악민들이 임의대로 실천하는 일련의 사회적·경제적 관행들을 설득력 있게 중심 분석 대상으로 삼는다. "사람들은 국가의 신민이라는 범주와 신민은 아니지만 숲에 거주하며 국가에 의존하는 사람이라는 범주 사이를 이동해 왔다. 또한 자율적인 고산족에서 두 갈래의 사회적 길을 선택하여 어떤 이들은 국가의 신민이 되는 길로 또 어떤 이들은 마을의 삶을 뒤로하고 작게 무리를 지어 수렵채집의 길로 나아갔다. 이것은 일반적으로 사회적 경관이 어떻게 변하는지, 사람들이 어떻게 구조적 범주 사이를 오가며 특별한 관계망에 들어갔다 나왔다 하면서 거듭 자신들의 정체성, 공동체, 역사의 한계를 다시 설정하는지를 보여 준다."[79]

나는 이 선택들이 배열되는 두 축을 구분할 수 있다고 생각한다. 이들 모두 존슨의 분석에 거의 드러나 있다. 하나는 평등 대 위계의 축이고, 다른 하나는 비국가성 대 '국가성' 또는 신민성의 축이다. 수렵채집으로 나아간 것은 평등하면서도 국가 밖의 삶을 선택한 것인 반면, 평지 국가로 흡수되는 것은 위계와 신민성을 표상하는 것이다. 그 사이에 수장이 있기도 하고 없기도 하는 지위가 개방된 사회가 있고 때론 국가에 조공을 바치는 위계적 수장 체계도 있었다. 이 축들에 따라 거의 자의적으로 규정된 위치들은 그 어떤 것도 안정적이거나 고정적이지 않다. 각각의 위치는 다른 것들과 더불어 상황에 따라 끌어안기도 하고 포기하기도 하는 하나의 가능한 적응 방책이다. 이제 마지막으로 이 선택들의 구조로 눈을 돌려 보자.

위치성

F. K. 리먼은 카렌니족(까야족)이 어떻게 정체성과 군소 국가를 갖게 됐는가를 풀어내는데, 더 큰 여러 카렌니어 구사 집단들의 집합체 내에서 그리고 인근 벼농사 국가, 특히 샨족과 버마족의 국가에 대응하여 내세운 위치나 전략적 관계라는 측면에서 그 정체성과 군소 국가를 이해할 수 있다고 결론을 내렸다. 그 집합체가 탈바꿈하거나 해체될 때 카렌니족은 그들의 사회조직이나 정체성까지도 거기에 적응해야 했다.[80]

리먼이 언급한 체제를 태양계에 비유한다면 이를 이루는 여러 행성들의 집합, 그들 사이의 상대적인 거리, 상대를 끌어당기는 힘인 저마다의 인력에 대해 폭넓게 이야기할 수 있다. 이 체계들에서 가장 큰 행성들은 비유컨대 벼농사 국가들이다. 그 국가들은 커졌다 줄어들었다 하고 경쟁의식이 발동하여 상대를 제한하기도 하고 그들 중 가장 작은 국가는 인근 산악민들에게 휘둘릴지도 모르겠지만 대체로 인력과 물질문화, 상징 권력이 몰려 있는 국가는 중력의 중심이 된다.

그러나 그 벼농사 국가가 끌어당기는 힘인 동시에 내모는 힘이 되는 한, 그리고 여러 종류의 영향력을 발휘하는 한, 여기에서 이런 비유는 설 자리를 잃는다. 그 문화적 카리스마, 상징적 확산력은 그 어떤 힘보다도 크다. 가장 외딴 산악지대에서도 평지 국가로부터 조각조각 들여와서 내세웠을 권위의 상징과 권력의 증거들을 마주하게 된다. 의복, 모자, 의례 도구, 두루마리, 궁정 건축 모방, 언어 형식, 궁정 의례 요소들이 그에 해당된다. 산악 지역에서 마을을 넘어서는 권위는 정통성을 드높이기 위해 으레 보편적인 가치를 활용했다. 한족과 상좌불교 각각의 반그림자가 겹쳐 드리워진 산악 지역에서 양쪽 평지 체계로부터 들여온 조각들이 어지럽게 섞였다. 깃털처럼 가벼운 이러한 상징적 파편들은 대부분 우주론적 허세의 장식품들이었기 때문에 쉽게 산으로 갈 수 있었다. 그것들은 신성한 왕권의 이념과 상징적 도구들이 남아시아에서 전통 시대 동남아시아 궁정에 왔던 여정을 축소하여 되풀이한다.

벼농사 국가 핵심부의 끌어당기는 힘은 경제적으로 광범위했다. 말레이 세계처럼 대륙 동남아시아 평지 왕국의 중심부는 천년이 넘게 국제 사치품 무역의 장이었다. 산지 생산물은 여기에서 가장 귀중한 품목으로 취급받았다. 앞에서 살펴보았듯이 산과 평지는 서로 다른 생태 지대로서 경제적으로 서로 의존 관계에 놓여 있었다. 대체로 그 사이의 거래는 강압적일 수가 없었다. 공물에 기반을 둔 교환의 경우에도 조공을 바치는 산악민들이 평지의 문서에서는 명목적으로 열등하다 해도 종종 우세했고 조공 관계는 상호 이익이 되는 교환의 기회로 환영받았다. 산과 평지의 경제적 통합은 유익했기 때문에 강압적이지 않고 서로 광범위하게 이루어졌다.

그러나 직접적인 정치행정적 지배는 동남아시아 벼농사 국가의 확산력이 미약했다. 지형, 군사 기술, 적은 인구, 개활지 등의 이유로 국가는 비교적 작은 핵심 지역을 벗어나서는 강압적인 지배를 성공적으로 수행하지 못했다. 강압성이 발휘된다면 이는 좁은 지배의 영역 내로 많은 사람들을 포획하여 정주시키기 위해 기획된 노예사냥 원정대에서였다(전쟁이나 노예사냥 중개인을 통하기도 했다). 도피는 이 성과를 허사로 만들 수 있었다.

이처럼 명백한 한계를 갖고 있었기 때문에 대부분의 평지 국가는 하나나 그 이상의 인근 산악 집단들과 때로는 공식화된 연합 관계를 맺었다. 평지 핵심부 근처에 거주하면서 산과 평지 사이에 놓여 있는 풍성한 생태적 중간 지대의 이점을 활용하고 중개인으로서 그 둘 사이의 거래를 독점하는 것이 몇몇 산악 집단의 관심사였다. 중국의 궁정과 관계를 맺었던 야오족(미엔족)의 경우와 치앙마이와 짜잉똥과 관계를 맺고 있던 라와족의 경우에, 그 연합은 명백히 문서화된 포고나 법령의 형태를 취했다.[81] 본질적으로 그 '계약'은 일종의 협상을 뜻한다. 공물과 좋은 행실(반란은 절대 안 됨!)에 대한 보답으로 산악민들은, 야오족의 경우를 보면, 새로운 화전을 찾기 위해 '산을 건너는' 이동을 허락받았고 세금과 부역과 통행세를 면제받고 군주와 신하들 앞에서 무릎을 꿇지 않아도 되었다. 그 문서들은 야오족과 라와족을 마술 동그라미와 같이 흡인력 있는 문명의 삶 바깥에 위치시키는 문명 담론으로 가득 차 있다. 존슨이 날카롭게 지적하듯이, 그 문서들은 또한 이름을 짓는 효과, 유동성 속에서 정체성을 안정화시키려는 효과, 토지와 이동의 권리를 부여하고 '부족의 영토'까지 지정하는 궁정 중심부의 권리를 암묵적으로 폐지하는 효과, 그리고 부족이 책임질 수 있는 수장을 갖고 있을 것을 상정하는 효과를 거두었다. 그 문서는 적어도 한족의 관점에서는 '야만인들을 익히는(cooking)' 처방이라 간주할 수 있다.

산악민들에 대한 평지의 그러한 선언들을 역으로 해석할 수 있다. 평지 궁정들에게 인근의 산악민들을 협력자로 두는 것이 굉장히 중요했다. 그들은 그 평지의 핵심부와 산 너머 적성 평지 국가 사이의 핵심적인 완충지에 거주하며 그 사이에서 조기경보 체제 역할을 했다.[82] 연합한 산악민들은 중요한 무역로를 지키고 다른 산악민들과의 거래와 외교관계에 다리를 놓았다. 마지막으로 그들은 그들 스스로 노예 습격대가 되어 불안정한 핵심부 인구를 채우는 데도 보탬이 되었다. 그런 계약 조건들이 평지의 관료에게는 권한 이양과 복종으로 보였을지 몰라도, 그들은 협력의 조건을 양보하지 않고 평지 관료들 앞에서 굽실거릴 필요가 없었다는 점에서 그 계약은 산악민들의 성취라고 할 수 있다. 완전히 '익힌' 야만인들은 아마도 머리를 숙였을 것이다. 평지의 관료와 외부인들에게 그 계약 문서를 흔들며 요란하게 자랑했다고 알려진 야오족(미엔족)의 태도는 그런 식으로 해석되었을 것 같다.[83]

그러한 계약들은 무수히 많다. 여러 평지 왕국들 사이에 위치해 있었던 카렌족 집단들은 한때 각 왕국의 협력자이기도 했다. 18세기 중반에 3천 명의 카렌족 군사가 카렌족이나 몬-카렌족이었던 것으로 추정되는 수장 아래로 들어가 싸우며 몬-버고가 잉와와 대결을 벌여 처음으로 거둔 승리에서 중요한 역할을 했다. 이 지역에서 포카렌족은 몬-카렌(딸라잉-까리양)으로 알려져 있고, 때론 버마-카렌이라 일컬어지는 북쪽의 스고카렌족과는 다른 특징을 지니고 있다. 버고 왕국이 멸망하여 많은 사람들이 흩어졌을 때, 카렌족은 몬족과 함께 타이족의 보호를 구하기 위해 도망갔다. 타이족은 카렌족을 조기경보 시스템으로서 경계 지역에 '심어' 놓았다. 버마족의 눈에 카렌족은 타이족과 협력한 제5열이었다. 따이족의 왕국인 치앙마이에게 카렌족은 '숲의 수호자'로 여겨졌으며, 그 땅에 처음 도착한 자로서 그리고 소중한 협력자와 무역 상대자로서 의례에서 중요한 역할을 했다. 이렇듯 여러 카렌족 집단의 정체성에는 각 위치와 시대에서 그들이 관계를 맺었던 평지 사회가 새겨져 있었다.[84]

모든 '문명화된' 평지 벼농사 국가는 산에 거주하는 하나 이상의 야만인 협력 세력과 대개 서로에게 이익이 되는 관계를 맺을 필요가 있었다. 아카족은 짜잉똥과 시쐉반나 따이족 국가와, 친족은 버마족 궁정과, 라와족은 치앙마이의 타이 유원족(Yuan, 북부 태국의 타이족을 타이 유원이라고도 한다—옮긴이)과, 와족은 여러 샨족(따이족) 국가들과, 포카렌은 몬족 국가와, 라와족은 란나와 더 일찍이는 람푼과, 자라이족은 끄메르족과, 빨라웅족은 샨족과, 고산 따이족은 라오족과, 까친족은 샨족과 짝이 되었다. 북서쪽에서는 나까족이 한때 마니뿌르 궁정의 일종의 고원 지원대라고 알려졌다.[85] 각각의 경우에 일종의 문화적 공생이 발전하여 산악 협력자나 그 일부가 평지의 파트너를 더 가까이 닮아 갔다.

이것은 야만인을 '익히는' 처방과 마찬가지처럼 보인다. 아니 그보다 더 나아가 흡수와 동화의 처방이었다. 앞서 논의되었듯이 타이족과 버마족이 적은 숫자의 군사적 식민주의자로 다가온다면, 산악민들이 바로 이런 식으로 구성되기 마련이었다.[86] 가까운 산악 협력자들은 점점 더 평지와 연계를 갖고 있는 수장에 의해 지배를 받고 더욱 위계적으로 변화될 개연성이 컸다. 그때 그들이 한족의 체계인 '익힌 야만인'에 맞추기 마련이었다. 한족의 '문명 시리즈,' 즉 야생 야만인, 숙성 야만인, 완전한 신민(지도에 들어가는 것)으로 발전하는 경로는 리치가 개관한 샨족의 문명 시리즈, 즉 평등(굼라오), 위계적 굼사, 샨의 경로와 구조적으로 비슷하다.[87] 리치는 종족적 변이를 기울기라고 묘사했다. 그런 변이는 모든 벼농사 국가들과 그들의 인근 산악 협력자 사이에서도 같은 형태로 나타난다. 결국 이것은 산악민들이 평지의 신민이 되는 사회적·문화적 경로이다. 물리적 인접성, 교환과 접촉, 언어적 통일, 전유의 의례, 그리고 고전적인 사례인 논농사가 그 경로에 놓여 있었다. 이 경로는 갑자기 비틀어 버리는 변화의 과정이라기보다는 색깔의 농도 변화와 같다. 종족 변이가 일어났는지 전혀 알아차리지 못했다!

우리가 이러한 종족적 변이를 상대적으로 거의 틈새가 없이 이어지는 것이라고 생각한다면, 그 방향이 반대일 때도 그러할 것이라고 생각할 수 있다. 평지의 '문명'으로 가는 길은 또한 산악의 자율성으로 가는 길이었고 그 사이에 수도 없이 많은 기착지가 있었다. 전쟁이나 전염병의 경우에 그 변이가 (익숙할지라도) 갑작스러웠지만 대개 평지 국가가 쇠잔할 때, 무역로가 바뀔 때, 또는 세금 징수가 힘들어질 때처럼 점진적이고 감지할 수 없는 과정이었다. 평지 국가로 가는 길은 2차선이었고 떠나는 것은 들어오는 것에 비해 반드시 더 거슬리거나 충격적일 까닭이 없었다.

평등주의, 국가 막기

우리를 대포로 모두 폭파시켜 버리든지 아니면 우리 18만 명 모두를 나왑(Nawab, 무굴제국 시대와 영국 식민지 시기 인도 주요 지역의 통치자—옮긴이)으로 만들어 주십시오.

— 파슈툰 원로들이 영국에게

라멧은 '수장'이라는 개념을 정말 이해하지 못한다.

— 카를 구스타프 이지코비츠, 《라멧》

베두인족은 야만족이기 때문에 무례하고, 자긍심이 높고, 야심차고, 지도자가 되기를 갈구하여 그들 스스로 다른 사람에게 절대로 복종하지 않는다.

— 이븐 할둔

에드먼드 리치의 《버마 고원의 정치체계》가 그렇게 여전히 고전으로 읽히는 큰 이유는 그가 까친족에게서 발견하여 부르는바 독재적인 분파와 민주-평등적 분파 사이의 대립을 그가 직접적으로 관찰한 종족들 이외에서도 쉽게 관찰할 수 있기 때문이다. 국가의 한계 지역에서 살고 있는 비국가적 사람들은 그 둘 사이에서 자신의 위치를 설정했다. 그 시대의 연구물들, 특히 아삼-미얀마 국경 지역에 관한 연구물들을 섭렵한 리치는 같은 토착 집단 내에서 민주-평등적 형태와 독재-왕조적 형태 사이의 대조에 관한 여러 다른 경우들을 발견했다. 그는 친족, 세마족, 콘약족, 나가족에 관한 연구를 인용한다.[88] 우리는 카렌족, 라후족, 와족, 카렌니족, 그리고 포괄적으로 문헌 조사를 한다면 더 많은 종족들을 이 사례에 포함시킬 수 있을 것이다.[89]

영국이 이끈 '강화' 부대는 평등주의적 까친 지역에서 저항에 부딪혔다. "여기서 우리의 반대자들은 굼라오 까친족으로 그들의 주요한 특징은 한 마을에서조차도 어떤 지도자도 갖지 않는 것이다."[90] 그들은 "경의나 복종의 형식을 갖고 있지 않다고" 여겨졌다. 굼라오처럼 우두머리 없는 공동체는 영국의 행정 체계나 다른 어떤 행정 체계에도 전복적이었다. 그 공동체에 들어가서 협상을 하거나 다스릴 제도적인 지렛대나 수단이 없었다. 따라서 식민 행정은 "두와(Duwa) 아래 바르게 지배가 이루어지는 지역"만을 인정했고 관료들에게 이 마을들에서조차도 '독립의 기운'을 경계하고 이를 지체 없이 눌러 버리라고 주의를 주었다.[91] 이에 그 스스로 민주적 전통의 계승자임을 자랑스럽게 생각한《관보》편찬자는 "그러한 공화주의적 또는 민주주의적 공동체들은 미얀마의 행정 체계 내에서는 더 이상 허용되지 않는다"는 말을 모순의 흔적 없이 쓸 수 있었다.[92]

리먼이 드러내듯이 까야족의 경우에 민주적 원리와 전제적 원리가 "의례와 사람들 사이에서 동시에" 포함되어 있다.[93] 우리가 부를 수 있는바 귀족적 의례는 상징적인 몸짓을 지역 단위를 넘어서 만들어 내고 특히 샨 왕국과 만달레의 버마족 왕조 수도의 과시적 요소와 상징물들을 도입한다. 그 의례의 중심부에는 까야족 마을임을 알게 해주는 특징으로 대부분의 샨족과 버마족 파고다에서 발견되는 깃대(지역

신들이 부처에 복종했음을 알리는 상징)에 비견되는 긴 티크목 기둥이 있었고 그 꼭대기에는 대부분의 불교 건축물들에 보이는 우산 모양의 장식물(티, hti)이 덮여 있었다. 이 의례를 담당하는 세습 사제는 높은 신에게 예물을 바쳤다. 그 신의 명칭은 '소브와'라는 용어처럼 지배자를 일컫는 샨족의 용어에서 유래했다. 그 사제는 다른 의례를 담당하는 사제들, 즉 시골 지역의 토착 신, 특히 숲의 토착 신(낫)을 주관하는 사제들과 어울리지도 통혼하지도 예물을 받지도 않았다.

중요한 것은 까야족의 의례적 복합체가 철저히 양서적이었다는 점이다. 민주적 구성 요소와 전제적 구성 요소가 현존했으나 의례적으로 분리되었다. 평지의 형태를 본뜬 복합체는 소브와의 이념적 상부구조와 대개 국가 형성에 이바지한 반면, 다른 의례는 전적으로 지역적이었고 지배자의 권위를 전혀 인정하지 않는다. '동전이 돌아가듯' 갑작스레 바뀌는 정체성의 유동성이 위계적 형태에서 비위계적 형태로 탈바꿈하는 것을 수반한다면 까야족은 의례적으로 완전한 형태의 양 극단을 모두 보여 준다.

마지막으로, 영속적 위계 시스템에 따른 국가와 권력이 발생하는 것을 막기 위해 작동하는 몇 문화적 관행에 초점을 맞추어 평등주의적 사회구성과 위계적 사회구성을 비교할 수 있다. 비교적 계층화된 산악 사회인 루아족(라와족)과 상대적으로 평등한 집단인 리수족이 실례가 된다. 루아족은 엘리트(사망samang) 계보가 의례와 연회에서 우위를 차지하고 그 계보가 동시에 토지 접근을 통제하는 것을 중요하게 여긴다.[94] 그 지배 계보들은 그들의 지위와 강력한 평지 궁정, 특히 치앙마이와 맺은 관련성을 강조하는 세세한 족보를 갖고 있다. 그 관련성에서 두드러지는 것은 미엔족의 경우처럼 부역, 징집, 코끼리와 말에게 꿀을 제공하는 것을 면제시켜 주고 화전에 대한 권리를 인정하는 '선언'이었다. 한편 리수족은 모든 계보들이 경쟁 연회를 베풀 수 있는 기회와 토지에 접근할 수 있는 기회를 쉽게 가질 수 있다는 것과 계급이나 지위에 본질적으로 차이가 없다는 것을 강조한다.

우리의 목적에서 보자면, 평등한 리수족에게서 두 가지 특징이 눈에 띈다. 첫째, 그들은 역사에 대한 거부라고 해도 좋을 정도로 간략하고 몹시 생략된 족보를 갖고 있다. 결국 대부분의 계보 역사의 목적은, 구전이든 기록이든 그 계보가 독특성을 지니고 있고 지위를 차지하기에 마땅하다는 것을 내세우는 것이다. 이럴진대, 만약 계보의 역사가 축소되거나 무시된다면, 이는 높은 위치에 대한 역사적인 주장을 못하도록 금지하는 것은 아닐지라도 문화적으로 단념시키는 것이다. 역사를 거의 갖지 않거나 아예 갖지 않는 것은 암묵적으로 모든 친족 집단을 대체로 같은 위치에 두는 것이다. 우리는 기록된 역사와 족보의 부재가 어떻게 서발턴(subaltern) 집단들에게 마찬가지로 유리한 전략책과 적응책이 되는지 꽤 자세히 살펴본 적이 있다. 구전 족보는 작위적이든 창조적이든 역시 마찬가지 주장을 내세우기 때문에 이를 거부하는 것 역시 평등주의적 움직임이었다. 문자 기반의 문명이 어찌해 볼 도리가 없는 국가 밖의 사람들을 끊임없이 역사가 없는 자들이라고 치부했던 것을 자주, 확실하게 보게 된다.[95] 그러나 여기서 우리가 마주하는 것은 위계질서나 으레 그와 동반되는 국가 형성을 막기 위해서 지위를 내세우는 역사를 부인하는 관행이다. 리수족은 역사를 갖기에 부족하기 때문이 아니라 역사가 주는 불편함을 피했기 때문에 역사를 갖고 있지 않는 것이다.

이렇듯 역사의 부재 덕택에 평등주의적 집단에서 각 계보나 또한 그 점에서 있어서라면 각 가족이 그 자체의 개별적 관습과 방식을 가질 수 있었다. 리수족이 자랑스럽게 여기는 '전통'이 하나 있다. 바로 지나치게 독재적으로 나아가는 촌장을 살해하는 전통이다. 폴 두렌버거가 언급하듯이, "리수족은 자기주장이 강한 독재적인 촌장을 혐오"하는데, "살해된 촌장에 대한 리수족의 이야기들은 무수히 많을 지경이다."[96] 그런 전통들은 다른 많은 평등주의적 산악민들에게서도 발견된다. 기록에 나타난 까친족 촌장에 대한 초창기 굼라오 집단의 반란을 보면 그 전통이 일종의 정치적 운동을 지속시킨 것으로 보인다. 하지만 그 정치적 운동이 얼마나 자주 그 전통에 의거해 발생했는지는 알기 어렵다. 아무튼 주의를 주는 그러한 이야기들은 계보의 권력을 공고히 하려는 어느 잠재적인 독재적 촌장에게 어떠한 결과가 나타날 것인지를 알려주는 예방 차원의 평등주의적·구조적 경고이다.

위계적인 루아족에서 계보들은 서열화되어 있다. 그 계보들은 높은 지위를 차지하기 위해 술수를 쓰고 그 술수의 일부는 서로 다르게 꾸민 기원 신화와 족보에 기반을 두는 우세한 지위를 내세운다. 굼라오 까친족처럼 리수족은 서열로 구분된 계보와 계급으로 나뉜 연회를 거부하고, 역사를 부인하고, 더 직접적으로 계보와 연회를 서열화하려는 야망을 가진 촌장이 등장하는 것을 거부한다. 사실상 평등주의적인 리수족은 국가를 막는 꽤 포괄적인 프로그램이라 할 수 있는 문화를 만들어 냈다.

평등주의적 사회조직 모델과 위계적 사회조직 모델이 하나의 단일 문화에 통합되어 있다는 것은 결코 까친-샨의 맥락에만 한정되지 않는다. 이는 대부분의 동남아시아 지역에 걸쳐 발견된다.[97] 더 추정적으로 말하면 이것은 국가의 경계에서 살고 있는 많은 비국가 사람들의 구조적 규칙성이라고 얘기할 수 있다. 로버트 몽타뉴의 모로코 베르베르 사회에 관한 고전적인 명제는 "베르베르 사회는 두 개의 경쟁적·절대적 사회 형태들 사이, 즉, 한쪽에서 나타나는 민주적 공화정 혹은 연합체나 위계적 연합체에 의한 과두적 부족 공화정, 다른 쪽에서 나타나는 오늘날 남부의 대(大) 카이드(Caid, 베르베르족의 지방관—옮긴이)가 예시하는 일시적인 부족 전제정 그 둘 사이를 오간다."[98] 까친족의 경우에서처럼 베르베르족은 국가 만들기의 토착적 모델을 갖고 있지 않았고 국가가 그들 사이에 처음 발생했을 때 그 형태는 인접해 있는 헬레니즘적인 국가 모델에 기반을 두었다.

여러 비슷한 사례들 중에서 하나만을 언급하자면, 칼미크 유목민과 러시아 국가에 관한 마이클 코다르코프스키의 연구도 마찬가지로 그런 진동을 상정한다. 명목상 지배 계보는 귀족들과 더불어 세습적 계승과 중앙집권적 권력에 의한 왕조를 창조하는 데 열과 성을 다했다. 부족의 다른 지도자들은 분권화와 불확정적인 계승 규칙, 즉 개방된 지위를 선호했다. "구조적으로 적대적인 두 경향, 즉 중앙집권을 강화하려는 방향으로 사회의 최상승부를 몰아가려는 하나와 분리주의적 성향을 강화하려는 다른 하나가 대개 유목 사회의 특징인 끊임없이 발생하는 내전의 사이클을 만들어 냈다."[99] 그런데 코다르코프스키가 명백히 밝힌 것은 중앙집권적인 경향이 인근 국가에 받아들여지는 것과 긴밀히 관련되어 있다는 것이다. 즉 차르 체제는 칼미크족의 칸을 제도적인 연계와 지배의 형태로 승격시켰다. 영국과 중국 제국에서와 마찬가지로 차르는 무정부적인 부족을 극도로 혐오했다. 중앙집권화와 전제 지배는 차르 국가의 힘과 그것이 부여하는 혜택

그리고 칼미크족 칸의 정치적 야망이 어떻게 조합되는가에 달려 있었다.

국가 변방의 평등주의적·무두적 사람들은 다스리기가 어려웠다. 손으로 움켜쥘 수가 없었다. "나를 그대의 지도자에게 안내해 달라"는 명령에 확실한 답이 있을 리가 없었다. 그런 사람들을 정복하거나 끌어들이는 것은 일시적인 일이었다. 한때 한 마을, 아마도 한때 한 가구 정도나 그렇게 했을 터였다. 게다가 그마저도 본질적으로 불안정했다. 그 누구도 어느 누구를 위해 답을 할 수 없었다. 따라서 우두머리가 없다는 것은 앞서 나온 중동의 '해파리 부족'처럼 그 자체가 일종의 도피의 사회구조라 할 수 있다. 우두머리 없음은 특별한 상황(가령 카리스마적 종교 지도자와 일시적인 군사적 연합)을 제외하고, 일반적으로 연합할 능력이 없음과 논리적으로 연결된다. 외부 국가에 흡수되는 것을 막는 사회구조는 또한 내부적으로 국가와 같은 구조를 만들려는 움직임을 좌절시킨다.

그러한 평등주의적 사회구조를 떠받치는 물질적 조건이 무엇일까? 굼라오 까친족, 리수족, 베르베르족, 칼미크족의 상황은 이 점에서 시사점을 제공한다. 특히 공유재 개활지가 핵심 조건이다. 고정되고 상속이 가능한 토지 자산이 항구적인 계급 형성을 도모했던 것처럼 공유재 개활지는 생계 자원에 대한 접근을 평등하게 했고 평등주의를 유지하는 데 중요했던 마을과 계보의 잦은 분리를 가능케 했다. 지형의 저항성과 관련하여 보건대 그런 사람들이 국가 중심부에서 더 멀리 떨어져 있을수록 수렵채집, 유목, 화전 같은 생계 방식은 더 이동적이었고, 평등주의적·비국가적인 삶을 유지할 가능성이 더 커졌다. 공유지의 인클로저와 국가의 침입은 어떤 곳에서든 그런 삶의 방식을 위협했다.

바둑판처럼 심히도 복잡한 고원의 정체성과 그 사이를 이동하는 것 뒤에는 평지 국가에 대응한 전략적인 위치 선정이라는 논리가 작동하고 있다고 봐야 한다. 상대적인 고도와 농업경제학적 생태를 보면 대개 그러한 위치 선정이 어떻게 이루어졌는지 알 수 있다. 이 관점은 평지 국가가 행정적 편의를 위해 만들어 낸 정체성에서 가장 뚜렷하게 드러난다. 명대 중반기의 '야오 전쟁'(Yao Wars) 이후에 명과 협력하고 황제의 지배 아래 정착한 사람들은 '백성' 또는 신민이라 했고, 그렇지 않은 사람들은 그 정의상 '야오족'이 되었다.[100] 그 종족 명칭은 곧 세금을 내지 않는 산악민을 의미했다. 원래 그 명칭은 문화적 또는 언어적 일관성을 갖고 있지 않았다. 우리가 보았듯이 먀오족이라는 명칭은 마찬가지로 종종 국가의 손아귀에 들어가지 않는 저항적인 사람 모두에게 포괄적으로 적용되었다. 물론 야생과 숙성, 야성과 온순, (카렌족에 적용되듯이) 정글과 집이라는 용어는 순전히 정치적 복종의 정도를 나타내는 것이라고 이해할 수 있다.

국가가 적용한 외래어와는 별도로, 굼라오와 굼사 까친족에서 보듯이 종족 정체성과 하위 분열과 마을까지도 얼마나 국가의 위계 체제에 소속되는지, 얼마나 국가와 관련을 맺고 있는지에 큰 영향을 받았다. 폰 괴사우에 따르면 고원의 아카족은 자율성을 최대화할 수 있는 생계 방식을 선택했고 특히 국가와 노예사냥 원정대가 쉽게 손을 뻗칠 수 없는 곳에 자리를 잡았다.[101]

우리는 여기서 국가를 물리치는 특징들과 국가를 막는 특징들을 구분해야 한다. 그것들은 서로 관련되어 있지만 똑같지는 않다. 국가를 물리치는 특성은 국가가 한 집단을 포획하거나 흡수하거나 지배하는 것 또는 그 집단의 물질적 생산을 조직적으로 수탈하는 것을 어렵게 한다. 한편, 국가를 막는 특성은 한 집단이 내부적으로 지속적이고 위계적인 국가와 같은 구조를 만들지 못하도록 한다.

이전의 분석에서 우리가 거듭 마주했던 국가를 물리치는 특성은 일반적으로 다음과 같이 요약할 수 있다. 첫째, 물리적 이동성을 갖고 있고, 넓게 흩어져 있고, 새롭고 더 작은 단위로 쪼개질 개연성이 있는 사회는 그 뚜렷한 이유들 덕분에 국가의 포획에 상대적으로 휘둘리지 않는다.[102] 결국 이 특성들은 생계 방식의 선택과 반드시는 아닐지라도 깊게 관련을 맺는다. 떠돌아다니며 먹이를 찾고 수집하며 사냥을 하면서 이동성, 분산성, 분열성이 활성화된다. 수렵채집에서 화전, 더 나아가 고정식 작물과 관개 벼농사에 이르면서 이동성, 분산성, 분열성이 점점 약화되는 일련의 시리즈나 기울기 변화를 쉽게 떠올릴 수 있다. 작물을 재배하는 사회들에서 변통성이 있고, 쉽게 드러나지 않고, 숙성 시기가 다른 뿌리 작물이 숙성 시기가 동일한 지상의 곡식 작물보다 국가를 물리치는 특성이 훨씬 더 크다. 동남아시아 밖에서 보지면 그 시리즈에 이동성과 분산성의 이점을 크게 갖고 있는 유목을 역시 포함할 수 있다.

국가를 물리치는 세 번째의 특성은 국가가 지역의 수장과 촌장을 통해 지배를 펼치는 것을 어렵게 하는 매우 평등적인 사회구조이다. 평등한 구조의 핵심적인 물질적 조건의 하나는 (충분조건은 아니더라도 필요조건은) 생계 자원에 대한 개방적이고 동등한 접근 보장이다. 공유지 소유권과 개방된 변경은 이 점에서 평등주의를 떠받치는 물질적 조건이다. 사실 국가를 물리치는 두 주요한 생계 방식으로 모두 이동성과 분산성을 장려하는 수렵채집과 화전은 개방된 공유지 변경이 없다면 거의 생각할 수 없다. 이것이 사라지면 자율성이 치명적으로 타격을 받는다.

마지막으로 국가를 물리치는 전략은 국가 중심부로부터 떨어진 거리이거나 우리의 용어에서 보자면 외딴 지형의 저항성이다. 거의 20세기까지, 외딴 곳에 있다는 것만으로도 국가의 영향권 밖에서 확실히 살아갈 수 있었다. 거리를 만들어 내는 전략으로서 동떨어짐은 사실 국가를 물리치는 다른 전략들을 대체할 수 있었다. 하니족과 이푸가오족은 바로 국가 중심부에서 그처럼 멀리 떨어져 있었기 때문에 외딴 고원 계단식 논에서 안전하게 쌀을 재배할 수 있었다.

어떤 집단들은 오랫동안 이렇게 국가를 물리치는 특성들을 발현해 왔기 때문에 그들의 이름을 떠올리기만 해도 비국가성이 떠오른다. 인근의 국가는 그 비국가성을 종종 '야성,' '날것,' '야만'으로 덧칠했다. 몇 종족을 언급하자면, 라후족, 리수족, 굼라오 까친족, 아카족, 와족, 크무족, 몽족이 대개 여기에 해당된다. 시간이 지나면서 변화를 겪고 많은 종족 집단들이 다양한 하위 집단을 갖고 있다는 변수가 있기는 하지만, 명목적으로 국가를 물리치는 특성들을 범위화하여 그에 따라 개별 집단들이 어디에 있는지 알아볼 수 있을 것이다.

그 범위의 다른 쪽 극단은 '국가에 적응하는' 특성이라 부를 수 있는 것들이 놓여 있을 것이다. 바로 빽빽하게 눌러 앉아 곡식을 재배하는 사회들이다. 그 사회들은 토지 자산과 이것이 발전시킨 권력과 부의 차이를 그 특징으로 갖고 있다. 그런 특성들은 물론 사회적으로 국가 공간에 맞게 제조되었다. 이러한 국가 적응 특성들을 드러내고 따라서 '국가성'을 지울 수 없을 정도로 깊게 갖고 있는 사람들로 샨족, 버마족, 타이족, 몬족, 쀼족, 크메르족, 낀족(비엣족)을 들 수 있다.

페르낭 브로델의 표현을 바꾸어 말하면 인간들이 이러한 양극 사이를 왔다 갔다 했지만, 대개 그 특성과 국가성 사이에 연관성을 지울 수는 없었다. 비국가적 극단에서 우리는 분산되고 이동적인 수렵채집민이나 어떤 국가의 중심부로부터도 떨어져 있는 외딴 산등성이에서 작게 무리를 지어 살고 있는 사람들을 마주한다. 그 반대편에서는 국가의 핵심부 근처에서 세금을 바치고 벼를 재배하는 농민들을 마주한다.

국가에 대응한 종족적 위치성에서 실로 가장 중요한 점은 이러한 위치들 사이에서 개인들이 늘 오고갔다는 사실과 가령 '카렌니족,' '라후니족' 또는 '까친족'이라는 위치가 무엇을 의미하는가가 시간이 지나면서 끊임없이 변화를 겪었다는 것이다. 어느 장소이건 어느 시간이건 역사적으로 보건대, 부여받은 종족 정체성은 국가와 맺은 관계를 조정하기 위한 가능성들의 대역폭이라고 여길 수 있다. 즉 시대에 따라 주도적인 경제적·정치적 조건에 맞게 자기 인식을 바꾸는 것이다. 송진이나 약용 식물, 식용 새둥지의 값이 치솟을 때 쌀 재배자들이 모든 것을 버리고 채집 생활을 선택하는 것은 경제적으로 지극히 이치에 맞는 일이다. 그런데 그런 생활로 옮겨 가는 것이 국가를 피하는 전략이기 때문에 그렇게 쉽게 발생할 수 있었다. 마찬가지로 쌀 재배와 화전 사이의 선택은 단순히 단위 노동 대 칼로리를 비교한 계산이라기보다는 정치적인 선택일 개연성이 더 컸다. 생계 방식, 고도, 사회구조의 선택이 특정한 문화적 정체성 및 평지 국가에 대응하는 '위치성'과 관련을 맺는 한, 종족 정체성의 변화는 그 무엇보다도 정치적인 선택을 뜻한다. 그 정치적 선택이 마침 문화적인 정체성에 대한 함의도 갖게 된 것이다.[103]

예를 들어 어떤 라후족 사람들은 외딴 산으로 옮겨 채집 생활을 하고 다른 라후족 사람들은 마을에 정착하여 경작하는 삶으로 이동하기도 했다. 1973년에 많은 라후족 사람들은 국가가 부과한 세금과 부역에 맞서 일어선 봉기가 실패로 돌아가자 미얀마의 짜잉똥을 떠나 산으로 갔다.[104] 크무족은 그처럼 반항적이지는 않았지만 비슷한 역사를 갖고 있다. 어떤 이들은 때때로 수렵채집 생활을 하기 위해 마을의 삶을 포기했고 다른 이들은 평지로 내려가 불교도 쌀 경작자가 되었다.[105] 물론 리치가 발견했듯이 많은 까친족 사람들이 다른 사회 형태들 사이에서 왔다 갔다 했고, 각각의 이동은 어떤 중대한 문화적 변환보다는 샨족의 평지 국가와 위계질서에 대응한 위치를 나타냈다. 이제 분명해져야 하는 것을 다시 강조하자면, 지난 몇 세기 동안 동남아시아에서 시행된 화전과 수렵채집은 사회진화 단계에서 쌀 재배보다 앞서 나온 것이 아니라 '2차적인 적응'으로서 대부분 정치적인 선택을 가리킨다.[106]

존슨은 "종족적 특징들은 거의 평지와의 관련성 속에서 파악해야 한다"고 날카롭게 지적한다. 이 점에서 그는 "종족 집단들은 [확정적인] 사회조직을 갖고 있지 않다"고 주장하는데, 말하자면 개별 정체성이 생계 유형, 문화적 소속감, 내부 위계질서, 그리고 무엇보다도 평지 국가와 맺는 관계에서 큰 차이를 보인다는 것이다.[107] 달리 말하여, 개인들과 집단들이 여러 정체성을 오고가는 것은 자신들의 위치 설정의 결과일 뿐 아니라 이를 담지하고 있는 사람들이 택한 결정들의 총합이 그 종족 정체성의 의미를 다시 설정하는 효과를 갖고 있기 때문에 이 정체성들 자체가 불안정하다.

산악민들이 택할 수 있는 정체성들의 대역폭을 가까이에 둔다면,

그리고 각각의 정체성이 평지 국가와 맺는 여러 관계를 표시하는 것이라면, 역사의 방향에 대해 무엇이라 말할 수 있을까? 여기서 지난 반세기동안에 일어난 변화가 중요하다. 우리가 보았듯이 그때까지 조미아는 대부분 평지 국가의 힘이 다다를 수 없는 곳에 자리를 잡기 위해 도망치거나 선택한 사회 및 그 파편들의 도피 공간이었다. 종족 정체성의 모자이크가 반란, 전쟁, 문화적 재구성으로 얼룩진 이주와 재이주의 길고도 복잡한 역사에 대한 증거이다. 본디 조미아의 많은 사람들은 평지, 특히 중국에서 유래했고, 현재의 종족 이름을 어찌하여 갖게 됐든 그들이 대개 이미 국가권력의 손아귀에서 벗어났기 때문에 이를 간직해 나갔다. 평지에 그냥 주저앉은 사람들은 대개 평지의 문화적 혼성물의 일부가 되어 더 이상 먀오족이라, 야오족이라 혹은 따이족이라 불리지 않았다. 이 역사가 이 지역의 특별한 생태적 다양성 및 지리적 고립성과 어우러져 아마도 세계에서 가장 큰, 상대적으로 국가 밖에서 살아가는 사람들의 모자이크를 빚어 냈다.

그러나 지난 반세기 동안 활용 가능한 정체성들의 경사는 이모저모로 국가의 통제를 받는 쪽으로 급격히 기울어졌다. 문명의 길로 옮긴 고전적인 '야생' 야만인들에 관한 내러티브가 발전과 국가 건설의 내러티브로 옷을 바꾸어 입었다. 옛날의 내러티브는 국가권력에 한계가 있었기 때문에 실제보다 염원이 강했다면, 새로운 내러티브는 더 노골적이었다. 적어도 세 가지 요소로 이를 설명할 수 있다. 첫째, 국민국가 내의 완전한 주권이라는 근대적 관념과 이를 실현하기 위해 행정적·군사적 수단을 갖는다는 것이 의미하는 바는 국민국가가 그 힘을 인근 국가와의 경계까지 행사하는 데 온갖 노력을 다했다는 것이다. 중첩되고, 애매하고, 주권이 없는 공간(한때 거의 모든 조미아 지역이 그러했다)은 점점 사라져 갔다. 둘째, 평등주의적·무두적 사회의 물질적 기초인 토지의 공동 소유가 점점 국가에 의한 토지 소유권의 할당이나 개인들의 자유 소유권으로 대체됐다. 그리고 마지막으로 평지 인구가 급격히 증가하여 그 여파로 국가의 지원이나 사주를 받은 산악지대 개척 사업이 거대하고도 지속적으로 전개됐다. 개척자들은 그들의 작물, 그들의 사회조직, 그리고 이번에는 그들의 국가를 대동했다. 그 결과는 지구상에서 마지막으로 일어난 거대한 인클로저였다.

8

부활의 선지자들

아직 오지 않은 세상을 꿈꾸며

딱히 분류하기가 어려울지라도 미얀마의 불교에서 구원을 갈구하는 이 구도자에게 이름을 주는 것이 바람직할 것이다. 다시 한 번 베버주의적 표현으로 단순하게 그를 세상의 술사라고 부르는 것이 어떨까.

— 기욤 로젠베르크, 《권력의 포기》[1]

그러나 이 세계는 늘 황홀경에 빠질 기회를 찾고 때로는 가장 순간적인 자극을 찾고 언제든 거기에 반응한다. 토니 블레어의 젊음, 에너지, 결단력뿐만 아니라 아널드 슈워제네거의 영화에 대한 열정이나 실비오 베를루스코니의 기업가적 기세가 바로 그런 자극들이다.

— 존 던, 《사람들을 자유롭게 풀어 주기》[2]

지난 2천 년 동안 침입해 오는 국가에 대항하여 산악민들이 전개한 수천 수백 번의 반란을 세는 것조차 여간 쉬운 일이 아니다. 잘 정돈된 린네식 분류법에 의해 그것들을 목록화해도 더 벅찰 뿐이다.

보통 놀랄 만한 일을 만들어 내는 예언자로 자신을 내세우는 사람들이 이끌었던 이러한 반란들은 아카이브에서 크게 취급되어 역사 기록의 전면에 부각되었다. 바로 그 반란들이 일상의 행정과 조공 관계에 위협을 가하고 평화롭게 사람들이 모여들었다는 문명 내러티브를 반박했기 때문에 관심을 받을 수밖에 없었다. 반란이 일어날 때마다 그와 관련된 엄청난 양의 군대 및 경찰 보고서, 고발, 재판 및 처형, 조사 위원회, 치안 변화, 행정 개혁 등이 뒤따랐다. 그래서 대부분의 산악민들은 한족, 비엣족, 시암족, 버마족 국가의 아카이브에 일상적으로 공물, 부역, 세금을 바쳐 통계를 늘려 주는 공헌자로서나 그렇지 않으면 국가에 분연히 맞서 반란을 일으킨 야만인들로 등장했다. 반란을 다룬 엄청난 양의 기록물 자취 때문에 주의를 기울이지 않은 학자는 수많은 산악민들의 역사가 대부분 반란으로 점철되어 있다고 쓸 수도 있고 게다가 그 역사를 그 반란을 제압한 자들의 관점에서 서술할 수도 있다.

조미아의 반란에 대한 연구는 앞으로 보게 되듯이 평지 국가에 대한 저항에 관하여 우리에게 많은 것을 가르쳐 준다. 그렇게 극적인 사태에만 과도하게 초점을 맞추면 산악 사회의 발전에서 마찬가지로 중요했던 과정들을 무시하게 된다. 가령 때론 반란의 여파로, 하지만 군사적 충돌의 대안으로서 그처럼 자주 발생했던 이주와 도피의 깊은 역사에 눈감는다. 마찬가지로, 중요했던 평지 국가와 사람들에 흡수되어 동화되는 과정들을 보지 않는다. 물론 이 경로를 택했던 자들은 대개 시간이 지나 타이족, 몬족, 한족, 버마족, 낀족이 되었다. 따라서 카렌족으로서, 몽족으로서, 미엔족으로서, 샨족으로서, 기타 여러 종족으로서는 역사 기록에서 사라져 버렸다. 그러나 우리는 그들이 산악 사회의 일원으로 남아 있는 자들보다 수적으로 적었다고 단정할 근거를 갖고 있지 않다. 그리고 마지막으로 반란에만 몰입하게 되면 연합 세력으로, 지원 부대로, 용병으로 평지 국가에 협력하여 그러한 반란들을 제압하는 데 참가했던 산악민들을 간과하게 된다. 기록물들의 자취에 마음이 사로잡혀 산악민들을 늘 반란자들이었다고 생각하지만 않는다면, 예언과 이상이 평지 국가에 맞선 산악지대의 봉기를 발생시켰고 국가와 변방 사람들 사이에 알력을 일으켰다는 사실을 알게 될 것이다.

예언과 반란의 소명

고원지대에서 사는 어떤 사람들은 예언과 반란의 소명을 갖고 있는 것 같다. 문헌을 통해 판단해 보면 먀오족/몽족, 카렌족, 라후족이 바로 이 범주에 들어간다. 그들이 일으킨 반란들이 가장 잘 기록되어 있다. 먀오족(몽족)의 인구는 9백만 명가량이었고 카렌족의 인구는 4백만 명이 넘었는데, 이들이 이렇게 주목을 받게 된 것은 어느 정도는 크무족(56만8천 명)이나 라후족(65만 명가량)처럼 비슷한 성향을 갖고 있지만 인구가 그리 많지 않은 다른 소수종족에 비해 규모가 컸기 때문이었다.

몽족

반란의 기록에서 가장 오랜 역사를 차지하고 있는 종족이 먀오족

(몽족)이다.[3] 그들로서는 한족과 충돌한 기원을 그들의 전설적인 왕인 치유(Chi-You)가 역시 한족의 전설적인 황제에게 기원전 3천 년 전에 당한 패배로 거슬러 올린다! 서기 400년 이후 2세기 동안 먀오족이 황허 강과 양쯔 강 유역 사이의 저지대에 대한 지배를 두고 한족과 경쟁을 하면서 40차례가 넘는 반란을 일으켰다고 헤럴드 윈스는 산정한다. 다른 반란들도 뒤따랐고 먀오족의 지난 2천 년 역사는 반란, 패배, 이주, 도피로 점철되었다는 데에 대부분의 전문가들이 동의를 한다.[4] 먀오족이라는 이름이 종종 한족의 지배를 거부하는 비국가적 사람들에게 붙이는 혼성적 용어로 쓰이는 한, 14세기 중반까지 먀오족의 역사에는 어림짐작이 많이 들어가 있다. 게다가 이 시기에는 먀오족과 야오족(미엔족)이 뚜렷이 구분되지 않았다.[5]

그러나 명나라가 지배를 확장하고 구이저우에 대규모 군대를 주둔시켰던 때인 1413년 이래로 반란과 진압과 도피의 스타카토는 논란의 여지가 없다. 명청 시대(1368~1911)에 "먀오족과 야오족에 대해 진압이나 강화 작전을 전개하지 않았던 적이 거의 없을 정도였다."[6] 이 시기를 다룬 두 역사가는 과장 없이 이를 '토벌' 작전이라 묘사했다.[7] 1698년, 1733~1737년, 1795~1803년에 대규모 봉기가 발생했고, 마지막으로 1854년부터 1873년까지 구이저우를 휩쓴 거대한 '먀오족의 반란'은 중부 중국의 역사에서 가장 큰 농민 봉기였던 태평천국의 난과 겹쳤다. 먀오족의 반란은 큰 어려움을 겪고 겨우 진압이 되었으나 일부 지역은 10년 이상 반란 세력의 손아귀에 놓여 있었다. 먀오족이 패배한 결과 먀오족과 태평천국 잔존 세력이 북부 베트남, 라오스, 태국의 산악 지역으로 향하는 엄청난 규모의 탈출이 뒤따랐다.

강제 동화를 피하고 자율을 찾아 중국 남부의 국경을 넘은 몽족은 인도차이나의 프랑스와 북부 태국의 시암으로부터 마찬가지 위협을 받았다. 프랑스에 대항하여 장장 1904년, 1911년, 1917~1918년, 1925년, 1936년, 1943년에, 시암에 대항해서는 1901~1902년과 1921년에 반란을 일으켰다.[8] 대개 이 모든 반란들에는, 나중에 살펴볼 라후족과 카렌족의 경우도 마찬가지지만, 강조해야 할 두 가지 특징이 있다. 천년왕국에 대한 기대에 호소했던 예언자들이 이 반란을 이끌었다는 점과 이웃한 다른 산악민들에게까지 호소력을 갖고 있었다는 점이다.

카렌족

카렌족도 그리 잘 기록되지는 않았지만 마찬가지로 인상적인 반란과 예언의 역사를 갖고 있다. 그들의 역사는 대부분 평지 국가의 우주관에서 비롯되었을 해방과 존엄성의 문화가 이들 가운데 널리 퍼져 있었다는 것을 드러낸다. 미얀마-태국 국경에 위치한 카렌족의 인구는 대략 450만 명이며 두 나라의 산악 소수종족 중에서 가장 크다. 일부 카렌족은 불교도이고, 일부는 정령숭배자, 일부는 기독교도이다. 사실 카렌어족 집단들에서 문화적 다양성이 너무나 커서 이들에 관한 많은 연구들이 모든 카렌족들이 공통으로 갖고 있는 단 하나의 특성도 없다는 것을 지적하면서 논의를 시작한다.

그러나 침례교 선교사였던 D. L. 브레이턴은 이에 동의하지 않으며, "그들 가운데서 예언자들이 등장한다는 것이 모든 카렌족의 일반적인 특성"이라고 말했다.[9] 그들의 종교적 신념이 어떠하든지 카렌족은 기적을 일으키고 카리스마를 갖고 있는 비정통의 치료자, 예언자, 장래의 왕에게 몇 번이고 마음이 쏠렸다. 1980년대 말에 카렌족 반란 부대에서 간호사로 일했던 조너선 팔라는 그 전통이 여전히 살아있다고 언급했다. "그들은 천년왕국 신봉자들로 언제나 전사의 지도자, 종파, '하얀 승려', 예언가들을 만들어 내고, 카렌 왕국이 다시 한 번 가까이에 있다고 스스로를 설득시켜 모두 믿는다. 정령숭배자들은 유와(Y'wa)의 도래를, 침례교도들은 그리스도의 재림을, 불교도들은 미래의 부처인 미륵불을 얘기한다. 누군가가 금방 닥칠 것이고, 토메빠(Toh Meh Pah, 카렌족의 전설적인 시조—옮긴이)가 올 것이고, 무엇인가가 발생할 것이다. '기억하라, 이집트에서의 이스라엘 민족을, 40년 동안의 광야 생활을, 그 이후의 약속의 땅을. 카렌족에게도 40년이 지나면 이 같은 일이 발생할 것이다.'"[10]

침례교 선교사들이 메시아를 오랫동안 믿어 온 사람들에게 성경을 가져온 것은 기막힌 행운이었다. 침례교 메시아가 카렌족이 그토록 간절하게 기다렸던 마지막 메시아라고 상상한 것은 그들의 착각이었다.

카렌족이 그렇게 열과 성을 다해 간직한 각각의 예언자적 전통은 신성한 왕의 도래를 준비하는 새로운 현세의 질서를 꿈꾸게 했다. 흔히, 신성한 자는 치유자이건, 사제이건, 운둔자(야떼, ရသေ့)이건, 승려이건, 다가오는 질서의 전령이었고 '공덕의 밭'이라 여겨져 그 주변에 믿는 자들이 모여들었다.[11] 앞으로 올 자들은 상황에 따라, 곧 부임할 왕(밍라웅, မင်းလောင်း)이거나 여래장(如來藏, 부처가 될 태아—옮긴이), 전륜성왕(Ariya Mattreya, cakkavatti)이거나 토메빠, 유와, 두아이고(Duai Gaw, 예전의 반란 지도자) 등 카렌족의 왕(구원자)이었다. 사실 카리스마적인 이 모든 우주관들이 평지와 유사한 형태를 갖고 있다. 미얀마의 밍라웅 반란과 시암의 푸미분(phu mi bun) '성자'의 반란이 매우 비슷하고 미얀마와 시암의 '과거와 미래의 왕' 전통을 구성하고 있다고 말해도 옳을 것이다. 카렌족 왕국은 은으로 된 도시와 금으로 된 왕궁을 기원하며 천 년이 흐르면 의인이 그곳으로 갈 것이라 한다. 19세기 중반에 선교사들이 채록한 카렌족의 예언 전통 구절들은 그 간절한 열망을 포착한다.

카렌 왕은 아직 오지 않았네
딸라잉[몬] 왕들은 한때 그들의 시절을 가졌다네
버마족의 왕들도 한때 그들의 시절을 가졌다네
그리고 외국의 왕들은 그들의 시절을 가질 것이네
그러나 카렌 왕은 아직 오지 않았네
카렌 왕이 올 때
단 하나의 왕만이 있겠네
그가 올 때
부자도 없고 가난한 자도 없겠네
그가 올 때
모든 것들[생명체]이 즐거워하겠네
사자와 표범도 무섭지 않겠네.[12]

뒤바뀐 운명, 거꾸로 된 세상, 권력과 부를 찾아 궁정과 도성으로 갈 것이라는 믿음 등 카렌족 사이에 이렇게 팽배한 관념들은 반란의 오랜 전통에 활기를 불어 넣었다.

카렌족에게서 밍라웅 반란의 전형적인 형태가 18세기 중반 대부분 몬족이 중심이었던 남부 미얀마의 버고 왕국과 버마족이 중심이었던 북부의 잉와 사이에 벌어진 전쟁 와중에 나타난 것으로 보인다.[13] 북부 버고의 카렌족 마을에서 한 밍라웅이 1740년에 등장했는데, 궤민(Gwe Mín)이라고 불리기도 한 타흘라(Tha Hla)라는 자였다.[14] 그가 카렌족일 수도 아닐 수도 있지만 그를 열심히 따르는 자들이 카렌족이었다는 것은 확실하다.[15] 버마족 총독이 부과한 높은 세금에 대항한 봉기로 시작했는데, 결국 한따워디(Hanthawaddy, 버고 지역)의 왕이라고 선언하고 공식적인 직위를 '스민도 부다에케티 담마라자'(S' mín Dhaw Buddahekheti dammaraja, 부처의 공덕의 밭)라 칭한 궤민이 등장했다. 왕으로서 재위 기간은 짧았지만 궤민은 '그들의' 왕이었다. 1747년에 최측근 신하가 궤민을 퇴위시켰고, 그 이후에 전개된 잉와-버고 전쟁의 결과 버고는 1757년에 새롭게 등장한 버마족 왕인 알라웅퍼야(Alaunghpaya)에 의해 완전히 궤멸되어 버렸다. 카렌족 구전 전통은 이 시기의 처참함을 '알라웅퍼야 기근'이라 부른다. 수천 명의 몬족과 카렌족이 박해를 피하여 동쪽의 외진 산으로 퇴각하거나 시암의 보호 아래 들어갔다.

그 이후로 밍라웅과 반란이 잇따랐다. 궤민과 거의 동시대 사람으로 소콰이렌(Saw Quai Ren)이라고 불린 또 다른 밍라웅이 등장하여 적어도 10명의 밍라웅이 다스렸다고 알려진 왕조에서 초대 밍라웅으로 행세했다.[16] 그의 뒤를 이은 밍라웅과 그들을 따랐던 사람들은 소콰이렌이 부대를 거느리고 다시 등장하기를 기대했다. 1825~26년에 한 카렌족 예언자는 유와가 곧 임할 것이고, 세 번의 영국-미얀마 전쟁(1824~1926, 1852, 1885~1886—옮긴이) 중 첫 번째 전쟁에서 미얀마가 패배한 상황을 유리하게 활용하여 4년 동안 버마족의 지배에서 벗어나지만 그 이후에는 결국 멸망할 것이라고 선언했다.

1833년에 초기 선교사이자 양곤대학의 전신을 설립한 아도니람 저드슨은 추종자들을 거느린 아리마데(Areemaday)라는 이름의 한 스고카렌족 예언자를 만났다. 그 예언자는 거대한 전쟁이 일어날 것이고 그 이후에 왕이 등장하여 불교적 평화를 회복시킬 것이라 예언했다. 기독교 선교사들의 끈질긴 개종 간청을 거부한 그 예언자와 그의 수하들은 종교적인 질서를 구현하는 작은 지대를 설립하고 나중에는 까야족 왕좌와 연합하여 1844~1846년에 버마족 군대와 싸웠다. 스스로 밍라웅이라고 선언했던 아리마다이는 그 전투에서 자신을 따르던 많은 이들과 함께 목숨을 잃었다. 1856년에 땅르인(Salween/Thanlwin) 산악 지역에서 또 다른 카렌족이 곧 임하는 왕이 되어 샨족과 카렌니족 병사들을 끌어들였고 새로운 영국 식민지의 버마족 관료에게 세금 납부를 거부했다.[17] 1867년에 파푼 근처의 산악 지역에서 비록 식민 당국에 의해 비적단이라고 낙인이 찍혔지만 스스로 밍라웅이라 칭하는 자가 카렌족에서 등장했다. 밍라웅은 대개 파고다를 세우고, 그 꼭대기에 장식(티, ထီး)을 얹는 군주의 특권을 과시하면서 자신을 알렸다.

정치적으로 소극적이거나 식민 아카이브에 자리를 차지할 만큼 추종자들을 끌어들이지 못했던 많은 군소 예언자들이 불교도 카렌족들 가운데서 매우 활발했으나 주목을 받지 못했다. 20세기 들어서도 카렌 불교 사회는 종교적인 격정을 보여 주었다. 일본이 침략하기 바로 직전에 자신을 푸궤고우(Phu Gwe Gou)라고 불렀던 카렌족 인물이 땅르인 지역에 천년왕국 운동을 창립했다. 그는 전쟁 중에 영국이 조직한 136부대에 의해 암살당했다.

미카엘 그레이버스는 미얀마-태국 국경의 카렌족들 사이에서 두

가지의 독특한 천년왕국 우주관을 확인했다. 그중 하나를 신봉하는 자들은 자신들을 '황색실 운동 포카렌'(Pwo Karen of Yellow Thread Movement)이라고 부르며 의례와 행실에 관한 규칙을 마련한 한 은둔자를 따른다. 무엇보다 그들은 돼지를 기를 수 없고, 술을 마시지 못하고, 일곱 가닥의 황색 손목밴드를 찰 수 없고, 성자(Ariya)가 도래하기 전에 불교도의 공덕을 지키는 땅의 여신(송트르위, Hsong Th' Rwi)을 위해 세워진 기둥 앞에 파고다를 건립할 수 없다. 루바웅(Lu Baung)이라고 불리는 이 전통에 따라 지역에서는 그 운둔자의 제자가 이끌었다. 어떤 상황에서는 그 자신을 밍라웅이라고 선언하며 반란을 일으키기도 한다. 2000년 말에 루바웅 카렌 마을 사람들과 태국 국경 경찰 사이에 충돌이 발생하여 경찰 다섯이 살해당했다.[18]

카렌족 사이에 널리 퍼져 있는 두 번째 천년왕국 불교 우주관은 텔라콘(Telakhon) 전통이다. 이 전통은 루 바웅과 여러 특징들을 공유하지만, 최초의 은둔 예언자인 소요(Saw Yoh)로부터 내려오는 '왕조의' 혈통과 의례에서 여성을 배제하는 이이 독특하다. 그레이버스는 텔라콘이 국가 같은 체계와 모든 종교들이 하나가 될 것이라는 미래의 비전을 갖고 있기에 루바웅보다 더 위계적이고 '평지'의 유형을 띠고 있다고 간주한다. 산악민들이 대개 이중적 사회구조, 즉 평등성이 강한 사회구조와 더불어 위계성이 더 강한 사회구조를 가지고 있는 것처럼, 그들의 예언적 운동 역시 비슷한 이중성을 갖고 있는 것 같다.

라후족

아카족, 하니족, 리수족, 롤로족과 같이 티베트-버마어족에 속하는 라후족은 고원에서 화전을 일구며 윈난의 남서부를 '마음의 고향'으로 간직하고 있다. 대략 라후족 인구 65만 명 가운데 90퍼센트가 서부 미얀마나 땅르인 강(누 강) 상류와 홍 강 사이의 윈난에서 살아간다. 그들은 산악의 기준에서 보아도 철저히 평등한 사회를 이루고 있어 작은 마을 단위를 넘어서는 정치적인 통일체가 거의 없고, 그들과 매우 친숙한 민족지학자의 견해로 판단해 보면 심지어 그 마을에서조차도 효과적인 통치 세력이 거의 존재하지 않는다.[19] 그러나 그들이 풍부히 갖고 있는 것은 예언자들과 깊은 예언의 전통이다. 그들은 이 예언의 전통을 대승불교, 정령숭배, 이제는 기독교 요소와 혼합하여 한족, 타이족, 영국, 버마족 등 여러 평지의 적들에 대항하여 자신들을 내세우는 도구로 활용해 왔다.

라후족의 예언 전통을 간략히 살펴보면 세 가지의 목적에 유용하다. 첫째, 라후족의 예언자 및 그들을 따르는 자들을 추동했던 종교적 우주관에 대해 간략하지만 필요한 역사적·민족지적 기초를 제공한다. 둘째, 국가의 중심부로부터 유래한 혼합적인 종교 관념과 평지 국가의 제도적 형태를 흉내 내는 것이 평지의 의제를 거부하기 위해 어떻게 재구성되었는지를 보여 준다. 마지막으로, 그런 관념과 이를 실현했던 도구들이 어떻게 원자적인 라후족뿐 아니라 그들과 와족, 카렌족, 리수족, 아카족, 심지어 따이족 등 다른 산악 사회들 사이에서 때때로 사회적 결속력을 다져 집단적 행동을 일으켰는가를 보여준다.

라후족이 지난 4세기 동안 한족 통치자에게서 받은 압력에 대응하여 남쪽으로 그리고 고지대로 이동한 것은 상당히 잘 알려져 있는 사실이다. 그 이전을 보면, 명대(1368~1644) 초기에 적어도 라후족의 한 분파(라후나Lahu Na)가 남서부 윈난 린창 강의 비옥한 저지대를 두고 따이족과 대결을 벌였던 것 같다. 따이족이 우세하여 라후족은 산으로 쫓겨났고 그곳에서 많은 이들이 더 거대한 따이족 정치체들에게 조공을 바쳤다. 다른 많은 산악민들처럼 오늘날 라후족이 원래의 화전민 또는 아편 경작자들인 것처럼 보이지만, 정작 패배 이후에 아마도 노예로 따이족에 흡수당하는 것을 피하기 위해 화전민이 되었던 것 같다.

라후족에게 더 크고 더 위협적으로 다가온 세력은 공격적으로 팽창정책을 펼쳤던 초기 청조였다. 라후족에 관한 청조의 초기 기록은 더 이른 시기의 사료를 언급하고 있는데, 한족 관료가 얼마나 그들을 경멸했는지를 확실히 드러내 준다. "그들은 검고, 추하고, 어리석다. 메밀을 먹을 뿐 아니라, 나무껍질, 야생채소, 덩굴, 뱀, 곤충, 말벌, 개미, 매미, 야생 새까지 잡아먹는다. 집을 어떻게 세우는지도 모르고 그냥 바위 동굴 속에서 산다. 그들은 야인과 같은 부류이다."[20] 라후족이 꼬리를 달고 태어나 한 달 후에 그 꼬리가 떨어진다는 것이 한족들이 일반적으로 갖고 있는 생각이었다.

"야만인으로써 야만인을 다스리는" 명나라의 이이제이(以夷制夷) 정책 아래에서 라후족은 그들을 다스리도록 임명된 따이족 수장에 의해 아주 미약하게 지배를 받았다. 이 관행은 청나라가 한족의 문관을 통해 직접적으로 통치하던 정책을 라후족 지역에 도입하면서 급격히 바뀌었다. 직접 통치를 실시하기 위해서 한족은 따이족 관료들을 면직시켰고 토양의 비옥도를 기준으로 경작지에 대한 지적 측량을 실시했으며 조직적으로 징세 체제를 구축할 목적으로 가구들을 등록하기 시작했다. 1725년에 처음 시행된 이 정책은, 급기야 1728년에 발발하여 6년 동안 지속된 일련의 대규모 반란을 촉발했다. 이 모든 반란에 라후족, 따이족, 하니족, 로팡족, 이족 등 여러 종족들이 연합 세력을 이루어 새로운 징세 제도와 그들의 영역을 침입해 오는 한족 정착인들, 조정의 차 독점에 대해 항거했다. 이 반란들의 나중 단계에서 "그들을 압제에서 해방시킬 초자연적 능력을 갖고 있다고 주장한" 따이족 승려가 라후족을 이끌었다.[21]

초월적인 능력을 행하는 승려나 라후족의 '신성한 자'라고 불린 자들의 핵심적인 역할은 19세기로 바뀌는 시점에 라후족, 와족, 부랑족이 이번에는 잔존한 따이족 군주가 부과한 세금과 부역에 대항하여 일으킨 연속된 반란들에서 뚜렷하게 드러났다. 한족 정체성을 갖고 있고 사람들로부터 존경을 받았던 한 대승불교 승려는, 그 지역에서 '구리와 금의 승려'라고 알려져 있었는데, 라후족이 의연히 반란으로 나서는 데에 결정적인 역할을 했다. 조정의 군대에 의해 이 반란이 괴멸 당하자 남서쪽으로 미얀마의 샨 주로 향하는 거대한 이주 물결이 뒤따랐다. 반란 지역에 그대로 남아 있던 라후족들은 점점 중국화가 되는 과정을 겪었다.

1800년에 이르러 라후족의 수많은 반란에 일종의 문화적 모범이 확립되었다. 병을 고치고, 공동체를 정화하고, 불교의 '공덕의 장'을 만들 수 있는 신왕이라 여겨지는 신성한 자들이 거의 늘 그런 반란을 이끌었다. 앤터니 워커가 이 문화적 복합체를 세심하게 재구성한 덕분에 우리는 이 혼성물을 구성했던 라후족 우주관의 핵심 요소를 파악할 수 있게 됐다.

까친족, 리수족, 아카족 등 그들과 이웃한 여러 산악 사회처럼, 라후족은 하늘과 땅을 만든 전설적인 창조주로서 남성과 여성의 모습을 함께 지닌 신을 갖고 있다.[22] 이 불교 이전의 전통은 늦어도 19세기 중반에 이르러 대승불교(따이족의 소승불교가 아니라)와 완전히 융합되었다. 라후족 산악 지역에서 사원(포팡fofang)을 세운 카리스마적 승려들의 대를 이은 지속적인 개종 노력을 통해 라후족이 대승불교로 개종한 터였다. 이런 승려들 중 제2대 승려였던 아샤(A-sha)와 그의 누이 역시 전설에 따르면 와족을 물리친 이후 그들을 대승불교로 개종시켜 라후족 아래에 두었다고 한다. 대승불교가 전해지면서 평등과 평화, 물질적 풍족, 외부 지배로부터 자유가 실현되는 신세계에 관한 '황금의 땅' 전통이 더불어 전파되었다. 대승불교의 종교 구조는 천년왕국 신앙을 들여온 것을 넘어 일종의 범라후족 조직체를 제공하여 분쟁을 해결하는 사회적 메커니즘과 동시에 마을 단위를 넘는 네트워크를 통해 반란이 퍼져 나갈 수 있게 했다. 스승-제자 관계는 대승불교와 밀교(Tantric Buddhism, 7세기 후반 인도에서 성립한 대승불교의 한 분파로 금강승이라고 불리기도 한다—옮긴이)에서 핵심을 차지하고 있어 '자매' 사원들이 제자들과 교리를 통해 큰 존경을 받는 창시 승려들의 사원에 연결되어 있다.

라후족 예언가들은 이후에 거의 모두 카리스마적 승려가 되었고, 자신을 윤리적·평화적 세계를 회복시키기 위해 온 라후족의 천지창조 신인 귀샤(Gui-sha)의 화신인 동시에 불교의 석가모니로 여겼다. 다른 이들도 그들을 그렇게 여겼다. 두 인물은 하나가 되고 같아졌다. 즉 하나의 임박한 신성이 라후족의 조상신이 되고 이와 동시에 정복하고 득도하고 곧 임할 부처를 표상했다. 앤터니 워커가 이해하듯이, "라후족의 경험에서 이따금 의례적 관행을 혼란시키며 되풀이되는 하나의 현상은 신성한 자에 관한 것인데, 그는 귀샤의 신성과 자신을 동일시하고 외부에서 강요된 정치적 지배의 헤게모니에 도전하기 위해 마을 단위 사회조직의 한계를 뛰어넘으려 한다."[23] 카렌족 예언자의 경우와 같이 라후족의 예언가는 전통적인 윤리의 원칙을 회복시키고 평지 국가에, 이 경우에는 한족이나 따이족의 국가에, 종속되는 것을 거부하며 일어섰다.

자주 발생한 라후족의 예언 운동을 통해 우리는 '궤적' 같은 것을 확인할 수 있다. 그리 일상적으로 기적을 행하지 못하여 '신인'(god-man)이 되기에는 어려울 법한 경우에도 말이다. 한 마을의 사제가, 아마도 병이 걸려 그랬을 테지만 신비한 경험을 하고 최면을 통해서나 신이 들려 치유의 능력을 갖고 있다고 하자. 그의 주장이 받아들여지고 외부 마을 사람들이 그 치유 능력 때문에 그를 엄청나게 따른다면 그는(또는 그의 추종자들은) 자신이 귀샤의 신성을 지녔다고 주장할 것이다. 그리고 그는 공동체를 정화하고 새로운 질서를 준비하기 위해 의례와 교리의 개혁(음식, 기도, 금기 사항)을 주장할 것이다. 으레 그를 일약 평지 이웃의 아카이브에 올리고 아마도 제 무덤을 파게 한 마지막 단계는 그가 신인으로서 새로운 질서를 선포하고 추종자들과 함께 평지 국가에 대항할 때였다.

워커는 아카이브에 이름을 올렸던 20세기 신인들에 대해 설명한다. 중국의 기록은 1903년에 라후족 예언자가 이끈 반란을 서술하고 있다. 한 달 동안 표주박 피리를 불고 춤과 노래를 앞세우며 반란이 전개되었다. 그 예언자는 이후 전투에서 사망했다. 미국인 선교사인 해럴드 영의 카렌족 보조원은 짜잉똥 북부에서 "메시아 왕이라고 주장"하는 라후족 사람을 만났고 그를 따르는 무리에는 아카족, 샨족, 라후족이 포함되어 있었다고 전해 주었다. 1918년 라후족의 반란 세력은 중국인 지방관의 관청을 공격했는데, 어떤 이들은 미륵불의 초상을 들고 다니며 공격에 참여했다. 1920년대에 이르러 기독교가 라후족 내부로 전파될 때, 한 미국인 선교사는 예언과 치유 능력으로 명성을 얻은 윈난인 개종자가 엄청나게 많은 사람들을 끌어모았고 그들을 위해 새로운 음식 규정을 마련했다고 전한다. 그 설명이 비록 단편적이지만 이 기독교 신인은 그보다 앞서 라후족 불교도 예언자들이 그랬던 것처럼 거의 똑같은 지침을 따랐던 것으로 보인다.

1929년에 짜잉똥 근처에서 여러 종족으로 이루어진 대규모 추종자를 거느린 한 라후족 치유자가 갑자기 그의 마을을 요새화하고 세금을 납부하기를 거절했다. 이윽고 라후족을 위해 작은 따이족 군소 국가인 므엉 삿(Muang Hsat)을 공격하여 점령할 준비를 했다. 이 시점에 영국 식민 부대가 개입하여 요새를 파괴하고 그를 따르던 무장 세력들을 해산시켰다. 또 다른 라후족 예언자는 1930년부터 1932년까지 활동하면서 지역 와족의 수장을 공격한 뒤 접근이 불가능한 옹롱(Awng Lawng) 산으로 수많은 추종자들과 퇴각해 버렸다. 거기에서 그는 어느 정도 독립적이었던 왕국을 다스렸다.

국가의 관점에서 쓰인 아카이브가 반란 세력과 봉기를 근본적으로 비이성적이라고 묘사하는 경우가 많지만, 평지 국가의 침입에 대하여 자율성을 지키려는 의지 같은 더욱 현실성 있는 촉발 원인들을 다시 생각하기란 어렵지 않다. 1973년에 미얀마 군사 정부와 짜잉똥 근처의 라후족 사이에서 벌어진 비교적 최근의 대규모 충돌은 확실히 이 경우에 해당된다.[24] 라후족의 영적인 지도자이자 세속적인 지도자이기도 했던 모나빠우쿠(Maw Na Pau Khu)는 귀샤의 신성을 갖고 있어서 라후족의 도덕적 질서 수호자로서 인정받고 지난 60년 동안 존경을 받아 왔다. 그 충돌의 직접적인 원인은 라후족을 무장해제 시키고 아편 무역을 탈취하고, 가구와 가축 및 시장에 내놓을 동물들의 도축에 세금을 부과하려는 미얀마 군부의 작전이었다. 미얀마 군부의 눈에 그 예언자는 포기할 수 없는 지역에서 자율적 권력을 행사하고 있는 자였기에 마땅히 제거해야 할 대상이었다. 라후족 상인 두 명이 체포된 후에 싸움이 시작됐다. 수천 명의 라후족 사람들이 가담했고 수백 명이 죽었다. 일부는 그들이 불사신이라는 애초의 믿음 때문에 죽기도 했다. 계속 이어진 50차례가 넘는 충돌에서 미얀마 군이 당한 손실 또한 막대했다. 이 반란과 나중에 1976년 윈난에서 발생했던 반한족(反漢族) 예언 운동 사이에 직접적인 관련성이 있다고 여겨지기까지 했다.[25]

기독교도, 특히 침례교도가 많은 라후족 사람들을 개종시켰다는 것은 놀랄 만한 일이 아니다. 대체로 예언주의를 잘 받아들였던 많은 라후족 사람들이 침례에서 보편적인 만안('영원한 생명')에 이르는 길과 그들 자신을 한족과 따이족의 지배로부터 해방시키려는 심히도 오래된 시도의 강력한 지지자를 발견했다. 학교 건립과 예언서의 획득은 그들을 열등하다고 낙인찍은 평지 사회와 동등한 대열에 설 수 있도록 해주었다. 그리고 사실 윌리엄 영의 설교를 들은 초기의 많은 라후족 개종자들은 신성을 갖고 기적을 행하며 마치 과거에 그들이 따랐던 다른 예언자들처럼 새로운 시대를 준비하기 위해 도덕적 행실(술과 아편과 노름 금지)로 돌아가야 한다는 호소를 하고 있다고 이해했다. 즉, 개종한 라후족은 사실상 자신들의 우주관과 예언적 기대를 거의 변경하지 않고 모두 간직했던 것이다. 따이족과 한족의 지배자에게 종속된 처지에서 해방될 것이라는 약속이 가장 중요했다는 점을 윌리엄 영의 성공을 지켜본 두 장로교도가 예리하게 지적했다. "우리는 우선 [그 운동의 정치적인 면을] 언급합니다. 우리가 판단하기에 세금 면제, 강제 노동 경감, [따이족] 지배자에게 공물을 바칠 필요성의 제거 같은 정치적인 고려가 침례를 받은 대부분의 라후족 사람들의 마음에 가장 중요한 고려 사항이었기 때문입니다."[26]

주변인과 빼앗긴 자의 신정론

변방의 산악민들과 빼앗긴 많은 자들을 몹시도 괴롭히는 역경들로 가득 찬 이 세계에서, 그들을 볼 때 응당 놀라게 되는 사실은 이제 곧 구원받을 것이라고 종종 믿고 그렇게 행동한다는 것이다. 그것이 대개 비극적으로 끝이 나지만, 희망에 대한 이러한 급진적인 편향, 이 세계가 그 길을 향해 나갈 것이라는 믿음에 대해 우리는 세심하게 주의를 기울여야 하고 어쩌면 존경심을 보내야 할지도 모른다. 빼앗긴 자들이 실패할 가능성을 알고 있는 냉정한 현실주의자들이었다면 이 세계가 어떠했을지 상상하기 어렵다.

종교에 대해 비판한 맥락에서 본다면 마르크스는 감탄을 받을 만한 인물은 아니다. 마지막 문장만이 대개 인용되는데, 마르크스는 이렇게 썼다. "그러나 사람은 이 세계 밖에서 웅크리고 있는 추상적인 존재가 아니다. 사람은 이 세계의 사람, 즉 국가와 사회 속의 사람이다. 이 국가와 사회가 전도된 세계 의식인 종교를 만들어 낸다. 그들이 전도된 세계에 있기 때문이다. …… 종교적인 고통은 동시에 실제 고통의 표현이자 실제 고통에 대한 항거이다. 종교는 억압받은 피조물의 한숨이고, 마음이 없는 세계의 마음이고, 영혼이 없는 세계의 영혼이다. 종교는 민중의 아편이다."[27] 이 세계를 그들 방식대로 해석하고 곧 다가올 해방을 거듭거듭 고집스레 믿는 산악민들을 볼 때 으레 다른 억압받은 자들과 낙인찍힌 자들을 떠올리게 된다.

종교개혁 내전 시기의 재침례파(Anabaptists), 멜라네시아의 화물숭배 의식, 황제가 해방을 선언했다고 믿었던 러시아 농노들, 구세주가 가까이에 있다고 믿었던 신세계 노예들, 왕이나 신이 (다시) 올 것이라는 천년왕국적 기대를 갖고 있었던 다른 수많은 사람들이 바로 그러한 사람들이다. 결코 유대-기독교적 조건에만 한정되지 않는다. 역설적으로 세계에 대한 이러한 오해는 때때로 널리 퍼지고 거대하게 펼쳐져 실제로 승산을 뒤집는 반란을 촉발시켰다.

신성의 개입과 마술적 요소가 있는 그 예언적 운동을 배타적으로 종교적인 관점에서만 이해하려는 유혹에 빠지기 쉽다. 반드시 거부해야 할 유혹이다. 오늘날 '혁명'으로 인정받는, 18세기 말 이전의 권력 쟁취를 위한 거의 모든 대중 투쟁이 일반적으로 종교적인 양상을 띠었다고 이해되는데 이는 마땅히 거부해야 할 일이다. 대중 정치는 종교였고 종교는 정치적이었다.

역사가 마르크 블로크가 얘기한 것을 달리 표현하자면, 가령 파업이 대규모 자본주의에서 일어나는 것처럼 천년왕국 봉기는 봉건 세계에서 자연스러운 것이었다.[28] 1776년과 1789년에 북아메리카와 프랑스에서 명백히 세속적 혁명으로서 처음 발생한 두 혁명 이전에 거의 모든 대중적 정치 운동은 종교적 관점에서 그들의 열망을 표현했다. 정의와 권리의 관념 그리고 사실 오늘날 '계급의식'이라 부를 수 있는 것들이 종교적으로 표현됐던 것이다. 우리가 대중적 열망과 서발턴 정치에 관심이 있다면 완전히 세속적인 옷을 입고 있는 모습을 발견하지 못할 것이다. 그런 열망이 비일상적인 형태를 띠고 있다는 것은 앞으로 보게 될 테지만 결코 시시한 일이 아니다. 정치가 일정한 수준에서 도덕적 질서에 대한 신학적 논쟁이 되지 않을 때는 과연 언제란 말인가?

불교와 기독교, 이슬람 같은 구원 종교까지 포함하는 대중 종교의 튼튼하고 지속적인 정령숭배적 토대는 '현세의' 실용적 종교가 일상적인 관심을 무시하지 않았다는 점을 또한 확인시켜 준다. 정령숭배적 종교 관행은 결국 대부분 이 세상의 일들에 영향을 행사하려는 것이다. 풍년을 바라고, 병을 고치고, 사냥에 좋은 영향을 미치고, 사랑과 전쟁에 성공을 거두고, 온갖 적들을 꼼짝없게 만들고, 시험에 성공하고, 자손의 번성을 기원하는 것이다. 구원 종교의 실제적인 관행은 대부분 고매한 교리에 반하여 세속적 결과를 바라는 정령숭배 신앙이 이들 종교에 팽배해 있음을 드러낸다. 낫 신앙과 피 신앙이 각각 미얀마와 시암의 상좌불교에 깊게 뿌리박혀 있어 보통 사람들은 이 대중적 정령숭배와 경전 불교 신앙 사이에서 갈등을 거의 겪지 않는다.[29]

흔하디흔한 예언자

예언적 반란은 종종 그럴듯한 이유로 반란에서 중심적이고 카리스마적 인물로 등장한 예언자의 이름을 따서 부른다(예컨대, 1930~1931년에 하부 미얀마에서 발생한 사야쌍 반란). 나로서는 이 관행이 강조점을 잘못 둔 것으로 보인다. 첫째, 대부분의 예언적 운동이 카리스마를 지닌 개별 인물을 중심으로 전개되기도 하지만, 대개 천년왕국 운동들은 개별 지도자를 두고 있지 않거나 여러 명의 지도자를 두고 있고, 그들 중 어느 누구도 결정적인 역할을 하지 않은 것 같다.

둘째, 훨씬 더 중요한 반론은 예언자들이 차고 넘쳤을 것이라는 점이다. 아카이브에, 신문에, 경찰과 법원의 기록에 들어갈 정도의 행동들만이 관심을 받는다. 기욤 로젠베르크가 미얀마 은둔 승려의 경우에서 보았듯이, "우리는 이 셀 수 없이 많은 인물들, 성인이 되기를 갈망했으나 이루지 못한 알려지지 않은 입산 승려의 무리들을 그동안 고려하지 않았다. …… 성인이 되는 길에서 실패한 사람들의 알려지지 않은 운명을 파악하기란 위대한 승리자의 놀라운 삶의 궤적을 파악하는 것보다 훨씬 어려운 일로 남아 있다."[30] 1세기 초 로마의 팔레스타인에서 수없이 많은 잠재적 메시아가 있었고, 저마다 자신을 고대의 유대 예언을 실현할 인물이라고 믿었던 사실을 생각해 보라.[31] 그러나 나사렛 예수를 믿는 신앙만이 나중에 세계 종교로 제도화되었다.

결국 카리스마는 잠재적인 예언자와 그를 따르는 무리들 사이에 이루어지는 특별한 문화적 관계이다. 이것이 관계이거나 사람 간의 공명이기 때문에 누군가가 주머니 속에 금화를 갖고 있다는 식으로 한 개인이 카리스마를 갖고 있다고 주장할 수 없다. 카리스마적 연결을 만들어 내는 것을 포착하는 게 언제나 어려운 일이지만, 어떤 문화적 조건에서 카리스마적인 것이 다른 문화적 조건에서는 그렇지 않을 것이고, 어떤 역사적 순간에 카리스마적인 것이 다른 역사적 순간에서는 그저 이해되지 않는 것일 수도 있다. 개별적 재주나 한 개인의 후광에만 의존하면 더 지속적인 문화적 기대와 갈망을 저버리는 것이다. 그 기대와 갈망이 예언자에게 잘 맞는 상황과 레퍼토리를 만들어 냈다. 따라서 이 점에서 보면 카리스마적 연결은 설교자를 찾는 특정한 회중이라고 할 수 있다. 그 회중은 설교자의 메시지를 온 마음을 다해 받아들이고 그 설교자를 진심으로 믿는다. 그 목적지는 대체로 알려져 있고 (아무리 원대하더라도) 구체적이었고 회중은 자신들을 그곳으로 이끌어 줄 믿을 수 있는 수단을 찾은 것이다. 이 점에서 예언자는 운송 수단이다. 마찬가지로 특별한 예언은 (가령, 50개의 하얀 파고다가 건립될 때 신세계가 도래할 것이다) 늘 어긋났기 때문에 어떤 미래상을 그리고 그것을 마음 속 깊이 기대하는 마음과 견주어 그리 이채롭지 않다. 이 기대하는 마음은 구조적이고 역사적인 이유를 갖고 있으며 특정한 예언의 실패보다 오래 지속되고 새로운 형태도 다시금 등장한다. 달리 말해 어째서 특정 집단이 천년왕국에 대한 기대를 소명으로 갖게 된 것일까? 왜 많은 산악 사회들이 유토피아적 미래를 제조해 내는 순전한 가내 공장이 되었을까? 예언을 만들어 내는 많은 고원 사회들이 일반적으로 무엇인가를 공유하고 있는 것 같다.

눈여겨보아야 하는 점은 바로 그 사회 내에 성공적인 예언자가 등장하여 기본적인 방침을 효과적으로 마련하고 그에 의거하여 레퍼토리를 만들어 내는 일이다. 이 점에서 라후족 예언자가 표준적인 궤적의 유형과 같은 것을 시작할 수 있다는 것을 우리는 이미 보았다. 어떻게 호혜적 영향이 작동되는가를 중세의 음유 시인에게 청자들이 끼친 영향에 비유할 수 있다. 시장에서 일반인들의 자발적인 도움에 전적으로 의지하여 살아가는 어떤 음유시인이 있다고 가정해 보자. 그리고 이 논의를 위해 그가 부르는 노래를 좋아하는 사람들이 저마다 한갓 '동전' 한 닢을 준다고 가정해 보자. 많은 수의 청중을 즐겁게 해 주기를 원하는 어떤 음유시인을 떠올린 다음에, 더 나아가 이 음유시인이 고를 수 있는 1천 가지 노래와 이야기의 레퍼토리를 갖고 있다고 상상해 보자. 그 청중이 특정 취향을 갖고 있다고 가정하면 조금씩 그 음유시인은 청중을 알아 가게 되고 시장 구석에서 부르는 실제의 노래들은 (아마도 더 오래된 노래와 스타일조차도) 청중의 취향에 맞춰져 갈 것이다. 음유시인은 그 무리의 표정과 열정을 읽어 내는 데 서툴러도 시장이 끝나 갈 무렵에 쌓인 동전더미의 규모를 보고 레퍼토리를 바꾸게 될 것이다.

여느 비유처럼, 이 역시 한계를 갖고 있다. 예언자의 창조성과 레퍼토리를 확장하고 취향을 바꿀 수 있는 능력을 크게 고려하지 않았다. 광장에서 노래 부르는 평범한 행위를 비유로 사용함으로써 예언 운동을 역동적이게 한 모험과 뜨거운 열정을 내가 무시했다는 것도 확실하다. 그럼에도 그 비유는 카리스마적 대중이 가진 문화적인 기대와 역사적인 이해가 (종종 보잘것없는 것이라 오해되지만) 성공한 예언자가 방침을 마련하는 데 어떻게 결정적인 영향을 끼치는지 보여 준다. 시간이 흐르면서 계속 조정해 나가는 이 확률적인 과정은 꽤 친숙하다. 대부분의 성공한 정치가와 설교자라면 여기에 실력을 발휘한다.[32]

"머지않아……"

어떤 사회적 위계질서든 그 자체로 부와 위신, 명예의 계층화를 창조한다. 계층화 원리는 저마다 조금은 다른 서열 체계를 만들어 낸다.

유학자나 주지승은 위신에서는 가장 높은 서열에 있을 수 있으나 물질적으로는 가난할 것이다. 물론 대부분의 사회에서 각 서열 간의 상관관계가 높고 시간이 지나면 대체 가능하다. 이 사회적 위계질서는 의례, 제의, 소비의 형태에서 드러나고 종종 문명적인 행실로 포장된다. 결혼과 장례식을 치르는 방식, 의복, 주거 양식, 연회, 의례와 종교적 행실, 놀이에 이르기까지 어떤 스타일이 올바르고 품위가 있다고 간주된다. 스스로 이런 기준에 따라 명예롭게 처신할 수 있는 수단을 가진 사람들은 그럴 수단이 부족하여 그렇게 하지 못한 사람들보다 자신들을 더 모범적이고 명예롭다고 여긴다. 다른 사람들로부터도 그렇다고 대개 인정을 받는다.[33]

막스 베버가 "비특권 계급의 종교"에 관해 쓸 때 이런 사회적·문화적 차이를 염두에 두었다. 계층화된 질서에서 비특권층이 경험한 낙인과 치욕은 칼로리나 돈의 문제가 아니라 위신과 사회적 존엄성에 관한 문제이다. 그들은 일상적으로 그들의 음식, 의례, 장례식, 그리고 더 나아가 그들 자신이 특권층보다 열등하다는 생각에 사로잡힌다. 베버에 따르면, "비특권 계급이 …… 구원에 대한 필요를 가장 절실히 갖고 있다." 반대로 "'배부른' 특권 계층에 눈을 돌려 무사들, 관료들, 부호층의 처지에서는 구원에 대한 필요가 낯설고 먼 이야기이다."[34]

비특권층은 지위와 부의 분배가 현재처럼 계속되는 것을 결코 반기지 않고 사회질서를 과격하게 뒤집어엎어 혹시라도 가장 많은 것을 얻고 싶어 한다. 그럴진대, 완전히 새로운 분배를 약속하는 운동과 종교에 지나칠 정도로 쏠린다는 것은 놀라운 일이 아니다. '완전히 뒤집힌 세계'에 대한 비특권층의 갈망은 이를테면 '희년'(Jubilee Year)이라는 유대의 전통에서 본격적으로 발견된다. 그때 빚은 탕감되고, 노예는 해방되고, 죄수들은 풀려난다. 구약성경의 이 메시지와 이집트의 속박에서 벗어나 약속의 땅으로 갈 것이라는 희망의 메시지는 북아메리카 노예들의 가슴 속 깊이 새겨져 그들은 문자 그대로 희년과 해방을 기대했다. 이 갈구는 또한 가톨릭 국가들의 카니발 같은 연례적인 회귀 의례에서, 힌두교 인도의 홀리 축제(Holi, 크리슈나가 여자 목동들과 놀아난 것을 기념하는 힌두교의 봄 축제—옮긴이)에서, 동남아시아의 물 축제에서 드러난다. 그런 축제에서 규범적인 사회질서는 잠시 동안 유예되거나 뒤집힌다. 이 축제들은 해를 끼치지 않고 긴장감을 해소시켜 주는 단순한 안전밸브가 결코 아니다. 그해의 남은 날들에도 축제 때의 위계질서를 실현시키려 했다. 축제의 공간은 언제나 투쟁의 장이 될 위험성이 있었으며 실제 봉기로 넘어갈 수도 있었다.[35]

베버는 비특권층에서도 "머지않아 어떤 거침없는 영웅이나 신이 나타나 따르는 자들을 이 세상에서 진실로 존귀한 자리로 인도할 것이라고" 믿는 사람들을 정확히 파악하려 했다. 그는 혁명 종교의 호소력이 농민들 중에서도 예컨대 가장 열악한 처지에 있는 사람들, 내부의 (재정적·농업적·봉건적) 권세가들이나 외부의 어떤 정치적 권력에 의해 "노예나 프롤레타리아가 될 위협에 처한" 사람들에게 가장 컸다고 믿었다. 즉 농민들이 급진적인 종교 분파에 빠지게 된 것은 가난 때문이라기보다는 곧 자영농으로서 지위를 상실하고 토지를 갖지 못한 노동자로 전락하여 비참하게 의존하여 살아가거나 더욱 악화되어 누군가의 농노로 살아갈 것이라는 우려 때문이었다. 비정통적인 것은 물론이고 당초에 그렇게 종교적이지 않았던 농민들(peasants, 어원적으로 불신자를 뜻하는 'pagan'이라는 용어는 시골에서 사는 사람이라는 뜻을 가진 라틴어 'paganus'에서 직접적으로 유래했다)은 자신들의 경제적·정치적 독립성이 심각한 위협에 처할 때 반체제적인 혁명 분파로 향한다. 베버는 여러 부류 중에서 로마령 북아프리카의 도나투스파(Donatist, 311년에 출현한 기독교의 한 종파로 국가의 간섭을 배제하고 정통파의 세례와 안수를 부정하였다—옮긴이), 15세기 초 보헤미아의 타보르파(Taborites, 성서를 글자 그대로 해석할 것을 주장하며 15세기에 출현했다. 후스파라고도 한다—옮긴이), 영국 내전기의 경작파(Diggers, 평등주의적 운동을 전개한 당파로 크롬웰의 탄압으로 해산됐다—옮긴이), 러시아 농민의 분파들을 예언적 전통의 농업적 급진주의의 예라고 지적했다.[36]

베버의 통찰은 앞으로 산악 지역의 예언적 운동을 면밀히 검토해 보면 효과가 증명될 것이다. 이 순간만큼은, 국가에 기반을 둔 질서에 이미 편입된 농민 공동체들은 상대적으로 자율적인 자신들의 마을 질서(토착적 분쟁 해결 방식, 방목의 권리와 공유지 관리 방식, 지도자 선출 방식)가 침범해 오는 중앙집권적 국가에 의해 위협을 받을 때마다 쉽게 급진적인 예언 운동을 지지하게 된다는 점을 알아 두는 정도로만 해두자.[37]

이단 종파와 천년왕국적인 경향이 농후한 예언주의는 역사에서 적어도 산악민들에서처럼 평지 사람들에서도 흔하게 나타났다. 사실 앞에서 살펴보았듯이 산에서 회자되었던 천년왕국 관념은 대부분 평지 국가에서 들여온 여러 조각들을 합쳐 놓은 것이다.

상좌불교의 예로 미얀마를 든다면 이교적 관행과 믿음들로 가득 차 있다는 점이 명백히 드러난다. 웨잇자(weikza, 연금술, 주술, 축지법, 영생불멸에 도통한 자), 은둔 승려(야떼yà thè), 신들림과 최면술을 통한 치료, 점성가(베딩 서야bedin saya), 마법사(아웃랑 서야auk lan saya), 기적을 만드는 승려에 이르기까지 오랜 전통이 있다. 저마다 여래장, 전륜

성왕이나 미륵불로 여겨진 터였다.[38]

평지 상좌불교에서 보이는 기본적인 대립 가운데 하나는 한쪽에서 입산 승려나 은둔 승려와 다른 쪽에서 (아홉 개의) 공인된 계율 가운데 하나인 사원의 규율 아래 살아가는 정주 승려 사이의 대립이었다.[39] 은둔 승려로서 영적인 능력을 개인적으로 찾아 대개 엄격한 금욕, 혹독한 금식, 무덤과 시신 옆의 명상을 수반했던 승려는 정착 농업과 정착 정부의 지역을 떠났을 뿐 아니라 강력한 영성과 야생의 위험한 세계로 들어갔다. 대중이 숭배하며 따르는 입산 승려들은 기적을 행하는 능력을 갖고 있고, 미래를 예언하고(복권 당첨의 숫자를 포함하여!), 다음 부처가 올 때까지 죽지 않고, 강력한 약과 수호 부적을 만들 수 있고, 연금술과 축지법에 도통하고 충실하게 따르는 자들에게 공덕을 부여할 수 있다고 믿어졌다. 정착 평지인들이 오직 국가 공간과 관개 벼농사 환경을 떠나 숲과 야생으로 가야만 이러한 능력을 얻을 수 있다고 생각한다는 사실은 벼농사 국가 영역 밖에 그러한 능력이 존재한다는 것을 암묵적으로 인정하는 것이다. 수많은 입산 승려들이 비버마족 종족 정체성을 갖고 있었다는 사실은 역시 산악에서 비정통이 호소력이 있었다는 것을 알게 해준다.[40] 이 모든 역할들은 총체적으로 카리스마적·비정통적 분파의 불교 관행이라 볼 수 있다. 그것들이 영감과 카리스마에 깊게 관련되어 있고 그것에 의존한다는 바로 그 이유 때문에 제도적이고 위계적인 승가에 위협으로 간주되어 늘 금지당해 왔다. 마치 로마의 권력 집단이 (가장 나은 사회로만 향하는) 아폴로의 신탁만을 호의적으로 보고 여자들과 하층계급 남자들이 선호한 질펀한 디오니소스 축제를 금지했던 것처럼 상좌불교 세력 역시 카리스마적 위협을 금지했다.[41]

이런 활동들이 상존하는 위험이었다는 것이 불교 서임 의례의 경구에 담겨 있다. "재차 우리 형제단의 그 누구도 자신을 특별한 재주나 초자연적인 능력을 사사로이 사용하지 말 것이며 또는 허영심으로 그 자신을 성자라고 생각하지 말 것이며, 가령 고립된 곳으로 들어가거나 아라한처럼 해탈에 이른 성자라고 젠체하지 말 것이며, 주제넘게 다른 사람에게 비정상적인 영적 능력을 얻는 길이 있다고 가르치지 말 것이다."[42] 18세기에 꽁바웅 왕조를 창시했던 알라웅퍼야는 이 위협을 너무나도 두려워하여 승려가 되는 정진의 길을 마치지 못한 자들에게 "그들의 비정통성이 표식으로 드러나도록" 문신을 새겨 쫓아내 버렸다."[43]

평지 국가의 종교적 혼합주의 뒤에 작동하는 논리를 어떻게 이해할 수 있을까? 불교의 성직자들이 부와 벼농사가 집중된 곳에 (즉, 국가 만들기에 가장 적절한 공간에) 밀집되어 있음을 본 마이클 멘델슨의 관찰로부터 시작할 수 있다고 나는 생각한다. 부유한 일반 신도와 공직사회 그리고 공식적 사원 교육의 중심이 한곳에 모여들었다. 이 밀접한 관련성에 멘델슨의 또 다른 관찰을 덧붙일 수 있는데, 즉 다른 토착적인 종교 전통(가령 정령숭배)에 비해 불교가 갖는 힘은 직접적으로 왕실의 위세, 다시 말해 군주제 국가와 관련을 맺고 있다는 것이다. 우리가 비경전 불교, 서임 의례에서 금지된 관행, 낫 숭배, 다른 정령숭배 관행들을 국가 만들기의 역사적 과정에서 일어난 이음매, 파열, 틈새를 반영하는 것이라고 해석하면, 어떤 논리가 여지없이 드러난다. 이 다양한 종교적 관행들과 이를 실천하는 사람들은 차이와 반대의 저항적 공간을 표상하고 적어도 국가가 도모하는 종교를 통한 흡수나 길들이기가 실패했음을 보여 준다.

영국 의회에서 야당이 (차기를 기다리며) 실제의 내각을 본뜬 '그림자 내각'(shadow cabinet)을 갖고 있듯이, 공식적인 경전 불교 역시 그를 따라하면서도 괴롭히는 대안적 제도를 갖고 있다. 상징적인 사원 학교를 대신하여 사원의 규율을 벗어나 국가 밖에서 살아가는 은둔 승려와 숲의 승려가 있었다. 공식적인 불교의 천년왕국적인 기대에 대신하여, 한시라도 빨리 다가올 유토피아를 추종자들에게 약속하는 치유자, 잠재적인 밍라웅, 미륵불, 석가모니 등이 있었다. 중앙의 파고다와 사당을 대신하여 지역의 낫 의례(정령숭배)가 있었다. 구원을 위한 공덕 쌓기를 대신하여 이 세상에서 복을 받기 위한 세속적이고 현세적인 방식들이 있었다. 관료적이고 시험을 통과한 승가를 대신하여 독립적으로 따르는 자들을 끌어모으는 카리스마적 승려들이 있었다. 대부분의 버마족 불교도들은 집안의 사당에서 낫을 숭배하면서도 파고다에서 '삼장'(三藏)을 읽으며 무의식적으로 쉽게 그 사이를 오고갔다. 따라서 내가 시도하는 구분은 다분히 분석적 구분이다.

대안적인 숭배 형태가 국가 만들기의 역사적 과정에서 봉합되어 있지만, 여전히 눈에 띄는 이음새를 표상한다고 보는 것의 근거는 낫에서 가장 두드러진다. 대부분의 낫은 때아닌 죽음을 통해 사람들을 보호하거나 해칠 수 있는 강력한 혼을 남긴 현존했던 사람들의 신령이라고 믿는다. 가장 잘 알려진 여러 낫들에서 보이는 놀라운 점은 그들의 생존 당시의 삶에 관계된 전설들이 왕에 대한 불복종이나 반란을 전형적인 특징으로 갖고 있다는 것이다.[44] 유명한 낫인 "따웅봉 형제"는 재미를 좇는 무슬림들이었는데, 왕을 도와 중요한 불교 유물을 얻도록 해주었으나, 구슬치기 놀이에 빠진 나머지 파고다 건립에 쓰일 두 장의 벽돌을 바치지 않았다고 한다. 왕을 모독하는 이 행위에 대한 처벌로 왕은 그들의 고환을 으스러뜨리며 죽여 버렸다. 만달레 북쪽으로 30킬로미터 남짓 떨어진 따웅봉 마을에서 그들을 기념하여 해마다 열리는 축제는 먹고, 마시고, 놀음하고, 드러내 놓고 성행위를 하는 등 항상 도를 넘어갈 듯 한 위태로움이 있는 그야말로 한바탕 난장판이다.

멜퍼드 스피로는 낫이 중앙집권적인 왕들에 의해 복속된 여러 집단과 지역들의 수호신을 표상할 것이라고 추정하며 따웅봉 숭배의 정치적·종교적 대립 분위기를 눈여겨본다. 낫은 "권력에 대한 반대를 상징한다. 사람들은 그 의례에 참여하면서 …… 권력에 대한 저항을 표현한다. 한편 낫은 …… 또한 종교적 권위에 대한 저항을 상징한다. …… 낫 숭배자는 불교에 대한 적대감을 표현하고 불교에 의해 금지를 당하는 욕구를 달래는 기회를 갖게 된다."[45] 다른 낫들로 왕에 의해 부당하게 죽임을 당한 자(마하기리Mahagiri 낫과 형제자매 낫. 후자를 위한 신당이 거의 모든 집에 있다), 적어도 세 명의 국왕 시해자, 그리고 반불교적 행동을 예증하는 여러 명의 탕아를 들 수 있다.

37좌(천신인 데바와 그 예하 조공국들을 우주론적으로 정확히 헤아린 숫자이다)의 낫을 모신 중심 신전은 어느 정도 중앙 정부의 관여로 설립됐다. 멘델슨은 그 신전이 군주제 불교 우산 아래 일련의 토착 신앙을 끌어안기 위한 시도를 상징한다고 생각한다. 가톨릭 국가에서 특정 성인 숭배 의식이 종종 기독교가 전파되기 이전의 신과 관련을 맺듯이 말이다. 그 목적은 이 강력하고 본디 분열적인 영들을 중앙의 군주에게 묶어 두기 위해서였다.[46] 그러나 그렇게 바라마지 않았던 결합이 쉽게 이루어지지 않았다. 낫 신앙은 꾸준히 경전 불교와 일체화된 국가에 대항하는 저항의 신령을 표상했기 때문이다. 멘델슨이 요약하듯이, "불교가 강할 때마다 낫 신앙은 (가령, 지역의 낫 숭배를 금지하는 조치들에 의해) 약해졌다고 믿을 만한 증거가 있다. 따라서 불교가 강한 중앙집권적 군주와 함께 갔던 반면 정령숭배는 토착성과 반란의 승리 기운과 손을 잡았다."[47] 버마족의 의례 생활은 따라서 여전히 해소되지 않고 있는 국가 만들기의 갈등을 반영하고 있다.

낫 숭배와는 완전히 별도로, 한쪽의 관료적이고 공식적이고 시험을 치르는 성직자(베버가 말하는 카리스마의 일상화)와 다른 한쪽의 기적을 만들어 내고 치유 능력이 있고 부적을 제조하는 성직자 사이의 간극이 여전히 뚜렷이 존재한다. 일반 평신도 지지자들의 기대를 품고 있는 마을의 승려(폰지pongyi)는 대부분 이 둘의 혼성이다. 국가적 위기 시기에 평신도들의 갈망을 대표하는 예언적 조류가 있어 왔다. 사실 20세기 미얀마의 민족주의에 대한 신빙성 있는 역사를 이러한 예언적 전통을 고려하지 않고 서술하기란 불가능할 것이다. 식민 정복 직후에 우 옷따마(U Ottama)가 자신을 왕(밍지mín gyi)이라 참칭하고 영국에 반항하였으나, 결국 처형된 때로부터 1930년 사야쌍 봉기까지 부처의 도래를 준비하는 불교 세계의 잠재적 군주(석가모니)라고 주장하는 사람들이 실타래처럼 계속 나타났다. 비록 사야쌍 반란이 그의 이름을 따서 아카이브에 들어갔고 사야쌍은 아마도 그의 원형 민족주의 덕분에 국가가 인정하는 영웅이 되었다. 하지만 그가 그 반란에서 서너 명의 '잠재적 왕'들 가운데 하나였다는 사실을 기억해야 한다.[48]

물론 오늘날 평신도 대중들의 민주적 열망을 대표하는 '길들여지지 않는' 성직자들이 있는 반면 군부의 고급 장성들이 개인과 사원을 위해 바치는 화려한 선물을 받으며 살아가는 길들여진 성직자들도 여전히 존재한다.[49] 네윈(Ne Win, 1911~1988)은 생존하여 권좌에 있을 때에 낫 숭배를 표현하는 영화를 철저히 금지시켰다. 화전과 뿌리 작물이 관개 벼농사에 대립적이었던 것처럼, 낫 숭배와 불교의 예언적 형태가 조직적이고 길들여진 승가에 대립적이었다고 말할 수 있을 것이다. 전자가 식별할 수 없고 국가의 편입에 저항적인 반면 후자는 중앙집권화에 스스로 포섭되었다.

고원 지대의 예언주의

평지의 예언 운동은 최근까지도 산에서 발생했던 것과 비슷한 면을 많이 갖고 있다. 전자와 후자를 구분 짓는 것은 평지의 예언적 운동은 합의한 문화적 매트릭스 내에서 압제와 불평등에 대한 항거를 상징한다는 점이다. 그런 운동들 역시 쓰라리고 늘어질지 몰라도 일종의 연인 간에 벌어지는 다툼이라 하겠다. 서구의 개념을 사용하자면, 사회계약의 조건에 관한 것이지 근본적으로 사회계약이 있어야 하는가 여부를 둘러싼 것이 아니다. 적어도 12세기 이래 계속 진화해 온 평지 사회의 문화적·언어적·종교적 표준화는 (어렵게 쟁취한 국가 효과로서) 깊은 상흔을 갖고 있지만 절대로 문화적 혹은 정치적 분리 독립에 대한 분투가 아니었다. 이 문화적 매트릭스 내에서 가난에 시달리거나 낙인찍힌 자들은 급진적인 선택을 여전히 상상할 수 있다. 카드를 마구 섞어서 기존의 계급과 지위 구별을 없애 버리는 것을 생각할 수 있다. 그러나 이것은, 기존의 카드 게임 내에서 카드를 재분배하는 문제이지, 게임 테이블에 앉을 것인가 말 것인가, 또는 그 테이블을 뒤

집어없어 버릴 것인가 말 것인가의 문제가 아니라는 것이다.[50]

예언적이고 천년왕국적인 행동을 추동한 급박하고 위태로운 조건는 천차만별이어서 쉽게 헤아릴 수 없다. 다만 각각의 조건들이 감당할 수 없을 만큼 집단적인 위험으로 다가왔기 때문에 이에 맞서 해결하기 위해 그 예언이나 행동들이 나타났다는 정도만 알아 두어도 충분할 것이다. 구약의 이스라엘의 경우에서 보듯이 영들이나 신들의 대리자가 일반적으로 영향력을 행사했지만 문제의 그 위험은 홍수, 흉작, 전염병, 지진, 태풍 같은 자연재해의 형태를 띠기도 한다. 그 위험들은 또한 전쟁, 침입, 혈세, 부역의 경우처럼 명백하게 인간이 만들어낸 것이었을 테고 국가 안에서 살아가는 대부분의 사람들의 역사에 늘 있어 왔다.

한편 비교적 자유로운 산악민들이 역사적으로 마주해 온 것은 침범해 들어오는 국가권력이 강요하는 불길한 선택이었다. 이것은 노예가 되는 것과 곤두박질쳐서 도망가는 것 사이, 공동체나 생계 활동에 대한 직접적인 통제를 잃어버리는 것과 공개적인 봉기 사이, 강제 정착과 분리되어 흩어지는 것 사이의 선택을 의미했다. 평지 사람들이 마주했던 선택과 비교해 보면 혁명적이지는 않다 하더라도 훨씬 더 가혹했고 산악민들이 선택을 하는 데 기반이 되는 정보는 대개 아주 적었다. 좀 더 가까운 예를 들어 1960년대에 미국과 연합하거나 빠텟라오(Pathet Lao, 라오스 공산 세력—옮긴이)를 지원하거나 떠나버리는 것 사이에서 치명적인 선택을 해야 했던 몽족을 생각해 보자. 산악민들은 평지 권력을 다룰 때 결코 순진하지 않다. 그러나 그들은 때때로 이해하지 못할, 그들의 미래 인생길에 끔찍한 결과를 엄청나게 초래할 위협에 과감히 맞서기도 한다.

이러한 차이를 시암과 라오스 국경 지역에서 17세기 후반부터 발생했던 여러 종류의 봉기들을 통해 이해할 수 있다. 17세기가 끝날 즈음의 봉기들은 평민들이 세금과 흉작, 시암을 위해 일했던 중국인 징세자들의 유입에 분개하여 일으킨 것들이다. 이러한 봉기는 "지역의 자율성과 사회적 평등성의 비전을 갖고 기적을 행하는 성자들"에 의해 주도되었지만, 그들의 국가 편입 조건을 밀어붙여 다시 협상하기로 작정한 국가 안에 살던 사람들의 반란들이었다.[51] 그러나 19세기 말에 이르기까지 팽창주의적 짜끄리(Chakkri) 왕들이 권력을 산으로 확장하여 많은 사람들을 노예로 만들고, 저항하는 자들은 학살하며 산악민들을 직접적으로 통치했다. 비엔티안을 중심으로 시암의 지배에 대항하여 예언적 운동이 일어났고 아누웡(Anuvong)의 대규모 반란이 그 정점을 찍었다. 평민들(프라이phrai)이 주도한 초기의 반란과 달리 이렇게 나중에 발생한 반란들은 상대적으로 독립적이었던 많은 사람들이 처음으로 국가에 흡수될 위협에 처해 있었다는 점에서 '처녀지 봉기'(virgin-land revolt)라고 부를 수 있다. 핵심이 된 이슈는 편입의 조건을 개혁하는 문제가 아니라 이 사람들이 지배를 받을 것인가 그렇지 않을 것인가의 문제였다.

여기서 우리가 불러들인 산악민들이 16세기에 갑자기 기술적으로 더욱 발전된 국가의 조직과 무기들을 마주한 신세계의 원주민들처럼 보이지 않도록 하기 위해서는 이들이 순진하지 않았다는 점을 강조해야 한다. 그들은 오랫동안 평지 국가를 알아 왔다. 이 점에서 국가의 상징적·경제적·정치적 영향권 사이의 중요한 구분을 떠올려 보자. 그토록 맹렬히 국가에 편입되는 것을 거부했던 이 사람들은 오랫동안 평지의 우주론을 열렬히 소비하는 사람들이었다. 평지의 전통을 빌려 그들 자신의 반란적 전통을 창조하기에 이를 정도까지 말이다. 상징품 교역은 아마도 그 상품이 무게가 나가지 않고 지형의 저항을 별로 받지 않았기에 가장 활발하게 이루어졌을 것이다. 경제 거래는 산과 평지가 저마다 상대가 필요한 품목을 갖고 있는 상호 보완적인 생태 지대라는 사실 때문에 마찬가지로 활발했다. 그들은 자연스러운 파트너였다. 산악민들은 오랫동안 가능하다면 대부분 노예의 형태로 나타나는 정치적 예속의 불편함을 피하면서도 자발적으로 상징적·경제적 교환에 참여하며 그 이점을 누려 왔다. 산악민들이 거부했던 것은 바로 이 노예제였다. 국가로부터 비자발적으로 '수입한' 오직 이 '품목'이었다.

덧붙이면, 예언적인 봉기들 그리고 성자가 이끄는 봉기들이 단지 평지 국가의 침입에 대해서만 전개되지는 않았다. 역시 산악 지역 내에서, 때로는 같은 종족 집단 내에서 국가가 발생하는 것을 막는 조처이기도 했다. 까친족 사이에 포악한 마을 수장에 맞서 일어나는 봉기에 관한 에드먼드 리치의 분석에 이 점이 많은 부분 담겨 있다. 또한 수장이 독점한 공동체 연회를 성공적으로 물리치고 모든 사람이 의례적 지위를 두고 경쟁할 수 있는 '원시적' 연회를 회복한 친족의 혼합주의적 '민주주의' 의례에 관한 토머스 커시의 설명에서도 이 점이 드러난다. 예언적 운동의 문화적 도구는 국가를 피하는 데에서처럼 국가를 막는 데도 유용할 수 있다.

산악 지역에서 성자의 봉기는 당연히 국가에 흡수되는 것을 막는 한 기술 가운데 하나이다. 우리가 아주 자세하게 다루었던 일반적이면서 위험이 덜한 방식들, 즉 화전, 도피 작물, 사회적 분열과 분산, 구술 전통까지도 모두 국가를 피하기 위해 동원되는 절반의 무기고이다.

그 무기고의 나머지 절반은 위험성이 큰 비장의 무기인 반란과 이와 결부되는 예언적인 우주론이다. 이것이 바로 미카엘 그레이버스가 카렌족에 관해 흥미롭게 제시한 것이다.

> 평지와 산악 사이에서 카렌족이 취한 애매모호한 전략은 세금과 부역과 정치적 압제를 피하고 화전농업과 사냥과 채집을 생계 방식으로 삼는 방어적인 차원과, 국가의 지배와 강압을 거부하고 또한 자신들의 정치체를 세우기 위해 왕실의 권력과 경쟁하려는 공격적인 차원의 이중 전략이라고 묘사할 수 있다. 두 차원은 불교적 윤리에 기반을 둔 도덕적 리더십을 갈구하며 이웃의 군주와 국가에 대한 문화적·(종족적) 비판과 더불어 불교 국가를 보란 듯이 세우려는 경쟁심을 포함하고 있다.[52]

대화, 흉내, 연결

산악 사회의 전설과 의례와 정치는 그 사회의 상상력에 크게 영향을 끼친 평지 국가와 나누었던 경쟁적인 대화라고 읽을 수 있다. 그 국가가 가까이에 있을수록 그리고 클수록, 대화는 더 경쟁적이었다. 산악 사회의 기원 신화는 대부분 친족을 함의하는 혼종성이나 관련성을 주장한다. 어떤 경우에는 낯선 사람이나 외국인이 등장하여 토착 여성과 혼인 관계를 맺는다. 그들의 자손이 바로 이 산악민들이다. 다른 전설에서는 산악민들과 평지인들이 같은 부모의 여러 다른 알에서 부화되어 형제와 자매가 되었다고 한다. 이미 고원과 평지 사이의 원초적 평등성이 그 내러티브에 일부분으로 들어가 있다.

마찬가지로, 많은 산악민들의 전설이 그들이 한때 왕과 책과 글자를 가졌고 평지에서 논에 물을 대 쌀을 재배했다고 주장하는 것은 원초적으로 평등한 지위에 대해 주장하는 것이다. 현재는 그 지위를 잃어버렸거나 배반을 당하여 접근이 불가능하거나 도둑맞았다는 것이다. 수많은 예언자들의 중요한 약속 가운데 하나는 바로 자신이 왕이 되어 불의를 시정하고 평등성을 회복하거나 또는 판을 뒤집기까지 하겠다는 것이다. 이런 점은 몽족한테서 특히 강하게 나타난다. 전설에 따르면 그들의 왕인 치유가 중국의 창건자에게 살해를 당했는데 새로운 왕이 언젠가 등장하여 몽족을 해방시키고 황금시대를 열어나갈 것이라고 한다.[53]

산악과 평지 사이에 일어난 문화적 대화를 적어도 두 요소를 추가하여 살펴볼 수 있다. 첫째, 산지 사회와 평지 사회 모두 서로 영향을 주는 거대한 (인도식이나 중국식) 은하계의 행성들이었다. 산악민들은 평지 국가의 정치적 신민은 아니었을지 몰라도 경제적 교환 체계에 참여했고 심지어 더 넓었던 아이디어, 상징, 우주관, 지위, 정치적 형식, 의료 처방, 전설 등의 국제적인 교환에도 참여했다. 민속 문화에 관해 얘기되듯이 산악민들은 "언제나 우수한 문화권에서 비롯된 …… 차원 높은 지적 전통의 중요한 부분들을 그들의 구조 안으로 흡수했다."[54] 경제적인 교환에 비해 마찰이 더 없고, 더 싸고, 완전히 자발적이었던 이 '문화적 뷔페'는 산악 사회로 하여금 그들이 원하는 것을 쉽게 취하여 선택한 곳에 쓸 수 있도록 했다.

산악과 평지는 역사를 깊숙이 공유하고 있다. 많은 산악민들이 평지 국가에 거주했던 사람들의 후예라는 것을 (어떤 경우에는 꽤 최근의 후예라는 것을) 잊어서는 안 된다. 그들과 함께 평지에 널리 퍼져 있던 문화와 신앙들이 산으로 많이 흘러들었다. 고립된 애팔래치아 유역에서 옛날 형태의 영어와 스코틀랜드 방언과 음악과 춤이 그 원산지에서는 사라진 지 오래되어도 고수되어 오듯이, 산악 사회 역시 살아 있는 역사적 아카이브로서 그들의 조상들이 가져왔거나 긴 이주의 여정 중에 습득한 믿음과 의례를 간직하고 있다. 예를 들어, 몽족의 풍수지리학은 여러 세기 전에 한족의 관습을 충실하게 본뜬 것으로 보인다. 권위, 지위를 나타내는 휘장, 관직, 수장의 의복 등의 형태들은 박물관의 평지 전시품들이라고 할 수 있다.

아주 흥미롭게도, 산악민들이 '우리의 과거'를 표상한다는 평지의 편견은 부분적으로는 사실이지만 상상되는 방식에서는 절대 그렇지 않다. 산악민들은 그들 자체가 사회적 화석이 아니라 평지에서 전통적 관행을 들여와서 대개 이를 지켜 가고 있는 것이다. 여기에 핍박받은 종교 분파, 은둔 승려, 정치적 반대파, 왕위 참칭자와 그 수하들, 범법자 등이 끊임없이 산으로 도피했다는 것을 더하면, 산악 사회가 억압으로 점철된 과거 평지의 이면을 얼마나 비추고 있는지 알게 된다.

특히 우주론과 종교에 이르면 산악 지역의 반역자나 카리스마적 종교 운동과 국가 내 사람들 중의 열악한 계층 사이에 그럴듯한 관련성이 있어 보인다. 고산 지역 사람들이 대부분 동남아시아 국가 중심부의 종교와 거리를 두고 있었다는 점을 주목한 오스카 살레밍크는 "종종 '정령숭배'라는 꼬리표가 붙은" 고원의 종교가 "평지의 민속 종교와 믿음, 관행에서 많은 부분을 공유하고 있다"고 역시 통찰력 있게 관찰했다.[55] 결국 우리가 평지의 종교가 산에 이르게 될 때 (예를 들어, 카렌족과 샨족의 불교) 비정통과 카리스마적 형태를 띨 수 있다는 사실을 고려한다면 국가 내 서발턴의 상징적인 저항과 상대적으로 독립적이었던 산지 사회 사이에 일종의 연관성이 있음을 보게 된다. 바로 이 빼앗기고 소외된 사람들에게서 더욱 혁명적이고, '세계를 뒤집어엎는' 예언적 메시지가 가장 큰 호소력을 가졌던 것이다. 또한 으레 주변적 지위의 평지인들과 산악민들이 가장 많이 접촉을 하게 된 것이다. 거래와 일을 위해 평지에 다다른 산악민 방문자들은 평지 사회의 위계 질서 맨 밑에 있는 사람들과 가깝게 지냈다. 평지의 최하층 사람들은 '룸펜 지식인'이었던 승려나 은둔자들과 더불어 산으로 흘러들어갈 개연성이 가장 큰 사람들이었다. 따라서 사회적 접촉에서뿐만 아니라 구조적인 위치의 관점에서 우리는 마땅히 급진적인 평지의 종교 운동과 산악의 예언적 운동이 그 정도에서는 달랐지만 본질에서는 같았다고 보아야 한다. 둘 모두 구원 종교의 일상적인 기능을 강조했고, 둘 모두 정의를 회복할 의로운 왕이나 재림 부처의 신화를 공유했고, 들 모두 평지 국가를 혐오하는 (같지는 않지만) 수많은 이유들을 갖고 있었다. 결국 각각은 국가를 파괴하는 우주론과 관행들의 사회적·역사적 아카이브라 할 수 있다.

거의 모든 예언적 운동들이 목표로 삼고 있는 새로운 국가, 새로운 질서의 건설은 논리적으로 기존 질서의 파괴가 반드시 선행되어야 한다. 표면적으로 그러한 운동들은 반란이라 할 수 있다. 일종의 상징적인 유도 경기에서 평지 국가를 공격하기 위해 평지 국가의 권력, 주술, 왕권 상징물, 제도적 카리스마를 독차지했다. 새로운 왕이나 미륵불이 가져다줄 유토피아의 유형은 국가로부터 받은 억압에 대한 부정을 담고 있다고 해석할 수 있다. 모든 사람들이 평등할 것이고, 부역과 세금과 공물이 없을 것이고, 가난한 자도 없을 것이고, 전쟁과 죽음이 끝이 날 것이고, 버마족이나 한족이나 따이족 압제자가 물러나거나 멸망할 것이고, 이외에도 여러 희망찬 일들이 일어나게 될 것이다. 이 약속된 미래의 내용에서 현재 무엇이 잘못되었는가를 추정할 수 있다. 새로운 유토피아를 바라는 자들은 결코 수동적이지 않고 때때로 스스로를 의례적으로 준비하여 충성을 철회하고, 세금 납부를 거부하고, 공격을 단행한다. 한 예언가를 중심으로 사람들이 모집되어 있는 것은 전근대 동남아시아의 국가 형성뿐 아니라 반란 운동에서도 흔한 현상으로, 통치자와 그 곁의 권위자들은 이를 불길한 징조라고 보았다.

상징적으로 국가 의례에 신세를 진 주도적인 의례 담론을 가령 카렌족의 천년왕국적 불교 분파나 한족의 제국주의적 지배를 거부하는 먀오족이 사용했다면 과연 그 담론을 체제 전복이라 보아야 하는가에 대해 온갖 논란이 있어 왔다.[56] 그 문제는 한갓 논객들의 사안에 지나지 않는다고 생각된다. 앞으로 밝혀지게 될 여러 이유들 때문이다. 마을들의 작은 연합체를 넘는 유일한 정치적 질서의 담론은 인간적이든, 신성하든 군주제 담론이라는 점은 확실한 사실이다. 18세기 말까지 벌어진 유럽의 반란에서도 역시 그랬다.[57] 거의 모든 국가들이 군주제였고 나쁜 왕에 대한 처방은 좋은 왕을 세우는 것이었다.

대륙 동남아시아의 전식민기, 식민기, 탈식민기 국가들은 (중국도 마찬가지로) 의심할 여지없이 기적을 행하며 왕을 참칭하는 자들과 그 수하들에게 위협을 느꼈다. 그 국가들은 어디서든지 그 반란들을 신속하게 진압하고 중앙에서 감독할 수 있는 공식적·정통적·교권적 위계질서를 지원하기 위해 행동으로 나섰다. 막스 베버가 예견했듯이, 그 국가들은 정치적인 함의를 지닌 모든 카리스마적 영감에 가차 없이 적대감을 표현해 왔다. 이 점에서 잠재적인 반란집단이 불교의 우주론과 한족의 휘장을 활용했다는 사실은 국가 관료들에게 안심을 주는 일이 결코 아니었다.[58]

우리는 앙코르와 버강에서 시작하여 군소 국가들을 거쳐 미약하나마 으스대는 라후족과 까친족의 작은 마을 수장에 이르기까지 뻗어나가는 흉내 내기의 거대한 망을 여러 차례 보았다. 전통 국가들도 마찬가지로 이른바 '제국주의 의례의 지역화' 과정에서 남아시아 국가를 본떴다.[59] 비록 모방적인 왕궁 건축, 관직, 왕권 상징물, 의례에 대한 주요 모델이 일반적으로 가장 가까이에 있었던 거대한 국가였지만, 그 과정은 깊게 침투했다. 중요한 것은 그 흉내 내기가 실제로 행사하는 권력의 범위와는 상관이 없다는 점이다. 클리퍼드 기어츠는 "제도적 차원에서는 사분오열되어 있었지만 표상적 차원에서는 고도로 중앙집권적이었다"고까지 주장했다. 마치 상징적 중앙집권화를 통해 '강성' 권력의 한계를 극복하려 하듯이 말이다.[60]

지배자의 자리에 대한 지역의 주장에서처럼 거의 똑같은 과정이 반란의 상징 언어에서도 작동되었다. 마치 "한때의 그리고 미래의 왕"이라고 주장하는 모든 반란자들이 자유롭게 이용할 수 있는 '개방된 소프트웨어'가 있는 것 같았다. 그가 추종자들을 많이 끌어모았는가는 별개의 문제였다. 그러나 같은 우주론을 갖고 있어도, 구조적으로 보편적인 군주가 되고자 하는 라후족 예언가는 황제가 되고자 하는 와족 마을 촌장보다 그 실현 가능성이 크지 않았다. 인구의 분산 및 농업 생산, 이와 더불어 거대한 사회적 동원을 절대적으로는 아닐지라도 심각하게 제약했던 지리적 조건이 결정적으로 그런 야심에 불리하게 작용했다.[61]

F. K. 리먼은 "초지역적 정치조직이 그 이웃 문명이 제공한 모델에 따라 달성하고자 하는 바와 그 정치조직의 자원과 조직적인 여건에서 실제로 이룰 수 있는 것 사이에는 큰 차이가 있었다"고 날카롭게 지적한다.[62] 군소 국가들은 카리스마적 인물들에 의해서 산에서 설립될 수 있거나 실제로 (가령, 미얀마의 꺄야 주처럼) 그렇게 설립되어 왔고, 평지에서도 예언가(알라웅퍼야)에 의해서 거대한 왕국이 세워졌으나 그것들은 예외 없는 법칙이 없듯이 특별한 경우였다. 우주론적 허세는 한갓 초지역적 권위에 대한 주장이 내세우는 관용어에 지나지 않았다. 관념으로서 이것은 확실히 제국주의의 유산으로, 현실적으로 설립된다 해도 본질은 변하지 않은 '가정의' 국가였다. 중심으로서 우주론적 헤게모니를 주장하는 (대개 이 주장은 분절적이고 약한 실제의 정치 조건을 감추고 있다) 이 '가정의' 국가는 결코 산지의 강자들에게만 한정되지 않는다. 그러한 의례적 주권은 평지 왕국들에서도 일반적으로 나타났다. 사실 동남아시아의 평지 왕국이 대부분의 우주론을 빌려온 된 남인도에서도 이는 일반적인 상황이었던 것으로 보인다.[63]

'가정의' 국가에 대한 호소에서, 왕궁 건축의 흉내 내기에서, 의례 형식에서, 올바른 우주론을 갖는 데서 의심할 여지없이 일종의 동정적인 주술이 작동했다. 제국주의 권력의 직접적인 통치 영역 밖에서 대부분 살아온 사람들에게 그 거대한 국가의 중심부는 요긴하게 쓸 수 있는 상징적인 조각들로 다가왔다. 그들의 상황은 메이지유신 초기에 서구를 여행하면서 서구적 진보의 열쇠는 헌법이라고 생각했던 일본 관료들의 상황과 크게 다르지 않다. 올바른 헌법을 가진다면 진보는 어느 정도 자연스럽게 따라올 것이라고 그들은 생각했다. 형식 그 자체로도 효과가 크다고 여긴 것이다. 이 믿음에서 산악민들은 평지 국가의 창시자들 및 찬탈자들과 조금도 다르지 않다. 그들의 브라만 조언자들은 왕궁, 왕권 상징물, 족보, 선언이 극도로 미세한 부분까지도 꼼꼼하게 일치하도록 했다. 마법의 주문처럼, 이것은 "한 글자도 틀리지 않아야" 했다.

아마도 평지 국가의 상징적인 끌어당기는 힘 때문에, 산악 지역의 카리스마적 지도자는 반란자든 그렇지 않든, 이 넓은 세계에 대한 지식과 그 세계와의 관련성을 증명해야 했다. 거의 예외 없이 그들은 지역의 국제인들이었다. 즉 지역적 뿌리를 갖고 있으나 대개 넓은 지역을 돌아다녔고, 여러 언어를 말하고, 다른 지역과 접촉을 하며 연합 세력을 갖고 있고, 평지 종교의 신성한 형식을 알고 있고, 탁월한 연설가이자 중재자였다. 이모저모로 같은 속성을 포착하는 북아메리카 원주민의 혼성어를 사용하자면, 그들은 '사비'(savvy, 능통하다)하다. 사실 어디에서든 이를 발견할 수 있을 정도로 과감하게 일반화를 시킬 수 있다. 태평천국의 난에서, 태평양 섬들의 화물숭배 반란들에서, 유럽인들에 대항한 신세계 예언가의 반란에서, 중심인물들은 종종 비교적 쉽게 여러 세계를 오가며 거주한 문화적으로 양서류인 통역자들이었다. 스튜어트 슈워츠와 프랑크 샐러먼이 라틴아메리카의 식민 초기 봉기에 관하여 쓰며 내린 결론은 꽤 대표성을 띠고 있다. "놀랍게도 대개 메시아적 또는 천년왕국적 변방 반란의 지도자들은 인디언의 생활 방식을 선택한 메스티소이거나 안데스에서 메스티소와 비슷한 사회적인 조건에 처해 있었던 이중문화적 인디언들이었다."[64]

산악 지역의 토착 언어들이 다양하다보니 문화들 사이의 번역 기능은 때론 문자 그대로 해석될 수 있다. 니컬러스 탭은 카렌어, 라후어, 중국어, 샨어, 북부 타이어 등에 능통하여 널리 존경을 받고 있는 북부 태국의 한 몽족 마을 촌장에 대해 말한다.[65] 그런데 대개 그렇듯이 그런 국제주의는 평지 종교와 그들의 우주론에 대한 지식에서 유래했다. 이는 승려, 학승 출신, 교리 전도자, 치유자, 상인, 변방의 토착 성직자 등이 왜 예언자의 반열에 그토록 많은 자리를 차지하고 있는가를 설명하는 데 도움을 준다. 안토니오 그람시의 관점에서 보면, 그들은 박탈당하고 주변화된 전근대 시대의 유기체적 지식인들이었다. 이 역시 일반적인 것으로 다른 경우에도 적용할 수 있다.

마르크 블로크는 중세 유럽의 농민 봉기에서 지방 성직자들의 눈부신 역할을 눈여겨봤다. 그들이 당하는 "곤경은 종종 일반 교구민들이 당하는 곤경과 유사했으나 [그들의] 마음속으로는 그들이 처한 비참한 상황이 만연한 질병의 한 부분이고 그들이 전통 지식인 역할을 하는 데에 딱 맞는 자라는 생각을 보다 많이 품고 있었다."[66] 막스 베버는 이 계급을 '떠돌이 지식인'이라 이름 붙였고 "사회적 관례에 관하여 아르키메데스(Archimedes, 기원전 3세기 그리스의 수학자이자 물리학자—옮긴이)가 되려 했으며 …… 우주의 의미를 새롭게 파악하는 능력을 지녔다"고 보았다.[67] 고원에서 그런 종교적인 인물들이 같은 역할을 하며 공동체의 열망을 표현해 냈으며 동시에 국가의 상징 기술에 정통했고 적어도 이를 무력화시킬 수 있었다.

두 세계에 각각 발을 담고 있는 그런 지도자들은 그 양서류적인 위치 때문에 잠재적으로 두려운 존재들이었다. 구조적으로 그들은 제5열이 되어 외부 세력에 이익을 줄 수 있었다. 에릭 무글러는 이 위험을 인지한 윈난의 이족 마을이 그에 대비해 아주 특이한 의례적·실천적 방안을 강구했다고 서술한다.[68] 아주 가혹하고, 끔찍한 책임이 뒤따를 수 있는 일을 해마다 소수의 명문 가족들이 돌아가며 맡는다. 바로 한족 관료들과 때때로 그들을 수반하는 군사들을 접대하고 잘 먹이는 일이다. 이를 맡고 있는 해에 그 접대 부부는 순전히 라후족처럼 행동하고 문화적으로 한족적이라 간주되는 어떤 것도 멀리해야 한다. 라후족 조상들이 입었던 옷을 입어야 했고, 도자기 그릇이 아니라 나무 그릇으로 밥을 먹고 물을 마셨고, 집에서 만든 밀 맥주만을 마셨고, 평지의 섭식과 관련된 고기(개, 말, 소)를 먹지 않았고 책임을 맡고 있는 해 동안은 중국어를 결코 사용하지 않았다. 접대 가족을 완벽한 라후족으로 만들고 한족과 거리를 두는 데에 이보다 더 포괄적인 금지 규정들을 거의 생각할 수 없을 것이다. 한족과의 거의 모든 사회 접촉은 그 해 내내 접대 가족의 집에서 자유롭게 기거하는 '대변인'을 통해서 이루어졌다. 그는 대조적으로 손님과 함께 먹고 마시고, 옷을 잘 차려 입고, 코즈모폴리턴 태도를 견지하고, 중국어를 유창하게 말하고, 대개 위험한 손님들을 즐겁게 해주었다. 그 대변인은 손님을 달래고, 그들의 요구 사항을 최소화하고, 한족과 마을의 내부 사안 사이의 일종의 문화적인 담으로서 역할을 했던 마을 수준의 외교장관이었던 셈이다. 강력하고 외부 세계를 잘 알고 있는 지역의 매개자가 자산인 만큼 쉬이 골칫거리도 될 수 있다는 점을 알고 있었던 라후족은 일부러 두 역할을 분리하여 그 위험을 약화시키려고 했다.

궁극적 도피 사회구조의 전환

나는 이제 동남아시아 고원의 예언적 운동이 "이국적이지 않다"고 힘주어 말하려고 한다. 일반적으로 그러한 운동들은 종종 독특한 현상이라고 취급을 받는다. 정상적인 생각이나 행동과는 철저히 다르며 따라서 정신적인 병은 아닐지라도 일종의 집단적 착란을 시사한다는 것이다.[69] 이러한 취급은 두 가지 이유에서 잘못됐다. 첫째, 오늘까지 이어지는 서구의 천년왕국 운동의 깊은 역사를 무시하고 있다. 둘째, 이 맥락과 더 관련된 이유인데, 예언적 행동이 전통적인 치유 관행 및 이주와 분리에 관한 마을의 결정과 연관되어 있는 정도를 보지 못하고 있다. 예언적 행동은 일상적인 행동들이 쌓여서 강하면서 집합적인 형태를 띠게 된 것이라고 나는 생각한다. 예언적 행동과 일상적 행동은 정도는 다르지만 본질은 반드시 그렇게 다르지 않았다.

샤먼이나 전통적인 치유자들은 문제가 있거나 아픈 환자들을 대개 최면과 신들림 상태에서 다루었다. 샤먼은 무엇이 문제인가를 짚어내고 환자를 괴롭히는 신이 떠나도록 의례를 집행한다. 그러나 예언자의 경우에는 문제를 전체 공동체의 차원과 관련시킨다. 종종 위기와 위협이 너무나도 심각하여 존엄과 존경에 이르는 일상의 문화적인 경로(경작자의 근면, 용기, 풍성한 연회, 행운, 결혼과 아이들, 일반적으로 지역에서 존경을 받는 행동들)가 더 이상 통하지 않게 되는 예외적인 상황에 처하기도 한다. 바로 이 지점에 전체 공동체의 삶이 걸려 있고 대증요법으로는 이 상황을 타개할 수 없다. 니컬러스 탭이 표현하듯이, "샤먼이 개별 환자나 그 가족들의 건강과 행복에 관여한다면 …… 메시아적 예언자는 궁극적으로 몽족 사회 전체의 구원과 관련되어 있다."[70] 그 역할이 더 장엄했고, 환자는 집단이었으며 걸려 있는 사안은 더 컸다. 예언자는 문제가 있는 전체 공동체의 샤먼이었거나 그렇게 되려고 했다.

예언주의를 예외적인 것이라고 다루면 예언이 추동하는 중요한 '마이너리그' 형태의 변화, 즉 현존 마을들의 분리와 이주와 관련된 변화를 보지 못한다. 비록 이것이 매일 일어나진 않지만 문화적 일상화라고 부를 수 있을 만큼 충분히 일반적이었다. 지력 소모, 인구 증가, 작물 실패, 이웃 집단이나 국가로부터 받는 정치적인 압박, 불운한 죽음이나 유산, 전염병, 분파적 경쟁, 악신의 범접 등이 발생하기만 하면 마을과 그 터전은 분리되고 이동할 수 있었다. 그 밑바닥의 이유가 무엇이든 잠재적인 이주에서 두 가지 면이 중요하다. 첫째, 그 이주에는 언제나 엄청난 불확실성, 불안감, 사회적 긴장이 뒤따른다. 대개 그렇듯이 새로운 터전이 이미 마련되었어도 그 잠재적인 위험은 여전히 컸다. 연합 세력을 이루어 전쟁을 치러야 할지 말지 역사적인 상황에 놓여 있었기 때문이었다. 이 때문에 많은 경우에 그 선택은 예언적인 꿈을 통해 이루어지거나 알려졌다. 가령 몽족에서 특출한 여자나 남자가 대개 샤먼으로 행세를 하는데, 그 샤먼은 새로운 장소로 옮기라고 말하는 꿈을 꿀 수 있다. 이것이 분리의 문제라면 그 꿈을 꾸었던 자는 추종자들과 함께 마을을 떠나 종종 근처에서 '자매' 마을을 설립한다.[71] 풍수지리를 심각하게 믿는 몽족에게 모든 지리적 변화는 그 정의상 운세의 변화였다.

카렌족의 마을들도 거의 마찬가지 방식으로 이동하거나 분리되었다. 오히려 그들의 마을은 라후족의 마을처럼 쪼개질 위험이 매우 컸고 어떤 이유에서든 분리될 수 있었다. 몽족의 경우와 마찬가지로 그 분리는 일반적으로 예언적인 비전, 꿈, 계시를 통해 알려졌다. 예언자들이 세계의 정복자로 오거나 말거나의 경우가 아니었다. 예언주의는 중요하지만 지축을 흔들 정도로까지 중대하지는 않은 결정과 관련된 비교적 일상적인 경험이었다. 이렇게 보면 아카이브에 이름을 올린 예언자들은 단순한 예언자들이 아니었다. 추종자들이 많았고 더욱 야심찬 목적을 가진 '메이저리그' 예언자들이었다.

주류 예언적 운동과 작은 규모의 예언주의를 구분 짓는 것은 전자를 따르는 자들은 그 예언자가 지시한 대로 언제든 세상과 단절해 버린다는 점이다. 더 나은 조건에서 그들이 두고 온 일상의 많은 것을 회복하기를 소망하며 옮겨 가는 마을 사람들과 달리, 천년왕국 운동을 따르는 자들은 신세계를 갈구하고 제도화하려고 한다. 그들은 종종 이전 관행과 완전히 단절한다. 작물 재배를 포기하고, 쌀과 토지를 팔고, 돈을 나눠주고, 가축을 도살하고, 섭식을 급격히 바꾸고, 새로운 의복을 착용하며 부적을 붙이고, 집을 불태우고, 성스러운 금기 사항을 깨뜨린다. 이런 식으로 세상과 인연을 끊은 이후에는 예전 삶으로 돌아가기가 쉽지 않다.[72] 또한 이 엄청난 혁명적인 행위들은 완전히 마을 공동체의 사회적 위계질서를 바꾸어 버린다. 이전의 지위와 위신은 새로운 질서에서 아무런 의미가 없고, 예언자와, 구질서에서는 대부분 낮은 지위에 있었던 그의 시종들이 이제 높은 위치에 오른다. 이것이 외부 세계에 혁명을 가져왔는가는 둘째 치고 이를 경험한 공동체에게는 명실상부한 혁명이었다는 점은 의심할 여지가 없다.

사회적 과정으로서 이와 같은 천년왕국주의는 최고의 도피 사회구조이다. 수행한 기능의 측면에서 천년왕국 운동을 설명하는 것이 충분하지는 않지만, 그런 운동이 급격히 변화하는 환경에 빠르게, 그리고 대규모로 적응할 수 있도록 도모했는가에 대해서는 생각해 볼 수 있겠다. 리먼은, "천년왕국 운동과 그 지도자를 드높이는 스고카렌족의 전통적인 관행은 새로운 사회적·문화적 관계의 맥락에 빠르게 자신들을 적응할 수 있게 하는 기능을 했던 것 같다"고 얘기한다." 그는 또한 카렌족의 천년왕국 운동이 새롭게 종족을 만들어 냈다고 언급한다. "그들의 종교를 거의 완전히 바꾸는 것은 변화하는 종족 집단 간의 관계에 대응한 종족 정체성 바꾸기, 바로 그것이었다."[73]

미카엘 그레이버스는 미얀마 남부에서 우뚜자나(U Thuzana)가 이끄는 최근의 카렌 불교 분파의 성장에 관한 설명에서 이것이 전쟁과 대규모 강제이주의 상황에 처해 있는 카렌족을 재위치화하는 효과가 있다고 강조했다. "이 운동은 우주론과 종족 정체성에 대한 끊임없는 재평가를 의미하고 새로운 질서를 만들고 위기를 극복하려는 목적을 갖고 있다."[74] 어떤 예언자들은 추종자들을 비교적 평화와 안정의 (그리고 생계) 지대로 용케도 이끌어 내지만, 대개 많은 예언자들은 실패하고 만다. 그러나 그 운동이 경제적·정치적·군사적 위기와 동시에 발생했다는 것은 그 운동을 필사적인 사회적 실험으로, 즉 승산이 거의 없는 높은 배당률의 조건에 주사위를 던진 것으로 볼 수 있음을 알려 준다.

사실 우리는 카리스마저 운동이 새로운 국가와 새로운 종족적·정치적 정체성을 발생시킬 수 있고 실제로 그랬다는 사실을 알고 있다. 가장 기록이 잘 되어 있는 두드러진 사례가 19세기에 만들어진 두 주요한 까야족 국가 보까케(Bawkahke)와 깐따라와디(Kantarawaddy)이다. 보카케는 나중에 새롭게 영토를 구획하고 종족 정체성을 재구성하며 등장한 미얀마의 까야(카렌니) 주의 기반이 되었다. 이 역사에 대해 우리가 확실히 알고 있는 바는 "창시자들이 남부 지역에서 유래했고 그들이 전형적으로 외부 세계의 지식을 수단으로 활용한 카리스마적인 인물들이라는 사실이다. 그들은 종교 분파를 창시했는데 까야족 정치체가 바로 여기에 기초하여 세워졌다. 그 종교 분파는 놀랍게도 몬족과 버마족의 불교도뿐 아니라 이 시기에 불교도이면서 정령 숭배자이기도 했던 평지의 카렌족한테서 보이던 천년왕국 이념을 물씬 연상케 한다."[75] 물론 앞서 보았듯이 이 지역이 마지막으로 남은 가치가 높은 거대한 티크목 산지 중 하나였다는 세속적인 고려 역시 크게 영향을 끼쳤다. 그럼에도 이 까야족 정치체는 카렌니 집단들을 종족적으로 새롭게 구성했고, 그 시작은 카리스마적 예언가로부터 비롯되었다.

많은 산악민들처럼 라후족은 보통 색깔로 구분되어 적색 라후족, 황색 라후족, 흑색 라후족 등 작은 분파들로 나뉜다. 이 분파들의 기원은 시간과 전설의 안개 속에 묻혀 있지만, 앤터니 워커는 "어떤 분파는 거의 확실히 메시아적 지도자에 의해 생겨났다"고 생각한다.[76] 예언적 운동이 역사적으로 산에서 집단적으로 종족을 재구성했던 주요한 방식이었을 개연성이 있다. 그렇다면 이 과정은 마을의 분리와 유사하다고 할 수 있다. 규모면에서는 더 장대하고 더 극적이었지만, 본질에서는 다르지 않았다.

마을 분리의 경우에서처럼 그러한 정치적 재조직은 거의 늘 이웃한 종족 집단과 평지 국가에 대응한 재위치화를 동반한다. 카렌족 불교 분파의 지도자인 우 뚜자나는 추종자들을 위해 평화 지대를 만들려고 했다. 그의 군사들(민주카렌불교군대, DKBA)이 미얀마 군대의 지도를 받는 용병이나 모리배에 다를 바가 없을 정도까지 미얀마라는 국가에 확실하고도 더 가깝게 그들을 재위치시켰다. 다른 분리, 다른 카리스마적 운동은 사람들을 산속으로 더 깊이 가도록, 다른 곳으로 멀리 옮기도록, 새로운 환경에 맞게 그들의 문화를 바꾸도록 했다.

막스 베버의 용어를 사용하자면, 조미아의 많은 산악민들이 마주한 존재론적 상황과 그들의 사회조직, 종족 소속감, 종교 정체성의 놀라운 유연성과 적응력 사이에 적어도 선택적 친화력이 있다. 그렇게 이동적이고 평등적이었던 변방의 사람들은 대부분 패배와 도피로 점철된 역사를 갖고 있었고 강성한 국가들의 세계와 마주해야 했다. 그 국가들의 정책 결정에 그들은 거의 관여할 수 없었다. 마치 시장의 소상인들이 가격을 지정하거나 결정하는 자들이 아니라 "주어진 가격을 따르는 자들"이듯이 그들은 이동하는 위험한 권력의 성좌들을 헤집고 나가야 했다. 그 권력들 사이에서 그들은 대개 약한 존재였다. 노예 습격, 공물 요구, 침입 군대, 전염병, 빈번한 작물 실패에 맞서서 국가를 멀리 두는 생계 방식뿐만 아니라 격동의 환경에 원활히 대처할 수 있는 유연한 사회적·종교적 조직을 개발해 왔다. 비정통 분파들, 은둔 승려들, 참칭자들, 잠재적 예언자들이 대부분의 산악 사회에 몰려 있었는데, 이러한 집중은 상황에 따라 자신들을 현저히 새롭게 창조할 수 있는 실질적인 수단이 되어 왔다.[77]

한발 물러나서 이 모든 것들을 고려하면, 그리고 재빨리 (사회적으로, 종교적으로, 종족적으로) 새로운 곳을 찾아나서는 능력을 주의 깊게 살피면, 상대적으로 주변적이고 미약한 사람들의 정말 놀랄 만한 국제주의를 이해하게 된다. 그들은 관습의 굴레에 묶인 채 살아가는 뒤쳐지고 전통적인 사람들이 결코 아니라 변화무쌍하게(심지어 변하지 않은 채) 자신을 새롭게 상상해 나갔다.

종족적 협력의 우주론

산악 사회 관찰자들을 놀라게 한 첫 번째의 현상은 비교적 짧은 거리 안에서 이루어지는 어리둥절한 언어적·정치적 복잡성이었다. 역사의 흐름을 멈추는 '동작 금지"의 스냅 사진을 보자면, 평지의 사진과 비교하여 산악의 사진은 이 다양성을 주로 담고 있을 것이다. 원래 발칸의 민족주의에 관해 했던 말이 (작은 차이의 나르시시즘을 대표하고 있는 그 민족주의가) 조미아에 딱 들어맞을 것이다. 그리고 사실, 전통 국가에서 식민주의 국가를 거쳐 오늘날 미국의 특수부대, 중앙정보부, 미얀마의 집권 군부에 이르기까지, 모든 평지의 권력들은 자신들의 목적을 위해서 이러한 차이를 활용했다.

그 규칙에 어긋나고 오랫동안 지속된 주요 예외는 카리스마적 인물들이 평지의 상징물들과 천년왕국적 우주론을 활용하여 종족 간 경계를 뛰어넘어 사람들을 모집한 것이다. 이 점에서 카리스마는 관습, 전통, 친족, 고대 의례에 의한 접합과는 질적으로 다른 형태의 사회적 결속력이었다. 파안(Pa'an)에 근거를 두고 있던 유명한 승려 사야도 따마냐(Sayadaw Thamanya)는 2007년 죽기 이전에 여러 종족 중에서 20만 명이 넘는 추종자를 주변에 끌어모았다. 그는 빠오족 가족에서 태어났으나 그의 추종자들은 카렌족, 샨족, 몬족을 비롯해 버마족도 있었으며 이 모든 사람들이 그가 만들어 냈던 불교의 강력한 공덕의 밭에 열과 성을 다해 참여했다. 그는 당시 양곤의 군사정부에 반대하는 입장을 조심스럽게 드러냈지만, 그의 운동은 한동안 1988년 민주항쟁 이래로 가장 컸던 대중의 반정부 정서를 표현했다. 이 사례를 보면 아카이브와 식민 정부의 기록에 보고된 수백 가지 다른 경우처럼 오직 카리스마적 종교 예언가들만이 산악 사회의 수많은 분리를 극복하고 종족과 혈통과 방언을 뛰어넘어 대중을 끌어모으는 능력을 가진 것 같다.

남서쪽으로 팽창을 시도한 한족 국가와 고원지대를 지배하려 했던 식민 국가에게 가장 큰 도전이 된 것들은 종족 간의 그러한 연합들이었는데, 저마다의 연합은 정의의 왕과 황금시대를 알리는 예언자에 의해 조직되었다. 세 차례의 반란은 그러한 조직이 갖는 거대한 차원의 잠재성을 잘 드러낸다.

구이저우에서 19세기 중반에 발생한 이른바 먀오족의 반란은 사실 거의 20년에 걸쳐서 수많은 사람들이 참여했고 5백만 명의 목숨을 앗아 간 다종족적 반란이었다. 이 반란은 청나라의 지배에 맞선 여러 반란들, 일별하자면 1851~1868년 장시 성을 중심으로 일어난 '염군(捻軍)의 난', 1855~73년 윈난의 '무슬림 반란,' 1851~64년 '태평천국의 난' 등 전대미문의 거사와 그 시기가 일치했다. 이 모든 반란은 혼합주의적 종교 분파들에게서 영향을 받았다. 그 지속성과 범위를 볼 때, 먀오족의 반란은 당연히 탈중앙적이었고 비적단, 모험가, 쇠락한 한족 관료 등 여러 이질적인 요소들을 포함하고 있었다. 참여자들의 거의 절반이 명목상으로 한족이었고 나머지 사람들은 대부분 여러 산악 소수종족이었는데, 그중에서 먀오족이 가장 많았다. 무슬림 중국인(회족)도 역시 참여했다. 이 다루기 불편한 연합을 주조한 주요한 이념적 요소는 종교의 세속적인 구원이었다. "한족과 소수종족 반란자들에게 영향을 끼친 마지막 요소는 천년왕국적인 종교였다. 어느 정도, 민중종교 집단을 따른다는 것은 종족적 경계를 넘는 것이었다. 상당수의 먀오족이 한족이 이끄는 분파에 속했고, 더 적은 규모이지만 실제로 반대의 경우도 있었다."[78] 여기에서 우리는 급진적 예언 종교가 국가의 하층민(이 경우, 특히 한족 광부)뿐 아니라 변방의 산악민들에게도 호소력을 갖고 있었음을 알게 된다. 저마다 유토피아적 기대의 내용은 달랐지만 두 집단 모두 곧 올 해방을 고대했다.

범종족적 예언 운동의 두 번째의 사례가 1937년에 베트남 중부 고원과 캄보디아의 일부를 뒤흔들었던 이른바 디우-파이톤 반란(Dieu-python Rebellion, 비단뱀 신 반란)이었다.[79] 반란자들을 한데 엮었던 것은 고원지대의 공통의 신이었던 '비단뱀 신'(python-god)이 황금시대를 열기 위해 이 땅에 이미 돌아왔다는 믿음이었다. 그 비단뱀 신이 프랑스를 물리치고 모든 세금과 부역의 짐을 없앨 것이며, 한편 의례적 처방을 따르는 자들은 황금시대에 들어가고 프랑스의 물품들을 그들이 공유할 터였다. 이 운동은 신성한 문서와 성수를 나누어주었던 샘 브람과 같은 예언자를 두고 있었지만 그, 예언자가 가 보지 못한 고원 전역으로 퍼져 나갔다. 많은 산악 집단들이, 특히 자라이족이 한동안 경작을 중단했다.

프랑스를 깜짝 놀라게 한 것은 확연히 드러나는 그 반란의 다종족적인 성격과 그들이 공유하는 우주론이었다. 중부 고원의 여러 '부족들'을 목록화하기 위해 갖은 애를 다 썼던 식민 민족지학자들에게 이 이질적인 사람들이(그중 일부는 명목상으로 가톨릭이기도 했다!) 결집시키는 우주론을 실제로 공유하고 있다는 발상이 놀라우면서도 성가신 것이었다. 반란의 예언적 차원은 그 반란이 사회경제적 차이와 분파를 넘어 지리적으로 뻗어 나갈 수 있도록 해주었다. 프랑스의 정복 작전이 가장 잔혹하게 벌어졌던 고원 지역에서, 상좌불교의 영향력이 가장 두드러진 곳에서, 생계가 직접적으로 위협을 받는 산악민들

중에서 그 반란이 가장 맹렬했다. 그러나 이념적으로 말하여 이것은 프랑스가 도래하기 훨씬 이전부터 길게 이어졌던 '성자'의 반란에 속한다고 살레밍크는 말한다.

1820년에 고원지대 전역에 걸쳐 라오스에서 온 승려에게서 영향을 받아 라오 왕자들에 대항했던 메시아적 봉기가 발발했다. '비단뱀 신 봉기'가 일어나기 직전 여러 해 동안 두 예언적 반란이 진압됐다. 볼로방 고원에서 옹콤모담(Ong Kommodam, 비밀 경전 창시자)이 이끌었던 카 반란(Kha Rebellion)이라고 불리는 불교 성자 봉기가 그 하나이고, 프랑스의 기지를 공격했던 캄보디아-코친-안남 경계의 반란이 또 다른 하나이다.[80] 후자는 초토화 작전과 공중 폭격으로 진압됐다. 반란은 결코 거기에서 멈추지 않았다. 이 세 반란들의 많은 지도자들이 한 세대 뒤 빠텟 라오(Pathet Lao, 라오스 공산 반군)와 베트민으로 이어졌다. 베트남에서 사회주의가 도래했다고 천년왕국적인 갈구가 끝이 난 것은 아니었다. 베트민이 디엔비엔푸에서 프랑스에 대해 위대한 군사적 승리를 거둔 이후에도, 1956년 천년왕국 운동이 산악 소수종족들 가운데 대대적으로 발생했는데, 베트민이 이를 진압하는 데 2년이나 걸렸다. 모든 마을 사람들이 일을 중단하고, 소를 팔고, 정부 기관을 공격하고, 일제히 라오스로 옮겨 갔고, 곧 찾아올 왕을 고대했다.[81]

마지막으로, 기록된 수많은 카렌족의 예언적 운동 거의 모두에는 여러 종족의 추종자들이 있었다. 예를 들어 버고 근처에서 1740년에 발생한 식민 시기 이전 카렌-몬 반란에는 버마족, 샨족, 빠오족이 참여했고, 파푼 근처에서 1867년에 발생한 식민 초기의 반란에는 까야족, 샨족, 몬족, 빠오족이 참여했고, 1970년대에 발생한 반태국 '백색 승려'(White monk) 운동에는 여러 종족들이 참여했고, 최근에 파안 근처의 사야도 따마냐 운동은 한 빠오족 사람이 이끌었으나 여러 산악 집단과 평지 집단을 끌어모았다. 성자 운동에서 보자면, 인류학자들과 행정가들이 그토록 아끼는 종족 집단과 언어 집단을 가르는 경계의 표식들은 협력에 전혀 장애가 되지 않았던 것 같다.

여기서 예언 운동의 지도자들이 일반적으로 명목상의 친족 질서를 넘어서, 적어도 그 바깥에 존재했다는 점을 눈여겨볼 필요가 있다. 샤먼들과 승려들은 특별한 재능과 지위를 통해 가문과 혈통 정치를 초월했다. 다른 이들과 달리 그들은 대개 개별 사회 집단의 편협한 자기 이익을 좇지 않는 것으로 여겨졌다.[82] 몇몇 경우에, 특히 몽족과 카렌족의 경우에 영웅으로서 그리고 결국 왕으로서 고아의 역할이 이와 비슷했다. 가문이 없이 스스로의 재치로 일어선 자로서 고아는 혈통과 종족조차도 뛰어넘는 통합자로서 독특하게 자리매김했다.

우리는 번번이 조미아와 다른 산악 지역에서 저항의 독특한 형태로서 여러 종족들이 참여하는 성자의 봉기와 마주한다. 나는 체계적으로 조사하지는 않았지만, 국가 밖의 변경과 그런 운동 사이에는 강한 유대 관계가 있는 것 같다. 우리는 남아메리카의 사례에서 터전을 잃은 사람들 중에서 발생하는 변경의 반란이 보통 이중 문화 지도자가 이끄는 메시아적 형태를 띠었다는 것을 보았다. 중동의 경우 역사가 아이라 라피두스는 정복 운동에서 "친족은 2차적인 현상이었다"고 주장한다. 라피두스에 따르면, "그런 운동은 계보가 아니라 개인들, 수혜자, 종교 헌신자, 씨족의 분파에 이르기까지 다양한 단위들의 응집력에 기반을 두고 있었다. …… 가장 흔한 형태의 응집은 카리스마적·종교정치적 지도자 아래의 종교적 수장제였다."[83] 여러 종족이 참여했던 성자 반란과 같은 현상을 관찰했던 토머스 바필드는 "종족적으로 분절되어 있는 아프가니스탄과 파키스탄 북서부 변경 지방의 여러 곳들에서 전형적인 반란은 신의 명령에 따라 행동한다고 주장하며 신성한 변화를 불러일으키려는 종교적 예지자들에 의해 주도되었다. …… 카리스마적 성직자들은 …… 폭발적인 힘을 발휘해 부족들을 정치적인 저항의 장으로 이끌어 냈으며 그들의 성공이 이미 예정되어 있다"고 주장했다.[84]

불교에서 기독교, 무슬림, 정령숭배에 이르기까지 여러 종교적 상황에서 메시아적 성자의 반란들은 새삼스러운 현상이 아니었다. 그런 운동들이 협력 행동을 조직화할 수 있는 중앙집권적인 제도가 없는 작고, 쪼개지고, 우두머리가 없는 사회들에서 전형적인 저항의 형태였다는 설명을 반드시 고려할 필요가 있다. 더 중앙집권화된 사회들은 기존 제도들을 통해서 저항과 반란을 조직할 수 있었다.[85] 우두머리 없는 사회, 특히 평등주의적이고 헐겁고 분산된 사회들은 집단적으로 저항할 수도 없고(이것이 더 일반적이었을 것이다), 한다고 해도 그들의 저항은 일시적이고 임시방편적이고 카리스마적이었다.

좀 다르게 표현하자면, 평등주의적 집단들이 갖고 있는 쉽게 변화하고 단순화된 형태의 도피 사회구조 때문에 조직화된 행동을 위한 구조적 수단이 없었다고 말할 수 있다. 친족 및 계보 간의 경쟁을 초월한 카리스마적 예언자들만이 동원력을 발휘할 수 있었다. 그리고 그러한 임시방편적인 협력을 위해 쓰인 유일한 우주론적 장치, 이른바 유일한 관념적 구조물은 대개 평지 구원 종교의 보편적 왕권 개념을 차용한 것이었다.

이와 비교하여 정령숭배는 특정 장소에 기반을 두고 있어 옮길 수가 없었다. 익숙한 경관을 떠나면 그 정령들은 낯설고 잠재적으로 위험하기까지 하다. 오직 보편적인 평지 종교만이 장소에 구애받지 않고 무한히 이동할 수 있었다.[86] 대부분의 산악 사회들은 도피(분산, 화전, 채집, 분열)에 의해 형성되었으나, 잠재적으로 폭력을 수반하는 예언적 운동이 만연해 있다는 것은 "구석에 몰렸을 때," 일상적인 도피 양식이 가로막힐 때, 그들이 우주론적 구조물을 범종족적 반란을 위한 필수 접착제로 활용해 왔다는 것을 보여 준다. '가정의' 국가를 세우는 비정통적이고 저항적인 목적들, 다시 말해 평지의 정치체에 실제로 흡수되는 것에 대한 저항을 보면 그들이 과연 평지 우주론의 지배적 힘에 지배를 받았는지 쉽게 상상할 수 없다.

기독교, 거리 두기와 근대성의 원천

19세기 말에 기독교 선교사들이 산악 지역에 도착하면서 고산족들은 새로운 구원 종교에 접근할 수 있었다. 그들 중 많은 사람들이 기독교를 믿게 되었다. 기독교는 두 가지 큰 이점을 갖고 있었다. 그 자체로 천년왕국적인 우주론을 갖고 있었고 산악민들이 거리를 두려고 했던 평지 국가와 관련되어 있지 않았다. 기독교는 강력한 대안적 근대성이었고 어느 정도는 저항적인 근대성이었다. 기독교는 조미아의 산악민들을 개종시키는 데 놀라운 성공을 거두었다. 베트남을 일부 예외로 하면 평지의 사람들에게서는 그 성공이 결코 반복되지 않았다.

대부분의 남아시아와 동남아시아에서 산악민과 지정카스트(scheduled caste, 불가촉천민을 일컫는다—옮긴이), 변방의 소수종족이 국가 핵심부

인구의 종교와 다르게 종교적 정체성을 유지하거나 선택하는 상황이 오랫동안 일반적이었다. 국가 핵심부의 문화가 자신들을 낙인찍는다고 생각한다. 이에, 평지인은 힌두교를 믿지만, 산악민은 정령숭배, 이슬람, 기독교, 불교를 믿는다. 자바 같은 곳에서는 평지인는 이슬람을 믿지만 산악민은 기독교, 정령숭배, 힌두교를 믿는다. 말레이시아에서는 지배자가 무슬림이지만 많은 소수종족 산악민들은 기독교도, 정령숭배자, 바하이교도(바하이교Baha'ism는 후사인 알리Husayn Ali가 1863년 오늘날의 이란에서 창시한 시아파계의 종교이다—옮긴이)이다. 산악민들이 평지에 만연한 종교를 받아들일 때면 대개 이교적인 형태의 평지 교리를 채택한다. 따라서 대부분의 경우에 산악민들은 그들 자체의 목적을 위해 평지의 우주론을 빌리면서도 종교적으로 그들 자신을 평지와 구분 지으려고 해왔다.

우리의 특별한 목적을 위해 살펴본다면, 산악지대의 기독교는 두 가지 방식으로 산악-평지 관계를 그 안에 품고 있다. 첫째, 기독교는 근대적 정체성을 대표하며 "다른 지역이 …… 인정하지 않는 독특성과 존엄성을" 부여했다.[87] 이 새로운 정체성은 문자해득과 교육, 근대 의료, 물질적 번영을 약속했다. 더 나아가, 이것은 사악한 무리를 무찌르고 선한 무리를 드높일 정복왕을 그 자체로 약속하는 천년왕국 우주론을 그 안에 갖고 있었다. 둘째, 제도로서 그리고 이념으로서 기독교의 존재는 조직 형성을 위한 또 다른 매개체이자 자원으로 보아야 한다. 기독교는 집단이나 그 일부가 종족적 모자이크에서 스스로 다시 자리매김할 수 있게끔 했다. 마을의 분리나 사회 정체성의 더 근대화된 기법들(정당, 혁명의 세포조직, 종족 운동)처럼 기독교는 새로운 엘리트를 위한 장과 사회적 동원을 위한 제도적인 장치를 마련하는 데에 효과적인 방식을 제공했다. 각각의 기법은 때로는 일종의 산악 민족주의를 대리하며, 산과 평지의 차이를 유지하고 강조하거나 더 드물게는 그 차이를 작게 만드는 데 기능을 수행할 수 있었다.

기독교 선교사들이 당도할 때까지는 몽족은 언젠가 돌아와 그들을 구원할 위대한 왕에 대한 그들 자체의 풍부한 전설에 이 기대와 짝을 이룰 수 있는 대중적 불교(대승불교) 및 도교의 요소들을 가미하여 예언적 반란의 발판으로 삼았다. 상당수의 몽족이 성경과 친숙하게 되자, 예수 그리스도, 마리아, 삼위일체는 몽족 관점의 미래 해방에 쉽게 동화되었다. 어떤 지역에서는 예언자가 예수, 마리아, 성령 또는 이 모두라고 주장하는 것이 고대 몽족 왕인 후압 타이스(Huab Tais)가 왔다고 알리는 것만큼이나 일반적이었다.[88] 기독교 경전의 종말론적 메시지는 몽족의 천년왕국 신앙에 밀접하게 부합되어 변경이 거의 필요하지 않았다.

문자 습득과 책의 귀환에 대한 약속은 몽족을 엄청나게 끌어들인 요인이었다. 전설에 따르면, 그 책을 중국인들에게 빼앗겼거나 스스로 잃어버린 처지에 있었던 그들은 중국인이나 태국인과 같은 평지 사람들로부터 받은 멸시를 벗어 버리고 원래의 상태로 회복되기를 갈구했다. 대부분 이런 이유 때문에 오늘날에도 여전히 사용하고 있는 몽족의 문자를 만들었던 미국 침례교 선교사 새뮤얼 폴라드는 메시아처럼 대접받았다. 몽족은 이제 단순한 문자가 아니라 그들 고유의 문자를 갖게 된 것이다. 몽족의 정체성이 중국인과 부정적으로 대조함으로써 이해된다는 점을 고려하면, 폴라드의 업적 덕분에 몽족은 원리상 동등하게 문자를 터득한 사람들이 됐다. 중국어에 의존하지 않고 말이다. 예전에는 근대성, 보편주의, 문자해득의 세속적 삼위일체로 가는 길이 중국인과 타이족의 평지를 통해 지나갔다. 이제 기독교는 근대적이고 보편적이고 문자를 터득하는 다른 길, 그러면서 여전히 몽족의 길을 제공했다.

청와 명의 토벌 작전으로부터, 대규모의 황급한 이주, 불운하게 미국 CIA와 연합하여 참가한 비밀 전쟁에 이르기까지 몽족은 어떻게 보든 파괴적이고 불행한 일을 실로 오랫동안 당해 왔다. 지난 500년 동안 몽족들은 이 지역의 다른 사람들과 마찬가지로 때아닌 죽음과 강제 이주를 겪었다.[89] 이 역사에서 보면, 그들이 주저하지 않고 떠나버리고, 사회조직을 재구성하고, 여러 형태의 천년왕국적 꿈과 봉기 사이에서 유연성을 발휘하는 데 탁월했다는 사실은 놀랄 만한 일이 아니다. 이것들은 어떤 면에서 보면 행운을 바꾸고자 하는 사람들이 취한 고위험도의 사회 정체성 실험들이었다. 상황이 악화됨에 따라 그들은 도피 사회구조를 일종의 기술 형태로 발전시켰다.

윈난, 미얀마, 태국에 살고 있는 라후족도 역시 20세기로 접어들 무렵에서부터 기독교로 대거 개종했다. 라후족의 이야기에 따르면 첫 번째, 선교사였던 윌리엄 영의 도래하기 10년 전 즈음에 한 와-라후족 종교 지도자가 이를 예언했다. 하나님과 예수는 즉시 고대하고 있던 라후족 창조자인 귀샤와 동일시되었다. 이렇게 기독교가 당도하기 이전의 신과 성경의 신이 합성된 것은 한편으로 라후족이 기독교의 내러티브를 활용한 것에, 다른 한편으로 선교사들이 자신들의 신을 그들이 알고 있는 바의 라후족 전설에 끌어들인 것에 기인했다. 신세계의 아프리카 노예처럼 라후족은 그들의 방랑과 예속을 이스라엘의 고난과 동일시했다. 물론 그들의 궁극적 해방까지도.[90]

예수의 재림은 곧 라후족이 해방되는 소식이라고 여겨졌다. 미얀마와 태국에서 선교사들이 첫 성공을 거둔 직후에 기독교 메시지와 대승불교 예언에 영향을 받은 한 라후족 예언자는 라후족이 새로운 왕을 가졌기에 1907년이 짜잉똥의 샨족 소브와에게 대해 공물을 바치는 마지막 해가 될 것이라고 선포했다. 그는 많은 라후족 사람들을 교회로 이끌었으나 신이라고 주장하면서 여러 부인들을 얻었을 때 교회 지도자들에 의해 '퇴위되고' 결국은 반기독교 운동을 주도했다.[91] 종종 평지의 상대자들에 대항하여, 심지어 기독교 선교사들에 대항하여 산악지대의 필요를 채우기 위해 기독교의 신앙 체계와 제도를 문화적으로 활용했던 것은 라후족, 몽족, 카렌족의 경우에 두드러졌다. 라후족(또는 라후-와족) 팸플릿에 담긴 현지인 기독교도의 짧은 이야기가 상호간 활용이 어떠했는지 보여 준다.

> 예수 그리스도의 …… 어머니는 과부였다. 그가 태어나기 전에 예언자가 그의 어머니에게 전 세계를 정복할 정도로 강한 자가 될 아이를 갖게 될 것이라고 말했다. 수장이 이 말을 듣고 매우 화가 나서 예수의 어머니를 죽이려고 했다. 마을 사람들의 도움으로 마리아는 마구간으로 도피했고 예수는 말구유에서 태어났다. 그 어머니는 예수를 집으로 데려왔는데 예수는 어머니의 품에서 뛰어내렸다. 그가 땅에 내리자마자 …… 그가 앉을 황금 의자가 나타났다.[92]

이렇게 역사적으로 깊고 놀랍도록 퍼져 있었던 천년왕국적인 행동을 뒤로 물러나 바라보면, 이 모든 것들을 본질상 주술적인 해결책의 비참한 패배라고 간주하는 현실주의적 입장이 있을 수 있다. 결국, 약속된 천년왕국이 결코 오지 않았고 그 부름에 응답했던 사람들은 죽임을 당하지는 않았더라도 패배하고 소멸하고 흩어졌다. 이 점에서 여러 세기에 걸쳐 끊임없이 이어진 예언적 운동에 대한 장광설 그 자체가 되풀이된 실패를 충분히 증명한다는 것이다. 많은 역사가들과 민족지학자들이 좌절된 희망의 이념적 조건을 조사하고 거기에서 무언가 긍정적인 것을 끌어내기 위해 시도하면서 세속적 운동의 길을 예비한 원시민족주의나 원시공산주의를 발견했다. 그 세속적 운동은 마찬가지의 목적을 갖고 있었으나 어떻게 도달하는지에 대해서는 그리 주술적이지 않았던, 그래서 더 기대가 됐던 아이디어를 갖고 있었다. 에릭 홉스봄의 고전적 연구인 《원초적 반란》(Primitive Rebels)에서 이런 평가를 내렸다. 그는 기독교 천년왕국 운동의 혁명적인 프로그램이 바로 이 현실주의 요소를 결여하고 있었다고 언급했다.[93] 귀샤, 하나님, 미륵, 부처, 후압 타이스, 마흐디(Mahdi, 이슬람교의 구세주—옮긴이)를 프롤레타리아 전위 정당으로 대체해 보라. 그럼 실물을 갖게 될 것이다.

천년왕국에 대한 열의를 가장 포괄적이고 야심찬 도피 사회구조의 형태라고 본다면 조금은 다르게 다가온다. 이것은 평지의 이념적 구조를 담대하게 가로채서 침입해 오는 국가를 멀리하거나 물리치려는 목적을 가진 운동을 자극했다고 할 수 있다. 천년왕국이 결코 당도하지 않았다는 것은 확실하다. 그렇지만 그런 운동들은 새로운 사회조직을 만들어 냈고, 종족을 재구성하고 융합했고, 새로운 마을과 새로운 국가가 성립되는 데에 도움이 되었고, 생계 방식과 관습의 급격한 변화를 불러일으켰고, 장거리 이주를 촉발했다. 그리고 가능성이 매우 낮았지만 이에 굴하지 않고 줄기차게 존엄하고 평화롭고 풍요로운 삶에 대한 희망의 끈을 붙잡고 나가게 했다.

일면 산악민들은 어떠한 이념적 재료가 됐든 그것을 꽉 움켜잡아 자신들의 것으로 만들고 평지 국가와 거리를 두는 데 활용했다. 처음에 그 원재료의 출처는, 한편으로는 그들의 전설들과 신들이었고 다른 한편으로는 평지의 종교, 특히 대승불교와 상좌불교에서 받아들인 해방적 메시지에 한정되었다. 기독교가 꿈을 담는 틀로 활용 가능하게 될 때, 마찬가지의 예언적 메시지가 스며들었다. 이후에는 사회주의와 민족주의 모두 명백히 같은 약속을 표방했다. 오늘날 국제 선언, 조약, 돈 많은 NGO들이 지지하는 '토착주의'(indigenism) 역시 정체성과 주장의 틀을 짜는 데에 몇몇 같은 전망을 내세운다.[94]

최종 목표는 대부분 여전히 똑같지만 이를 달성하는 수단은 변했다. 이 모든 상상의 공동체는 유토피아적 기대로 가득 차 있었다. 대부분 실패했고 일부는 천년왕국 봉기처럼 안타깝게 끝났다. 흉내내기, 물신주의, 이상주의는 더 이상 고원의 독점물이 아니다.

결론

야만은 그들의 특징과 속성이 되어 버렸다. 그들은 야만을 마음껏 누렸다. 야만은 곧 권력으로부터의 자유, 통치자에게 복종하지 않는 것을 의미했기 때문이다. 이렇듯 자연스러운 성향은 곧 문명에 대한 안티테제이자 거부였다.

— 이븐 할둔

진기한 관습과 독특한 산악 부족이 박물관에서 환영받게 됨에 따라 미디어와 관광객, 대중들이, 어쩌면 도시 중산층이 특히, 대중들이 지금 있는 그대로가 아닌 과거의 모습으로 산악민들을 이해하게 되었다.

— 리처드 오코너[1]

여기에서 내가 말하고 이해하려고 했던 세계는 급속히 사라져 가고 있다. 대부분의 독자들이 보기에 자신이 살고 있는 세계와 실로 많이 다르다고 느낄 것이다. 오늘날의 세계에서 우리 자유의 미래는 국가라는 '괴물'(Leviathan)을 피하는 것이 아니라 그것을 길들이는 힘겨운 작업에 달려 있다. 우리는 점점 더 표준화되고 있는 온갖 제도적 모델에 둘러싸인 세상에 살고 있다. 북대서양의 사유재산 모델과 국민국가 모델이 세계를 지배하고 있다. 우리는 사유재산에 의해 생겨난 부와 권력의 엄청난 불평등에 맞서서 그리고 국민국가에 의해 그 어느 때보다도 깊숙이 파고든 규율에 맞서서 싸우고 있다. 존 던이 밝히고 있듯이, 사람들은 "그 어느 때보다도 절망적으로 자신의 안위와 번영을 지배자들의 솜씨와 선의에" 맡기게 됐다.[2] 그리고 국가라는 괴물을 길들이기 위해 우리가 간직하고 있는 허약한 단 하나의 도구는 (고대 그리스에서 비롯된) 또 다른 북대서양 모델 대의제 민주주의이다.

대조적으로 여기에서 불러들인 세계는 지금처럼 모든 것을 휩쓸어 버리는 국가가 아직 그리 가까이 다가오지 않았던 세계이다. 길게 보면 그 세계는 아주 최근까지도 대부분의 인류가 살았던 세계였다. 우리는 극도로 단순화하여 네 시기로 구분할 수 있다. ① 국가가 없던 시기(가장 오래된 시기), ② 작은 규모의 국가들이 있었던 시기(국가 바깥의 변방이 광활하게 뻗어 있고 거기에 쉽게 다다를 수 있었던 시기), ③ 국가권력이 팽창하여 변방이 줄어들고 사면초가에 몰려 있던 시기, ④ 사실상 전 지구가 '행정적 공간'이 되고 변방이 민속적 유물로 전락한 시기. 한 시기에서 다음 시기로 나아가는 것은 저마다 지리적 환경에 따라 달랐고(가령 중국이나 유럽은 동남아시아나 아프리카에 견주어 더 오래 전에 등장했다), 시간적으로도 그러했다(국가 만들기의 변덕에 따라 변방이 커지기도 줄어들기도 했다). 그러나 긴 세월에 걸쳐 진행되는 방향성에 대해서는 한 치의 의심도 없을 것이다.

우리가 조미아라고 부르는 고원의 변방 지역은 공교롭게도 세계에서 가장 오래 지속된 거대한 도피처들 가운데 하나였다. 조미아는 국가의 그늘 아래 살지만 완전히 흡수되지 않고 있는 사람들을 품고 있다. 그러나 지난 반세기 동안 기술적 성취와 주권에 대한 열망이 결합되어 조미아에 살고 있는 사람들의 상대적인 자율성을 약화시킴에 따라 나의 분석이 제2차 세계대전 이후의 상황에서는 잘 들어맞지 않게 되었다. 그때부터 평지의 한족, 낀족, 타이족, 버마족 사람들이 계획적이고 자발적으로 엄청난 규모로 산으로 이주해 왔다. 이러한 이주는 고분고분한 사람들로 변방을 채워 수출 상업 작물을 재배하게 하면서 동시에 평지의 인구 압박을 덜어 내는 이중의 목적을 띠고 있었다. 인구학적으로 이런 이주는 에워싸서 결국에는 흡수해 버리는 의도적인 전략을 의미한다.[3]

그런데 최근까지도 그 고원은 국민국가의 헤게모니와 마주친 수많은 사람들의 기본적인 정치적 선택을 의미했다. 그 선택은 어찌할 도리가 없는 괴물인 국가를 어떻게 길들이는가 하는 문제라기보다는 어떻게 하면 스스로를 평지 국가에 대응하여 자리 잡는가의 문제였다. 그런 선택은 (국가 중심부로부터 최대한 멀리 떨어져 살기 위해) 외딴 산등성이에서 평등하게 화전과 수렵채집을 생계 방식으로 삼았던 것으로부터 조공과 무역, 습격의 가능성이 주는 이익을 얻기 위해 평지 국가 근처에서 더욱 위계적인 집단을 이루며 거주한 것에 이르기까지 다양했다. 이런 선택 가운데 그 어떤 것도 결코 되돌릴 수 없는 것이 아니었다. 한 집단은 위치와 사회구조, 관습, 생계 유형을 바꾸며 국가로부터 떨어진 거리를 조정할 수 있었다. 설령 그 관행이나 관습을 바꾸지 않는다 해도 인근 국가로부터 떨어진 거리는 국가의 변화, 이를테면 왕조의 흥망성쇠나 전쟁, 인구 압박에 따라 바뀔 수 있었다.

그렇다면 조미아인은 누구였던가? 물론 본디부터 고원이든 평지든 대륙 동남아시아의 모든 사람들은 어떤 국가의 신민도 아니었다는 점에서 조미아인이었다. 최초로 작은 규모의 힌두교적 만다라 국가가 형성되자, 아직 신민으로 흡수되지 않은 수많은 사람들이 그 사실 때문에 이제 (작은) 국가를 포함한 환경에서 첫 번째의 자율적인 사람들이 되었다. 마침 우리는 고고학 연구에 도움을 받아 국가 바깥에서 살아가는 이런 사람들에 관해 무언가를 알게 됐다. 이런저런 고고학적 발견은 공예품의 전문성과 복잡한 숙련 기술이 널리 퍼져 있으며, 이것이 정치적으로 탈중앙집권적이고 상대적으로 평등한 사회적 맥락과 관련이 있다는 점을 밝혀 준다('분묘의 부장품'이 대략적이나마 평등성을 말해 준다). 그 발견들은 몇몇 고고학자들이 부르는 '이계'(異階, heterarchy), 곧 일체화된 위계 서열이 없는 사회적·경제적 복잡성과 일치한다.[4] 우리가 확보한 이런저런 증거는, 사람들이 산에서 흩어져 살았고 이 수많은 국가 바깥의 사람들은 경작이 가능한 고원이나 저지대에 살았지만 취약한 충적토 지대에는 거의 거주하지 않았음을 보여 준다.

초창기 국가들, 특히 한족의 국가가 논농사에 유리한 평지로 팽창하면서 적어도 두 종류의 '난민'을 만들어 냈는데, 이들이 시간이 흐르면서 산으로 가서 주류 세력이 되었다. 첫 번째의 난민들이 그때까지 평원에서 국가 없이 살던 사람들(그 가운데 많은 사람들이 화전민이었을 것이다)로 벼농사 국가가 수평적으로 확장하는 길목에 놓여 있던 이들이었다. 벼농사 국가가 끌어모은 초기 신민들이 바로 그런 집단들이었다. 어떤 이유에서든 신민으로 흡수되는 것을 피하려 했던 그들은 스스로 국가 핵심부와 아주 멀리 떨어진 평지나 접근하기 쉽지 않은 산에 자리 잡았다. 이렇게 보면 이미 산에서 살고 있던 이들과 초기 국가를 피하려 했던 이들은 한 번도 직접적으로 국가 구조에 신민으로 흡수된 적이 없는 무리였다. 그러나 오랜 시간에 걸쳐 부역과 세금, 징집, 전쟁, 계승 갈등, 종교 분쟁 등 국가 만들기와 직접 관련된 요인 탓에 평지 왕국을 도망친 신민들이 파동을 일으키며 산으로 옮겨 가 그곳을 점점 더 많이 채워 나갔다. 전쟁이나 흉작, 전염병이 국가를 파괴하거나 국가의 운명을 구하도록 사람들을 다른 곳으로 몰아낼 때 신민이었던 자들이 갑자기 국가 없는 사람들이 되는 경우도 나타났다. 저속 촬영 사진에서 이러한 이주의 파동은 맹렬한 범퍼 카 게임처럼 보일 것이다. 새로운 이주의 파동이 저마다 앞선 이주민들에 충격을 주고 그 충격을 받은 자들은 결국 저항하거나 아니면 그들보다 앞선 이주민들의 영역으로 옮겨 가게 된다. 바로 이 과정이 '파쇄 지대'를 만들어 냈고 산에서 끊임없이 재구성되는 정체성과 위치성이 느닷없이 기워진 누더기 유형을 설명하는 데 도움이 된다.

이 모든 점에서 보면 조미아는 '국가 효과,' 더 정확히 말하면 국가 만들기와 국가 팽창의 효과이다. 파쇄 지대와 피난 지역은 평지 국가 만들기와 떼려야 뗄 수 없는 '쌍둥이'이다. 국가와 그 결과인 파쇄 지대는 서로를 충분히 이용하며 서로에게 기대고 있다. 저마다 상대의 그늘에 서 있으면서 서로 문화적인 영향을 주고받았다. 평지 국가의 엘리트는 자신들의 지위를 영향권 바깥에 있는 사람들과 견주며 문명이라 규정했으면서도 동시에 무역을 하고 (포획이든 유인이든) 인구를 채우기 위해 산악민들에게 기댔다. 산악민들 역시 꼭 필요한 물품을 거래하기 위해 국가에 의존했고 평지 왕국 곁에 바짝 붙어 이익과 약탈의 기회를 누렸지만 대개 직접적인 정치 지배의 바깥에 자리 잡고 있었다. 더 외딴 곳에서 평등한 삶을 살았던 산악민들은 평지의 위계와 권위에 대한 안티테제로서 굳어져 갔다. 평지인과 산악민은 상반되는 두 정치적 영역을 표상한다. 하나는 몰려 있고 동질적이지만 다른 하나는 흩어져 있고 이질적이다. 하지만 둘 다 불안정했고 어느 때건 상대편한테서 인간 자원을 빼내서 스스로를 구성했다.

고원 사회는 국가와 '문명'을 빚어 낸 원시적·근원적 '자원'이 결코 아니었다. 오히려 국가 만들기는 수탈의 공간을 만드는 작업으로서 사람들을 억압하기 위해 기획되었다는 점을 반영하는 산물이었다. 초원 유목이 정주 농경 국가를 떠나지만 무역과 약탈의 기회를 얻고자 하는 사람들의 2차적인 적응이라고 이제는 널리 받아들여지는 것처럼 화전도 마찬가지로 대개 2차적인 적응이었다. 유목처럼 화전은 사람들을 분산시켰고 거기에는 국가가 점유할 수 있는 '신경 중추'가 없었다. 그 생산물은 도피적인 특징을 띠고 있어 손에 넣기가 여간 어려운 게 아니었다. 산악 사회는 의도적으로 바깥에 자리 잡고, 언어와 문화적 정체성을 다양하게 형성하면서, 여러 생계 방식을 마음대로 활용하며, 중동의 '해파리' 부족처럼 언제든 쪼개지고 흩어지면서, 어느 정도 평지의 우주론 덕택에 주저하지 않고 저항적인 정체성을 새롭게 형성하면서, 국가를 만드는 자들에게나 식민 관료들에게 끔찍한 악몽처럼 다가갔다. 실제로 대개 그러했다.

이런 성격을 분석하려면 우리는 산악 사회의 기본 단위들의 영역, 곧 작은 마을과 분절된 있는 계보, 핵가족, 화전 집단으로 되돌아가야 한다. 산악에서 보이는 정체성과 사회 단위의 독특함, 다수성, 대체 가능성은 국가를 만드는 데 도움이 되지 않은 요소들이다. 그런 기본 단위들은 때때로 전쟁과 무역을 위해 카리스마 강한 예언자의 지도 아래 소규모 동맹이나 연합체로 뭉칠 수 있다. 그러나 그 동맹이나 연합체는 얼마 지나지 않아 소멸하여 그것을 구성했던 기본 단위들로 되돌아가기 마련이었다. 잠재적인 국가 건설자가 그들에게 별 도움을 받지 못했듯이 역사학자와 인류학자들 역시 그들 때문에 몹시 혼란스러워했다. 이 유동성과 특히 주요 종족 정체성의 터무니없는 본성을 눈여겨본 프랑수아 로빈과 만디 사단은 최근에 다음과 같은 의견을 내놓았다. 마을과 가족, 교환 네트워크에 초점을 맞추고 더 이상 종족을 "여러 문화적 표식들을 아우르며 탄생한 훌륭한 표식으로서" 높이 평가하지 않는 쪽이 민족지적으로 더 옳다고 제안했다.[5] 헐거운 종족 간 경계, 어떤 정체성 내에서든지 그 어리둥절한 차이들, 그리고 '까친족'이나 '카렌족'이 의미하는 바의 역사적인 변화를 고려할 때, 그 범주 자체에 대한 건강한 불가지론이 곧 올바른 길이라 보인다. 우리가 로빈과 사단의 사려 깊은 조언을 따르며 산악의 사회 질서와 정체성의 재구성을 여러 마을, 집단, 네트워크들이 인근 평지 국가가 끌어당기는 정치적·경제적·상징적 힘에 대응하여 전략적으로 자기 위치를 재설정한 것이라고 본다면 유동성과 겉으로 드러나는 무질서를 대부분 이해할 수 있을 것이라고 생각한다.

나는 조미아 또는 산악지대에 대한 연구를 산악민 자체가 아니라 국가를 피하려 하거나 국가에서 밀려난 사람들에 관한, 이를테면 세계사의 한 부분이라고 바라보기에 이르렀다. 그러한 작업은 틀림없이 내 능력을 벗어날 테고 여러 학자들이 함께 참여해야 이상적일 것이다. 동남아시아의 맥락에서만 보자면 내가 여기에서 다룬 것보다 훨씬 더 많은 것을 포함시킬 수 있다. 적어도 국가를 벗어나는 선택으로 배를 타게 된 '오랑 라웃'(바다 집시)의 역사를 넣을 수 있겠다. 바다에 흩어져 살던 그들은 복잡하기 그지없는 군도의 물길들 사이에서 노예사냥꾼과 국가를 피하면서도 습격이나 노예사냥을 일삼고 때로는 그들 스스로 용병으로서 복무했다. 한동안 오랑 라웃과 믈라카 말레이 술탄의 관계는 코사크족과 러시아 황제 군대 사이에 형성된 관계의 '바다 버전'이었다고 할 수 있다. 말레이 술탄의 역사는 맹그로브 해안을 비롯하여 끊임없이 형태가 바뀌는 동남아시아 거대한 강의 델타에 거주하는 사람들의 역사와 맞물려 있다. 그 해안과 델타 모두 국가의 통치를 가로막는 엄청난 장애물이었던 덕분에 오래도록 피난처가 되어 왔다.

이처럼 국가를 벗어나는 세계사의 공간에 속하는 다른 사람들과 지역들이 사례로 지날결에 언급되었다. 집시, 코사크족, 베르베르족, 몽골족을 비롯한 유목민들이 국가 변방에 관한 광범위한 역사에 꼭 들어가야 할 이들이다. 망명자 공동체는 세계사의 또 다른 핵심 부분일 것이다. '신대륙,' 러시아, 로마, 이슬람 세계 대부분에서 그랬듯이, 그들의 속박 노동은 어디서든 국가 건설에 핵심이었다. 무엇보다 포획을 피한 도곤족(Dogon, 서아프리카 말리에서 살고 있는 종족—옮긴이) 같은 아프리카인들은 더 말할 필요도 없다. 물론 모든 식민 정복 지역, 즉 토착민들이 절멸을 위협받거나 강제로 이주해 갔던 곳들이 이런 세계사에서 중요한 부분을 차지한다.[6] 지리나 문화, 시기에 따라 차이가 있지만, 그런 도피처들에 관한 비교연구를 통해 상황을 진단해 주는 몇 가지 일반적인 특징을 공유할 수 있을 것이다. 그 공간들의 연원이 깊다면 여러 집단이 거듭거듭 옮겨 갔던 대부분의 파쇄 지대들처럼 조미아에서 우리가 발견한 종족적·언어적 복잡성과 유동성을 드러낼 것이다. 접근하기 어려운 외딴 변방 지역에 자리 잡고 있다는 점 말고도 그 사람들은 분산과 이동, 수탈에 대한 저항을 극대화하는 생계 방식을 발전시켜 왔다. 사회구조도 마찬가지로 분산과 분열, 재구성이 쉽게 일어나도록 했으며 형체를 갖고 있지도 않았다. 그런 무형체 탓에 외부 세계는 일체화된 지배 프로젝트를 시행하기 위해 비집고 들어갈 만한 어떤 제도적인 틈을 확보하지 못했다. 마지막으로, 국가 밖의 공간에 거주했던 여러 집단은 마을과 가족 수준에서 압제와 영구적인 위계를 효과적으로 방해하는 평등주의와 자율성의 전통을 강하게, 심지어 공격적으로 갖고 있었다. 전부는 아닐지라도 대부분 그러했다.

고원에 살고 있는 대부분의 사람들이 국가에 흡수되는 것을 피하는 꽤 포괄적인 문화적 기술을 자산으로 갖고 있었다. 동시에 국가 가까이 거주하는 이점을 활용하여 경제적·문화적 기회를 얻으려고도 했다. 이 자산 가운데 하나는 시간이 흐르면서 달리 선택할 수 있는 정체성의 유동성과 애매모호함이다. 이 특성이 너무나 놀라워 (그리고 국가의 행정 관료들에게 너무나 짜증이 나) 동남아시아에서 한 집단이 하나의 종족 정체성을 갖고 있을 것이라는 가정에서 보통 시작했으나, "사람들이 흔히 종족 정체성과 지역을 바꾸기 때문에 '한 종족 정체성이 한 집단을 갖고 있다'고 말하는 것이 더 옳을 것"이라고까지 리처드 오코너가 말했을 정도이다.[7] 이것이 불안정한 국가 체계들의 틈에 존재했던 파쇄 지대의 특징 가운데 하나였고, 그곳에서 나타나는 정체성은 변화무쌍했다. 공간과 정체성을 가로지르는 길을 나서기 위해, 말하자면 대부분의 산악 문화는 이미 여행 가방에 짐을 싸 둔 셈이다. 그들의 다양한 언어와 종족 소속감의 레퍼토리, 종교 운동을 통한 재창조 능력, 짧으면서도 구술로 전달되는 족보, 분화하는 능력 등 모든 게 그들의 각별한 여행 가방에 들어가 있다.

이 점에서 페르낭 브로델의 주장, 즉 "산악민의 역사는 역사를 갖지 않는 것이었고 언제나 문명이라는 거대한 물결 가장자리에 머무르는 것이었다"는 얘기를 떠올릴 필요가 있다.[8] 우리는 적어도 조미아에 관해서 이 주장을 근본적으로 다시 검토해 볼 필요가 있다. 한걸음 더 나아가면, 그들은 상황에 따라 독자적으로 또는 결합하여 활용할 수 있는 온갖 역사를 갖고 있었다. 아카족과 까친족의 사례에서 볼 수 있듯이 길고도 자세한 족보를 만들어 내거나 리수족이나 카렌족처럼 극도로 짧은 족보와 이주의 역사를 갖고 있기도 했다. 그들이 확실한 역사를 갖지 않는 것처럼 보였다면, 다음 도착지가 어디인지 알지 못한 채 홀가분하게 여행하는 법을 배웠기 때문이다. 그들은 시간 바깥에 존재하지도 않았고 역사가 없는 사람들도 아니었다. 거대한 무역로와 국가들 사이를 헤집고 다니는 부정기 화물선이나 집시들처럼, 그들의 성공 여부는 민첩성을 얼마나 극대화하는가에 달려 있었다. 될 수 있으면 선택의 여지를 많이 확보하는 것이 그들의 관심사였다. 어떤 종류의 역사를 가질 것인지는 그런 관심사 가운데 하나였다. 말하자면 그들이 원하는 만큼 역사를 많이 갖고 있었던 셈이다.

이 문화적 위치는 지리적 고립, 이동성, 작물과 경작 방식의 선택, 때로는 '운전석이 없고 지도자가 없는' 사회구조와 더불어 국가를 피하는 수단이었음에 틀림없다. 하지만 피하려고 했던 것은 종속적인 지위였지 국가와 맺는 관계 그 자체가 아니었다. 국가의 변방에서 살아가던 산악민들이 피해 온 것은 안정적인 재정을 구축하려는 국가의 군사력, 신민들로부터 직접 세금을 거두어들이려는 힘이었다. 하지만 사실 그들은 때로 정치적 자율성이 크게 보장되기만 한다면 정말 간절하게 평지 국가와 관계를 맺고자 했다. 특히 평지 대규모 시장의 우호적인 거래 파트너로서 자리를 어떻게든 차지하기 위해 심각한 정치적 갈등을 벌이기도 했다. 앞서 보았듯이 산과 평지는 농업생태적 환경에서 보자면 상호 보완적이다. 실은 일반적으로 인근 평지 국가가 산악 지대의 생산물과 인구를 얻기 위해 다른 평지 국가와 겨루었음을 의미한다.

우호적인 관계가 일단 안정되면 평지의 문서 기록물에서는 의례적으로 아무리 불리하게 보여도, 공식적으로 조공 관계가 발전하여 실제로 산악 파트너가 주도권을 쥘 수 있었다. 핵심은 평지가 의미하는 바를 액면 그대로 받아들여서는 안 된다는 점이다. 세금과 부역을 뽑아내는 강성 권력의 좁다란 테두리를 넘어서면, 흔히 조공이라고 일컬어지는 경제적 교환의 교차 영역이 그 보다 훨씬 넓게 퍼져 있다. 이 지대는 서로에게 유리한 무역의 지속 가능한 연결망을 상징했다. 대개 이런 무역은 결코 영원한 정치적 예속을 뜻하지 않았다. 상품의 가치가 클수록, 규모와 무게가 작을수록 이 교차 영역의 둘레는 더 넓었다. 보석이나 희귀한 약재, 아편의 경우에는 이 영역이 그야말로 광대했다.[9]

거대한 평지 국가의 상징적·우주론적 영역에 이르면, 그 영향은 넓었지만 미약했다. 중국적이든 인도적이든 때로 독특한 혼종이든, 개별 마을 수준을 넘어서는 권위에 정당성을 부여하는 관념들은 대부분 평지에서 빌려온 것이다. 그러나 그런 관념들이 평지의 정박에서 풀려나 산악 지역의 목적에 맞게 재구성되었다. 우주론, 왕권 상징물, 의복, 건축, 관직 같은 평지의 조각들이 예언자, 치유자, 야망이 큰 수장들에 의해 재배열되고 뭉쳐져 특유의 혼합물이 되기에 '브리콜라주'라는 용어가 아주 절묘하게 들어맞는다. 고원지대의 예언자들은 평지의 문화적·정치적 헤게모니에 대항하기 위해 평지에서 비롯된 상징적 원재료들을 천년왕국적인 기대를 불러일으키는 데 활용했다. 그렇게 조제되는 길을 막을 도리가 없었다.[10]

평지 우주론이 집단적인 행동을 일으키거나 어떤 사회과학자들이 부르는바, 사회적 분화에 따른 거래 비용을 극복하는 데 이바지한 역할이 전반적으로 국가 피하기와 관련을 맺고 있다고 더욱 대담하게 주장할 수 있다. 흡수되는 것을 피하도록 도와준 산악 사회의 바로 그 특징 곧 분산성, 이동성, 종족적 복합성, 작은 화전민 집단, 평등주의는 분리를 꾀했고 협동체적 조직과 집단적 행동에 거대한 걸림돌을 놓았다. 그런 협동의 유일한 사회적 자원은 역설적이게도 사회적 위계와 우주론이 당연하게 받아들여지던 평지에서 유래했다.

거의 모든 산악 사회가 일련의 '국가 피하기' 행동을 보여 주었다. 어떤 산악 사회에서는 그런 특징이 어느 정도 내부의 위계질서나 때로는 모방적 국가 만들기와 어울리기도 했다. 그러나 어떤 집단에게는 국가 피하기가 내부에서 국가가 생기는 것을 방지하는 관행들과 결합되었다. 아카족, 라후족, 리수족, 와족처럼 강한 평등주의 전통을 갖고 있고 영속적 지위에 대해 제재를 가하는 상대적으로 우두머리가 없는 집단이 이 범주에 속한다. 국가를 미리 막아 내는 사회들은 공통적으로 어떤 특징을 갖고 있다. 그들은 어떤 고착된 계보 서열이 혼인 동맹을 통해 등장하는 것을 막아 내고, 지나치게 욕심을 부리는 수장들을 암살하거나 축출하는 경고의 전설들을 갖고 있다. 나아가 그들의 마을과 계보는 불평등이 굳어지려고 할 때 마침내 더 작고 더 평등한 분파로 쪼개지기 일쑤였다.

조미아 같은 파쇄 지대나 도피 지역을 살펴보다 보면 하나의 역설이 등장한다. 산악 사회의 유동성과 탄력성을 드러내기 위해서는 응당 어딘가에 서 있어야 하는데, 그 '어딘가'가 그 자체로 끊임없이 움직인다는 것이다. 내가 '카렌족,' '샨족,' '몽족'에 대해 얘기하면서 그들이 단단하고 안정적인 사회조직의 단위인 것처럼 얘기했던 게 사실이다. 그런데 긴 역사적 관점에서 보면 그들은 절대 그렇지 않다. 그래서 독자들은 물론 나 자신을 더욱더 어리둥절하게 만들 위험성이 있지만, 우리는 이 유동성이 얼마나 급격했는지 돌아봐야 한다. 우리가 아는 한 평지의 도망자들은 줄곧 산악 지역의 인구를 채워 왔다. 역시 우리가 아는 한 산악민들은 평지의 국가 사회에 동화되어 왔다.

이쪽저쪽으로 엄청난 이동이 일어났지만 산악민과 평지인 사이에는 근본적인 '선'이 존재했다. 산악 사회는 그 자체로 경계가 분명치 않고 기울기의 변화 같은 정체성 변화 때문에 확고하게 '정체성을 구분하는 기준'이라는 것이 무척 자의적이었다. 산악 사회가 스스로를 재구성하는 동안 개인들, 친족 집단들, 모든 공동체도 그렇게 자신들을 재구성했다. 그리고 산악 사회가 평지에서 국가의 프로젝트에 대응하여 자신의 위치를 설정하는 동안 개인들, 친족 집단들, 모든 공동체가 이 복잡한 사람들의 무리 속에서 다른 산악 이웃들에 대응하여 자신들의 위치를 설정했다.[11] 이런 일이 특별할 이유가 전혀 없다. 위치 설정과 상호 적응의 과정은 대부분 되풀이해서 나타난 주제였다. 이 과정이 우리를 몹시 혼란스럽게 했다면 위로가 될 것이 있다. 이 과정은 식민주의자와 국가 관료들을 어리둥절하게 했지만, 행위자 자신들은 스스로 누구인지, 무엇을 하고 있는지 헷갈리지 않았고 신비롭게도 생각하지 않았다.

가까이 있는 정치체의 위험성이나 유혹에 적응하는 것이 국가의 변방에 살았던 사람들만의 관행은 아니다. 국가 핵심부의 농민들도 마찬가지로 정치의 중심부에서 자신들에게 유리한 방식으로 이익을 취하고 극심한 혼란의 악영향에서 스스로를 방어하기 위해 이런저런 관행을 개발해 왔다. 명대와 청대에 중국 농민이 왕조의 붕괴, 질서와 번영에 대처하기 위해 활용하던 레퍼토리를 G. 윌리엄 스키너가 자세히 언급한 바 있다.[12] 우리가 다루었던 주제와 관련하여 살펴보면, 이 레퍼토리의 독특한 점은 이것이 정착 농업을 시행하고 지속시키려는 농민들의 방어 수단을 표상한다는 것이다. 이는 속박이 심한 환경에서 자기방어의 유형을 드러낸다. 핵심부의 농민들이 어떻게 이런 방식으로 적응하는가를 살펴보면 국가의 변방에 살고 있는 사람들이 활용할 수 있는 선택이 얼마나 더 다양했는지를 이해하는 데 도움이 된다.

왕조가 튼튼하고 평화롭고 무역이 활발할 때 지역의 공동체가 이러한 상황이 가져온 기회에 눈을 뜨고 적응했다고 스키너는 설명한다. 반대로 왕조가 붕괴되고 경제가 침체되고 민란과 비적단이 들끓을 때 지역의 공동체는 자기방어 수단으로 자신들이 만든 울타리 너머로 더 깊숙이 들어가 버렸다. 스키너는 이러한 퇴각을 유형화했다. 처음에는 명목상 후퇴하지만 뒤이어 경제적으로 문들 닫고, 마지막에는 군사나 방어를 위해 빗장을 걸어 버린다는 얘기이다. 기술자들과 상인들이 집에 돌아오고, 경제 전문화가 허물어지고, 지역의 식량 공급이 사수되고, 외부 사람들을 내쫓고, 작물을 감시하는 사회를 형성하고, 울타리를 두르고, 지역의 무장집단이 생겨났다.[13] 도피와 반란이 마음껏 이용할 수 없는 선택이라면, 지역의 공동체가 위협적인 외부 환경에 맞서 할 수 있었던 것은 명목적으로, 경제적으로, 군사적으로 물러나는 것이었다. 위험이 지속되는 동안 그 공동체는 자신들의 입장을 양보하지 않고 독립적인 자급자족의 공간을 만들려고 했다. 사실상 그보다 더 큰 사회로부터 독립을 선언하는 것이었다. 그리고 위협이 가라앉을 무렵이 되면 반대 순서로 다시 문을 열었다. 처음에는 군사적으로, 그 다음에는 경제적으로, 마지막에는 명목적으로.

비슷한 맥락이지만 훨씬 확대된 관점에서 보면, 조미아의 산악 사회는 더 큰 폭의 유형을 갖고 있었다. 그들은 인근 정치체로 옮겨 가 자신들을 더욱 긴밀하게 통합되게 하거나 반대로 거리를 둘 수도 있었다. 스키너의 표현을 빌리자면, 논바닥에 매여 있는 중국 농민들과 달리 고원지대 사람들은 물리적인 이동성을 발휘하며 상당히 먼 거리를 옮겨 다닐 수 있었고 다양한 생계 기술을 단독적이든 집단적이든 상황이 허락하는 대로 활용할 수 있었다. 고원 사회 그 자체가 결국 대부분 이런저런 분리주의자들에 의해 생겨났다. 분리주의자들은 한쪽으로든, 다른 방향으로든 그 분리에 적응하거나 분리의 정도를 조절할 수 있어야 했다. 그러한 적응의 여러 차원이 국가의 한가운데에 있는 농민들로서는 쉽게 접근할 수 없는 것들이었다. 이 차원의 첫 번째는 위치였다. 그들의 거주지가 높고 고립될수록 대개 국가의 중심부와 노예 습격, 세금으로부터 더 멀어질 수 있었다. 두 번째 차원은 규모와 분산이었다. 거주지가 작고 분산될수록 습격이나 국가의 표적이 될 가능성이 더 적었다. 마지막으로 그들은 생계 방식을 조절할 수 있었고 실제로도 그렇게 했다. 생계 방식은 저마다 국가, 위계질서, 정치적 흡수에 대응하는 위치 설정이었다.

조라이퍼 존슨은 이 점에서 세 가지 생계 전략, 즉 수렵채집과 화전, 정착 농업을 구분한다.[14] 수렵채집은 사실상 수탈이 불가능하고 사회적 불평등이 거의 발생하지 않는 전략이다. 화전은 일정한 잉여를 남기고 일시적으로나마 어떤 내부의 위계질서를 발생시키긴 하지만, 이는 수탈에 저항적인 전략이다.[15] 정착 농업, 특히 관개 벼농사는 전유와 습격에 노출되고 규모가 큰 거주지, 고착된 사회적 위계질서와 관련을 맺는다. 이러한 방식들은 시간이 지나면서 다양한 방식으로 섞여 변화를 겪었으나 그러한 선택을 한 야오족(미엔족)에게는 그 어떠한 변화든 정치적인 선택의 표현이 틀림없다. 수렵채집과 화전을 실천했던 사람들은 두 가지 다 평지 국가로부터 정치적으로 분리되는 방식으로서 더 급진적이고 거리를 둔 선택이라고 이해했다.[16]

고원지대에 사는 집단들로서는 활용 가능한 여러 사회적·농업생태적 유형을 갖고 있었고 자신들의 위치도 폭넓게 설정할 수 있었다. 그들은 모든 범위를 오르락내리락 할 수 있었다. 가령 평지에서 벼를 재배하며 농민으로서 평지 국가에 편입될 수 있었고 외딴 산꼭대기 요새 거주지에서 수렵과 채집을 하는 다른 쪽의 극단을 선택하면서 침입자의 목숨을 빼앗는 명성을 쌓아 나갈 수도 있었다. 완전히 다른 이 극단 사이에 절충적인 선택들이 있었다. 이 가운데 어떤 것이 특정 시기에 활용되었는지는 스키너가 살펴본 중국 농민의 경우에서처럼 어느 정도 외부 조건에 달려 있을 것이다. 평화가 이어지고 경제적으로 팽창하고 국가가 정착을 장려할 때, 산악민 집단들은 정착 경작을 택하여 국가 중심부 쪽으로 더 가까이 다가가 조공과 무역관계를 맺으려고 하고 종족적·언어적으로 평지 문화 쪽으로 기울게 된다. 전쟁과 혼란, 가혹한 세금, 노예사냥이 벌어지는 시기에는 반대 방향으로 쏠려 국가 핵심부를 떠난 난민들이 산악민 집단에 동참하기 마련이다.

어느 때건 모든 산악민은, 가령 산꼭대기 화전민이나 아편 재배자로서 특정 환경을 차지해 왔다고 볼 수 있다. 그들의 문화는 그 환경에 얽매여 있다고 보일 수도 있다. 그러나 역사적으로 같은 종족 집단에 속했던 많은 사람들이 다른 환경으로 상당한 규모로 옮겨 갔다. 그런 이동이 절대로 한쪽 방향으로만 진행되지 않았다.[17] 긴 시간의 관점에서 보면, 평지 국가를 향하거나 벗어나는 방향에 따라 수도 없이 재구성되고 변경되는 역사를 충분히 상상할 수 있다. 이 모든 것들이 유연한 구술 문화 속에서 '전통'으로 잘 녹아들었다.

여기서 대부분의 수렵채집인들과 유목민들은(화전민들도 마찬가지일 테지만) 태곳적 잔존인들이 아니라 국가의 그늘에서 적응한 자들이었다. 피에르 클라스트르가 말했듯이, 여러 우두머리 없는 수렵채집인과 화전민 사회는 가까이 있는 국가와 거래를 하며 농업생태적 환경을 기회로 활용하기 위해, 그렇지만 신민으로서 종속되는 것을 어떻게든 피하기 위해 탁월하게 기획된 것이었다. 만약 누군가가 사회진화론자라면 산악민의 이동성과 분산된 공동체, 상속되지 않는 서열, 구술 문화, 다양한 구성의 생계 방식과 정체성 전략, 나아가 예언에 쏠리는 그들의 성향까지도 격동의 환경에 정확하게 맞아떨어졌다고 생각할 것이다. 그들은 국가 자체를 만드는 것보다 국가라는 정치적 환경에서 비신민으로서 살아남는 데에 훨씬 더 잘 적응했다.

지난날 영국과 프랑스의 식민 행정가들은 신민들에 부과한 새로운 세금 부담을 정당화하면서 '문명화된 사회'에 살고 있는 한 피할 수 없는 대가라고 설명했다. 그들은 이 어처구니없는 허위 주장을 통해 세 가지의 계략을 보기 좋게 포장했다. 우선 그들의 신민을 효과적으로 '문명 이전의 사람'이라고 묘사했고, 나아가 제국주의적 열망을 식민지에 실현시키려 했고, 마지막으로 무엇보다도 '문명'을 사실상 국가 만들기와 동일시했다.

입증되지 않는 문명 담론은 보통 국가의 영역 바깥에 있는 길들여지지 않는 야생의 반대자들이 결국에는 정복되고 흡수된다는 생각을 언제나 당연하게 여긴다. 프랑스 문명이든, 한족 문명이든, 버마족 문명이든, 낀족 문명이든, 영국 문명이든, 시암족 문명이든 가정에 근거한 그 문명의 정의에는 비문명인을 부정하는 정서가 스며들어 있다. 이런 상황은 왜 부족과 종족이 실제로 주권과 세금이 끝나는 그 지점에서 시작되는지를 설명하는 중요한 이유가 된다.

지배자들의 자기 확신과 결속력을 높이기 위해 꾸며낸 이 가정적 이야기가 제국의 변방에서는 신빙성이 떨어졌다는 사실을 단번에 알 수 있다. 예를 들어 효도, 의례 준수, 충성, 백성에 대한 보살핌, 예의범절, 정직 등 유교 경전의 가르침이 19세기 중반 윈난이나 구이저우 변방의 상황에서 어떠했을지 상상해 보자. 이러한 제국주의적 상상과 명이나 청의 변방 현실 사이에 나타나는 격차에 어찌 놀라지 않겠는가? '현실의' 변방은 담론적 변방과 달리, 아첨하는 자에게 정의를 팔아 버리는 타락한 지방관들, 군사 탐험가들과 비적단, 망명 관료와 범죄자들, 토지 횡령자들, 밀수꾼들, 사생결단의 한족 거주민들로 들끓었다.[18] 한족 문명의 열망이 이 현장에서 큰 힘을 발휘하지 못했던 것은 어쩌면 당연한 일이다. 반면에 이상과 현실 사이에 나타나는 이러

한 충돌을 본 지역민들과 성찰적인 제국의 관료들은 문명 담론은 으레 사기에 불과하다고 결론 내렸다.[19]

중국의 한족 국가와 동남아시아의 상좌불교 국가는 이상적이고 '문명화된' 신민에 대해 조금은 다른 관점을 갖고 있었다. 한족의 경우에 가부장제 가족, 조상의 위패, 문자 지식이 종족적 동화에 전제가 되었지만 문명에 대한 종교적 시험은 없었다. 버마족과 타이족의 경우에 불교와 승가에 대한 추앙이 종교적인 시험이었지만, 인력에 굶주린 그 대륙 동남아시아 국가들이 고상하게 종족적 순수를 지킬 여유를 갖지 못했다. 인도식 전통 왕국들은 한족 왕국처럼 위계적이었지만 종족적으로는 꽤 포괄적이었다.

하지만 모든 국가들이 몰아치는 재정적·군사적 이유 때문에 벼농사 국가가 되었다. 따라서 벼농사 국가는 실제로 밀도를 높여 거주하게 하고 이를 뒷받침하는 관개 벼농사를 장려하기 위해 안간힘을 썼다. 국가의 신민들이 거의 같은 방식으로 동질적인 공동체를 이루고 같은 곡류를 재배하게 되면 토지에 대한 가치 평가와 징세, 통치 행위가 훨씬 수월해진다. 한족의 경우에 가부장제 가구를 재산과 행정의 기본 단위로 명문화하여 사회적 지배를 꾀했다. 벼농사 국가의 이상적인 신민은 또 지리적 경관과 인간 거주지의 이상을 표상했다. 즉 개간된 벼농사 평야 지대와 그곳의 인간 공동체가 곧 경작지와 문화인의 이상을 표상했던 것이다.

벼농사 국가의 관료들은 한편으로 수탈할 수 없는 경관을 상징하는 모든 형태의 거주와 생계, 사회조직이 발생하지 못하도록 안간힘을 썼다. 분산된 거주, 수렵채집, 화전, 핵심부에서 벗어나는 이주를 방해했고 금지시킬 수 있다면 그렇게 했다. 벼농사 지대가 잘 조직된 신민들과 그들의 생산물로 이루어진 문명 경관을 의미한다면, 곧 깊은 숲 속처럼 외딴 곳에 살면서 경작지와 거주지를 바꾸고 작은 평등주의 마을을 형성했던 사람들은 비문명적이었다. 물론 여기에서 가장 두드러지는 점은 문명화된 경관과 인구에 대한 이상이 곧 국가 만들기에 가장 적합한 경관과 인구였고, 국가의 수탈에 부적절한 경관과 그곳에 사는 사람들은 비문명과 야만이라는 것이다. 이런 관점에서 누가 문명인이고 누가 비문명인인지를 알아보는 효과적인 좌표는 국가의 수탈에 대한 농업생태적 관례였다.

평지 엘리트가 보기에 국가 변방의 삶과 원시성·낙후성은 떼려야 뗄 수 없는 연관성을 갖고 있었다. 원시성의 목록을 만들고 싶다면 국가의 손아귀를 벗어나 있는 경관과 사람들의 가장 두드러진 특징들을 뽑아 보기만 하면 된다. 접근이 불가능한 숲과 산꼭대기에 사는 것은 비문명으로 간주된다. 수렵채집, 산지 산물 채취는 상업적 목적을 위한 것이라도 원시적이고 화전 역시 낙후된 것이라 여겨진다. 흩어져 살아가는 것과 작은 거주지도 그 정의상 낡은 양식이다. 물리적 이동성과 변화, 협상할 수 있는 정체성은 원시적일 뿐 아니라 위험하기까지 하다. 거대한 평지 종교를 따르지 않거나 군주나 사제에게 세금이나 십일조를 바치는 신민이 아닌 것은 문명의 경계 바깥 일로 치부된다.

평지의 상상에서 보면 이 모든 특징은 엘리트들이 꼭대기를 차지하는 사회진화의 과정에서 초기 단계에 해당된다. 말하자면 산악민은 초기 단계의 사람들인 것이다. 그들은 모든 것 '이전의' 사람들이다. 벼농사 이전, 도시 이전, 문자해득 이전, 평지 신민 이전의 사람들이다. 그러나 우리가 자세하게 살펴보았듯이, 산악민들을 낙인찍는 그런 특징은 국가를 회피하는 사람들이 자율성을 포기하지 않기 위해 북돋우고 완벽을 기하려는 특징들이었다. 그 평지의 상상력은 잘못된 역사를 갖고 있다. 산악민들은 결코 어느 시점 이전의 사람들이 아니다. 사실 그들을 관개 벼농사 이후, 정주 이후, 신민 이후, 심지어 문자해득 이후의 사람들이라고 보는 쪽이 더 올바른 이해이다. 장기 지속의 관점에서 보면 그들은 국가의 손아귀에 벗어나 있으면서 국가의 세계에 적응해 온 사람들의 반작용적·의식적 비국가성을 상징한다.

평지의 눈을 벗어나는 농업생태, 사회조직, 사람들의 이동성에 대한 평지의 관점이 특별히 틀리지는 않았다. 평지들은 이러한 사람들을 분류하여 이른바 '올바른 통'에 잘 집어넣었다. 하지만 철저하게 역사의 진행 방향을 오해했고 딱지를 잘못 붙였다. 그들이 그저 '문명'을 '국가의 신민'으로, '비문명'을 '국가의 신민이 아님'으로 바꾸어 인식한다면 정확하다고 하겠다.

용어 해설

구이저우(貴州)

중국어로 '화초의 고장'. 2000년에 구이저우의 전체 인구는 3,500만 명이었다. 구이저우는 중국 남서부의 4대 핵심 산악 지역 가운데 하나이다. 2000년 인구 조사는 구이저우 인구의 34.7퍼센트, 즉 1,200만 명을 공식 소수종족으로 등록했다. 이들은 20개의 지정된 소수종족으로 나뉘는데, 먀오족이 가장 많은 수를 차지한다.

까야족/카렌니족(Kayah/Karenni)

티베드-버마이족 계열의 소수종족으로 주로 미얀마에 거주하고 일부는 태국에 거주한다. 미얀마에서 땅르인(Salween) 강을 가로지르며 롸이꼬(Loikaw)를 수도로 두고 있는 까야 주의 명목상 주 구성원이다. 1952년에 그 이름이 카렌니 주에서 까야 주로 바뀌었다.

까친족(Kachin)

미얀마에서는 까친이라 불리는데, 인접한 중국 지역에서는 징포(Jingpo/Jinghpaw)라는 이름으로 중국 소수종족으로 등록돼 있다. 미얀마의 까친족 인구는 2004년에 446,000명으로 추산됐으며 중국의 징포족 인구보다 3배 정도 많다. 미얀마의 까친족 대다수가 북부 미얀마의 까친 주에 거주하고 있다. 티베트-버마어족 계통인 까친어는 종족의 이름을 따서 이름이 붙여졌다.

낀족/비엣족(Kinh/Viet)

문자적으로 '수도'라는 뜻이고 나아가 '수도의 사람들'이라는 뜻이다. 베트남 사회주의공화국에서 가장 인구가 많은 종족 집단의 공식 이름이다(1999년에 6,500만 명으로 전체 인구의 87퍼센트). 낀족이라는 이름은 대부분의 비엣족이 자신들을 중국의 한족, 태국의 타이족, 라오스의 라오족 등 그 지역의 다른 주요 종족들과 구분하기 위해 즐겨 부르는 명칭이다. 그러나 산악지대를 접하고 있는 이웃 국가들에서 이들 집단과 살아가는 낀 소수종족을 부를 때는 일반적으로 낀족이라는 이름보다 비엣족이라는 이름을 선호한다.

남조(Nan Chao, 南詔)

'남쪽의 왕' 또는 '남쪽의 왕국'이라는 뜻이다. 8~13세기에 양쯔 강, 홍(위안 Yuan) 강, 메콩(란창) 강, 땅르인(누 Nu) 강, 에야워디 강의 상류 지역에서 번영을 누렸던 봉건 고원 왕국이다. 오늘날 그 영토는 서부 윈난과 북동부 미얀마로 분리되어 있다.

따이족(Tai/Thai)

훨씬 더 인구가 많은, 태국의 주류 종족 집단인 타이족(Thai)과 혼동하기 쉽다. 따이족(Tai)은 남서부 따이어족 계열로 베트남에서 두 번째로 인구가 많은 소수 종족이다. 1999년에 다(Da, 흑) 강과 마(Ma) 강 상류 지역의 북서부 베트남 및 그 연장 지역인 서부 홍 강 분지에 공식적으로 130만 명의 따이족이 거주하고 있다. 따이족은 중국에서 남부 응에안(Nghe An) 성까지 이르는 라오스 국경 지역의 중간 지대 대부분을 차지하고 있다. 베트남의 따이족은 적어도 1천 년 전에 중국에서 이주한 이래 변함없이 북서부 베트남에서 거주하고 있는 것으로 알려져 있다.

라멧족(Lamet)

몬-크메르어족의 빨라웅 분파에 속한다. 1995년에 라오스의 라멧족 인구가 16,740명으로 알려져 있고 루앙남타(Luangnantha)와 보께오(Bokeo) 지방에 걸쳐서 골고루 흩어져 있다. 과거에는 카 라멧(Kha Lamet), 오늘날에는 르멧(Rmeet)이라고도 불리는 이들은 특히 스웨덴 인류학자인 칼 구스타프 이지코비츠(Karl Gustav Izikowitz)가 1951년에 출간한 고전적인 저서인 〈라멧: 프랑스 인도차이나의 산악 농민〉(*Lamet: Hill Peasants in French Indochina*)덕분에 서구 사회과학자들에게 알려졌다.

라오족(Lao)

종족 명칭으로서 라오라는 이름은 따이-까다이(Tai-Kadai)어족의 라오(남서) 분파의 모든 사람들에게 적용된다. 이들은 여러 나라에 흩어져 살고 있는데, 아시아에 거주하는 2,800만 명 가운데 2,500만 명이 태국 북동부 이산(Isan) 지역에 집중해 있으며 이산인으로서 정체성을 갖고 있다. 또한 북서부 베트남(1999년에 11,611명)과 북부 캄보디아(1995년에 19,819명)에서도 공식적으로 등록된 라오 소수종족이 있다.

라와족/루아족(Lawa/Lua)

태국에서는 루아(Lua/Lua')라 불리는 라와족은 고원의 공식 소수종족으로 22,000명(2002년) 정도 된다. 이들은 다섯 지방에 흩어져 있는데, 주로 치앙마이, 매홍손, 치앙라이에 거주하고 있다. 언어학자들과 민족학자들은 라와족이 중국과 미얀마의 몬-크메르어족인 와족에 속하며 빨라웅-와(Palaung-Wa) 어파와 유사점을 공유한다고 주장해 왔다.

라후족(Lahu)

중국 남부에서 유래한 티베트-버마어족 계열의 종족으로 일부는 지난 200~300년에 걸쳐 고원지대로 이주했다. 오늘날 라후족은 대륙 동남아시아 5개국에 거주하고 총 인구는 대략 650,000명으로 알려져 있다. 그중에 70퍼센트(2000년에 450,000명)는 중국에 거주하고 있는데, 주로 누 강(땅르인 강)과 란창 강(메콩 강) 사이의 윈난 남부 지역에 거주한다.

루르족(Lue, Lu, Lü, Leu, Pai-i)

따이어족 계열의 소수종족으로 대륙 동남아시아 5개국의 고원지대에 거주한다. 중국 남부에서 260,000명가량이 거주하는데, 그 지역에서는 루르족을 파이-이(Pai-i)라고도 부른다 한다. 미얀마에 87,000명, 태국에 70,000명이 거주한다고 한다. 라오스에는 119,000명(1995년), 베트남에는 4,000명(1999년)의 루르족이 등록돼 있다. 두 나라 모두 루르족을 공식적인 소수종족으로 인정하고 있다.

리수족(Lisu/Lisaw)

인구가 1백만 명에 이르는 것으로 추산된다. 티베트-버마어족 계통의 언어를 구사하는 소수종족인 리수족은 중국에서 유래했는데, 오늘날 83퍼센트가량이 중국에 거주하고 나머지는 미얀마(10퍼센트)와 태국(7퍼센트)에 거주하고 있다.

만달레(Mandalay)

만달레는 미얀마의 제2도시로 인구가 927,000명(2005년 인구조사)이다. 그 주변 권역을 합치면 그 인구 규모가 250만 명에 이른다. 만달레는 1885년 영국에 합병되기 전 독립 미얀마 왕국의 마지막 궁정 왕조였으며(1860~1885) 오늘날 만달레 주의 주도이기도 하다. 만달레는 서쪽으로 에야워디 강과 경계를 이루고 있으며 2007년까지 수도였던 미얀마에서 가장 큰 도시 양곤에서 북쪽으로 716킬로미터 떨어져 있다.

먀오족(Miao, 苗族)

중국에서 가장 규모가 큰 공식 소수종족 가운데 하나이다. 인구가 2000년에 약 9백만 명이었으며 모두 먀오-야오어족 계통의 언어를 쓴다. 거의 절반가량이 거주하고 있는 구이저우에서 가장 주요한 소수종족이다. 또한 윈난, 후난, 광시, 쓰촨, 후베이 지역 소수종족 인구에서 상당수를 차지하고 있기도 하다. 몽족은 동남아시아, 특히 태국, 베트남, 라오스에서 먀오족 가운데 가장 규모가 큰 하위 집단이다.

몬족(Mon)

오늘날의 하부 미얀마를 차지했던 버고 왕국 사람들.

몽족(Hmong)

대략 400만 명의 인구를 가진 몽족은 대륙 동남아시아의 주요한 산악 소수종족들 가운데 하나이다. 훨씬 거대한 집단인 따이어족 계통의 사람들과 더불어, 몽족은 오늘날 6개국(중국과 대륙 동남아시아 5개국—옮긴이)에 걸쳐 고원지대에 거주하고 있는 독보적인 산악 소수종족이다. 몽족은 먀오족(Miao)의 하위 종족 가운데 인구가 가장 많다.

므엉족(Muong)

베트남의 므엉족은 오스트로-아시아어족에서 비엣-므엉 하위 집단의 분파이다. 1999년의 국가 인구조사에 따르면, 므엉족의 인구는 110만 명으로 따이족(Tay)과 타이족(Thai)에 이어 베트남에서 세 번째로 큰 소수종족이다.

미엔족(Mien)

대륙 동남아시아의 여러 고원지대 거주하는 야오어족의 하위 집단들을 가리키는 명칭이다. 예를 들어 태국과 라오스에서 대부분의 야오족은 자신들을 인 미엔(In Mien, 유 미엔 Yu Mien)이라고 부르고, 베트남에서는 킴 미엔(Kim Mien, 킴 뭄 Kim Mum)이라고 부른다. 미국 언어학자들은 하위 집단인 미엔이 모든 야오족 집단 가운데 가장 수가 많기 때문에 '먀오-야오어족'의 언어 분류에서 야오라는 용어를 교체해야 한다고 주장해 왔다.

버고산맥(Pegu-Yoma)

미얀마 중남부 지역에 있는 산맥. 에야워디 강과 싯땅 강 사이에서 북에서 남으로 양곤의 산악지대까지 435킬로미터 뻗어 있다. 이 산맥의 평균 해발고도는 600미터인데, 사화산인 뽓빠 산의 북쪽 지점이 가장 높다(1,518미터). 소수종족(산악민)들은 버고산맥에서 화전 경작으로 밭벼와 옥수수, 수수를 재배한다. 1960년대에 버고산맥은 카렌족과 공산당 반란 세력의 요새였다.

버다웅족(Padaung)

티베트-버마어족의 카렌니어 분파로서 미얀마 까야족(적색 카렌, 카렌니)의 일원이다. 몬-크메르 빨라웅과 혼동해서는 안 된다. 버다웅족이라는 종족 범주가 미얀마에서는 공식적으로는 인정받지 못하지만 대부분의 버다웅족이 미얀마에 거주하고 있다고 알려져있다. 태국에서 버다웅족의 인구는 30,000명으로 추정되고, 모두 매홍손 지방에 거주하고 있다. 일부의 버다웅족 사람들은 여성의 목에 칭칭 감고 있는 금색 목걸이 때문에 관광객의 흥밋거리가 되고 있다.

빨라웅족(Palaung)

미얀마 샨 주 고원의 북단에서 별도로 두 개의 집락을 형성하며 거주하는 몬-크메르어족 계열의 집단이다. 빨라웅족은 자신들을 따앙(Ta-ang)이라고 부른다. 증거는 충분하지 않지만 역사가들은 빨라웅족이 이 지역에 샨족과 까친족보다 먼저 들어왔다고 생각한다.

샨족(Shan)

상부 미얀마에 거주하는 따이어족의 주요한 남서부 어파로 인구는 2004년에 260만 명으로 추산됐다. 미얀마의 샨족은 따웅지(Taunggyi)를 주도로 하는 샨 주와 관련된다. 그러나 정작 샨족은 자신들의 이름을 딴 그 주에서 단지 절반 정도 차지하고 있는 것으로 추산된다. 미얀마의 샨족 다수는 자신들을 타이 야이(Tai Yai, 큰 타이)라고 부른다. 미얀마의 모든 샨족 거주지와 그 주변 지역은 13~16세기 무렵(더 오래되었을 수도 있다) 중국에서 유래하여 대부분의 중간 고도 산악지대에서 관개 벼농사 경제에 기반을 두고 세력을 확립한 따이족 봉건 왕국들이나 므엉들의 잔존이다. 1947년에 기존 와족의 주들을 흡수하고 상당수의 까친족, 라후족, 아카족, 빨라웅족을 편입한 단일한 샨 주가 독립 미얀마의 새 헌법에 의거하여 다른 주(삐네, Pyi ne), 즉 오늘날까지 존재하고 있는 산악 종족의 주들과 함께 설립됐다.

샨 주(Shan state)

샨 주는 미얀마의 행정 권역으로 그 지역에 거주하는 여러 소수종족 가운데 샨족의 이름을 딴 것이다. 14개 행정 권역 가운데 가장 넓은 면적을 갖고 있다. 대부분 농업 지역이며 라시오, 짜잉똥, 주도인 따웅지, 이 세 도시만이 제법 규모가 크다. 샨 주는 북쪽으로 중국, 동쪽으로 라오스, 남쪽으로 태국과 경계를 이루고 있다. 또한 미얀마의 5개 행정 권역과 이웃해 있다. 샨 주의 면적은 155,800제곱킬로미터로 미얀마 전체 면적에서 거의 4분의 1을 차지한다. 샨 주는 대부분 고원지대이며 북쪽과 남쪽에 높은 산들이 있다. 땅르인 강 협곡이 샨 주를 가로지르고 있다.

아카족(Akha)

고지대 연구자들이 윈난의 남부 지역에서 유래하여 넓게 퍼져 있는 티베트-버마어족 계열 사람들을 포괄적으로 아카족이라 불렀다. 태국에서는 이꼬(Ikaw), 미얀마에서는 꼬(Kaw), 라오스에서는 꼬(Ko), 베트남에서는 하니(Ha Nhi), 중국에서는 하니(Hani)라고 부른다. 이런 방식으로 분류된 아카족들은 대략 1,750,000명에 이르고, 그중 80퍼센트가 중국에 거주하고 있다.

야오족/미엔족(Yao/Mien)

먀오족과 함께 야오족은 먀오-야오어족 계열에 속하는 규모가 제법 큰 집단이다. 대륙 동남아시아 고원지대에 걸쳐 총 330만 명가량이 거주하고 있다. 중국, 아마도 남부 후난에서 유래한 야오족은 해안 쪽의 한족으로부터 압박을 받아 서쪽으로 점점 퍼져 나간 것 같다.

오랑 아슬리(Orang Asli)

말레이어로 '원래의' 또는 '처음의' 사람들이라는 뜻이다. 말레이시아에서 한때 말레이반도의 원주민이라 여겨졌던 모든 오스트로-아시아어족(아슬리안, 세망-세노이 분파) 집단과 오스트로네시아이족(말레이 분파) 집단을 포괄하던 명칭이다. 인구는 모두 합쳐서 100,000명가량이다.

와족(Wa)

중국-미얀마-라오스-태국 국경 지역에 거주하는 몬-크메르어족의 빨라웅-와족 분파이다. 중국에서는 396,000명의 와족이 남서부 윈난, 특히 시쐉반나 다이족 자치주에 거주하고 있다. 북부 태국에서 라와족(Lawa)이라 불리는 집단(1995년에 15,711명)도 역시 빨라웅-와족 계열에 포함되어야 한다고 보는 사람들도 있다.

윈난(雲南)

'구름의 남쪽.' 중국의 남서부 끝에 있는 윈난(2000년에 4,300만 명)은 베트남, 라오스, 미얀마와 국경을 맞대고 있고 중국에서는 티베트, 쓰촨, 구이저우, 광시 성과 맞붙어 있다. 지리적·문화적으로 윈난은 대륙 동남아시아 고원의 중심부라고 할 수 있다. 산악 소수종족들이 많이 거주하고 있고 공식적으로 25개가 넘는 공인된 소수종족이 그곳을 근거지로 삼고 있다.

이족(Yi, 彝族)

이족은 중국에서 사용되는 공식적인 명칭이지만 동남아시아에서는 롤로족(Lolo/Lo Lo)이라고 부른다. 중국에서 이족의 인구는 2000년 인구조사에 따르면 무려 770만 명에 이른다. 이족은 중국의 16개 티베트-버마어족 계열의 종족 가운데 인구가 가장 많고 가장 널리 퍼져 있다.

잉와(Ava)

1364년부터 1841년까지 미얀마의 왕도였다. 따도민비야(Thadominbya) 왕이 에야워디 강과 밋응웨(Myitnge) 강이 운하를 통해 만나는 지점의 인공 섬에 잉와를 건립했다. 잉와 이전에는 서가잉(Sagaing)이 수도였지만 샨족에게 멸망한 이후 왕도가 강 건너 잉와로 옮겨 갔다. 잉와의 왕들은 어노여타(Anawrahta) 왕이 1057년에 세운 첫 번째 버마족 제국(버강)이 쿠빌라이 칸의 몽골 침입을 받아 멸망한 이후에 와해된 버마족의 우위를 회복하려 시도했다.

좡족(Zhuang, 壯)

중국에서 가장 큰 소수종족이자 대륙 동남아시아 고원 전체에서도 가장 큰 산악 소수종족이다. 좡족의 인구는 공식적으로 1,600만 명에 이르는데, 라오스 전체 인구의 세 배를 넘는 규모이고 라오스와 캄보디아 인구를 합친 규모와 비슷하다.

친 고원(Chin Hills)

인도의 마니뿌르 주(Manipur state)까지 뻗어 나가는 북서부 미얀마의 산맥이다. 여카잉산맥(Arakan Yoma)이라고도 알려져 있다.

친족(Chin)

미얀마의 서쪽 아래 국경 지역이자 여카잉(Arakan) 산맥에 맞닿아 있는 친 고원에 거주하는 티베트-버마어족 계열이다. 버마어에서는 '칭'이라 부르기도 한다. 2004년 무렵 미얀마에 살고 있는 친족의 인구는 258,000명으로 추산된다. 미얀마의 친족은 대부분 친 주(Chin State)에 거주하고 있다. 친 주는 에야워디 평원의 서쪽 끝에서 시작된다.

카렌족(Karen)

430만 명이 넘는 인구를 가진 티베트-버마어족 계열의 주요한 소수종족이다. 주로 미얀마에 거주(2004년에 대략 390만 명)하나 태국에도 상당수가(2002년에 438,000명, 미얀마에서 온 난민까지 헤아리면 그 숫자는 두 배가 된다) 거주한다. 카렌어는 티베트-버마어족의 카렌니어 분파에 속한다.

크무족(Khmu)

몬-크메르어족의 크무어 어파이다. 종족 이름에서 그 어파의 이름이 비롯됐다. 568,000명이 대륙 동남아시아의 고원지대에 거주하고 있다. 크무족은 주로 라오스(88퍼센트)에 거주하나, 베트남(10퍼센트)과 태국(2퍼센트)에도 일부 거주한다. 크무라는 이름의 철자가 그동안 실로 제각각이었는데, 카무(Khamu), 크무(Khmu), 코무(Kho-mu), 큼무(Kmhmu), 크모우(Khmou), 코무(Khomu), 까무(Kamu), 카묵(Khamuk) 등이 그 예들이다.

크메르족(Khmer)

캄보디아 인구의 90퍼센트 이상을 차지하는 주요 종족이다. 이들은 대부분 몬-크메르어족에서 크메르 어파에 속한다. 크메르와 더불어 카멘(Khamen)은 베트남, 라오스, 태국에서 크메르어를 쓰는 소수종족을 일컫는 공식적인 이름이다.

하니족(Hani, 哈尼族)

워니(Woni)라고도 불리는 중국 내 주요한 티베트-버마어족 계열의 소수종족이다. 하니족 인구는 2000년에 공식적으로 140만 명으로 집계됐다. 하니족은 홍강과 그 지류를 따라 홍허 현, 위안양 현, 루춘 현, 진핑 현을 아우르는 윈난 남서부의 홍허 하니-이족 자치주에 거주한다. 하니족은 또한 국경을 넘어 동남아시아로 흘러들어 왔는데, 이곳에서는 일반적으로 아카족이라고 알려져 있다.

한족(Han, 漢族)

영향력 컸던 한나라(202 BCE~222 CE)의 이름을 따서 스스로를 한족이라 일컫는 중국인 종족 집단이다(2001년에 11억 명 이상으로 중국 전체 인구의 91.5퍼센트를 차지한다). 한족은 모두 중국어-티베트어족의 중국어 계통 언어들인 만다린(통상 중국어로 불린다), 광둥어, 하카어, 우(Wu)어(장쑤, 저장, 상하이에서 사용하는 언어—옮긴이), 유에(Yue)어(중국 남부에서 사요아는 언어—옮긴이), 시안(Xian)어 가운데 하나를 구사한다.

※ 이 용어 해설의 많은 내용이 장 미쇼의 훌륭한 저작 *Historical Dictionary of the Peoples of the Southeast Asian Massif* (Latham, Md.: Scarecrow, 2006)에서 거의 그대로 옮긴 것이다. 허락해 준 장 미쇼에게 무척 감사한다.

옮긴이 후기

이 책은 제임스 C. 스콧이 2009년에 출간한 *The Art of Not Being Governed: An Anarchist History of Upland Southeast Asia*(Yale University press) 우리말로 옮긴 것이다. 지은이 제임스 C. 스콧이 한국어판 서문에 밝히고 있듯이 그의 책 여럿이 우리말로 번역되어 있다. 《농민의 도덕경제: 동남아시아의 반란과 생계》(The Moral Economy of the Peasant: Subsistence and Rebellion in Southeast Asia), 《국가처럼 보기: 왜 국가는 계획에 실패하는가》(Seeing Like a State: How Certain Schemes to Improve the Human Condition Have Failed), 《우리는 모두 아나키스트다》(Two Cheers for Anarchism: Six Easy Pieces on Autonomy, Dignity, and Meaningful Work and Play) 같은 책이다. 그리고 《약자의 무기: 농민 저항의 일상 형태》(Weapons of the Weak: Everyday Forms of Peasant Resistance), 《지배에 맞서는 법: 낮은 자의 숨은 기

* 이 후기는 옮긴이가 전에 발표한 서평을 바탕으로 수정·보완한 것이다. 이상국, 〈스캇, 황혼녘에 산으로 날다〉, 《동남아시아연구》 22 (2012), 311~324쪽.

록》(Domination and the Arts of Resistance: The Hidden Transcript of Subordinate Groups) 같은 책은 아직 번역되지 않았지만, 상당수 연구자들에게 낯설지 않을 것 같다.

지금껏 나온 책들의 제목에서 알 수 있듯이 스콧은 주로 농민을 다루었다. 특히 《약자의 무기》를 쓰기 위해 말레이시아의 한 농촌에서 2년 동안 머물며 현지조사를 하기도 했다. 이 때문에 그는 정치학자이면서도 문화인류학자로 인정을 받았다. 지난날에 평지의 농민을 바라봤다면, 인생의 황혼기(1936년생)에 이르러 스콧은 소수종족들이 살아가는 고원지대로 눈길을 돌렸다. 학문 역정에서 치열하게 파고들던 국가의 문제와 서발턴(Subaltern)의 저항은 이 책에도 오롯이 담겨 있다.

사실 스콧은 이 책을 오랫동안 준비해 왔다. 2000년대 내내 여러 학술 행사에서 "왜 문명은 산을 오르지 못하는가"(Why Civilizations Can't Climb Hills)라는 제목으로 강연을 하며 이 책의 주된 내용을 가다듬어 나갔다. 동남아시아 연구자들도 이 책이 출간되기를 간절히 기다렸다. 스콧은 오랜 사색과 그 만큼의 머뭇거림을 거친 뒤에 이 책을 세상에 내놓았고, 이 책이 나오자 학계의 반응은 뜨거웠다. 이번에는 정치학계나 인류학계뿐만 아니라 역사학계까지 이 책에 대해 찬사를 쏟아 냈다. 미국역사학회는 유서 깊은 '존 페어뱅크 상'을 수여하기까지 했다. 이 책 덕분에 스콧은 각종 학술단체에서 주는 상을 휩쓸며 한동안 학자로서 행복하고 바쁜 인생의 황혼기를 보냈다.

이 책이 세상에 널리 알려지면서 우리에게 조금은 낯설어 보이는 '조미아'(Zomia)라는 이름도 더불어 유명해졌다. 마치 어느 익숙한 시에서처럼 스콧은 동남아 산을 조미아라고 부름으로써 우리 모두에게 또렷한 의미를 새겨 넣었다. 사실 조미아는 그가 만든 용어가 아니다. 동남아시아와 남아시아의 국경 지역을 연구하는 네덜란드 학자 빌렘 판 스헨델이 이미 2002년에 그 용어를 주창했다.* 판 스헨델은 기존의 지역 연구가 중앙 중심적이고 지역적 단위에 집착했다고 비판하며 변경 지역(border)과 초지역적인(transregional) 연구에 관심을 기울여야 한다고 주장했다. 동남아시아, 남아시아, 중앙아시아, 중국 남부에 걸쳐 있는 산악지대에 관한 연구가 바로 기존 지역 연구의 좁은 틀을 깨고 새로운 연구 방향을 제시해 줄 수 있을 것이라 했다.

이렇게 동남아시아를 비롯해 주변 국가·지역에 걸쳐 있는 산악지대를 가리키는 조미아는 미얀마, 인도, 방글라데시가 맞닿아 있는 국경 지역에 거주하는 소수종족들의 용어에서 '동떨어졌다'를 의미하는 '조'(Zo)와 사람을 의미하는 '미'(Mi)를 붙여 만든 용어이다. 스콧은 이 책에서 조미아의 범위를 조금 좁히고 구체화했다. 원래 판 스헨델의 조미아는 파키스탄과 아프가니스탄까지 뻗어 나가는 산악지역을 포함시켰지만, 스콧은 동남아시아(베트남, 캄보디아, 라오스, 태국, 미얀마)와 중국 남부(윈난, 구이저우, 광시, 쓰촨의 일부), 인도 동북부에 걸쳐 있는 해발 300미터 이상의 고원 지대를 조미아라 일컬었다. 조미아의 외연과 고도에 관해서는 아직까지 학자들 사이에 협의나 합의한 바가 없다. "산스크리트 혀가 해발 500미터에서 굳어 버린다"는 폴 휘틀리의 유명한

* Willem van Schendel, "Geographies of Knowing, Geographies of Ignorance: Jumping Scale in Southeast Asia," *Environment and Planning D: Society and Space* 20 (2002), 647-68.

** Paul Wheatley, "Satyānrta in Suvarṇadvīpa: From Reciprocity to Redistribution in Ancient Southeast Asia," in *Ancient Civilization and Trade*, ed. Jeremy Sabloff and C. C. Lamberg-Karlovsky (Albuquerque: University of New Mexico Press, 1975), 227-83.

표현을 떠올린다면, 그 높이를 좀 더 올려도 될 듯도 하다.** 아무튼 스콧은 '조미아'를 예사로이 보지 않는다. 그 넓이가 250만 제곱킬로미터에 이르고 1억 명가량의 소수종족들이 거주하고 있을 정도로 중요한 지리적 공간이다. 판 스헨델의 주장과 마찬가지로, 조미아에 대한 연구가 앞으로 지역 연구에 새로운 기운을 불러일으킬 것이라고 스콧은 내다봤다.

늘 그렇듯이, 《조미아, 지배받지 않는 사람들》에서 스콧은 간결하고 뚜렷하게 자기주장을 내세우고, 때론 위태롭고 과도하게 자신의 주장을 일반화한다. 그러나 방대한 증거들로 그 주장을 뒷받침하고 고혹적인 문체로 독자들을 황홀경에 빠뜨리며 비판의 날을 무디게 한다. 그가 이 책에서 핵심적으로 주장하는 바는 조미아가 국가의 지배로부터 벗어난(도망친) 사람들의 '피난지' 또는 '파쇄 지대'(shatter zone)라는 것이다. 이러한 주장은 약자와 국가의 대립적 관계에 주목했던 자신의 학문적 성향에 맞닿아 있지만, 스스로도 인정하듯이 선학들의 영향이 여기에 깊게 배어 있다.

특히 라틴아메리카에서 국가의 영향력으로부터 벗어나려는 원주민을 다룬 《국가에 대항하는 사회》(Society against State)의 저자 피에르 클라스트르한테서 큰 영향을 받았다. 중국과 유목 세력의 관계를 다룬 오언 래티모어도 빼놓을 수 없다. 동남아시아 평지와 산악 사이의 아슬아슬한 공존의 관계를 그 사례에서 발전시켰다. 산악 소수종족 사회의 정치체계에 대한 논의는 에드먼드 리치의 《버마고원의 정치체계》(Political Systems of Highland Burma)에 크게 빚지고 있다. 야만과 문명의 구분에 관해서는 아랍과 베르베르족의 관계를 파고든 어니스트 겔너의 연구에서, 식민 시기 미얀마 산악지대의 상황에 관하여는 같은 이름을 가진 식민지 관료인 제임스 G. 스콧의 저작물《상부 버마와 샨 주의 관보》(Gazetteer of Upper Burma and the Shan States)에서 많이 참조했다. 이렇듯 스콧은 앞선 학자들의 아이디어들을 창조적으로 섭렵하고 자신의 사상과 연결시켜 '국가 밖의 공간'(non-state place)인 동남아시아 산악지대를 혁신적으로 바라본다.

《조미아, 지배받지 않는 사람들》은 모두 아홉 개 장으로 구성되어 있다. 서론격인 1장과 결론을 제외한 7개의 장들은 (스콧은 그런 구분을 하지 않았지만) 그 내용 구성으로 볼 때, 크게 두 부분으로 나눌 수 있다. 전반부(2~4장)는 왜 사람들이 국가로부터 벗어나려고 하는가의 문제를 파헤치면서 동남아시아 국가의 강압적인 '국가 만들기' 프로젝트를 중심으로 살펴보고 있다. 후반부(5~8장)는 국가로부터 벗어난 사람들이 조미아에서 어떠한 방식으로 자신들의 삶을 꾸려 나가는지를 경제활동, 사회조직, 구술 문화 따위를 중심으로 풀어냈다.

스콧은 생산과 인구는 어떤 국가를 막론하고 국가를 유지하는 핵심 요소인데, 동남아시아 국가들은 역사적으로 생산성이 높은 논농사를 주요 생산양식으로 택하고 이에 알맞은 경작지를 갖춘 큰 강(에야워디 강, 짜오프라야 강, 메콩 강) 유역을 왕조의 핵심 지역으로 삼으며 국가 만들기 프로젝트를 시행했다고 한다. 그런데 문제는 생산활동에 종사할 노동력이 부족하다는 점이었다. 그래서 인적 자원을 확보하는 것이 국가의 명운을 좌우하는 절체절명의 과업이었다고 한다. 이를 위해 동남아시아 국가들이 취한 전략은 영향권 내의 사람들을 최대한 착취하거나 그 밖의 사람들을 노예로 잡아오는 것이었다고 한다. 실제로 동남아시아 국가들 사이에 벌어진 전쟁에서 중요한 목적 가운데 하나가 노예 획득이었다. 그렇게 인력을 확보하려 했지만, 동남아시아 국가들은 늘 '넓은 땅, 부족한 인구'라는 상황을 혁신적으로 타개하지 못하고 압제와 착취를 일삼았다고 한다. 국가의 강압적인 통치에 시달리고, 전쟁, 기근, 가난으로 괴로움을 겪은 사람들이 선택할 수 있는 방책은 국가의 눈을 피해 멀리 도망가는 것인데, 그 유력한 도피처가 바로 산악고원지대, 다시 말해 조미아였다고 스콧은 주장한다.

이어서 스콧은 도망자들이 소수종족이 되어 산악지역에서 어떻게 살아가는가에 주목한다. 산악의 생계 방식, 사회구조, 문화양식 등은 최대한 국가의 지배를 받지 않기 위해 선택하거나 만든 것이라고 본다. 스콧은 이동식 경작 방식인 화전농법이 국가의 눈을 피하기 위해 선택한 대표적인 생계 방식이고, 카사바, 감자, 고구마 따위의 뿌리작물도 국가의 눈에 잘 띄지 않는 '도피 작물'이라고 여긴다.

산악지역의 사회구조는 기본적으로 우두머리를 갖고 있지 않으려 하며 작아질 대로 작아지는 분절적인 형태를 띠는데, 이 역시 지배를 받지 않으려는 소수종족들의 의도를 반영하는 것이라고 스콧은 바라본다. 가령, 에드먼드 리치의 까친족 사례에서 언급된 '굼라오'(Gumlao)는 우두머리가 없는 평등한 사회의 한 형태인데, 지배를 거부하는 소수종족들의 속성이 그 사회의 구성 원리에 깊이 배어 있다고 스콧은 해석한다.

스콧은 조미아의 소수종족들이 문자를 가지지 않는 것도 지배를 받지 않으려는 전략이라고 본다. 문자를 가지면 증거가 남게 되어 국가가 그들을 추적할 수 있기 때문에 문화와 전통을 입과 귀로만 전달하려고 했다는 것이다. 국가를 피하는 전략은 소수종족들의 유연한 정체성에서도 찾아볼 수 있다고 한다. 여러 종족 정체성을 쉽게, 재빨리 가로지를 수 있어 식민지 관료가 몹시도 혼란을 겪었다고 한다.

이 책은 마지막으로 산악지역에서 종종 발생하는 종교적인 천년왕국운동에 대해서 다루고 있다. 이 운동은 평지 국가를 모델로 삼고 평지의 주류 종교인 불교의 미륵사상 등에서 영향을 받았지만, 기본적으로 평지 국가의 억압에서 해방되어 궁극적으로 새롭게 자기 존재를 구성하려는 움직임에서 발생하는 것이라고 본다. 식민 시기에는 소수종족이 기독교를 받아들여 해방된 근대적 자아를 구성했다고 한다.

그간 세계사는 물론 동남아시아 역사에서도 별로 주목을 받지 못했던 산악지대가 조미아라는 이름을 얻어 역동적인 공간으로 재탄생하고 소수종족이 역사의 주역으로 등장하게 된 것은 전적으로 스콧의 공로이다. 스콧은 중앙의 시각에서 쓰인 역사를 과감히 해체하고 변방의 관점에서 새롭게 역사를 썼다. 패배적으로 바라볼 법한, 국가로부터 달아나는 소수종족의 탈주와 도피 문화가 주동적이고 적극적인 삶의 전략으로 재탄생했다.

그럼에도 몇 가지 점에서 스콧을 비판해 볼 수 있겠다.* 우선 이 책이 역사서로 높은 평가를 받고 미국역사학회에서 주는 상까지 받았지만, 본격적인 역사 연구서라고 하기에는 무리가 따른다. 아무래도 1차 사료를 참조한 흔적이 충분하지 않기 때문이다. 그래서 나타나는 경향은 사료적 근거가 불충분해도 과감하게 추정적인 주장을 한다는 것이다. 그 대표적인 사례가 중국에서 동남아시아 조미아로 넘어왔다는 사람들에 관한 것이다. 19세기 말 청조 말기 중국의 혼란한 상황을 피해 먀오족(몽족) 등이 동남아시아 산악지대로 넘어왔다는 것은

* 자세한 비판은 Victor Lieberman, "A Zone of Refugee in Southeast Asia? Reconceptualizing Interior Spaces," *Journal of Global History* 5 (2010), 333-46 참조.

사료를 통해 명백히 알 수 있지만, 그 이전 시기에 대해서는 자세히 밝혀 주는 사료가 충분하지 않은 게 사실이다. 그럼에도 스콧은 역사적으로 한족의 핍박과 중국의 혼란을 피해 동남아시아의 조미아에 사람들이 이주했다고 확정적으로 말한다. 아마도 스콧이 본격적인 역사가가 아니고 여러 1차 사료를 섭렵하기에는 한계가 있어서 그렇지 않나 싶다.

동남아시아 국가가 기반을 확립해 나갈 때 인력에 의존했다는 점은 이 책에서 스콧이 자기주장을 내세우는 데 핵심적인 전제 조건이 된다. 부족한 인력을 채우려다 보니 강압적으로 인구를 끌어모아 착취하게 되고, 그 결과 여기에 배겨 내지 못한 사람들이 달아나는 일이 자연스레 이어지기 때문이다. 그러나 동남아시아의 국가들이 인력에만 의존한 것은 아니었다. 미얀마에서 버강 왕조는 농업에 의존했지만, 버고 왕조나 따웅우 왕조는 해상무역에 크게 의존했고, 태국의 아유타야 왕조 역시 해상무역에 의존했다. 그리고 동남아시아 국가들은 사람이 부족해 어려움을 겪기도 했지만 중심지에 사람이 너무 많이 몰려 있어서 오히려 큰 문제가 되기도 했다. 앙코르 왕국과 버강 왕조가 바로 그런 경우에 해당된다. 스콧의 주장을 모든 동남아시아 국가에 적용하기에는 무리가 따른다.

스콧이 산악지역에서 이루어지는 삶의 방식을 지나치게 정치적으로 해석하고 산악지대의 생태적인 조건을 충분히 고려하지 않았다는 점도 지적할 수 있겠다. 도피가 쉽고 수탈해 가기 어렵도록 화전농법과 뿌리 작물을 선택했다고 하는데, 산악지대의 생태환경에서는 달리 선택할 여지가 많지 않아서 그랬던 것 아닐까? 아무리 정치적인 선택으로 농작물을 선택해도 생태환경에 알맞지 않으면 재배가 이루어질 수 없을 것이다. 굳이 국가를 피할 필요가 없는 산악지대에서도 그런 방식과 작물이 선호되는 것을 보면 정치적인 선택보다는 생태적인 적응이라는 측면이 더 큰 요인이지 않을까 싶다.

스콧은 소수종족들이 문자를 의도적으로 가지지 않았다고 하는데, 이 역시 정치적으로 선택해서 그랬다기보다는 문자를 창제할 수 있는 제도적인 지원과 수단이 없어서 그랬던 것은 아닐까 의문을 품을 수 있겠다. 문자를 가질 수 있는 조건이 마련되면 국가를 거부하던 소수종족들도 문자를 받아들인 사례가 있다. 동남아시아의 여러 소수종족, 가령 카렌족이나 까친족이 그렇다. 문자를 갖지 않는 것을 반드시 국가를 거부하는 것과 연결시킬 필요는 없을 것 같다.

산악민들이 분절적인 사회조직을 가진 것도 지배받지 않으려는 의도에서 비롯되었다고 스콧은 바라보고 있는데, 이는 산악민들 사이의 갈등을 중재할 상위 지배 기구가 없는 상황에서 그렇게 쪼개지고 갈라질 수밖에 없진 않았나 생각할 수 있겠다. 국가든 아니든, 강제적이든 민주적이든, 지배가 부재하는 조미아에서 토머스 홉스가 말한 '만인대 만인의 투쟁'의 상태가 쉽게 발생하여 그렇게 쪼개지고 갈라지지는 않았을까. 스콧이 다소 낭만적으로 산악민들의 자율성과 분절성을 언급하고 있지만, 그 자율성과 분절성에는 갈등과 불안, 초조함이 깊게 배어 있지 않았을까. 국가가 없다고 해서 과연 산악민들이 편안하고 행복하게 살았을까.

스콧은 비록 산악과 소수종족을 역사의 무대와 주인공으로 내세웠지만, 산악과 평지의 관계를 이항대립 측면에서 다루었던 기존의 관점을 완전히 극복하지는 못했다고 말할 수도 있겠다. 사실 《조미아, 지배받지 않는 사람들》에서 스콧은 평지와 산악의 경제적 공생 관계,

산악의 평지 흉내 내기 등 그 둘 사이에 섞이고 스미는 측면을 드러내기는 했다. 그러나 압제자 국가, 그에서 달아난 산악민의 정치적 대립이 이 책의 주요 사안이다 보니 그러한 공생 관계가 설 자리가 마땅치 않다.

물론 이러한 비판은 이 책이 동남아시아 연구와 학문의 나아갈 방향에 던져 주는 공로를 결코 상쇄하지 못한다. 스콧은 이 책을 통해 '오래된 술을 새 부대에 담았다'고 할 수 있다. 주류 학문의 관심사에서 조금은 동떨어진 주제라 할 수 있는 산악과 소수종족을 조미아라는 개념과 초지역적인 틀로 새롭게 다룬 것이다. 그리하여 오래된 술이 새 부대에서 또 다른 숙성 과정을 거치면서 새로운 맛을 내듯이, 고원지대와 소수종족은 스콧의 혁신적인 관점을 통해 역사의 무대에 당당한 주체로서 새롭게 등장한다. 그만큼 스콧이 제시한 새 틀은 전복적이면서 인간적이라 할 수 있다. 이러한 '전복적 인간성'은 한편으로 부단히 학문 간·지역 간 경계를 넘나들며 기존의 사고 틀을 깨뜨리고, 다른 한편으로 늘 소설과 시를 가까이 두면서 보편적인 인간성을 고집스럽게 탐구하면서 빚어낸 가치라고 생각된다. 그런 의미에서 《조미아, 지배받지 않는 사람들》은 그동안 스콧이 쌓아 온 학문 역정의 결정체이다.

끝으로 덧붙이자면, 비교 관점에서 스콧의 논의를 우리나라에 적용하는 것은 흥미로운 일이다. 이 땅에도 국가로부터 벗어난 사람들의 공간이 존재한 적이 있다. 왕조 시대에 반란 세력이나 신흥 종교 집단들이 종종 산악에 근거를 두었다. 근현대사를 보더라도 빨치산은 산으로 올라가 지리산 일대를 해방구로 삼았다. 강원도 산악지대에서는 화전을 일구며 살아가는 자들이 제법 많았다. 그러나 동남아시아와 달리 우리나라에서는 그런 공간과 삶의 방식이 오래 가지 못했다. 국가가 비교적 쉽게 산에 올라 국가에 반대하는 세력들을 제압했기 때문이다. 그리고 결정적으로 그러한 세력들이 추운 겨울에는 산에서 오래 버틸 수가 없었다. 강한 국가와 추운 날씨는 우리나라에서 동남아시아와 같은 국가 밖의 공간인 조미아가 들어서지 못하는 데에 결정적인 요인이 아니었나 싶다.

옮긴이와 스콧이 사적인 인연을 맺게 된 때는 옮긴이가 싱가포르 국립대학에서 박사 과정을 밟던 시기인 2005년 5월로 거슬러 올라간다. 당시 그 대학교의 아시아연구소(Asia Research Institute)가 주최한 대학원생 학술회의에 스콧이 멘토 겸 토론자로 초빙되었다. 스콧은 2박 3일 동안 옮긴이를 비롯해 20명이 넘는 대학원생의 발표에 대해 하나하나 논평과 지도를 해주는 엄청난 역할을 담당했다. 그 학술회의가 끝나고 나서 당시 옮긴이의 박사 과정 지도교수였던 아난다 라자(Ananda Raja)는 스콧과 함께 하는 자리를 따로 마련했다. 옮긴이의 친구 한 명도 함께하여 모두 4명이 오붓이 홀란드 빌리지(Holland Village)에서 정담을 나누었던 기억이 있다. 그때 이 책에 대한 얘기도 나왔는데, 생각보다 오래 걸리고 있다는 말을 한 것 같다.

옮긴이가 한국에 돌아와 스콧을 다시 만나게 된 것은 서강대학교 동아연구소에 재직 중이던 2012년 5월이었다. 그 무렵 동아연구소는 학술지 TRaNS 창간을 준비하면서 공동편집자의 역할을 수락한 스콧을 비롯해 다수의 저명 학자들을 초청하여 학술회의를 개최했다. 학술회의를 앞두고 스콧을 비롯해 모두 16명의 국내외 학자 및 대학원생들은 한국의 대표적인 조미아라 할 수 있는 강원도 일대로 현지답사를 떠났다. 그리하여 조미아에 자리 잡은 채 글로벌 교육을 펼치고 있는 민족사관고등학교를 방문하여 학생들과 직접 대화하는 시간을 가졌고, 정선 5일장에서는 산지 나물 등을 직접 먹어 보았으며 거대한 카지노로 탈바꿈한 사북의 탄광 지역을 가 보기도 했다. 국가가 조미아를 어떻게 탈바꿈시키며 근대적 프로젝트를 시행하고 있는지를 보기 위해서, 지난날 화전민들의 거주지였으나 2018년 동계올림픽의 주무대지가 될 평창의 알펜시아를 방문하기도 했다. 답사 기간 내내 스콧은 우리나라의 조미아 경관에 큰 관심을 보였다. 갖가지 산나물을 흥미롭게 관찰했고 풀 한 포기, 나무 한 그루조차 예사롭게 보아 넘기지 않았다. 연신 쏟아 내는 질문에 대응하느라 고역을 치렀던 기억이 생생하다.

현지답사를 마치고 학술회의의 첫 일정에 마련된 기조강연에서 스콧은 이번 현지답사가 흥미진진했다면서 산지에서 채취하는 나물, 버섯 등이 가계의 주요 수입원이 되는 경우가 다른 나라의 조미아에서는 극히 드물어 한국적 조미아의 특성이 아닐까 하고 말했다. 그러나 한국에서도 국가로부터 벗어난 사람들이 조미아에 거주하고 국가의 눈을 피하는 경제활동이 거기에서 이루어지는지에 대해서는 연구가 필요한 부분이라고 했다. 스콧이 한국어판 서문에서 이 책이 한국의 조미아 연구에 도움이 되길 바란다고 했는데, 내가 보기에 한국의 조미아가 앞으로 스콧의 연구에 어떻게 반영될지가 궁금하다.

이 책을 번역하기로 결정하기 전에 많이도 망설였다. 요즘의 학계 평가 풍토에서 시간을 따로 내서 이 두꺼운 책을 번역하기가 만만치 않을 일이었다. 또한 어설프게 번역하여 제임스 C. 스콧이라는 대가의 명성에 흠을 내면 어쩌나 하는 걱정도 컸다. 오랜 망설임 끝에, 학자로서 독자들을 위해 기여할 바가 이것이지 않을까 생각하고 번역하기로 결정했다. 그리고 이른 아침나절마다 카페에서, 연구실에서 이 책을 붙들고 씨름했다. 그러다 보니 어느새 끝에 다다랐다.

그동안 걸어 온 길을 되돌아보니 참 고마운 분들이 많이 생각난다. 먼저 동남아시아 연구의 재미를 처음 알게 해주고 그 길로 인도해 주신 오명석 선생님께 감사드린다. 박사과정 시절 옮긴이의 지도교수로서 친절한 길잡이 역할을 해주신 고(故) 아난다 라자 선생님에게 감사드린다. 서강대 동아연구소 재직 중 학문적으로 성장하는 데에 큰 도움을 주신 신윤환 선생님께 감사드린다. 늘 기댈 언덕이 되어 주신 박사명, 홍석준 선생님을 비롯한 동료 동남아시아 연구자들께도 감사드린다. 항상 연구를 격려해 주시고 꼼꼼하게 이 책을 읽고 버마어 표현을 가다듬어 주신 박장식 선생님께 감사드린다. 역시 버마어 표현을 검토해 준 연세대학교 대학원생 이께진소에게 감사한다.

이 책의 번역 작업은 연세대학교 문화인류학과로 옮겨 와서 마무리했다. 새로운 환경에 잘 적응하고 번역에 매진할 수 있도록 도와주신 김현미 선생님, 조문영 선생님, 그리고 늘 옮긴이의 연구에 관심을 가져 주신 조한혜정 선생님께도 감사드린다. 표현을 가다듬고 보기 좋은 책으로 만들어 주신 삼천리출판사의 송병섭 선생님께도 감사드린다.

영어에 'last but nat least'라는 표현이 있는데, 아내와 아들 명진, 그리고 막 태어난 딸 예진에게 딱 들어맞는 표현일 것 같다. 이른 아침이면 나만의 '조미아'로 살금살금 빠져나가는 남편과 아빠를 알면서도 붙잡지 않는 가족의 관대한 사랑에 감사한다.

2015년 5월

이상국

주석

1장 | 조미아

1) *Guiyang Prefectural Gazetteer, Mark Elvin, The Retreat of the Elephants: An Environmental History of China* (New Haven: Yale University Press, 2004), 236-37에서 인용.
2) *Gazetteer of Upper Burma and the Shan States*, compiled from official papers by J. George Scott, assisted by J. P. Hardiman, vol. 1, part 1 (Rangoon: Government Printing Office, 1893), 1: 154.
3) Elizabeth R. Hooker, *Religion in the Highlands: Native Churches and Missionary Enterprises in the Southern Appalachian Area* (New York: Home Missions Council, 1933), 64-65.
4) 평지의 사람들과 국가들은 정착하여 마을에 사는 사람들과 숲에서 유랑하며 살아갔을 사람들을 구분하는 토착적 방식을 더 갖고 있었을 것이다.
5) 국가 만들기와 문명에 관련되는 베두인(Bedouin) 유목민과 도시 아랍인 사이의 관계가 위대한 14세기 아랍의 역사가이자 철학자인 이븐 할둔(Ibn Khaldun)의 저작에 스며들어 있다.
6) 최근의 고고학적 증거는 국가 형성과 관련되는 구리 광산과 야금이 제법 큰 규모로 북동부 태국에 널리 퍼져 있었으나 그곳에서 국가의 핵심부가 들어선 증거는 없다고 한다. 농민들이 농한기에 엄청난 규모로 이에 종사했던 것으로 보인다. Vincent Pigott, "Prehistoric Copper Mining in Northeast Thailand in the Context of Emerging Community Craft Specialization," in *Social Approaches to an Industrial Past: The Archaeology and Anthropology of Mining*, ed. A. B. Knapp, V. Pigott, and E. Herbert (London: Routledge, 1998), 205-25를 보라. 이에 대해 관심을 갖도록 해준 매그너스 피스케스조(Magnus Fiskesjö)에게 감사한다.
7) Anthony Reid, *Southeast Asia in the Age of Commerce, 1450-1680, vol. 1, The Lands Below the Winds* (New Haven: Yale University Press, 1988), 15. 티베트를 제외한 중국은 1제곱킬로미터당 37명의 인구밀도로 같은 면적당 32명

의 인구밀도의 남아시아 대륙보다 인구가 조밀했다. 같은 때 유럽의 인구밀도는 대략 1제곱킬로미터당 11명이었다.

8) Richard A. O'Connor, "Founders' Cults in Regional and Historical Perspective," in *Founders' Cults in Southeast Asia: Polity, and Identity*, ed. Nicola Tannenbaum and Cornelia Ann Kammerer, Yale Southeast Asia Monograph Series no. 52 (New Haven: Yale University Press, 2003), 269-311, 인용은 281-82쪽에서. 대부분의 국가 발생을 단선적인 입장에서 다르게 설명한 것에 대해서는 Allen W. Johnson and Timothy Earle, *The Evolution of Human Societies: From Foraging Group to Agrarian State*, 2nd ed. (Stanford: Stanford University Press, 2000)를 보라.

9) Richard A. O'Connor, "Agricultural Change and Ethnic Succession in Southeast Asian States: A Case for Regional Anthropology," *Journal of Asian Studies* 54 (1995): 968-96.

10) 이 맥락에서 Michael Mann, *The Sources of Social Power* (Cambridge: Cambridge University Press, 1986), 63-70을 보라.

11) Charles Tilly, *Coercion, Capital, and European States, AD 990-1992* (Cambridge, Mass.: Blackwell, 1990), 162.

12) 정착 장려는 아마도 가장 오래된 '국가 프로젝트'로 두 번째로 오래된 프로젝트인 징세와 관련되어 있다. 이것은 수천 명의 인민해방군 병사들이 '야생' 와족이 쌀을 재배토록 하기 위해 계단식 논을 만들었던 마오쩌뚱의 시기에 이르기까지 천년동안 이어졌던 중국식 국가 만들기의 핵심이었다.

13) Hugh Brody, *The Other Side of Eden: Hunters, Farmers, and the Shaping of the World* (Vancouver: Douglas and McIntyre, 2000).

14) Sanjay Subramanyum, "Connected Histories: Notes toward a Reconfiguration of Early Modern Eurasia," *Modern Asian Studies* 31 (1997): 735-62.

15) 베트남과 인도네시아에서 발생한 이 과정에 대한 훌륭한 설명을 보기 위해서는 Rodolphe de Koninck, "On the Geopolitics of Land Colonization: Order and Disorder on the Frontier of Vietnam and Indonesia," *Moussons* 9 (2006): 33-59 참조.

16) 전통 국가처럼 식민주의와 초기 탈식민주의 국가들은 이 지역의 곡식이나 수익이 행정 비용을 되갚지 못한다는 이유로 (유익한 프랑스와 무익한 프랑스라는 전통적인 구분처럼) 이들 지역들을 무주지 또는 쓸모없는 땅이라 간주했다. 숲과 산악 지역의 산물들이 가치가 있고 그 인구를 노예로 잡을 수 있었지만 직접적으로 통치할 수 있고 수익성이 있는 농업 지대의 핵심부 밖에, 즉 국가가 권력과 수입을 확보하기 위해 의존한 지역의 밖에 그 산물과 사람들이 위치해 있다고 여겨졌다. 이들 지역들은 식민 시기에 대개 이른바 간접 지배 형태로 다스려졌는데, 전통적인 권위들이 제거되기보다 감독을 받고 종속적 지위가 되었다. 원대에서

대부분의 명대에 이르기까지 한족의 지배체제에서 그러한 지대들은 토사 제도, 즉 중국식의 간접 지배 형태에 의해 다스려졌다.

17) 산악민들이 그들 나름의 이유로 평지의 종교를 자기의 것으로 받아들인 경우가 상당히 많았다. 그러나 평지 종교를 상징적으로 수용했다고 해서 그들이 평지 국가에 흡수되었을 것이라고 해석할 필요는 없다. 예컨대, Nigel Brailey, "A Reinvestigation of the Gwe of Eighteenth Century Burma," *Journal of Southeast Asian Studies* 1, no. 2 (1970): 33-47을 보라. 또한 8장의 논의를 참조하라.

18) Patricia M. Pelley, *Post-Colonial Vietnam: New Histories of the National Past* (Durham: Duke University Press, 2002), 96-97.

19) 이 공식적인 설명에 대한 효과적인 반박을 Keith Taylor, "Surface Orientations in Vietnam: Beyond Histories of Nation and Region," *Journal of Asian Studies* 57 (1998): 949-78에서 확인할 수 있다.

20) 이제 각 국민국가를 대표하고 있는 이 네 집단들은 캄보디아와 라오스를 제외하고 이 지역의 많은 초기 국가들을 흡수했다. 캄보디아와 라오스는 그들 자체로 비국가 공간을 흡수했다.

21) Geoff Wade, "The Bai-Yi Zhuan: A Chinese Account of Tai Society in the 14th century," paper presented at the 14th IAHA Conference, Bangkok, May, 1996, appendix 2, 8. Barbara Andaya, *The Flaming Womb: Repositioning Women in Early Modern Southeast Asia* (Honolulu: University of Hawai'i Press, 2006), 12에서 재인용.

22) Willem van Schendel, "Geographies of Knowing, Geographies of Ignorance: Southeast Asia from the Fringes," a paper for the workshop Locating Southeast Asia: Genealogies, Concepts, Comparisons and Prospects, Amsterdam, March 29-31, 2001.

23) Jean Michaud, *Historical Dictionary of the Peoples of the Southeast Asian Massif* (Lanham, Md.: Scarecrow, 2006), 5. 또한 Jean Michaud, ed., *Turbulent Times and Enduring Peoples: Mountain Minorities in the Southeast Asian Massif* (Richmond, England: Curzon, 2000)를 보라.

24) Michaud, *Historical Dictionary*, 2. 산악 지역의 평지 인구를 더하면 5백만 명이 더 늘어날 것이다. 그 숫자는 날마다 증가하고 있다.

25) Ernest Gellner, "Tribalism and the State in the Middle East," in *Tribes and State Formation in the Middle East*, ed. Philip Khoury and Joseph Kostiner (Berkeley: University of California Press, 1990), 109-26. 인용은 124쪽에서. 파슈툰족(Pasutun), 쿠르드족(Kurd), 베르베르족(Berber)과 관련을 시키는 것은 좀 적절하지 않다. 이 세 경우에서 문제의 그 사람들은 공통의 문화를 가졌거나, 정확히 말하여 그렇다고 추정되기 때문이다. 일부의 사람들(예를 들어, 다이족 Dai, 몽족 Hmong, 아카족/하니족 Akha/Hai)이 이 지역에 넓게 퍼져 있

지만, 그러한 문화적 결속력을 여기서 얘기하는 거대한 산악 왕국에서는 생각할 수 없다. 한편 산악 지역의 이슬람 분파주의에 관한 통찰력 있는 설명을 보려면 Robert LeRoy Canfield, *Faction and Conversion in a Plural Society: Religious Alignments in the Hindu-Kush*, Anthropological Papers, Museum of Anthropology, University of Michigan, 50 (Ann Arbor: University of Michigan, 1973)을 참조하라.

26) 라오스는 스위스와 마찬가지로 태국과 라오스 사이를 흐르는 메콩 강을 따라 작은 유역에 자리 잡은 '산악 국가'라는 점에서 다소 예외이다.

27) 이 점에서 시사점을 주는 Sidney Pollard, *Marginal Europe: The Contribution of Marginal Lands since the Middle Ages* (Oxford: Clarendon, 1997)를 보라.

28) 변방으로부터 체계적으로 보자고 강력히 주장하고 있는 이들로 Michaud, *Turbulent Times and Enduring Peoples*, 특히 the Introduction by Michaud and John McKinnon, 1-25, 그리고 Hjorleifur Jonsson, *Mien Relations: Mountain Peoples, Ethnography, and State Control* (Ithaca: Cornell University Press, 2005)를 포함할 수 있다.

29) F. K. L. Chit Hlaing [F. K. Lehman], "Some Remarks upon Ethnicity Theory and Southeast Asia, with Special Reference to the Kayah and Kachin," in *Exploring Ethnic Diversity in Burma*, ed. Mikael Gravers (Copenhagen: NIAS Press, 2007), 107-22, 특히, 109-10.

30) Fernand Braudel, *The Mediterranean and the Mediterranean World in the Age of Philip II*, vol. 1, trans. Sian Reynolds (New York: Harper and Row, 1966).

31) Reid, *Southeast Asia in the Age of Commerce*, vol. 1.

32) Van Schendel, "Geographies of Knowing," 10에서 "바다가 학자들로 하여금 브로델식 지역 세계를 구성하도록 영감을 주었다면, 이 세계의 가장 큰 산악지대도 왜 그러한 일을 하지 못하겠는가?"라고 훌륭히 설파한다. 그러나 이런 일은 일어나지 않았다. 대신 조미아의 여러 지역에 대한 훌륭한 연구들이 개별적으로 계속 이루어지고 있으나 이 연구들은 동료 '조미아주의자들'을 향하여 말하지 않고 있으며 조미아 관점을 세워 사회과학에 새로운 유형의 질문과 방법론을 제공하려는 포부를 갖고 있지 않다.

33) '아나키'는 물론 그렇게 본 자들의 눈에만 전적으로 그렇게 보였다. 산악민들은 그들이 누구인지, 식민 관료의 눈에 드러나지 않는다 해도, 의심할 여지없이 알고 있었다.

34) E. R. Leach, "The Frontiers of Burma," *Comparative Studies in Society and History* 3 (1960): 49-68.

35) 라후족의 젠더 관계에 대한 훌륭한 분석에 대해서는 Shanshan Du, *Chopsticks Only Work in Pairs: Gender Unity and Gender Equality among the Lahu of Southwest China* (New York: Columbia University Press, 2002)를 보라.

36) 남조(南詔)와 이를 계승한 다리(大理) 왕국은 윈난 남부에서 대략 9세기에서 13세기까지 존재했고, 짜잉똥(Kengtung/Chaing-tung/Kyaingtong)은 미얀마의 동부 샨 주의 땅르인 강 건너편에 자리 잡으며 14세기부터 버마족에 의해 정복된 17세기까지 독립 왕국이었고, 난은 북부 태국 난강의 작은 독립 왕국이었고, 란나는 오늘날의 태국 치앙마이 근처에서 대략 13세기부터 18세기까지 독립을 유지했다.

37) Janet Sturgeon, "Border Practices, Boundaries, and the Control of Resource Access: A Case from China, Thailand, and Burma," *Development and Change* 35 (2004): 463-84.

38) Van Schendel, "Geographies of Knowing," 12.

39) Braudel, *The Mediterranean*, 1: 32, 33. 브로델은 여기에서 이른바 그들의 문명을 어디든 짊어지고 가는 사람들을 보지 못하는 한계를 보여 준다. 예컨대 집시나 유대인을 간과하고 있다.

40) Ibn Khaldun, *The Muqaddimah: An Introduction to History*, 3 vols., trans. Franz Rosenthal, Bollinger Series 43 (New York: Pantheon, 1958), 1: 302.

41) O. W. Wolters, *History, Culture, and Region in Southeast Asian Perspectives* (Singapore: Institute for Southeast Asian Studies, 1982), 32. 월터스(Wolters)는 Paul Wheatley, "Satyanrta in Suvarnadvipa: From Reciprocity to Redistribution in Ancient Southeast Asia," in *Ancient Trade and Civilization*, ed. J. A. Sabloff et al. (Albuquerque: University of New Mexico Press, 1975), 251에서 인용하고 있다.

42) Andrew Hardy, *Red Hills: Migrants and the State in the Highlands of Vietnam* (Honolulu: University of Hawai'i Press, 2003), 4에서 인용.

43) Owen Lattimore, "The Frontier in History," in *Studies in Frontier History: Collected Papers, 1928-1958* (Oxford: Oxford University Press, 1962), 469-91. 인용은 475쪽에서.

44) Edmund Leach, *The Political Systems of Highland Burma: A Study of Kachin Social Structure* (Cambridge: Harvard University Press, 1954).

45) Thomas Barfield, "The Shadow Empires: Imperial State Formation along the Chinese-Nomad Frontier," in *Empires: Perspectives from Archaeology and History*, ed. Susan E. Alcock, Terrance N. D'Altroy, et al. (Cambridge: Cambridge University Press, 2001), 11-41. 카를 마르크스는 노예사냥과 습격에 관여하고 있는 의존적이고 군사화된 로마제국의 변경을 '게르만식 생산양식'이라고 파악했다. 와족에 의해 그렇게 부차적으로 이루어진 국가 형성에 대한 탁월한 설명은 Magnus Fiskesjö, "The Fate of Sacrifice and the Making of Wa History," Ph.D. thesis, University of Chicago, 2000을 보라.

46) 나는 그 용어를 곤살로 아기레 벨트란(Gonzalo Aguirre Beltrán)한테서 빌렸다. 그는 탈식민 시기 에스파냐계 아메리카의 많은 원주민들이 "특히 인간이

쉽게 다다를 수 없는 곳에" 그리고 식민 경제의 한계 지역에 거주했다고 주장한다. 이를 말할 때 그는 열대 정글과 사막 지대를 포함하기는 했지만 대부분 험준한 산악 지역을 염두에 두었다. 아기레 벨트란은 그런 지역을 사람들이 도망하거나 밀려나는 환경이라기보다는 전식민기 사람들의 '생존 지역'으로 바라보았다. *Regions of Refuge*, Society of Applied Anthropology Monograph Series, 12 (Washington, D. C., 1979), 23과 여러 곳에서 인용.

47) Michaud, *Historical Dictionary*, 180. 인용은 199쪽에서. 그는 베트남의 산악민들에 대해서도 그 주제를 다루었다. "어느 정도 산악민들은 전쟁을 피하고 국가권력의 직접적인 통치 밖에 거주하기 위해 선택한 난민들이었다. 국가권력은 노동과 과세 자원을 통제하고 군사와 시종과 첩과 노예로 쓸 수 있는 사람들에게 안전하게 다가가고자 했던 터였다. 이는 산악민들이 늘 옮겨 다녔다는 것을 의미한다." Michaud, *Turbulent Times and Enduring Peoples*, 11.

48) Christine Ward Gailey and Thomas C. Patterson, "State Formation and Uneven Development," in *State and Society: The Emergence and Development of Social Hierarchy and Political Centralization*, ed. J. Gledhill, B. Bender, and M. T. Larsen (London: Routledge, 1988), 77-90을 보라.

49) Fiskesjö, "Fate of Sacrifice," 56.

50) 이 주장을 자세히 설명하는 고전적인 저술로 Pierre Clastres, *Society against the State: Essays in Political Anthropology*, trans. Robert Hurley (New York: Zone, 1987); Aguirre Beltrán, Regions of Refuge; Stuart Schwartz and Frank Salomon, "New Peoples and New Kinds of People: Adaptation, Adjustment, and Ethnogenesis in South American Indigenous Societies (Colonial Era)," in *The Cambridge History of Native Peoples of the Americas*, ed. Stuart Schwartz and Frank Salomon (Cambridge: Cambridge University Press, 1999), 443-502를 들 수 있다. 최근 증거에 대한 검토에 대해서는 Charles C. Mann, 1491: *New Revelations of the Americas before Columbus* (New York: Knopf, 2005)를 보라.

51) Felix M. Keesing, *The Ethno-history of Northern Luzon* (Stanford: Stanford University Press, 1976); William Henry Scott, *The Discovery of the Igorots: Spanish Contacts with the Pagans of Northern Luzon*, rev. ed. (Quezon City: New Day, 1974).

52) 예를 들어 Bruce W. Menning, "The Emergence of a Military-Administrative Elite in the Don Cossack Land, 1708-1836," in *Russian Officialdom: The Bureaucratization of Russian Society from the Seventeenth to the Twentieth Century*, ed. Walter MacKenzie Pinter and Don Karl Rowney (Chapel Hill: University of North Carolina Press, 1980), 130-61을 보라.

53) Leo Lucassen, Wim Willems, and Annemarie Cottaar, *Gypsies and Other*

Itinerant Groups: A Socio-historical Approach (London: Macmillan, 1998).

54) 마틴 클라인(Martin A. Klein)은 "The Slave Trade and Decentralized Societies, *Journal of African History* 42 (2001): 49-65에서 더욱 중앙집권적인 아프리카 사회들이 (중앙집권적인 경향을 더욱더 강화하며) 종종 스스로 약탈적인 노예사냥꾼이 되고 분권적인 사회들은 종종 산악 지역과 숲의 도피처로 물러나 노예사냥을 피하기 위해 그들의 거주지를 요새화했다. 또한 J. F. Searing, "'No Kings, No Lords, No Slaves': Ethnicity and Religion among the Sereer-Safèn of Western Bawol (Senegal), 1700-1914," *Journal of African History* 43 (2002): 407-29; Dennis D. Cordell, "The Myth of Inevitability and Invincibility: Resistance to Slavers and the Slave Trade in Central Africa, 1850-1910," in *Fighting the Slave Trade: West African Strategies*, ed. Sylviane A. Diouf (Athens: Ohio University Press, 2003), 50-61을 보라. 통계적 분석 시도에 관해서는 Nathan Nunn and Diego Puga, "Ruggedness: The Blessing of Bad Geography," special section of the *American Historical Review* devoted to "Geography, History, and Institutional Change: The Causes and Consequences of Africa's Slave Trade," March 2007 참조.

55) '만다라'라는 용어는 남인도에서 유래했으며 연합과 카리스마를 통해 권력이 외부로 발산되지만 경계가 뚜렷하지 않은 궁정 핵심부의 정치적 경관을 묘사한다. 이것은 조공과 동맹을 둘러싸고 다투며 상황에 따라 늘어났다 줄어들었다 하며 사라져 버리기도 하는 여러 경쟁적인 만다라를 상정한다는 점에서 본질적으로 복수형이다. I. W. Mabbett, "Kingship at Angkor," *Journal of the Siam Society* 66 (1978): 1058과 특히 Wolters, *History Culture, and Region*을 보라.

56) 동남아시아 연구는 대체로 인도 연구나 중국 연구보다 이 비판을 훨씬 덜 받는다. 교차로이자 접촉 지점으로서 다른 곳에서 유래된 종교적 믿음, 권위의 상징, 정치조직의 형태들을 차용하고 변용한 것은 간과할 수 없다. 만다라 엘리트들 자신들이 그러한 과시물들을 의기양양하게 내세웠다. 그러나 평지 문화와 사회 조직에 대한 '산악의 효과'는 대개 무시된다.

57) 오랫동안 논농사를 해오고 정교한 문화를 발전시켜왔지만 국가를 만들지는 못한 수마트라의 미낭까바우족(Minangkabau)과 바딱족(Batak)의 경우는 관개 벼농사가 대체로 국가 형성의 전제 조건이지만 충분조건은 아니라는 것을 일깨워준다.

58) 같은 과정이 훨씬 이른 시기의 한족 체제의 형성에 대한 이해에도 대략적으로 적용될 수 있다.

59) Gilles Deleuze and Felix Guattari, *A Thousand Plateaus: Capitalism and Schizophrenia*, trans. Brian Massum (Minneapolis: University of Minnesota Press, 1987), 360.

60) Clastres, *Society against the State*. 아프리카에서도 노예무역을 위한 사냥에 위협을 받은 사람들이 상대적으로 안전한 지역으로 도피함에 따라 발생한 그러한

파쇄 지대들이 많이 있다. 그중 하나가 오늘날 기니-라이베리아 국경의 라메어(Lamé-speaking) 지역이다. 마이클 맥거번(Michael McGovern)과 나눈 대화, 2007년 11월.

61) M. P. Griaznov, *The Ancient Civilization of Southern Siberia*, trans. James Hogarth (New York: Cowles, 1969), 97-98, 131-33, Deleuze and Guattari, *A Thousand Plateaus*, 430에서 재인용.

62) Lattimore, "Frontier in History," 472.

63) Ernest Gellner, *Saints of the Atlas* (London: Weidenfeld and Nicolson, 1969), 1-2.

64) Ibid., 1-2, 14, 31.

65) Richard Tapper, "Anthropologists, Historians, and Tribespeople on Tribe and State Formation in the Middle East," in *Tribes and State Formation in the Middle East*, ed. Philip Khoury and Joseph Kostiner (Berkeley: University of California Press, 1990), 48-73. 인용은 66쪽에서.

66) 사회구조를 더 단순하고 작은 형태로 만드는 것이 다양하고 이동적인 생계 방식과 유동적인 정체성을 위한 방책이듯이 불안정한 자연 환경과 정치 환경에 대한 적응성도 증진시켜 왔다. 이 점에서 Robert E. Ehrenreich, Carole L. Crumley, and Janet E. Levy, eds., *Heterarchy and the Analysis of Complex Societies*, Archeological Papers of the American Anthropological Society, no. 6 (1995)을 보라.

67) 이 점이 동남아시아의 전통 국가들이 무역과 인력 중 어느 것에 더 의존했는가에 대한 계속 반복되는 논의에서 빠져 있다고 나는 생각한다.

68) Georges Coedès, *The Indianized States of Southeast Asia* (Honolulu: East-West Center Press, 1968), originally published in France in 1948.

69) J. C. van Leur, *Indonesian Trade and Society* (The Hague: V. van Hoeve, 1955), 261.

70) John Smail, "On the Possibility of an Autonomous History of Modern Southeast Asia," *Journal of Southeast Asian History* 2 (1961): 72-102.

71) Peter Bellwood, "Southeast Asia before History," chapter 2 of *The Cambridge History of Southeast Asia*, ed. Nicholas Tarling, vol. 1, *From Early Times to 1800* (Cambridge: Cambridge University Press, 1992), 90.

72) 다른 문화 영역과 비교하여 강 하구나 그 주변에 위치했던 동남아시아의 도서 국가들은 물리적 증거를 거의 남기지 않았다. 스리비자야의 유물을 오랫동안 찾았던 것이 이를 극명히 보여 준다. 이 맥락에서 산악 지역의 건축 자재나 매장 관행은 고고학적 증거들을 거의 남기지 않는다고 언급한 Jean Michaud, *Historical Dictionary*, 9를 보라. 이와 관련하여, 심지어 평지에서조차도 평민들은 종종 벽돌이나 돌 또는 티크를 사용하여 건축물을 짓지 못하도록 금지 당했다는 것도 추가되어야 한다. 반란의 요새가 될 수 있었기 때문이었다. 조라이퍼 존슨

(Hjorleifur Jonsson) 나눈 사적인 대화, 2007년 6월 6일.

73) 이 사실의 이면은 어떤 종이 뭉치도 남기지 않은 왕국은 전혀 역사 기록에 등장하지 않을 수 있다는 것이다. 조르주 콘도미나스(Georges Condominas)는 고원의 크메르계 루아(Lua') 왕국이 유적을 남기고, 라와(Lawa) 왕과 산악 지역에 불교를 들여온 몬족 왕비의 결혼으로 왕국이 창립되었다는 구전 전설을 남겼지만 문자 체계를 갖고 있지 않았기 때문에 그 흔적을 거의 남기지 않았다고 언급한다. *From Lama to Mon, from Saa' to Thai: Historical and Anthropological Aspects of Southeast Asian Social Spaces*, trans. Stephanie Anderson et al., an Occasional Paper of Anthropology in Association with the Thai-Yunnan Project, Research School of Pacific Studies (Canberra: Australian National University, 1990).

74) 그런 연대기들은 국가의 상징 임무를 담당한다. 이 점을 지적해 준 인드라니 차터지(Indrani Chatterjee)에게 감사한다.

75) 주요한 하나의 예외가 미얀마의 행정 기록인 '싯땅'(Sit-tan)으로, 이것은 대부분 과세 대상 자산과 경제 활동 그리고 과세 자격에 따른 인구의 목록을 제공하는 데 중점을 두었다. Frank N. Trager and William J. Koenig, with the assistance of Yi Yi, *Burmese Sit-tans, 1784-1826: Records of Rural Life and Administration*, Association of Asian Studies monograph no. 36 (Tucson: University of Arizona Press, 1979)을 보라.

76) Richard A. O'Connor, "Review of Thongchai Winichakul, *Siam Mapped: A History of the Geo-body of a Nation*" (Honolulu: University of Hawai'i Press, 1994), Journal of Asian Studies 56 (1997): 280. 두드러지는 예가 중국 황제로부터 온 미얀마 궁정 양식의 공식 외교 서한이다. 그 서한에 중국 황제는 동쪽의 황제로서 미얀마 왕을 서쪽의 황제로 부르고 있고 그 둘을 문명 세계를 주름잡는 동등한 황제로 언급하고 있다. 딴튠(Than Tun)이 언급하듯이, "대개 중국에서 들여 온 이 미얀마식 호칭은 비록 이것이 그 위에 어떤 군주도 없다고 주장하는 미얀마의 왕에게는 받아들여졌을지 몰라도 원래의 것과는 사뭇 달랐다." *Royal Orders of Burma, A.D. 1598-1885*, part 1, *A.D. 1598-1648*, ed. Than Tun (Kyoto: Center for Southeast Asian Studies, 1983), 3: 1. 공식적인 궁중 역사는 고등학교 시절에 펴내던 신문인 *The Sun Dial*을 생각나게 한다. 그 신문의 좌우명은 "우리는 눈부신 시간들만 기록한다"(We Mark Only the Hours That Shine)였다.

77) 이 굴절된 시각을 고치는 처음 시도들 가운데 하나가 Taylor, "Surface Orientations"였다. 민족주의적 역사의 신화를 깨뜨리는 중요한 작업이 동남아시아에서 마침내 큰 흐름을 형성하고 있다는 점에 주목해야 한다.

78) Walter Benjamin, "Theses on the Philosophy of History," in *Illuminations*, ed. Hannah Arendt (New York: Schocken, 1968), 255-56. 찰스 레시(Charles Lesch)가 그의 미출판 논문인 "Anarchist Dialectics and Primitive Utopias:

Walter Benjamin, Pierre Clastres, and the Violence of Historical Progress," 2008에서 이 점을 일깨워 준 것에 대해 감사한다.

79) Herman Kulke, "The Early and Imperi al Kingdom in Southeast Asian History," in *Southeast Asia in the 9th to 14th Centuries*, ed. David G. Marr and A. C. Milner (Singapore: Institute for Southeast Asian Studies, 1986), 1-22을 보라. 브론슨(Bronson)은 남아시아 북부의 2분의 2 지역에 지난 3천 년에 걸쳐 "아주 비슷하게 어느 정도 오래 지속되고 지역 전체에 걸쳐 세력을 확장한 두 국가인 굽타와 무굴이 존재했다. 이둘 중 어느 국가도, 그보다 작은 어떤 국가들도 두 세기 넘게 지속되지 못했고 끔찍할 정도로 혼란스러운 공백기가 곳곳에서 오랫동안 지속되었다."고 언급한다. Bennett Bronson, "The Role of Barbarians in the Fall of States," in *The Collapse of Ancient States and Civilizations*, ed. Norman Yoffee and George L. Cowgill (Tucson: University of Arizona Press, 1988), 196-218.

80) Anthony Day, "Ties That (Un)Bind: Families and States in Pre-modern Southeast Asia," *Journal of Asian Studies* 55 (1996): 398. 데이(Day)는 여기에서 앤터니 리드(Anthony Reid)와 빅터 리버먼(Victor Lieberman)이 행한 중요한 역사학적 작업의 국가 중심적인 면을 비판하고 있다.

81) Taylor, "Surface Orientations"를 보라. 테일러는 현재 베트남이 된 지역의 초기 역사의 여러 시기들을 상상력을 동원해 검토하고 주의를 기울여 근대 민족주의적 또는 지역주의적 관점에서 해석하는 것을 피한다. 이에 대한 당대의 증거가 없기 때문이다.

82) 이런 관점에서 콘도미나스를 비판한 사라 데이비스(Sara Meg Davis)의 "Premodern Flows and Postmodern China: Globalization and the Sipsongpanna Tai," *Modern China* 29 (2003): 187을 보라. "마을 사람들은 마을들과 성읍들 사이를 옮겨 다녔고, 마을과 국가 연합체는 쪼개지고 다시 형성됐고, 귀족들은 추종자들을 붙들기 위해 때때로 먼 여행을 감수해야 했다. …… 마을 소속감, 강한 독립의 전통, 이주의 자유 등 이 세 가지가 늘 있어 왔다는 것을 확인할 수 있지만 그렇게 오래 지속된 이주와 변화 때문에 그 지역을 특징짓기가 어렵다."

83) Anthony Reid, "Tradition' in Indonesia: The One and the Many," *Asian Studies Review* 22 (1998): 32.

84) Akin Rabibhadana, "The Organization of Thai Society in the Early Bangkok Period, 1782-1873," Cornell University, Thailand Project, Interim Report Series, no. 12 (July 1969), 27.

85) Richard White, *The Middle Ground: Indians, Empires, and Republics in the Great Lakes Region, 1650-1815* (Cambridge: Cambridge University Press, 1991).

86) Thucydides, *The Peloponnesian War*, trans. Rex Warner (New York:

Penguin, 1972).

87) Basile Nikitina, quoted, in French, by Tapper in "Anthropologists, Historians, and Tribespeople," 55 (저자의 번역).

88) Sir Stamford Raffles, Reid, "'Tradition' in Indonesia," 31에서 재인용.

2장 | 국가의 공간

1) Yong Xue, "Agrarian Urbanization: Social and Economic Changes in Jiangnan from the 8th to the 19th Century," Ph.D. diss., Yale University, 2006, 102에서 인용. 여기에서 끌어들인 논리는 직접적으로 요한 하인리히 폰 튀넨(Johann Heinrich von Thünen), 월터 크리스탈러(Walter Christaller), G. W. 스키너(Skinner)가 정교하게 발전시킨 일반화된 형태의 '중심지역 이론'(central-place theory)에서 비롯됐다. 이 논리는 너무나 도식적이어서 때때로 오류를 범한다. 예를 들어, 자유롭게 이용할 수 있는 샘물이 솟는 목초지가 그 운송로 도중에 존재한다면 어떨 것인가? 이 경우 수레를 끄는 가축은 그 도중에서 힘들이지 않고 살이 찔 것이고 그 때문에 목적지에서 팔린다면 그들 자체로 화물의 일부가 될 수 있었다!

2) 피터 벨우드(Peter Bellwood)가 언급하듯이, 논농사 지역의 인구밀도는 화전과 빗물을 받아 재배하는 지역 인구밀도보다 대략 10배 정도 높았다. 앞으로 보게 되듯이, 국가에게 이것은 아주 결정적인 이점이었다. "Southeast Asia before History," in *The Cambridge History of Southeast Asia*, ed. Nicholas Tarling, vol. 1, *From Early Times to 1800* (Cambridge: Cambridge University Press, 1992), 1: 90.

3) 물론 관원들은 원한다면 무르익어 건조된 작물을 철저하게 불태우며 경작인이나 마을 전체를 응징할 수 있었다.

4) 저장된 곡식에 의존하여 (가령 카이사르의 군대처럼) 군대는 자신들의 배를 채우면서도 먼 거리를 행진할 수 있었다. 한편 요새화된 국가 중심부의 포위된 수비대들은 저장된 곡식에 의존하여 더 오래 버틸 수 있었다. 전근대 시대의 침략은 종종 곡식의 수확기에 맞춰져 있어 군대는 모든 양식을 짊어지고 가기보다 행군 여정 중에 양식을 조달했다.

5) 전반적으로 Jonathan Rigg, *The Gift of Water: Water Management, Cosmology, and the State in Southeast Asia* (London: School of Oriental and African Studies, 1992)을 보라. 특히 이 책에서 Philip Stott, "Ankor: Shifting the Hydraulic Paradigm," 47-58과 Janice Staargardt, "Water for Courts or Countryside: Archeological Evidence from Burma and Thailand Revisited," 59-72를 보라. 이 책의 핵심 사항 중 하나는 칼 비트포겔(Karl Wittfogel)이 *Oriental Despotism: A Comparative Study of Total Power* (New Haven:

Yale University Press, 1976, 9th ed.)에서 제안한 '수력사회론'(thesis of hydraulic societies)이 동남아시아 상황에 적용되는지의 여부를 어떻게든 종결짓고자 하는 것이다. 무엇보다도 인구 현실과 도피의 가능성 때문에 강제 노동을 대규모로 동원하기가 어려웠다. 클리퍼드 기어츠(Clifford Geertz)가 발리의 복잡한 계단식 논과 관개 시스템에 관한 조사에서 학술적으로 합의에 이른 바를 제대로 표현해 냈다. "사실 이를 건설하는 데…… 국가의 역할은 미미했다. …… 우선, 관개(수박subak) 시스템의 성장은 결코 거대한 남자들을 동원하여 권위적으로 통제해야 하는 한 번에 이루어진 집단적 노력이 아니라 점진적으로 조금씩 이루어졌던 과정이었다. 19세기에 이르러 그 시스템은 완성된 틀을 갖추게 됐으나 그 이전에 이 확장은 더뎠고, 완만했고, 거의 눈에 띄지 않았다. 장대한 관개 작업을 하기 위해서는 고도로 중앙집권적인 국가가 필요하다는 견해는 이 사실, 즉, 그러한 작업이 한 번에 이루어지지 않았다는 것을 무시하고 있다." *Negara: The Theatre State in Nineteenth-Century Bali* (Princeton: Princeton University Press, 1980), 197. 또한 기어츠 책에 실려 있는 참고문헌과 특히 발리에 관해서는 Stephen Lansing, *Priests and Programmers: Technologies of Power and the Engineered Landscape of Bali* (Princeton: Princeton University Press, 1991)을 보라.

6) Barbara Watson Andaya, "Political Development between the Sixteenth and Eighteenth Centuries," in Tarling, *Cambridge History*, 1: 402-59. 인용은 426쪽에서.

7) Jan Wisseman Christie, "Water from the Ancestors: Irrigation in Early Java and Bali," in Rigg, *Gift ol Water*, 7-25. 인용은 12쪽에서.

8) Andaya, "Political Development," 426.

9) 이 견해는 Edward Whiting Fox, *History in Geographical Perspective: The Other France* (New York: Norton, 1971), 25에서 참조했다.

10) 군사작전에서 코끼리들의 '충격적이고 놀라운' 효과는 역축으로서의 가치보다 훨씬 더 결정적이었다. 나에게 전쟁에서 코끼리들이 어떻게 활용되는지 알려 준 캐서린 보위에게 감사한다.

11) *The Man Shu (Book of the Southern Barbarians)*, trans. Gordon H. Luce, ed. G. P. Oey, data paper no. 44, Southeast Asia Program, Cornell University, December 1961, 4-11.

12) [표 1]을 보라. 이 정보를 모으고 계산해 준 알렉산더 리(Alexander Lee)에게 감사한다. C. Ainslie, *Report on a Tour through the Trans-Salween Shan States, Season 1892-93* (Rangoon: Superintendent, Government Printing, 1893). 나는 팡양(Pang Yang)에서 몬판(Mon Pan)까지 가는 경로에서 아인슬리(Ainslie)가 조사한 평행한 두 길을 택했다. 그는 "롱 록(Long Lawk)을 경유하는 다른 길이 있는데, 높은 산악 지역을 통하고 짐꾼들에게조차도 매우 열악한 길이라 알려져 있다"고 언급했다. 아인슬리는 역시 주둔지의 존재 여부도 언급하

고 있다. 여러 좋은 곳들(수원지 근처의 깨끗하고 평평한 지역들)은 우기 때에 홍수가 났다. 그 표의 표준 단위는 '이동 구간' 또는 하루 진행 거리이다.

13) 도보 여행의 숫자들과 짐꾼과 소달구지의 운반 능력은 Anthony Reid, *Southeast Asia in the Age of Commerce, 1450-1680*, vol. 2, *Expansion and Crisis* (New Haven: Yale University Press, 1993), 57에서 참조했다. 제러미 블랙(Jeremy Black)은 17세기 유럽의 군대 이동에 관해 서술하면서 군대의 행군 거리를 많게 잡아 24킬로미터라 했다. *European Warfare, 1660-1815* (New Haven: Yale University Press, 1994), 37. 수하물 행렬과 같이 이동하는 큰 규모의 군대는 하루에 평균 16킬로미터밖에 가지 못했다(따라서 재빨리 움직이는 기마단이 전술적으로 중요했다). John A. Lynn, ed., *Feeding Mars: Logistics in Western Warfare from the Middle Ages to the Present* (Boulder: Westview, 1993), 21.

14) 말 네 마리가 함께 끄는 달구지에 관한 계산은 Lynn, Feeding Mars, 19를 보라. 로마제국의 저 유명한 도로 덕분에 피터 헤더(Peter Heather)는 평평한 지형을 이동하는 소달구지가 하루에 40킬로미터를 갈 수 있다고 계산했던 것 같다. 한편 디오클레티아누스의 '가격 칙령'(Diocletian's Prices Edict)은 한 수레의 밀 가격이 80킬로미터 지날 때마다 두 배로 뛰었다고 기록한다. Peter Heather, *The Fall of the Roman Empire: A New History of Rome and the Barbarians* (Oxford: Oxford University Press, 2006), 107, 111을 보라.

15) Fox, *History in Geographical Perspective*, 25.

16) F. K. Lehman [Chit Hlaing], "Burma: Kayah Society as a Function of the Shan-Burma-Karen Context," in *Contemporary Change in Traditional Society*, 3 vols., ed. Julian Steward (Urbana: University of Illinois Press, 1967), 1: 1-104. 인용은 13쪽에서.

17) Reid, *Southeast Asia in the Age of Commerce*, 2: 54.

18) Charles Tilly, "War Making and State Making as Organized Crime," in *Bringing the State Back In*, ed. Peter Evans, Dietrich Rueschmeyer, and Theda Skocpol (Cambridge: Cambridge University Press, 1985), 178.

19) George Fitzherbert, review of Melvyn C. Goldstein, *A History of Modern Tibet*, vol. 2, *The Calm before the Storm*, 1951-1955 (Berkeley: University of California Press, 2008), Times Literary Supplement, March 28, 2008, 24.

20) 직선 거리라는 뜻의 영어 표현인 'as the crow flies'(까마귀가 날듯이)는 상대적으로 마찰을 겪지 않고 공중을 통해 이동하는 것을 거의 완벽하게 표현한다. 물론 폭풍과 풍압과 회오리가 있는 공중이 마찰이 없는 환경은 아니지만 말이다.

21) Thongchai Winichakul, *Siam Mapped: A History of the Gen-Body of a Nation* (Honolulu: University of Hawai'i Press, 1994), 31.

22) Fernand Braudel, *The Mediterranean and the Mediterranean World in the Age of Philip II*, 2 vols., trans. Sian Reynolds (New York: Harper and Row,

1966).

23) 여기서 윌리엄의 대영제국 침입은 대부분의 대영제국의 지역들이 항해 길에 가까웠기 때문에 규칙을 증명하는 예외이다.

24) Andaya, "Political Development," 427. 안다야(Andaya)는 마찬가지로 마따람(Mataram, 자바)과 잉와(Ava, 미얀마)의 무장을 갖춘 인력의 인상적인 규모를 언급한다.

25) 범람 이후의 농업은 과거에 그리고 오늘날에도 그런 강들의 주변에서 이루어지지만 그보다 작은 규모의 항류 하천 주변의 관개에 견줘 덜 안정적이고 미덥지가 못하다. Staargardt, "Water for Courts or Countryside"를 보라. 광범위한 관개는 국가 없이 이루어질 수 있고 실제로 그렇게 되어 왔으나 델타의 저지대를 경작하는 데에 필요한 대규모의 배수는 사실 다른 유의 '치수 국가'(hydraulic-state)와 개척자에 대한 신임과 후원을 필요로 한다는 것은 신망을 많이 잃은 칼 비트포겔의 이론에 대한 모순된 언급이다.

26) E. R. Leach, "The Frontiers of Burma," *Comparative Studies in Society and History* 3 (1960): 49-68. 인용은 58쪽에서.

27) Ibid.

28) Ibid., 56.

29) G. 윌리엄 스키너(William Skinner)가 폰 튀넨과 크리스탈러의 작업으로부터 발전시킨 표준화된 시장 지역이 사회문화적 통합의 단위로서 여기에 부합한다. "Chinese Peasants and the Closed Community: An Open and Shut Case," *Comparative Studies in Society and History* 13 (1971): 270-81을 보라. 스키너의 모델이 표준화된 평평한 지형에 근거를 두고 있기 때문에, 건널 수 있는 강들의 다양한 변화 또는 늪지대나 산악 지역의 다양한 조건에 맞추어 수정되어야 할 것이다. 종교 운동이 산악 지역을 가로질러 가는 것보다 강줄기 아래로 내려가는 것이 훨씬 쉬웠다는 점을 확실히 알려주는 예에 관해서는 찰스 카이스(Charles Keyes)가 몰라먀잉(Moulmein/Mawlamyine) 배후의 산악 지역에서 발생한 카렌족의 예언적인 운동 분파인 텔라콘(Telakhon)을 다룬 것을 참조하라. Keyes, ed., *Ethnic Adaptation and Identity: The Karen on the Thai Frontier with Burma* (Philadelphia: ISHII, 1979), 66-67.

30) Leach, "Frontiers of Burma," 58.

31) Benedict Anderson, "The Idea of Power in Javanese Culture," in *Culture and Politics in Indonesia*, ed. Claire Holt et al. (Ithaca: Cornell University Press, 1972).

32) *Royal Orders of Burma, A.D. 1598-1885*, part 1, *A.D. 1598-1648*, ed. Than Tun (Kyoto: Center for Southeast Asian Studies, 1983), 72.

33) O. W. Wolters, *History, Culture, and Region in Southeast Asian Perspectives*, rev. ed. (Ithaca: Cornell University Press, in cooperation with the Institute of Southeast Asian Studies, Singapore, 1999), 28.

34) Thongchai, *Siam Mapped*.

35) 통차이는 ibid., 88에서 동시에 시암과 베트남의 조공국이 되는 것이 캄보디아의 19세기 전략이었다고 주장한다.

36) Ibid., 73, 86. 통차이는 또한 작은 왕국인 라이(Lai)가 동시에 중국과 통킹(Tonkin)과 루앙프라방(Luang Prabang)에 조공을 바쳤다고 언급한다(100). 주권이 분열되고 정체성이 사회적으로, 정치적으로 유동적인 그러한 지역에 관한 오늘날의 고전적인 저서가 Richard White, *The Middle Ground: Empires and Republics in the Great Lakes Region, 1650-1815* (Cambridge: Cambridge University Press, 1991)이다.

37) *Royal Orders of Burma*, 3: vii를 보라.

38) 이 법칙의 주요한 예외가 강 위의 이동이라고 생각할 수도 있겠다. 그러나 폭우가 쏟아지는 시기에서는 큰 강들이 범람하여 이동하기가 어려웠다. 급류를 거스르며 돌아오는 뱃길이 어려웠다는 것은 말할 필요도 없다.

39) Desawarnana (Nagarakartagama). Wolters, *History, Culture, and Region*, 36에서 재인용.

40) 예를 들어 "Glass Palace Chronicle: Excerpts Translated on Burmese Invasions of Siam," compiled and annotated by Nai Thein, *Journal of the Siam Society* 5 (1908): 1-82와 8 (1911): 1-119을 보라.

41) *Gazetteer of Upper Burma and the Shan States*, compiled from official papers by J. George Scott, assisted by J. P. Hardiman, vol. 1, part 1 (Rangoon: Government Printing Office, 1893), 136.

42) 아마도 가장 두드러지는 식민 시대의 예가 북부 베트남 군대가 산악민들의 도움을 받아 디엔비엔푸(Dien Bien Phu)에서 프랑스 요새의 공급선을 끊어 버린 것이다. 그러나 더욱 대표적인 예를 보려면 북부 루손의 이고로트족(Igorot)이 에스파냐에 대해 구사한 전략을 소상히 설명한 윌리엄 헨리 스콧(William Henry Scott)의 저서 *The Discovery of the Igorots: Spanish Contacts with the Pagans of Northern Luzon*, rev ed. (Quezon City: New Day, 1974), 31-36, 225-26을 보라

3장 | 노예제와 논농사

1) Nicholas Gervaise, *The Natural and Political History of the Kingdom of Siam*, trans. John Villiers (Bangkok, 1987), 27, Victor B. Lieberman, Strange Parallels: *Southeast Asia in Global Context, c. 860-1830*, vol. 1, *Integration on the Mainland* (Cambridge: Cambridge University Press, 2003), 27에서 재인용.

2) Anthony Reid, *Southeast Asia in the Age of Commerce*, 1450-1680, vol.1,

The Lands Below the Winds (New Haven: Yale University Press, 1988), 20. 오언 래티모어(Owen Lattimore)는 국가의 핵심부와 변방에 관한 논의에서 생계 유형이 가장 조방적인 것에서 가장 집약적인 것으로, 즉 수렵채집, 초원 유목, 강우(rain-fed) 농업, 관개농업으로 변화하는 단계적 과정을 제시했다. 인력과 곡식의 집중을 표상하는 맨 마지막의 생계 유형이 국가 만들기에 가장 우호적이라고 그는 생각했다. "The Frontier in History," in *Studies in Frontier History: Collected Papers, 1928-1958* (Oxford: Oxford University Press, 1962), 469-91, 특히 474.

3) Richard A. O'Connor, "Agricultural Change and Ethnic Succession in Southeast Asian States: A Case for Regional Anthropology," *Journal of Asian Studies* 54 (1995): 988n11. 오코너(O'Connor)는 F. K. Lehman [Chit Hlaing], "Empiricist Method and Intentional Analysis in Burmese Historiography: William Koenig's *The Burmese Polity, 1752-1819*, a Review Article," *Crossroads: An Interdisciplinary Journal of Southeast Asian Studies* 6 (1991): 77-120에서 참조했다.

4) 사실 벼농사 농민들은 수리답(irrigated riceland)뿐만 아니라 강우 전답과 화전도 보유하고 있었을 것이다. 모든 경작자들은 생계 방식을 혼합적으로 구성하며 어느 정도 유연성을 발휘했다.

5) Georges Condominas, *From Lawa to Mon, from Saa' to Thai: Historical and Anthropological Aspects of Southeast Asian Social Spaces*, trans. Stephanie Anderson et al., an Occasional Paper of the Department of Anthropology in Association with the Thai-Yunnan Project, Research School of Pacific Studies (Canberra: Australian National University, 1990). 마이클 만(Michael Mann)은 *The Sources of Social Power*(Cambridge: Cambridge University Press, 1986), 54-58에서 사람들을 테두리 속에 넣으려는 초기 국가들의 노력을 묘사하기 위해 놀라울 정도로 비슷한 비유인 '사회적 새장화'(social cageing)를 사용한다.

6) Mark Elvin, *The Retreat of the Elephants: An Environmental History of China* (New Haven: Yale University Press, 2004), 104에서 인용.

7) Frank N. Trager and William J. Koenig, with the assistance of Yi Yi, *Burmese Sit-tàns, 1784-1826: Records of Rural Life and Administration*, Association of Asian Studies monograph no. 36 (Tucson: University of Arizona Press, 1979)을 보라. 트라거와 쾨니히는 식민 이전의 미얀마의 지방의 역사조차도 그들이 이름 붙인 '왕좌의 그림자'(the shadow of the throne)에 강조를 두고 있는데, 거기에서 "주변 지역은 주로 왕권 핵심부의 목적에 복무하기 위해 등장하고 있다"(1)는 점을 지적한다. 이의 두드러진 예외가 싯땅(sit-tàn, 보통 '검안서'라고 번역된다)이다. 싯땅은 각각의 마을 촌장이 그 관할 지역의 토지와 심은 곡식 그리고 무엇보다 매년 왕실에 바치는 수입의 원천을 밝히는 보고서

로 구성되어 있다. 그것은 본질적으로 가장 이익이 되는 토지, 즉 하나나 둘의 작물을 매년 생산해 내는 수리답에 특별한 관심을 가지고 있는 수입 목록이었다.

8) Ibid., 77-78에서 인용.

9) 그 표현은 로버트 엘슨(Robert Elson)의 "International Commerce, the State, and Society: Economic and Social Change," chapter 3, *The Cambridge History of Southeast Asia*, ed. Nicholas Tarling, vol. 2, *The Nineteenth and Twentieth Centuries* (Cambridge: Cambridge University Press, 1992), 131에서 인용했다.

10) R. L. Carniero, "A Theory of the Origin of the State," Science 169 (1970): 733-38.

11) Clifford Geertz, Negara: *The Theatre State in Nineteenth-Century Bali* (Princeton: Princeton University Press, 1980), 24.

12) Thongchai Winichakul, *Siam Mapped: A History of the Gen-Body of a Nation* (Honolulu: University of Hawai'i Press, 1994), 164.

13) Barbara Watson Andaya, "Political Development between the Sixteenth and the Eighteenth Centuries" in Tarling, *Cambridge History*, vol. 1, *From Early Times to 1800*, 402-59, 특히 422-23. 다토/다투(Dato/Datu)라는 말레이 세계의 용어는 '속국을 거느린 군주'를 뜻했다. 마을 촌장 수준 이상의 미얀마의 관료들은 종종 한 지역을 지정받아 거기에서 나는 수입을 수취했다(이들을 묘자 myó-sà라 일컬었는데 성읍을 먹는 자라는 뜻이다). 그들은 그 지역을 통치하지는 않지만 그러한 수입이 종종 많은 고관들에게 할당되었다. 그러한 지위가 대개 상속되지는 않았다. 또한 그 지역을 통치했거나 그곳의 수입을 수취했던 관료들은 다른 곳으로 옮겨 간 이후에 그러한 사람들에 대한 관할권을 유지했거나 그들로부터 세금을 거두었다. 따라서 영국은 한 지역의 신민들이 여러 다른 권리자들에게 충성이나 세금을 바치는 것을 발견하고는 매우 혼란스러워했다.

14) J. Kathirithamby-Wells, "The Age of Transition: The Mid-eighteenth Century to Early Nineteenth Centuries," in Tarling, *Cambridge History*, 1: 883-84.

15) Reid, Southeast Asia in the Age of Commerce, vol. 2, Expansion and Crisis (New Haven: Yale University Press, 1993), 108.

16) Ibid., 1: 129에서 인용.

17) 이 점에서 케니치 키리가야(Kenichi Kirigaya)가 "The Age of Commerce and the Tai Encroachments on the Irrawaddy Basin," draft paper, June 2008에서 제시한 놀라운 증거들을 보라. 그리고 중심-주변의 모델에 관해서는 Noboru Ishikawa, "Centering Peripheries: Flows and Interfaces in Southeast Asia," Kyoto Working Papers on Area Studies no. 10, JSPS Global COE Program, Series 7, *In Search of Sustainable Humanosphere in Asia and Africa*, Subseries 8, Center for Southeast Asian Studies, Kyoto University,

December 2008을 보라.

18) Lieberman, *Strange Parallels*, 1: 88.

19) Amar Siamwalla, "Land, Labour, and Capital in Three Rice-growing Deltas of Southeast Asia, 1800-1840," Yale Economic Growth Center, discussion paper 150 (July 1972)에서 만달레, 방콕, 하노이에 자리 잡은 국가 핵심부가 그들의 통치 밖의 남부 델타 지역으로 대규모 인구가 이동하는 것을 막기 위한 노력을 중점적으로 다룬다. 매우 조야한 '운송 경제'의 관점에서, 사람들을 비옥한 토지로 옮기는 것이 비옥한 토지의 생산물을 수도로 옮기는 것보다 대체로 더 합리적인 일이다. 사람들은 곡식보다 옮기기가 더 쉽다. 우선 사람들은 걷고 일단 정착하면 멀리 옮길 필요가 없는 산물을 생산해 낸다.

20) 예컨대 Charles Tilly, *Coercion, Capital, and European States, AD 990-1992* (Cambridge, Mass.: Blackwell, 1990), chapter 5; Jeremy Black, *European Warfare, 1660-1815* (New Haven: Yale University Press, 1994), 9-15; and Richard Whiting Fox, *History in Geographical Perspective: The Other France* (New York: Norton, 1971), chapter 2를 보라. 물론 영국은 눈에 띄는 예외이다. 제러미 블랙이 제시했듯이 거대한 해상 권력으로서 영국의 성공은 무역으로부터 나는 거대한 부에 달려 있었다. 그 부를 통해 영국은 다른 이들을 지원하여 영국을 위해 싸우도록 했다.

21) Akin Rabibhadana, "The Organization of Society in the Early Bangkok Period, 1782-1873," Cornell University Thailand Project, Interim Report Series, no. 12 (July, 1969), 16-18에서 인용.

22) *The Glass Palace Chronicle of the Kings of Burma*, trans. Pe Maung Tin and G. H. Luce, issued by the Text Publication Fund of the Burma Research Society (Oxford: Oxford University Press, Humphrey Milford, 1923), 177.

23) Rabibhadana, "Organization of Society," 16-18에서 인용.

24) *Glass Palace Chronicle*, 177, 150.

25) 예를 들어 Ibid, 95에서 티루산데위(Thirusandevi) 여왕이 거느리고 있던 가신들을 보라.

26) 1747년에 팔렘방의 지배자는, "한 신민이 한 군주를 찾는 것은 쉽지만 한 군주가 한 신민을 찾는 것은 훨씬 더 어렵다"고 관찰했다. 이해를 돕는 논의와 한 목록의 격언(여기에 인용된 몇 개를 포함하여)을 참조하려면 Anthony Reid, "'Closed' and 'Open' Slave Systems in Precolonial Southeast Asia," in *Slavery, Bondage, and Dependency in Southeast Asia*, ed. Anthony Reid (New York: St. Martin's, 1983), 156-81, 특히 157-60을 보라.

27) Thucydides, *The Peloponnesian War*, trans. Rex Warner (New York: Penguin Books, 1972), e.g., 67, 96, 221, 513, 535. 투키디데스는 스파르타의 장수 브라시다스(Brasidas)가 스파르타 사람들의 부담 없이 스파르타의 세금과 인력을 늘리기 위해 여러 도시들이 평화롭게 항복하도록 협상한 것을 높이 평가하

기까지 한다.

28) Elvin, *Retreat of the Elephants*, 104. 14. 엘빈은 여기에서 기원전 4세기 말의 《관자》(管子, 중국 춘추 시대의 관중이 지었다고 전해지는 책—옮긴이)를 참조했다.

29) Ibid. 104. 엘빈은 *The Book of the Lord of Shang*을 참조했다.

30) Jeffrey Herbst, *States and Power in Africa: Comparative Lessons in Authority and Control* (Princeton: Princeton University Press, 2000), 18.

31) Igor Kopytoff, *The African Frontier: The Reproduction of Traditional African Societies* (Bloomington: Indiana University Press, 1987), 40. 코피토프의 훌륭한 글은 인력에 굶주린 정치체계들을 이해하는 데 큰 도움이 된다.

32) Ibid., 62, 53에서 인용.

33) Ibid., 62.

34) Richard A. O'Connor, "Rice, Rule, and the Tai State," in *State Power and Culture in Thailand*, ed. E. Paul Durrenberger, Yale Southeast Asia monograph no. 44 (New Haven, 1996), 68-99. 인용은 81쪽에서.

35) Thant Myint U, "The Crisis of the Burmese State and the Foundations of British Colonial Rule in Upper Burma," Ph.D. diss., Cambridge University, 1995, 46-47.

36) 이 주제에 관한 보다 자세한 설명은 내 책 *Seeing Like a State: How Certain Schemes for Improving the Human Condition Have Failed* (New Haven: Yale University Press, 1998), 특히 chapter 1과 2를 보라.

37) 싯땅은 종족 집단별 농업생태적 분화에 대한 증거를 제공한다. 여기서 한따워디/버고(Hanthawaddy/Pegu)의 카렌족 인구는 대부분 화전민과 채집민이었고 적은 곡식 소출 대해서뿐 아니라 꿀과 은 생산에 대해서도 세금을 납부해야 했다. Toshikatsu Ito, "Karens and the Kon-baung Polity in Myanmar," *Acta Asiatica* 92 (2007): 89-108을 보라.

38) John S. Furnivall, *The Fashioning of Leviathan: The Beginnings of British Rule in Burma*, ed. Gehan Wijeyewardene (1939; Canberra: Department of Anthropology, Research School of Pacific Studies, Australian National University, 1991), 116.

39) 양봉의 익숙한 비유가 여기에서 도움이 될 것이다. 대략 1세기 전까지 꿀 채취는 어려운 일이었다. 벌떼를 잡아 지푸라기 벌통에 쑤셔 넣더라도 꿀을 빼내는 것은 보통 불이나 연기로써 벌을 쫓아내는 것과 그 과정에서 그 벌떼들을 파멸시키는 것을 의미했다. 벌집과 벌꿀 방의 배열이 복잡하고 벌통마다 달라 꿀을 수확하는 것이 복잡하고 소모적이었다. 오늘날의 벌통은 이와는 대조적으로 양봉꾼들의 문제를 해결하도록 고안되었다. 여왕벌 분리기(queen-excluder)라 하는 도구가 여왕벌을 어떤 수준 이상으로 들어가 알을 낳는 것을 막음으로써 벌떼들이 기거하는 아래쪽 공간과 대부분의 꿀이 들어 있는 위쪽 공간을 분리시킨다. 더 나아

가 벌집들은 한 통에 9개나 10개 정도 되는 수직 틀에 반듯하게 정돈되어 있다. 이 때문에 꿀과 밀랍과 프로폴리스(propolis, 꿀벌이 나무의 싹이나 수액 등 여러 식물 자원으로부터 수집하는 수지성 혼합물—옮긴이)를 틀별로 쉽게 뽑아낼 수 있다. 꿀은 '벌의 공간'을 - 벌들이 틀과 틀 사이를 벌집으로 연결하기보다 빈 채로 놓아 두는 정확한 거리(9.5밀리미터) - 관찰하여 수확할 수 있다. 양봉꾼의 관점에서 오늘날의 벌통은 정돈되고, '식별 가능'하여 벌떼들과 여왕벌의 상태를 조사할 수 있고, 꿀 생산을 가늠할 수 있고(대개 무게로), 표준 단위들의 규모를 늘리거나 줄일 수 있고, 새로운 곳으로 이들을 옮길 수 있고, 무엇보다 그 벌떼들이 성공적으로 겨울을 날 수 있을 정도만 남겨 두고 충분히 꿀을 (온화한 기후에서) 뽑아낼 수 있다. 양봉꾼이 꿀이 가득 찼을 때 벌통을 습격하는 것처럼 국가의 침입도 마찬가지다. 건기가 시작되고 작물이 무르익을 즈음에 맞추어 식량 공급을 확보하기 위한 약탈과 침입이 주기적으로 발생했다. (투키디데스는 행군 길에 있는 곡식이 무르익을 때 침입이 발생한다는 점과 너무 일찍, 즉 곡식이 여전히 푸를 때, 공격을 단행하면 치명적인 오산이 잠재한다는 점을 언급했다. 처벌적인 급습의 경우에서는 그 침략군이 익은 곡식을 불태워버릴 수도 있었고(뿌리작물의 경우에는 불가능하다) 적들을 다른 곳으로 쫓아내며 빈곤한 상황에 빠뜨릴 수 있었다. Peloponnesian War, 173, 265, 267.) 이 비유를 더 자세하게 설명하지는 않겠지만, 징세자와 징집자에게 단일경작(이 경우에는 벼농사)의 집중화와 동질화는 오늘날의 양봉꾼에게 벌통과 같았다.

40) Andrew Hardy, *Red Hills: Migrants and the State in the Highlands of Vietnam* (Honolulu: University of Hawai'i Press, 2003), 288. 하디는 마이 칵 웅(Mai Khac Ung)의 베트남어로 된 연구와 그 누구보다도 Masaya Shiraishi, "State, Villagers, and Vagabonds: Vietnamese Rural Society and the Phan Ba Vanh Rebellion," Senri Ethnological Studies 13 (1984): 345-400을 인용하고 있다.

41) Hardy, *Red Hills*, 240-55에서 인용. 오스카 살레밍크처럼 하디는 또한 *The Ethnography of Vietnam's Central Highlanders: A Historical Contextualization, 1850-1990* (London: Routledge-Curzon, 2003)에서 프랑스의 정책을 심도 있게 논의한다. 또한 Jean Michaud, ed., *Turbulent Times and Enduring Peoples: Mountain Minorities in the Southeast Asian Masssif* (Richmond, England: Curzon, 2000) 및 Pamela McElwee, "Becoming Socialist or Becoming Kinh: Government Policies for Ethnic Minorities in the Socialist Republic of Vietnam," in *Civilizing the Margins: Southeast Asian Government Policies for the Development of Minorities*, ed. Christopher R. Duncan (Ithaca: Cornell University Press, 2004), 182-21을 보라. 말썽이 많았던 사이공 정부의 재정착 정책에 관한 설명에 관해서는 Stan B-H Tan, "Dust beneath the Mist: State and Frontier Formation in the Central Highlands of Vietnam, the 1955-1961 Period," Ph.D. diss.,

Australian National University, 2006을 보라.

42) Pamela Kyle Crossley, Helen Siu, and Donald Sutton, eds., *Empire at the Margins: Culture and Frontier in Early Modern China* (Charlottesville: University of Virginia Press, 2006). 특히 존 허먼(John E. Herman), 데이비드 포레(David Faure), 도널드 서튼(Donald Sutton), 앤 세스트(Anne Csete), 윙-호이 찬(Wing-hoi Chan), 헬렌 시우(Helen Siu), 루이 지웨이(Lui Zhiwei)가 쓴 부분을 보라.

43) Grant Evans, "Central Highlands of Vietnam," chapter 2 of *Indigenous Peoples of Asia*, ed. R. H. Barnes, Andrew Gray, and Benedict Kingsbury, Association of Asian Studies monograph no. 48 (Ann Arbor: University of Michigan Press, 1995).

44) Nicholas Tapp, *Sovereignty and Rebellion: The White Hmong of Northern Thailand* (Singapore: Oxford University Press, 1990), 38. 또한 William Robert Geddes, Migrants of the *Mountains: The Cultural Ecology of the Blue Miao [Hmong Njua] of Thailand* (Oxford: Clarendon, 1976), 259를 보라.

45) Tapp, Sovereignty and Rebellion, 31, 34.

46) 대륙 동남아시아의 유형은 남쪽의 말레이 세계에서도 반복된다. 말레이시아 페락(Perak)의 술탄들은 항상 평지에 거주하나 매우 이동적인 세마이족(Semai)이 정착하여 살아야 한다고 주장해 왔다. 사라왁(Sarawak)에서 말레이시아 정부는 일관되게 "푸난족(Punan)을 농민들의 규범에 맞추기 위해" 언제나 애써왔다. "진보와 발전은 농민들의 모델에 관한 표준화를 의미했다. 즉 자급자족에 이르기까지 쌀을 재배하는 것이었다." Geoffrey Benjamin and Cynthia Chou, eds., *Tribal Communities in the Malay World: Historical, Cultural, and Social Perspectives* (Singapore: Institute of Southeast Asian Studies, 2002), 47을 보라. 또한 Robert Knox Denton, Kirk Endicott, Alberto Gomes, and M. B. Hooker, *Malaysia and the Original People: A Case Study of the Impact of Development on Indigenous Peoples, Cultural Survival Studies in Ethnicity and Change* (Boston: Allyn and Bacon, 1997); John D. Leary, *Violence and the Dream People: The Orang Ash and the Malayan Emergency, 1948-1960*, Ohio University Center for International Studies, Monographs in International Studies, Southeast Asian Studies no. 95 (Athens: Center for International Studies, Ohio University, 1995); 그리고 Bernard Sellato, *Nomads of the Bo*rneo Rainforest: The Economics, Politics, and Ideology of Settling Down, trans. Stephanie Morgan (Honolulu: University of Hawai'i Press, 1994), 171-73을 보라.

47) Kevin Malseed, "'We Have Hands the Same as Them': Struggles for Local Sovereignty and Livelihoods by Internally Displaced Karen Villagers in

Burma," unpublished research paper, Karen Human Rights Group, 2006, 9.

48) O. W. Wolters, History, *Culture, and Region in Southeast Asian Perspectives*, rev. ed. (Ithaca: Cornell University Press, in cooperation with the Institute of Southeast Asian, 1999), 여러 곳에서 인용, 특히 58-67.

49) Crossley, Siu, and Sutton, *Empire at the Margins*, 특히 Helen Siu and Liu Zhiwei, "Lineage, Market, Pirate, and Dan: Ethnicity in the Pearl River Delta," 285-331. 저자들은 초기 한족의 국가건설을 특징짓는 '단'(Dan)이 '한'(Han)이 되는 과정이 어떻게 진행됐는지 보여 준다.

50) Wolters, *History, Culture, and Region*, 86.

51) 따이어족은 북부 베트남에서 북동부 인도에 이르기까지 많은 사람들을 포함한다. 동부 미얀마(샨 주), 대부분의 북부 태국, 남부 윈난에서 그들은 주로 쌀을 재배하고, 국가를 형성하고, 불교를 믿는다. 내가 여기에서 언급하는 자들이 바로 이들이다. 이 지역에서(종종 '산악 따이족'이라고 불리는) 국가구조 밖에 거주하는 비불교도 화전민들인 따이족 사람들도 있다.

52) David Wyatt. Wolters, *History, Culture, and Region*, 128n10에서 재인용.

53) Lieberman, *Strange Parallels*, 1: 271-73, 318-19.

54) Ibid., 1: 319. 여기에서 나는 리버먼이 종족 의식(consciousness)과 종교 의식을 지나치게 염두에 두었다고 본다. 정체성은 더 유동적이었고, 이를 품고 있는 자들은 두 개 이상의 언어를 말했고 고정적인 언어적 또는 종족적 정체성이 아니라 출신지 또는 거주지로 자기 자신의 소속감을 갖는 경향이 있었다.

55) Peter Heather, *The Fall of the Roman Empire: A New History of Rome and the Barbarians* (Oxford: Oxford University Press, 2006), 201. 헤더는 이 사례를 통해 로마인들이 그 제국의 켈트족 변방에서도 적은 숫자에도 불구하고 문화적으로 지배적이었음을 적극적으로 보여 준다.

56) Condominas, *From Lawa to Mon*, 65-72.

57) Ibid., 41.

58) Mandy Sadan, "Translating gumlau: History, the 'Kachin,' and Edmund Leach," in *Social Dynamics in the Highlands of Southeast Asia: Reconsidering Political Systems of Highland Burma* by E. R. Leach, ed. François Robinne and Mandy Sadan, Handbook of Oriental Studies, section 3, Southeast Asia (Leiden: Brill, 2007), 76에서 언급된 것이다.

59) Edmund Leach, *The Political Systems of Highland Burma: A Study of Kachin Social Structure* (1954; Boston: Beacon Press, 1968), 39.

60) "따이족의 사회구성에서 오직 수장과 자유농민만이 논을 갖고 있었고 비따이족은 그렇지 않았을 것이다." Condominas, *From Lawa to Mon*, 83.

61) 조너선 프리드먼(Jonathan Friedman)의 "Dynamique et transformations du système tribal, l'example des Katchins," *L'homme* 15 (1975): 63-98에서 통찰력 있게 분석한 것을 보라. 남서부 중국에서 들어선 수많은 작은 따이족 국가

들은 모두 상당히 높은 고도의 비옥한 고원에 기반을 두고 있었다. 그러한 고원들을 중국어로 '바지'(bazi)라 불렀는데, '유역의 분지' 또는 '산악 고원의 평지'라고 번역할 수 있다. 이 용어를 설명해 준 샨샨 두(Shanshan Du)에게 감사한다.

62) 인력에 대한 갈구라는 측면에서 식민 시기 이전의 동남아시아 국가들을 비교한다면, 말레이 국가가 조금은 제한적인 사례에 해당한다. 동화의 방식이 문화적 정체성을 강하게 갖게 하기보다는 국가에 소속감을 갖게 하는 측면이 더 컸고 그 작업이 극히 개방적이고, 다양하고, 그러면서도 동화력이 있었다. 말레이어(스와힐리어처럼 무역의 언어)를 말하고, 이슬람을 믿고, 말레이 국가의 신민이 되는 것이 모두 한꺼번에 이루어졌다. 인력을 몹시 필요로 하는 국가가 흡수한다고 해서 강압이 없었던 것은 아니었다. 믈라카와 다른 말레이 국가들은 그 지역에서 엄청난 이익의 노예무역을 도맡았다. 그 전통 말레이 국가가 대개 산악의 생산물과 국제무역을 연결해 주는 무역 도시였지만 그 무역선의 품목 중에서 가장 가치 있는 화물은 팔리거나 노예가 되는 포획된 인간들이었다.

16세기 초에(포르투갈에 정복당하기 전에) 말레이 국가가 얼마나 국제적이었는가는 84개의 개별적인 언어들을 믈라카 거리에서 들을 수 있다는 톰 피르(Tome Pires)의 주장에서 확인할 수 있다. 믈라카는 그야말로 다양성의 측면에서 베네치아와 콘스탄티노플에 견줄 수 있을 뿐만 아니라 아마도 그들보다 앞섰을 것이다. 그러나 믈라카는 능력에 열려 있는 사회적·정치적 체제였다. 믈라카의 통치자들 중 가장 위대했던 술탄 만수르(Mansur)는 그의 재정을 담당시키기 위해 인도의 '이교도 왕'을 임명했는데, 그 인도인이 개종하여 궁중 참모들의 위대한 왕조를 개창했다. 술탄 만수르는 팔렘방의 비무슬림 노예들 중 하나를 높이 치켜세웠는데, 그가 나중에 강력한 락사마나(Laksamana) 왕조를 개창했다. 리드가 강조하듯이, 외부인들은 일찍 흡수되고 높은 지위에 오를 수 있었다. "종교와 언어를 공유하는 어떤 외국 상인들은 경계를 넘어 재빨리 지역의 귀족이 될 수 있었고 다른 모든 사람들도 지배적인 종교와 문화를 기꺼이 받아들이는 한 한 세대 안에 그렇게 할 수 있었다."

따이족의 벼농사 국가처럼 말레이 '느그리'(negeri)는 효과적인 중앙집권적 인구 장치였다. 그 성공의 한 결과는 대부분의 말레이들은 - 오늘날의 말투에 의하면 - 벵골인-말레이(Bengali-Malay), 자바인-말레이(Javanese-Malay), 중국인-말레이(Chinese-Malay), 미낭까바우인-말레이(Minangkabau-Malay) 등 "하이픈으로 연결된 말레이들"이었다. 말레이 세계의 초기 정착지들도 다양한 종족의 요소들을 받아들였고 무역의 기회를 이용하기 위해 설립되었다. 따라서 각 말레이 느그리는 그 자체의 문화적 풍미를 갖고 있었는데 그 풍미는 대부분 그 느그리가 노예와 상인을 비롯하여 흡수한 지역민들에 의해 결정되었다. 이 점에서 말레이다움(Malayness)은 성취 지위의 일종으로 업적(종종 강압적으로!)에 기반을 두었다. 종족에 의하기보다 최소한의 문화적·종교적 조건에 의해 그 무역 국가와 위계질서의 구성원이 되었다. 오히려 말레이 정체성은 따이족 정체성보다 훨씬 유동적이었다. 그러나 각 정체성의 핵심은 국가의 신민이 되는 것이었다. 국가는 가능한 한 많은 신민들을 흡수하기 위해 모든 조치를 다 취했다.

63) Michael Aung-Thwin, "Irrigation in the Heartland of Burma: Foundations of the Precolonial Burmese State," Center for Southeast Asian Studies, Northern Illinois University, occasional paper 15 (1990), 그리고 Reid, *Southeast Asia in the Age of Commerce*, 1: 20, 22를 보라.

64) Lieberman, *Strange Parallels*, 1: 90.

65) Ibid. 여기서도 역시 나는 리버먼이 현재의 관점을 과거에 적용하여 이중언어주의와 삼중언어주의 그리고 물리적 이동성 때문에 이 목록이 의미하는 것보다 훨씬 더 불확정적이었을 정체성을 확정적으로 바라보지는 않았는가하는 의문을 품는다. 그는 다른 데에서 18세기의 버마족과 몬족의 정체성을 논의할 때도 그처럼 얘기한다. "Ethnic Politics in Eighteenth-Century Burma," *Modern Asian Studies* 12 (1978): 455-82.

66) Lieberman, Strange Parallels, 1: 114.

67) 예를 들어 Thant Myint-U, "Crisis of the Burmese State," 35를 보라.

68) Reverend Father Sangermano, *A Description of the Burmese Empire*, trans. William Tandy (Rome: John Murray, 1883).

69) Lieberman, "Ethnic Politics in Eighteenth-Century Burma."

70) 그 경우는 오늘날 본질적이고 위대한 유산이라고 표상되는 문화적 독특성의 역사적 기원에 해당될 수 있고 또한 그래왔다. 이에 어니스트 겔너(Earnest Gellner)는 북부 아프리카의 많은 아랍어 지역들의 인구 역시 "대부분의 아랍화된 베르베르족으로" 구성되어 있다고 주장한다. *Saints of the Atlas* (London: Weidenfeld and Nicolson, 1969), 13. 니컬러스 탭은 남서부 중국과 관련하여 "한족화 과정은……북부에서 한족 중국인들이 남서부 중국을 침입한 결과라기보다는 토착민들이, 특히 저지대에서, 중국인이 된 결과라고" 주장한다. 탭은 "따라서 이 지역의 많은 '중국인들'이 생물학적으로 북부 한족 중국인 집단의 후손들이 아니라 토착민들이 중국인이 되는 것이 유리해질 때 중국인이 되기로 결정하고 그 방식을 받아들인 것"이라고 언급한다. *Sovereignty and Rebellion*, 172.

71) Richard A. O'Connor, "Agricultural Change and Ethnic Succession," 여러 곳에서 인용.

72) Reid, Introduction to *Slavery, Bondage, and Dependency*, 27.

73) Thomas Gibson, "Raiding, Trading, and Tribal Autonomy in Insular Southeast Asia," in *An Anthropology of War*, ed. Jonathan Hess (New York: Cambridge University Press, 1990), 125-45.

74) 이 논의는 캐서린 보위의 훌륭한 논문인 "Slavery in Nineteenth-Century Northern Thailand: Archival Anecdotes and Village Voices," in Durrenberger, *State Power and Culture*, 100-138에서 참조했다.

75) Ibid., 110.

76) 1500년과 1800년 사이에 아프리카 노예가 서서히 밀려들어 왔다. 그들 중 많은 자들이 숙련공들과 선원들로 인도양을 건너 동쪽으로 옮겨 왔다. 이 거의 알려지지 않은, 대서양 이외의 노예무역의 측면이 최근에 이르러서야 다뤄지기 시작했다.

77) Bowie, "Slavery in Nineteenth-Century Northern Thailand." 보위는 Archibald Ross Colquhoun, *Amongst the Shans* (London: Field and Tuer, 1885), 257-58을 인용했다.

78) 도서부 동남아시아도 비슷한 경우이나 두 가지의 차이점을 갖고 있다. 첫째, 해상 노예사냥 원정대는 작은 섬들과 해안 지대를 휩쓸며 포로들을 붙잡았다. 이 때문에 다른 사람들은 안쪽으로, 대개 상류지역과 산으로 퇴각했다. 해안에서는 그곳에 거주하는 자들에게 노예 해적들의 출현을 알리기 위해 망루가 일반적으로 세워졌다. 둘째, 무슬림들이 다른 무슬림들을 노예로 만드는 것이 금지됐다. 종종 이 제약이 깨지긴 했지만 말이다. 내가 아는 한, 이 금지 사항이 이슬람으로 개종시키는 데에 어떤 역할을 했는지는 아직까지 다뤄지지 않았다. 이것은 강력한 동기를 부여했음에 틀림없다. 17세기 초의 마따람(Mataram)은 대륙부의 각본을 따랐다. 반항적인 속국(가령, 파장 Pajang, 수라바야 Surabaya)을 응징했고 그곳의 사람들을 마따람으로 이동시켰다. 또한 산악지대를 공격했다. "비무슬림들로서 뗑게르(Tengger) 고산족들은 노예로 삼기에 만만한 대상들이었다. 마따람의 군대들은 연신 산악 지역을 습격하여……노예를 붙잡았다." Hefner, *Political Economy*, 37.

79) *Gazetteer of Upper Burma and the Shan States*, compiled from official papers by J. George Scott, assisted by J. P. Hardiman, vol. 1, part 1 (Rangoon: Government Printing Office, 1893), 432.

80) 토머스 깁슨은, "Raiding, Trading, and Tribal Autonomy"라는 논문에서 도서부 동남아시아에서 이것이 어떠했는지를 훌륭하게 드러냈다. 여기서 (필리핀의) 부이드족(Buid)은 먹잇감이 되는 사회의 예로서 이반족은 조직적인 노예사냥꾼들로서 다뤄진다. 가장 우수한 해상 노예사냥 연구로 James Francis Warren, The Sulu Zone, 1768-1898: *The Dynamics of External Trade, Slavery, and Ethnicity in the Transformation of a Southeast Asian Maritime State* (Singapore: Singapore University Press, 1981)를 들 수 있다.

81) Charles Crosthwaite, *The Pacification of Burma* (London: Edward Arnold, 1912), 318.

82) Condominas, *From Lawn to Mon*, 53.

83) Salemink, *Ethnography of Vietnam's Central Highlanders*, 28; Grant Evans, "Tai-ization: Ethnic Change in Northern Indochina," in *Civility and Savagery: Social Identity in Tai States*, ed. Andrew Turton (Richmond, England: Curzon, 2000), 263-89. 인용은 4쪽에서. 또한 Karl Gustav Izikowitz, *Lamet: Hill Peasants in French Indochina* (Gothenburg:

Ethnografiska Museet, 1951), 29를 보라.

84) Peter Kunstadter, "Ethnic Group, Category, and Identity: Karen in North Thailand," in *Ethnic Adaptation and Identity: The Karen and the Thai Frontier with Burma*, ed. Charles F. Keyes (Philadelphia: ISHI, 1979), 154.

85) Izikowitz, *Lamet*, 24.

86) Leo Alting von Geusau, "Akha Internal History: Marginalization and the Ethnic Alliance System," chapter 6 in Turton, *Civility and Savagery*, 122-58. 도서부 동남아시아에서 다는 아닐지라도 오늘날 '산악 부족'으로 부르는 대부분의 집단들이 납치되고 노예가 되는 것의 두려움이 짙게 배어 있는 문화적 기억을 갖고 있다. 페난/푸난족(Penan/Punan) 및 모켄족(Mo-ken, 미얀마 서부 해안의 보트피플 또는 '바다 집시')에 대해 우리가 알고 있는 바는 포획을 피하는 것이 그들 생계 유형의 중심에 있다는 점이다. 이에 대한 증거를 가장 많이 갖고 있는 경우가 이른바 오랑 아슬리(Orang Asli, 세마이 Semai, 세망 Semang, 자쿤 Jakun, 바딱 Batak, 세노이 Semoi, 테무안 Temuan도 오랑 아슬리에 포함된다)로 이들을 대상으로 하는 노예사냥이 1920년대까지 활발히 전개됐다. 그들은 2차 세계대전과 그 뒤에 이어진 비상사태 시기에 다시금 피해 다녀야 했다. 그들을 지원 부대로, 수색대로, 짐꾼으로 붙잡아 쓰려는 자의 위험과 그렇지 않으면 그들을 강제로 한곳으로 몰아 감시를 받는 거처에 정착시키려는 위험에서 벗어나려했던 것이다. 이들 중 많은 자들이 무언의 교환 형식을 그 이전에 벌써 고안했고 평지인들과 거래를 할 때 노예사냥꾼들에게 뒤를 밟히지 않기 위해 주의를 기울여 숲속의 그들 거처로 되돌아가는 길을 감추었다.

87) "Glass Palace Chronicle: Excerpts Translated on Burmese Invasions of Siam," compiled and annotated by Nai Thein, *Journal of the Siam Society* 8 (1911): 1-119, 특히 15.

88) 가령 유리궁전연대기(Glass Palace Chronicle)에서 그 숫자들로 무엇을 했는지를 정확히 알기가 어렵다. 16세기 말 시암을 침입한 것에 대해 그 연대기는 50만 이상의 군인들이 한따워디(Hanthawaddy)에서 출발했다고 주장한다. 그 주장은 전근대 전쟁에 관해 우리가 알고 있는 바에서 보면 완전히 터무니없는 것이다. 이는 우리가 앞으로 다룰 '우주론적 허세'의 사례이다. 얼마 뒤에 단행된 치앙마이의 침입에서는 63만 명의 군사가 참여했다고 전한다. 그중 12만 명은 잉와와 그의 샨 속국으로부터, 12만 명은 한따워디로부터, 12만 명은 프롬으로부터, 15만 명은 어노여타의 부대로부터 왔고 (출처를 알 수 없는) 12만 명이 있었다고 한다. 이 우연의 숫자는 확실히 과장됐고, 내 생각으로는 외교술과 연대기 기록의 관행과 점성학적으로 상서로운 숫자의 사용이 결합되어 이러한 숫자가 나오지 않았나 싶다. Journal of the Siam Society 5(1908): I-82, esp. 20, 32.

89) Ronald Duane Renard, "Kariang: History of Karen-Tai Relations from the Beginnings to 1923," Ph.D. diss., University of Hawai'i, 1979, 143-44.

90) Trager and Koenig, *Burmese Sit-tàns* 및 Victor B. Lieberman, *Burmese*

Administrative Cycles: Anarchy and Conquest, 1580-1760 (Princeton: Princeton University Press, 1984)을 보라.

91) James Z. Lee, *The Political Economy of a Frontier Region: Southwest China, 1250-1800* (Cambridge: Harvard University Press, 2000).

92) William J. Koenig, *The Burmese Polity, 1752-1819: Politics, Administration, and Social Organization in the Early Kon-baung Period*, Center for South and Southeast Asian Studies, University of Michigan Papers on South and Southeast Asian Studies, no. 34 (Ann Arbor, 1990), 160.

93) Lieberman, *Burmese Administrative Cycles*, 특히 152-77에서 세세하게 이를 다루고 있다.

94) Koenig, *Burmese Polity*, 224.

95) A. Thomas Kirsch, "Cosmology and Ecology as Factors in Interpreting Early Thai Social Organization," *Journal of Southeast Asian Studies* 15 (1984): 253-65에서 인용.

96) R. R. Langham-Carter, "The Burmese Army," *Journal of the Burma Research Society* 27 (1937): 254-76.

97) 딱신(Taksin, 1768-82 재위) 왕은 왕실의 신민들에게 문신을 새겨 이들이 왕자들이나 귀족들의 '개인 자산'으로 다시 전유되지 않도록 했다. 태국 맥락의 일반적인 표시 기술에 관해서는 훌륭한 글인 Pingkaew Laungaramsri, "Contested Citizenship: Cards, Colours, and the Culture of Identification," manuscript, 2008을 보라.

98) Koenig, *Burmese Polity*, 특히 chapter 5, "The Officials."

99) Lieberman, *Strange Parallels*, 1: 61; Wolters, *History, Culture, and Region*, 141.

100) Malseed, "'We Have Hands the Same as Them,'" 14에서 인용.

101) Ibid., 14.

102) 리버먼이 *Burmese Administrative Cycles*에서 매우 주의를 기울여 설득력 있고도 자세하게 다루었다. 또한 Koenig, *Burmese Polity* 및 Rabibhadana, "Organization of Society"를 보라.

103) Lieberman, *Strange Parallels*, 1: 156.

104) Thant Myint-U, "Crisis of the Burmese State," 5.

105) Andaya, "Political Development," 447.

106) 인구가 더 적고 변경 지대에 쉽게 접근할 수 있을 때인 초기 단계에서 중국은 국가 만들기에서 비슷한 딜레마를 겪었다. 한나라의 인구 통제에 관해서 Patricia Buckley Ebery, *The Cambridge Illustrated History of China* (Cambridge: Cambridge University Press, 1996), 73-75를 참조하라.

107) 더 자세히 보려면 James Scott, *The Moral Economy of the Peasant: Subsistence and Rebellion in Southeast Asia* (New Haven: Yale University

Press, 1976), 특히 chapter 4를 참조하라.

108) 탄쉐(Than Shwe) 장군이 2006년에 미얀마의 수도를 양곤에서 네삐도(Nay Phi Daw)로 옮긴 엉뚱한 결정을 이성적으로 설명하기가 쉽지 않다.

4장 | 문명과 '야만'

1) Charles Richard, "Etude sur l'insurrection du Dahra (1845-46)," in *Recognizing Islam: Religion and Society in the Modern Arab World*, ed. Michael Gilsenen (New York: Pantheon, 1982), 142, Timothy Mitchell, *Colonizing Egypt* (Berkeley: University of California Press, 1988), 95에서 재인용

2) Mann to superintendent of Indian Affairs, September 28, 1865, rpt. in Dale Morgan, "Washakie and the Shoshone: A Selection of Documents from the Records of the Utah Superintendency of Indian Affairs," *Annals of Wyoming* 29 (1957): 215; Karl Jacoby, *Crimes against Nature: Squatters, Poachers, Thieves, and the Hidden History of American Conservation* (Berkeley: University of California Press, 2001), 87.

3) 무엇보다 이 주장들은 우주론적이었다. 군주 통치의 정당성에 대한 주장이 으레 이것에 기반을 두었다. 여기서 보편적인 통치자를 꿈꾸는 인근의 두 작은 군주가 궁정 경계 너머의 마을들에 대해 동시에 지배권을 갖는 우스운 장면이 펼쳐진다. 미얀마와 태국에서 브라만교의 예술, 특히 점성술 영향력이 대중들과 엘리트들 사이에서, 미얀마의 군사 지배자들 사이에서는 물론이고, 오늘까지도 넓게 퍼져 있다. 그 예로 A. Thomas Kirsch, "Complexity in the Thai Religious System: An Interpretation," *Journal of Asian Studies* 36 (1972): 241-66을 보라. 커시(Kirsch)가 주장하듯이, 대중 브라만교와 낫/피(nat/phi, 정령) 신앙이 "이 세속적인" 상좌불교를 표상하기에 이르렀다. 그렇지 않았다면 상좌불교는 엄격한 구원종교가 되었을 것이다. 또한 Ni Ni Hlaing, "History of the Myanmar Ponna," M.A. thesis, University of Mandalay, 1999를 보라.

4) 리먼(F. K. Lehman)은 32개의 (열등한 지위의) 신들을 거느린 인드라의 모델에 따라 최고 높은 지위의 타이족과 라오족의 국가들의 왕이 그보다 열등한 왕들을 그 아래 둔다는 점에서 타이족과 라오족의 국가들이 '은하계적'(galactic)이지만 미얀마는 더 일체화된 제국주의적 국가라고 지적했다. 개인적인 대화, 2008년 1월.

5) 이 유형의 주요한 예외가 한족의 중국으로 만약 유교를 국가의 종교로 간주하지 않았다면 국가의 구성원이 되기 위한 종교적인 기준을 갖고 있지 않았다.

6) Patricia M. Pelley, *Post-Colonial Vietnam: New Histories of the National Past* (Durham: Duke University Press, 2002), 89. 드엉(Duong)은 나아가 고

지대에 살고 있는 먀오족/몽족이 가장 비문명적이었다고 설명한다.

7) Leo Alting von Geusau, "Akha Internal History: Marginalization and the Ethnic Alliance System," chapter 6 in *Civility and Savagery: Social Identity in Tai States*, ed. Andrew Turton (Richmond, England: Routledge-Curzon, 2000), 122-58. 인용은 141-42쪽에서.

8) 예를 들어 영국에서는 학생들이 웨일스나 스코틀랜드 산악 지역에서 오더라도 옥스퍼드나 케임브리지에 '올라간다'(go up)고 한다.

9) 물론 원래 그 말은 마호메트가 메디나에서 메카로 도망친 것을 뜻했으나 이주와 새로운 방식의 삶을 받아들이는 것을 의미하기에 이르렀고 따라서 베르베르족의 맥락에서 보면 영구적으로 정착하는 것이었다.

10) Eric A. Havelock, *The Muse Learns to Write: Reflections on Orality and Literacy from Antiquity to the Present* (New Haven: Yale University Press, 1986), 105.

11) "The Death of the Hired Man"에서 고향을 "당신이 언제 어디든 갔을 때 받아주는 곳"으로 묘사한 로버트 프로스트(Robert Frost)의 시구를 떠올리게 한다.

12) Andrew Hardy, *Red Hills: Migrants and the State in the Highlands of Vietnam* (Honolulu: University of Hawai'i Press, 2003), 25.

13) 꽁바웅 왕조에서 그런 부랑 생활은 왕실의 시중 담당 단위(ahmudan, 아흐무단)에서 사람들이 빠져나가는 것과 결부됐다. 그렇기 때문에 이를 멸시하는 것 뒤에는 재정적·행정적 동기가 강하게 작용했던 것이다. 리먼과 개인적인 대화, 2008년 1월.

14) Pascal Khoo Thwe, *From the Land of the Green Ghosts* (London: HarperCollins, 2002), 184-85.

15) Charles Patterson Giersch, "Qng China's Reluctant Subjects: Indigenous Communities and Empire along the Yunnan Frontier," Ph.D. thesis, Yale University, 1998, 75에서 인용.

16) 아마도 벼농사 핵심부가 수렵채집인들 및 화전민들에 둘러싸여 있기 때문에 미얀마의 왕들이 그들의 통치 영역을 '불 고리'(ring of fire)로 둘러싸였다고 언급했을 것이다. Barbara Andaya, *The Flaming Womb: Repositioning Women in Early Modern Southeast Asia* (Honolulu: University of Hawai'i Press, 2006), 25.

17) Anthony R. Walker, *Merit and the Millennium: Routine and Crisis in the Ritual Lives of the Lahu People* (Delhi: Hindustan Publishing, 2003), 69-71, 88, 이하 참조. 또한 Richard von Glahn, *The Country of Streams and Grottoes: Expansion, Settlement, and the Civilizing of the Sichuan Frontier in Song Times* (Cambridge: Harvard University Press, 1987)를 보라.

18) '날 것'(생 生)과 '익힌 것'(숙 熟)에 대한 버마어 표현은 각각 '루세인'(lu séin, လူစိမ်း)과 '루 쳇'(လူချက်). 전자는 '풋내기' 또는 '낯선 사람'으로, 후자는 '익힌' 또는

'성숙한'으로 번역할 수 있다.

19) 곤잘로 아기레 벨트란은 에스파냐의 식민화를 피하여 외딴 산악 지역으로 도망간 신세계 사람들에 대해서 같은 바를 관찰했다. *Regions of Refuge*, Society of Applied Anthropology Monograph Series, 12 (Washington, D. C., 1979), 87.

20) 본래 사적 계보 의례인 (부계) 조상에 대한 숭배나 보다 공적인 유교의 행동 규범이 그와 같은 방식으로 작동되지 않았다.

21) Giersch, "Qing China's Reluctant Subjects," 125-30.

22) Susan D. Blum, *Portraits of "Primitives": Ordering Human Kinds in the Chinese Nation* (Oxford: Rowman and Littlefield, 2001). 쿤밍의 한족에 대한 블룸(Blum)의 연구는 산에 거주하며 논벼를 재배하지 않고, 맨발로 다니는 유목 생활과 지리적 원격성 모두 소수종족의 지위 및 문명이나 발전의 결여와 결부됐고 결국 한족을 따라갈 것으로 해석됐다는 것을 보여 준다. 다이족(Dai)처럼 한족이 되는 '도중에 있는' '민속적' 소수종족이 있는 반면, 불결하고 야만인 중에서도 가장 야만적인 와족(Wa)이 있었다. 분류하기에 가장 어려운 소수종족은 회족(무슬림)과 장족(티베트인)으로 이들은 근세 초의 유대인처럼 분명히 소양이 있고 개화되었으나 동화는 거부해 왔다.

23) Richard A. O'Connor, "Agricultural Change and Ethnic Succession in Southeast Asian States: A Case for Regional Anthropology," *Journal of Asian Studies* 54 (1995): 968-96. 인용은 986쪽에서.

24) 우리가 보았듯이, 인력 국가로서 벼농사 국가는 누구를 신민으로 흡수할 것인가에 대해 까다롭게 고를 만한 처지가 아니었다. 산악 신민들은 버마족의 평지의 방식에 점차 동화될 것이라 여겨졌다. 그러나 궁정의 수준에서는 왕은 기꺼이 힌두교도, 포르투갈인, 아르메니아인, 중국인을 문명화된 외국인이라 생각하여 환영했고 이들을 개종시키려는 노력을 특별히 기울이지 않았다.

25) 이 주제에 관한 연구들이 매우 많고도 그 수준이 높다. 이 유형에 관한 대략적인 설명을 보려면 Bennet Bronson, "Exchange at the Upstream and Downstream Ends: Notes toward a Functional Model of the Coastal State in Southeast Asia," in *Economic Exchange and Social Interaction in Southeast Asia: Perspectives from Prehistory, History, and Ethnography*, ed. Karl Hutterer (Ann Arbor: Center for Southeast Asian Studies, University of Michigan, 1977)를 보라. 여기서 우리는 상류-하류에 집중했는데, 그 유형이 대륙의 내륙 교환 체계와 더욱 유사하기 때문이다. 그런데도 해안(pasi-sir) 국가는 종종 산악 지역의 산물을 비롯해 뱃사람들(유명한 오랑 라웃 orang laut 또는 바다 집시)이 수집한 산물의 집산지였다는 것을 눈여겨볼 가치가 있다.

26) Ronald Duane Renard, "The Role of the Karens in Thai Society during the Early Bangkok Period, 1782-1873," *Contributions to Asian Studies* 15 (1980): 15-28.

27) Oscar Salemink, *The Ethnography of Vietnam's Central Highlanders: A Historical Contextualization, 1850-1990* (London: Routledge-Curzon, 2003), 259-60.

28) F. K. Lehman [Chit Hlaing], "Burma: Kayah Society as a Function of the Shan-Burma-Karen Context," in *Contemporary Change in Traditional Society*, 3 vols., ed. Julian Haynes Steward (Urbana: University of Illinois Press, 1967), 1: 1-104, 특히 22-24.

29) J. G. 스콧(Scott)은 19세기에서 20세기로 바뀌는 때에 여러 인근 국가에서 동부 샨 주의 정치체인 짜잉똥으로 들어오는 수입품의 세세한 목록을 알려 준다. 미얀마로부터는, 맨체스터와 인도의 값싼 옷, 깔개, 벨벳, 새틴(satin), 아닐린 물감(aniline dyes), 거울, 성냥, 등유, 연유, 색종이, 양초, 비누, 가죽 연필, 에나멜 제품이 들어왔다. 서부 샨의 국가들로부터는, 각종 철제품, 칠함(lacquer box), 어육 페이스트, 궐련 잎사귀가 들어왔다. 중국으로부터는, 소금, 밀짚모자, 구리 및 철 용기, 비단, 새틴, 아편 필수품, 안료, 차, 가죽, 뇌관(percussion cap)이 들어왔다. *Gazetteer of Upper Burma and the Shan States*, compiled from official papers by J. George Scott, assisted by J. P. Hardiman, vol. 1, part 2 (Rangoon: Government Printing Office, 1893), 424.

30) 지난 이십년 동안 말레이 역사에 관한 대부분의 연구가 이러한 해석에 동의한다. 여러 연구들 중에서 Bernard Sellato, *Nomads of the Borneo Rainforest: The Economics, Politics, and Ideology of Settling Down*, trans. Stephanie Morgan (Honolulu: University of Hawai'i Press, 1994); Jane Drakard, *A Malay Frontier: Unity and Duality in a Sumatran Kingdom*, Studies on Southeast Asia (Ithaca: Cornell Southeast Asia Program, 1990); J. Peter Brosius, "Prior Transcripts: Resistance and Acquiescence to Logging in Sarawak," *Comparative Studies in Society and History* 39 (1997): 468-510; Carl L. Hoffman, "Punan Foragers in the Trading Networks of Southeast Asia," in *Past and Present in Hunter Gatherer Studies*, ed. Carmel Shrire (Orlando: Academic Press, 1984), 123-49를 보라. 내 생각에, 호프만(Hoffman)은 설득력 있게 푸난족(Punan)이라는 명칭이 서로에게보다는 하류 쪽의 무역 파트너에게 더 긴밀하게 연결되어 있는 많은 집단들을 포괄하는 혼성어라고 주장한다. 나아가 그는 그들의 생계 활동이 본질적으로 상업적인 수집 역할에 맞추어져 있지 그 반대는 아니라고 주장한다. 달리 말해, 그들은 수익성이 좋은 것을 찾으려는 상업적 투기꾼들이다.

31) Ronald Duane Renard, "Kariang: History of Karen-Tai Relations from the Beginnings to 1923," Ph.D. diss., University of Hawai'i, 1979, 22.

32) 대부분의 그 지역에 걸쳐서 '창시자 숭배'의 전통은 그 땅에 첫 번째로 정착한/개간한 자들이 의례적(정치적이지 않은)으로 으뜸 지위를 차지하고 있음을 인정한다. 그 땅의 길조와 풍요가 그들과 그 땅의 신들과 맺는 관계에 달려 있었다.

F. K. Lehman [Chit Hlaing], "The Relevance of the Founders' Cults for Understanding the Political Systems of the Peoples of Northern Southeast Asia and its Chinese Borderlands," in *Founders' Cults in Southeast Asia: Ancestors, Polity, and Identity*, ed. Nicola Tannenbaum and Cornelia Ann Kammerer, monograph no. 52 (New Haven: Council on Southeast Asian Studies, 2003), 15-39를 보라.

33) 예를 들어, Geoffrey Benjamin and Cynthia Chou, eds., *Tribal Communities in the Malay World: Historical, Cultural, and Social Perspectives* (Singapore: Institute of Southeast Asian Studies, 2002), 50; Sellato, *Nomads of the Borneo Rainforest*, 29, 39; William Henry Scott, *The Discovery of the Igorots: Spanish Contacts with the Pagans of Northern Luzon*, rev. ed. (Quezon City: New Day, 1974), 204를 보라.

34) 진부하지만 알기 쉬운 오늘날의 예가 바로 '자랑스러운 미국인'(Proud to be an American)이라는 자동차 범퍼 스티커이다. 이것은 입 밖으로 나오지는 않았지만 암묵적으로 알 수 있는 주장인 '혐오스러운 미국인'(Ashamed to be an American)에 대응한 것이라고 이해할 수 있다. 후자가 없다면 전자는 존재 이유를 갖지 못한다.

35) Owen Lattimore, "The Frontier in History," in *Studies in Frontier History: Collected Papers, 1928-1958*, 469-91. 인용은 472-75쪽에서. 래티모어는 국가 밖의 사람들이 지난 세월에 걸쳐서 황허 강 남쪽의 중국으로부터 서부와 남서부로 엄청난 규모로 이동한 것을 그의 논의에서 빠뜨린 것 같다. 유일하지는 않을지라도 가장 두드러지는 사례가 먀오족이다. Herold J. Wiens, *Chinas March toward the Tropics: A Discussion of the Southward Penetration of China's Culture, Peoples, and Political Control in Relation to the Non-Han-Chinese Peoples of South China in the Perspective of Historical and Cultural Geography* (Hamden, Conn.: Shoe String, 1954)를 보라.

36) 앞서 보았듯이 래티모어는 북부의 만리장성에 대하여 이 점을 언급한다. 먀오족을 막기 위한 후난의 남방장성(Miao Wall)에 관해서는 예리한 논문인 Magnus Fiskesjö, "On the 'Raw' and the 'Cooked' Barbarians of Imperial China," *Inner Asia* 1 (1999): 139-68을 보라. 다시금 한족의 문화 그 자체가 여러 문화의 요소들이 섞인 합성물이라는 것을 상기하는 게 중요하다. 야만인은 '자연 속에 살지만' 한족은 자연을 바꾼다는 것을 마치 당연하게 여기는 것처럼, 맹자는 중국인이 야만인을 바꾸었다는 것을 들어 보았지만 야만인이 중국인을 바꾸었다는 것은 결코 들어 보지 못했다고 말했다. 피스케스조(Fiskesjö)가 반박하는 것이 바로 마지막의 주장이다(140).

37) Hjorleifur Jonsson, "Shifting Social Landscape: Mien (Yao) Upland Communities and Histories in State-Client Settings," Ph.D. diss., Cornell University, 1996, 231.

38) Michael Dove, "On the Agro-Ecological Mythology of the Javanese and the Political Economy of Indonesia," *Indonesia* 39 (1985): 11-36. 인용은 35쪽에서.

39) Benjamin and Chou, *Tribal Communities in the Malay World*, 44.

40) Paul Wheatley, *The Golden Khersonese: Studies in the Historical Geography of the Malay Peninsula before A. D. 1500* (Kuala Lumpur: University of Malaya Press, 1961), 186.

41) Georges Coedès, *The Indianized States of Southeast Asia*, trans. Susan Brown Cowing (Honolulu: East-West Center, 1968), 33. 그러나 넓게 퍼진 것은 민간 차원의 브라만교의 의례와 점성술 그리고 라마야나(Ramayana)와 마하바라타(Mahabharata)의 서사시였다. F. K. 리먼은 그와는 반대로 인도 상인들을 통해서 불교의 우주론이 초기에 대중적 권위를 획득하여 왕위에 오르고자 하는 사람은 누구나 불교/힌두교적 왕권 의례를 받아들이는 것을 유리하게 생각했다고 여긴다. 개인적인 대화, 2008년 1월. 월터스(Wolters)와 휘틀리(Wheatly)와 같은 학자들은 우주론이 처음에는 야망적인 지도자들에게 - 일종의 무대위의 자기최면처럼 -권위를 주장하는 수단이었으나 결국 민간 문화에 뿌리내리게 되었다고 생각한다.

42) Oliver Wolters, *History, Culture, and Region in Southeast Asian Perspective* (Singapore: Institute for Southeast Asian Studies, 1982), 64.

43) M. C. Ricklefs, *Jogjakarta under Sultan Mangkubumi, 1749-1792* (London: Oxford University Press, 1974).

44) Sheldon Pollack, "India in the Vernacular Millennium: Literature, Culture, Polity," *Daedalus* 197 (1998): 41-75.

45) Wolters, *History Culture, and Region*, rev. ed. (Ithaca: Cornell University Press, in cooperation with the Institute of Southeast Asian Studies, Singapore, 1999), 161.

46) Ibid. 인용은 Ian Mabbett in Ian Mabbett and David Chandler, *The Khmers* (Oxford: Blackwell, 1995), 26에서.

47) Wolters, *History, Culture, and Region* (1999), 12n45. 인용은 David Chandler, *A History of Cambodia* (Boulder: Westview, 1992), 103에서.

48) 해안 평원에서 나타나는 현상을 보려면, Wheatley, *Golden Kheronese*, 294를 참조하라.

49) Jonsson, "Shifting Social Landscape," 133.

50) G. E. Mitton [Lady Scott], *Scott of the Shan Hills: Orders and Impressions* (London: John Murray, 1936), 246. 대나무는 물이 새어 들어오지 않고 강했기 때문에 평지 관료들의 임명장의 저장 용기로 일반적으로 사용됐다.

51) Edmund Leach, *The Political Systems of Highland Burma: A Study of Kachin Social Structure* (Cambridge: Harvard University Press, 1954), 281.

52) Maurice Collis, *Lords of the Sunset* (London: Faber and Faber, 1938), 83. 또한 몽 밋(Mong Mit)과 짜잉똥에 있는 샨 궁전에 관한 비슷한 묘사를 보라(각각 203쪽과 277쪽).

53) Leach, *Political Systems of Highland Burma*, 286.

54) Lehman [Chit Hliang], "Burma," 1: 15-18.

55) Leach, *Political Systems of Highland Burma*, 112-14.

56) Von Geusau, "Akha Internal History," 151.

57) Patricia Buckley Ebrey, *The Cambridge Illustrated History of China* (Cambridge: Cambridge University Press, 1999), 67.

58) Pelley, *Post-Colonial Vietnam*, 92에서 인용. 또한 Keith Taylor, "On Being Muonged," *Asian Ethnicity* 1 (2001): 25-34를 보라. 테일러(Taylor)는 초기의 프랑스 민족지학자들이 처음에는 므엉족을 낀족의 원형으로 보았다고 언급한다. Salemink, *Ethnography of Vietnam's Central Highlanders*, 285를 또한 보라.

59) Pelley, *Post-Colonial Vietnam*, 92. 이 주장이 기이한 것이라 여겨지지 않기 위해서는 20세기로 전환되는 때에 미국인 학자들이 애팔래치아의 산악민들을 '오늘날 우리의 조상들'이라고 한결같이 생각했다는 것을 상기할 필요가 있다.

60) Ebrey, *Cambridge Illustrated History*, 57에서 인용.

61) "Autonomy, Coalition, and Coerced Coordination: Themes in Highland-Lowland Relations up through the Vietnamese American War," 등사판 인쇄물에서 인용. 강조는 추가.

62) Victor B. Lieberman, *Strange Parallels: Southeast Asia in Global Context, c. 860-1830*, vol. 1, Integration on the Mainland (Cambridge: Cambridge University Press, 2003), 431에서 인용. 리버먼은 Chandler, History of *Cambodia*, 126, 130에서 인용. 다음의 까친족 속담에서 산악 지역이 깃털 침대 비유를 어떻게 응수했는지 알 수 있다. "돌은 침대로 사용할 수 없다. 한족은 친구가 될 수 없다." Zhushent Wang, *The Jingpo Kachin of the Yunnan Plateau*, Program for Southeast Asian Studies, Monograph Series (Tempe: Arizona State University Press, 1997), 241에서 인용.

63) David Faure, "The Yao Wars in the Mid-Ming and Their Impact on Yao Ethnicity," in *Empire at the Margins: Culture and Frontier in Early Modern China*, ed. Pamela Kyle Crossley, Helen Siu, and Donald Sutton (Charlottesville: University of Virginia Press, 2006), 171-89 및 Ebrey, *Cambridge Illustrated History*, 195-97을 보라.

64) Alexander Woodside, "Territorial Order and Collective-Identity Tensions in Confucian Asia: China, Vietnam, Korea," *Daedalus* 127 (1998): 206-7. 이를 왜 바스크인(Basque)들이나 브르타뉴인(Breton)들이 "발전하고 있는 세계에 참여하거나 관심을 갖지 않은 채 반(半)미개적인 유물인 과거의 관습에 빠져 좁디좁은 생각의 울타리를 맴돌기보다" 시민으로서 문명화된 프랑스에 참여하

고자 했는지를 설명한 스튜어트 밀과 비교할 수 있다. *Utilitarianism, Liberty, and Representative Government* (London: Everyman, 1910), 363-64. E. J. Hobsbawm, *Nations and Nationalism since 1780*, 2nd ed. (Cambridge: Cambridge University Press, 1990), 34에서 인용.

샨샨 두(Shanshan Du)가 남서부 중국의 토사 제도의 역사와 작동을 자세히 설명해 준 것에 대해 깊이 감사한다. 개인적인 대화, 2008년 7월.

65) Wiens, *China's March toward the Tropics*, 219에서 인용.

66) Ibid., 251-52에서 인용.

67) 조지 오웰의 소설 *Burmese Days* (New York: Harcourt-Brace, 1962)에서 무료한 주인공인 플로리(Flory)가 환멸을 느꼈던 것이 바로 이 위선이었다. "고관대작의 나리님(푸카 사히브 pukka sahib)께서……비열하게도……백인의 책무라고 사기를 치고 있소. …… 정말 단순하게 말이요. 관료는 미얀마인을 하수로 취급하고 상인은 그 호주머니를 털어 버리오" (39-40).

68) Nicholas Tapp, *Sovereignty and Rebellion: The White Hmong of Northern Thailand* (Singapore: Oxford University Press, 1990), 38.

69) '사회적 화석'(social fossil)이라는 말은 Magnus Fiskesjö, "Rescuing the Empire: Chinese Nation-Building in the 20th Century," *European Journal of East Asian Studies* 5 (2006): 15-44에서 나왔다. 피스케스조가 관찰하듯이, 그런 사회들의 흡수는 무엇보다 고원에 수백만 명의 한족들이 정착하여 그 주변을 둘러싸면서 강화되었다.

70) 조미아에 흩어진 수많은 언어 집단을 보면, 이들 가운데 대략적으로 문화적인 분기가 존재함을 알 수 있다. 북부와 남부의 정치체들은 한족-중국의 문명권에 빨려 들어간 반면 남부와 서부의 정치체들은 상좌불교-산스크리트 영향권에 빨려 들어갔다. 짐작컨대, 왕조들과 국가들이 흥망쇠퇴를 거듭함에 따라 이 분기선은 이동했지만, 두 문명권이 겹치는 때와 곳에서는 산악민들이 수를 부려볼 문화적·정치적 여지가 더 커졌다.

71) Leach, *Political Systems of Highland Burma*, 39 및 O'Connor, "Agricultural Change and Ethnic Succession," 974-75.

72) Lieberman, *Strange Parallels*, 1: 114.

73) Fiskesjö, "On the 'Raw' and the 'Cooked' Barbarians," 143, 145, 148. 나는 한족-중국의 국가 형성에 관한 이 용어들을 피스케스조가 명료하고도 자세하게 분석해 준 것에 큰 빚을 졌다.

74) Ebrey, *Cambridge Illustrated History*, 56.

75) Anne Csete, "Ethnicity, Conflict, and the State in the Early to Mid-Qing: The Hainan Highlands, 1644-1800," in Crossley, Siu, and Sutton, *Empire at the Margins*, 229-52. 인용은 235쪽에서.

76) 가령, 윈난-미얀마의 국경 지역의 이족(Yi)을 언급한 15세기의 문헌은 이 야만인들이 "그들의 지역에서 행정 구역과 성읍이 열거되고 '마침내' [명나라] 관료들

에 의해 통치를 받게 되는 그날을 기뻐할" 것이라고 주장한다. John E. Herman, "The Cant of Conquest: Tusi Offices and China's Political Incorporation of the Southwest Frontier," in Crossley, Siu, and Sutton, *Empire at the Margins*, 135-68. 인용은 145쪽에서. 강조는 추가.

77) Fiskesjö, "On the 'Raw' and the 'Cooked' Barbarians," 153.

78) Faure, "Yao Wars in the Mid-Ming." 또한 David Faure, "The Lineage as a Cultural Invention: The Case of the Pearl River Delta," *Modern China* 15 (1989): 4-36을 보라. 전해 내려오는 기록된 칙령에 따르면, 야오족은 중국 황제로부터 특별한 시혜를 받기를 주장했는데, 즉 부역과 세금을 면제시켜 달라는 것과 그들의 영역 내에서 마음대로 이동할 수 있는 권리를 인정해 달라는 것이었다.

79) Norma Diamond, "Defining the Miao: Ming, Qing, and Contemporary Views," in *Cultural Encounters on China's Ethnic Frontiers*, ed. Steven Harrell (Seattle: University of Washington Press, 1995), 92-119.

80) Gordon H. Luce, trans., The Man Shu (Book of the Southern Barbarians), 37.

81) Wing-hoi Chan, "Ethnic Labels in a Mountainous Region: The Case of the She Bandits," in Crossley, Siu, and Sutton, *Empire at the Margins*, 255-84. 찬(Chan)은 또한 그 유명한, 떠돌아다니는 하카(Hakka)의 종족 기원도 마찬가지로 설명할 수 있다고 논거를 댄다. She(사 畲)는 또한 관개되지 않은 화전을 의미하고 따라서 '종족' 이름은 생계 방식과 '산악' 거처를 역시 일컫는다.

82) Benjamin and Chou, *Tribal Communities in the Malay World*, 36.

83) Anna Lowenhaupt Tsing, *In the Realm of the Diamond Queen: Marginality in an Out-of-the-Way Place* (Princeton: Princeton University Press, 1993), 28. 머라뚜스의 산악 화전 역시 아직 지시를 받지 않는(not-yet-ordered, pertanian yang tidak terator) 농업이라고 일컫는다.

84) Felix M. Keesing, *The Ethno-history of Northern Luzon* (Stanford: Stanford University Press, 1962), 224-25.

85) Ernest Gellner, *Saints of the Atlas* (London: Weidenfeld and Nicolson, 1969), chapter 1.

86) Lois Beck, "Tribes and the State in 19th- and 20th-Century Iran," in *Tribes and State Formation in the Middle East*, ed. Philip Khoury and Joseph Kostiner (Berkeley: University of California Press, 1990), 185-222.

87) Bennet Bronson, "The Role of Barbarians in the Fall of States," in *The Collapse of Ancient States and Civilizations*, ed. Norman Yoffee and George L. Cowgill (Tucson: University of Arizona Press, 1991), 203-10. 인용은 200쪽에서. 이 단락의 대부분이 브론슨(Bronson)의 논의를 상술한 것이다.

88) 이 단락과 뒤이은 두 단락들은 훌륭한 연구인 Thomas S. Burns, *Rome and the Barbarians*, 100 BC-AD 400 (Baltimore: Johns Hopkins University Press,

2003)에서 끌어 왔다.

89) Stephen T. Driscoll, "Power and Authority in Early Historic Scotland: Pictish Symbol Stones and other Documents," in *State and Society: The Emergence and Development of Social Hierarchy and Political Centralization*, ed. J. Gledhill, B. Bender, and M. T. Larsen (London: Routledge, 1988), 215.

90) Burns, *Rome and the Barbarians*, 182. 로마의 팽창에 관한 훨씬 더 어두운 관점이, 야만인들에게는 그렇게 다가왔을 텐데, 타키투스가, 패배한 브리턴(British)인 수장 칼카쿠스(Calgacus)의 말을 빌려 표현한 것에 드러나 있다. "그들은 제국의 거짓 이름으로 강도, 도살, 약탈을 일삼았다. 그들은 철저하게 황폐화 시키고 이를 평화라 불렀다." Ibid., 169에서 인용.

91) Charles Patterson Giersch, "Qing China's Reluctant Subjects: Indigenous Communities and Empire along the Yunnan Frontier," Ph.D. diss., Yale University, 1998, 97에서 인용.

92) Crossley, Siu, and Sutton, Introduction to *Empire at the Margins*, 6.

93) Wing-hoi Chan, "Ethnic Labels in a Mountainous Region," 278.

94) Donald S. Sutton, "Ethnicity and the Miao Frontier in the Eighteenth Century," in Crossley, Siu, and Sutton, *Empire at the Margins*, 469-508. 인용은 493쪽에서.

95) 한족에 의한 직접 지배와 문명화된 지위 사이의 밀접한 관계가 마찬가지로 주장강(Pearl River) 델타에서도 공고했다. 가구 등록(지도 속으로 들어가는 것) 그 자체가 "외부인에서 일반인(mín)으로 정체성을 바꾸었다. …… 왕조의 위기 시기에는 세금과 징집을 피하기 위해 등록된 지위를 포기해 버리는 가구들을 발견하는 것이 매우 흔했다. 공식적인 기록에 따르면 그들은 강도단, 해적단, 외부인이 되어 버린 것이다." Helen F. Siu and Liu Zhiwei, "Lineage, Marketing, Pirate, and Dan," in Crossley, Siu, and Sutton, *Empire at the Margins*, 285-310. 인용은 293쪽에서.

96) Woodside, "Territorial Order and Collective Identity Tensions," 213에서 인용. 베트남인들이 일반적으로 산악 사회로 옮겨 가 그 문화에 동화되었다는 증거에 대해서는 Taylor, "On Being Muonged," 28을 보라.

5장 | 산으로 올라간 사람들

1) Mark R. Woodward and Susan D. Russell, "Transformations in Ritual and Economy in Upland Southeast Asia," in *Ritual, Power, and Economy: Upland-Lowland Contrasts in Mainland Southeast Asia*, ed. Susan D. Russell, Monograph Series on Southeast Asia, Center for Southeast Asian

Studies, Northern Illinois University, occasional paper no. 14 (1989), 1-26. 인용은 9쪽에서. 《도덕경》의 다음 단락과 비교해 보라.

도(道)는 매우 유(柔)하나
사람들은 이를 피해 다른 길로 가고자 한다.

조정은 안정을 구가하나
전답에는 잡초가 우거지고
곳간은 비어 있다.

Michael LaFargue, *The Tao of the Tao Te Ching* (Albany: SUNY Press, 1992), 110.

2) Owen Lattimore, "The Frontier in History," *Studies in Frontier History: Collected Papers*, 1928-58 (London: Oxford University Press, 1962), 469-91. 인용은 469-70에서. 래티모어는 계속 이어 "[경계선에 의해 갈라진 독특한 두 사회의] 차이의 극대화가……그들이 접하는 변경이 아니라 각 사회의 중심부에서 이뤄진다. 경계의 사람들은 주변인들이다. …… 그들은 결국 그들 자체로 사회적 유대 관계를 만들어 공동의 이익을 추구한다. 양쪽 경계의 사람들이……'우리'가 되고 각각의 국가의 국민들과 특히 정부 권력 기관은 '그들'이 된다……경계의 사람들은……제도적으로는 정의할 수는 없지만 기능적으로는 뚜렷한 공동사회라고 대체로 일컬을 수 있다"고 말한다(470).

3) *New York Times*, July 23, 2004 및 *Final Report of the National Commission on Terrorist Attacks upon the United States* (Washington, D. C.: Government Printing Office, 2004), 340, 368, http://www.gpoaccess.gov/911/index.html을 보라.

4) Jean Michaud, ed., *Turbulent Times and Enduring Peoples: Mountain Minorities in the Southeast Asian Massif* (Richmond Surrey: Curzon, 2000), 11. 미쇼는 나아가 산악민들이 종종 스스로 국가 만들기 작업을 시행해 왔다고 언급한다.

5) 국가가 직접적으로 팽창하는 곳의 게릴라식 저항은 그 게릴라들이 국가를 강력한 동맹으로 갖고 있지 않은 한 오랫동안 버티지 못한다. 예를 들어, 프랑스의 군사적 지원 때문에 미국의 원주민 집단들이 영국 식민주의자들의 팽창에 한동안 저항할 수 있었다.

6) Gonzalo Aguirre Beltrán, *Regions of Refuge*, Society of Applied Anthropology Monograph Series, no. 12 (Washington, D.C., 1979), 23, 25. 산악 지형이 포토시(Potosí)의 은 매장지처럼 귀중한 자원을 보유하고 있다면 탈취를 당하기 마련이었다.

7) Ibid., 39.

8) Stuart Schwartz and Frank Salomon, "New Peoples and New Kinds of People: Adaptation, Adjustment, and Ethnogenesis in South America Indigenous Societies (Colonial Era)," in *The Cambridge History of Native Peoples of the Americas*, ed. Stuart Schwartz and Frank Salomon (Cambridge: Cambridge University Press, 1999), 443-502. 인용은 448쪽에서. 또한 정복이 직접적으로 그러한 이주와 사회구조에 어떠한 영향을 미쳤는지를 다룬 최근 연구로 Charles C. Mann, *1491: New Revelations of the Americas before Columbus* (New York: Knopf, 2005)를 들 수 있다. 인구 통계가 큰 논란거리이지만, 신세계의 인구의 규모가 기존에 추정된 것보다 훨씬 컸다는 것이 확실해 보인다. 신세계는 결코 빈 대륙이 아니었으며 단지 "완전히 들어찬" 것 같다. 이 점에서 만약 전염병에 의한 인구 붕괴가 그처럼 극적인 사태였다면 수렵채집이나 화전이 농업생태적 전략으로서 훨씬 유리했고 고정식 농업보다 단위 노동당 더 높은 이익을 갖다 주었기 때문에 그렇게 많은 땅들이 이제 비게 되었음을 눈여겨보는 것이 중요하다. 재레드 다이아몬드(Jared Diamond)는 오스트레일리아의 '원주민'이 원래는 그 나라에서 가장 비옥한 지역(예를 들어, 남동부의 달링턴 유역)에 더 많이 거주하고 있었으나 유럽인들이 피하는 사막 지역으로 내몰렸다고 비슷한 주장을 한다. *Guns, Germs, and Steel: The Fate of Human Societies* (New York: Norton, 1997), 310.
9) Schwartz and Salomon, "New Peoples," 452.
10) Ibid., 452. 에스파냐의 강제 정착지로부터 도망친 안데스인들을 보다 자세히 다룬 연구에 관해서는 Ann M. Wightman, *Indigenous Migration and Social Change: The Forasteros of Cuzco, 1570-1720* (Durham: Duke University Press, 1990) 및 John Howland Rowe, "The Incas under Spanish Colonial Institutions," *Hispanic American Historical Review* 37 (1957): 155-99를 보라.
11) Mann, 1491, 225.
12) Schwartz and Salomon, "New Peoples," 460.
13) Richard White, *The Middle Ground: Indians, Empires, and Republics in the Great Lakes Region, 1650-1815* (Cambridge: Cambridge University Press, 1991), 1, 14. 여기서 역시 전염병이 국가건설을 위한 패권 전쟁과 더불어 사람들을 몰아내는 데 결정적인 역할을 했다.
14) 훌륭한 연구인 Leo Lucassen, Wim Willems, and Annemarie Cottaar, *Gypsies and Other Itinerant Groups: A Socio-historical Approach*, Centre for the History of Migrants, University of Amsterdam (London: Macmillan, 1998)을 보라.
15) Ibid. 63. 더 많은 난민들이 쏟아져 들어옴에 따라, 그렇게 사냥을 당했던 집단들은 으레 서로 뭉쳐 이 지대의 정착지들을 습격했다. 지역의 통치 세력들은 집시들과 다른 부랑자들을 사냥하고 죽이면서 대응했다. 그 책의 저자들은 갤리선

에 태우기 위해 프랑스의 집시들(보헤미아인들)을 포박했던 비슷한 압박을 기록한다.

16) 이 '무법천지'의 회랑과 '와족의 회랑'이라 일컫는 지대 간에 또는 깊게 갈라져 더 유리했던 메콩 강과 땅르인/누강 상류 사이의 본거지 간에 흥미로운 연관성이 있다. Magnus Fiskesjö, "The Fate of Sacrifice and the Making of Wa History," Ph.D. thesis, University of Chicago, 2000, 51.

17) 나는 아주 훌륭한 연구인 Robert W. Hefner, *The Political Economy of Mountain Java: An Interpretive History* (Berkeley: University of California Press, 1990)에 전적으로 의존했다. 자세한 문화적 분석에 관해서는 그의 초기 연구인 *Hindu Javanese: Tengger Tradition and Islam* (Princeton: Princeton University Press, 1985)을 보라.

18) Hefner, *Political Economy*, 9.

19) Ibid., 182에서 인용. 응오꼬(ngoko)는 '비격식' 자바어를 일컫는데, 그 말에는 호칭에서 지위와 권력에 대한 상세한 표현이 존재하지 않는다.

20) 조미아와 달리, 뗑게르 고원의 반란자들은 종족적으로 규정되지 않았다. 뗑게르가 훨씬 더 고립되었다면 오랜 시간에 걸쳐 그 차이는 아마도 '종족화' 되었을지도 모른다고 헤프너는 지적한다. 대신에, 뗑게르 고원지대의 사람들은 그들 자신을 자바인으로 생각했다. 자바인처럼 옷을 입고(의식적으로 걸치레는 피하지만), 자바어를 말한다(그러나 마을에서 서열이 담긴 호칭은 피한다). 그들은 자신들을 산악(wong gunung) 자바인이라고, 따라서 한 독특한 자바인의 부류라고 생각한다. 헤프너(개인적인 대화, 2008년 2월)는 도서부 동남아시아에서 최근에 흡수된 다른 자율적인 사람들도 여전히 독특하면서 때론 더 평등한 사회를 열망한다고, 그러나 이런 독특성이 반드시 강한 종족적 특성일 필요가 없다고 바라본다. 이 점에서 Sven Cederroth, *The Spell of the Ancestors and the Power of Mekkah: A Sasak Community on Lombok* (Göteborg: Acta Universitatis Gothoburgensis, 1981) 및 Martin Rossler, *Striving for Modesty: Fundamentals of Religion and Social Organization of the Makassarese Patuntung* (Dordrecht: Floris, 1990)을 보라.

21) Felix M. Keesing, *The Ethnohistory of Northern Luzon* (Stanford: Stanford University Press, 1976), 4. 이 문단과 그 다음 문단은 전적으로 키싱의 논의에 의존했다.

22) William Henry Scott, *The Discovery of the Igorots: Spanish Contacts with the Pagans of Northern Luzon*, rev. ed. (Quezon City: New Day, 1974), 75는 같은 선상에서 다음과 같이 주장한다. "그러한 레둑시온은 자연스레 흩어진 부족 및 반(半)정주적인 농경민들을 정착 공동체로 강제 이주시키는 것을 필요로 했다. 그곳에서 성직자들과 공물 수거자들과 도로 감시자들이 그들에게 쉽게 다다를 수 있었다."

23) Keesing, *Ethnohistory of Northern Luzon*, 2, 304. 이 견해는 넓은 관점에서

스콧이 *Discovery of the Igorots*, 69-70에서 전개한 역사적 설명과 일치한다.

24) 키싱은 산악 지역으로 향하는 다른 이유들, 즉 금 찾기, 산지 산물 수집과 거래 의도, 평지의 주군과 전쟁으로부터의 도피 등을 소개하면서 그의 논의를 입증한다. 그러나 도피의 최대 이유는 에스파냐의 식민 노동 체계였다고 키싱은 분명히 밝힌다. 이 견해는 북부 루손에서 필리핀 전역으로 논의가 확대될 수 있는 Scott, *Discovery of the Igorots*에서도 뒷받침된다. 69-70을 보라.

25) Keesing, *Ethnohistory of Northern Luzon*, 3.

26) 야오족/미엔족에게 최종적인 사건이 1465년 대등협(大藤峽, Great Vine Gorge) 전투에서 패배한 것이었다. 승리자들은 800명의 포로들을 베이징으로 이송하여 참수했다. 그리 오래 지나지 않은 때인 1512년에 학사이면서 군사였던 왕양밍은 원의 '이이제이' 정책을 부활시킬 것을 제안했다. 그것은 토사제도라고 알려진 간접 지배 정책이었다.

27) C. Pat Giersch, "A Motley Throng: Social Change on Southwest China's Early Modern Frontier, 1700-1880," *Journal of Asian Studies* 60 (2001): 67-94. 인용은 74쪽에서.

28) 리처드 폰 글란(Richard von Glahn)은 무두 집단들이 따이족이나 이족 등 대규모의 저항을 조직할 수 있는 더욱 중앙집권적인 '부족들'보다 봉기를 일으킬 가능성이 적다고 설득력 있게 주장한다. 그러나 이것은 그들이 흡수될 가능성이 더 크다는 것을 의미하지는 않고, 다만 그들이 그들의 땅을 붙박여 있기 보다는 흩어져 도망갈 가능성이 더 크다는 것을 의미한다. 사실 한 집단의 사회구조가 더욱 중앙집권적이고 위계적일수록 그 집단이 평지의 규범에 더욱 가까워지고 더욱 쉽게 집단적으로 동화될 수 있다. *The Country of Streams and Grottoes: Expansion Settlement, and the Civilizing of the Sichuan Frontier in Song Times*, Council on East Asian Studies, Harvard University (Cambridge: Harvard University Press, 1987), 213. 또한 Mark Elvin, *The Retreat of the Elephants: An Environmental History of China* (New Haven: Yale University Press, 2004), 88을 보라. 마크 엘빈은 '이주'(emigration)가 대개 부역과 속박으로부터 벗어나는 유일한 수단이라고 언급한다.

29) Wiens, *China's March toward the Tropics*, 186. 윈스의 추정과 반대로 오늘날의 많은 산악민들이 예전에는 평지 거주민이었으나 결국에는 적응하여 산악 농민이 되었다고 여기는 것이 더욱 그럴 듯하다고 나는 생각한다. 대부분의 시간 동안 한족이 남쪽과 남서쪽으로 밀고 내려왔지만, 그들 역시 북쪽에서는 몽골군으로부터 압박을 받았다는 것을 지적할 필요가 있다.

30) Ibid., 69.

31) Ibid., 81-88, 90. 이것은 윈스가 그의 연구 전반에 걸쳐 유지하던 침착하고 공평한 어조와는 극명히 대조된다.

32) Ibid., 317.

33) 남아 있기로 선택한 사람들은 대개 한족에 의해 둘러싸인 집단이 한족에 의해

흡수되듯이 도달한 산악민들에 의해 대개 흡수되기 마련이었다.

34) C. Backus, *The Nan-chao Kingdom and Tang China's South western Frontier* (Cambridge: Cambridge University Press, 1981). 난짜오의 난짜오가 따이족의 국가인가는 바쿠스의 책 출간 이래로 심각한 논란거리가 되어 왔다. 장 미쇼(Jean Michaud), 개인적인 대화, 2008년 4월.

35) G. E. Harvey. David Wyatt, *Thailand: A Short History* (New Haven: Yale University Press, 1986), 90에서 인용.

36) 산에서 군사적인 팽창을 추구하는 벼농사 국가가 다른 산악민들을 더 낮은 평지로 몰아내는 것이 역시 종종 발생했다. 13세기 이래로 한 따이족의 일파인 아홈족(Ahom)은 경쟁 관계였던 디마사(Dimasa) 왕국의 사람들을 평지로 내몰았는데, 그렇게 쫓겨난 자들이 결국에는 벵골의 주류 세력에 통합되었다. 아홈족 자신들은 나중에 브라마푸트라(Brahmaputra) 유역의 저지대를 점령했고 힌두교도 아삼인에 동화되었다. 필리프 라미레즈(Philippe Ramírez)의 훌륭한 논문 "Politico-Ritual Variation on the Assamese Fringes: Do Social Systems Exist?" in *Social Dynamics in the Highlands of Southeast Asia: Reconsidering Political Systems of Highland Burma by E. R. Leach*, ed. François Robinne and Mandy Sadan, Handbook of Oriental Studies, section 3, Southeast Asia (Leiden: Brill, 2007), 91-107을 보라.

37) *Gazetteer of Upper Burma and the Shan States*, compiled from official papers by J. George Scott, assisted by J. P. Hardiman, 5 vols. (Rangoon: Government Printing Office, 1893). 이 절의 첫머리 인용구는 Reverend Father Sangermano, *A Description of the Burmese Empire*, trans. William Tandy (Rome: John Murray, 1883), 81에서 비롯됐다. 강조는 추가.

38) 이것은 행군중인 병사들에게 "먹기 위해 새와 동물들을 죽이지" 말고, "노략질을 하지" 말고, "소녀와 젊은 유부녀를 놀리지" 말라고 경고한 17세기의 칙령들에 충분히 입증돼 있다. *Royal Orders of Burma*, A.D. 1598-1885, part 1, *A.D. 1598-1648*, ed. Than Tun (Kyoto: Center for Southeast Asian Studies, 1983), 1: 87.

39) Robert E. Elson, "International Commerce, the State, and Society: Economic and Social Change," chapter 3 of *The Cambridge History of Southeast Asia*, ed. Nicholas Tarling, vol. 2, *The Nineteenth and Twentieth Centuries* (Cambridge: Cambridge University Press, 1992), 164.

40) 이 행태를 넓게 퍼진 정치적 항의의 형태라고 파악한 초기의 역사가들 중의 한 사람이 마이클 아다스(Michael Adas)이다. "From Avoidance to Confrontation: Peasant Protest in Pre-colonial and Colonial Southeast Asia," *Comparative Studies in Society and History* 23 (1981): 217-47에서 그의 선구적인 분석을 보라.

41) Scott, *Gazetteer of Upper Burma*, vol. 1, part 2, 241.

42) J. G. Scott [Shway Yoe], *The Burman: His Life and Notions* (1882; New York: Norton, 1963), 243.

43) Scott, *Gazetteer of Upper Burma*, vol. 1, part 1, 483.

44) 내가 본 것 중에 가장 유사한 역사적 배경이 19세기 북아메리카의 5대호 지역의 도피의 공간이다. *The Middle Ground*에서 리처드 화이트(Richard White)가 통찰력을 갖고 아주 세세하게 그 지역을 다루었다.

45) Paul Wheatley, *The Golden Kheronese: Studies in the Historical Geography of the Malay Peninsula before A.D. 1500* (Kuala Lumpur: University of Malaya Press, 1961), xxiv.

46) 그러나 이 국가의 부재를 이용하여 취약한 처지의 사람들을 휩쓸려는 군벌, 강도단, 노예사냥꾼 등 다른 형태의 힘에서 벗어나 있었던 것은 아니다.

47) Scott, *Gazetteer of Upper Burma*, vol. 1, part 2, 508. 이 절의 첫머리의 인용구는 *The Glass Palace Chronicle of the Kings of Burma*, trans. Pe Maung Tin and G. H. Luce, issued by the Text Publication Fund of the Burma Research Society (Oxford: Oxford University Press, London: Humphrey Milford, 1923), 177에서 비롯됐다.

48) 또는, 달리 말하여, 과세가 되는 처지가 버마족, 타이족, 한족으로서 자격을 갖추는 중심적인 특징이었다고 할 수 있다. 오직 이 맥락에서만 한족 신민이 부담하는 세금과 부역에서 영원히 면제시켜 주고 원하는 대로 산에서 이동할 수 있는 권리를 부여한 황제의 문서라고 알려진 것을 보물처럼 간직하고 있는 미엔족/야오족을 이해할 수 있다. 미엔족/야오족의 종족 정체성에서 크게 차지하고 있는 부분이 바로 비국가성(non-statehood)인 것이다. 이에 대해 훌륭한 연구인 Hjorleifur Jonsson, *Mien Relations: Mountain People and State Control in Thailand* (Ithaca: Cornell University Press, 2005)를 보라. 장 미슈(Jean Michaud)는 미엔족/야오족이 아마도 오래전에 해안의 한족에 의해 후난(Hunan)에서 쫓겨나 서쪽으로 갔을 거라고 추측한다. *Historical Dictionary of the Peoples of the Southeast Asian Massif* (Latham, Maryland: Scarecrow Press, 2006), 264.

49) Hjorleifur Jonsson, "Shifting Social Landscape: Mien (Yao) Upland Communities and Histories in State-Client Settings," Ph.D. diss., Cornell University, 1996, 274.

50) Oscar Salemink, *The Ethnography of Vietnam's Central Highlanders: A Historical Contextualization, 1850-1990* (London: Routledge-Curzon, 2003), 298. 또한 그의 "Sedentarization and Selective Preservation among the Montagnards in the Vietnamese Central Highlands," in Michaud, *Turbulent Times and Enduring Peoples*, 138-39를 보라.

51) 인샤오팅(Yin Shao-ting)이 윈난의 더앙족(De'ang) 화전민들을 다루면서 그 이동의 예를 제시했다. *People and Forests: Yunnan Swidden Agriculture in*

Human-Ecological Perspective, trans. Magnus Fiskesjö (Kunming: Yunnan Educational Publishing, 2001), 68.

52) Charles Tilly, *Coercion, Capital, and European States, AD 990-1992* (Cambridge, Mass.: Blackwell, 1990), 14 및 chapter 3. 이 절의 첫 번째 인용구는 Hazel J. Lang, *Fear and Sanctuary: Burmese Refugees in Thailand*, Studies in Southeast Asia no. 32 (Ithaca: Cornell Southeast Asia Program Publications, 2002), 79에서 비롯됐다. 이것을 술라웨시(Sulawesi)의 부기스족(Bugis)이 한 말과 비교해 보자. "우리는 한 나무 위에 앉아 있는 새들과 같습니다. 나무가 쓰러질 때 우리는 머무를 수 있는 더 큰 나무를 찾아 떠나갑니다." Leonard Andaya, "Interactions with the Outside World and Adaptation in Southeast Asia Society, 1500-1800," Tarling, *Cambridge History of Southeast Asia*, 1: 417에서 인용. 두 번째 인용구는 Scott [Shway Yoe], The Burman, 533에서 나왔다.

53) Anthony Reid, "Economic and Social Change, 1400-1800, in Tarling, *Cambridge History of Southeast Asia*, 1: 460-507, 특히 462.

54) Charles Keeton III, *King Thibaw and the Ecological Rape of Burma: The Political and Commercial Struggle between British India and French Indo-China in Burma, 1878-1886* (Delhi: Mahar Book Service, 1974), 3.

55) Jeremy Black, *European Warfare, 1600-1815* (New Haven: Yale University Press, 1994), 99 및 Martin van Crevald, *Supplying Mar: Logistics from Wallenstein to Patton* (Cambridge: Cambridge University Press, 1977), Charles Tilly, *Coercion, Capital, and European States*, 81에서 재인용. 또한 John A. Lynn, ed., *Feeding Mars: Logistics in Western Warfare from the Middle Ages to the Present* (Boulder: Westview, 1993)를 보라.

56) Lynn, *Feeding Mars*, 21.

57) William J. Koenig, *The Burmese Polity, 1752-1819: Politics, Administration, and Social Organization in the Early Kon-baung Period*, Center for South and Southeast Asian Studies, University of Michigan Papers on South and Southeast Asian Studies, no. 34 (Ann Arbor, 1990), 34.

58) Scott, *Gazetteer of Upper Burma*, vol. 1, part 2, 231, part 1, 281.

59) Ronald Duane Renard, "Kariang: History of Karen-Tai Relations from the Beginnings to 1923," Ph.D. diss., University of Hawai'i, 1979, 78, 130 이하 참조.

60) Pierre du Jarric, *Histoire des choses plus memorables advenues taut ez Indes Orien tales que autres pals de la descouverte des Portugois, en l'etablissement etprogrez de la Joy crestienne et catholique* (Bordeaux, 1608-14), 1: 620-21, Reid, "Economic and Social Change," 462에서 재인용.

61) "Glass Palace Chronicle: Excerpts Translated on Burmese Invasions of

Siam," compiled and annotated by Nai Thein, *Journal of the Siam Society* 8 (1911): 1-119. 인용은 43쪽에서.

62) Scott [Shway Yoe], *The Burman*, 494. 반란은 더 위험한 일이었고 따라서 일어난다 하더라도 탈주보다 흔하지 않았다. 1772년 미얀마 군대가 태국을 침략할 때 몬족의 군사들이 일으킨 반란에 대한 간략한 설명을 보기 위해서는 Koenig, *Burmese Polity*, 19를 참조하라. 내 생각에, 그 정도면 충분하다면서 더 이상 전쟁에 끼어들고 싶지 않아 빠져나가 버리는 군대를 보는 것은 꽤 흥미로운 일이다. 전쟁에서 국가들 간의 연합은 대부분 탈주에 의해 깨져 버렸다. 내가 본 것 중 가장 인상적인 것들 중의 하나가 "두 세계대전의 탈주자들을 위한 기념비' (Monument to the Deserters of Both World Wars, 독일어로 Denkamal an den Unbekannten Deserteurs der Beiden Weltkriegen)라는 종이 반죽으로 제작한 거대한 형상물이다. 이것은 베를린 장벽이 무너진 직후에 독일의 무정부주의자들에 의해 제작되었는데, 트레일러트럭에 의해 구동독의 도시들로 옮겨졌다. 본 시에 잠시 안착될 때까지 도시마다 지역의 행정 당국이 이를 뒤쫓았다.

63) 그러한 군대에서 대부분의 모병은 일차적으로 강제로 이루어진다. 그렇게 징집된 자들은 어떻게든 도망갈 기회를 잡기 마련이다. 제레미 블랙(Jeremy Black)은 1717-28년에 색슨 보병부대의 탈주율이 42 퍼센트였다고 전한다. *European Warfare*, 219.

64) 이것은 부대가 이미 고향에서 멀리 떨어져 있는 곳에 있을 때 특히 그러했다. 시칠리아(Sicily)에서 아테네가 이끌었던 군대의 분열에 대한 투키디데스의 설명이 시사적이다. "적들이 이제 우리와 마찬가지인 상황에서, 우리의 노예들이 도망가기 시작했다. 우리 군사들 중 강제로 징집된 외국인들은 재빨리 그들의 고향으로 되돌아갔고 애초에 싸움에 참여하기보다 많은 비용을 기꺼이 지불하여 상당한 이익을 보려던 자들은 탈주자로 빠져나가거나 여러 방식으로 줄행랑쳤다 - 그래서 시칠리아를 점령하는 것이 어려웠다." *The Peloponnesian War, trans. Rex Warner* (New York: Penguin, 1972), 485. 강조는 추가.

65) Khin Mar Swe, "Ganan: Their History and Culture," M. A. thesis, University of Mandalay, 1999.

66) Scott, *Gazetteer of Upper Burma*, vol. 1, part 1, 205-7.

67) Charles E Keyes, ed., *Ethnic Adaptation and Identity: The Karen on the Thai Frontier with Burma* (Philadelphia: ISHI, 1979), 44.

68) F K. Lehman [Chit Hlaing], "Empiricist Method and Intensional Analysis in Burmese Historiography: William Koenig's *The Burmese Polity, 1752-1819*, a Review Article," *Crossroads: An Interdisciplinary Journal of Southeast Asian Studies* 6 (1991): 77-120, 특히 86.

69) Renard, "Kariang," 44.

70) Leo Alting von Geusau, "Akha Internal History: Marginalization and the Ethnic Alliance System," chapter 6 in *Civility and Savagery: Social Identity*

in Tai States, ed. Andrew Turton (Richmond, England: Curzon, 2000), 130.

71) Scott, *Gazetteer of Upper Burma*, vol. 1, part 2, 282-86.

72) Ibid., 49.

73) 19세기 말에 샨 주를 방문했던 한 사람이 관찰했듯이, "우리가 들은 바에 따르면, 짐메(Zimmé, 치앙마이) 인근의 산악 지역에서 산악 부족들이 드문 것은 과거에 노예시장에 팔아넘기기 위해 들소처럼 조직적으로 그들을 잡아들인 것에 크게 기인한다." Archibald Ross Colquhoun, *Amongst the Shans* (London: Field and Tuer, 1885), 257.

74) 인도 서부에서는 산악민들이 평지를 습격하는 것이 광범위하여 19세기 초에 이르자 3,492개의 마을 중에 단지 1,836개의 마을에만 사람이 살게 됐고 97개 마을들의 터는 기억조차도 할 수 없었다. Ajay Skaria, *Hybrid Histories: Forests, Frontiers, and Wildness in Western India* (Delhi: Oxford University Press, 1999), 130. 나는 미얀마의 문헌 자료에서 노획물의 목록을 찾을 수 없었다. 그러나 인도 서부의 산악민들이 평지를 습격하여 거두어들인 것의 목록은 시사적이다. 수소 77마리, 암소 106 마리, 송아지 55마리, 암물소 11마리, 놋쇠와 구리 용기 54개, 의복 50점, 이불 9채, 철 쟁기 19자루, 도끼 65자루, 장식물, 곡식. Ibid., 132.

75) 순다 대륙붕(Sunda Shelf)의 노예 매매에 관한 연구로, Eric Tagliacozzo, "Ambiguous Commodities, Unstable Frontiers: The Case of Burma, Siam, and Imperial Britain, 1800-1900," *Comparative Studies in Society and History* 46 (2004): 354-77을 보라.

76) Scott, *Gazetteer of Upper Burma*, vol. 1, part 2, 315.

77) 와족은 사냥꾼들이 '머리'와 노예를 얻지 못하도록 산꼭대기에 요새를 만드는 것으로 꽤 유명하다. Fiskesjö, "Fate of Sacrifice," 329. 도서부 동남아시아에서도 이 인력 획득과 거래의 해상판이 있었다. 수많은 사람들이, 특히 말레이족, 일라누족(Illanu), 부기스족(Bugis), 바자우족(Bajau)이, 군도의 해상 거주지를 헤집고 다니며 노예를 잡아 그들 사회에 통합시키거나 팔아넘겼다. 그 결과, 위험에 노출된 해상 공동체들은 더 깊숙한 곳과 상류쪽으로 퇴각하거나 보트를 타고 돌아다니는 바다 유목민이 되며 포획을 피했다. 주로 보트에서 생활하며 바다 산물을 채집하는 데에 특화된 삶을 살아가는 오랑 라웃족은 산등성이로 퇴각하여 살아가는 작은 산악 집단들의 해상 유형이라 할 수 있다. 사실 자쿤족(Jakun, '바다 유목민'과 언어적으로 유사한 숲속에 거주하는 사람들)은 같은 집단에서 유래했다고 추정된다. 즉 일부는 산으로 도망갔고, 다른 사람들은 보트를 타고 떠난 것이다. 이와 관련하여 이해를 돕는 저서인 David E. Sopher, *The Sea Nomads: A Study Based on the Literature of the Maritime Boat People of Southeast Asia*, Memoirs of the National Museum, no. 5 (1965), Government of Singapore를 보라. 또한 Charles O. Frake, "The Genesis of Kinds of People in the Sulu Archipelago," in *Language and Cultural*

Description: Essays by Charles O. Frake (Stanford: Stanford University Press, 1980), 311-32를 보라.

78) Andrew Hardy, *Red Hills: Migrants and the State in the Highlands of Vietnam* (Honolulu: University of Hawai'i Press, 2003), 29.

79) Salemink, *Ethnography of North Vietnam's Central Highlanders*, 37.

80) Thongchai Winichakul, *Siam Mapped: A History of the Gen-Body of a Nation* (Honolulu: University of Hawai'i Press, 1994), 102.

81) Christian Culas and Jean Michaud, "A Contribution to the Study of Hmong (Miao) Migration and History," in *Hmong/Miao in Asia*, ed. N. Tapp, J. Michaud, C. Culas, and G. Y. Lee (Chiang Mai: Silkworm, 2004), 61-96 및 Jean Michaud, "From Southwest China to Upper Indochina: An Overview of Hmong (Miao) Migrations," *Asia-Pacific Viewpoint*, 38 (1997): 119-30을 보라. 사실, 19세기와 20세기에 중국 남서부에서 대륙 동남아시아(특히 베트남, 라오스, 태국)로 이주한 것에 대한 가장 포괄적인 자료가 장 미쇼(Jean Michaud)가 편집한 책인 *Turbulent Times and Enduring Peoples*, 특히 크리스티안 쿨라스(Christian Culas)와 미쇼가 쓴 장들이다.

82) Janet Sturgeon, *Border Landscapes: The Politics of Akha Land Use in China and Thailand* (Seattle: University of Washington Press, 2005)에서 조예가 깊은 분석인 "small border powers"를 보라.

83) Fiskesjö, "The Fate of Sacrifice," 370

84) 찰스 크로스웨이트(Charles Crosthwaite)는 영국이 상부 미얀마를 점령한 직후 반란자들과 군주를 참칭하는 자들 사이의 그러한 결합의 예를 제시한다. 영국이 한 지역의 주권자로 인정한 샨족의 지배자는 인근의 여러 지역을 손아귀에 넣었으나 쫓겨났다. 그는 곧 "민돈왕의 수많은 자식들 중의 하나인 메타야(Hmethaya) 왕자의 두 아들과 힘을 합쳤다. …… 잉와 지역에서 명성을 떨쳤던 귀족출신 게릴라 지도자인 쉐얀(Shwe Yan)이 그들과 함께 했다. …… 큰 [아들] 소나잉(Saw Naing)은 센위(Hsen-wi)로 피했고 그곳에서 지원을 받지 못하자 톤펭(Tawnpeng)과 몽밋(Mong-mit)의 경계의 산악지대와 지세가 험한 곳으로 퇴각해 버렸다." Charles Crosthwaite, *The Pacification of Burma* (London: Edward Arnold, 1912), 270.

85) E. Michael Mendelson, "The Uses of Religious Skepticism in Burma," *Diogenes* 41 (1963): 94-116 및 Victor B. Lieberman, "Local Integration and Eurasian Analogies: Structuring Southeast Asian History, c. 1350-c. 1830," *Modern Asian Studies* 27 (1993): 513을 보라.

86) 프랑스 혁명 시기에 평지의 부유한 수도원과 삼림 지역의 가난한 성직자들 사이의 비교가 여기서 견줄 만하다. 탐욕으로 가득차 가난한 자들을 십일조로 돕지 않았던 전자는 대중의 노여움(방화와 약탈)을 사는 대상이었다. 반면 삼림 지대의 가난한 변방의 성직자들은 대중과 함께 했고 결국 방데(Vendée, 프랑스 서

부의 한 주)에서 일어난 반혁명 봉기에 결정적인 참여자가 되었다. Charles Tilly, *The Vendée* (Cambridge: Harvard University Press, 1964).

87) 이에 대한 문헌이 방대하다. 예를 들어 Stanley Tambiah, *Buddhist Saints of the Forest and the Cult of Amulets* (New York: Cambridge University Press, 1984) 및 Kamala Tiyavanich, *Forest Recollections: Wandering Monks in Twentieth-Century Thailand* (Honolulu: University of Hawai'i Press, 1997)를 보라. 입산과 은거는 "팔정도에 따라 몸과 마음을 엄격히 수행하기 위해 사회로부터 자신을 멀리하는…… '출가'의 초기 불교 관행의 연장이었다." Reynaldo Ileto, "Religion and Anti-colonial Movements," in Tarling, *Cambridge History of Southeast Asia*, 2: 199. 또한 카리스마적인 오늘날 미얀마의 입산 승려에 관한 연구인 Guillaume Rozenberg, *Renoncement et puissance: La quête de la sainteté dans la Birmanie contemporaine* (Geneva: Editions Olizane, 2005)를 보라.

88) E. Michael Mendelson, *Sangha and State in Burma: A Study of Monastic Sectarianism and Leadership*, ed. John P. Ferguson (Ithaca: Cornell University Press, 1975), 233. '성직'(sainthood), 입산 승려, 수행자들에 대한 더 현대적이고 아주 예시적인 분석을 보기 위해서는 Rozenberg, *Renoncement et puissance*를 참조하라.

89) Mendelson, *Sangha and State in Burma*, 233. 또한 Lehman [Chit Hlaing], "Empiricist Method and Intensional Analysis," 90을 보라. 리먼은 총애를 잃고 "외딴 성읍과 마을"로 도피한 승려와 사제단에 대해 다루었다.

90) Edmund Leach, *The Political Systems of Highland Burma: A Study of Kachin Social Structure* (Cambridge: Harvard University Press, 1954), 30.

91) 즉, 땅르인강의 서편이 아니라 동편에서 말이다. Scott, *Gazetteer of Upper Burma*, vol. 1, part 1, 320.

92) Bertil Lintner, *Land of Jade: A Journey through Insurgent Burma* (Edinburgh: Kiscadale and White Lotus, 1990), 279. 한 세기 전에 있었던 샨 주의 비정통 불교에 관한 비슷한 설명을 보려면 Archibald Ross Colquhoun, Amongst the Shans (London: Field and Tuer, 1885), 103을 참조하라.

93) Charles Tilly, *Contention and Democracy in Europe*, 1650-2000 (Cambridge: Cambridge University Press, 2004), 168, 이하 참조.

94) Robert LeRoy Canfield, *Faction and Conversion in a Plural Society: Religious Alignments in the Hindu-Kush*, Museum of Anthropology, University of Michigan, no. 50 (Ann Arbor: University of Michigan, 1973). 인용은 13쪽에서.

95) 그러한 질병들은 저항력이 떨어진 사람들을 죽이기 때문에 그러한 사람들에게 퍼지게 된다. 전혀 면역력이 없는 신세계의 사람들(처음에는 훨씬 건강했다)을 마주할 때, 치사율이 끔찍했다. 또 다른 거대한 도시적 재앙은 화재였다. 전근대

도시는 가연성 자재로 건축물이 주로 건립되었고 노중 화염으로 불을 밝히고 취사연료로 사용했기 때문에 주기적으로 화재가 발생했다. 동남아시아 도시들에서 일어난 치명적인 화재에 관한 사료 기록들이 매우 많다. 가령, Anthony Reid, *Southeast Asia in the Age of Commerce, 1450-1680*, vol. 2, Expansion and Crisis (New Haven: Yale University Press, 1993), 91; 어머라뿌라(Amarapura)에 관해 Scott, *Gazetteer of Upper Burma*, vol. 1, part 2, 1; 어머라뿌라와 양곤(Rangoon)의 화재에 관해 Koenig, *Burmese Polity*, 34-35를 보라. 이 절 첫머리의 인용은 Jared Diamond, *Guns, Germs, and Steel* (New York: Norton, 1997), 195에서 비롯됐고, 첫 문단은 전염병에 관한 다이아몬드의 논의에서 참조했다.

96) Reid, *Southeast Asia in the Age of Commerce*, 2: 291-98. 리드는 여기에서 가뭄과 그 결과인 질병을 동반한 기근의 효과들을 정리했다. 가뭄과 기근 사이에는 충분한 관련성이 있으나 전염병은 종종 기근을 동반하지 않는다.

97) David Henley, *Fertility, Food, and Fever: Population, Economy, and Environment in North and Central Sulawesi, 1600-1930* (Leiden: Kitlv, 2005), chapter 7 및 286쪽.

98) Scott, *Discovery of the Igorots*, 90. 스콧은 도주하는 이고로트족이 얼마나 자주 전염병을 옮겼는지 또는 그들이 얼마나 자주 막다른 지점에 도달했는지에 대해서는 언급하지 않는다.

99) 마이클 아웅-뜨윈은 버강 시대 미얀마 중심부의 관개에 관한 연구에서 밀집과 단일경작의 취약성을 제외하면서 이것의 유리한 점을 강조한다. 그 외의 연구는 조예가 깊다. *Irrigation in the Heartland of Burma: Foundations of the Pre-colonial Burmese State*, occasional paper no. 15 (DeKalb: Council of Southeast Asian Studies of Northern Illinois University, 1990), 54.

100) Nai Thein, "Glass Palace Chronicle," 53.

101) Thant Myint-U, *The Making of Modern Burma* (Cambridge: Cambridge University Press, 2001), 43.

102) Koenig, *Burmese Polity*, 43.

103) Keeton, *King Thibaw and the Ecological Rape of Burma*.

104) Lieberman, *Strange Parallels*, 1: 163, 174, 318-19.

105) 넓게 살펴 보건대, 국가 핵심부의 인구 집중은 - 역시 '정부'라고 알려진 그 핵심부에서 - 전쟁은 말할 것도 없이, 기근, 화재, 전염병의 주요 원인이었다. 그렇다면 이 모든 것이 부분적으로는 국가 효과인 셈이다. 수도의 모든 거주민들이 화재를 예방하고 실제로 화재가 발생했을 때 진화에 반드시 나서야 한다며 세세하게 일련의 행동 규칙들을 마련한 왕실의 칙령들은 국가가 골머리를 얼마나 앓았는지를 드러내는 증거이다. Than Tun, *Royal Orders of Burma, 3:xiv, 49-50.*

106) 예컨대, 20년이나 30년마다 허리케인 카트리나가 야기한 위협 탓에 대피를 한 경험을 갖고 있다고 상상해 보자. 그러한 상황에서는 일상이 된 여러 위기들이 사

람들의 기억 속에 깊이 자리 잡고 있을 것이다.

107) Lieberman, *Strange Parallels*, 1: 369, 394, 312.

108) Aung-Thwin, *Irrigation in the Heartland of Burma*, 34.

109) 이것은 윌리엄 스키너(G. William Skinner)가 "Chinese Peasants and the Closed Community: An Open and Shut Case," *Comparative Studies in Society and History* 13 (1971): 270-81에서 중국인 마을들에 대하여 어느 정도 자세히 다루었던 유형이다.

110) 다시 말하건대, 산악 지역은 비유적으로뿐만 아니라 문자 그 자체적으로도 국가를 거부하는 공간이었다.

111) Nai Thein, "Glass Palace Chronicle," 17. 이절 첫머리의 인용문 Scott, *Discovery of the Igorots*, 141에서 비롯됐다.

112) Scott, *Gazetteer of Upper Burma*, vol. 1, part 1, 148.

113) Hardy, *Red Hills*, 134.

114) G. E. Mitton [Lady Scott], *Scott of the Shan Hills: Orders and Impressions* (London: John Murray, 1930), 182. 스콧은 와족의 머리사냥 행태를 애써 부각시켰다.

115) Martin Smith, *Burma: Insurgency and the Politics of Ethnicity* (London: Zed, 1991), 349.

116) 사회언어학자들은 이를 고립된 이주민들이, 특히 원거주지에서 멀리 벗어나 있는 자들이 원래의 문화에서 떠난 지 오래되어도 옛날 형태의 방언을 고수하고 있는 방식과 유사하다고 볼 것이다. 퀘벡의 프랑스어, 보어의 화란어, 애팔래치아의 영어가 그에 해당된다.

117) Crosthwaite, *Pacification of Burma*, 116.

118) Smith, *Burma*, 231.

119) 2006년 3월에 나는 한 친구와 함께 오토바이로 따라와디(Tharawaddy)의 동쪽에 자리 잡고 있는 버고산맥의 남쪽 지선을 여행하려 했다. 2시간도 채 지나지 않아 그 길이 모래로 뒤덮여 오토바이로는 도저히 지나갈 수 없었다. 우리는 걸어서 앞으로 나아갔다. 도중에 산에서 땔감 나무와 숯감을 실고 오는 수소 짐수레 몇 대를 마주했다. 반나절 걸은 뒤에 8채나 9채의 단순한 형태의 집들이 모여 있는 거주지에 이르렀다. 그 곳의 나무들은 멀리서 볼 때 하얀 천으로 싸여 있는 것 같았다. 우리는 곧바로 모기장 탓에 그렇게 하얗게 보였다는 것을 알아차렸다. 그 마을의 모든 사람들이 나무 아래에서 잠을 자고 있었다. 바로 얼마 전에 산에서 코끼리들이 내려와 곡식 창고를 노략질하고 어린 바나나 묘목을 모두 먹어치워 버렸다. 코끼리들은 반란자들처럼 그 지역을 습격에 매우 알맞은 곳이라 여긴 것이다.

120) Scott, *Gazetteer of Upper Burma*, vol. 1, part 1, 133.

121) Elvin, *Retreat of the Elephants*, 190.

122) *Shih Nai-an*, trans. J. H. Jackson (Cambridge: C&T, 1976). 원래는 상하이에

서 출간됐다.

123) Wilfred Thesiger, *The Marsh Arabs* (Harmondsworth: Penguin, 1967), 99. 아라시 하제니(Arash Khazeni)는 19세기 카타르, 이란에 대한 훌륭한 논문에서 패배한 바흐티아(Bakhtiari, 이란 남서부의 한 부족—옮긴이) 장수가 그의 가족과 함께 샤트알아랍강(Shatt-al-Arab, 이라크 동남부에서 티크리스강와 유프라테스강이 합류한 강—옮긴이) 근처의 이 습지대로 도망갔다고 언급한다. "Opening the Land: Tribes, States, and Ethnicity in Qajar Iran, 1800-1911," Ph.D. diss., Yale University, 2005.

124) 예를 들어, 나치가 원대하게 배수 작업을 하려했던 거대한 프리퍄치 습지(Pripet Marshes, 폴란드, 벨로루시, 북서부 우크라이나에 걸쳐 있으며 그 면적이 십만 제곱킬로미터에 이른다)나 무솔리니에 의해 마침내 배수가 된 로마 근처의 폰티노 습지(Pontine Marshes)를 고려해 보자. 같은 문명 담론이 국가 없이 사는 산악민들에게처럼 국가 없이 사는 습지대 거주민들에게도 적용되었다는 것은 단순한 우연의 일치가 아니라고 나는 생각한다. 그들은 원시적이고 심지어 퇴화되어 가는 사람들이어서 오직 그들의 환경을 급격히 바꾸거나 일거에 제거함으로써만이 회복될 수 있다고 여겨졌다.

125) 예를 들어, Robert Rimini, "The Second Seminole War," chapter 16 of *Andrew Jackson and His Indian Wars* (New York: Viking, 2001), 272-76을 보라. 말라야 반도의 일부의 집단은 산으로 향하며 말레이 국가와 노예제를 피한 반면 다른 집단은 보트를 타고 떠났다는 추정을 이 경우에 적용할 수 있다. 도피했던 체로키(Cherokee) 인디언들 중 일부는 습지대로 간 반면 일부 집단은 "노스캐롤라이나 산악지대의 가장 높은 곳으로 숨어 버렸던" 것이다.

126) Bland Simpson, *The Great Dismal: A Carolinians Swamp Memoir* (Chapel Hill: University of North Carolina Press, 1990), 69-73.

127) Mariana Upmeyer, "Swamped: Refuge and Subsistence on the Margin of the Solid Earth," term paper for graduate seminar, The Comparative Study of Agrarian Societies, Yale University, 2000.

128) Stan B-H Tan, "Dust beneath the Mist: State and Frontier Formation in the Central Highlands of Vietnam, the 1955-61 Period," Ph.D. diss., Australian National University, 2006, 191.

129) Smith, *Burma*, 262.

130) Sopher, *Sea Nomads*, 42-43.

131) 해적질에 관한 좋은 설명을 보려면 James Warren, *Sulu Zone, 1768-1868: The Dynamics of External Trade, Slavery, and Ethnicity in the Transformation of a Southeast Asian Maritime State* (Kent Ridge: Singapore University Press, 1981) 및 Nicholas Tarling, *Piracy and Politics in the Malay World: A Study of British Imperialism in Nineteenth-Century Southeast Asia* (Melbourne: F. W. Cheshire, 1963)을 참조하라. 해상 밀무역 및 국가에 저항

하는 공간으로서 바다에 관한 광범위한 연구를 보기 위해서 Eric Tagliacozzo, *Secret Trades, Porous Borders: Smuggling and States along a Southeast Asian Frontier, 1865-1915* (New Haven: Yale University Press, 2005)를 참조하라.

132) Owen Lattimore, *Nomads and Commissars: Mongolia Revisited* (Oxford: Oxford University Press, 1962), 35.

133) Magnus Fiskesjö, "Rescuing the Empire: Chinese Nation-Building in the 10th Century," *European Journal of East Asian Studies* 5 (2006), 15-44. 인용은 38쪽에서.

134) 로버트 젠크스(Robert D. Jenks)는 '먀오족의 반란'에 관한 연구에서 한족이라 내세운 경우가 소수종족이라 내세운 경우보다 숫자적으로 많았다고 결론 내린다. 지배세력들은 이를 인정하지 않으려 했다. 야만인들은 아무리 지배를 잘 받아도 반란을 일으킬 것이라고 예상됐지만, 한족의 반란에 대한 유일한 설명이 잘못된 지배였고 지방의 통치자들이 그 실정에 책임을 져야 했기 때문이었다. *Insurgency and Social Disorder in Guizhou: The "Miao" Rebellion, 1854-1873* (Honolulu: University of Hawai'i Press, 1994), 4. 18세기 말에 '먀오족'의 반란에 한족이 참여한 것에 대한 통찰력 있는 설명을 보려면 Daniel McMahon, "Identity and Conflict in a Chinese Borderland: Yan Ruyi and Recruitment of the Gelao during the 1795-97 Miao Revolt," *Late Imperial China* 23 (2002): 53-86을 참조하라.

135) Geoffrey Benjamin and Cynthia Chou, eds., *Tribal Communities in the Malay World: Historical, Cultural, and Social Perspectives* (Singapore: Institute of Southeast Asian Studies, 2002), 34. 더 자세하게 다룬 것을 보기 위해서는 Geoffrey Benjamin, "The Malay World as a Regional Array," paper presented to the International Workshop on Scholarship in Malay Studies, Looking Back, Striding Forward, Leiden, August 26-28, 2004를 참조하라.

136) Nicholas Tapp, *Sovereignty and Rebellion: The White Hmong of Northern Thailand* (Singapore: Oxford University Press, 1990), 173-77.

137) Michaud, *Turbulent Times and Enduring Peoples*, 41.

138) Shanshan Du, *Chopsticks Only Work in Pairs: Gender Unity and Gender Equality among the Lahu of Southwest China* (New York: Columbia University Press, 2002), 115.

139) Charles F. Keyes, ed., *Ethnic Adaptation and Identity: The Karen on the Thai Frontier with Burma* (Philadelphia: ISHI, 1979), 30-62. 카이스가 밝혔듯이 이 대강의 설명으로 흩어진 카렌족의 복잡성을 제대로 드러내지 못한다. 카렌니(Karenni, 붉은 카렌족 Red Karen)/까야족(Kayah)은 그들 스스로 샨족의 국가형성 유형을 본떠서 국가를 만들려고 시도했다는 점에서 그리고 아주 두려운 노예사냥꾼이라는 점에서 아마도 주요한 예외라 할 수 있다.

140) 더욱 복잡하면서 정확한 역사적인 설명은 아마도 정치적·경제적 조건에 따라 접근과 회피 사이를 오고간 진동을 보여줄 수 있을 것이다. 국가 밖의 사람들은 우호적인 조건 아래에서 평지와 더 가까워지려고 했을 것이고 마찬가지로 국가 내에 살았던 사람들은 비우호적인 조건 아래에서 평지 국가를 떠나려고 했을 것이다. 우리가 이미 살펴보았던 그 선택을 "마지막 한번의" 선택이라고 간주해서는 안 된다.
도서부 동남아시아 전역에서 평지 국가를 회피하는 것으로 그 속성을 규정할 수 있는 사회들이 있다. 말레이시아에서 흩어져 있는 오랑 아슬리(orang asli) 중에 세노이(Senoi)와 세망(Semang)은 농민이 되는 것을 피하기 위한 방식으로 생계유형을 꾸려나갔다. 술라웨시의 와나족(Wana)은 네덜란드 지배 하에서 강제 이주를 피하기 위해 내륙 깊은 곳으로 피해 버렸다. 반벌목 환경주의자들이 크게 관심을 쏟고 있는 사라왁의 페난족(Penan)은 평지 국가와 거래를 하며 이익을 취하면서도 이를 멀리하기 위해 채집 생활을 하며 살아가는 역사를 갖고 있다. 그러한 많은 집단들은 평지 사람들과 거의 접촉을 하지 않은 것으로 명성이 자자하다. 이는 아마도 노예사냥 원정대를 오랫동안 마주해 온 경험의 결과이다. 그리고 명나라의 저서인 *Description of the Hundred Barbarians*에서 와족에 대해 말하듯이, "그들의 본성은 부드럽고 약하고 정부를 두려워했다." Robert Knox Denton, Kirk Endicott, Alberto Gomes, and M. B. Hooker, *Malaysia and the Original People: A Case Study of the Impact of Development on Indigenous Peoples, Cultural Survival Studies in Ethnicity and Change* (Boston: Allyn and Bacon, 1997); Jane Monnic Atkinson, *The Art and Politics of Wana Shamanship* (Berkeley: University of California Press, 1989); Peter Brosius, "Prior Transcripts, Divergent Paths: Resistance and Acquiescence to Logging in Sarawak East Malaysia," *Comparative Studies in Society and History* 39 (1997): 468-510; and Yin, *People and Forests*, 65.

141) Von Geusau, "Akha Internal History," 134.

142) Ibid., 135.

6장 | 도피 농업과 문화

1) 이 절의 자료는 카렌인권그룹(Karen Human Rights Group, 이하 KHRG)의 "Peace Villages and Hiding Villages: Roads, Relocations, and the Campaign for Control of Toungoo District," October 15, 2000, KHRG report 2000-05에서 자세하게 보도된 내용에서 나온 것이다.

2) Ibid., 24. 군대의 짐꾼이 되는 것은 특히 끔찍한 일이었다. 짐꾼들이 작전 중일 때 녹초가 될 때가지 일을 하고 집에 돌아가지 못하도록 처형되거나, 미얀마 군대의 앞에서 지뢰가 묻혀 있을지 모르는 지대를 걸어가야 하거나, 때론 반란군의

총격을 유도하기 위해 군복을 입고 부대의 전위에 서야만 했던 것이 흔한 일이었다. 짐꾼들은 강제 이주지, 마을, 시장터, 비디오 가게, 버스 터미널, 페리 선착장 등 사람이 모여 있는 곳이라면 어디에서든지 차출됐다.

3) KHRG, "Free Fire Zones in Southern Tenasserim," August 20, 1997, KHRG report 97-09, 7.

4) 강제 이주지의 위생과 식수 공급 조건이 주요한 보건 문제를 역시 야기했다는 것은 놀라운 일이 아니다. 이 점에서 강제 이주지는 마치 국가 핵심부를 닮아 그 전염병의인 위험 요소를 보다 일반적으로 품고 있다.

5) KHRG, "Free Fire Zones," 7, 10.

6) 열대우림에서 순수한 형태의 채집 생활이 과연 실행 가능한 생계 전략인가를 특별호인 *Human Ecology* 19 (1991)에서 여러 전문가들이 다루었다. 모든 것을 감안할 때 그에 대한 답은 그렇다로 보인다.

7) KHRG, "Abuses and Relocations in the Pa'an District," August 1, 1997, KHRG report 97-08, 8. 이 마을 주민들은 또한 그들의 전답으로 돌아와 새로운 작물을 재배할 수 있기를 바랐다.

8) 숨어 있는 마을들에 대해 "보통 간교하게 감추고 무플런(ovis Ammon, 산양의 일종—옮긴이)처럼 찾기가 어렵다"고 설명한 초기 식민 견해를 보려면 *Gazetteer of Upper Burma and the Shan States*, compiled from official papers by J. George Scott, assisted by J. P. Hardiman, vol. 1, part 2 (Rangoon: Government Printing Office, 1893), 195, 416을 참조하라. 20세기 초에 까친 산악 지역을 평정하려는 영국의 작전은 오늘날 소수종족 거주지에서 미얀마의 군사 지배와 꼭 닮았다. 영국군은 반항하는 마을들을 불태웠고, 저장된 곡식과 작물을 파괴했고, 공물과 부역을 갈취했고, 복종의 예를 정식으로 갖추기를 요구했고, 무기를 압수했다. Ibid., vol. 1, part 1, 336.

9) "Glass Palace Chronicle: Excerpts Translated on Burmese Invasions of Siam," compiled and annotated by Nai Thein, *Journal of the Siam Society* 5 (1908): 1-82 및 8 (1911): 1-119. 인용은 5: 74-75에서. 이 인용문은 17세기 어노여타(Anawhrata)왕의 린진(Linzin, 위엉짠/비엔티엔) 원정에 관한 것이다.

10) Clifford Geertz, *Negara: The Theatre State in Nineteenth-Century Bali* (Princeton: Princeton University Press, 1980), 23.

11) Robert D. Jenks, *Insurgency and Social Disorder in Guizhou: The "Miao" Rebellion, 1854-1873* (Honolulu: University of Hawai'i Press, 1994), 11, 21, 131.

12) 예를 들어 Geoffrey Benjamin and Cynthia Chou, eds., *Tribal Communities and the Malay World: Historical, Cultural, and Social Perspectives* (Singapore: Institute for Southeast Asian Studies, 2002), 특히 chapter 2, "On Being Tribal in the Malay World," 7-76을 보라.

13) Ibid. 일반적으로 '부족성'(tribality)에 대한 벤저민의 입장은, 점점 인류학자들

과 역사학자들 사이에서 동의를 얻어가고 있는데, 즉, 국가가 사실상 부족을 만들어 낸다는 것이다. 그는 말하기를, "이 관점에서, 역사적으로 그리고 민족학적으로 다뤄진 모든 부족사회는 2차적인 조직체인데, 국가 기구에(혹은 더 멀리까지 미치는 촉수에) 흡수당하지 않기 위해 적극적인 행동으로 나선 반면 때때로 그들의 삶의 방식이 국가의 존재에 의해 영향을 받는다는 사실이나 여하튼 복잡한 국가의 효과를 억누르려 했던 것이 그 특징이라 할 수 있다. Ibid., 9. 또한 Leonard Y. Andaya, "Orang Asli and Malayu in the History of the Malay Peninsula," *Journal of the Malaysian Branch of the Royal Asiatic Society* 75 (2002): 23-48을 보라.

14) 유목의 유형을 훌륭히 다룬 연구로 Thomas J. Barfield, *The Nomadic Alternative* (Englewood Cliffs, N.J.: Prentice-Hall, 1993)를 보라.

15) William Irons, "Nomadism as a Political Adaptation: The Case of the Yomut Turkmen," *American Ethnologist* 1 (1974): 635-58. 인용은 647쪽에서.

16) A. Terry Rambo, "Why Are the Semang? Ecology and Ethnogenesis of Aboriginal Groups in Peninsular Malaysia," in *Ethnic Diversity and the Control of Natural Resources in Southeast Asia*, ed., A. T. Rambo, K. Gillogly, and K. Hutterer (Ann Arbor: Center for South and Southeast Asia, 1988), 19-58. 인용은 25쪽에서. 사라왁의 푸난/페난(Punan/Penan)을 비슷하게 다룬 것으로 Carl L. Hoffman, "Punan Foragers in the Trading Networks of Southeast Asia," in *Past and Present in Hunter Gatherer Studies*, ed. Carmel Shrire (Orlando: Academic Press, 1984), 123-49를 참조하라.

17) *The Man Shu (Book of the Southern Barbarians)*, trans. Gordon H. Luce, ed. G. P. Oey, data paper no. 44, Southeast Asia Program, Cornell University, December 1961, 35.

18) David Christian, *Maps of Time: An Introduction to Big History* (Berkeley: University of California Press, 2004), 186. 고고학적 증거는 명백하다. "존 코츠워스(John Coatesworth)는 '고생물학자들은 농업적 이행을 영양 상태의 심각 하락의 질병, 과로, 폭력과 관련시킨다. 그 지역의 골격 유물을 통해 변화 이전과 이후의 인간의 후생 상태를 비교할 수 있다'고 썼다. 더 다양하고, 크고, 간편하게 준비할 수 있는 식물과 동물들을 거두는 것이 훨씬 쉬운 일인데도 왜 고통스러운 경작과 거두기와 준비가 따르는 소품종 목초종자에 기반을 둔 생활 방식을 선호하는가" (223). 이 분석은 *The Conditions of Agricultural Growth* (Chicago: Aldine-Atherton, 1972)에서 정착 곡식 농업이 밀집과 토지 부족에 고통스럽게 적응한 것이라는 에스터 보스럽(Ester Boserup)의 견해에도 신빙성을 더해 준다. 이 증거는 또한 마셜 살린스(Marshall Sahlins)가 "원래 풍요로운 사회"로서 채집 사회를 설명한 것과도 일치한다. *Stone Age Economics* (London: Tavistock, 1974), 1.

19) William Henry Scott, *The Discovery of the Igorots: Spanish Contacts with*

*the Pagans of Northern Luzo*n, rev ed. (Quezon City: New Day, 1974), 90.

20) Graeme Barker, "Footsteps and Marks: Transitions to Farming in the Rainforests of Island Southeast Asia," paper prepared for the Program in Agrarian Studies, Yale University, September 26, 2008, 3. 이 절 첫머리 인용은 Arash Khazeni, "Opening the Land: Tribes, States, and Ethnicity in Qajar Iran, 1800-1911," Ph.D. diss., Yale University, 2005, 377에서 참조했다. 이 시는 군사화된 초원 유목민(이란의 바흐티아리의 경우처럼)에서 전형적으로 나타나는 국가 정복에 대한 꿈으로 끝을 맺지만, 내가 여기에서 주목하고자 하는 것은 고정식 경작과 압제의 결부이다. 하제니(Khazeni)가 연구에 도움을 준 것과 그의 논문에서 통찰력 있는 견해들을 많이 제공해 준 것에 감사한다.

21) Pierre Clastres, S*ociety against the State: Essays in Political Anthropology*, trans. Robert Hurley (New York: Zone, 1987). 원래는 La société contre l'état (Paris: Editions de Minuit, 1974)로 출간됐다.

22) 그 증거는 이제 기존에 생각했던 것보다 정복 이전의 신세계 인구가 훨씬 더 많았다고 제시한다. 우리는 현재 대부분 고고학적 증거를 통해 기술적으로 잘 들어맞는 대부분의 지역에서 농업이 시행됐고 실제로 신세계의 인구가 서유럽의 인구보다 많았다는 것을 알고 있다. 그 증거들에 대한 광범위한 검토를 보려면 Charles C. Mann, 1491: *New Revelations of the Americas before Columbus* (New York: Knopf, 2005)를 참조하라.

23) A. R. Holmberg, *Nomads of the Longbow: The Siriono of Eastern Bolivia* (New York: Natural History, 1950)을 보라.

24) 가까운 친족 집단에 대한 밀착 연구에 일부분 기반을 둔 시리오노족(Siriono) 역사의 재구성을 보려면 Allyn Mclean Stearman, "The Yukui Connection: Another Look at Siriono Deculturation," *American Anthropologist* 83 (1984): 630-50을 참조하라.

25) Clastres, "Elements of Amerindian Demography," in Society against the State, 79-99. 정주 농업에서 수렵과 채집으로 옮겨 간 것은 비슷한 인구 붕괴로 말미암아 수렵채집 구역이 더 늘어나고 유럽의 철제 도구, 총기, 말을 사용하여 노동력을 덜 들이게 됐던 북아메리카에서도 나타났다. Richard White, *The Middle Ground: Indians, Empires, and Republics in the Great Lakes Region, 1650-1815* (Cambridge: Cambridge University Press, 1991), 여러 곳.

26) 리처드 프라이스(Richard Price)가 편집한 *Maroon Societies: Rebel Slave Communities in the Americas*, 2nd ed. (Baltimore: Johns Hopkins University Press, 1979)가 전반적으로 훌륭히 다루었다.

27) Yin Shao-ting, *People and Forests: Yunnan Swidden Agriculture in Human-Ecological Perspective*, trans. Magnus Fiskesjö (Kunming: Yunnan Education Publishing House, 2001), 351.

28) Richard A. O'Connor, "A Regional Explanation of the Tai Müang as a City-

State," in *A Comparative Study of Thirty City-States*, ed. Magnus Herman Hansen (Copenhagen: Royal Danish Academy of Sciences and Letters, 2000), 431-47. 인용은 434쪽에서. 오코너 역시 그의 입장을 입증하기 위해 Georges Condominas, *From Lama to Mon, from Saa' to Thai: Historical and Anthropological Aspects of Southeast Asian Social Spaces*, trans. Stephanie Anderson et al., an Occasional Paper of Anthropology in Association with the Thai-Yunnan Project, Research School of Pacific Studies (Canberra: Australian National University, 1990), 60 및 E. P. Durrenberger and N. Tannenbaum, *Analytical Perspectives on Shan Agriculture and Village Economics* (New Haven: Yale University Southeast Asian Monographs, 1990), 4-5를 인용한다.

29) Jean Michaud, *Historical Dictionary of the Peoples of the Southeast Asian Massif* (Lanham, Md.: Scarecrow, 2006), 180.

30) 예를 들어 Herold J. Wiens, *China's March toward the Tropics: A Discussion of the Southward Penetration of China's Culture, Peoples, and Political Control in Relation to the Non-Han-Chinese Peoples of South China in the Perspective of Historical and Cultural Geography* (Hamden, Conn.: Shoe String, 1954), 215 및 Jan Breman, "The VOC's Intrusion into the Hinterland: Mataram," unpublished paper를 보라. 이동식 경작의 정치적·과세적 측면의 유리함에 무역과 교환을 위해 새로운 기회를 이용할 수 있는 화전민들의 상대적 유동성을 더해야 한다. 버나드 셀라토(Bernard Sellato)는 보르네오의 맥락에서 실제로 화전이 더 안전할 뿐만 아니라 더 적응적이었다고 주장한다. 화전은 많은 이익을 남기는 산지 산물의 '상업적 집산'에도 알맞을 뿐만 아니라 더 믿을 수 있고 다양한 음식물을 제공한다. 모든 것을 고려할 때, "그 체계의 유동성 때문에 결국 근대 세계가 부여한 기회들에 더욱 효율적으로 적응할 수 있는 반면 벼농사 농민들은 전답의 일에 매인다"고 셀라토는 여긴다. *Nomads of the Borneo Rainforest: The Economics, Politics, and Ideology of Settling Down*, trans. Stephanie Morgan (Honolulu: University of Hawai'i Press, 1994), 186.

31) 중국의 위대한 농업학자인 인샤오팅(Yin Shao-ting)의 연구가 이 사실을 가장 설득력 있고 세밀하게 드러낸다. 그의 저서가 *People and Forest*라는 제목을 가진 영어책으로 번역됐다. 특히 351-52쪽을 보라.

32) Jan Wisseman Christie, "Water from the Ancestors: Irrigation in Early Java and Bali," in *The Gift of Water: Water Management, Cosmology, and the State in Southeast Asia*, ed. Jonathan Rigg (London: School of Oriental and African Studies, 1992), 7-25. 또한 J. Steven Lansing, *Priests and Programmers: Technologies of Power in the Engineered Landscape of Bali*, rev. ed. (Princeton: Princeton University Press, 1991, 2007)를 보라.

33) Edmund Leach, *The Political Systems of Highland Burma: A Study of*

Kachin Social Structure (Cambridge: Harvard University Press, 1954), 236-37.

34) 베냉(Benin)의 도곤족(Dogon)이 이 유형에 들어맞는다. 그들은 산으로 도망갔고 그곳의 돌밭 위에 흙을 바구니로 퍼 나르며 고정식 농업을 일구었다. 이것은 전혀 효율적이지 않았으나 자유와 굴종 사이의 차이를 의미했다. 그들이 공격으로부터 안전할 때면 그들은 퍼져서 다시 이동식 경작으로 돌아갔다.

35) Michaud, *Historical Dictionary*, 100.

36) 사실, 이 관점에서, 습격의 위험이 높을 때, 화전은 곡식 재배보다 지역적으로 더 안정된 생계 방식이었다. 곡식 재배자들은 작물과 곡식이 몰수당하거나 파괴될 때 반드시 식량을 찾아 떠나야 했다. 이와 대조적으로 화전민들은 무르익은 다양한 지상 작물뿐만 아니라 여전히 땅속에 뿌리 작물들을 충분히 갖고 있어 직접적인 물리적 위험이 사라진 후에 언제든 다시 돌아와 생계를 꾸려나갈 수 있었다.

37) 그 역이 반드시 그러한 경우는 아니다. 앞서 보았듯이, 논벼는 국가 내에서와 국가 밖의 맥락에서 모두 경작됐다.

38) Michael Dove, "On the Agro-Ecological Mythology of the Javanese and the Political Economy of Indonesia," *Indonesia*, 39 (1985): 11-36. 인용은 14쪽에서.

39) Hjorleifur Jonsson, "Yao Minority Identity and the Location of Difference in the South China Borderlands," *Ethnos* 65 (2000): 56-82. 인용은 67쪽에서. 존슨은 그의 학위 논문인 "Shifting Social Landscape: Mien (Yao) Upland Communities and Histories in State-Client Settings," Cornell University, 1996에서 이를 좀 더 문화적인 관점에서 풀이한다. "나는 고원성(up-landness)의 전제는 국가에 의한 저지대의 탈취라고 제안한다. …… 명백히 국가 바깥에서 살아가며 국가 내 사람들의 세계관을 공유하지 않는 산악민들은 평지와 숲의 생태적 분화를 재생산하는 방식으로 살아간다. 이 점이 내가 숲은 간섭받지 않는 자연이 아니라 국가에 의해 이미 구조화된 환경이라면서 산악의 농업이 바로 그 환경에 적응하는 것이라는 점을 말한 배경이다"(195).

40) Nicholas Tapp, *Sovereignty and Rebellion: The White Hmong of Northern Thailand* (Singapore: Singapore University Press, 1990), 20. 탭은 F. M. Savina, *Histoire des Miao* (Hong Kong: Imprimerie de la Société des Missions-Etrangères de Paris, 1930), 216을 인용했다.

41) 그렇게 복잡한 일련의 생계 활동을 자세히 다루기 위해서는 명석하고도 세세한 민족지가 필요하다. 동남아시아에서 그러한 첫 번째의 민족지가 해럴드 콘클린(Harold Conklin)의 유명한 연구인 *Hanunoo Agriculture: A Report on an Integral System of Shifting Cultivation in the Philippines* (Rome: Food and Agriculture Organization of the United Nations, 1957)이다. 하누누족의 지식과 기술뿐만 아니라 민족지학자들의 관찰력 또한 경외감을 자아내어 어느 한 쪽

만을 존경하기가 매우 어려울 지경이다.

42) Scott, *Gazetteer of Upper Burma*, vol. 1, part 2, 416. 스콧은 산악민들이 세금을 내거나 "샨족이 게을러서 재배하지 못하는 작물을 길러낼" 때 특히 눈에 띄게 됐다고 관찰했으나 "세금을 고분고분 바치지 않으려는 저항에 시달렸고 사람들이 집단으로 떠나가는 위험이 늘 도사리고 있었다"고 썼다(416).

43) 따라서 어느 '문명의' 섭식이든 그 중심에는 늘 곡식이 - 대개 밀, 옥수수, 쌀, 호밀 같은 낱알 곡식 - 있었다. 곧 상징적인 문명의 주식이었다. 로마인들이 보기에, 야만인들의 섭식에서 고기와 유제품에 비해 곡식이 상대적으로 부족하다는 것이 놀라운 일이었다. Thomas Burns, *Rome and the Barbarians, 100 BC-AD 400* (Baltimore: Johns Hopkins University Press, 2003), 129.

44) 하나의 대안이, 그러나 높은 수준의 국가권력을 필요로 하는데, 한 마을로 하여금 강제로 일정 구역에서 국가가 지정한 작물을 재배하게 함으로써 밀집을 줄이고 그런 다음 국가의 관료들이 그 작물들을 압수해가는 것이다. 이것이 식민지 자바에서 네덜란드가 도입한 '강제 경작'(cultivation system)의 핵심이었다.

45) Mya Than and Nobuyoshi Nishizawa, "Agricultural Policy Reforms and Agricultural Development," in *Myanmar Dilemmas and Options: The Challenge of Economic Transition in the 1990s*, ed. Mya Than and Joseph L. H. Tan (Singapore: Institute of Southeast Asian Studies), 89-116. 인용은 102쪽에서. 또한 중국의 대약진운동 시기에 마을 주민들에게 순무가 곡식과 달리 과세되거나 압수되지 않는다하여 이를 재배하도록 권고한 한 마을 지도자에 관한 인상적인 설명을 보라. 그 마을은 그렇게 하여 이웃 마을들이 당한 기근을 면할 수 있었다. Peter J. Seybolt, *Throwing the Emperor from His Horse: Portrait of a Village Leader in China, 1923-1995* (Boulder: Westview, 1996), 57.

46) 곡식을 재배하는 농민들은 식량을 찾는 습격자와 군대에 의해 끊임없이 위협을 받아 작은 부지에 그들의 곡식을 묻는다. 뿌리 작물의 이점은 이미 작은 부지에 묻혀 있다는 것이다! William McNeill, "Frederick the Great and the Propagation of Potatoes" in *I Wish I'd Been There: Twenty Historians Revisit Key Moments in History*, ed. Byron Hollinshead and Theodore K. Rabb (London: Pan Macmillan, 2007). 176-89.

47) 제프리 벤저민은 말레이시아의 오랑 아슬리가 노동을 상대적으로 덜 들이는 작물(수수, 덩이줄기, 사고, 코코넛, 바나나)이 그들의 이동성을 촉진하기 때문에 이를 선호한다고 언급한다. 그의 "Consciousness and Polity in Southeast Asia: The Long View," in *Local and Global: Social Transformation in Southeast Asia, Essays in Honour of Professor Syed Hussein Alatas*, ed. Riaz Hassan (Leiden: Brill, 2005), 261-89를 보라.

48) 말레이시아의 비상사태 시기에 정글에 있던 공산당 조직의 전술적 실수들 중 하나가 개간하여 쌀을 심은 것이었다. 이 때문에 공중에서 쉽게 발견될 수 있었다.

이 점을 알려 준 마이클 도브(Michael Dove)에게 감사한다.

49) 신세계에 관한 이 논쟁은 만(Mann)의 1491에 요약돼 있다. 동남아시아에 관해서는 Sellato, *Nomads of the Borneo Rainforest*, 119 이하를 보라. 더 회의적인 견해를 보려면 Michael R. Dove, "The Transition from Stone to Steel in the Prehistoric Swidden Agricultural Technology of the Kantu' of Kalimantan, Indonesia," in *Foraging and Farming*, ed. David Harris and Gordon C. Hillman (London: Allen and Unwin, 1989), 667-77을 참조하라.

50) Hoffman, "Punan Foragers."

51) Ibid., 34, 143.

52) Michael Adas, "Imperialist Rhetoric and Modern Historiography: The Case of Lower Burma Before the Conquest," *Journal of Southeast Asian Studies* 3 (1972): 172-92 및 Ronald Duane Renard, "The Role of the Karens in Thai Society during the Early Bangkok Period, 1782-1873," *Contributions to Asian Studies* 15 (1980): 15-28을 보라.

53) Condominas, *From Lawa to Mon*, 63.

54) Sellato, *Nomads of the Borneo Rainforest*, 174-80.

55) John D. Leary, *Violence and the Dream People: The Orang Asli in the Malayan Emergency 1848-1960*, Monographs in International Studies,. Southeast Asian Studies, no. 95 (Athens, Ohio: Center for International Studies, 1995), 63.

56) David Sweet, "Native Resistance in Eighteenth-Century Amazonia: The ' Abominable Muras,' in War and Peace," Radical History Review 53 (1992): 49-80을 보라. 무라족(Mura)은 해마다 홍수로 인해 변하는 2,500제곱킬로미터의 복잡한 물길의 주인들이었다. 그들은 포르투갈의 강제 노동 체계로부터 도망친 자들을 자석처럼 끌어당겼고 사실상 '무라'라는 말은 종족 정체성보다는 '무법'을 나타내는 혼성어이다. 건기 때 그들은 홍수로 인해 퇴적된 땅위에 옥수수와 카사바와 더불어 단기 작물을 재배했다.

57) 뿌리 작물과 덩이줄기 및 옥수수에 관한 수많은 논의에 관해 나는 페터 붐하르트(Peter Boomgaard)의 훌륭한 역사적 연구에 빚을 졌다. 특히 "In the Shadow of Rice: Roots and Tubers in Indonesian History, 1500-1950," *Agricultural History* 77 (2003): 582-610 및 "Maize and Tobacco in Upland Indonesia, 1600-1940," in *Transforming the Indonesian Uplands: Marginality, Power, and Production*, ed. Tania Murray Li (Singapore: Harwood, 1999), 45-78을 보라.

58) 사고는 많은 식물들이 그렇듯이 완전히 순화된(domesticated) 작물과 자연적으로 자라난 '야생'종 사이에서 아래쪽의 공간을 차지한다. 사고는 동부 인도네시아에서 대륙 동남아시아로 넘어 왔고 번식에 알맞은 땅에서 장려되고 관심을 받아 퍼져 나갔다. 이것은 단위 노동당 칼로리 생산에서 카사바를 추월할 정도였다.

59) Boomgaard, "In the Shadow of Rice," 590.

60) Scott, *Discovery of the Igorots*, 45.

61) 나는 알렉산더 리(Alexander Lee)가 산재한 자료들을 모아서 이렇게 비교할 수 있도록 해준 것에 대해 감사한다.

62) 이절 전반에 걸쳐 피터 붐가르드의 토대 연구인 "Maize and Tabacco"에 의존했다.

63) Ibid., 64.

64) Boomgaard, "Maize and Tobacco," 65.

65) Robert W. Hefner, *The Political Economy of Mountain Java* (Berkeley: University of California Press, 1990), 57. 헤프너의 주장을 더 넓게 적용한다면 그리고 철제 도구들이 화전을 탈바꿈시켰다면, 더 이른 시기의 화전 행태에 대해 일반화를 시도하는 데에 근대의 화전을 마냥 무조건 끌어들일 수 없다.

66) 옥수수와 감자도 역시 주요 소수종족들로 하여금 평지에서 떠나 산에서 터전을 일궈나갈 수 있게 해주었다. 실례로 남서부 중국에서 옥수수와 감자 경작을 도입한 한족 평민들은 산비탈 위로 더 높이 퍼져 나가 한족의 관료들이 닿지 못하도록 했다. 한족이 그렇게 퍼지자 그 효과로 많은 비한족 사람들은 더 깊은 산속으로, 더 위쪽의 상류 지역으로 옮겨 갈 수밖에 없었다. 이 맥락에서 다음의 두 연구를 보라. Norma Diamond, "Defining the Miao: Ming, Qing, and Contemporary Views," in *Cultural Encounters on China's Ethnic Frontier*, ed. Steven Harrell (Seattle: University of Washington Press, 1995), 92-119, 인용은 95쪽에서. Magnus Fiskesjö, "On the 'Raw' and the 'Cooked' Barbarians of Imperial China," *Inner Asia* 1 (1999): 139-68, 특히 142쪽.

67) 나는 이절에서 다시금 Boomgaard, "In the Shadow of Rice"로부터 많은 아이디어를 얻었다.

68) 만(Mann)은 산타렘(Santarém)에서 온 한 브라질 여성과 만난 것을 전하는데, 그 여성은 몇 년 전에 깔린 아스팔트가 갈라졌을 때 그 밑에 카사바가 있었다고 주장했다고 한다.

69) 제임스 하겐(개인적인 대화, 2008년 2월)은 나에게 말루쿠(Maluku)의 맥락에서 적어도 야생 돼지가 까다롭게 골라서 덩이줄기들을 파헤쳐 먹어치우지 않고 그 덩이줄기 간에 큰 차이가 없다는 사실을 일깨워주었다.

70) Marc Edelman, "A Central American Genocide: Rubber, Slavery, Nationalism, and the Destruction of the Guatusos-Malekus," *Comparative Studies in Society and History* 40 (1998): 356-90. 인용은 365쪽에서. 미국의 남북전쟁 이후에 공유재에 의존했던 해방 노예들의 자유농 경제의 발전과 쇠퇴에 대한 설명을 보기 위해서는 Steven Hahn, "Hunting, Fishing, and Foraging: Common Rights and Class Relations in the Postbellum South," *Radical History Review* 26 (1982): 37-64를 참조하라.

71) 이 논의는 Richard O'Connor, "Rice, Rule, and the Tai State," in *State*

Power and Culture in Thailand, ed. E. Paul Durrenberger, Southeast Asia Monograph no. 44 (New Haven: Yale Southeast Asian Council, 1996), 68-99에서 자세히 다뤄져 있다.

72) F. K. Lehman [Chit Hlaing], "Burma: Kayah Society as a Function of the Shan-Burma-Karen Context," in *Contemporary Change in Traditional Society*, ed. Julian Steward (Urbana: University of Illinois Press, 1967), 1: 1-104. 인용은 59쪽에서. 리먼은 까야족이 자신들을 위치시키는 정치적 환경을 일종의 태양계로 보았다는 점을 눈여겨봐야 한다. 그 태양계에서 각각의 버마족, 샨족, 카렌족 사회는 끌어당기는 힘과 밀치는 힘을 동시에 행사했다.

73) Ira Lapidus, "Tribes and State Formation in Islamic History," in *Tribes and State Formation in the Middle East*, ed. Philip S. Khoury and Joseph Kostiner (Berkeley: University of California Press, 1990), 48-73. 인용은 52쪽에서.

74) 두드러지는 예외로 몽족, 카렌족, 까친족을 들 수 있다. 카렌족과 까친족은 영국 지배 아래에서 군사화되고 기독교화되었다. 가장 인상적인 사건은 1854년부터 1973년 사이에 중국의 구이저우와 남서부에서 발생했던 '먀오(몽)족의 대반란'이다. 물론 퇴각은 방어적인 군사 수단을 동반했다.

75) Ernest Gellner, *Saints of the Atlas* (London: Weidenfeld and Nicholson, 1969), 41-49; Malcolm Yapp, *Tribes and States in the Khyber, 1838-1842* (Oxford; Clarendon, 1980), quoted in Richard Tapper, "Anthropologists, Historians, and Tribespeople on the Tribe and State Formation in the Middle East," in Khoury and Kostiner, Tribes and State Formation, 48-73. 인용은 66-67쪽에서.

76) 훌륭한 연구인 Karen Barkey, *Empire of Difference: The Ottomans in Comparative Perspective* (Cambridge: Cambridge University Press, 2008), 155-67을 보라. 오스만이 데르비시 교도에게서 겪었던 어려움은 러시아의 황제가 구교도(Old Belivers)와 동방 가톨릭교도(Uniates, 그리스 정교의 규례와 관습을 고수하려는 교파—옮긴이)에게서 겪었던 어려움과 유사했다고 그녀는 말한다.

77) Lois Beck, "Tribes and the State in 19th- and 20th-Century Iran," in Khoury and Kostiner, *Tribes and State Formation*, 185-222. 인용은 191쪽, 192쪽에서.

78) Owen Lattimore, "On the Wickedness of Being Nomads," *Studies in Frontier History: Collected Papers, 1928-1958* (London: Oxford University Press, 1962), 415-26, 인용은 415쪽에서.

79) 화이트는 *Middle Ground*에서 "명백한 것은 사회적으로, 정치적으로, 이것이 마을 세계였다는 점이다. …… 부족과 민족과 연합체라고 일컫는 단위들은 단지 마을들의 느슨한 연합에 불과했다. …… 국가를 닮은 그 어떤 것도 상부 지역(pays

d'en haut, 몬트리올 서쪽의 광대한 영역으로 5대호의 북부와 남부를 비롯해 프랑스가 세력을 확대하던 북아메리카 지역을 포함한다—옮긴이)에서는 존재하지 않았다"고 밝힌다(16).

80) Stuart Schwartz and Frank Salomon, "New Peoples and New Kinds of People: Adaptation, Adjustment, and Ethnogenesis in South American Indigenous Societies (Colonial Era)," in *The Cambridge History of Native Peoples of the Americas*, ed. Stuart Schwartz and Frank Salomon (Cambridge: Cambridge University Press, 1999), 443-502, 특히 460.

81) Irons, "Nomadism as a Political Adaptation," and Michael Khodarkovsky, *When Two Worlds Met: The Russian State and the Kalmyk Nomads, 1600-1771* (Ithaca: Cornell University Press, 1992).

82) Marshall Sahlins, *Tribesmen* (Englewood Cliffs, N.J.: Prentice-Hall, 1968), 45-46, ibid., 64에서 재인용.

83) 식민 시기 이전 안데스에서 정치적 선택으로서 농업의 강화 및 탈강화를 설득력 있게 제시한 것을 보기 위해서는 Clark Erickson, "Archeological Approaches to Ancient Agrarian Landscapes: Prehistoric Raised-Field Agriculture in the Andes and the Intensification of Agricultural Systems," paper presented to the Program in Agrarian Studies, Yale University, February 14, 1997을 참조하라.

84) Leach, *Political Systems of Highland Burma*, 171.

85) Scott, *Gazetteer of Upper Burma*, vol. 1, part 2, 246.

86) Charles Crosthwaite, *The Pacification of Burma* (London: Edward Arnold, 1912), 236, 287.

87) A. Thomas Kirsch, "Feasting and Society Oscillation, a Working Paper on Religion and Society in Upland Southeast Asia," data paper no. 92 (Ithaca: Southeast Asia Program, 1973), 32.

88) Leach, *Political Systems of Highland Burma*, 171. 대부분의 경우에 국가의 신민이나 평지 사회의 일원이 되지 않으려는 정치적 선택은 문화적인 의제도 역시 포함한다. 이 점에서 세망과 세노이의 평등주의를 말레이 정체성에 대한 '정화 반응'(abreaction)으로 이것이 곧 말레이의 문화적 표식으로부터 '이화'(dis-assimilation)를 촉진하고 있다고 서술한 제프리 벤저민을 보라. Benjamin and Chou, *Tribal Communities in the Malay World*, 24, 36.

89) Magnus Fiskesjö, "The Fate of Sacrifice and the Making of Wa History," Ph.D. thesis, University of Chicago, 2000, 217.

90) Alain Dessaint, "Lisu World View," *Contributions to Southeast Asian Ethnography*, no. 2 (1998): 27-50. 인용은 29쪽에서. 그리고 Alain Dessaint, "Anarchy without Chaos: Judicial Process in an Atomistic Society, the Lisu of Northern Thailand," *Contributions to Southeast Asian Ethnography*,

no. 12, special issue *Leadership, justice, and Politics at the Grassroots*, ed. Anthony R. Walker (Columbus, Ohio: Anthony R. Walker, 2004), 15-34.

91) Jacques Dournes, "Sous convert des maîtres," *Archive Européen de Sociologic* 14 (1973): 185-209.

92) Jonathan Friedman, "Dynamics and Transformation of a Tribal System: The Kachin Example," *L'Homme* 15 (1975): 63-98; Jonathan Friedman, *System, Structure, and Contradiction: The Evolution of' Asiatic Social Formations* (Walnut Creek, Calif.: Altimira, 1979); David Nugent, "Closed Systems and Contradiction: The Kachin in and out of History," Man 17 (1982): 508-27.

93) François Robinne and Mandy Sadan, eds., *Social Dynamics in the Highlands of Southeast Asia: Reconsidering the Political Systems of Highland Burma by E. R. Leach*, Handbook of Oriental Studies, section 3, Southeast Asia (Leiden: Brill, 2007). 그 책에서 리치가 굼사(gumsa)와 굼라오(gumlao)라는 용어를 잘못 이해했다고 비판한 것에 대해서는 특히 La Raw Maran, "On the Continuing Relevance of E. R. Leach's *Political Systems of Highland Burma* to Kachin Studies," 31-66 및 F. K. L. Chit Hlaing [F. K. Lehman], Introduction, "Notes on Edmund Leach's Analysis of Kachin Society and Its Further Applications," xxi-lii를 보라.

94) 마란(Maran)은 "Continuing Relevance"에서 여러 유형의 굼사가 있으며 그 중의 하나(굼칭 굼사 gumchying gumsa의 변형인 굼솀 마그마 gumshem magma)만이 리치가 그야말로 굼사 체제와 결부시킨 폭정에 기반을 둔 엄격한 위계사회에 근접해 있다고 제시한다. 그는 더 나아가 '완벽한' 굼라오는 절대로 존재하지 않았고 굼라오는 굼사에 기반을 두고 있는 어느 정도 민주적인 변형체라고 주장한다. 엄격히 말하여 가장 평등한 굼사-굼라오 체제는 사실상 추종자를 성공적으로 많이 확보한 사람 누구에게나 열려 있는 경쟁적인 연회 과두제라는 것이다. 구조주의를 지향했던 리치가 명백히 오류를 범했던 것은 분절적 계보 체계와 비대칭적 결혼 연합의 조합은 지위와 연계의 고착화로 이어진다고 가정했다는 점이다. 칫흘라잉(리먼)이 서론에서 밝혔듯이 마란은 결코 그렇지 않았다고 했다. 또한 Cornelia Ann Kammerer, "Spirit Cults among Akha Highlanders of Northern Thailand," in *Founders' Cults in Southeast Asia: Ancestors, Polity, and Identity*, ed. Nicola Tannenbaum and Cornelia Ann Kammerer, monograph no. 52 (New Haven: Council on Southeast Asian Studies, 2003), 40-68에서도 수장의 의례 독점과 비대칭적 결혼 연합 체계가 높은 수준의 평등주의와 잘 들어맞았다고 밝힌다.

95) 뉴젠트(Nugent)와 여러 사람들이 강조한 대로, 더 권위적인 형태의 까친족 위계 체계는 낮은 서열의 계보와 유산을 받지 못하는 아들들 가운데서 발생하는 내부 갈등에만 국한되지 않는다. 아편 호황과 그에 뒤따르는 아편 재배지 확보 쟁탈전, 그리고 (습격을 대신하여) 카라반 무역에 대한 세금을 낮추고, 까친족의 수

입과 인력의 공급의 원천이 되는 노예매매를 제거하려는 영국의 노력은 아마도 더 위계적인 형태의 까친족의 사회조직을 약화시키는 데에 결정적인 역할을 한 것 같다. 이 맥락에서 Vanina Boute, "Political Hierarchical Processes among Some Highlanders of Laos," in Robinne and Sadan, *Social Dynamics in the Highlands*, 187-208을 보라.

96) 리치가 조직적으로 굼사 체계의 권위주의적 성향을 지나치게 높게 평가했던 이유는 굼사의 수장이 샨족에 그 자신을 나타낼 때 샨족 군주의 왕위 지위와 행동 규범을 받아들였기 때문이었다. 그 굼사의 수장은 그의 수하에 신민이 거의 없거나 아예 없으면 세습적인 귀족 수장으로서 인정받지 못했을 터였다. 리치는 허울을 실제라고 착각했던 것 같다. Chit Hlaing [Lehman], Introduction.

97) 동남아시아의 맥락을 참작해 보면, 굼라오 및 굼사 마을의 이념은 종교개혁과 영국의 내전 시기에 가장 평등적인 분파(재침례파, Anabaptist)를 떠올리게 한다. 마찬가지로 의례적인 평등을 주장했고, 공물을 거부했고, 종속과 그에 수반되는 경칭 사용을 거부했다. 이 경우에 개인적 자율성과 서열화는 연회를 통해 이루어졌다.

98) Scott, *Gazetteer of Upper Burma*, vol. 1, part 2, 414.

99) 토머스 커시(Thomas Kirsch)가 "Feasting and Social Oscillation"에서 연회 체계를 가장 날카롭게 분석했다. 그는 연회의 의례적 자율성에 강조를 두는 굼라오/민주적 체계와 연회에서 계보의 위계에 강조를 두는 굼사/전제적 체계를 비교했다. 아편 재배가 연회에 끼친 민주적 (적어도 초기에 끼친) 영향에 관해서는 Hjorleifur Jonsson, "Rhetorics and Relations: Tai States, Forests, and Upland Groups," in Durrenberger, *State Power and Culture*, 166-200을 보라.

100) Leach, *Political Systems of Highland Burma*, 198-207.

101) 리수족에 관해 폴 두렌버거(Paul Durrenberger)는 다소 위계적인 형태의 사회조직에 대한 사안을 좀 더 물질주의적인 맥락에서 다룬다. 그래서 나에게 더욱 설득력 있게 다가온다. "동남아시아 고원에서 어떤 상황에서는 지위와 위신이라고 해석할 수 있는 명예와 부에 관한 관념이 존재한다. 부가 부족하고 가치재에 대한 접근이 희박할 때 위계적인 형태가 발전한다. 반면 그것들이 퍼져 있을 때 평등주의적인 형태가 발전한다." "Lisu Ritual: Economics and Ideology," in *Ritual, Power, and Economy: Upland-Lowland Contrasts in Mainland Southeast Asia*, ed. Susan D. Russell, Monograph Series on Southeast Asia, Center for Southeast Asian Studies, Northern Illinois University, occasional paper no. 14 (1989), 63-120. 인용은 114쪽에서.

102) Leach, *Political Systems of Highland Burma*, 199. 여기에서 리치는 "Expeditions among the Kachin Tribes of the North East Frontier of Upper Burma," compiled by General J. J. Walker from the reports of Lieutenant Eliot, Assistant Commissioner, Proceedings R. G. S. XIV을 인용한다.

103) Leach, *Political Systems of Highland Burma*, 197-98. 리치는 여기에서 H. N. C. Stevenson, *The Economics of the Central Chin Tribes* (Bombay, [c. 1943]); J. H. Hutton., *The Agami Nagas* (London, 1921) and *The Sema Nagas* (London, 1921); and T. P. Dewar, "Naga Tribes and Their Customs: A General Description of the Naga Tribes Inhabiting the Burma Side of the Paktoi Range," Census 11 (1931): report, appendixes를 인용한다.

104) 카렌족에 관해서는 Lehman [Chit Hlaing], "Burma"를 보라.

105) Martin Smith, *Burma: Insurgency and the Politics of Ethnicity* (London: Zed, 1991), 84에서 인용.

106) Leach, *Political Systems of Highland Burma*, 234. 종속의 비용을 공물, 부역, 곡식의 측면에서 계산한다면 이 주장에 대해 나는 비판적으로 생각한다. 어떤 경우이든 리치는 그의 주장을 뒷받침하는 수치를 제공하지 않았다.

107) F K. Lehman [Chit Hlaing], *The Structure of Chin Society: A Tribal People of Burma Adapted to a Non-Western Civilization*, Illinois Studies in Anthropology no. 3 (Urbana: University Illinois Press, 1963), 215-20.

108) 내가 하는 이야기는 니컬러스 탭(Nicholas Tapp)이 *Sovereignty and Rebellion* 에서 특히 chapter 2에서 개진한 주장과 일맥상통한다. 또한 Kenneth George, *Showing Signs of Violence: The Cultural Politics of a Twentieth-Century Headhunting Ritual* (Berkeley: University of California Press, 1996)을 보라. 조지(George)가 다루었던 산악민들은 그들의 평지 이웃들에게 그들이 머리사냥꾼이었다는 것과 이제는 그 관행을 버렸다는 것을 동시에 일깨워주기 위해 코코넛을 제공한다.

109) Lehman [Chit Hlaing], "Burma," 1: 19.

110) Jonsson, "Shifting Social Landscape," 384.

111) 예를 들어, Vicky Banforth, Steven Lanjuow, and Graham Mortimer, Burma Ethnic Research Group, *Conflict and Displacement in Karenni: The Need for Considered Responses* (Chiang Mai: Nopburee, 2000), and Zusheng Wang, *The Jingpo Kachin of the Yunnan Plateau*, Program for Southeast Asian Studies Monograph Series (Tempe: Arizona State University, 1992)를 보라.

112) E. Paul Durrenberger, "Lisu: Political Form, Ideology, and Economic Action," in *Highlanders of Thailand*, ed. John McKinnon and Wanat Bhruksasri (Kuala Lumpur: Oxford University Press, 1983), 215-26. 인용은 218쪽에서.

113) 산악민들이 평지의 침입자들을 멀리하기 위한 방편으로 머리사냥과 식인 이야기를 부추기거나 적어도 중단하지 않으려 했다는 것을 상기하면 좋겠다.

114) Anthony R. Walker, *Merit and the Millennium: Routine and Crisis in the Ritual Lives of the Lahn People* (Delhi: Hindustani Publishing, 2003), 106

및 Shanshan Du, *Chopsticks Only Work in Pairs: Gender Unity and Gender Equality among the Lahu of Southwestern China* (New York: Columbia University Press, 2002).

115) Leo Alting von Geusau, "Akha Internal History: Marginalization and the Ethnic Alliance System," chapter 6 in *Civility and Savagery: Social Identity in Tai States*, ed. Andrew Turton (Richmond, England: Curzon, 2000), 122-58. 인용은 140쪽에서. 한편 중간 높이의 산비탈에 거주하는 아카족은 와족, 빨라웅족, 크무족 등 다른 집단들에 비해 문화적으로 우수하다는 것을 내세우기에 여념이 없다.

116) Leach, *Political Systems of Highland Burma*, 255. Eugene Thaike [Chao Tzang Yawnghwe], *The Shan of Burma: Memoirs of a Shan Exile*, Local History and Memoirs Series (Singapore: Institute of Southeast Asian Studies, 1984), 82에서 샨족 역시 자유롭게 이동했다고 주장한다. 물론 그들 역시 그랬고, 종종 압제적이라 간주되는 소브와(Sawbwa)에게서 떠나가 버리기도 했다. 리치가 말하고자 하는 바는 그야말로 떠나 버리는 비용이 화전민에게는 적었다는 것이다.

117) Ronald Duane Renard, "Kariang: History of Karen-Tai Relations from the Beginning to 1933," Ph.D. diss., University of Hawai'i, 1979, 78. 19세기에 지역의 군주와 맺은 종속적 관계로부터 떠나려는 카렌족의 시도에 대해 찰스 카이스(Charles F. Keyes)도 역시 다루고 있다. 카렌족 마을들이 치앙마이 왕국의 곁에 있었지만, "통치자들은 마을 그 자체에 들어갈 수 없었고 마을 바깥의 어떤 장소에서 마을의 연장자들과 식사 의례를 가져야 했다." Keyes, ed., *Ethnic Adaptation and Identity: The Karen on the Thai Frontier with Burma* (Philadelphia: ISHI, 1979), 49.

118) Raymond L. Bryant, *The Political Ecology of Forestry in Burma*, 1824-1994 (Honolulu: University of Hawai'i Press, 1996), 112-17.

119) Anthony R. Walker, "North Thailand as a Geo-ethnic Mosaic: An Introductory Essay," in *The Highland Heritage: Collected Essays on Upland Northern Thailand*, ed. Anthony R. Walker (Singapore: Suvarnabhumi, 1992), 1-93. 인용은 50쪽에서.

120) Keyes, *Ethnic Adaptation and Identity*, 143.

121) Walker, *Merit and Millennium*. "영원히 매이지 않은" 몽족에 대해서도 마찬가지의 얘기를 할 수 있다. William Robert Geddes, *Migrants of the Mountains: The Cultural Ecology of the Blue Miao [Hmong Njua] of Thailand* (Oxford: Clarendon, 1976), 230.

122) Walker, *Merit and the Millennium*, 44. 라후니족은 문화적으로 재빨리 적응해 나가기 위해서 그들의 족보에 별 신경을 쓰지 않아 "할아버지의 이름조차도 기억을 못할" 정도이다. 물론 이 때문에 비교적 쉽게 친족 관계를 만들 수도 버릴 수

도 있다. Walker, "North Thailand as a Geo-ethnic Mosaic," 58을 보라. 그렇게 하찮은 족보와 작고 유연한 가족 중심의 단위는 '신식'이라고 불려 왔으며 주변화 되고 낙인찍힌 많은 (모두는 아닐지라도) 사람들의 특징이 되었다. Rebecca B. Bateman, "African and Indian: A Comparative Study of Black Carib and Black Seminole," *Ethnohistory* 37 (1990): 1-24.

6-1장 | 구술, 글쓰기, 텍스트

1) Leo Alting von Geusau, "Akha Internal History: Marginalization and the Ethnic Alliance System," chapter 6 in *Civility and Savagery: Social Identity in Tai States*, ed. Andrew Turton (Richmond, England: Curzon, 2000), 122-58. 인용은 131쪽에서. 니컬러스 탭은 문자는 갖고 있지 않으나 문자와 텍스트에 대해서 알고 있는 사람들을 설명하기 위해 '운율'(alliterate)이라는 용어를 제안했다. 오랫동안 모든 동남아시아 산악민들이 그렇게 살아왔다는 것이 확실하다. *Sovereignty and Rebellion: The White Hmong of Northern Thailand* (Singapore: Singapore University Press, 1990), 124.
2) Von Geusau, "Akha Internal History," 131. 이 문헌은 Paul Lewis, *Ethnographic Notes on the Akha of Burma*, 4 vols. (New Haven: HRA Flexbooks, 1969-70), 1: 35를 인용한다.
3) Anthony R. Walker, *Merit and the Millennium: Routine and Crisis in the Ritual Lives of the Lahu People* (Delhi: Hindustan Publishing, 2003), 568. 라후족에서 선교사들이 거둔 상대적인 성공은 문자와 텍스트의 비통한 상실로부터 회복시켜준다는 그들의 약속에서 비롯되었다고 워커는 주장한다.
4) Magnus Fiskesjö, "The Fate of Sacrifice and the Making of Wa History," Ph.D. thesis, University of Chicago, 2000, 105-6.
5) Jean-Marc Rastdorfer, *On the Development of Kayah and Kayan National Identity: A Study and a Bibliography* (Bangkok: Southeast Asian Publishing, 1994).
6) Fiskesjö, "Fate of Sacrifice," 129.
7) 이사벨 폰세카(Isabel Fonseca)는 집시(Roma/Sinti)에 관한 연구에서 배추 잎에 신에게서 받은 종교를 기록해 두었는데, 당나귀가 그것을 먹어 치워버려 문자와 기독교의 전통을 날려 버린 불가리아인의 이야기를 전한다. 그 이야기의 루마니아인 판은 다음과 같다. 집시는 돌로 교회를 세웠고 루마니아인들은 베이컨과 햄으로 교회를 세웠다. 집시들은 루마니아인들과 실랑이를 벌이며 교회를 교환한 다음 그 교회를 먹어 버렸다. 이 이야기는 다양하게 해석될 가능성(화체설 transubstantiation 까지도!)이 있지만, 탐욕, 경솔함, 문맹, 비종교, 거래, 기교를 동시에 잘 엮어 내는 수법을 보여 준다! *Bury Me Standing: The Gypsies and*

Their Journey (New York: Knopf, 1995), 88-89.

8) Olivier Evrard, "Interethnic Systems and Localized Identities: The Khmu subgroups (Tmoy) in Northwest Laos," in *Social Dynamics in the Highlands of Southeast Asia: Reconsidering the Political Systems of Highland Burma by E. R. Leach*, ed. François Robinne and Mandy Sadan, Handbook of Oriental Studies, section 3, Southeast Asia (Leiden: Brill, 2007), 127-60. 인용은 151쪽에서.

9) J. G. Scott [Shway Yoe], *The Burman: His Life and Notions* (1882; New York: Norton, 1963), 443-44.

10) Tapp, *Sovereignty and Rebellion*, 124-72. 탭은 문자의 상실을 이야기하는 산악의 여러 다른 전설들에 관한 문헌을 알려 준다.

11) 양쯔 강 유역에서 일부의 따이족 사람들이 오래전에 문자를 가지고 국가를 건설했다면, 그들은 오늘날 사용하는, 성좌불교와 관련된 산스크리트어 기반의 문자가 아니라 다른 형태의 문자를 가졌을 것이다.

12) 여기에서조차도 사실상 그 이전의 모든 글쓰기의 용도들이 대부분의 4세기 동안 사라져 버렸지만 그때로부터 문자 기록이 없었다는 것은 모든 글쓰기가 중단되었다는 것을 보여 주는 결정적인 증거는 아니다.

13) Peter Heather, *The Fall of the Roman Empire: A New History of Rome and the Barbarians* (Oxford: Oxford University Press, 2006), 441.

14) 그런데도 문맹인들이 그들의 토지와 자유를 보증하는 문건들은 간수한다는 것은 흔한 일이다. 미엔족이 산에서 자유롭게 옮겨 다닐 수 있고 화전을 할 수 있도록 허락한 그 유명한 황제의 칙령, 러시아 농민이 소지했던 농노의 해방을 명령했다는 황제의 칙령, 초기의 사파티스타 주의자(Zapatista, 멕시코의 저항적 정치 결사 단체—옮긴이)가 대농장(아시안다, hacienda)에 대한 그들의 소유권을 주장하기 위해 멕시코시티로 갖고 온 에스파냐의 토지권리대장이 그 예이다.

15) 야오족/미엔족은 중국 황제와 체결한 신성한 조약서를 갖고 있다. 또한 중국의 관행을 받아들여 몰입했던 풍수지리설에 필요한 중국어 문자를 일부분 갖고 있다. 구이저우 지방의 소수종족인 수이족(Sui)은 점술과 풍수지리설에 사용되는 상형문자를 갖고 있다. Jean Michaud, *Historical Dictionary of the Peoples of the Southeast Asian Massif* (Lanham, Md.: Scarecrow, 2006), 224.

16) 17세기 초 포르투갈인들은 필리핀 남부와, 수마트라와 술라웨시에서 문자해득율이 남자와 여자 사이에서 동등하게 높게 나타난다는 것을 알게 되었다. 놀라운 것은 이 사람들이 그 당시의 포르투갈인보다 훨씬 더 박학할 뿐만 아니라 그들의 문자해득 능력이 궁정, 텍스트, 과세, 거래 기록, 정규 교육, 법적 분쟁, 기록된 역사와 관련을 맺지 않았다는 점이다. 이것은 오로지 구술 전통만을 위해서 활용됐다. 가령, 사람들은 주문이나 사랑시(본질적으로 같은 것이다!)를 야자나무 잎에 새겨 이를 기억하고 낭독할 수 있고 또는 사랑하는 자에게 실제의 사랑 표현을 구애 의례의 일부로 보여줄 수 있었다. 이 경우의 문자해득 능력은 늘 관련

되어 오던 국가 만들기 기술에서 완전히 벗어나 있어서 아주 흥미로운 사례이다. Anthony Reid, *Southeast Asia in the Age of Commerce, 1450-1680*, vol. 1, *The Lands Below the Winds* (New Haven: Yale University Press, 1988), 215-29를 보라.

17) 로이 해리스(Roy Harris)는 쓰기가 단순히 '기록된' 발화가 아니라 무언가 아주 다른 것이라고 설득력 있게 주장한다. *The Origin of Writing* (London: Duckworth, 1986) 및 *Rethinking Writing* (London: Athlone, 2000)에서 그의 주장을 보라. 이 문헌을 소개해 준 제프리 벤저민에게 감사한다.

18) 심지어 잉글랜드 북부에서 발견된 상형문자 비석들도 판독할 수 없어 이 특징을 갖고 있다. 그것들은 확실히 영토에 대한 확고한 권리를 주장하기 위한 것이었다. 그것들이 오늘날 사람들에게 정확히 전달하는 바는 희미하나 상징 비문의 뜻을 반박하기 위해서는 그와 다른 식으로 해석할 수 있는 경쟁 텍스트, 경쟁 상징 비문을 제시해야 한다.

19) James Collins and Richard Blot, *Literacy and Literacies: Text, Power, and Identity* (Cambridge: Cambridge University Press, 2003), 50 이하 참조. 물리적으로 역사를 없애려는 가장 극적인 최근의 시도는 탈레반이 아프가니스탄의 바미안(Bahmian)에 있는 2천년 된 불상들을 폭파시켜 버린 것이다.

20) 기록물이나 문서에서 불편한 물리적 기록을 없애려는 소용돌이가 '지옥의 메모' (damnatio memoriae)라는 로마의 전통에 잘 드러난다. 이를 통해 로마의 원로원은 반란자라 여겨지거나 공화국에 불명예를 안긴 시민이나 호민관에 관한 모든 기록이나 기념물들을 없애버릴 수 있었다. 물론 지옥의 메모 그 자체는 공식적이고, 문서화되고, 정당히 기록된 행위이다! 이집트인들은 기록에서 없애고 싶은 파라오가 있을 시, 그 파라오를 기념하는 카르투슈(cartouche, 표기된 왕의 이름 둘레의 장식—옮긴이)를 파괴했다. 1930년대의 숙청에서 스탈린의 반대파로 전락한 모든 당원들의 사진들을 에어브러시로 착색시켜 버린 소비에트의 행태를 떠올릴 수 있다.

21) 이렇게 기록을 남기려고 취하는 유형을 보기 위해서는 Frank N. Trager and William J. Koenig, with the assistance of Yi Yi, *Burmese Sit-tans, 1764-1826: Records of Rural Life and Administration*, Association of Asian Studies monograph no. 36 (Tucson: University of Arizona Press, 1979)을 참조하라.

22) Mogens Trolle Larsen, Introduction, "Literacy and Social Complexity," in *State and Society: The Emergence and Development of Social Hierarchy and Political Centralization*, ed. J. Gledhill, B. Bender, and M. T. Larsen (London: Routledge, 1988), 180. 나머지 15퍼센트는 분류의 원칙에 관한 기호들의 목록으로 아마도 철자를 익히는 데에 도움을 주기 위한 것이었던 같다.

23) Claude Levi-Strauss, *Tristes Tropiques*, trans. John Weightman and Doreen Weightman (New York: Atheneum, 1968), 291. 나에게는 쓰기와 국가 형성 사이의 관계가 원인과 결과의 관계라기보다는 선택적인 친연성의 관계로 보인다.

관개 벼농사 조건에서 국가 없는 글쓰기를 발견할 수 있고 더 드물게는 쓰기 없는 국가를 발견할 수 있지만 대개 이 둘은 같이 간다. 이 점에 대해 생각하도록 해준 통차이 위니차쿤에게 감사한다.

24) Von Geusau, "Akha Internal History," 133.

25) 고전적인 설명을 보기 위해서는 Christopher Hill, *The World Turned Upside Down: Radical Ideas during the English Revolution* (Harmondsworth: Penguin, 1975)을 참조하라. 더 현대적이고 극단적인 사례가 크메르 루주가 프랑스어를 읽고 쓸 줄 아는 사람들을 적대 계급으로 간주하여 투옥시키고 사형시킨 것이다. 두 비한족의 왕조, 즉 몽골/원과 만주/청이 박식한 한족을 의심하고 때로는 박해했던 것도 약간은 특이하지만 그 예에 해당한다. Patricia Buckley Ebery, *The Cambridge Illustrated History* (Cambridge: Cambridge University Press, 1996), chapter 9.

26) Mandy Joanne Sadan, *History and Ethnicity in Burma: Cultural Contexts of the Ethnic Category "Kachin" in the Colonial and Postcolonial State,* 1824-2004 ([Bangkok], 2005), 38. 이 문헌은 T. Richards, "Archive and Utopia," Representations 37 (1992), special issue: *Imperial Fantasies and Post-Colonial Histories,* 104-35을 참조하고 108쪽과 111쪽에서 직접 인용을 한다.

27) 역사와 전설과 족보를 말하는 것이 작고 분화된 집단의 사람들에 국한될 때의 명백한 예외가 아래에서 검토된다.

28) Eric A. Havelock, *The Muse Learns to Write: Reflections on Orality and Literacy from Antiquity to the Present* (New Haven: Yale University Press, 1986), 54. 해블록(Havelock)은 "청중들이 들은 바를 기억하는 방식으로뿐만 아니라 그들이 일상의 대화에서 이를 얘기할 수 있는 방식으로 예술가가 여전히 써야 하는 한 청중이 예술가를 통제하고 있다. …… 그리스 고전 극장의 언어는 그 사회를 즐겁게 해줄 뿐만 아니라 그 사회를 떠받쳐야 했다. …… 그의 언어는 이것이 추구하는 기능적인 목적에 대한 생생한 증거였다. 여러 사람이 함께 의사소통을 할 수 있는 수단을 제공하는 것이 바로 그 기능적 목적이었다. 그 의사소통은 우발적인 것이 아니라 역사적으로, 종족적으로, 정치적으로 큰 의미를 갖고 있었다"고 덧붙였다(93).

29) 이는 소크라테스가 그의 가르침을 글로 쓰면 그 의미와 가치를 파괴해 버린다고 믿었던 이유이다. 반면 플라톤은 연설의 이러한 불안정성, 자발성, 즉흥성 때문에 연극과 시를 탐탁히 여기지 않았다.

30) Jan Vansina, *Oral History as Tradition* (London: James Currey, 1985), 51-52. 알프레드 로드(Alfred Lord)의 *The Singer of Tales* (New York: Atheneum, 1960)는 세르비아 서사시에 대한 고전적인 문헌인데, 우리가 구전 서사시 공연에 대해 알고 있는 대부분이 그리고 우리가 고전 그리스 서사시에 대해 추정하고 있는 바가 바로 이로부터 유래했다.

31) Barbara Watson Andaya, *To Live as Brothers: Southeast Sumatra in the Seventeenth and Eighteenth Centuries* (Honolulu: University of Hawai'i Press, 1993), 8.

32) 리처드 잔코(Richard Janko)는 "글을 못 읽는 보스니아의 음유시인들이 1550년대부터 내려온 술레이만 대제의 치적을 노래하고 있었고 케아섬(Keos, 에게해의 한 섬으로 그리스 본토의 동남쪽 방향에 있다—옮긴이)의 음유시인들은 근처의 산토리니섬(Santorini)에서 1627년에 발생한 (그들에게 영향을 미치지 않은) 화산분출을 기억하고 있었다"고 언급한다. "Born of Rhubarb," review of M. L. West, *Indo-European Poetry and Myth* (Oxford: Oxford University Press, 2008), *Times Literary Supplement*, February 22, 2008, 10.

33) Von Geusau, "Akha Internal History," 132.

34) 그 이야기는 물론 빠오어(카렌니 언어)로 읊어진 다음 버마어와 뒤이어 영어로 통역됐다. 그 이야기가 1948년의 이야기에서 얼마나 달라졌는지 알기가 불가능하지만 현재 빠오 산악지대에서 읊어지는 현존하는 여러 이야기들을 비교하여 지역적 차이를 알아내는 것은 원리상 가능할 것이다.

35) Edmund Leach, *The Political Systems of Highland Burma: A Study of Kachin Social Structure* (Cambridge: Harvard University Press, 1954), 265-66.

36) Ronald Duane Renard, "Kariang: History of Karen-Tai Relations from the Beginnings to 1923," Ph.D. diss., University of Hawai'i, 1979.

37) 말레이 세계를 잘 아는 사람들은 말레이 형제인 항 뚜아(Hang Tuah)와 항 제밧(Hang Jebat)에 관한 이야기가 여러 형태로 얘기되고 있다는 데서 이와 같은 변형을 확인할 수 있다. 그 이야기는 오늘날의 말레이 국가에 대응하여 철저히 다른 정치적 의미를 담고 있다.

38) 화전민들은 오랫동안 터를 일구어 오면서 알게 된 이웃한 화전민들이 마찬가지로 갖고 있었던 풍부한 자산구성을 공유했다. 이 또한 필요할 때나 유용할 때면 무역이나 정치를 위해 새롭고 유리한 연합체를 건설하는 데 동원될 수 있는 일종의 그림자 공동체였다.

39) Vansina, Oral History as Tradition, 58. 이고르 코피토프(Igor Kopytoff)는 "기록 문헌이 없는 아프리카 사회에서 여러 다른 집단들이 왕족의 혈통이라고 주장할 수 있었다. …… 아프리카 사람들이 얘기하듯이, '노예는 종종 주인이 되었고 주인은 노예가 되었다'"고 언급한다. *The African Frontier: The Reproduction of Traditional African Societies* (Bloomington: Indiana University Press, 1987), 47.

40) William Cummings, *Making Blood White: Historical Transformations in Early Modern Makassar* (Honolulu: University of Hawai'i Press, 2002).

41) Margaret R. Nieke, "Literacy and Power: The Introduction and Use of Writing in Early Historic Scotland," in Gledhill, Bender, and Larsen, *State*

and Society, 237-52. 인용은 245쪽에서.

42) Hjorleifur Jonsson, "Shifting Social Landscape: Mien (Yao) Upland Communities and Histories in State-Client Settings," Ph.D. diss., Cornell University, 1996, 136. Renato Rosaldo, *Ilongot Headhunting, 1883-1974: A Study in Society and History* (Stanford: Stanford University Press, 1980), 20에서 일롱고트족의 축약된 구전 역사에 대해서 같은 바를 얘기한다.

43) Vansina, *Oral History as Tradition*, 115. 이 주장과 관련하여 대략적으로 논란이 될 만한 것은 흩어진 채 변방에 거주하며 분권적이고 평등주의적 삶을 살아가는 사람들은, 많은 산악민들처럼, 그들로서도 역사라 간주할 수 있는 패배와 희생과 배반과 이주의 구구절절한 얘가를 갖고 있다. 몇 근대국가의 역사는 - 예를 들어, 아일랜드, 폴란드, 이스라엘, 아르메니아의 역사는 - 본질적으로 이 형태를 취하고 있다.

44) 이 맥락에서 역사에 대한 의식화는 계몽주의의 독특한 산물이라고 주장하는 Reinhart Kosseleck, *The Practice of Conceptual History: Timing, History, Spacing Concepts* (Stanford: Stanford University Press, 2002)를 보라.

7장 | 종족의 기원

1) *Gazetteer of Upper Burma and the Shan States*, compiled from official papers by J. George Scott, assisted by J. P. Hardiman, vol. 1, part 1 (Rangoon: Government Printing Office, 1893), 387.

2) Edmund Leach, *The Political Systems of Highland Burma: A Study of Kachin Social Structure* (Cambridge: Harvard University Press, 1954), 48.

3) *Census of India, 1931*, vol. 11, *Burma*, part 1, Report (Rangoon: Government Printing and Stationery, 1933), 173, 196.

4) Leach, *Political Systems of Highland Burma*, 46.

5) *Census of India*, 1931, vol. 11, part 1, 174 및 J. H. Green, "A Note on Indigenous Races in Burma," appendix C, ibid., 245-47, 인용은 245쪽에서. 그린(Green)은 나아가 신체 계측과 문화적 목록이 "문화 진화의 단계들"을 확립하는 데 일조했을 것이라고 언급한다.

6) Leach, *Political Systems of Highland Burma*, 49. 또한 David E. Sopher, *The Sea Nomads: A Study Based on the Literature of the Maritime Boat People of Southeast Asia*, Memoirs of the National Museum, no. 5 (1965), Government of Singapore, 176-83에서 비슷한 주장을 하고 있다.

7) Norma Diamond, "Defining the Miao: Ming, Qng, and Contemporary Views," in *Cultural Encounters on China's Ethnic Frontier*, ed. Steven Harrell (Seattle: University of Washington Press, 1995), 92-116; Nicholas

Tapp, *The Hmong of China: Context, Agency, and the Imaginary* (Leiden: Brill, 2003); and Jean Michaud, ed., *Turbulent Times and Enduring Peoples: Mountain Minorities in the Southeast Asian Massif* (Richmond, England: Curzon, 2000)에서 참조했다. 산악지대에서 사람들을 교환한 것의 일화인 대부분의 성인 남자들을 다른 종족 집단에서 받아들인 야오족 마을은 Nicholas Tapp, *Sovereignty and Rebellion: The White Hmong of Northern Thailand* (Singapore: Oxford University Press, 1990), 169에 언급돼 있다.

8) Martin Smith, *Burma: Insurgency and the Politics of Ethnicity* (London: Zed, 1991), 143. 스미스는 또한 쌀을 재배하며 버마어만을 말하고 스스로 카렌족이라 생각하는 자들이 카렌민족연합(Karen National Union, 반정부 활동을 1940년대 말부터 전개해 온 카렌족의 대표적인 정치기구—옮긴이)과 함께 싸우고 이 정체성을 지키기 위해 죽을 각오를 하고 있다는 것을 언급한다(35).

9) Charles F Keyes, ed., *Ethnic Adaptation and Identity: The Karen on the Thai Frontier with Burma* (Philadelphia: ISHI, 1979), 6, 4.

10) François Robinne, "Transethnic Social Space of Clans and Lineages: A Discussion of Leach's Concept of Common Ritual Language," in *Social Dynamics in the Highlands of Southeast Asia: Reconsidering the Political Systems of Highland Burma by E. R. Leach*, ed. François Robinne and Mandy Sadan (Amsterdam: Brill, 2008), 283-97. 이것은 흡수의 한계에 대하여 문제를 제기한다. 어느 한때 흡수된 자들이 '수용한' 사회의 적은 부분을 차지했다면 그 흡수 과정에 큰 문제가 없었다고 생각할 수 있다. 전쟁이나 기근의 발발로 대규모의 이주민들이 한꺼번에 몰려들어오는 경우에는 그 집단이 그 독특성을 유지했을 것이라고 생각할 수 있다. 샨 주의 인레 호수에서 살고 있는 인따족(Intha)이 그 경우에 해당한다고 보인다. 전설에 따르면 그들은 남쪽에서 대규모로 한꺼번에 들어온 탈주병들이었다.

11) Sanjib Baruah, "Confronting Constructionism: Ending India's Naga War," *Journal of Peace Research* 40 (2003): 321-38. 인용은 324쪽에서. 이 문헌은 Julian Jacobs et al., *The Nagas: The Hill People of Northeast India: Society, Culture, and the Colonial Encounter* (London: Thames and Hudson, 2003), 23을 참조했다.

12) Geoffrey Benjamin and Cynthia Chou, eds., *Tribal Communities in the Malay World: Historical, Cultural, and Social Perspectives* (Singapore: Institute of Southeast Asian Studies, 2002), 21.

13) Leach, *Political Systems of Highland Burma*, 244. J. G. 스콧은 19세기에서 20세기로 바뀌는 시기에 중국 관료와 국경 획정을 협상할 때 애써 부족들을 파악하려 했다. "류(Liu) 장군과 함께 평원 전역에서 국경선을 긋기 위해 안간힘을 쓰며 앞으로 나아갔다. 까친족과 샨족의 경작을 구분하는 어떠한 기준점도 존재하지 않았다. 다른 지대들이 아이들의 글자 퍼즐놀이 상자의 블록들처럼 완전히

혼재되어 있었다." G. E. Mitton [Lady Scott], *Scott of the Shan Hills: Orders and Impressions* (London: John Murray, 1936), 262.

14) Michael Moerman, "Ethnic Identity in a Complex Civilization: Who Are the Lue," *American Anthropologist* 67 (1965): 1215-30. 인용은 1219쪽과 1223쪽에서.

15) Hjorleifur Jonsson, "Shifting Social Landscape: Mien (Yao) Upland Communities and Histories in State-Client Settings," Ph.D. diss., Cornell University, 1996, 44. 나중에 이 논문은 *Mien Relations: Mountain People and State Control in Thailand* (Ithaca: Cornell University Press, 2005)로 출간됐다.

16) E. J. Hobsbawm, *Nations and Nationalism since 1780*, 2nd ed. (Cambridge: Cambridge University Press, 1990), 64.

17) 여기에서 필수 벼농사 핵심부를 갖고 있는 따이 므엉 또는 군소 국가는, 불교도일 수 있으나 대부분 국가 구조 밖의 산악민이었던 고원의 많은 사람들 소위 '부족적' 따이족과 구분돼야 한다.

18) Leach, *Political Systems of Highland Burma*, 32.

19) Georges Condominas, *From Lawn to Mon, from Saa' to Thai: Historical and Anthropological Aspects of Southeast Asian Social Spaces*, trans. Stephanie Anderson et al., an Occasional Paper of Anthropology in Association with the Thai-Yunnan Project, Research School of Pacific Studies (Canberra: Australian National University, 1990), 41.

20) 가장 훌륭한 조사와 분석을 보려면 Anthony Reid, ed., *Slavery, Bondage, and Dependency in Southeast Asia* (New York: St. Martin's, 1983)을 보라.

21) Leach, *Political Systems of Highland Burma*, 221-22.

22) Condominas, *From Lama to Mon*, 69-72.

23) Scott, *Gazetteer of Upper Burma*, vol. 1, part 1, 478. 이 결혼들의 대부분은 또한 왕위를 다투는 경쟁자들로부터 그 지배자를 보호해 주는 연맹을 표상한다.

24) Leach, *Political Systems of Highland Burma*, chapter 7, 213-26. 마찬가지로 리수족에서 샨족으로 변화하는 것에 관해서 E. Paul Durrenberger, "Lisu Ritual, Economics, and Ideology," in *Ritual, Power, and Economy: Upland-Lowland Contrasts in Mainland Southeast Asia*, ed. Susan D. Russell, Monograph Series on Southeast Asia, Northern Illinois University, occasional paper no. 14 (1989), 63-120을 보라. 정치경제학에 기반을 둔 보다 본격적인 분석에 관해서는 Jonathan Friedman, "Tribes, States, and Transformations," in *Marxist Analyses and Social Anthropology*, ed. Maurice Bloch (New York: Wiley, 1975), 161-200.

25) 예를 들어 David Marlowe, "In the Mosaic: The Cognitive and Structural Aspects of Karen-Other Relationships," in Keyes, *Ethnic Adaptation and*

Identity, 165-214 및 Peter Kunstadter, "Ethnic Groups, Categories, and Identities: Karen in Northern Thailand," ibid., 119-63을 보라.

26) Kunstadter, "Ethnic Groups, Categories, and Identities," 162.

27) Katherine Palmer Kaup, *Creating the Zhuang: Ethnic Politics in China* (Boulder: Lynne Rienner, 2000), 45.

28) Leach, *Political Systems of Highland Burma*, 39.

29) Jonsson, "Shifting Social Landscape," 218.

30) Leach, *Political Systems of Highland Burma*, 40-41.

31) Scott, *Gazetteer of Upper Burma*, vol. 1, part 1, 274.

32) 이 선상에서 Richard A. O'Connor, "Agricultural Change and Ethnic Succession in Southeast Asian States: A Case for Regional Anthropology," *Journal of Asian Studies* 54 (1995): 968-96을 보라.

33) Victor B. Lieberman, *Strange Parallels: Southeast Asia in Global Context, c. 800- 1830*, vol. 1, *Integration on the Mainland* (Cambridge: Cambridge University Press, 2003); "Reinterpreting Burmese History," *Comparative Studies in Society and History* 29 (1987): 162-94; and "Local Integration and Eurasian Analogies: Structuring Southeast Asian History, c. 1350-1830," *Modern Asian Studies* 27 (1993): 475-572를 보라.

34) O. W. Wolters, *History, Culture, and Region in Southeast Asian Perspectives*, rev. ed. (Ithaca: Cornell University Press, in cooperation with the Institute of Southeast Asian Studies, Singapore, 1999), 52. 월터스는 이 일반화에서 베트남은 제외했다.

35) Grant Evans, "Tai-ization: Ethnic Change in Northern Indochina," in *Civility and Savagery: Social Identity in Tai States*, ed. Andrew Turton (Richmond, England: Curzon, 2000), 263-89.

36) Jonsson, *Mien Relations*, 158-59. 또한 그의 "Yao Minority Identity and the Location of Difference in South China Borderlands," *Ethnos* 65 (2000): 56-82를 보라.

37) Ronald Duane Renard, "Kariang: History of Karen-Tai Relations from the Beginning to 1933," Ph.D. diss., University of Hawai'i, 1979, 18에서 태국의 랏부리(Ratburi)에 있는 카렌족과 타이족에 대해서 이 경우를 얘기한다.

38) 여기에서 빠진 것은 그러한 행세가 힘 있는 다른 사람들에 의해 받아들여졌는가의 문제이다. 1930년대에 유대계의 많은 독일인들이 전적으로 세속적 독일 문화에 동화됐고 그들 자신들을 독일인이라 생각했지만 결국에는 나치의 '인종 과학'(race science) 분류가 만연해진 것을 보는 끔찍한 상황을 맞이해야 했다.

39) F K. Lehman [Chit Hlaing] "Ethnic Categories in Burma and the Theory of Social Systems," in *Southeast Asian Tribes, Minorities, and Nations*, ed. Peter Kunstadter (Princeton: Princeton University Press, 1967), 75-92,

quoted in Tapp, *Sovereignty and Rebellion*, 172.

40) Leach, *Political Systems of Highland Burma*, 287.

41) 말레이 세계에서 여러 정체성을 오가며 적응하는 능력에 대해 설득력 있게 설명한 연구를 보기 위해서는, 예를 들어 Anna Lowenhaupt Tsing, *In the Realm of the Diamond Queen: Marginality in an Out-of-the-Way Place* (Princeton: Princeton University Press, 1993); Jane Drakard, *A Malay Frontier: Unity and Duality in a Sumatran Kingdom*, Studies on Southeast Asia (Ithaca: Cornell University Press, 1990); Victor T. King, "The Question of Identity: Names, Societies, and Ethnic Groups in Interior Kalimantan and Brunei Darussalam," *Sojourn* 16 (2001): 1-36을 참조하라.

42) 이 맥락에서 부족이라는 용어에 대한 명쾌한 비판을 보기 위해서는 모턴 프라이드(Morton Fried)의 짧은 고전인 *The Notion of Tribe* (Menlo Park: Cummings, 1975)을 참조하라.

43) Thomas S. Burns, *Rome and the Barbarians, 100 BC-AD 400* (Baltimore: Johns Hopkins University Press, 2003), 103.

44) Diamond, "Defining the Miao," 100-102.

45) Oscar Salemink, *The Ethnography of Vietnam's Central Highlanders: A Historical Contextualization, 1850-1990* (London: Routledge-Curzon, 2003), 21-29.

46) Tania Murray Li, ed., *Transforming the Indonesian Uplands: Marginality, Power, and Production* (Singapore: Harwood, 1999), 10.

47) 중동에서 진행되는 이 과정에 대한 연구로 Richard Tapper, *Frontier History of Iran: The Political and Social History of Shahsevan* (Cambridge: Cambridge University Press, 1998) 및 Eugene Regan, *Frontiers of the State in the Late Ottoman Empire* (Cambridge: Cambridge University Press, 1999)를 보라.

48) Fried, *Notion of Tribe*, 59에서 인용.

49) 이 관점은 Fredrik Barth, ed., *Ethnic Groups and Boundaries: The Social Organization of Cultural Difference* (1969; Long Grove, Ill.: Waveland, 1998), 9-38에서 명료하게 설명돼 있다. 또한 Leach, *Political Systems of Highland Burma*; E K. Lehman [Chit Hlaing], "Burma: Kayah Society as a Function of the Shan-Burma-Karen Context," in *Contemporary Change in Traditional Society*, 3 vols., ed. Julian Steward (Urbana: University of Illinois Press, 1967), 1: 1-104에서도 이 관점이 드러난다. 카이스(Keyes)도 *Ethnic Adaptation and Identity*에서 종족 정체성이 확립된 이후 그런 집단들이 다른 집단과 구별하기 위해 문화적인 독특성을 구조적으로 획득하려는 정도를 강조하기는 하지만(4) 역시 이 관점을 수용한다.

50) Bruce W. Menning, "The Emergence of a Military-Administrative Elite

in the Don Cossack Land, 1708-1836," in *Russian Officialdom: The Bureaucratization of Russian Society from the Seventeenth to the Twentieth Century*, ed. Walter McKenzie Pinter and Don Karl Rowney (Chapel Hill: University of North Carolina Press, 1980), 130-61. 인용은 133쪽에서.

51) 레오 톨스토이(Leo Tolstoy)의 훌륭한 중편소설인 *The Cossacks, in The Cossacks and Other Stories* (Harmondsworth: Penguin, 1960), 163-334를 보라. 여기에서 톨스토이는 특히 체첸족(Chechen) 가운데 거주하며 그레벤(Greben) 코사크족이라 일컫는 타렉(Tarek) 강 코사크족에 대해 썼다.

52) 코사크족 역시 오스만 제국의 군인으로 참가했다. Avigador Levy, "The Contribution of the Zaporozhian Cossacks to Ottoman Military Reform: Documents and Notes," *Harvard Ukrainian Studies* 6 (1982): 372-413을 보라.

53) Richard Price, Introduction to part 4, *Maroon Societies: Rebel Slave Communities in the Americas*, 2nd ed. (Baltimore: Johns Hopkins University Press, 1979), 292-97을 보라.

54) Fredrik Barth, "Ecological Relationships of Ethnic Groups in Swat, North Pakistan," *American Anthropologist* 58 (1956): 1079-89. 또한 Michael T. Hannan, "The Ethnic Boundaries in Modern States," in *National Development and the World System: Educational, Economical, and Political Change, 1950-1970*, ed. John W. Meyer and Michael T. Hannan (Chicago: University of Chicago Press, 1979), 253-75. 인용은 260쪽에서.

55) Manfred von Richtofen, Letters [to the Shanghai General Chamber of Commerce], 2nd ed. (Shanghai, 1903; Peking reprint, 1914), 119-20, quoted in Owen Lattimore, "The Frontier in History," in *Studies in Frontier History: Collected Papers, 1928-1958* (Oxford: Oxford University Press, 1962), 469-91. 인용은 473n2에서.

56) Lattimore, "Frontier in History," 473n2.

57) '까야'(Kayah)와 '카렌니'(Karenni, 적색 카렌)의 구분은 마치 국가에서 미얀마와 버마의 구분처럼 정치적인 이름 바꾸기의 산물이다. 기존의 이름인 카렌니가 양곤 정부에 대항하는 반란과 관련을 맺었기 때문에, 카렌니의 주요 하위집단의 이름인 까야를 선택하여 그 관련성을 없애려고 한 것이다. 따라서 오늘날 공식적으로 까야주(Kayah State)라고 부른다. 카렌니주(Karennei State)라 부르는 것이 더 정확할지는 몰라도 말이다. 나는 편의상 카렌니라는 용어를 쓴다. F. K. 리먼(Lehman)은 "Burma"에서 까야라는 용어를 쓰는데, 나는 여기에서 그의 훌륭한 분석에 의존하고 있다.

58) Ibid., 35.

59) E K. L. Chit Hlaing [F. K. Lehman], "Some Remarks on Ethnicity Theory and Southeast Asia, with Special Reference to the Kayah and Kachin," in

Exploring Ethnic Diversity in Burma, ed. Michael Gravers (Copenhagen: NIAS Press, 2007), 112.

60) 종족화가 무역이나 토지에 대한 권리를 통제하는 것과 크게 관련되어 있음을 설명한 연구를 보기 위해서는 Lois Beck, "Tribes and the State in 19th- and 20th-Century Iran," in *Tribes and State Formation in the Middle East*, ed. Philip Khoury and Joseph Kostiner (Berkeley: University of California Press)를 참조하라. 술루 군도(Sulu Archipelago)에서 해적 활동을 하는 따우숙족(Tausug)에 관해서는 James Francis Warren, *The Sulu Zone, 1768-1898: The Dynamics of External Trade, Slavery, and Ethnicity in the Transformation of a Southeast Asian Maritime State* (Singapore: Singapore University Press, 1981) 및 Charles O. Frake, "The Genesis of Kinds of People in the Sulu Archipelago," in *Language and Cultural Description: Essays by Charles O. Frake* (Stanford: Stanford University Press, 1980), 311-32를 보라. 20세기 말에 개진됐던 원주민 옹호 운동의 개입에 관한 날카로운 분석을 보려면 Courtney Jung, *The Moral Force of Indigenous Politics: Critical Liberalism and the Zapatistas* (Cambridge: Cambridge University Press, 2008)를 참조하라.

61) 이 과정을 가장 두드러지게 보여 주는 사례가 칼라하리의 부시먼이다. 이들은 산코이(san-Khoi)라고도 알려져 있는데 대개 주변적이고 야생적이며 석기 시대의 인간 역사를 보여 주는 잔존이라고 묘사돼왔다. 역사적인 사실은 여전히 논란이 되고 있지만 이제 이러한 이해는 완전히 잘못된 것으로 보인다. 에드윈 윌름센(Edwin Wilmsen)의 재구성에 따르면 시간이 흐르면서 건조한 사막의 초원지대에서 노예처럼 노동을 하고 무리를 지어 수렵채집을 하며 살아가는 삶으로 전락했던 사람들이 칼라하리의 부시먼들이 되었다. 부시먼들은 빼앗긴 사람들의 혼성 집단이었다. 소 약탈과 가축 전염병과 전쟁으로 터전을 잃어버린 대다수의 츠와나족(Tswana) 출신의 유목민과 탈주노예와 탈주병들(많은 이들이 유럽인들이었다)로 구성된 이들은 상아와 타조 깃털과 동물 가죽을 팔아서 한때 크게 번성했던 작은 무리의 산(San)어족 수렵채집민들에 합류했다. 윌름센의 고전적인 연구인 *Land Filled with Flies: A Political Economy of the Kalahari* (Chicago: University of Chicago Press, 1989)를 보라. 이 해석을 둘러싼 일부의 논쟁을 보려면 재클린 솔웨이(Jacqueline S. Solway)가 윌름센의 책에 대해 쓴 서평을 보라. *American Ethnologist* 18 (1991): 816-17.
종족성을 결정짓는 데에 생계 방식은 중요한 역할을 한다. 가축이 없고 수렵채집(또는 노예 노동)을 하며 산(San)어를 쓰지 않는 사람들은 산부시먼(San-Bushman)으로 이해됐다. 이와 대조적으로, 가축을 갖고 있으며 부유하고 산어를 쓰는 사람들은 츠와나 종족성을 지녔다고 이해됐다. 이 두 집단들이, 윌름센의 용어를 쓰자면, '서로 맞물려'(interdigitated) 있으므로, 두 언어를 구사할 수 있는 산어 구사자들이 일상적으로 츠와나족으로 '통하는' 것이 흔한 일이었다.

따라서 산부시먼은 본질적으로 낙인찍힌 계급으로 - 또는 카스트로 - 수렵채집이라는 가장 열악한 생계 방식으로 전락했고 그들의 정체성은 그 생계 방식과 동의어가 되기에 이르렀다. 상관적인 측면에서 볼 때 츠와나 종족 구성의 핵심은 산부시먼의 낙인화라고 말하는 것이 정확할 것이다. 사실 다양한 사람들을 동질하게 그리고 낙인을 찍으며 취급한 것의 최종 효과는 그들을 '원주민화' 해 버린 것이었다. Wilmsen, *Land Filled with Flies*, 85, 108, 133.

62) Ibid., 275, 324. 뒤쪽의 인용은 John Iliffe, *A Modern History of Tanganyika* (Cambridge: Cambridge University Press, 1979)을 참조한 것이다.

63) 나는 샨샨 두(Shan-shan Du)가 토사 제도의 발전을 자세하게 설명해 준 것에 대해 감사한다. 토사 제도는 세습 토착 군주로 하여금 구역이 확정된 왕국을 지배하도록 하는 제도로서 중국 남서부의 대부분의 지역, 특히 빈한하고 접근이 불가능했던 고지대를 다루기 위해 마련되었다. 이 제도는 명나라 치하의 18세기 중반에 가구를 등록하고 세금을 부과하는 직접 통치를 시행하면서 대부분 사라졌다. 개인적인 대화, 2008년 8월.

64) Max Gluckman, *Order and Rebellion in Tribal Africa* (London: Cohen and West, 1963).

65) Benedict R. O'G. Anderson, *Imagined Communities: Reflections on the Origin and Spread of Nationalism*, 2nd ed. (London: Verso, 1991), 167-69.

66) Geoffrey Benjamin, "The Malay World as a Regional Array," paper presented to the International Workshop on Scholarship in Malay Studies, Looking Back, Striding Forward, Leiden, August 26-28, 2004 및 Benjamin and Chou, *Tribal Communities in the Malay Morld*. 자라이족(Jarai)이 쟁기 사용을 금지한 것에 관해서는 Salemink, *Ethnography of Vietnam's Central Highlanders*, 284를 보라.

67) 예를 들어, 섞이고 어울리는 것을 막기 위한 일련의 터부에 관한 것이라면 인도에서 오염에 관한 전통적 상류 카스트의 관념이나 정통 유대교의 엄격한 정결(코셔 kosher) 음식 규정이 최고일 것이다.

68) 이절 첫머리의 인용문은 Fried, *Notion of Tribe*, 77에서 비롯됐다.

69) Charles F. Keyes, "A People Between: The Pwo Karen of Western Thailand," in Keyes, *Ethnic Adaptation and Identity*, 63-80 및 Renard, "Kariang," 여러 곳. 이 맥락에서 카렌족이 몬족, 버마족, 타이족, 샨족 등이 되는 것이 적어도 지난 세월 동안에 흔한 일이었고 특히 지난 반세기 동안에 더욱 그러했다는 것을 떠올리는 것이 중요하다.

70) Leo Alting von Geusau, "Akha Internal History: Marginalization and the Ethnic Alliance System," chapter 6 in Turton, *Civility and Savagery*, 122-58, 특히 133-34, 147-50. 나는 폰 괴사우(von Geusau) 그 자신이 아카족 여인과 결혼하여 그가 서술한 방식대로 통합되었다고 믿는다. 외부인의 유입과 경제적·사회적 성공을 관련시키며 이들을 끌어들이기 위해 벌이는 야오족/미엔족 가

구들의 경쟁에 관한 설명을 보려면 E. Paul Durrenberger', "The Economy of Sufficiency," in *Highlanders of Thailand*, ed. John McKinnon and Wanat Bhruksasri (Kuala Lumpur: Oxford University Press, 1983), 87-100, 특히 92-93을 참조하라.

71) Leach, *Political Systems of Highland Burma*, 127-30. 만약 부른다면 사회적 거래(social transaction)라 할 수 있을 텐데, 이것은 지위의 불평등을 강화하면서도 공동체 가운데 음식과 재화를 재분배하며 물질적 평등성을 도모한다.
공식적으로 막내아들이 그의 아버지의 수장 지위를 이어 받는다 (ultimogeniture, 말자 상속). 한편 다른 아들들은 새롭게 공동체를 성공적으로 설립함으로써, 막내아들로부터 의례의 권리를 사들임으로써, 또는 정복을 통해서 - 그가 성공적으로 그 지위를 계속 유지할 수 있다면 - 수장이 될 수 있었다. Ibid., 157.

72) Ibid., 164, 166, 167. 또한 Robinne, "Transethnic Social Space of Clans and Lineages"를 보라.

73) 민주적 형태(굼라오)와 전제적 형태(굼사) 사이에 벌어지는 산악민들의 연회와 진동의 원리는 A. Thomas Kirsch, "Feasting and Social Oscillation, a Working Paper on Religion and Society in Upland Southeast Asia," data paper no. 92 (Ithaca: Southeast Asia Program, 1973)에서 훌륭하게 분석돼 있다.

74) Lehman [Chit Hlaing], "Burma," 1: 17. 리먼은 또한 평지 국가의 이념적 형태가 중국과 인도에서 유래했는데, 이 두 국가에서는 "왕위 찬탈에 관한 이념이 본격적으로 존재하여 찬탈자와 그 후손들이 결국에는 실제와 상상의 족보를 만들어 그들을 왕족의 조상이나 신과 관련을 시키기에 이른다"고 밝힌다. 발리에 관해 클리퍼드 기어츠(Clifford Geertz)가 비슷한 점을 언급했다. 비록 본 자손에 의한 계승의 원리가 확고했으나, "족보는……늘 현재의 권력을 정당화하기 위해 조작된다." *Negara: The Theatre State in Nineteenth-Century Bali* (Princeton: Princeton University Press, 1980), 31.

75) Rudi Paul Lindner, *Nomads and Ottomans in Medieval Anatolia*, Indiana University Uralic and Altaic Series, ed. Stephen Halkovic, vol. 144 (Bloomington: Research Institute of Inner Asian Studies, Indiana University, 1983), 33.

76) 하나의 좋은 예를 참조하자면, 로버트 함스(Robert Harms)는 콩고의 누누족(Nunu)에 관한 연구에서 "계보를 유기체적인 결속이라 보는 모델과 빅맨의 정신을 개인적으로 조작해 버리는 행태는 구조적으로 충돌을 일으킨다"는 점을 보여 준다. 실제로 그 충돌은 그 빅맨이 혈통적 근거에 의하기보다는 개인적인 부와 정치적인 술수에 의해 그 자리에 올랐을지라도 마치 정당한 계승자처럼 보이도록 족보를 날조함으로써 해결할 수 있었다. *Games against Nature: An Eco-Cultural History of the Nunu of Equatorial Africa* (Cambridge: Cambridge

University Press, 1987), 21.

77) Kirsch, "Feasting and Social Oscillation," 35.

78) Renard, "Kariang," chapter 2, 특히 3-32. 많은 경우에 적응력은 평지 사회에 흡수되는 것을 의미했다. 대다수의 '카렌족'이 지난 천년의 시간 동안에 평지 사회에 동화되었다고 - 특히 지난 반세기 동안에 그 과정이 가속적이었다고 - 주장하는 것에 아마도 이의가 없을 것이다.

79) Jonsson, "Shifting Social Landscape," 238. 벤저민은 말레이 맥락에서 여러 집단들이 시간이 흐르면서 부족의 경계를 들락날락 했다는 점을 드러낸다. *Tribal Communities in the Malay World*, 31-34. 준정주(quasi-settled) 집단(Chewong, 체웡)이 부족으로 돌아간 것에 대한 최근의 분석을 보려면, Signe Howell, "'We People Belong in the Forest': Chewong Recreations of Uniqueness and Separateness," ibid. 254-72를 참조하라.

80) Lehman [Chit Hlaing], "Burma," 1: 254, 272.

81) Jonsson, *Mien Relations*, 19-34.

82) 남아시아의 맥락에서 이 역학을 자세하게 다룬 분석을 보려면 서미트 구하(Sumit Guha)의 훌륭한 연구인 *Environment and Ethnicity in India, 1200-1991* (Cambridge: Cambridge University Press, 1999)을 보라.

83) 미얀마의 군사 정부가 많은 산악 반란 세력들과 합의한 정전협정은 많은 부분 그와 같은 방식으로 해석할 수 있다. 즉 노골적인 적의를 끝내는 대가로 무기를 소유할 수 있는 자율권과 경제적인 기회를 부여하는 것이다.
말레이 세계에서 상류 지역의 사람들이 해안의 말레이 국가들에게 필수불가결하여 그러한 관계를 잘 다루는 것이 중요했음이 자명한 역사적 사실이다. 이 맥락에서, 특히 Bernard Sellato, *Nomads of the Borneo Rainforest: The Economics, Politics, and Ideology of Settling Down*, trans. Stephanie Morgan (Honolulu: University of Hawai'i Press, 1994)을 보라. 산악/스텝 지역 사람들과 인근 저지대 중심부 사이의 공생 관계를 보다 넓게 다룬 것을 보려면 David A. Chapell, "Ethnogenesis and Frontiers," *Journal of World History* 4 (1993): 267-75를 참조하라.

84) 카렌족의 마지막 '평지'의 동지가 물론 영국 식민 정부였다. 그 군대에 카렌족이 - 까친족과 친족과 더불어 - 인구에 비해 다수를 차지하고 있었다. 카렌족은 자신들을 '고아'라고 간주하고 있었는데 영국이 그들을 버리고 가버려 다시금 이 전설을 입증한 셈이 됐다. 평지의 국가와 카렌족의 연합에 관해 더 많은 것을 보려면 Keyes, *Ethnic Adaptation*, chapter 3, 63-80; Mikael Gravers, "Cosmology, Prophets, and Rebellion among the Buddhist Karen in Burma and Thailand," *Moussons* 4 (2001): 3-31; and E. Walter Coward Jr., "Tai Politics and the Uplands," draft paper (March 2001)를 참조하라.

85) Baruah, "Confronting Constructionism." 말레이 세계의 해상 왕국들은 수역 야만인을 연합 세력으로 두고 있었다. 믈라카(Melaka)는 오랑 라웃을, 부기스

(Bugis)는 바자우(Bajau) 등을 두고 있었다.

86) 앞서 보았듯이, 리치는 샨족의 문화와 국가 만들기가 여러 곳에 걸쳐 동일했고 안정적이었다고 주장한다. 그러나 각 샨족의 국가가 대부분 인근 산악민들의 규합하여 만들어졌다면 각 국가는 흡수한 산악민들의 부류에 따라 어느 정도는 달라지기 마련이었다. 각 말레이 국가가 국가 없이 살았던 상류 지역의 사람들을 흡수한 이후에 그들의 흔적을 갖고 있듯이 말이다.

87) 물론 한족의 시리즈는 기존 국가에 의한 흡수 유형인 반면 샨족의 시리즈는 국가를 창조하는 유형이라는 차이가 있다.

88) 인용들에 관하여 Leach, *Political Systems of Highland Burma*, 197 및 그 책의 참고문헌 목록, 313-18을 보라. 이절의 첫째와 셋째 인용문은 Thomas Barfield, "Tribe and State Relations: The Inner Asian Perspective," in Khoury and Kostiner, *Tribes and State Formation*, 153-82에서 참조했다. 인용은 각각 163쪽과 164쪽에서. 둘째 인용문은 Karl Gustav Izikowitz, *Lamet: Hill Peasants in French Indochina* (Gothenburg: Ethnografiska Museet, 1951), 113에서 참조했다.

89) 카렌족에 관해서 Lehman [Chit Hlaing], "Burma," 1: 35-36 및 Smith, Burma, 31, 432n7, 와족에 관해서는 Scott, *Gazetteer of Upper Burma*, vol. 1, part 1, 493- 519, 라후족에 관해서는 Anthony R. Walker, *Merit and the Millennium: Routine and Crisis in the Ritual Lives of the Lahu People* (Delhi: Hindustan Publishing, 2003), 72, 카렌니족에 관해서는 다시 Lehman [Chit Hlaing], "Burma," 1: 37-41을 보라.

90) Scott, *Gazetteer of Upper Burma*, vol. 1, part 1, 363.

91) Leach, *Political Systems of Highland Burma*, 199. 리치는《초임 관료에 전해주는 조언》(Advice to Junior Officers)이라는 1929년의 핸드북에서 발췌했다.

92) Scott, *Gazetteer of Upper Burma*, vol. 1, part 1, 370. 스콧의 그 말은 적절했다. 그러한 공동체들은 인정받는 곳에서 그리고 두와를 세우면 반란이 새롭게 발생할 수 있는 곳에서 허용됐다. 더욱이 행정 권역 밖에 있으나 여전히 영국 치하의 미얀마 내에 있었던 굼라오 공동체들은 방해를 받지 않고 본질적으로 그들 나름대로 지배를 이어 나갔다. Vanina Bouté, "Political Hierarchical Processes among Some Highlanders of Laos," in Robinne and Sadan, *Social Dynamics in the Highlands*, 187-208에서 라오 궁정 및 뒤이은 프랑스 식민지배자들은 언제나 평등주의적 사회보다 위계적인 사회를 선호했다는 알 수 있다. 위계적 사회가 그 형태에서 국가 구조에 보다 가까워 이미 구축된 지배 구조를 활용할 수 있었기 때문이었다.

93) Lehman [Chit Hlaing], "Burma," 1: 38. 이 문단은 전적으로 리먼의 날카로운 분석에 의존했다.

94) Jonsson, "Shifting Social Landscape," 116-20; Durrenberger, "Lisu Ritual, Economics, and Ideology"; and E. Paul Durrenberger, "Lisu: Political

Form, Ideology, and Economic Action," in McKinnon and Bhruksasri, *Highlanders of Thailand*, 215-26.

95) 고전적인 분석이 Eric R. Wolf, *Europe and the People without History* (Berkeley: University of California Press, 1982)이다.

96) Durrenberger, "Lisu," 218. 국가 없이 살았던 일부의 사람들이 실제로 그들의 영역에 국가가 침입하는 것을 막기 위해 개발한 흉악, 미개, 특히 머리사냥 전통이 이것과 관련됐다. 이 맥락에서 Magnus Fiskesjö, "On the 'Raw' and the 'Cooked' Barbarians of Imperial China," *Inner Asia* 1 (1999): 139-68, 특히 146 및 Renato Rosaldo, *Ilongot Headhunting, 1883-1974: A Study in Society and History* (Stanford: Stanford University Press, 1980), 155.

97) 말레이 세계를 다룬 문헌 중 이에 대한 것이 방대하다. 그러나 아마도 위계적인 국가 형태와 우두머리가 없는 평등주의적 형태 사이의 대조와 진동을 이념적 수준과 사회적 실천의 수준 모두에서 가장 훌륭하게 분석한 연구가 제인 드라카르드(Jane Drakard)의 *Malay Frontier*이다.

98) Robert Montagne, *Les Berbères et le Makhazen au Sud du Maroc* (Paris: F. Alcan, 1930), Ernest Gellner, *Saints of the Atlas* (London: Weidenfeld and Nicolson, 1969), 26에서 재인용.

99) Michael Khodarkovsky, *Where Two Worlds Met: The Russian State and the Kalmyk Nomads, 1600-1771* (Ithaca: Cornell University Press, 1992), 47.

100) David Faure, "The Yao Wars in the Mid-Ming and Their Impact on Yao Ethnicity," in *Empire at the Margins: Culture and Frontier in Early Modern China*, ed. Pamela Kyle Crossley, Helen Siu, and Donald Sutton (Charlottesville: University of Virginia Press, 2006), 171-89.

101) Von Geusau, "Akha Internal History," 153.

102) 많은 화전민 집단들은 넓게 흩어진 친족과 동료들의 네트워크를 적극적으로 유지해 나가면서 물리적인 이동성을 발전시켰다. 한 예로, 북부 태국의 몽족(Njua, 은주아)은 아주 멀리 떨어져 있는 곳의 사람들과 혼인 관계를 맺어 땅이 비옥하고 정치적으로 안정적인 새로운 곳으로 옮겨 간다. 그들은 화전의 역사를 갖고 있기에 이에 대한 필요가 생기면 다시 일굴 수 있는 예전의 화전민들을 그림자처럼 두고 있었다. 윌리엄 로버트 게디스(William Robert Geddes)는 이러한 사회적 네트워크를 "가족들을 원근 각처에 연결하는 보이지 않는 전화선"이라고 비유하고 "이 선을 따라 이주를 유도하는 희망의 메시지가 전달된다"고 언급한다. *Migrants of the Mountains: The Cultural Ecology of the Blue Miao [Hmong Njua] of Thailand* (Oxford: Clarendon, 1976), 233.

103) 필리프 라미레즈(Philippe Ramírez)는 아삼의 코르비(Korbi) 사람들에 대해 언급하며 다양한 정치적 선택에 종족 정체성이 실려 있다고 밝힌다. "집단 정체성은 - 적어도 주어진 정체성은 - 어떠한 문화적인 특질에 의해서가 아니라 따르는 정치권력이나 정치질서에 의해 결정된다. …… 이 경우에 문화적 이질성이 정체성

이나 사회관계의 측면에서 집단의 결속력을 가로막지 않는다." "Politico-Ritual Variations on the Assamese Fringes: Do Social Systems Exist?" in Robinne and Sadan, *Social Dynamics in the Highlands*, 91-107. 인용은 103-4쪽에서.

104) Walker, *Merit and the Millennium*, 529.

105) Jonsson, "Shifting Social Landscape," 132.

106) 언어학자인 로버트 블러스트(Robert Blust)는 말레이 세계의 모든 오스트로네시어족 수렵채집인들이 한때 쌀을 재배하는 기술을 알았던 정착 농경민이었으나 나중에 이동적인 삶을 살기로 선택한 사람들이었다고 여긴다. 이를 Carl L. Hoffman, "Punan Foragers in the Trading Networks of Southeast Asia," in *Past and Present in Hunter-Gatherer Studies*, ed. Carmel Shrire (Orlando: Academic Press, 1984), 123-49에서 참조했다. 인용은 133쪽에서. 또한 Sopher, *Sea Nomads*, 363-66을 보라.

107) Jonsson, "Shifting Social Landscape," 124, 185-86.

8장 | 부활의 선지자들

1) Guillaume Rozenberg, *Renoncement et puissance: La quéte de la sainteté dans la Birmanie contemporaine* (Geneva: Editions Olizane, 2005), 274 (번역은 지은이).

2) John Dunn, *Setting the People Free* (London: Atlantic, 2006), 188.

3) 특히 Christian Culas, *Le messianisme Hmong aux XIXème et XXème siècles* (Paris: Editions MSH, 2005)를 보라. 엄격히 말하여 몽족은 먀오족의 네 하위 언어집단 중에 가장 큰 집단이고 대륙 동남아시아 국가들에서 가장 인구가 많다.

4) Herold J. Wiens, *China's March toward the Tropics: A Discussion of the Southward Penetration of China's Culture, Peoples, and Political Control in Relation to the Non-Han-Chinese Peoples of South China in the Perspective of Historical and Cultural Geography* (Hamden, Conn.: Shoe String, 1954), 66-91 및 Nicholas Tapp, *Sovereignty and Rebellion: The White Hmong of Northern Thailand* (Singapore: Oxford University Press, 1990), 151.

5) 야오족/미엔족은 불행한 역사를 갖고 있다. 1465년에 한나라 군대와 그 지원군들에 의해 광시성의 대등협(大藤峽, Great Vine Gorge)에서 패배를 당했다. 16만 명의 군사들이 그들을 공격했던 것이다. 7,300명의 야오족이 참수되었고 1,200명은 포로로 끌려갔다. Mark Elvin, *The Retreat of the Elephants: An Environmental History of China* (New Haven: Yale University Press, 2004), 226.

6) Wiens, *China's March toward the Tropics*, 90.

7) Robert D. Jenks, *Insurgency and Social Disorder in Guizhou: The "Miao" Rebellion, 1854-1873* (Honolulu: University of Hawai'i Press, 1994), 90 및 Wiens, *China's March toward the Tropics*, 90.

8) 몽족은 더 일찍 시암의 북부 지역으로 이주하여 1797년과 1817년에 타이족의 노예 습격과 이른바 '낙인 정책'(red-iron policy, 사람들의 신분을 나타내는 문신을 새기는 정책-옮긴이)이라는 행정 지배에 대항하여 반란을 일으켰다. Victor B. Lieberman, *Strange Parallels: Southeast Asia in Global Context, c. 800-1830*, vol. 1, *Integration on the Mainland* (Cambridge: Cambridge University Press, 2003), 300 이하 참조. 1967년에 이르러 새로운 몽족의 왕이 태어났다는 소문은 라오스에서 그 왕의 궁정에 들어가겠다는 대규모의 난민 이주를 촉발했다. Nicholas Tapp, "Ritual Relations and Identity: Hmong and Others," in *Civility and Savagery: Social Identity in Tai States*, ed. Andrew Turton (Richmond, England: Curzon, 2000), 84-103.

9) Mikael Gravers, "Cosmology, Prophets, and Rebellion among the Buddhist Karen in Burma and Thailand," *Moussons* 4 (2001): 3-31. 인용은 13쪽에서.

10) Jonathan Falla, *True Love and Bartholomew: Rebels on the Burmese Border* (Cambridge: Cambridge University Press, 2006), 375.

11) 나는 이 분석에서 미카엘 그레이버스(Mikael Gravers)의 통찰력 있는 연구, 예를 들어, "Cosmology, Prophets, and Rebellion"; "Conversion and Identity: Religion and the Formation of Karen Ethnic Identity in Burma," in *Exploring Ethnic Diversity in Burma*, ed. Mikael Gravers (Copenhagen: NIAS Press, 2007), 227-58 및 "When Will the Karen King Arrive? Karen Royal Imaginary in Thailand and Burma," manuscript, 28 pp., 2008에 빚을 졌다.

12) Gravers, "When Will the Karen King Arrive?" 7에서 인용.

13) 이 내용은 Gravers, "Cosmology, Prophets, and Rebellion"; "When Will the Karen King Arrive?"; Theodore Stern, "Ariya and the Golden Book: A Millenarian Buddhist Sect among the Karen," *Journal of Asian Studies* 27 (1968): 297-328; and the "Glass Palace Chronicle: Excerpts Translated on Burmese Invasions of Siam," compiled and annotated by Nai Thein, *Journal of the Siam Society* 5 (1908): 1-82 및 8 (1911): 1-119에서 참조한 것이다.

14) 그레이버스가 설명하듯이 '궤'(Gwe)라는 용어의 뜻은 논란거리이다. 그 당시에 '궤몬'(Gwe Mon)과 '궤샨'(Gwe Shan)은 종족적 용어가 아니었다. 그레이버스는 이것은 버고의 멸망 이후에 도피처로 유명했던 '괘가바웅'(Gwae Gabaung) 산을 언급했을 것이라고 생각한다. 다른 밍라웅도 앞 철자인 궤(Gwe)를 썼다.

15) 카렌니어족 계열의 까야족과 빠오족(따웅뚜, Taungthu)를 비롯해 몬족과 샨족과 버마족도 그를 따랐다. 타흘라가 버마족 왕인 버강민(Pagan Mín)의 첩의 아

들이거나 봉기를 일으키고 도망쳐버린 버강민의 삼촌의 아들이라는 설도 있다. 그렇다면 왕권을 잡으려는 자나 반란 왕자가 권력을 잡기 위해 변방에서 세력을 규합하려는 것은 지극히 전형적인 움직임이었다고 할 수 있다. Nai Thein, "Glass Palace Chronicle," 8: 98.

16) 이 문단과 다음의 두 문단은 그레이버스의 "Cosmology, Prophets, and Rebellion," 10-12에 의존했다.

17) Stern, "Ariya and the Golden Book."

18) 마틴 스미스가 2차 세계대전 이후 미얀마에서 발생한 반란 운동의 역사를 자세하고 포괄적으로 다룬 책에서 부록을 할애하여 전적으로 카렌족의 '천년왕국운동'을 다루었다는 것은 이 주제가 카렌족의 정치에서 매우 중요했음을 드러낸다. *Burma: Insurgency and the Politics of Ethnicity* (London: Zed, 1991), 426-28.

19) 라후족의 천년왕국운동에 대한 설명은 거의 전적으로 내용이 매우 풍부하고, 통찰력 있고, 조예가 깊은 앤터니 워커(Anthony R. Walker)의 저서 *Merit and the Millennium: Routine and Crisis in the Ritual Lives of Lahu People* (Delhi: Hindustan Publishing, 2003)에 의존했다. 이 기념비적인 저서와 워커의 라후족 창조 서사시 번역서인 *Mvuh Hpa Mi Hpa: Creating Heaven, Creating Earth* (Chiang Mai: Silkworm, 1995)는 더 큰 주목을 받아 마땅하다.

20) Walker, Merit and the Millennium, 80, plate 17에서 인용.

21) Ibid., 78.

22) 이 양성 귀샤(Gui-sha)의 남성 쪽은 하늘을, 여성 쪽은 땅을 책임졌다. 남성 쪽이 여성 쪽보다 게으르기 때문에 땅은 비대했지만 하늘은 비소했다. 귀샤는 땅을 짜내서 하늘 쪽으로 튀어나오도록 하여 비율을 맞춤으로써 이를 바로잡았다. 그 결과 땅은 산들과 계곡들의 주름살을 갖게 됐다.

23) Walker, *Merit and the Millennium*, 505.

24) 이 충돌은 미국 중앙정보국(CIA)의 냉전 책략과 그에 협력한 선교사인 윌리엄 영(William Young)과 관련되어 있다는 것이 거의 확실하다. 윌리엄 영은 라후족에게 최초로 다가가 존경을 받던 선교사의 손자이다. Alfred McCoy, *The Politics of Heroin: C.I.A. Complicity in the Global Drug Trade*, rev. ed. (Chicago: Lawrence Hill, 2003), 342-45, 372-74를 보라.

25) 두 반란 모두 Walker, *Merit and the Millennium*, 524-33에 서술돼 있다. 인용은 524쪽에서. 또한 워커가 1970년대에 현지조사를 하던 때 활동했던 라후족 예언자에 대한 그의 연구와 태국 학자인 소롯 시시사이(Sorot Sisisai)가 같은 예언자를 대상으로 했던 연구도 유용하다.

26) S. C. Peoples and Howard Campbell, "The Lahu: Paper Prepared for the Joint Commission of Baptists and Presbyterians to Consider the Mission Problems in the Kengtung Field" (Chiang Mai: American Presbyterian Mission, typescript, Chiang Mai Payab Archives, 1907), Walker, *Merit and*

the Millennium, 587에서 재인용.

27) Karl Marx, Introduction to *Contribution to Critique of Hegel's Philosophy of Right* (1843). 《공산당 선언》은 규범적으로, 구조적으로 기독교 종말론에 크게 영향을 받았다. 억압과 죄로 물든 비참한 세상, 더 깊어지는 위기, 선과 악의 마지막 싸움, 선의 승리, 완전한 사회, 그리고 역사의 종말. 이 맥락에서 사회주의가 서구의 노동 계급에 호소력을 가졌던 것은 이 이념이 그들에게 이미 친숙한 기독교의 천년왕국 내러티브의 경로를 잘 따라간 것에 어느 정도 기인했다고 봐야 한다.

28) Marc Bloch, *French Rural History: An Essay in Its Basic Characteristics*, trans. Janet Sondheimer (Berkeley: University of California Press, 1970), 169.

29) 태국 불교 관행의 주요한 갈래들을 제대로 정리하고 파악한 분석에 관해 A. Thomas Kirsch, "Complexity in the Thai Religious System: An Interpretation," *Journal of Asian Studies* 36 (1972): 241-66을 보라.

30) Rozenberg, *Renoncement et puissance*, 276.

31) 행위와 지위와 보호에 관한, 그리고 어떻게 살아야 가치 있는 인생인지에 관한 기존의 평범한 이해 방식으로는 도무지 알 길이 없는 예기치 못한 사건들로 가득 찬 "천년왕국적인 상황"이 확실히 있기 마련이다. 리처드 화이트는 북아메리카 원주민에게서 발생한 그러한 상황을 서술한다. 그는 알곤킨족(Algonquin, 오타와강 및 세인트 로렌스강 북부 지류에 거주했다—옮긴이)의 유명한 예언자인 텐스와타와(Tenswatawa)에 대해 쓰면서 "환상과 신으로 충만해 있는 알곤킨족과 백인 마을들은 계시들을 그 땅 전역에 마구 퍼트렸던 것 같다." *The Middle Ground: Indians, Empires, and Republics in the Great Lakes Region, 1650-1815* (Cambridge: Cambridge University Press, 1991), 503. 심지어 한 곳은 그 이름이 '예언자타운'(Prophetstown)이기까지 했다(513).

32) 1932년에 있었던 프랭클린 루스벨트의 첫 번째 대통령 선거운동을 이에 비추어 연구하면 유용할 것이다. 그는 처음에 보수적인 민주당원이었으나 실직 노동자 계급이 그에게 엄청난 희망을 걸고 있다는 것을 알고 그의 '가두' 연설을 가는 곳마다 이에 맞추어 변화를 주면서 그의 연설은(그 자신은 물론이고) 그의 청중들이 그에게 걸었던 세속적 구원의 약속들로 점점 더 채워졌다. 마틴 루터 킹(Martin Luther King Jr.)도 마찬가지로 발전적인 과정을 따랐다. 심지어 같은 설교 내에서도 그렇게 했다. 이에 대한 연구로 Taylor Branch, *Parting the Waters: America in the King Years, 1954-63* (New York: Simon and Schuster, 1988)을 보라.

33) 그러한 구분은 식민 시기 이전 미얀마와 시암에서 어떤 한 지위에 따르는 의복과 가옥과 수하인들을 세세하게 정해 놓은 법률에 의해 강화되었다.

34) Max Weber, *The Sociology of Religion*, trans. Ephraim Fischoff (Boston: Beacon, 1963), 101. 베버는 그 인용문의 생략된 부분에서 다른 계급들은 - 예

를 들어, 도예가, 중류 계급의 하위 층, 낮은 신분의 성직자 - 곧 다가올 구원이 훨씬 더 필요했을 것이라 내비쳤고 나중에 그 주제로 돌아왔다.

35) 나는 이 주제를 "Protest and Profanation: Agrarian Revolt and the Little Tradition," *Theory and Society* 4 (1977): 1-38, 211-46 및 *Domination and the Arts of Resistance: Hidden Transcripts* (New Haven: Yale University Press, 1990)에서 자세하게 논의했다. 카니발이 봉기로 발전된 경우를 역사적으로 자세하게 다룬 연구로 Emmanuel Le Roy Ladurie, *Carnival in Romans*, trans. Mary Feney (Harmondsworth: Penguin, 1981)를 보라.

36) Weber, *Sociology of Religion*, 139, 80, 81. 베버는 사실 '농업적 공산주의'(agrarian communism)라는 용어를 사용한다. 그가 말하는 분파들이 토지 분배에 대한 민중의 직접적인 지배를 주장한다고 할지라도 농민이 소규모 자작농의 전통을 고수하는 한 여기에서 그 용어는 어울리지 않아 보인다.

37) 이것은 가령 지방을 체계적으로 지배하려 했고 일률적인 사회 질서를 강제하려 했던 프랑스의 절대주의 왕들의 통치가 왜 광범위한 봉기를 야기했는지를 설명하는 데 도움을 준다. 그 봉기 중 많은 것들이 천년왕국 운동의 색채를 띠고 있었다. Boris Porchnev, *Les soulèvements populaires en France an XVIIème siècle* (Paris: Flammarion, 1972)를 보라.

38) 실제로 이적을 행하는 승려와 그를 따르는 무리들을 민족지적으로 자세하게 다룬 것으로 E. Michael Mendelson, "Observations on a Tour in the Region of Mount Popa," *France-Asie* 179 (1963): 786-807 및 "A Messianic Buddhist Association in Upper Burma," *Bulletin, School of Oriental and African Studies* (SOAS) 24 (1961): 560-80을 보라. 민간의 종교적 혼합주의를 일반적으로 다룬 것으로 Melford Spiro, *Burmese Supernaturalism: A Study in the Explanation and Reduction of Suffering* (Englewood Cliffs, NJ.: Prentice-Hall, 1967)을 보라.

39) 여기에서 나는 8명의 유명한 입산 승려들을 다룬 기욤 로젠베르크(Guillaume Rozenberg)의 최근 연구 *Renoncement et puissance*에 크게 의존했다.

40) 오늘날 유명한 입산 승려인 빠오족 출신의 사야도 따마냐(Sayadaw Thamanya)는 어떤 종파에 소속되었는가라는 물음에 "나는 어떤 종파에(가잉, gaing)에도 속하지 않았다. 내가 속한 종파는 '입산'(gone-to-the-forest) 종파"라고 "'응수했다고 알려졌다. Ibid., 35.

41) I. M. Lewis, *Ecstatic Religions: A Study of Shamanism and Spirit Possession, 2nd ed.* (London: Routledge, 1989), 91.

42) J. G. Scott [Shway Yoe], *The Burman: His Life and Notions* (1882; New York: Norton, 1963), 118에서 인용.

43) Barbara Wilson Andaya, "Religious Development in Southeast Asia, 1500-1800," chapter 9 in *The Cambridge History of Southeast Asia*, ed. Nicholas Tarling, vol. 1, *From Early Times to 1800* (Cambridge: Cambridge

University Press, 1992), 565.

44) Mendelson, "Messianic Buddhist Association."

45) Spiro, *Burmese Supernaturalism*, 139.

46) 멘델슨(Mendelson)은 많은 낫들이 사실 살해된 왕족의 친족들을 표상한다고 생각한다. 왕 자신이 왕위 찬탈자인 경우가 많았기 때문에 왕 자신을 지키기 위해 죽은 친족들('젊어' 죽거나 때 이르게 죽은 여하튼 막강한 자들이었다)을 낫 숭배 대상으로 만들어 그 영혼을 달래고 보호하며 일종의 상징적 무술로 삼고자 했다. 사야쌍은 같은 뜻에서 1930년 봉기 중 그의 무리들을 지키기 위해 그의 군대가 살해한 영국인의 영혼에 호소했다.

47) Ibid. 785.

48) E. Michael Mendelson, *Sangha and the State in Burma: A Study of Monastic Sectarianism and Leadership*, ed. John P. Ferguson (Ithaca: Cornell University Press, 1975), 207.

49) 중요한 평신도 명상 운동에 관한 훌륭한 연구로 Ingrid Jordt, *Burma's Mass Lay Meditation Movement: Buddhism and the Cultural Construction of Power* (Athens: Ohio University Press, 2007)를 보라.

50) 사회 질서 내에서 가능한(다시 말해 다른 가능성의 외부 지식 없이) 혁명적 운동들의 부류에 대해서는 내가 저술한 *Domination and the Arts of Resistance*, 77-82를 보라.

51) Lieberman, *Strange Parallels*, 1: 328.

52) Gravers, "When Will the Karen King Arrive?" 2.

53) Tapp, "Ritual Relations and Identity," 91.

54) George M. Foster, "What Is Folk Culture?" *American Anthropologist* 55 (1953): 159-73. 인용은 164쪽에서.

55) Oscar Salemink, *The Ethnography of Vietnam's Central Highlanders: A Historical Contextualization, 1850-1990* (London: Routledge-Curzon, 2003), 73-74.

56) Tapp, "Ritual Relations and Identity."

57) 유럽에서 예외는 자유 도시 국가였다. 만약 말레이 무역 항구가 부분적이나마 그와 같지 않다면 동남아시아에서 그 모델은 적용되지 않는다.

58) 이 관점에서 전개한 흥미로운 논의를 보려면 Paul Stange, "Religious Change in Contemporary Southeast Asia," in Tarling, *Cambridge History of Southeast Asia, vol. 2, The Nineteenth and Twentieth Centuries* (Cambridge: Cambridge University Press, 1992), 529-84를 참조하라. 베르베르족이 아랍의 순니 정통파에 반해서 수피즘을 받아들인 것이 흥미롭게도 이와 유사하다. 그들은 이를테면 전반적으로 이슬람 문화를 받아들이고 있음을 인정하나 형제애와 평등을 강조하고 아랍 국가와 그 위계질서는 거부한다. Philip Khoury and Joseph Kostiner, eds., *Tribes and State Formation in the Middle East*

(Berkeley: University of California Press, 1990)를 보라.

59) Edmund Leach, *The Political Systems of Highland Burma: A Study of Kachin Social Structure* (Cambridge: Harvard University Press, 1954), 112-13.

60) Clifford Geertz, *Negara: The Theatre State in Nineteenth-Century Bali* (Princeton: Princeton University Press, 1980), 132. 도서부 동남아시아에 관해서 레게(J. D. Legge)는 리클레프스(M. C. Ricklefs)와 베르그(C. C. Berg)가 자바 권력의 중앙중심적인 우주론이 권력의 현실적 분산을 막는 기능을 수행했다고 보았음을 언급한다. "The Writing of Southeast Asian History," chapter 1 in Tarling, *Cambridge History of Southeast Asia*, 1-50, 특히 33.

61) 찰스 틸리(Charles Tilly)는 스위스의 지리적 조건은 가톨릭 보수파에 대항한 종교개혁뿐만 아니라 그 내에서도 츠빙글리파(바젤)와 칼뱅파(제네바) 사이에 주도권 다툼과 분화를 야기했다고 언급했다. *Contention and Democracy in Europe, 1650-2000* (Cambridge: Cambridge University Press, 2004), 169.

62) F. K. Lehman [Chit Hlaing], "Burma: Kayah Society as a Function of the Shan-Burma-Karen Context," in *Contemporary Change in Traditional Society*, 3 vols., ed. Julian Steward (Urbana: University of Illinois Press, 1967), 1: 1-104. 인용은 34쪽에서.

63) Hermann Kulke, "The Early and Imperial Kingdom in Southeast Asian History," in *Southeast Asia in the 9th to 14th Centuries*, ed. David G. Marr and A. C. Milner (Singapore: Institute for Southeast Asian Studies, 1986), 1-22. 그 영원한 도시(로마-옮긴이)가 봉건 군벌들 사이에서 폐허로 전락한지 오랜 후에도 로마제국과 신성로마제국이 정치적 주장과 법률의 전거로서 계속 존재하는 유럽인들에게 이것은 분명코 놀라운 일이 아니다. Alexander Woodside, "The Centre and the Borderlands in Chinese Political Thinking," in *The Chinese State and Its Borders*, ed. Diana Lary (Vancouver: University of British Columbia Press, 2007), 11-28, 특히 13. 오스만 제국에 대해서도 상당히 같은 바를 얘기할 수 있다. Karen Barkey, *Empire of Difference: The Ottomans in Comparative Perspective* (Cambridge: Cambridge University Press, 2008), 13, 82.

64) Stuart Schwartz and Frank Salomon, "New Peoples and New Kinds of People: Adaptation, Adjustment, and Ethnogenesis in South American Indigenous Societies (Colonial Era)," in *The Cambridge History of Native Peoples of the Americas*, ed. Stuart Schwartz and Frank Salomon (Cambridge: Cambridge University Press, 1999), 443-502. 인용은 486쪽에서. 곤잘로 아기레 벨트란(Gonzalo Aguirre Beltrán)도 역시 그러한 파쇄 지대를 토착적이고 메시아적인 종교들의 온상지였다고 간주한다. *Regions of Refuge*, Society of Applied Anthropology Monograph Series, 12 (Washington,

D.C., 1979), 49. 이 관점에서 오스만 제국의 사례를 다룬 Barkey, Empire of Difference, 42를 보라. 또한 Richard White, *Middle Ground*; Peter Worsley, *The Trumpet Shall Sound: A Study of Cargo Cults in Melanesia* (New York: Schocken, 1968); Kenelm Burridge, *New Heaven, New Earth: A Study of Millenarian Activities* (New York: Schocken, 1969); and Jonathan Spence, *God's Chinese Son: The Taiping Heavenly Kingdom of Hong Xiuquan* (New York: Norton, 1996)을 보라.

65) Tapp, *Sovereignty and Rebellion*, 57.

66) Bloch, *French Rural History*, 169.

67) Weber, *Sociology of Religion*, 126.

68) Erik Mueggler, "A Valley House: Remembering a Yi Headmanship," in *Perspectives in the Yi of Southwest China*, ed. Steven Harrell (Berkeley: University of California Press, 2001), 144-69, 특히 158-61.

69) 피터 워슬리(Peter Worsley)의 *The Trumpet Shall Sound* 및 케넬름 버릿지(Kenelm Burridge)의 *New Heaven, New Earth*는 화물 숭배 참여자들에 대해 동정심을 갖고 그러한 반란을 초래한 물질적 조건을 이해하고 있음에도 불구하고 이 함정에 빠져 있다. 미카엘 그레이버스, 앤터니 워커, 니컬러스 탭 등의 동남아시아 학자들은 대부분 이를 거부한다.

70) Tapp, "Ritual Relations and Identity," 94.

71) 이것은 대개 새로운 카리스마적 '빅맨'(big man)이 산에서 등장하게 되는 방식이다.

72) 비의적인 종교로 개종했던 학생들이 강조하듯이 그 종교가 요구하는 바가 더 많고 더 급진적일수록 구질서와 공개적으로 단절하는 것이 중요성을 더 갖게 된다. 즉 돌아올 수 없도록 인연을 끊는 것은 새로운 질서를 완전히 따른다는 표시이기 때문이다.

73) F. K. Lehman [Chit Hlaing], "Who Are the Karen, and If So, Why? Karen Ethno-history and a Formal Theory of Ethnicity," in *Ethnic Adaptation and Identity: The Karen on the Thai Frontier with Burma*, ed. Charles F Keyes (Philadelphia: ISHII, 1979), 215-53. 인용은 240쪽과 248쪽에서.

74) Gravers, "Cosmology, Prophets and Rebellion," 24.

75) Lehman [Chit Hlaing], "Who Are the Karen?" 224.

76) Anthony R. Walker, "The Lahu People: An Introduction," in *Highlanders of Thailand*, ed. John McKinnon and Wanat Bhruksasri (Kuala Lumpur: Oxford University Press, 1983), 227-37. 인용은 231쪽에서.

77) 프레드릭 바스(Fredrik Barth)는 사회조직의 경계에서 인간의 행위자성을 강조한 *Ethnic Groups and Boundaries: The Social Organization of Culture Difference* (1969; Long Grove, Ill.: Waveland, 1998)라는 저서의 서론에서 비산업 국가의 엘리트들이 활용할 수 있는 전략들 중 하나가 "종족 정체성을 의식

적으로 강조하여 새로운 지위와 유형을 발전시키고 그들 사회에서 예전에는 발견되지 않았거나 제대로 발전하지 못한 이러한 영역에서 새로운 목적을 위해 활동들을 조직하는 것이다. …… 제 삼의 전략은 원주민주의에서부터 새로운 국가에 이르기까지 오늘날 관찰할 수 있는 여러 흥미로운 운동들을 발생시켰다"고 썼다(33). 곰곰이 생각해 보면, 바스가 우리가 여기서 제기한 논의를 어느 정도 되풀이하고 있다고 본다. 휴 브로디(Hugh Brody)는 샤머니즘이 만연한 사회는, 꿈과 현실 사이, 선과 악 사이, 즐거움과 심각함 사이에 구분이 불확실하기 때문에 매우 유동적인 사회라고 생각한다. *The Other Side of Eden: Hunters, Farmers, and the Shaping of the World* (Vancouver: Douglas and McIntyre, 2000), 245.

78) Jenks, *Insurgency and Social Disorder in Guizhou*, 6.

79) 이 내용은 Salemink, *Ethnography of Vietnam's Central Highlanders*, chapter 4, 100-129 및 Geoffrey Gunn, *Rebellion in Laos: Peasant and Politics in a Colonial Backwater* (Boulder: Westview, 1990)에서 참조했다.

80) 옹 콤모담 봉기에 대해서는 Gunn, *Rebellion in Laos*를 보라.

81) Christian C. Lentz, "What Revolution? Calling for a King in Dien Bien Phu," paper prepared for the Annual Meeting of the Association of Asian Studies, April 3-6, 2008, Atlanta를 보라. 렌츠의 학위 논문은 자세하게 이 주제들을 다룬다. "Mobilizing a Frontier: Dien Bien Phu and the Making of Vietnam, 1945-1955," Ph.D. diss., Cornell University, 2011 (이 논문은 스콧이 이 책을 출간한 이후에 나왔기에 옮긴이가 추가했다).

82) 윌리엄 로버트 게디스(William Robert Geddes)가 몽족 집단에 관해 언급하듯이, "일부분은 바로 이 이유 때문에 샤먼이 거대한 공동체들에서 종종 가장 중요한 인물이 된다. 샤먼의 권위의 기초가 종교적이라서 어느 특정 사회 집단에 속하지 않는다" *Migrants of the Mountains: The Cultural Ecology of the Blue Miao [Hmong Njua] of Thailand* (Oxford: Clarendon, 1976), 256. 나무랄 데 없는 인물의 중요성은 동남아시아에서 외부인 왕이라는 일반적인 현상과 관련이 있을 것이다. David Henley, "Conflict, Justice, and the Stranger-King: Indigenous Roots of Colonial Rule in Indonesia and Elsewhere," *Modern Asian Studies* 38 (2004): 85-144에서 이를 다루었다.

83) Ira Lapidus, "Tribes and State Formation in Islamic History," in Khoury and Kostiner, *Tribes and State Formation in the Middle East*, 25-47. 인용은 29쪽에서.

84) Thomas Barfield, "Political Legitimacy in Afghanistan," manuscript, 53.

85) 이것은 피터 워슬리(Peter Worsley)가 *The Trumpet Shall Sound*, 227에서 역시 말한 것이다. 내가 반대하는 것은 결론인데, 기능주의적인 추론 방식 때문이었다. 그러나 그 증거에 관해서는 반대하기가 어렵다.

86) Richard A. O'Connor, "Sukhothai: Rule, Religion, and Elite Rivalry," paper

presented at the Forty-first Annual Conference of the Association of Asian Studies, Washington, D. C., 1989, Anthony Reid, *Southeast Asia in the Age of Commerce, 1450-1680*, vol. 2, Expansion and Crisis (New Haven: Yale University Press, 1993), 151에서 재인용.

87) 여기에서 나는 제임스 하겐(James Hagen)이 말루쿠의 마네오(Maneo) 공동체에 관한 훌륭한 연구인 *Community in the Balance: Morality and Social Change in an Indonesian Society* (Boulder: Paradigm, 2006), 165에서 논의한 것을 참조했다.

88) Tapp, *Sovereignty and Rebellion*, 95-97. 탭은 1950년대에 그러한 반란들이 역시 있었다고 전한다. 예수는 종종 수이이(Sui Yi)와 혼동된다. 수이이는 역사적으로 최고의 샤먼으로 언젠가 이 땅에 돌아올 것이라 예언되었다.

89) 다른 지역을 보자면, 물론 신세계 원주민들이 훨씬 더 비통한 역사를 갖고 있다. 인도차이나 전쟁 시기에 관해서는 알프레드 맥코이(Alfred McCoy)가 그의 저서인 *The Politics of Heroin: CIA Complicity in the Global Drug Trade*, rev. ed. (Chicago: Lawrence Hill, 2003)의 7장, 283-386에서 아주 세세하게 밝힌 것을 보라.

90) 아프리칸 미국인들에서 나타나는 기독교 성경의 구전 전통을 훌륭히 다룬 Dwight Callahan, *The Talking Book: African Americans and the Bible* (New Haven: Yale University Press, 2007)을 보라.

91) 이 내용은 Walker, *Merit and the Millennium*, 580-86에서 참조했다.

92) Ibid., 791에서 인용.

93) E. J. Hobsbawm, *Primitive Rebels: Studies in Archaic Forms of Social Movement in the 19th and 20th Centuries* (New York: Norton, 1965).

94) Courtney Jung, *The Moral Force of Indigenous Politics: Critical Liberalism and the Zapatistas* (Cambridge: Cambridge University Press, 2008)를 보라.

결론

1) Richard A. O'Connor, "Founders' Cults in Regional and Historical Perspective," in *Founders' Cults in Southeast Asia: Ancestors, Polity, and Identity*, ed. Nicola Tannenbaum and Cornelia Ann Kammerer, Yale Southeast Asian Monograph Series no. 52 (New Haven: Yale University Press, 2003), 269-313. 인용은 297쪽에서.

2) John Dunn, *Setting the People Free: The Story of Democracy* (London: Atlantic, 2005), 182.

3) 이에 대한 예로 Magnus Fiskesjö, "Rescuing the Empire: Chinese Nation-Building in the 20th Century," *European Journal of East Asian Studies* 5

(2006): 15-44를 보라.

4) Joyce C. White, "Incorporating Heterarchy into Theory on Socio-political Development: The Case from Southeast Asia," in *Heterarchy and the Analysis of Complex Societies*, ed. Robert M. Ehrenreich, Carole L. Crumley, and Janet E. Levy, Archeological Papers of the American Archeological Association, no. 6 (1995): 103-23.

5) François Robinne and Mandy Sadan, Postscript, "Reconsidering the Dynamics of Ethnicity through Foucault's Concept of 'Spaces of Dispersion,'" in *Social Dynamics in the Highlands of Southeast Asia: Reconsidering Political Structures of Highland Burma by E. R. Leach*, ed. François Robinne and Mandy Sadan, Handbook of Oriental Studies, section 3, Southeast Asia (Leiden: Brill, 2007), 299-308.

6) 동아시아와 동남아시아에서 이는 짬족(Cham)처럼 예전에 국가를 만들었던 말레이계통의 사람들을 비롯해 대만과 하이난의 오스트로네시아어족 사람들을 포함할 것이다.

7) O'Connor, "Founders' Cults," 298-99.

8) Fernand Braudel, *The Mediterranean and the Mediterranean World in the Age of Philip II*, vol. 1, trans. Sian Reynolds (New York: Harper and Row, 1966), 33.

9) 버고, 스리비자야, 믈라카와 같은 동남아시아의 거대한 해상 국가들은 수역에서 지형의 저항성이 약하게 발생하는 커다란 이점을 갖고 있어서 버강, 잉와, 아유타야, 통킹과 같은 더 농업 중심적인 국가들보다는 군사적으로 약할지라도 그 관할 권역이 훨씬 더 크고 활력이 있었다.

10) 북아메리카의 노예들은 자유와 해방의 메시지를 만들어 내는 데에 기독교와 성경(특히 구약성경)을 이와 비슷하게 활용했다.

11) 성좌처럼 여러 요소들을 거느린 그 어떤 체제도 자기완결적인 것은 없다. 때때로 외부의 충격이 그 체재의 구조를 완전히 바꾸어 버린다. 식민 정복과 2차 세계대전 시기의 일본의 점령 그리고 뒤이어 평지의 주류세력과 이제는 산악 소수종족들이 벌였던 민족 해방 전쟁은 이를 뚜렷이 보여 주는 사례들이다. 이 충격들로 권력관계의 틀과 각 소수종족이 그들의 위치를 새로운 질서에서 유리하게 설정할 수 있는 기회들이 완전히 뒤바뀌었다.

12) G. William Skinner, "Chinese Peasants and the Closed Community: An Open and Shut Case," *Comparative Studies in Society and History* 13 (1971): 270-81.

13) 지역의 식량 공급을 유지하는 유형은 18세기 영국에서 식량 부족 시기에 나타났던 시장의 관행을 상기시킨다. E. P. 톰슨의 유명한 논문 "The Moral Economy of the English Crowd in the Eighteenth Century," *Past and Present* 50 (1950): 76-136을 보라.

14) Hjorleifur Jonsson, "Shifting Social Landscape: Mien (Yao) Upland Communities and Histories in State-Client Settings," Ph.D. diss., Cornell University, 249, 380-84.

15) 땅이 부족하고 자산을 자유롭게 보유할 수 있는 근대적 형태가 제도화된 오늘날의 조건에서 일부 가족은 토지를 축적한 반면 다른 가족들은 토지를 소유하지 못한 채 소작농이나 노동자로 전락하여 불평등이 고착될 수 있다. 땅이 풍부하고 자산을 공유하는 형태가 일반적인 환경에서는 불평등이 만약 일어난다면 대개 가족주기(family cycle, 가족이 생성되어 소멸되기까지의 변화과정—옮긴이)와 가족 내에 일할 수 있는 자들이 얼마나 많은가와 관련을 맺는다.

16) 조르주 콘도미나스(Georges Condominas)는 *From Lawa to Mon, from Saa' to Thai: Historical and Anthropological Aspects of Southeast Asian Social Spaces*, trans. Stephanie Anderson et al., an Occasional Paper of Anthropology in Association with the Thai-Yunnan Project, Research School of Pacific Studies (Canberra: Australian National University, 1990), 60에서 그 점을 마찬가지로 언급한다.

17) 다시 말하건대, '수역'에서는 이를 좀 달리 볼 필요가 있다. 데이비드 소퍼(David E. Sopher)는 많은 오랑 라웃/바다 집시들의 집단들이 정착 생활을 했다가 뱃사람의 생활로 돌아가며 여기서 멈추지 않고 다시금 정착 생활로 옮겨 간다고 언급한다. 유랑인이 일단 정착하면 영원이 그렇게 산다는 통념은 그 근거가 없다. *The Sea Nomads: A Study Based on the Literature of the Maritime Boat People of Southeast Asia, Memoirs of the National Museum*, no. 5 (1965), Government of Singapore, 363-66.

18) 물론 그 어떤 제국주의 프로젝트에서도 이를 쉽게 확인할 수 있다. 프랑스의 경우에 프랑스 혁명의 이상과 인간의 권리와 시민권의 관념과 빅토르 위고의 시민적 담론이 사이공이나 알제리의 식민 현실에서는 들어맞지 않았다. 일종의 사고실험(thought experiment) 차원에서 '발전'(문명에 대한 오늘날의 완곡어법)의 담론을 세력 확보와 노획물 획득을 위해 예컨대 비엔티안에서 벌이고 있는 엔지오의 볼썽사나운 다툼과 비교해 보라.

19) 조지 오웰의 첫 번째 소설 *Burmese Days*의 비극적 영웅인 플로리(Flory)는 이상과 현실의 상충으로 자살에 이른 사람을 보여 주는 인상적인 예이다.

찾아보기

ㄱ

ㄴ

ㄷ

ㄹ

ㅁ

ㅂ

ㅅ

ㅇ

ㅈ

ㅊ

ㅋ

ㅌ

ㅍ

ㅎ

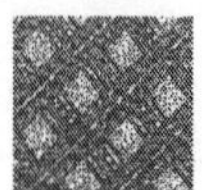